東亞大競逐

1860—1910

中日俄三國環伺下的朝鮮半島，塑造現代東亞權力版圖的另一場大博弈

The Other Great Game

The Opening of Korea and the Birth of Modern East Asia

席拉・賈格 Sheila Miyoshi Jager 著
張馨方 譯

獻給我親愛的孩子

以撒—亨德里克（Isaac Hendrik）、漢娜—瑪莉可（Hannah Marijke）、

艾瑪—卡特琳娜（Emma Katarina）與亞倫—羅夫（Aaron Rolfe）

目次

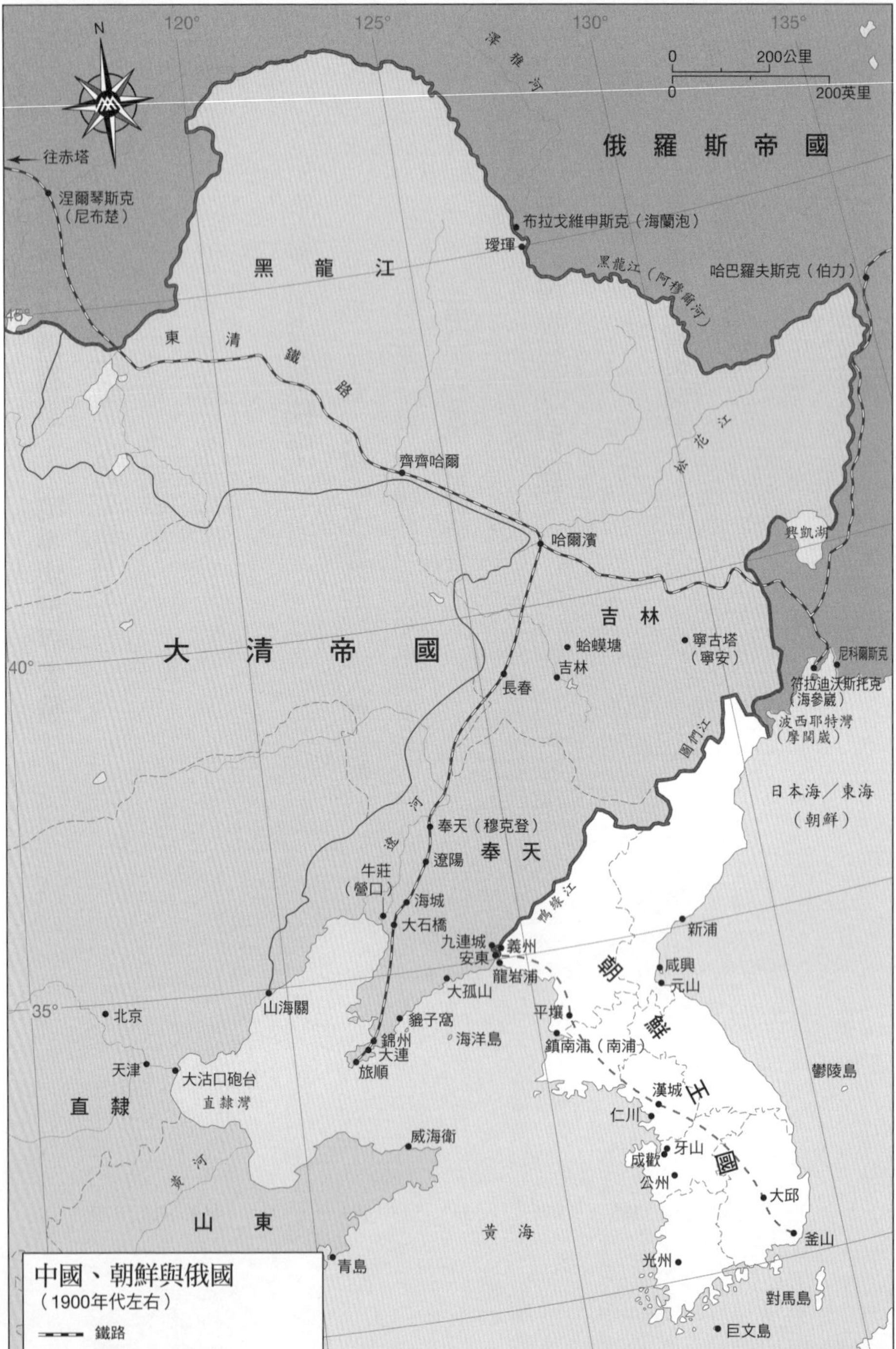

中國、朝鮮與俄國

（1900年代左右）

鐵路

傳統上入侵朝鮮的路徑

前言

十九世紀最著名的角力競爭之一是「大博弈」（The Great Game）＊，當時俄羅斯帝國對大英帝國在印度的勢力造成威脅，引發了一場持續至二十世紀初的競爭與流血衝突。這兩大強權高潮迭起的地緣政治鬥爭一直是眾多書籍探討的主題，對比之下，東亞地區的大博弈較鮮為人知，但同樣值得我們關注。大英帝國在這場競爭中並未扮演主要角色，反而和崛起中的日本站在同一陣線。此外，大博弈的終極獎賞是印度——大英帝國皇冠上的一顆明珠，而在東亞地區，大清、日本以及俄國則競相控制貧窮但具有戰略重要性的朝鮮半島。十九世紀末二十世紀初，「另一場」大博弈展開了錯綜複雜的棋局，引發了兩場大戰——甲午戰爭（第一次清日戰爭）與日俄戰爭——且永遠地改變了東亞乃至全世界的局勢。自古以來，中國一直有著中央王國（Middle Kingdom）這至高無上的地位。到了一九一一年，即朝鮮成為日本殖民地的一年後，清朝滅亡，明治天皇統治的日本崛起，取代了天朝上國（Celestial Empire）在東亞地區的主導地位。

＊ 譯註：亦稱影子競賽，特指英國與俄國爭奪中東與中亞控制權之戰略衝突，約從一八一三年持續至一九〇七年。

我按照時序敘述這個發生在東亞的重大轉變。故事始於一八六〇年，因為在這個時期，俄羅斯帝國向東擴張，國境首次與朝鮮接壤。有些人可能會對我的這個選擇感到驚訝。他們認為，一八四〇到五〇年代的那數十年期間才是關鍵，當時大清與日本迎來西方砲艦侵門踏戶的不祥之兆，再再見證了舊秩序所面臨的威脅。但我主張，直到朝鮮擺脫孤立狀態、成為地區性競爭的目標時，真正的轉變才全面展開。俄國的東擴引爆了一系列事件，不僅破壞了儒家世界秩序中原有的區域和諧，也帶給西方國家更積極干預東亞事務的誘因與機會。

到了十九世紀末，美國與日本以非歐洲地區的兩大強權之姿登上了世界舞台，且將主宰亞太地區，先前占主導地位的歐洲軍事與經濟強國自此黯然失色。局勢之所以演變至此，是因為國際間普遍擔憂，頹弱的大清將遭列強瓜分，俄國也會將朝鮮和滿洲據為己有。這樣的恐懼無所不在，就連西奧多・羅斯福（Theodore Roosevelt，人稱「老羅斯福」）等早期倡議美俄合作的人士也與日本同舟共濟，並將俄國定義為美國在東亞的主要競爭對手。因此，對俄國向滿洲擴張和大清解體的擔憂，讓日本意外地在一九〇四到〇五年與俄國的戰爭中得到了新盟友。正是這兩個在十九世紀後半葉崛起的非歐洲強權無心插柳的結盟，為日本的大陸擴張主義奠定了基礎。

其中的第一次衝突，發生於日本開始蠶食大清的屬國朝鮮並成功取得台灣之際。第二次的大規模戰爭則由日本向俄國發起，並為日本接管朝鮮鋪平了道路。在這些帝國間的衝突之中，西班牙與美國打了一場戰爭，而後者短暫占領了菲律賓、關島以及一些坐落於太平洋的小島。此外，八國聯軍展開了中國救濟遠征（China Relief Expedition）行動，這個由多個國家組成的軍事聯盟於一九〇〇年入侵中國北方，目的是解除義和團民兵對駐北京外國公使館的控制；同年八月，中俄衝突將滿洲的控制權移交給俄國。作為叛亂勢力，日本直接且間接參與了其中幾乎所有衝突，唯獨一場衝突除外，而大清與朝鮮始終承受著讓步、領土爭奪的紛亂。這些大規模衝突創造了新的國家認同與更加真實的國家政治，即便在歷史悠久的國家亦是如此。這些衝突也在日本、大清、俄國及朝鮮催生出新一批經濟與軍事改革菁英，他們的任務是幫助各自的祖國應對瞬息萬變的環境。而他們的故事，正是本書探討的主題。

本書是一部敘事史，我盡可能捕捉歷史行動的時間脈絡，並傳達關於歷史人物的生活感受及其所處環境的氛圍。我之所以想撰寫本書，部分原因是受到兩本著作的啟發——分別是魯德亞德·吉卜林（**Rudyard Kipling**）的《基姆》（*Kim*），以及彼得·霍普柯克（**Peter Hopkirk**）的《帝國的野心：十九世紀英俄帝國中亞大競逐》（*The Great Game: The Struggle for Empire in Central Asia*）*。吉卜林於一九〇一年出版的小說使得「大博弈」一詞深植人心，該書以第二次阿富汗戰爭（**Second Afghan War**，一八七八年—一八八〇年）為背景，精湛刻劃了英俄互相較勁的偏執心理。（吉卜林所言：「現在我將遠赴北方，深入其境，參與這場大博弈。」其中「大博弈」一詞，實際上由這場競賽的參與者之一亞瑟·科諾利〔**Arthur Conolly**〕†所創，他在一八四二年遭布哈拉可汗〔**Khan**

* 編註：本書繁體中文版由黑體文化於二〇二二年出版。
† 編註：亞瑟·科諾利（Arthur Conolly, 1807-1842），英國情報員，同時也是探險家，曾多次參與深入中亞地區的偵察行動。

of Bokhara〕虐待並斬首。）《基姆》是我在兒時第一次接觸的小說之一，令我愛不釋手。大學時，我首次拜讀霍普柯克寫的《帝國的野心》，一口氣就翻完。霍普柯克是一位老派作家，也是一位堅持不懈的記者、歷史學家、探險者、冒險家與人類學家，而我將自己的這本著作視為對這兩位作家的一種致敬。

我的敘事以俄羅斯帝國的東擴為起點，這是一個重要的主題。傳統上，俄國在中國、日本與朝鮮的歷史上並不突出。即使其文獻涉及俄國，也只是草草帶過，焦點仍然放在這些國家的非凡發展及其相互關係的故事上。本書探究的歷史大多為**區域性**，換言之，重點是檢視俄國、日本、大清與朝鮮如何在西方列強的涉入下互動。我之所以將俄國納入這段區域性歷史，是想讓讀者注意到其作為東方大國的重要地位。

正如「大博弈」本身，「另一場大博弈」（亦是原文書名）在很大程度上與戰爭及衝突有關，這也是本書的另一個重要主題。我花了大量篇幅刻劃軍事戰役，詳細描述一八九四到九五年間的甲午戰爭、一九〇〇年的中國救濟遠征、一九〇〇年的中俄衝突，以及一九〇四到〇五年間日俄戰爭的關鍵戰役中，一些較為複雜的軍事行動。我認為，詳實交代這段軍事史非常重要，一方面是因為僅僅一本書，無法廣泛涵蓋針對這四場軍事戰役及行動的詳細研究，另一方面是，我認為如果不考慮這些戰爭的重大後果及其對社會的影響，就無法充分了解這段歷史。以日俄戰爭為例，這場衝突改變了戰爭的特性。其動員了不計其數的陸、海軍，並且引入鐵絲網、速射武器甚至毒氣等創新技術，徹底改變戰爭的本質，為現代戰爭揭開了序幕，預示一九一四到一八年第一次世界大戰血腥與毀滅的極度恐怖。

描述這些戰爭的同時，我也希望傳達一般民眾在這些戰事中的經歷。就最深層的意義而言，戰爭的手段顯示了政治體制未能解決人類的衝突，而有鑑於十九世紀中葉以降的東亞迎來了極度殘暴的時代，戰爭研究必然會在這段歷史中占據主要部分。士兵與平民如何設法理解這些衝突，以及他們從中學到了哪些教訓，都是本書關注的核心問題。

在我看來，「現代」東亞秩序等同於「西發里亞」（Westphalia）體系，也就是現代民族國家對其領土與人民擁有主權的概念。從舊時的儒家國際關係秩序，轉變為現代西發里亞國際關係秩序的過程充滿了衝突，而朝鮮半島在其中扮演不容小覷的角色。若想了解現代日本與中國的崛起，就必須認識朝鮮在這段過程中發揮的作用，以及這些國家菁英對朝鮮的看法。與此同時，傳統秩序面臨的這些變化源自於區域強權之間的鬥爭，這些強權試圖自我定義為現代國家，不僅在其與西方的關係，在彼此間的關係中也是如此。朝鮮在這場翻天覆地的變遷中舉足輕重，因為該國為東亞帶來的混亂波及了全世界，尤其自一八七六年朝鮮與日本簽訂第一個現代條約起，到一八九五年俄德法三國干涉還遼為止的那二十年間最為關鍵。由於這些事件，東亞的國際情勢劇烈轉變，隨著主權國家的現代國際體系逐漸取代舊時儒家秩序的最後階段，迎來了前所未有的發展。到了二十世紀的頭十年，中國從其宇宙中心的中央王國地位淪為半殖民地，朝鮮則完全喪失主權。本書講述了這一切的過程及原因。

十九世紀，「開放」朝鮮的概念是外交家與歷史學家的標準用法。這個時期的學者、旅人及觀察家將朝鮮稱作需要被「開放」的「隱士王國」（Hermit kingdom）——這種說法常見於當代的北韓評論。今日，這種說法在學術界極少得到採用，因其被認為既缺乏歷史感又不合時宜。這裡所謂的「缺乏歷史感」，是指朝鮮的政治文化與經濟在一八六〇年代之前便已全面開放；而所謂的「不合時宜」，則是指將朝鮮人描繪成待在歷史的等候室、任由列強擺布的形象完全不正確。本書的一個關鍵論點旨在強調這一點——朝鮮人非但沒有受人擺布（就像「鯨魚中的小蝦米」），還是這段歷史的主要參與者，更是巨大變遷的源頭。因此，本書副標題所寫的「朝鮮的開放」*帶有諷刺意味，不僅回溯十九世紀有關「隱士王國」的描述，也強調這些記敘如何持續影響當代政治界對朝鮮的看法與描述。

最後，我們也可從其他角度來看待過往的面貌。我希望，對於十九世紀末到二十世紀初發生在朝鮮半島的地緣政治競爭的關注，可以讓各位清楚看到這段歷史對現代有何重要啟示，尤其考量到朝鮮半島至今仍是亞太區域衝突熱點的這項事實。我們可以看到，在一八九四年、一九〇四年與一九五〇年，大國之間的角力如何為朝鮮半島之爭賦予國際重要性、為通往新時代的未知開闢道路，並導致各大強權的崛起與衰落。有了對這些早期角力競爭的認識，我們或許就能闡明這些早期的衝突與對抗，是怎麼持續影響這個地區的現在與未來，藉此深入了解當代東亞面臨的各種勢力。

* 編註：原副書名。

序言　俄國在亞洲的崛起

據說，西元一二四〇年基輔淪陷時，颶風般來襲的戰馬、駱駝及軍隊產生的噪音震耳欲聾，以致城裡的平民聽不到彼此淒厲的尖叫聲。蒙古人每攻占一座城鎮，就毫不留情地展開屠殺。「有些人被刺穿，有些人被當成箭靶般玩弄，有些人慘遭剝皮……牧師被活活烤死，修女與少女在教堂裡當著親人面前被士兵強姦」。蒙古軍所到之處人心惶惶，附近城鎮的居民驚恐地逃離家園，甚至寧可自殺也不願被可怕的敵軍活捉。科斯特羅馬城（Kostroma）*編年史如此記載，蒙古軍的暴風雨一旦侵襲這片土地，「就沒有人可以活著為死者哀泣了。」[1]

十三世紀初，蒙古人大舉進攻當時由十數個公國組成的俄羅斯，統治期間持續了兩百多年之久。這段經歷在俄羅斯人的心靈留下深刻且久久不癒的傷痕。除了侵略者——即韃靼人（Tatar）或欽察汗國（又稱金帳汗國）——造成的實質破壞之外，蒙古人還引入了專橫的管理手段。[2]從歐亞

＊ 譯註：俄羅斯地名。

草原吹來的專政風暴絲毫不受歐洲自由開放的風氣所影響，迅速席捲俄羅斯全境。韃靼人推行的思想與行政制度，為俄國沙皇的「半東方專制主義」奠定基礎。這段歷史充分說明了俄羅斯人對國內暴政的隱忍、素來著名的仇外心理、激進的外交政策，以及長期對外來入侵的恐懼（之後拿破崙與希特勒的突襲猛攻更是加深了這一點）。在欽察汗國從俄羅斯邊界消失、回歸古代歐亞草原之後，韃靼統治對俄羅斯歷史的影響仍持續了很長一段時間。

一四八〇年，伊凡大帝（Ivan the Great）也就是當時的莫斯科大公（Great Prince of Moscow）兵不血刃地戰勝了敵軍，總算讓祖國脫離可恨的外國枷鎖。兩軍在烏格拉河（River Ugra）對峙，惡戰一觸即發。可就在這時，發生了一件怪事：天氣突然間變得寒冷。俄羅斯迎來凜冬，輕裝出征的韃靼人似乎失去了作戰的勇氣。[3]等到伊凡大帝之子伊凡四世（人稱恐怖伊凡〔Ivan the Terrible〕）於一五四七年就任沙皇之時，過去令人聞風喪膽的蒙古大軍已不再戰無不勝。一五五二年，伊凡四世的大軍攻克了伏爾加河（Volga）上游的喀山（Kazan）要塞，終於突破了韃靼人的箝制，打通了南面的裏海（Caspian Sea）與東邊的烏拉山脈（Ural）之間的聯繫，為俄羅斯偉大的東亞遠征開闢了道路。

十六世紀下半葉，一群勇於冒險犯難的哥薩克人征服了西伯利亞（Siberia），他們在這片荒野長途跋涉，為俄羅斯沙皇國贏得了烏拉山以東的廣袤土地。到了十七世紀中葉，俄國的勢力已擴及貝加爾湖（Lake Baikal），並延伸至黑龍江*。該世紀末，俄國完成了對西伯利亞的征服。然而，俄國的擴張就此止步。反對俄國殖民的大清與聖彼得堡達成了協定。一六八九年，兩國在涅爾琴斯克（Nerchinsk）†簽訂條約，俄國同意放棄對黑龍江以北至外興安嶺‡的主權，並且正式承認整個黑龍江流域皆屬大清。[4]

到了十八世紀上半葉，俄國再度向外擴張。在彼得大帝（Peter the Great, Peter I），以及後來即位的凱薩琳二世（Catherine II，其孫彼得三世〔Peter III〕的妻子，她接下了在位不到一年的丈夫的皇位）的帶領下，俄國將目光轉向了南邊的高加索及中亞地區。一八二五年尼古拉一世（Nicholas I）登基後，俄國在進攻波斯（Persia）的過程中征服了狂放凶悍的穆斯林與基督教部落。

正是在這段時期，互相對立的英國與俄國展開了一場名為「大博弈」的競賽。英國及其殖民地印度的領袖注意到俄國往南進軍，因為看來俄國軍隊遲早會踏足印度——大英帝國皇冠上的那顆明珠。不久之後，這塊政治真空地帶——從西部白雪皚皚的高加索山脈跨越中亞的廣闊沙漠與山巒，一路延伸至大清的新疆與西藏——便如霍普柯克所述，「成了兩國野心勃勃的年輕軍官與探險家，在規畫行軍路線時得以四處探索的廣大冒險樂園。」[5]

---

* 編註：俄國稱阿穆爾河（Amur River）。黑龍江／阿穆爾河為中俄之邊境河流。為閱讀之便，指涉河流本身時稱「黑龍江」，指涉俄國之行政區劃、職稱時則以俄語名稱（例如：阿穆爾邊疆區〔Amur krai〕）稱之。

† 編註：即尼布楚，中俄所簽訂的條約即為《尼布楚條約》。

‡ 編註：俄國稱斯塔諾夫山脈（Stanovoy Mountains）。同時具多語言名稱之地名，以文中當時該地之主權歸屬國的稱呼為主，並以註腳補充別名。

然而，俄國從未進攻英屬印度，而是再度東進。一百五十年來，俄國人在西伯利亞的殖民範圍僅限於黑龍江以北、額爾古納河（Argun）沿岸及外興安嶺之間的地帶，但在一八四六年，尼古拉一世下令對黑龍江源頭及其流域展開調查。[6]一八四九年，政府組成了一支探險隊，沙皇欽點年輕又有拚勁的西伯利亞總督尼古拉・尼古拉耶維奇・穆拉維夫（Nikolai Nikolaevich Muravev）為領隊。

以當時人們的看法，該地區無法供遠洋船隻通行。一般認為庫頁島*是一座半島，阻斷了自南方而上的黑龍江出海口，而這條河流本身的河口也不適合航行，因此對俄國不甚具有戰略價值。在大清於第一次鴉片戰爭（一八三九年—一八四二年）中敗給英國並開放通商口岸之後，尼古拉一世便開始重新研究黑龍江的天然條件及其可能性，因為他擔心英國可能會先發制人，倘若對方占領了黑龍江口，可能會永遠阻礙俄國往太平洋東擴的野心。

穆拉維夫指示根納季・涅維爾斯科伊（Gennady Nevelskoy）船長率領貝加爾號（Baikal）前往黑龍江口展開探險行動。一八四九年八月下旬，涅維爾斯科伊從堪察加半島（Kamchatka Peninsula）的彼得羅巴夫洛夫斯克（Petropavlovsk）啟程，兩人原本應該要在庫頁島會合，但貝加爾號竟不知去向。穆拉維夫獨自前往阿揚灣（Ayan Bay），希望打聽到涅維爾斯科伊的一些消息。等了近兩個星期後，穆拉維夫開始擔心貝加爾號從彼得羅巴夫洛夫斯克啟程後，在途中或在黑龍江口的沙洲失蹤了。然而，九月三日上午，貝加爾號突然出現在阿揚灣水域。穆拉維夫鬆了一口氣，焦急地駕駛划艇前去迎接。涅維爾斯科伊透過擴音器大聲呼喊：「上帝幫了我們一把！……最大的疑問已經得到圓滿的解答……薩哈連（Saghalien）是一座島嶼，遠洋船隻可從南邊或北邊進入黑龍江。我們推翻了一個存在已久的錯誤觀念。在此向您報告，真相大白了。」[7]

涅維爾斯科伊還稟報，他已經履行職責，在河口的伊斯開灣（Bay of Iskai）高掛俄國國旗，宣布「整個黑龍江流域直到朝鮮邊境及庫頁島，都是俄國的領土」。[8]

穆拉維夫很快便意識到，保衛對黑龍江的使用權，對俄國遠東地區未來的發展不可或缺。涅維爾斯科伊的發現證明，東西伯利亞經由黑龍江與東海（East Sea）相連，因此也與太平洋（Pacific Ocean）相連。他深信，俄國必須在太平洋上擁有一座安全的港口，因為倘若俄國將黑龍江口的控制權拱手讓給另一個強國——也就是英國——也會失去對西伯利亞的控制權。穆拉維夫宣稱：「為了百分之百掌控中國的貿易，英國人無疑必須控制黑龍江口。我只能說，誰控制了黑龍江口，就等於控制了西伯利亞（至少涵蓋一路到貝加爾湖的範圍），而且是牢牢地控制。英國人只要封鎖河口，整個西伯利亞、人口聚落、可望蓬勃發展的農業與工業，都將成為關鍵權力的助力及附屬品。」[9]儘管沙皇底下有許多諫臣都對穆拉維夫的大膽言論感到憤怒，唯恐這會引發與大清的戰爭，尼古拉一世卻表示贊同，並宣告「俄國的旗幟一旦高高升起，就絕不能再被取下」。[10]

---

* 編註：俄國稱薩哈林島（Sakhalin），日本則稱樺太島。由於庫頁島在本書所涉及之時段內數次經歷主權變動，將統一使用中文慣用名稱。

亞歷山大二世（Alexander II）沒有理由持不同看法。一八五五年，他繼承父親尼古拉一世的皇位時，俄國擁有全歐洲規模最大、兵力最強盛的軍隊，而正是如此堅強的軍事實力才使其得以躋身歐洲強權之列。然而，一八五六年在克里米亞（Crimea）的失利，嚴重削弱了這樣的地位。許多人認為，這次的戰敗是依照西方路線重新實現現代化的召喚，但也有人相信，這次的屈辱催生出一個規模小卻具有影響力的邊防軍團，他們認為俄國必須將目光轉向東方，重拾軍事上的榮耀。伊凡・布拉蘭貝格（Ivan Blaramberg）中將是軍事地形學家，也是「大博弈」的老練玩家，而他道出了眾多同儕的心聲：「俄國的未來不在歐洲：它必須放眼東方。」[11]

當然，這不是俄國頭一次渴望向亞洲擴張。自從恐怖伊凡征服韃靼族並占領西伯利亞以來，俄國重新燃起了民族熱情。十八世紀，彼得大帝擴展了俄國的領土範圍，使其從波羅的海（Baltic）一路延伸至太平洋，但他並不認同人民的理想。在他的領導下，俄國試圖將自己重新定義為一個在西方占有一席之地的歐洲帝國，但仍然擺脫不了其對亞洲懷抱的深刻矛盾心態。[12]受過教育的俄國人傾向自視為歐洲人，在任何方面都與西方平起平坐。然而，他們在談論亞洲時或許會自認是歐洲人，但在歐洲人眼中，他們是「亞洲人」。[13]一八三九年，法國貴族屈斯汀侯爵（Marquis de Custine）到俄國旅行，事後寫道：「想像一下半開化的人民被招募入伍、嚴格操練，卻沒有受到文明薰陶，那會是什麼樣子，由此，也就能理解俄羅斯民族的社會與道德狀態了。」[14]俄國知識分子本身則痛斥國家在亞洲擴張一事上畏縮不前，認為過去與蒙古人糾纏的那段歷史從未帶來任何好處。[15]

但是，從十九世紀初起，許多俄國知識分子與作家開始重新思考國家的亞洲身分。[16]一八二二年，亞歷山大·普希金（Alexander Pushkin）發表〈高加索的囚徒〉（The Prisoner of the Caucasus）一詩，而俄國著名文學評論家維薩里翁·別林斯基（Vissarion Belinsky）描述，這首詩將高加索地區從衰敗的窮鄉僻壤變成了「一處充滿浩瀚無垠的自由、擁有取之不盡的詩歌的寶地，那裡的人們滿腔熱血、野心勃勃」。[17]其他作家也相繼效仿：米哈伊爾·萊蒙托夫（Mikhail Lermontov）的《時代英雄》（*Hero of Our Time*, 1840）同樣以高加索為背景；里歐·托爾斯泰（Leo Tolstoy）的《高加索的囚徒》（*The Prisoner of the Caucasus*, 1872）則延續了普希金的思想，描繪此地可為俄羅斯人帶來自由。普希金再次將亞洲變成了俄國的一部分，成為如尼古拉·果戈里（Nikolai Gogol）所述——「一個國民，因為真正的民族性不在於對薩拉凡（sarafan）的描述，而在於人民的靈魂。」[18]

一八三〇與四〇年代對「俄羅斯魂」的探索，建立在俄國在世界上肩負一項獨特使命的基礎上。之後，謝爾蓋·謝苗諾維奇·烏瓦羅夫（Sergei Semenovich Uvarov）伯爵指出，俄國基於其與「東方世界的芸芸眾生」的接觸，注定成為東西兩方之間的調解者。這位貴族出身的青年當時在維也納擔任參事，後於尼古拉一世任內長期執掌教育部。他密切關注俄國在亞洲的領地，並且為俄國的大學院校引進東方語言與文化的研究，目的主要是培養本國人才來掌管日益壯大的帝國。這些親斯拉夫人士狂熱地擁護俄羅斯優越主義，相信俄國在世界上將占據特殊地位，同時蔑視「軟弱、衰頹的西方」。[19]

不出所料，俄國向中亞及遠東地區的擴張也被視為一劑良藥，以重振其在克里米亞戰役潰敗後受創的自尊。帝俄在克里米亞戰爭（Crimean War，一八五三年—一八五六年）中敗給英國的事實，催生了新一批好戰的邊防將領，而他們就宛如萊蒙托夫小說中的拜倫式英雄*。[20]這些將領是不折不扣的仇英人士，巴不得有朝一日能替俄國向英國討回公道。因此，穆拉維夫（後因在黑龍江征戰有功而獲封為穆拉維夫—阿穆爾斯基伯爵〔Count Muravev-Amursky〕）與其他支持俄羅斯民族主義與帝國擴張主義之人士一拍即合。一八五五年，穆拉維夫再次率軍遠征黑龍江口。到了一八五七年年底，其部隊占領了黑龍江上游，也就是清帝國的滿洲心臟地帶。

當時，清帝咸豐忙著平定太平天國之亂（一八五〇年—一八六四年），竭力想擺脫英國與法國提出租界和其他特權的要求，根本無力阻擋穆拉維夫。一八五八年五月，在涅維爾斯科伊的偉大發現後不到十年，穆拉維夫向大清皇帝提議以黑龍江作為俄國與大清之間的邊界。經過數次「漫長的會談」，大清的群臣總算讓步，並在五月二十日簽訂了《璦琿條約》（*Treaty of Aigun*）。大清談判代表奕山痛心說道：「我們勇敢地順了他們〔俄國人〕的意，簽署條約並交換條件，作為安撫這些蠻族獸性的權宜之計，從而讓自己脫離險境。」[21]雖然大清堅稱他們只是「借出」黑龍江北岸「無人居住」的土地作為「臨時居住地」，但這卻達到了穆拉維夫的目的，為俄國永久吞併該地區創造了有利條件。

---

* 譯註：兼具反派與英雄特質的角色類型，勇於挑戰社會規範、自負且聰明，滿懷理想但也傾向自我毀滅。

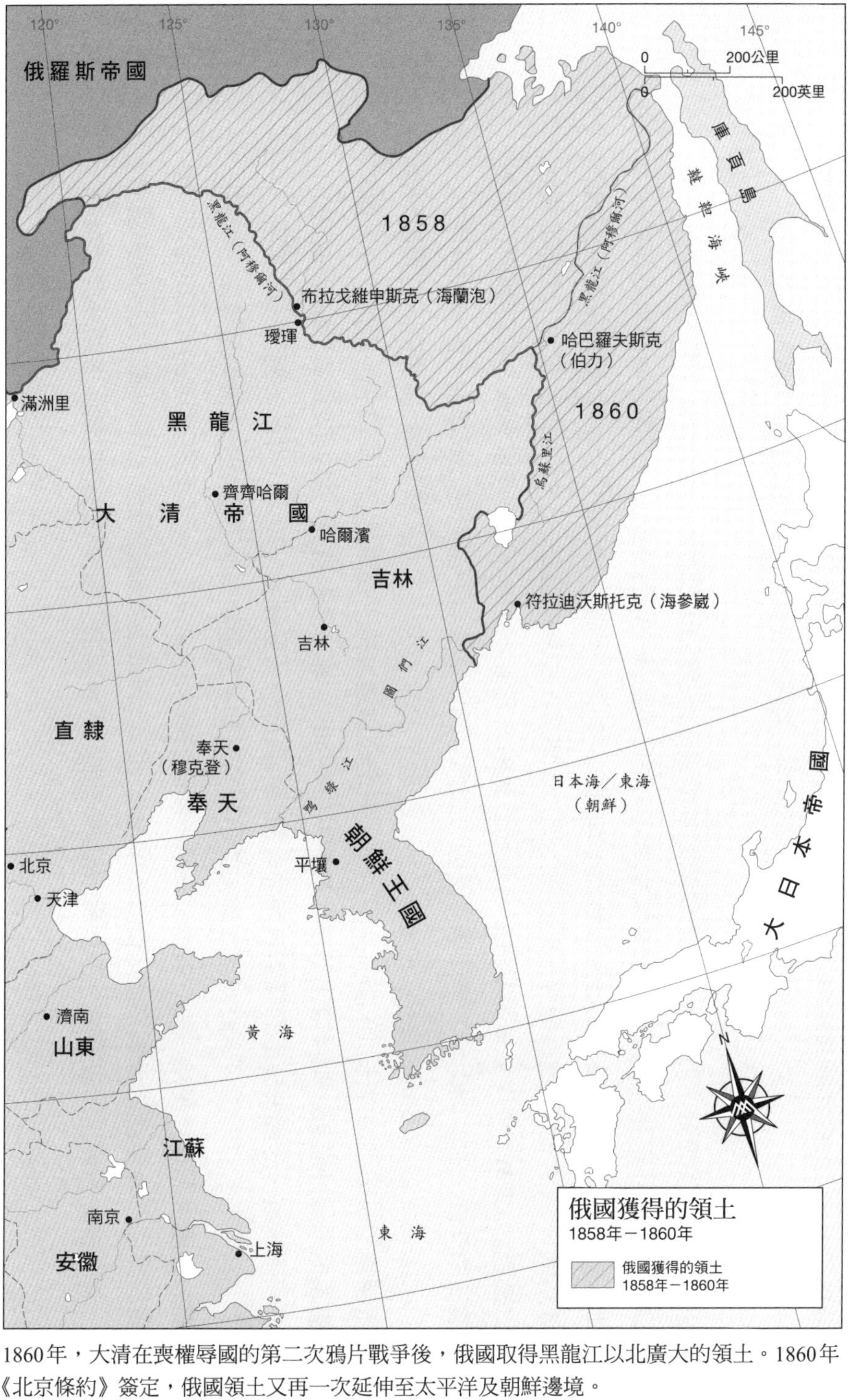

1860年，大清在喪權辱國的第二次鴉片戰爭後，俄國取得黑龍江以北廣大的領土。1860年《北京條約》簽定，俄國領土又再一次延伸至太平洋及朝鮮邊境。

在談判過程中，穆拉維夫以俄國「保護大清」免受英國侵略為由，主張自己的要求合情合理。「英國迅速征服世界各地，眼看她離我們愈來愈近了……」他宣稱：「英國過往種種背信忘義的舉動，大清政府是再清楚不過的了。」之後他又虛偽地說：「但是各位，請不要認為俄國貪圖的是領土擴張。這樣的計畫不在我們的考量範圍內。俄國只關心自家邊界的安全。」[22]

兩年後，俄國再度找上大清。亞歷山大二世擔心英國會奪取戒備鬆散的遠東領地，於是派了另一名出色的邊防將軍尼古拉．伊格納季耶夫（Nikolai Ignatiev）伯爵前往北京，逼迫大清皇帝將穆拉維夫在一八五八年暫時取得的新領土正式割讓給俄國。一八五九年春，二十七歲的伊格納季耶夫乘駕雪橇和馬匹奔往大清首都。

抵達北京後，他發現大清正捲入英國與法國的戰爭，國內一團混亂。一八五六年，也就是伊格納季耶夫展開這段重要旅程的四年前，大清與英法兩國爆發了亞羅號戰爭（Arrow War），即第二次鴉片戰爭。英國在一八五六年占領了廣州，後於一八五八年又攻下具戰略價值的大沽口，並威脅將奪取位於北部沿海城市的天津港。到了一八五八年六月，英國以武力迫使清政府簽訂新條約，對大清實施極其嚴苛的條款，包括新開放十處通商口岸，以及允許基督教傳教士在內地的任何地方傳教。《天津條約》（一八五八年簽訂）還強制大清調降外國進口商品的運輸稅，並對鴉片統一實施進口稅。[23]

清政府拒絕遵守新條約的條款，致使戰事在一八五九年夏季捲土重來。這一次，法國軍隊與英軍聯手進攻大沽口。清軍重整旗鼓，擊退了歐洲敵軍。對此，英國派遣談判團前往北京，未料其遭到當局逮捕，有些人更慘遭凌虐及處決。[24]此事激怒了英國的首席條約談判代表埃爾金勳爵（Lord Elgin），他隨即成立一支由三千五百人組成的英法聯合遠征軍進逼北京，要給清軍一個永生難忘的教訓。一八六〇年十月，這支聯軍進入北京城時，埃爾金命令部下摧毀大清皇帝最珍視的財產之一——圓明園。軍隊沒有攻擊任何人或造成死傷。埃爾金只想挫挫這位皇帝及大清的銳氣。他事後坦承：「焚燒皇宮不是我會做的事，但這是必要之舉，而結果證明這麼做很有效。」[25]

這就是伊格納季耶夫抵達大清首都時目睹的景象，而他立刻看到了機會。當時，咸豐皇帝與妃子慈禧已逃離北京，留下弟弟奕訢（即恭親王）對抗敵軍。伊格納季耶夫向恭親王表示，願意作為他與英法聯軍之間的調停人。恭親王儘管懷疑伊格納季耶夫在玩兩面手法，但由於擔心北京遭到大規模破壞，仍勉為其難地同意了。[26]

事實證明，恭親王的猜測是對的。伊格納季耶夫向英法聯軍提供地圖與北京城內的情報，而當英法因為滿洲即將迎來嚴冬而決定撤軍時，他卻對大清隱瞞了這項重要情報，好利用當局對外國軍隊固守原地的恐懼來獲得好處。這項計畫收到了奇效。伊格納季耶夫成功地讓恭親王相信，是他一個人加速了英法聯軍的撤離。[27]伊格納季耶夫以調停有功為由要求朝廷賞賜領土，範圍不僅是名義上在《璦琿條約》得到保障的黑龍江以北的土地，還包括黑龍江以東及以南的地區，即所謂的烏蘇里江（Ussuri）沿岸區域。

一八六〇年簽訂的《北京條約》象徵了俄國的輝煌勝利。[28]條約簽訂後，其於一八五六年英軍首次登陸的海灣上建立了新城（五月港），並將一八六〇年新設的前哨基地更名為符拉迪沃斯托克*（Vladivostok，意指「東方統治者」）。伊格納季耶夫一舉為國家取得了約一百多萬平方公里的廣大領地，面積相當於法國與德國相加起來的大小。他不費一兵一卒，單憑巧妙的外交手段，便成功讓俄國的領土擴及太平洋與朝鮮邊境。[29]

這些事態預示了之後的不祥發展。儘管俄國向天朝上國（Celestial Empire）保證，其對地理上與大清唇齒相依的朝鮮半島沒有任何敵意，並且每次的進攻都是最後一次，但在許多人看來，俄國無情的東進似乎是一大規模計畫的一部分，其目標是將整個東北亞地區納入沙皇的統治下。這同樣正是日本害怕面臨的情況，因此，隨著東亞各大強權紛紛展開各自的「大博弈」，朝鮮半島成了區域劇烈動盪的中心。

* 註：即海參崴。

第一部

新邊境

朝鮮王朝（一三九二年—一九一〇年）前半期，朝鮮人與明朝（一三六八年—一六四四年）保持密切往來。隨著來自北方、改名自稱滿洲*的女真族入侵明朝後建立大清帝國（一六四四年—一九一二年），朝鮮不得不臣服於其統治下，成為大清的藩屬國。除了定期前來朝貢、意在調節兩國關係的外交使節團之外，大多數的朝鮮人民很少見到北方的鄰居。為了盡可能減少兩國人民之間的接觸，朝鮮與大清協議將鴨綠江及圖們江沿岸的無人區劃為兩國邊界。這塊區域被劃定為中立地帶，禁止任何人居住。

一八六〇年，隨著《北京條約》的簽訂，第二次鴉片戰爭畫下句點，這個局面出現驟然變化。俄國擁有烏蘇里江與黑龍江流域的大片大清領土，也就是現今的俄羅斯遠東地區，其中包含作為俄國與朝鮮邊界的圖們江下游。新的邊界使俄國人民與朝鮮人民有了史上第一次的直接接觸，也為東亞帶來了嶄新的動態，使朝鮮前所未見地開始關注邊防安全。

俄國士兵無預警現身圖們江對岸的時機，對朝鮮而言實在太不湊巧。一八六三年，朝鮮國王†意外駕崩，由於他沒有子嗣，王室遂挑選了國王的一名遠親繼任。但是，這名繼承人年僅十二歲，因此其父興宣大院君（即「大王子」）‡被賦予攝政之責，負責輔佐國王直到成年。興宣大院君甫上任即面臨應對俄國威脅的問題。他不但擔心俄國有可能入侵，還擔心朝鮮移民與俄國當局串通謀反。

在此同時，興宣大院君還面臨一群狂熱的朝鮮天主教改宗者對其統治的挑戰。十八世紀初，耶穌會神父將天主教教義傳入朝鮮，多年來，朝鮮天主教徒時而遭到清洗，時而獲得生存空間，端視朝鮮王室變化無常的喜好而定。大清在第二次鴉片戰爭（一八五六年—一八六〇年）中敗給了英軍，朝鮮的地下天主教團體因而變得更加膽大妄為，而某些朝鮮天主教領袖在尋求改變信仰的新途徑時，看到了利用俄國與朝鮮邊界問題的契機。他們建議興宣大院君與法國結盟，由法國傳教士居中協調，以對抗迫在眉睫的俄國威脅。朝鮮天主教徒則要求完全的宗教自由作為交換條件。

起初，興宣大院君接受了這個提議，但是當朝鮮王室中的反天主教派得知此消息後，他改變了主意，隨後展開肅清天主教徒的行動，其中包括在一八六六年處決了七名法國傳教士。

法國駐華臨時代辦收到處決消息後，下令派遣一支遠征軍前往朝鮮以示懲戒。然而，這支只有數百名兵力、勢單力薄的法軍被朝鮮打得落花流水。且為了慶祝勝利，興宣大院君下令肅清數千名朝鮮天主教徒。這場對法國「夢幻般」的勝利，非但沒有像圓明園遭到燒掠的歷史對大清造成的影響那樣，迫使朝鮮政府正視瞬息萬變的世界局勢及自身日益嚴峻的處境，反而加深了朝鮮與世隔絕的決心。

---

* 編註：又稱「滿族」或「滿洲族」。一六三六年，皇太極稱帝，改族名為「滿洲」，為滿族在清朝的官方稱呼，此不同於作為地名的「滿洲」。直到十九世紀末西方勢力延伸至中國東北，「滿洲」作為地名的意義才逐漸顯著。

† 編註：朝鮮王朝的君主，原為中國皇帝冊封為「朝鮮國王」，雙方解除藩屬關係後稱「大君主」。朝鮮王朝後期君主高宗將國號由「朝鮮國」改為「大韓帝國」（一八九七年—一九一〇年），君主則稱為「皇帝」。

‡ 編註：在朝鮮王朝，當先王無嗣，被選定的旁系繼承人之生父則獲得尊稱「大院君」。通常為死後追贈，而興宣大院君是唯一一位生前即獲得稱號者。

在此背景下，當日本在一八六八年明治維新後，派遣使節試圖與朝鮮政府建立新關係時，朝鮮索性無禮以對。其鄙視日本使節的西方樣貌，蔑稱日本是「無法無天的國家」。受辱的日本憤而威脅將發動戰爭。此時，年僅二十一歲的朝鮮高宗掌握實權，推翻了父親興宣大院君的孤立主義外交政策。在大清的推波助瀾之下，高宗選擇不對抗，並於一八七六年在日本砲艦的威脅下，和日本簽署了《江華島條約》（*Kanghwa Treaty*），表面上兩國關係趨於正常，朝鮮也開放外貿。這對朝鮮而言是個關鍵時刻，事後證明，對整個東亞來說也是如此。

與此同時，俄國對朝鮮隱現的威脅更是肆無忌憚了起來。在日本的逼迫下，朝鮮脫離了孤立狀態，並隨著各國爭相影響並控制朝鮮半島的事實，改變了數世紀以來區域強權在東亞的外交慣例，迅速成了一個國際安全難題。

第一章　朝鮮的慘烈勝利

朝鮮與俄國之間的新邊界，為朝鮮與大清之間的關係帶來了意想不到的後果。自一六三七年以來，朝鮮近乎與世隔絕，閉關鎖國成為其外交政策的主要原則。那一天象徵著滿清侵略的結束，也是朝鮮半島一連串災難性對外戰爭的終點。由於此地在中國東部邊境具有戰略意義，所以幾乎每次中國朝代的更迭都為半島帶來大規模衝突。例如一二五四年，蒙古人屠殺了半島上二十萬名男女老幼，並實施焦土政策，在一二七一年於中國建立元朝之前將高麗納為藩屬國。[1]朝鮮半島分別在一二七四年和一二八一年成為蒙古侵略日本的前哨基地，兩次均以失敗收場。三萬名高麗人民受徵召為蒙古建造九百艘戰船，另外有五千名高麗人被強徵入伍。一二七四年，一個被日本人稱為「神風」的強烈颱風，在蒙古大軍入侵時，奇蹟般地拯救了日本。一二八一年，神風再度來襲，第二次——也是最後一次——導致高麗建造的船艦沉入海底。[2]

然而，對朝鮮半島上最重大的破壞，是十六世紀末的日本入侵所致。豐臣秀吉為了征服朝鮮半島，於一五九二至九八年發動壬辰戰爭，有近兩百萬名朝鮮人（占總人口的百分之二十）喪生。[3]

豐臣秀吉的目標是征服明朝，結果卻使朝鮮滿目瘡痍。在明朝的幫助下，朝鮮終於擊退了日本，可惜和平並未持續太久。幾乎就在豐臣秀吉從朝鮮半島撤軍之際，崛起的滿族就開始集結軍力，計畫推翻明朝。一六三六年，滿族軍隊越過鴨綠江邊境界進入朝鮮，這是北方蠻族在十年內第二次入侵朝鮮。朝鮮王朝投降，同意承認大清帝國為中國的合法王朝。背叛明朝是朝鮮朝廷不得不接受的嚴酷事實，但在經歷了種種毀滅之後，朝廷官員逐漸相信，順從——而非抵抗——大清的要求，是確保國家生存的唯一方法。此時，朝鮮人民已對頻繁的戰亂感到心力交瘁。

朝鮮對明朝的背叛得到了回報。大清憑藉軍事優勢及規模，建立了極為穩固的外交體系，作為調節天朝上國內對外關係的一種手段。[4]除了本身與日本的關係之外，朝鮮亦隱身於鎖國政策之下，僅透過大清保持對外聯繫。朝鮮使節向大清皇帝行三跪九叩之禮，接受朝廷敕封，並進獻貢品，這不僅鞏固了兩國之間的宗藩關係，也有助於確立大清作為新興文明中央王國（中國）的地位。[5]

這不表示朝鮮與大清之間的關係特別親近。雙方的來往並不頻繁。除了偶爾造訪漢城的外交使節之外，朝鮮人民很少見到北方的鄰居。來自北京的使節基於慣例定期出訪朝鮮都城時，備受禮遇並享有頂級住宿，但都在隱蔽僻靜之地。危急時刻，大清使節會將朝廷的忠告傳達給朝鮮官員，只是朝鮮沒有義務聽從其建議。根據朝貢關係的原則，中國無權干涉朝鮮內政。

為了盡可能減少雙方接觸，大清與朝鮮同意在圖們江和鴨綠江邊界兩側劃定無人地帶。一六四四年推翻明朝後，大清制定東北地區的封禁政策，規定漢族子民不得進入該地區。康熙皇帝（一六六一年—一七二二年在位）下令興建柳條邊（又稱「盛京邊牆」，由城門與邊哨構成），以限制人民前往滿洲。鴨綠江和圖們江以北、鄰近長白山，位於大清與朝鮮交界的吉林，則受到特別嚴格的管制。這塊寬約兩百公里、長約五百公里的地帶，被康熙皇帝視為朝廷的「龍興之地」，因此禁止任何定居或開墾。[6]大清制定一系列法規，嚴格執行朝鮮封禁政策。大清對侵犯邊境者處以嚴刑，殺雞儆猴；朝鮮當局則全力遵循清廷對這塊杳無人煙緩衝地帶所訂下的規矩。某次，兩名遭大清當局遣返的朝鮮逃亡者「被斬首，頭顱懸掛在河岸邊，以儆效尤」。[7]

俄國與朝鮮之間的新邊界改變了這一切。一八六〇年的《北京條約》為俄國增添了一片廣袤領土，而當政者眼下的任務是，如何將這些遠東地區據為己有。若要將人口引入此地，需要傾盡全力。俄國在一八五八到六〇年間獲取了一片幅員遼闊的領地，而根據多數的官方記述，當地人口不超過一萬五千名。「廣闊的土地上空無一物，沒有農業，沒有貿易，沒有道路，當然也沒有工業。」[8]如果黑龍江與烏蘇里江流域要發展成俄國的前哨基地，就需要城市、城鎮以及港口。但在亞歷山大二世統治下，俄國不可能將大批農民遷往遠東地區，因為歐俄根本沒有足夠人口可移居到這麼一大片區域。因此，俄國人民面臨嚴重的勞動力短缺問題，如果他們想好好利用帝國的新領土，就需要外界協助土地的移居、墾荒。在這種情況下，俄國地方政府非常樂見朝鮮北部省分的居民遷入。

一八六〇年代，朝鮮東北部、圖們江沿岸的咸鏡道（Hamgyŏng）遭受多次天災。朝鮮人民飽受極端貧困、地方腐敗及高壓統治之苦，對於跨越新邊界到俄國展開新生活的機會躍躍欲試。為了鼓勵這些朝鮮移民，當局指派列札諾夫（Rezanov）中尉在波西耶特灣（Posyet Bay）*成立一處小型前哨。一八六三年十一月，列札諾夫在上呈長官濱海邊疆州（Primorskaya Oblast）總督卡札凱維奇（O. V. Kazakevich）的報告中表示，就他的觀察，約有二十戶朝鮮家庭定居俄國新前哨諾夫哥羅德斯基（Novogorodskiy）及其周圍地區。他很高興見到這些移民勤勉踏實，提到他們已開始辛勤地製作麵包，「駐軍基地販賣部可望出現蕎麥製品」。儘管朝鮮人缺乏農耕器具，但「他們仍然做了很多事」，他興奮地指出：「這處聚落看來相當宜居，而且雖然經濟條件欠佳，卻看不出任何一絲貧窮的跡象——環境不髒不亂，居民也不懶散。」[9]俄國地理學家尼古拉・普爾熱瓦爾斯基（Nikolai Przhevalsky）提到，一八六三年時，已有十二戶朝鮮家庭在國家的新領土上定居。朝鮮的「清貧窮苦和專制統治、與我們毗鄰的地理位置」及「肥沃的土地」，足以誘使朝鮮人民離開家園。他解釋：「這些早期移民聚落對邊境的朝鮮人民產生了巨大影響，如今有許多人希望移居到我們國家。」[10]

及至一八六四年，移居的家庭增至三十戶，約有一百四十名朝鮮人定居提津赫河（Tizinhe River）河谷。隔年，又有六十五戶（計三百四十三人）遷居提津赫河盆地。到了一八六六年，又有九十戶家庭（計五百四十六人）遷入俄國。一八六七年，朝鮮定居人口達到一百八十五戶，共計九百九十九人。[11]俄國當局甚是歡喜，卡札凱維奇於是指示列札諾夫，「向那些希望集體定居我國的朝鮮人口提供資助與協助」。「這些朝鮮人在移居的頭一年就安頓妥當，並且生產了大量麵包，不需要我們的任何幫助也能過得很好……顯然，他們異常地熱愛勞動與農業。」[12]

俄國的入侵對朝鮮政府及傳統的中朝宗藩關係構成了真正的挑戰。按照朝鮮人口移居俄國的速度，北部省分的戶數將所剩無幾。朝鮮當局向清廷官員大聲抱怨，要求他們代為干預。俄國官員則宣稱，邊境問題——尤其是朝鮮移民逃入俄國領土一事——與大清無關，並一再邀請朝鮮直接和他們討論解決之道。[13]在這一點上，清政府同意俄國的立場。因內亂而分身乏術的大清聲明，其政策是不直接干涉他國內政（例如朝鮮人民移居俄國），並要求朝鮮自己想辦法解決問題。

然而，朝鮮不想直接與俄國打交道，於是轉而加強邊防。「朝鮮政府一直試圖阻止這些移民前來，並且採取最嚴格的措施，包括槍殺設法越境進入我國的人民。」普爾熱瓦爾斯基寫道，「儘管如此，朝鮮人民還是離開自己的家，連夜偷偷游過圖們江，有時甚至尋求我國軍隊的保護。」[14]

朝鮮高宗及其父

邊境安全與朝鮮移民只是朝鮮政府在這段期間面臨的眾多問題之一。俄國將之大肆利用的時機，恰巧碰上朝鮮經歷劇烈動盪的時期。一八六三年，《北京條約》簽訂三年後，朝鮮君主哲宗（一八四九年—一八六三年在位）意外辭世。由於沒有子嗣，按照慣例，在世且輩分最高的大王大妃，即神貞王后趙氏，有權指定繼任者。已故君主翼宗的妻子趙氏將王位傳給了夫家的遠房親戚，

＊編註：即摩闊崴，一八六〇年時因《中俄北京條約》割讓給俄國。

一個十二歲的男孩（即高宗）。由於高宗年幼無法獨自掌政，因此由趙氏臨朝攝政。然而，日常國政則由高宗的父親李昰應，也就是大院君處理，趙氏則任命其贊襄政務。[15]不論趙氏和大院君達成了何種妥協來解決王位繼承問題（至今仍無人知曉），這都是極不尋常的安排。[16]在朝鮮王朝的歷史上，從來沒有一位國王在父親仍在世的情況下獲命繼承大統。一八六六年，大王大妃還政。由於高宗年僅十四歲，大院君便成為朝鮮的實際統治者。

大院君的掌權想必令他的家族震驚不已。其子獲選即位，為這個四十四歲的無能之輩帶來人生的新轉機。在此之前，幾乎沒有人認為大院君會有多大的成就。作為王室一支卑微世系的成員之一，大院君成年後有大半時間都遊手好閒、無所事事。「他與流氓為伍，生活糜爛，燈紅酒綠，惹事生非，酗酒又嗜賭。」十九世紀末編年史家朴齊炯（Pak Che-gyŏng）如此寫道：「他聲名狼藉，沒有人想得到他竟是王親國戚。」[17]雖然大院君受過完整的儒家教育，在親戚眼裡卻是個無可救藥的窩囊廢。他既無意參加、也沒有能耐通過入仕者必經的科舉考試。除了對書法與繪畫稍有涉略外，大院君學問淺薄，沒有資格晉升官宦階級。

因此，趙氏決定與這樣的一個人共謀，將其子推上王位，令世人驚訝萬分。有人猜測，大院君之所以玩世不恭且行事低調，肯定是為了掩蓋自己真正的才華與野心，因為他後來展現了不凡的領導才能。掌權後，大院君大刀闊斧地重組傳統官僚機構，增設官職，提高稅收效率，並杜絕貪腐情事。美國首任駐朝海軍隨員福久（George Foulk）曾說：「他無疑是朝鮮最強勢的人。」[18]

一八六四年，大院君獲攝政之責後，當即面臨如何應付俄國對朝鮮北部邊境造成威脅的急迫問題。但是，另一個沒那麼緊迫、卻同樣隱約逼近的問題是：天主教在朝鮮的傳播。在大院君統治下的頭兩年，朝鮮對俄國與天主教的挑戰必須雙管齊下地因應。

天主教問題存在已久。早在十八世紀，天主教就透過耶穌會教士的宣揚悄悄經由中國傳入朝鮮。多年來，皈依天主教的人時而遭到清洗，時而獲得容許，取決於朝鮮朝廷的變化無常。在哲宗的前任君主憲宗（一八三四年—一八四九年在位）統治時期，朝鮮天主教徒普遍受到迫害，官方也明文禁止天主教信仰，一八三九年更是爆發可怕的朝鮮天主教徒大屠殺。然而，哲宗扭轉了這個態勢，對外來信仰展現出非比尋常的寬容。會出現這樣的逆轉，可能是因為他的直系血親在早期的天主教大清洗中遭遇了悲慘的苦難。一八〇一年，哲宗的祖父，也就是正祖（原廟號正宗，一七七六年—一八〇〇年）同父異母的兄弟，被迫流亡到江華島（Kanghwa Island）。其妻子（即哲宗的祖母）及長媳祕密皈依了天主教。她們被迫服毒，不久後，心亂如麻的正祖自盡身亡。哲宗在已故的祖父和父親遭流放的這座偏遠島嶼上長大，直到後繼無人的憲宗突然去世，才意外受召入京，登上了皇位。[19]因此，哲宗對天主教的寬容有著深厚的個人淵源。他在一八四九年即位時，朝鮮約有一萬一千名天主教徒，一八六四年退位時，皈依者人數幾乎增加了一倍，達到近兩萬人。[20]

一八六〇年，英法聯軍攻入北京並洗劫圓明園的消息，也致使皈依者人數增加。許多高階官員擔心，英法兩國的軍隊也會對朝鮮發動類似的入侵行動，因此尋求本國天主教徒的庇護。「勳章、十字架與宗教書籍大賣。有些人甚至公開佩戴，以期敵軍來犯時能安全無事」。最早走訪朝鮮並撰寫相關著作的西方人士之一威廉·格里菲斯（William Griffis）注意到了朝鮮的轉變。「在慶尚道

（Kyŏngsang），一支喪葬隊伍提著兩百個燈籠，高舉巨大的十字架，吟誦啟應禱文。在都城，改宗者們打著天主教的旗幟遊行。一所神學培訓學院在山區成立，四名新傳教士經由麻浦區〔Map'o〕進入朝鮮，那年進行的洗禮共計一千九百七十九次，大量文學作品付梓，印刷業不停運轉。」[21]

雖然趙氏堅決抵制天主教會，但大院君起初並不反對這個信仰。事實上，關於其妻已皈依天主教、而其子高宗甚至接受了洗禮的傳言不斷。[22]相較於天主教在朝鮮的蔓延，俄國在北方擴張所造成的威脅還更令他感到憂心。

朝鮮與俄國新劃定的邊界讓大院君感到擔憂又困惑。他最懼怕的是，數百名跨過圖們江進入俄國新領土的朝鮮人，可能會與當地人合謀推翻朝鮮政府。許多移居俄國的朝鮮人都經歷過當局的極度壓迫，因此這種認為他們會返國挑起禍端的看法並非穿鑿附會。慶尚道的生活水準是全國數一數二的低，歧視性政策亦加深了貧困，對此百姓偶爾會發動叛亂。[23]

同時，俄國開始要求朝鮮開放港口進行貿易。早在一八五四年，普提雅廷（E. V. Putatin）海軍上將的艦隊便帶著四百三十九名船員造訪朝鮮南岸的巨文島（Kŏmun-do）*。之後他們沿著東岸行進，在元山（Wŏnsan）†歇腳，也就是圖們江與波西耶特灣的河口。大約在同一時間，普爾熱瓦爾斯基一行人也正前往慶興（Kyonghŭng），儘管有人警告他們不要渡江。俄國對朝鮮的意圖令人費解[24]，而這些發展也預示了之後的災難。

大院君拿不定主意。朝鮮政府從未與俄國打過交道。幾名朝鮮天主教徒與這位攝政者有著同樣的擔憂，但他們也看到了從中獲利的機會。皈依天主教的南鍾三（Nam Chong-sam）與金明鎬

（Kim Myŏn-ho）暗中向大院君獻計：朝鮮應透過法國傳教士的牽線與法國結盟，以抵禦俄國步步逼近的威脅。[25]作為交換，朝鮮天主教徒要求在當地享有完全的宗教自由與勸誘人們改宗的權利。

大清洗

這是個厚顏無恥的計畫，但對大院君而言似乎是可接受的。自從他於一八六四年攝政以來，沒有任何跡象顯示他的作為會與哲宗的寬容統治有所不同。一八五六年五月，來到漢城府管理朝鮮主教轄區的法國傳教士西蒙・弗朗索瓦・貝爾納（Simeon François Berneux）滿意地表示，大院君「對天主教信仰沒有敵意（他知道這是良善的），也不仇視與他相處融洽的傳教士」。事實上，在朝鮮的宗教界，大家都知道他的妻子長期接受貝爾納的指導和建議。[26]在一八六五年十一月十九日寫給歐洲的年度報告中，貝爾納充滿信心地寫道：「我們形勢看好，我相信到了明年一切會更好。」[27]一名代表大院君的高階官員告訴貝爾納，如果他能說服俄國不要侵占朝鮮領土，大院君「會授予〔朝鮮〕改宗的宗教自由」。有鑑於這些令人樂觀的發展，貝爾納向祖國報喜：

---

* 編註：西方稱漢彌爾頓港（Port Hamilton）。
† 編註：西方稱拉札列夫港（Port Lazareff）。

最近，我透過一名官吏與大院君取得聯繫，商討俄國向朝鮮提出建立海岸基地的要求。大院君對我們的溝通表示滿意。他的妻子，也就是高宗的母親，私下請我致函我國駐北京公使請求宗教自由。漢城府的官員希望法國派遣軍艦協防。就我而言，在與大院君商議之前，我不會採取任何行動。

然而，貝爾納的一些同儕卻沒這麼樂觀。在一八五六年貝爾納抵達朝鮮之際，擔任輔理主教的達維魯伊主教（Bishop Daveluy）對大院君心存疑慮。[29]達維魯伊寫道：「年輕君王的父親現在既不關心我們，也不關心我們的基督徒，而這種〔寬容〕的局面能維持多久呢？他生性暴力、殘忍，鄙視百姓，草菅人命。」[30]然而，朝鮮的天主教徒卻樂觀看待。自一八五〇年代以來，他們於哲宗在位期間享有自由，而他們相信，在大院君的保護下，天主教的影響力會繼續擴大，甚至在漢城府建造一座「規模雄偉、精緻風格與天主教及法國相稱」的教堂。[31]

就在此時，俄國的威脅逐漸減弱。沙皇亞歷山大二世唯恐一旦與朝鮮發生衝突，可能會激起英國對朝鮮半島做出回應，進而嚴重威脅俄國在遠東的控制權，因此他認為不該採取任何可能進一步惹怒朝鮮的行動。[32]因此，朝鮮官員在邊境設置額外哨所，並要求衛兵對試圖跨越邊界者格殺勿論等壓制措施，並未引起俄國的任何回應。[33]

與此同時，在趙氏的支持及影響下，仍主導朝廷的反天主教派勢力開始採取行動。他們指責天主教領袖利用俄國的威脅與法國結盟，向外國人「出賣祖國」。之後，一八六六年一月九日，朝廷下令逮捕曾暗地向大院君獻計的天主教改宗者南鍾三與洪奉柱（Hon Pong-ju），指控他們叛國。「他們蠱惑人心，煽動叛國的邪惡陰謀，而且想必早已開始謀反了。」[34]從大清傳來的反基督教處決聲浪更是火上加油。「基督徒通通死光，西方蠻族都去死」的吶喊聲在漢城府的大街小巷此起彼落。

這下子大院君意識到自己陷入了危險的政治領域。與天主教改宗者的密切關係，使他面對大王大妃趙氏，以及過去協助他和兒子掌權的黨羽時，處於岌岌可危的境地。為了擺脫劣勢，他立場丕變，違背了之前的承諾，頒布反對天主教的舊律法。一八六六年二月二十三日，貝爾納神父遭到逮捕。到了三月底，包含貝爾納在內的十二名法國傳教士之其中九人，以及四十名皈依基督教的朝鮮人遭到追捕、虐待並處決。[35]

然而，其中一名倖存的傳教士逃過一劫。在同情他們的本地改宗者的幫助下，里德爾（Ridel）神父帶著十一名朝鮮天主教徒踏上了逃離朝鮮的危險旅程。六月抵達大清的沿海城市天津時，他向法國遠東分遣艦隊司令皮埃爾．古斯塔夫．羅澤（Pierre-Gustave Roze）海軍少將報告這些駭人的遭遇。七月初，法國駐北京臨時代辦兼資深公使伯洛內（Henri de Bellonet）得知大屠殺的消息。年輕氣盛的他，因法國常駐北京公使柏爾德密（Jules Berthémy）暫時返國休養，而被任命為臨時代辦。

朝鮮對天主教徒的大清洗，碰巧緊接在中國境內類似的動亂之後。一八六〇年代，中國爆發反基督教迫害（主要為反對天主教），違反了一八六〇年第二次鴉片戰爭結束時簽訂的條款。該條約保證西方傳教士宣揚信仰及中國基督徒實踐信仰的權利。[36]伯洛內對大清違反條約的行為非常憤怒，他認為，其中的條款也適用於作為大清藩屬國的朝鮮，於是寫了一封措辭強烈的信給羅澤。他氣憤地表示：「您得知朝鮮的基督徒與傳教士遭到大屠殺的消息後，想必跟我同樣認為，倘若在這場血腥暴行的懲戒上稍有延遲，便會讓數百名在中國傳教的教士岌岌可危，所立下的榜樣或將引起他國瘋狂效仿。」[37]伯洛內在信末擅自下命令，指示羅澤派一支懲戒考察團到朝鮮，殺雞儆猴，讓大清從中學到教訓。如同埃爾金勳爵在一八六〇年命令遠征軍摧毀圓明園以儆效尤，伯洛內也要給大清一個警告。

伯洛內致信當時的恭親王（奕訢），其當時已是總理衙門大臣，主持大清新成立的外交機構*。這封信既直言不諱，又令人驚恐。由於恭親王一再宣稱，大清無須為朝鮮的行為負責，因此伯洛內諷刺地提醒，法國的懲罰任務也與其無關，希望大清不要介入法國與朝鮮之間的衝突。[38]他傲慢地宣稱：「國王陛下不能允許如此血腥的暴行免受懲罰。」接著，他說了無疑會令任何外國政府深感驚恐的一番話：

> 朝鮮國王對我不幸的同胞痛下毒手的那一天，也就是他在位的最後一天；他〔朝鮮國王〕自己宣布了統治的結束，而我也在此鄭重宣布。再過幾天，我國軍隊將進攻朝鮮。現在，唯有〔法國〕君主——我們莊嚴的國王——才有權利與職權按照他的心意發號施令並罷黜該國國王。[39]

恭親王對法國威脅廢黜朝鮮國王一事大感震驚，立刻將伯洛內的信上呈漢城府，並提出請求與建議。「如果處決法國傳教士的消息屬實，請調查這些案件，避免使用暴力。」大清不願挑起戰爭。朝鮮政府則冷淡回應：「朝鮮從未與法國發生過任何衝突，我們怎會在沒有任何正當理由的情況下殺害他們的公民？」[40]

朝鮮人民對伯洛內滿是侮辱的信件大為光火，於是在國內發動了一場全面清洗行動。這封信讓人再次懷疑羅馬天主教會是法國政府的代理人，而皈依天主教的人們不但是異教徒，還是效忠敵對外國勢力的叛國賊。隨後，朝鮮政府頒布詔令：

> 勿再多言，我國終須一戰！
> 興宣大院君親筆寫了一封宣戰書。
> 西方蠻族正挑起戰端
> 若不挺身戰鬥，就是在乞求和平
> 而乞求和平，無異於賣國。[41]†

* 編註：即總理各國事務衙門，簡稱「總理衙門」。
† 編註：本段引文最後三句即為下文提及的「斥和碑」之內容。

隨著朝鮮發動戰爭，一八六六年十月十一日，法國海軍亦分遣艦隊從煙台出發，肩負廢黜朝鮮國王並推翻其政府的重責大任，卻只配置了六百名兵力，顯現法國的傲慢及狂妄。威廉・格里菲斯諷刺道：「柯提斯（Cortés）和皮薩羅（Pizarro）*的時代已經過去，人們認為六百名兵力過少，根本不足以撼動王位。朝鮮人可不像墨西哥人那樣認為兵馬密不可分。他們懂得熔煉火藥，還能徒手和猛虎搏鬥。」[42]

一八六六年丙寅洋擾

起初，法軍看來一副能夠輕鬆取勝的樣子。九月，他們收到先前派往朝鮮的考察團回傳的報告後，原本計畫進攻漢城，然羅澤評估後，認為手邊沒有攻占這座都城所需的兵力，於是放棄了這項計畫。相反地，他決定奪取位於漢江三角洲的江華島。歷史上，江華島作為海上的第一道防線，是抵禦領土威脅的最終堡壘，也是國王的戰時避難所。十三世紀蒙古入侵期間，朝鮮在漢城被占領後，於島上建立了臨時政府。羅澤認為，封鎖漢江，將可迫使朝鮮朝廷接受法國開出的條件。

法國軍隊在十月十五日登陸並占領該島時，幾乎沒有遇到任何反抗。士兵暢通無阻地進入江華城，大肆搜刮戰利品。「他們最重要的發現是一座倉庫，裡頭的箱子裝有銀製淺碟……價值約三十萬法郎。」[43]他們還掠奪了外奎章閣†收藏的大量珍貴書籍與手稿。這些珍寶被運到巴黎並藏於法國國家圖書館（National Library of France），直到一九七五年被一名韓國學者意外發現。[44]

法軍沿著河岸集結準備渡江進攻內陸之際，成千上萬名朝鮮士兵在對岸向入侵者開火。「英勇的朝鮮獵虎人從兩側攻擊，彈如雨下，在這場包圍行動中射殺了多名法軍先鋒」。[45]法軍被朝鮮突如其來的抵抗殺得措手不及，倉皇撤退。不久後，十一月七日，羅澤收到消息指出，一支朝鮮軍隊在江華島南岸登陸，占領了一座具有重要戰略意義的佛寺‡。他命令一支一百五十名兵力的部隊攻占該處，但很快便意識到，己方人數遠遠不如敵軍。羅澤擔心自家艦隊無法逃離江華島周圍海域，於是在十一月十一日下令全面撤退。[46]

令人憎恨的法軍遭到驅趕的消息傳到漢城之際，又爆發了另一次天主教徒大屠殺。許多不幸的天主教徒——包括婦女和兒童——被帶到法軍船艦停泊的漢江岸邊。在那裡，朝鮮將他們斬首示眾，「用他們的鮮血洗去外國侵辱的污點」。[47]根據官方紀錄，有兩千人在大清洗行動中遭到處決，但民間傳言的數字遠比這來得多，據稱死者多達八千人。[48]

為了告誡朝鮮人民，大院君下令在全國各地豎立斥和碑，上頭刻了充滿恐嚇意味的訊息：「洋夷侵犯，非戰則和，主和賣國。」[49]從今往後，朝鮮再也不可能與外國勢力和解。

＊　譯註：均為西班牙早期殖民者。

†　編註：朝鮮王朝的王室圖書館。因正祖設置於景德宮內的王室圖書館為「奎章閣」，故設置於江華島上的分閣稱為「外奎章閣」。

‡　編註：即江華島上的傳燈寺。

儘管大院君看似大獲全勝，但這場「勝利」的最終結果，實際上對朝鮮構成了災難。大院君並不知道伯洛內之所以下令執行這項懲罰行動，其實只是為了讓大清知道，法國公使鐵了心以槍砲來回應天主教遭受的任何迫害。他以為朝鮮實際上贏得了一場對法戰爭。結果，這場「勝利」非但沒有迫使朝鮮政府正視世界局勢不斷變化的現實（就像一八六〇年圓明園遭到劫掠的事件對大清的影響一樣），反而使他們下定決心讓外界不敢輕舉妄動。[50]對朝鮮而言，這場戰爭證明了實施鎖國政策的正當性，大院君更因此自命不凡，並加深了朝廷愚蠢的自負，因為不久後他們便開始挑釁日本。

第二章 日本的朝鮮問題

大久保利通在一八六八年四月十日宣布：「日本開國以來從未發生過當今如此偉大的革命，我們怎能以常規來評斷呢？」[1]這位出身薩摩藩、作為明治維新精神領袖的前武士這般的宣稱，在往後數十年裡得到了驚人的印證。為了將孤立的封建社會轉變成現代國家，明治維新所釋放的社會、政治、經濟與工業變革的力量令人驚歎不已。很少有人能夠想像，在短短四十年內，日本會崛起成為一個足以超越大清的區域強國，並在僅僅十年後，變成有能力迎戰俄國並取得勝利的大國。

當然，這些重大變化再再面臨充滿惡意的反對。特權與地位的喪失，激怒了眾多曾是武士階層的成員，但比起失去社經地位，更令他們感到不安的，是要放棄傳統的作戰方式及武士道精神。對日本現代成就的自豪，也帶來了一種隱蔽的羞愧，因為人們被迫背棄國家傳統與支撐大和民族數世紀之久、根深柢固的信仰。[2]

正因如此，朝鮮斷然拒絕認可或甚至承認明治維新的態度，才會令日本多位領袖大為光火。日本使節前往朝鮮，代表政府宣告實行明治維新時，因為西式的穿著打扮與彷彿來自「目無法紀之國」的行為舉止，遭到當地人嘲諷，而這讓日本確信朝鮮人其實內心備感不安及羞辱。他們受創的自尊心，加上日本與西方國家簽訂的不平等條約，以及對俄國入侵與日俱增的恐懼，正是日本政府針對是否向朝鮮發起懲罰性行動，也就是「征韓論」一事的爭論益趨緊迫且激烈的原因。[3]

有將近四個世紀的時間，日本幕府將軍與朝鮮朝廷之間的官方往來，都透過位於朝鮮海峽、介於日本與朝鮮之間的島嶼對馬上的大名（日本封建時代對領主的稱呼）進行。日本獲准在釜山建立一座小型貿易站，其稱為「倭館」（Wakan，韓文音譯為Waegwan），意指「日人住所」，即日本商人、官員居住和工作的處所。[4]這些地方僅限對馬藩的屬民出入。在封閉的建築群落中，日本居民受到嚴密監視，而他們與朝鮮人的往來也受到密切監控。英國駐日本領事官員約瑟夫．朗福特（Joseph H. Longford）聽聞有關日人聚落的第一手消息後表示：「住在釜山的少數日本人基本上跟囚犯沒有兩樣。有居民表示，自己曾有六個多月沒去過倭館以外的地方。偶爾會有戎克船（一種中式帆船）從對馬來此做生意，而他們與〔朝鮮〕當地人的所有交流都在倭館外圍地帶進行，鄰近的朝鮮城鎮則是禁區。」[5]隨著德川幕府（又稱江戶幕府）遭到推翻，以及一八六八年明治天皇時代的建立，對馬數百年來的中介角色也走到了終點，被併為嚴原藩的一部分，而朝鮮事務也由新設立的外務省接管。

一八六九年，日本外務省派遣一支外交使團前往朝鮮，向大院君與朝鮮朝廷宣達這項變革。結果，使節們遭到斷然回絕。朝鮮自恃在一八六六年「戰勝」法國，而傲稱朝鮮一直以來都與對馬的領主打交道，並輕蔑地向日本使節表示應該繼續維持這項傳統。朝鮮還反對日本使用「皇帝」來指稱其天皇，他們驕橫地提醒使節們，「皇帝」一詞向來專指中國君王。

對此，推行明治維新的官員怒不可遏。在日本官員試圖與朝鮮協商建立新關係之際，人在東萊（Tongnae，釜山一帶的舊稱）的外務省官員佐田白茅對朝鮮的這種態度感到十分惱火，認為唯一的選擇是訴諸武力。他指出：「朝鮮人保守、固執、落後、蠻不講理、脾氣暴躁，言行舉止都對我堂堂日本帝國不敬。他們是卑鄙小人，是我們的終極敵人，應該受到重懲。」因此，他提議「大規模入侵」朝鮮半島。

副島種臣的中國行

佐田開的這一槍，為一八六八年後圍繞朝鮮問題的諸多激烈辯論揭開了序幕。然而，重新定義日本與朝鮮新關係的任務，實際上落在了新任外務大臣副島種臣的肩上，他是明治維新的主導人物之一，學識淵博且才能出眾。不同於佐田白茅，他認為朝鮮問題與日本所面臨更廣泛的區域性挑戰有關。一八七一年，副島種臣奉命與俄國商討庫頁島的邊界問題。隔年，他與新任的俄國駐日代表、臨時代辦尤金．布佐夫（Eugene Butzov）就該議題展開談判。繼涅維爾斯科伊在一八四〇、五〇年代完成了探勘黑龍江的創舉之後，俄國占領了庫頁島，而俄國人襲擊當地日人聚落的消息傳出後，促使副島種臣設法結束雙方對庫頁島的共同占領。日本當局擔憂，俄國人與日籍居民的衝突若持續下去，將使兩國爆發戰爭。[7] 儘管這番努力無疾而終，庫頁島仍由兩國共有，直到一八七五年日本放棄對庫頁島的主權以換取千島群島（Kuril Islands）為止。但對庫頁島命運的顧慮，影響了副島種臣對朝鮮問題的看法。

一八六〇年，俄國侵占大清領土的舉動令副島種臣不安，而朝鮮人民移居該地的消息更是使其感到驚恐。更令他焦慮的是，俄國殖民已在南邊的邊境地區興建住所。[8]他不禁納悶，俄國究竟對朝鮮有何圖謀。俄國利用朝鮮人民跨越圖們江移居的事實，來模糊自家與朝鮮之間的邊界。令人擔憂的是，庫頁島的局面似乎於此再度上演，就目前的情況而言，俄國希望看到本國流亡者與當地原住民阿伊努族融合，以期最終吞併整座島嶼。部分日本領袖對庫頁島的命運深感憂心，認為俄國「此刻對朝鮮虎視眈眈」。[9]

副島種臣認為，日本必須繼續努力與朝鮮建立友好關係，不僅為了國家聲望著想，也在於保衛國家安全。一八七二年日本派人出使朝鮮，未料再次吃了閉門羹，副島種臣於是決定直接與大清商議此事。如果日本打算發動戰爭給朝鮮一個教訓，則必須確保其不會出手干預。一八七三年三月，副島種臣啟程前往大清首都。

從許多方面來看，副島種臣都是率領這一支外交使團的理想人選。身為書法名家且擅長古典詩詞的他舉止莊重且謙遜，完美體現了富有涵養的儒家君子，足以與大清朝廷的賢相名臣分庭抗禮。[10]在這些人才之中，直隸省總督李鴻章被視為大清最傑出的能臣。他曾是湘軍將領曾國藩的後進。一八五〇年太平天國之亂爆發之際，曾國藩指示李鴻章從家鄉安徽省調度精兵強將，組織自己的地方部隊。[11]正是在這段期間，李鴻章結識了英國陸軍少校查爾斯・戈登（Charles Gordon，人稱

「中國人戈登」，英國陸軍軍官，也是大博弈的要角），任命他為新立常勝軍的司令，兩人一同平定了動亂。[12] 一八六四年，太平天國潰不成軍，李鴻章作為偉大軍事將領的聲望就此奠定。

然而，在鎮壓太平天國這件事上扮演的角色，為李鴻章帶來的不僅僅是軍事上的榮譽。在統治面臨生存威脅的情況下，清廷授予地方將領大量財政和軍事資源以鎮壓叛亂，因而使他們在內亂結束後掌握了龐大權力。權力下放的過程一直持續到一八六〇年代，根據歷史學家潘蜜拉．克羅斯利（Pamela Crossley）的說法，這是「標誌著清廷永久告別政治與經濟舉措的時期」。[13] 此時期規模最大、最富有且最具影響力的準政府組織為北洋大臣，其總部位於海岸城市天津，距離北京不到一百六十公里。雖然帝國政府的門面猶在，但各省總督——其中最突出的就屬李鴻章——實際控制了大清的內政與外交政策。李鴻章身高六尺有餘，雙目炯炯有神，「與人交談時頻頻點頭稱善，足見其思緒之敏捷」，氣宇非凡。美國駐華公使熙華德（George Frederick Seward）回憶道：「他與人談話時很快就能進入狀況。他從不發脾氣，說話充滿自信、直截了當。」[14]

副島種臣之所以決定親訪中國，表面上是為了讓《中日修好條規》*得到大清的正式認可。該條約於兩年前，也就是一八七一年，在出任使館首席祕書的年輕外交官柳原前光牽線下談成。在訪問天津期間，副島種臣曾多次與李鴻章會面，而在五月一日與李鴻章的第二次會面中，副島種臣提到了朝鮮問題。這位日本公使抱怨朝鮮侮辱日本的行為，並認為日本政府單純希望與朝鮮建立外交

＊ 編註：日本稱《日清修好條規》。

關係。李鴻章對日本的困境表達同情，但他向副島種臣表示，朝鮮並非始終聽從大清的建議，經常對大清做出無禮舉動。[15]同時，他也承認大清無權管轄朝鮮，雖然朝鮮國王接受中國皇帝的冊封，但其內部治權仍完全由朝鮮人掌握。[16]這些實情與總理衙門一再重申的宣告並無二致：「朝鮮雖是大清的藩屬國，但其政治、宗教、禁令與秩序完全自主，大清從不過問。」[17]李鴻章告訴這位日本公使，朝鮮正經歷諸多難關，鄰國「應盡力維護彼此間之和平」。[18]

儘管副島種臣一心想解決朝鮮問題，但說到覲見皇帝一事，最大的問題是他是否要行傳統的三跪九叩之禮。副島種臣於五月八日抵達北京，在接下來的數週，覲見禮儀成了朝廷議論的焦點，因為他聲稱自己絕不磕頭，而是會按照國際規格行三鞠躬禮。諸官還爭論了副島種臣應著何種服裝、以及作為日本使節的他應直接將天皇之國書遞交給大清皇帝，或者交由禮部官員代為上呈等問題。[19]

與總理衙門的兩位大臣毛昶熙和董恂會面討論朝鮮問題的任務，落到了年輕的柳原前光及隨行翻譯鄭永寧的身上。六月二十一日，柳原獲准與皇帝商酌朝鮮的主權問題以及大清對朝鮮的權限。[20]因此，在副島種臣與朝廷官員為了覲見禮儀及設法謁見皇帝之事而糾結之際，柳原暗中展開了解決朝鮮問題，並確定大清有無可能介入日朝軍事衝突的關鍵工作。

釐清中朝關係是首要之務。大清向來主張，儘管其對朝鮮具有宗主權，但無須為朝鮮國王的行為負責。然而，其也根據一八七一年的《中日修好條規》稱朝鮮為「屬邦」。[21]顯然，柳原和總理衙門談判的目的，是為了取得清廷的承諾，保證大清無權介入朝鮮與日本之間的潛在衝突，因為朝鮮不是大清的屬國，而是一個遵循新的西方國際規範和法律的獨立國家。

柳原前光為了這場會面做足準備。巧的是，就在預定會面的幾天前，副島種臣收到美國駐華公使鏤斐迪（Frederick Low）的來訊，內容有關收到清廷重申中朝藩屬關係的一封文書。美國希望與朝鮮建立外交關係，遭到了意料中的拒絕後便請求大清幫忙。大清表示反對，稱「朝鮮的一切外交及其行政處分，均在該國國王應有的權力下進行，大清無法干預，因此，大清不應對朝鮮國王的行為負責」。柳原對此聲明的解讀是，儘管朝鮮是大清的藩屬國，但其國王「在治理、宗教與外交事務上可自由行事」。[22]在準備與總理衙門會面的期間，柳原一直謹記這一點。

柳原在會面之初說道：「朝鮮位於貴國與我國之間，與兩國往來已久。去年，美國駐華總領事〔鏤斐迪〕……委託貴國轉交一封信給朝鮮。當時，據悉貴國回覆這項請求時聲明，即使清廷稱朝鮮為『屬邦』，仍將不會干涉朝鮮行使本國內政與法律的權力。不知這樣的理解是否正確？」毛昶熙和董恂都表示同意，並指「使用『屬邦』一詞是宗藩〔朝貢〕禮儀的慣例」。柳原回道：「倘若如此，這是否意味著貴國不會干涉屬邦的〔內政〕事務，即使這些事務有關戰爭與和平？」兩位朝廷大臣回答：「當然不會。」[23]柳原向副島種臣回報了這項突破性進展，而後者認為，朝鮮的「獨立」地位終於得到了確認。[24]六月二十九日，他滿心歡喜地致信太政大臣三條實美表示已圓滿完成任務，並轉達清廷承認其對朝鮮半島的政治事務沒有直接管轄權之訊息。[25]同日，副島種臣也順利獲准以三鞠躬禮覲見皇帝，實現了一場漂亮的外交勝利。憑藉博學才識、圓滑手段以及過人的耐性，副島種臣成為八十年來第一位獲大清皇帝接見的非藩屬國代表。他無須磕頭，只須行三鞠躬禮，還身著洋服、佩劍入朝。[26]

這是一次出色的外交成就，副島種臣因此備受盛讚。美國公使鏤斐迪對他讚譽有加：「事實證明，這位日本公使有著非比尋常的能耐，他展現了高超才能，集少見的機敏與審慎於一身。」[27]在成功為日本爭取與大清平等的外交地位，並得到大清不會介入日韓潛在衝突的默許之後，副島種臣便返回東京。

「目無法紀之國」

副島種臣的歸來恰逢其時。在他訪問中國期間，朝鮮人據稱對倭館的日人群體犯下了「前所未見且無以名狀的暴行」。一些住在對馬藩以外的日本商人偷偷出入此地，朝鮮當局譴責這些違法行為，並在倭館門口樹立告示牌，禁止朝鮮人與日本人接觸。朝鮮人還貶低這些日本人的西洋裝扮——批評他們的髮型及洋服——並蔑稱日本是「無法無天的國家」，在遠東地區的外交辭令中，這基本上代表日本人並沒有比西方蠻族好到哪裡去。[28]這讓明治天皇底下的眾臣怒火中燒。

太政官*的官員們開議商討此事。太政大臣三條實美敘述日本人在朝鮮人手中遭受的種種屈辱。他宣稱：「自明治時代以來，我們的態度一直是維持日朝長期友好關係。儘管如此，朝鮮根本不理解這一點，反而更加囂張跋扈，最後還如此冒犯地羞辱我們的同胞。」[29]三條實美提出兩套行動方案：發動軍事遠征或派遣外交使團。於是在太政官會議上，眾大臣就日本是否應藉由征服朝鮮

（征韓）來施予正義之懲罰（其罪行為侮日）展開了著名的辯論，即所謂的「征韓論」。[30]

在一八七三年六月的會議中，太政官的主要官員之一板垣退助率先敦促政府立即對朝鮮採取懲罰行動。他認為，日本政府有責任保護倭館日本公民的生命安全，應該「派遣一整個營的軍隊前往釜山，與朝鮮進行條約談判」。[31]另一名重要官員西鄉隆盛雖然反對出兵，但也力主對朝鮮展開報復。他認為，若在沒有充分戰端的情況下與朝鮮開戰，將使國際輿論偏向朝鮮一方，因此提議派遣全權使節前往朝鮮，與該國政府進行和平談判。然而，他料想這項任務必以失敗收場，特使將遭到殺害，如此一來，日本便有理由出兵懲治朝鮮。西鄉自薦擔此重任，親赴朝鮮成全大局。他解釋：「如果我們錯過了這個開戰的良機，就很難再有另一次機會。透過這種溫和的手段誘使朝鮮，肯定能為我們帶來開戰的機會。」[32]

然而，其他人卻對西鄉的計畫有所疑慮。因為在六月的會議上，數名太政官高層人正在海外。岩倉具視是近代日本的重要元勳，也是明治天皇的親信，當時他正率領一支由數名大臣組成的代表團前往美國和歐洲長期考察，以獲取關於西方列強及其成功「祕訣」的第一手資料。[33]這支官方代表團的成員包含約五十名特使、六十名語言學家及翻譯官。他們在一八七一年十二月從橫濱啟程，

＊編註：明治政府於一八六八年設立的最高行政機關，由太政大臣與左右大臣等負責討論國家政策與外交事務。一八八五年起由內閣制度取而代之。

隔年一月十五日抵達舊金山。該特使團離開前夕，日本留守政府（caretaker government）＊簽署了一份承諾書，保證會定期與特使團成員聯絡，另外也允諾將盡量避免做出任何重大決定或突然改變官方政策，並避免或延遲做出政務上的重大決策，直到特使團成員返國提供建議與意見。一八七三年六月太政官開議期間，該特使團尚在海外。

然而，留守政府並未遵守這項承諾。其不僅在一八七一至七三年頒布數道重要法令，官員們更於一八七三年八月十七日召開會議，討論西鄉隆盛出任駐朝大使一事。自薦為外交使團之首的副島種臣也支持展開報復性遠征。他向眾大臣保證大清不會介入朝鮮與日本之間的衝突，說服了他們同意指派西鄉出使朝鮮，儘管他們深知這很有可能會惹惱對方並激起戰爭。[34]

明治天皇從勉強同意這項安排的太政大臣三條實美口中得知這項決定。或許是察覺到他的遲疑，天皇重申了最終批准特使團的條件：「關於派遣西鄉隆盛出使朝鮮一事，留待岩倉具視返國與我商討後再議。」[35]

不出所料，一八七三年九月十三日，岩倉具視返回東京後，西鄉隆盛的計畫受到了阻礙。岩倉和其他同黨一樣，認為西鄉提議的征韓出使任務愚蠢又危險，是留守政府在特使團出國的二十一個月裡所提出最有欠周詳的計畫。岩倉強力主張，若與朝鮮開戰，將使日本的現代化改革倒退。根據他對國際形勢的了解，他斷言當前的首要任務是先加強國內建設，再對朝鮮發動戰爭。

出使朝鮮與否？

岩倉具視聯繫了一八七〇年代初期擔任財政大臣的大久保利通，邀請他加入反戰聯盟。這位機智又能言善辯的前薩摩武士是西鄉隆盛的兒時好友，曾陪同岩倉出使海外，他認同岩倉的看法，也認為派西鄉前往朝鮮是危險的舉動。大久保利通尤其擔心，若與朝鮮交戰，將加重國內人民的稅負。「如果現在發動一場毫無意義的戰爭，無謂消耗政府的精力及注意力、增加鉅額開支、奪走無數條人命並導致民不聊生，將使政府的計畫前功盡棄。」他也擔心戰爭將影響日本的安全，尤其面對俄國而言。「位居北方的俄國可能會派兵南進庫頁島，一舉攻下……因此，如果我們與朝鮮交戰，就猶如兩隻水鳥搶食一條魚，而俄國將坐收漁翁之利。」[36]

岩倉及其他反戰派人士也對俄國感到擔憂。一八七三年，有數份報告指出俄國襲擊了庫頁島的日人聚落，促使日本官員思考是否應該派兵北上保護那些居民。北海道開拓使次官黑田清隆對日本國民遭受暴力對待的消息感到憤憤不平，要求明治政府有所作為。[37]他認為，日本與俄國的庫頁島之爭才是最緊迫的問題，而不是與朝鮮的衝突，因為這確實造成了日本國民的傷亡。[38]除此之外，倘若在此時入侵朝鮮，無異於邀請俄國干涉朝鮮事務。倘使西鄉這麼渴望為國家出一口氣，為何不主張遠征庫頁島？當地的日本國民可是家破人亡啊！朝鮮人的所作所為就像小孩一樣幼稚，而不是

＊編註：指幕府統治結束、明治維新初始的過渡性政治體制。

負責任的成年人。忽視俄國這個惡霸而對小孩窮追不捨，這麼做是正確的嗎？[39]

儘管如此，西鄉仍然堅信政府應該派遣他出使朝鮮。與此同時，岩倉在幕後辛勞奔走，盡力阻止日本與朝鮮爆發衝突，但同時也提出延遲西鄉啟程的計畫，試圖與三條實美達成妥協。然而，岩倉的「改革先行」妥協計畫失利。十月十五日，太政官召開會議，在岩倉的極力反對下，仍投票決定派遣西鄉前往朝鮮。[40]會中，三條實美心不甘情不願地宣布支持主戰派，事後卻致信岩倉表示自己改變了心意。難以拿定主意的他在重重壓力下精神崩潰。[41]

身為反戰派之首的岩倉迅速打擊了西鄉集團。由於三條實美喪失行為能力，原本擔任右大臣的岩倉成為代理太政大臣。在十月二十二日最後一次場面火爆的會議上，岩倉宣布將於翌日覲見天皇。[42]西鄉要求太政官執行眾官員在十月十五日達成的決定，岩倉悍然拒絕並表示：「除非我嚥下最後一口氣，否則我絕不允許你執行這項計畫。」[43]

覲見天皇時，岩倉強烈主張，若與朝鮮開戰將鑄下大錯。他指出：「臣再三思慮，明治時代開創至今不過四、五年，國家的根基未定，政府體制尚不穩固。」他警告，如果朝鮮對日本使節舉止失當，「軍事衝突將無可避免」。[44]岩倉也關注日本與俄國的潛在衝突，認為國家尚未準備好與朝鮮開戰。他強調：「此時此刻，庫頁島攻擊事件頻傳，當前情勢危急。」[45]天皇慎重收下了岩倉的奏章與聽取其解釋，表示翌日會做出定奪。

十月二十四日，明治天皇下詔反對派遣使團前去懲治朝鮮。得知消息後，西鄉一夥人——包含副島種臣和板垣退助在內——立刻提出辭呈。[46]三條實美仍是名義上的太政官主事者，但實行政府重大改革的責任如今落到了以岩倉、大久保和木戶孝允為核心的寡頭勢力手中，也就是征韓論的贏家。

然而，爭議風波未平。一八七四年一月十三日傍晚，岩倉在與天皇共用晚膳後返回官邸的途中遭暗殺未遂。[47]那些刺客全是不滿岩倉阻撓主戰派教訓朝鮮的前代武士。二月，負責為明治政府起草日本第一部現代刑法典《修訂律令》的前司法大臣江藤新平，在其家鄉佐賀縣發動一場叛亂，結果以失敗收場。他被捕後遭判處斬首。有段時間，江藤新平的行刑照在東京被當作商品兜售，據傳大久保利通因遭其背叛而惱怒不已，買來一張照片掛在內務省的接待室裡。[48]

以岩倉為首的和平派避免了戰爭，但他們深知人們為了維護國家對朝鮮的自尊而怒火難平。他們決定迫使朝鮮政府重新透過外交途徑解決僵局，於是借鑑美國海軍准將馬修·培里（Matthew Perry）的砲艦外交，由此為日本藉外交手段解決朝鮮問題的選項奠定了基礎。問題在於，朝鮮是否願意接受這項新安排。

第三章 朝鮮的開放

景福宮（Kyŏngbok Palace）坐落於今首爾市中心鄰近普嶽山（Pugak Mountain）山腳處，這座山就像一頂邊緣呈鋸齒狀的皇冠，聳立於宮殿後牆之後。一三九五年，即朝鮮王朝建立的三年後，太祖（King T'aejo）開始修建這處宮殿建築群，此後的三百年間，宮殿不斷擴建，直到一五九二年遭日本人焚毀。慘遭祝融的宮殿遺跡一直保留至一八六五年，當時大院君展開了所費不貲的重建工程，以恢復其金碧輝煌的樣貌。

宮殿的重建原本計畫以民間自由捐款作為經費來源，可惜資金不足，因此政府不得不加重課稅並借重徭役。全國各地的木工受召入京。這項工程動用了三萬多名人力，其中大多為「無償」勞力。[1]「景福宮的重建耗時七年又五個月，是朝鮮王朝五百年來最雄心勃勃的工程之一。「這個地方壯觀雄偉，」美國臨時代辦福久於一八八四年寫道：「占地約二十四公頃，四周築有圍牆，牆內約有兩百座獨立建築……宮殿及庭院有多達八千扇大門，不難想像裡頭如迷宮般錯綜複雜。」[2]

大院君將這項重建工程當作王朝復興的象徵。一八六四年高宗登基時，大院君將恢復王朝威望、並重振自十九世紀以來因儲君年幼即位以及王親國戚把持朝政而遭到削弱的王權，視為一己之使命。然其代價高昂，耗盡公帑。王朝對人民課以重稅。成千上萬人受迫徭役加身，無法從事其他生產性活動。政府大舉鑄造新幣，致使通貨膨脹失控，嚴重打擊了朝鮮脆弱的經濟。[3]

大院君在攝政期間還引發了另一項爭議，那就是廢除儒家私塾（書院）。這些於十六世紀晚期興起的書院屬於教育體制的一部分，在此制度下，傑出的儒家人物死後，後人會以他們的名義成立書院，以追念其貢獻。十七世紀末，著名學者宋時烈（Song Si-yŏl，號尤庵〔Uam〕）去世後建立的尤庵書院即為一例。另一所著名書院萬東廟（Mandongmyo）成立於一七〇四年，以感念明朝萬曆皇帝出兵協助朝鮮抵抗豐臣秀吉的侵略。[4]這些書院向來是在滄海桑田中尋求慰藉的本地學者棲居之地，同時也是文人雅士求知與沉思的薈萃處。國家准予書院自主管轄內部事務，包括律例、財政以及對學子、土地和束脩的行政管理。這實際上意味著書院無須納稅，其文人學者得免服徭役。

然而，書院的文人學者希望與政治劃清界限，卻經常批評朝政。編年史家朴齊炯寫道：「如有一位學者對某件事表達支持或反對，則其他所有學者都會異口同聲地附議，並公告周知。」因此，如果朝廷欲任命一名德不配位的官員，各地仕紳便會大力抨擊，發揮箝制王權的作用。這種行為稱作「清議」，許多國務大臣、皇族宗親「一旦成為清議的對象，無不心驚膽顫」。[5]

隨著時間的推移，許多書院變得深具權威。到了一八〇七年，私塾和廟宇的面積據估占全國可課稅土地的百分之七至十，而私塾未繳納任何一點稅。[6]如此大面積的土地不僅剝奪了朝廷所需的稅收，這些私塾實際上還成為不受國家管轄的采邑。此外，它們更是多行不法之事。書院的文人學者經常掠奪當地農民，勒迫他們服事徭役或奉上糧食。儘管道府首長和地方行政官本應調查這些勒索、恐嚇當地農民之情事，可惜這些官員往往與書院聯手掩蓋不法，有時還聯手敲詐。[7]

更糟糕的是，隸屬於這些地方書院的學者及其後裔（或稱兩班）還被賦予各種特權。傳統上，兩班學者獲授官職的依據是其在官辦科舉中的表現，但由於兩班的身分事實上為世襲，因此無論他們考試是否合格，都能繼續保有祖先享有的特權。「這些兩班儘管目不識丁，也不會寫文作詩，卻趾高氣揚，在村裡大搖大擺，壓榨富農，過著不勞而獲的舒適生活。」朴齊炯寫道，「一旦有人冒犯這些兩班，就會遭到逮捕……然後被拖進衙門接受五刑之一（鞭笞、杖打、拘禁、流放與／或死刑），而中央對此睜一隻眼閉一隻眼。」他得出結論：「這些都是〔朝鮮〕長期存在的弊端，在世上其他地方是見不到的。」[8]

書院也是政治陰謀的溫床。勢力強大的文人學者「出於己利與私人恩怨，會公開或卑劣地攻擊其他書院的仕紳」。敵對書院之中的結黨分派導致了激烈的政治鬥爭。例如，屬於同一派系的成員通常不會批評彼此。宋時烈是老論派（王朝朋黨派）元老，而許多書院都會舉行宗教儀式向他致敬。但是，該派系的追隨者不得對這些書院與朝中老論派儒學官吏（包括其家族）進行「清議」。這實際上代表「清議」（公正的議論批評）根本不公正。[9]

一八六五年，興宣大院君下令廢除「萬東廟」書院，並於一八六八至七一年期間逐步關閉所有私塾，這可說是相當大膽的舉動。[10]如此是為了滿足他重振朝廷威望與中央集權的欲望。此舉引起極大爭議（最終也未能成功），不僅是因為統治菁英與地方兩班對這些書院投入甚深，也因為這些書院所紀念的對象全是備受尊崇的人物；例如，拆除為了紀念明朝皇帝而興建的聖殿，不但被視為大不敬，甚至有褻瀆之意。

在攝理朝政的頭一年年底，大院君面臨一場全國起義，著名的儒林士人及地方兩班階層「集結成群來到宮前要求朝廷做出彌補」，但大院君仍堅持己見。根據朴齊炯的生動描述，當時大院君反駁：「我絕不會寬恕任何傷害百姓之人，即使孔子本尊再世也一樣。我不會放過任何一個將書院變成賊窩的文人。」[11]

在廢除書院這件事上，大院君深受普通百姓的愛戴。這般民望還得益於他的無禮行為。他喜歡插科打諢，幫身邊的人取綽號，「例如貼切反映個人外貌及性格的小名」。舉例來說，金左根（Kim Sae-kyun）大臣因其鼻子又圓又扁，而被戲稱為「庸鰈」或「比目魚」；趙寧夏（Cho Yŏng-ha）大臣因身材修長而被稱為「長竹竿」，李敦永（Yi Ton-yŏng）大臣因性格「冷酷無情」而被稱「寒水石」。每當有官吏來訪，大院君都會以綽號而非官階來稱呼，讓他們十分不悅，但其他人「笑得合不攏嘴」。[12]由於眾官吏並不習慣遭受如此無禮的對待，大院君很快便樹立不少政敵。

一八六五年，儒學家李恒老（Yi Hang-no）寫了一道奏疏，激勵朝鮮的眾多文士，並引起了大院君的注意。李恒老在文壇舉足輕重，儒學造詣與品德操守在國內聲名遠播。[13]他並未直接就廢除私塾一事與大院君針鋒相對，而是巧妙抨擊了這位攝政者重建王宮的工程，指其無疑是對人民的剝削。他在上呈朝廷的奏疏中如此敦促：「停土木之役，禁歛民之政，去侈大之習，卑宮室菲飲食，惡衣服，而盡力於民事。」[14]雖然李恒老的諫言為大院君帶來了沉重的壓力，但外患讓他逃過了一劫。一八六六年的天主教大清洗和隨後的法國進攻來得正是時候，由於戰亂造成的動盪與朝鮮人民普遍因為「戰勝」法國而積累的滿滿自豪感，大院君提出的革新政策得到了充分的支持。

然而，儘管大院君位高權重，卻受制於薄弱的體制性地位。一八六六年，神貞王后趙氏結束垂簾聽政，而高宗雖年僅十四歲，理論上已能親自理政。儘管如此，高宗的父親仍大權獨攬，宛如一位「影子」國王，經常僭越犯上。他總是未與高宗商量便擅作主張，無視朝章國故便逕自下詔。

大院君攝政的正統性全基於其作為太上王之身分。孝順是朝鮮正統儒家社會推崇的美德，因此年幼的國王自然應該一切聽從其父之安排。大院君的權力建立在單一基礎上，那就是孝道，而多數官員都不願反對高宗對其父善盡孝道。[15]

然而，高宗與代理朝政的父親之間的複雜關係在於，高宗一方面為人子，另一方面也是父親的君主，地位高於大院君。大院君的對內政策遭到愈來愈多批評時，這種體制上的破格——朝鮮的「二王」問題——便成了攻擊焦點。[16]

在眾多批評者之中，最大膽直言的莫過於李恒老的門生崔益鉉（Ch'oe Ik-hyŏn），他曾在京城擔任過一些低等官職，後經高宗不顧大院君反對而破例提拔為承政院同副承旨*。一八七三年十二月二十二日，崔益鉉呈交了一篇奏疏，直接挑戰大院君的權威。他痛批大院君下令進行的「公共工程」，尤其是耗資甚鉅的景福宮重建工程。崔益鉉認為，由於「興宣大院君既非君主，也非官吏，

---

* 譯註：承政院為朝鮮王朝總管行政事務之官廳，類似中國的內閣機構。同副承旨為其中的官職之一，負責傳達王命。

因此在朝政中無處可安」。解決朝鮮「二王問題」的最好辦法，是高宗給予父親應有的尊重，但也必須「防止其〔大院君〕干政」。[17]

崔益鉉的奏疏遭到支持大院君的官吏猛烈抨擊，他們促請高宗予以嚴厲訓斥。然而，高宗拒絕這個提議，並表示崔益鉉有權上疏。不過，當崔益鉉的批評者開始抨擊高宗本身的德行時，高宗終於忍無可忍。一八七三年十二月三十一日，他大顯王威，懲治為其父辯解的官員們，並逼迫大院君讓位。次年，高宗為表達已從父親手中拿回政權，便重建了萬東廟，也就是數年前被大院君摧毀的書院。

高宗與日本

高宗之所以宣布親政，是許多事件共同促成。一八七三年秋天，傳聞日本內部正在爭論是否侵略朝鮮，這令高宗大為震驚，開始深刻質疑父親的外交政策是否明智。高宗的太師兼親信朴珪壽（Pak Kyu-su）向這位年少的國王坦承其擔憂之事，那就是萬一朝鮮與日本開戰，國內人民將措手不及。朴珪壽曾於一八六一年獲派出任駐華副使，親眼目睹了英法聯軍在當地造成的破壞。[18]他認為，朝鮮有必要與日本重修舊好。

反大院君的集團還包括高宗的妻子閔妃及外戚。為兒子選妃時，大院君的目光落到了一名十五歲的孤女身上，她來自其妻子之家族驪興閔氏（Yŏhŭng Min）。他之所以看中這個女孩，是因為對方與王室有近親關係且身為孤兒，應該是個會對他言聽計從又忠心耿耿的兒媳。[19]沒想到，這個選擇為大院君帶來了不幸：新王妃一入宮便與公公起了衝突。「大院君發現新王妃非常精明——睿智、性格強烈、積極進取，就像個男子氣概勝過任何男人的女英雄，因此他從一開始便對她有所顧忌。」編年史家朴齊炯指出，「之後，大院君收到新王妃寫信來叩請金安時，對其博學多聞的才識感到震驚，並極為不悅地稱她在賣弄學問。正因如此，這兩人打從一開始就互看不順眼，隨著時間過去，敵意的鴻溝愈來愈深。」[20]

一八六八年，高宗登基兩年後，高宗的寵妃生下一子，即完和君（Prince Wanhwa）。這對閔妃造成了巨大的威脅，因為這個孩子有可能被封為儲君。三年後，也就是一八七一年，閔妃生下了兒子，但數天後便夭折。她確信自己的孩子是被大院君賜贈的金蔘毒死的。從那天起，「閔妃對公公的反感轉變為盲目的仇恨」[21]。在此同時，閔妃也著手與其外戚密謀罷黜大院君。一八七四年三月，閔妃生下次子，高宗請示大清冊封這名幼子為世子，使閔妃得以坐穩地位。

因此，導致大院君被迫退位的勢力牽涉了多個不同的集團，每個集團各有反對其攝政的理由，也都對最終的結果造成不同的影響。到了一八七三年十月，日本的征韓論以和平立場作結時，朝鮮經歷了一場劇烈的政治動盪。

在高宗親政後的諸多議程之中，最緊迫的就屬朝鮮對日政策的審視。一八七三年八月四日，高宗收到了北京總理衙門來信，指日本不久前出兵侵略台灣。清廷擔憂日本可能與英法勾結以對付朝鮮，並敦促朝鮮和這些國家簽訂條約，遏制日本的野心。「美法兩國與朝鮮之間尚有衝突未解，因此他們必會出兵援助日本。朝鮮是打不贏這些國家的。倘使大清能幫忙促成朝鮮、法國與美國簽訂條約，日本就會遭到孤立。日本將不會輕易進攻朝鮮，這麼一來，朝鮮人民也就安全了。」[22]

高宗找兩名親信大臣朴珪壽、李裕元（Yi Yu-wŏn）商討對策。李氏極力反對與西方列強建立關係，並認為朝鮮的天主教「叛徒」將利用這道結盟關係破壞儒家道統，傳播異教，如同他們過去促使法國於一八六六年攻打朝鮮那樣。[23]朴珪壽認為清廷捎來的訊息著實令人不安，但令人難以置信的是，他竟然建議朝鮮不應與不值得信賴的西方列強結盟，而是應該與日本締結盟約，原因是他對於一八六〇年英法聯軍對圓明園所做的一切仍記憶猶新。

八月九日，高宗回信表示，朝鮮拒絕總理衙門所提出與美法兩國簽訂條約的建議。然而，朝鮮願意與日本建立新關係。為了兌現此承諾，高宗肅清大院君的主要黨羽，其中包括負責處理朝鮮與日本關係事務的安東晙（An Dong-jun）。八月十一日，李裕元向高宗上奏，批評安東晙「破壞」了朝鮮與日本的關係，並提議立即派遣使節前往日本修補安東晙造成的裂痕。「日本與朝鮮維持了三百年的友好關係，期間從未發生任何重大衝突……三年前，兩國毫無來由地突然交惡。如今，我們與日本的往來似乎完全斷絕了。」而安東晙正是促成這種局面的罪魁禍首。「〔朝廷〕只聽信一個人的片面之詞，這個人就是『別差』〔pyŏlch'a，負責翻譯發往倭館的快信〕，而他為所欲為。」[24]朴珪壽同意李裕元的看法，兩人都建議嚴懲安東晙。最終，安東晙被判處死，於一八七五年四月九日遭斬首示眾。[25]

顯然，新朝廷將安東晙當作替罪羊，希望藉由處決他以安撫日本的不滿。但是，此舉未能阻止高宗的眾臣就是否應該與日本恢復通信往來展開激烈辯論。依舊有人反對日本使用「大日本」與「皇帝」作為其主權頭銜，也反對日本官員搭乘蒸汽船與身著洋服來會見朝鮮東萊府官員。然而，朴珪壽與李裕元強力主張，日本使節在一八七一年獲大清皇帝親自接見，「而我們的府級官吏位階較低，又有什麼理由抗議呢？」[26]

在一八七五年六月十三日一次劍拔弩張的會議上，朴珪壽表示，若繼續拒絕與日本交流，將釀成戰爭。他譴責道：「我們不會再有機會〔收到日本的公函〕了。如果我們要等到砲火連天後才願意恢復與日本的官方往來，那就太可恥了！」[27]當時一項意見調查顯示，朝鮮朝野在此一問題上仍存在分歧。朴珪壽勸議高宗做出決定，但高宗拒絕，示意將交由眾臣定奪。[28]

與此同時，朝鮮局勢的新進展（尤其是四月安東晙遭到處決的消息），令明治政府的大臣們認為，高宗朝廷可能會受恫嚇所影響。[29]他們將強制實行西式「砲艦」外交，藉此促成朝鮮「和平」開放——一如二十年前海軍准將培里對日本施壓的手段。採取這類行動看來正是時候。一八七五年五月，日本簽署《聖彼得堡條約》（*Treaty of Saint Petersburg*），解決了庫頁島問題，並消除了日本對俄國可能插手開放朝鮮的擔憂。同年二月，英國副領事馬嘉里（Augustus Raymond Margary）被殺，大清與英國因此起了新的爭端，降低了大清干涉朝鮮事務的可能性。在這些事件的刺激下，岩倉具視派遣軍艦雲揚號挑釁朝鮮，作為促使朝鮮加速建立兩國關係的理由及籌碼。這起行動在高度保密的情況下進行，「知情的大臣屈指可數」。[30]岩倉希望避免挑起主戰派的情緒。這時他仍然必須謹慎行事。

根據日本方面的說法，當時雲揚號正勘察朝鮮沿海水域，派了一群水手登陸江華島尋找糧食及水源。登岸行動於九月二十日展開，引發朝鮮海防砲兵的反擊，向雲揚號猛烈開火。雲揚號立刻還以顏色，轟炸了朝鮮要塞，並派出一支部隊登陸進擊。配有現代步槍的日軍很快就擊潰了朝鮮的小型部隊。「駐軍大多遭到射殺或滅頂，堡壘被炸得滿目瘡痍，大量戰利品被裝運上砲艦。」隨後雲揚號返航，於九月二十三日回到長崎。[31]

儘管雲揚號事件——史稱「江華島事件」——不過是涉及數十人的小規模衝突，卻為明治政府要求朝鮮讓步提供了必要的藉口。日本召開了一場天皇親自出席的特別內閣會議，會中決定派遣兩艘軍艦前往釜山，以保護日本僑民的生命安全。曾任北海道開拓使次官的黑田清隆受命為全權公使，於一八七六年一月三十一日啟程前往朝鮮，要求對方道歉。[32]朝鮮道歉後，他被委以談判友好通商條約的重任。僅僅數年前，黑田清隆還反對西鄉隆盛自薦出使的請求，但一八七三年的政治動盪改變了他的想法。即使江華島事件是日本刻意挑起，朝鮮卻不可能置之不理，而朝鮮若拒絕接受日本的條件，日本便有了出兵的正當理由。

森有禮的中國行

隨著日本與朝鮮之間的緊張加劇，明治政府任命森有禮為特使，向大清尋求支援。其至交伊藤博文曾形容森有禮是「生在日本的西方人」或「擁有日籍的西方後裔」。明治維新後的二十年間，在一八八九年意外遭人刺殺之前，森有禮在日本人和西方人心目中，一直是日本迅速而痛苦地邁向現代化的象徵。他是第一位日本駐美公使，國內舉行西式結婚典禮的第一人，第一個主張淘汰武士刀的人，第一個、最後一個、也是唯一一個建議廢除日語的人，最後，他還是新內閣制度下的第一位文部大臣。如傳記作者伊凡・帕克・霍爾（Ivan Parker Hall）所述：「森有禮謹慎地造就了驚奇、愉悅或驚恐——端視觀者如何解讀。」[33]

遺憾的是，森有禮與清廷官員的會面毫無進展。一八七六年一月十日，他拜會總理衙門時，談到副島及柳原早在一八七三年就曾提出的中韓宗藩關係問題。由於朝鮮被認為是大清的「所屬版圖」，因此是大清領土的一部分，而總理衙門警告森有禮，任何入侵朝鮮的行為都將違反一八七一年《中日修好條規》的條款。[34]

這樣的警告與大清在一八七三年向柳原聲明的朝鮮立場背道而馳。森有禮無奈地回應，由於大清並未對朝鮮政府的行為負責，包括一八六六年的基督教徒大屠殺，「所屬版圖」一詞只會被視為無物、不過是「空談」罷了，因此他宣稱，「《中日修好條規》的規定毫無意義」。「任何國家只要有充分權利行使內政與對外關係，就必須被定義為獨立國家。」[35]

談判陷入僵局後，森有禮求見李鴻章。一月二十四日，一場盛宴過後，兩名政治家坐下來以文墨對談（筆談）。

「日朝友好是極為重要之事。」森有禮道，「然遺憾的是，朝鮮不願與日交好。」

「朝鮮並非不願與日本友好，」李鴻章回道，「朝鮮為一蕞爾小國，慎於自保⋯⋯其對所有國家皆行此道，而非獨獨針對日本。」

森有禮表示，朝鮮與日本互為鄰國，因此「有必要友善相待」。李鴻章反駁：「朝鮮經歷豐臣秀吉的侵略後有此態度，無可厚非。」[36]（這不是日本於十六世紀末發動此次侵略所留下的痛苦回憶，在當代的日韓關係中最後一次被提及。）之後，兩人討論的焦點轉移到了江華島事件與兩國交戰上。

「朝鮮開戰理所當然。」李鴻章指出，「日本出兵……造成百姓傷亡。這也是日本的錯。」森有禮駁斥，並提及若要維護兩國之間的和平，朝鮮必須與日本達成友好協議。他強調：「日本人民群情憤慨，要求政府以嚴懲的手段對抗朝鮮。」[37]

在此議題上，森有禮請求李鴻章協助爭取與總理衙門合作。他希望衙門勸服朝鮮政府接受日本的好意，並暗示一旦朝鮮拒絕，兩國之間的戰爭將無可避免。

李鴻章回應道，倘若日本進攻朝鮮，大清肯定不會坐視不管，俄國也同樣不會，「該國將在黑龍江地區部署援軍，挫敗日本的行動」。

這場激烈的討論結束時，李鴻章寫下了八個字，「徒傷和氣、毫無利益」，意指「無謂破壞和平氛圍，一點好處也沒有」，之後又在下面加了「忠告」二字強調己見[38]，並將那張紙遞回給森有禮。

儘管雙方激烈交鋒，互相善意提出警告，但事實上，李鴻章已默許了森有禮的請求。在這場會面的五天前，李鴻章寫了封信至總理衙門，建議他們以急件向朝鮮政府遞送一封機密信函。他在信中寫道，朝鮮必須「按捺住脾氣，以適當的禮儀接待日本使節」。[39]

《日朝修好條規》

就在森有禮與李鴻章就朝鮮的命運進行談判之際，黑田清隆中將正準備啟程前往朝鮮。與他同行的還有未來的外務大臣井上馨，以及先前曾出使朝鮮、被視為是朝鮮問題專家的森山茂。一八七六年二月十一日，朝鮮官方指派尹滋承（Yun Cha-sŭng）和日本代表團會面，黑田警告對方，若繼續拒絕與日本簽署條約，「將引起我國人民與軍隊對貴國的巨大恨意」。尹滋承再次拖延時間，黑田清隆於是下了最後通牒：「在得到朝鮮政府〔關於簽署日朝條約一事〕的正式許可之前，我們不會返回日本」，並補充道：「我不確定還能安撫我國軍隊多久。」[40]

事態的演變令高宗手足無措。他最終決定對去年十二月做成的外交協議讓步，並認為由此或許便足以安撫日方的不滿，未想為時已晚——情勢已變得危急許多。因此，高宗面臨一個關鍵問題：讓國家與日本開戰，或是退讓並訴諸和平？

高宗已收到總理衙門的來信，這封信於二月五日送抵漢城，信中敦促他與日本和平結束對峙。一週後的二月十二日，也就是日本與朝鮮展開江華島談判的第二天，李裕元從北京返抵漢城，證實了總理衙門的立場。先前，李裕元到北京為年輕的皇太子舉行冊封儀式。那段期間，總理衙門已明白向他表示，朝鮮無力獨自抵抗日本入侵。[41]其無意干涉這場衝突，因為這是朝鮮自家之事，必須由朝鮮自行解決。高宗也了解到，往後大清不會提供任何援助。

在高宗面臨這場前所未有的外部危機之際，國內反對其統治的浪潮也益發高漲。朝鮮堅決的儒家孤立派人士如今轉而反對高宗，例如曾在一八七三年和高宗聯手罷黜其父大院君的崔益鉉。崔益鉉率領五十名文人來到景福宮前，聲請朝廷勿向日本求和。他們手持斧頭，象徵寧死也要進諫的決心。崔益鉉告誡朝廷：「他們雖然自稱日本人，但其實是西方強盜。」[42]

在二月十四日的廷議上，高宗的朝臣們一片騷動。他們認為國家沒有能力調度足夠資源與日本開戰，但如果試圖透過和平手段解決危機，又會遭到保守派的堅決抵制。[43]最終，他們做出決定，除了屈服於日本的要求，他們別無選擇。三天後，高宗下令將崔益鉉逐出京城。「我們怎麼知道已登岸的日本船艦是否會與西方勢力聯手？」高宗如此說道，「崔益鉉草率上疏，力勸我摒棄異端邪說，然他其實意在鼓吹一項將毀滅王朝的政策，〔這麼做的同時〕不顧一切地陷我這一國之君於不義。」[44]

一八七六年二月二十七日上午，朝鮮與日本的代表在江華島會面，雙方簽署《日朝修好條規》（即《江華島條約》），其中第一項條款即宣布朝鮮為獨立國家，「享有與日本平等的權利」。該條約強調朝鮮的獨立地位，造成了大清與朝鮮之間的裂痕，因為這麼一來，日本便可聲稱在朝鮮半島上擁有合法的立足點。關於日本的爭論也分裂了朝鮮的領導階層，迫使高宗在接下來的十年裡，面臨王權遭國內反對派嚴重削弱的挑戰。這些政治分歧將持續擴大，引發國內動盪，並且更進一步將外國勢力捲進朝鮮政治的漩渦中。

第二部
以夷制夷

大清帝國認為，只有積極的外交手段才能反制外國列強對朝鮮的威脅。如果能誘使朝鮮與西方列強建立條約關係，而這些列強又在半島上發展充分的商業利益，它們也許就會相互牽制侵略的野心。為因應西方的國際關係原則，大清調整了中國古代的「以夷制夷」原則，想出了一種創造性的新政策來應對新的挑戰。

大清的新朝鮮政策的制定者為駐日公使館的中階官員（參贊）黃遵憲。他跟許多清廷官員一樣，認為朝鮮面臨的最大威脅不是日本，而是俄國。一八八〇年，他完成了心血結晶——一份開創性的政策書《朝鮮策略》，明確闡述了大清對朝鮮在東亞新興國際秩序中扮演的新角色有何看法。黃遵憲提出了帶有中國特色的「權力平衡」概念：大清與朝鮮原本就是盟友，必須保持「唇齒相依」的密切關係。由於歷史與地理因素，朝鮮和日本也應維持緊密的友誼，而黃遵憲也鼓勵朝鮮與美國建立外交關係。如此一來，朝鮮將能藉由和日美兩國的盟交來遏制俄國的威脅。《朝美修好通商條約》（*Korean-American Treaty*）在中國達成協議，並於一八八二年在朝鮮正式簽訂。

這樣的局勢發展引起了朝鮮社會中保守群體的強烈反彈。一八八二年，心生不滿的軍人在漢城發動抗日叛亂。反叛軍破壞日本公使館，幫助大院君重新掌權。大清面臨的首要問題是，這起暴力事件對朝鮮政策具有何種意義。對此，大清派兵前往朝鮮。此舉明顯背離了中國在傳統朝貢體系下的不干預原則，也改變了其與朝鮮之間的關係。一八八二年的這起事件，也導致日本自十六世紀末以來首次出兵朝鮮半島。這一切之所以發生，並不是大清或日本對朝鮮有所圖謀，而是半島的混亂局勢所致。

大清加強了對朝鮮的控制，而朝鮮緩慢的改革步伐，在國內催生了一群年輕的激進革新派領袖，他們都受到了日本明治維新的改革現代化計畫所影響。一八八四年，這群激進分子在日本的默許下發動政變，試圖控制有大清在背後撐腰的朝鮮政府。大清出動壓倒性武力，壓制了政變，迫使日本退讓。這是兩大強權在四年內第二次因朝鮮問題而差點兵戎相見。雖然一八八五年四月十八日簽署的《中日天津條約》暫時解決了兩國之間的衝突，但實際上是消除了大清獨占朝鮮的主張。如今，日本也同樣不得獨占朝鮮。

朝鮮的動盪還導致了一個意想不到的結果，那就是重燃英國對朝鮮半島的興趣。一八八五年，英國占領位於朝鮮南部海岸的巨文島，其中一部分原因，是英俄兩國在阿富汗問題上的緊張加劇。隨著大博弈從中亞蔓延至東亞，英國占領朝鮮其中一座島嶼，並據此阻斷符拉迪沃斯托克與太平洋上的俄國軍隊。英國政府充分意識到，巨文島正成為俄國關鍵的海軍燃料補給站。

俄國遠東政策也有了巨大轉變。自一八六〇年俄國奪取大清黑龍江以北、烏蘇里江以東的土地以來近三十年的時間，俄國遠東地區一直相對平靜。這段期間，在與英國的競爭中，俄國將注意力和精力都投入中亞地區。然而到了一八九〇年代，希瓦（**Khiva**）、布哈拉（**Bokhara**）以及浩罕（**Khokland**）等中亞汗國成為囊中物後，俄國再次將目光轉移到東亞。

自此，俄國展開了第二次向太平洋擴張的行動。俄國遠東領土的面積相當於德國與法國的總和，但在一八八〇年時，當地的人口不到十萬。將大批本國人口遷移到這片荒涼的土地上並發展商業及貿易，是一項艱鉅的挑戰，需要龐大且廣闊的運輸系統建設。俄羅斯帝國希望將勢力擴及這塊世界邊陲之地，工程浩大，而這項重責落到了當代偉大的帝國建設者謝爾蓋・維特（Sergei Witte）的肩上。他為俄國遠東地區打造了西伯利亞鐵路（Trans-Siberian Railway）作為經濟動力，而這條鐵路往後將成為俄羅斯帝國主義在亞洲的重要工具。這些都是日本無法忽視的不祥之兆。

第四章 大清的朝鮮問題

日本與朝鮮正式簽署《江華島條約》的三個月後，高宗派遣「友善使節」前往日本。一八七六年五月二十九日上午八點，朝鮮自一八一一年以來第一支正式訪日使團抵達橫濱。[1]使團代表們行經大街上時，引起眾多好奇的日本民眾列隊圍觀。一名西方觀察員描述了當時的景象：

兩名身材如海神般魁梧的勇士，手持象徵權力的巨大鐵製三叉戟走在隊伍前頭，後面跟著一支由二十名表演者組成的樂隊，他們有的吹奏金屬號角、海螺、長笛及哨子，有的敲打鐃鈸和鼓。儀態柔弱秀氣的侍從則捧著書面條約。首席特使乘坐在鋪有虎皮的八抬大轎，一名侍僕幫忙打傘遮陽，四名小官緊跟在旁。其餘人員乘坐人力車，由日軍與民間護衛隊護送前進……這般新舊對比令人咋舌，日本展現了現代的文明社會特徵，朝鮮則呈現了過時的粗俗行徑。[2]

許多日本人嘲諷這次的遊行，但有一家日本報社告誡民眾不要對國家的現代化成就過於驕傲。日本派員出使美國只有十六年的時間，在這段期間，他們也「曾和美國各種人為與自然奇觀交會而過」。[3]

修信使金綺秀（Kim Ki-su）在整趟參訪行程中無不力圖維持尊嚴。他的任務在很大程度上具象徵意義，主要是向朝鮮保守派官員保證，新簽署的《江華島條約》不過是兩國舊時關係的延續。[4]金綺秀的出訪沒有具體的待辦事項，而他對日本也沒有表現出特別的興趣或好奇。

這一點在他們一行人初抵東京時便顯而易見。日方接待問他是否願意多待幾天「遊覽日本」時，金綺秀委婉拒絕了。接待人員表示，可以帶他參觀日本政府的各個部會，他卻回答無法成行。他說：「沒有我國陛下授權准許，我恐怕不能這麼做。」[5]就連覲見日本天皇一事，金綺秀也要日方接待人員再三敦請，他起先推託表示「今天是朝鮮的國定紀念日，我不該覲見天皇，更別說是觀光了」，但最終還是妥協了。[6]之後有人問他，多數時間都待在旅館裡是否覺得無聊，以及是否想參訪日本的新式工業與軍事設施時，他回道：「我習慣安靜，所以一點也不覺得無聊。」他還說道：「我才疏學淺，真的沒辦法在訪問期間迅速認識這些事物。」[7]

金綺秀的被動令井上馨感到不解，這位未來的日本駐朝公使在往後的日朝關係中扮演關鍵角色。井上馨解釋，朝鮮應該採用新式武器並訓練更多部隊來抵禦俄國的威脅，未料金綺秀竟自豪地表示沒必要，因為朝鮮「維持五千年來的悠久傳統，不願學習新的事物」。[8]

這般態度讓日方備感憂心。一八七七年尾聲，日本未來的駐漢城公使花房義質首度表示，他擔心俄國會拿俄土戰爭（Russo-Turkish War，一八七七年—一八七八年）當作藉口，奪取朝鮮東岸的元山。大清駐日公使何如璋也提出了類似的警告。「朝鮮的麻煩不是來自日本，而是來自俄國。」他指出，「俄國一旦動武，第一個目標就是朝鮮的咸鏡道。從相對實力來看，朝鮮將無法自衛。萬一朝鮮滅亡……大清又怎能安然無事？……俄國有虎狼之心，天下皆知。」[9]

一八七九至八〇年，中俄因位於大清西北部的新疆伊犁而有所衝突，加深外界對俄國圖謀朝鮮半島的擔憂。[10]尤其是一八七九年，由於伊犁河河谷的控制權備受威脅，大清陷入極度的恐懼和焦慮。除此之外，俄國在符拉迪沃斯托克建立的海軍基地，也被認為直接對朝鮮構成了威脅。一八七九年秋，李鴻章寫了一封長信給李裕元（高宗於一八七六年派來為其幼子舉行重大冊封儀式的使臣）。信中，他煞費苦心地解釋朝鮮為何需要與西方國家締結條約。[11]

儘管李裕元婉拒大清的建議，但朝鮮的態度逐漸有所轉變。一八八〇年七月至八月，朝鮮派出第二支使團前往日本，帶頭的是高宗手下最能幹的改革派官員之一金弘集（Kim Hong-jip）。不同於金綺秀對日本一副興趣缺缺的態度，金弘集興致高昂地遊歷日本各地，詳細記錄日本各方面的社會發展。在此次的特殊外交任務中，金弘集必須說服日本政府撤回開放仁川港與派遣使節駐辦漢城的請求，此外也得讓日本同意朝鮮繼續在釜山港徵收進口稅，以及維持稻米出口禁令的施行。但事後看來，他與大清使臣何如璋及參贊黃遵憲進行的長談，才是此行的重點。

逗留日本的那一個月裡，金弘集在七月十五日到八月三日這段期間與何、黃兩人一共見了六次面。在這幾次密會中，他們以紙墨與漢文進行筆談，討論範圍廣泛，但聚焦於俄國不久前入侵朝鮮北部邊境的問題。中方試圖讓這名年輕的朝鮮特使明白，俄國對其母國構成的威脅有多嚴重。[12]為了防止俄國的威脅，金弘集引用了「權力平衡」原則——源於西方的國際關係原則，當時在馬丁（W. A. P. Martin）翻譯亨利．惠頓（Henry Wheaton）所著之《萬國公法》（*Elements of International Law*）下傳入中國。他在農曆七月十八日舉行的一場會議上解釋：「今日，西方國家傾向與其他國家保持勢力平衡。如果一個國家和其他強國相鄰，該國便會試圖與其他國家聯合來制衡這種局勢。」[13]

這些觀點全都集結於黃遵憲以《朝鮮策略》為題所撰寫的開創性政策檔案中。他在旅日期間撰文，首度明確闡述了大清對朝鮮在東亞新興國際秩序中扮演新角色的看法。他將馬丁提出的「權力平衡」原則套用到大清的局勢：大清與朝鮮是天生的親密盟友，必須維持「唇齒相依」的關係。基於歷史、地理因素，朝鮮和日本也應友好團結。雖然他因為日本在一八七九年奪取琉球群島而心存戒備，但他認為，大清應該優先聯合其他國家對抗俄國，而不是擔憂日本對朝鮮造成的潛在威脅。他主張，如同中國戰國時代形成的同盟關係，日本與朝鮮也必須相互依賴。「韓、趙、魏合縱，使秦不敢東進；三國時期，吳、蜀結盟，使魏不敢南侵。」黃遵憲建議朝鮮與日本建立密切的友好關係，以「促成這項偉大的計畫」，抵抗猶如秦國的俄國所帶來的更大威脅。[14]

黃遵憲接著強調朝鮮與美國結盟的必要性，因為美國是「唯一一個從不謀私的西方大國」。[15]他解釋：「全世界都相信，美國人不會覬覦他國的土地和人民。」[16]如此的結盟將可發揮嚇阻作用，致使俄國與其他歐洲強權不敢輕舉妄動。「不幸的是，一旦俄國入侵朝鮮，朝鮮將無法獨自抵禦，倘若此事成真，朝鮮很可能會喪失獨立地位。此外，其他西方強國（英、法、德、義等）也不會坐視朝鮮被俄國獨占……朝鮮將遭到列強瓜分。」[17]

由於西進的可能性已不再，俄國正試圖向東擴張。結果不到十年，其從日本手中奪下庫頁島，從大清手中奪得了黑龍江以東的疆域。此外，俄國還在圖們江入海口處駐軍，其部隊態勢就像從屋頂傾注而下的雨水一樣無可抵擋。俄國之所以全力東擴，是為了實現其在歐洲無法實現的目標。**朝鮮在亞洲的戰略地位必將挑起衝突，而受到威脅的朝鮮也必然在中亞與東亞引爆危機**。因此，一旦俄國開始擴張領土，必從朝鮮下手……**如今最重要的任務，莫過於阻擋俄國的進逼**。而朝鮮應採取何種策略來達成這個目標？唯一的方法是制定一套計畫，讓朝鮮得以與大清交好、與日本合作及結盟美國，藉此自立自強。[18]

黃遵憲的朝鮮策略——與大清保持密切關係、與日本合作，以及與美國建交——是他解決俄國對朝鮮構成威脅的辦法。在啟程出訪朝鮮前夕，黃遵憲將自己私下草擬的這本小冊贈予金弘集。為了避免朝鮮「宛如黃瓜般被切分成片」，他促請金弘集主導實施這項政策。

一回到朝鮮，金弘集隨即覲見高宗。他上呈了黃遵憲的《朝鮮策略》，試圖讓這位年輕的君主了解為國家實行這項偉大計畫的重要性。他向高宗強調：「若想讓國家強大，最重要的一件事是我們必須學會自保，抵禦外侮。」[19]他還向高宗提交了一份報告，詳述他對日本的經濟、教育、海軍、陸軍、衣著及刑罰制度的研究成果。高宗慎重看待日本發展迅速的消息並表示：「日本口口聲聲說想幫助我們、與我們合作，但我們不能信以為真。」他還說：「我們必須自己努力實現繁榮富強。」金弘集大表贊同，同時也指出，雖然「日本人不值得完全信任」，但他們也擔心朝鮮「不擅於處理外交事務」。[20]

儘管高宗心存疑慮，黃遵憲的論述仍對這位年輕的君主產生了深遠影響。十月十一日，高宗將現任及前任大臣們召來宮中，命他們傳閱這本小冊。他認為，朝鮮應透過靈活的長期手段與西方列強建立關係，在當前的國際局勢下，朝鮮的孤立主義外交路線已無以為繼。[21]

海軍准將薛斐爾出訪天津

因此，一名不速之客前往日本，讓大清鬆了一口氣。一八八〇年春天，美國海軍准將薛斐爾（Robert W. Shufeldt）來到了長崎，對大清而言簡直是天賜良機。薛斐爾准將曾率領美國海軍艦艇提康得羅加號（Ticonderoga）出使非洲、中東以及亞洲，幫助美國進一步和這些地區展開貿易。一八七三年的經濟恐慌引發美國與歐洲的經濟蕭條，時任美國總統拉塞福·伯查德·海斯（Rutherford B. Hayes）有意派遣一支貿易訪問團出使，希望其圓滿達成任務後能為美國開闢新市場，包括朝鮮在內。一八七八年組成、以薛斐爾為首的特使團，為清廷帶來了一個將黃遵憲的「朝鮮策略」付諸實踐的絕佳機會。

薛斐爾計畫首先與日本聯繫，以取得打入朝鮮的機會。一八八〇年四月十五日，薛斐爾一抵達長崎，美國駐日公使約翰．賓漢（John A. Bingham）便立即告知，外務大臣井上馨願意居中牽線，促成美國建立與朝鮮的外交聯繫。然而，事實證明這一切徒勞無功。朝鮮政府不接受任何國家經由日本轉達的溝通請求。[22]

總督李鴻章得知薛斐爾在日本的行動時深感不安。他敦促朝鮮與美國簽訂條約已久，但無意讓朝鮮藉由日本的幫助來行事。此外，李鴻章依循黃遵憲的基本策略，決定利用朝鮮預期與美國簽訂的條約來維護——而非削弱——大清在朝鮮問題上的立場。李鴻章緊急寫了一封信給朝鮮公使李裕元，極力要求他勸進朝鮮開放與西方通商。[23]

隨後，李鴻章致信薛斐爾，邀請他前來天津。兩人於一八八〇年八月二十六日會面。在長達三小時的會談中，薛斐爾表明，希望大清「利用其影響力說服朝鮮政府達成朝美之間的友好條約」。他們還詳細討論了朝鮮半島對俄國、大清和日本的戰略地位，以及對俄國侵占朝鮮半島的擔憂。[24]薛斐爾對這趟訪問的成果十分滿意，遂於九月初啟程返回美國，尋求白宮的進一步指示。[25]

在回國的遠洋航程中，薛斐爾回顧自己與李鴻章的談話，寫了一篇發人深省的文章，題為〈朝鮮與美國的東方利益〉（Corea and American Interests in the East）。文中，他闡述了美國在世界局勢中的新角色，而朝鮮將在其中發揮關鍵作用，成為美國走向主導地位的道路上「重要的一環」。其內容值得長篇引述，如下：

收購阿拉斯加（Alaska）與阿留申群島（Aleutian Islands），與日本簽訂條約，取得三明治群島（Sandwich Islands）*及薩摩亞（Samoa），這些不過是太平洋即將成為美國貿易場域的這道命題的必然結果。無論是受形勢所迫或因民族意識薄弱，大西洋地區已遭外國占領，並由龐大的歐洲資本所支撐，然而根據自然法則，商業的流動就如同移民潮，都是由東向西，而美國與此趨勢相符的地理位置顯示，太平洋將是貿易的主要挑戰，而我國則是東方人在商業交流中必須仰賴的來源。在未來的半世紀內，美國最大的市場很有可能在亞洲，而不是歐洲。**因此，與朝鮮簽訂條約，將成為連結東西方的另一個環節……朝鮮不能再繼續保持孤立；日本已迫使該國簽署協定，而俄國正默默準備侵占北方土地，如果此刻有任何方法能突破「藩籬」，並和中央政府取得聯繫——我相信必能說服朝鮮理解為何要與美國簽訂條約，同時明白藉由這項條約來抵禦周邊大國侵略的絕對必要性**。事實上，朝鮮將成為大清與俄國或日本之間的戰場。[26]

薛斐爾認為，美國與朝鮮簽訂條約，或許能夠避免這樣一場戰爭，但他也明白自己在美國與朝鮮建立關係一事上所扮演的角色，就跟三十年前美日發展外交關係一樣重要。提康得羅加號「在朝鮮掀起了一場運動，就跟尼可拉斯．畢多（Nicholas Biddle）司令率領的哥倫布號（Columbus）†在日本所造成的影響一樣」。他若有所思地說，「如果美國真的希望像當初那樣，在培里准將的堅定及智慧下擴大對東方世界的影響力」，就必須把握這個機會，「否則，我們將把可能屬於自己的特權及權力拱手讓人」。[27]

一八八〇年十一月十八日，人在東京的何如璋與黃遵憲得知，朝鮮政府在金弘集的建議下決定和美國締結條約。此外，高宗也著手準備與其他西方國家往來。在這項新嘗試中，重點是成立一個新機構來管理朝鮮的國務。一八八一年成立的統理機務衙門主責朝鮮與西方國家的關係，並且掌管國家的現代化進程。作為朝鮮王朝晚期最重要的制度革新，統理機務衙門被視為監督與協調機構，負責監管所有國家安全事務。京城和各省的政府機構必須直接向統理機務衙門的十二個部門報告。[28]

朝鮮也出現了其他重大轉變。一八八二年一月中旬，國王下詔命令軍機處處長、閔妃最寵愛的姪子閔泳翊（Min Yong-ik）制定一項全面的軍事重組與改革計畫。[29]此外，朝鮮王朝也決定開放仁川港，讓許多預期這個問題有待長期協商的日本人士喜出望外。

高宗派遣密使金允植（Kim Yun-sik）和魚允中（Ŏ Yun-chung）前往天津，與李鴻章會面討論條約細節。這兩人是朴珪壽的門生，也是宣揚朝鮮改革理念的啟蒙派人士，他們的看法逐漸得到了高宗的賞識。一八八二年一月三人會面時，李鴻章指示金允植盡速派一名全權高階官員前往天津談

＊ 編註：夏威夷群島之舊稱。

† 譯註：背景為布洛克島海戰（Battle of Block Island），一七七六年美國獨立戰爭期間在羅德島布洛克島外海發生的小規模衝突。

判美朝條約的條款。[30]

二月二日，李鴻章也致信薛斐爾，邀請他盡快前去保定*當面會談。然而從這封信的內容明顯可知，在談判中將扮演主導角色的人是李鴻章，而不是朝鮮的全權代表。[31]美國駐華臨時代辦何天爵（Chester Holcombe）雖然對李鴻章願意協助條約談判感到欣喜，卻對李鴻章傲慢的姿態仍有所提防。何天爵曾在一月初向薛斐爾透露：「我相信李鴻章最主要的用意……是掌握談判進程的大部分權力，並主宰條約的走向。」[32]

事實證明，何天爵的臆測是正確的。一八八二年三月二十五日，薛斐爾與李鴻章在保定會面時，朝鮮的政治地位成了談判的核心問題。李鴻章提及大清對朝鮮的宗主權議題。他解釋：「朝鮮自古以來就是中國的藩屬國，但在本國的政治及外交事務中保有自治權。」[33]他希望在條約加入一項條款，申明「對大清而言，朝鮮是大清的屬邦；對所有其他國家而言，朝鮮是獨立國家」。[34]

然而，朝鮮的屬國問題無疑複雜得多。李鴻章之所以促使美國與朝鮮簽訂條約，主要是為了幫助朝鮮獲得美國保護，以抵禦俄國和日本的侵略，而不是為了在朝鮮與大清的關係中製造隔閡。李鴻章希望確保大清在東邊無後顧之憂，而唯有加強朝鮮的安全，才能實現這個目標。

朝美修好通商條約

然而，薛斐爾不同意附加該項條款，堅持主張大清宗主權聲明應從中「完全刪去，否則就不簽訂條約」。[35] 一八八二年四月四日，李鴻章與薛斐爾激烈交鋒。[36] 會議在雙方的怒氣沖沖之下結束，薛斐爾宣布「他打算中斷所有談判」，且「立刻離開中國」。[37]

翌日，深感愧疚的李鴻章前往薛斐爾的官邸拜訪，並且「同意所有要求」。這位美國特使在最後一刻對李鴻章的請求做出讓步，允許朝鮮國王另外附上一封致美國總統的照會，並在其中特別聲明朝鮮的藩屬國地位。該封照會從未正式載於任何紀錄中，之後也遭到美國政府所忽略。[38]

還有一個障礙需要克服。最終的條約文本已於四月下旬完成，但朝鮮並未派遣任何一名全權代表前來。薛斐爾拒絕延遲談判，宣布將親自前往朝鮮，並於五月十一日搭乘美國海軍艦艇斯瓦塔拉號（Swatara）抵達仁川。李鴻章指派馬建忠與北洋水師提督丁汝昌陪同這名美國海軍准將前去，擔任薛斐爾與負責簽署條約的兩名朝鮮官員金弘集、申櫶（Sin Hŏn）之間的調解者。朝鮮對條約的條款只提出了一項異議。他們希望該條約能授權朝鮮國王暫時禁止本國糧食的出口。這個問題很快就得到了解決，雙方達成妥協，將禁令範圍局限於仁川港。

一八八二年五月二十二日，《朝美修好通商條約》在薛斐爾、馬建忠、丁汝昌、金弘集與申櫶的見證下完成簽署。薛斐爾於翌日啟程前往日本。「〔斯瓦塔拉號〕軍艦鳴放了二十一響禮炮，慶祝條約簽訂，過程一切友善和諧。」[39]

---

* 編註：今中華人民共和國河北省保定市。

朝美條約的締結在東亞是一件大事，象徵朝鮮鎖國政策正式告終。隨後，英、德、法紛紛與朝鮮簽訂條約。儘管大清仍堅稱朝鮮為藩屬國，但這項條約在大清與朝鮮之間埋下芥蒂，鞏固了日本先前對朝鮮獨立所抱持的立場，並削弱了大清對朝鮮的宗主國地位。[40]

強烈反彈

朝鮮政府與美國協商條約的消息，聽在朝鮮儒家文人的耳裡很不是滋味。在全國各地，民間保守派的儒家文人學士與兩班，甚至是皇帝身邊的親信，無不對高宗的外交新猷反應激烈。他們的憤怒劍指日本。花房義質自一八七七年以來經常現身漢城，加上元山港與仁川港在日本施壓下被迫開放，這些都促使人民強烈反對朝鮮政府為了邁向現代化所付出的努力，進而引發憤怒的反彈，如金允植委婉稱之為精心策畫的企圖，旨在「煽動叛亂，擾亂和平」。[41]

金弘集於十月初返回漢城後，朝鮮社會的反彈情緒在一八八〇年的冬天達到了高峰。[42]隨著黃遵憲的《朝鮮策略》廣泛流通，全國各地的儒生憤而向朝廷上疏請願，其中以慶尚道儒生李晚孫（Yi Man-sŏn）在一八八一年三月代表「萬」人上奏的〈慶尚道萬人疏〉最為著名。其措辭尖銳地譴責黃遵憲的《朝鮮策略》。李晚孫強調，「我們沒有理由厭惡或憎恨俄國蠻族。」而且，倘若朝鮮與俄國為敵，「在等待援軍從千里之外趕來之際，我們的軍隊抵擋得住俄國侵略者嗎？」[43]

這篇奏疏總結表示，金弘集將黃遵憲所寫的這本邪書引入朝鮮，應該受到嚴懲，而這本小冊也應該被焚毀。[44]雖然該篇奏章點名金弘集作為主要譴責對象，卻令高宗坐立難安，並在旁人的勸說下採取強硬態度。[45]結果，李晚孫遭到逮捕並流放外地軟禁，可不料此舉激怒了其他儒學文人，他們不只將怒氣宣洩在金弘集身上，也怪罪高宗的其他親信。[46]

隨著人民對高宗治國不力的不滿日益高漲，其外交政策與現代化目標逐漸蒙上陰影，大院君於是開始和心懷不滿的儒生密謀推翻兒子的王位，企圖重新掌權。他們計畫號召即將齊聚漢城參加科舉的大批儒生發動政變。其首領為高宗的同父異母兄弟、大院君之庶長子李載先（Yi Chae-sŏn），但眾所周知，高宗之父大院君才是真正的幕後主使。根據計畫，李載先的共謀者將偽裝成儒生進入試場，並在適當的時機宣布大院君恢復攝政之位。然而，這項計謀從未真的實現。這些密謀者未能取得任何一把槍枝火器，加上在預定發動政變的前一晚，有一名共犯臨陣退縮，向當局全盤托出了實情。李載先及同夥立即遭到逮捕與審判，並因叛國罪而被賜死。[47]

然而，高宗饒了大院君一命。他深受儒家道德薰陶，崇尚賢德領導與孝道，性格中缺乏結束其父之奪權威脅所需的無情特質。據深諳其性的人士指出，高宗受儒家道德約束而具有種種缺點，加上天生膽怯又優柔寡斷的個性，隨著其統治逐漸籠罩在自責與恐懼的氛圍下愈發明顯。[48]

一八八二年壬午兵變

在一八八二年之前，朝鮮的保守派儒家文人，和敦促朝鮮與日美兩國簽訂條約的革新派民間人士之間的衝突，純屬國內事務。高宗同父異母的哥哥與父親於一八八一年發起的政變並未牽涉外國勢力。然而，就在朝美條約簽訂不到數週，漢城一群心懷不滿的士兵與貪腐的糧倉官員於一八八二年七月發生的小規模爭端，徹底顛覆了黃遵憲當初精心制定的朝鮮策略。這起事件過後，日本與中國自十六世紀末豐臣秀吉入侵以來首度駐軍朝鮮半島，引發該區域的權力消長，無可避免地決定了朝鮮的命運。

這場危機始於因士兵的薪資和稻米供應不足而起的糾紛。此外，朝鮮的舊有軍隊與配有日式裝備並接受日本訓練的新立精銳部隊——即所謂的「別技軍」（pyŏlgigun，意指特種部隊）之間的關係也日益緊張。每當有常規部隊因數月未領薪餉而心生不滿的消息傳出時，高宗便會下令官倉立刻發配一個月的米糧給那些士兵。

這項任務由腐敗的糧倉官吏負責執行，但他們並未公平分配稻米，而是盜取了大部分軍糧，並拿剩餘的稻米混入沙粒充數，接著再將這些摻雜過的米糧發配給飢腸轆轆的部隊作為「軍餉」。士兵們憤憤不平，拒絕接受這些讓人難以入口的糧食，其中一些士兵更為此對倉吏拳腳相向。王后的兄長、執掌兵權的總戎使閔謙鎬（Min Kyŏm-ho）得知此事後，下令捕盜廳逮捕那些毆打官吏的士兵。憤懣難平的士兵挑起的地方性騷動，演變成暴力動亂。一八八二年七月二十三日，士兵聯合其他駐軍以及平民，一同燒毀閔氏的宅邸。據十九世紀末的朝鮮編年史家黃玹（Hwang Hyŏn）記述，「人民義憤填膺的怒火一發不可收拾」。為了自身生命安全，閔謙鎬於是逃到王宮避難。[49]

暴動的群眾驚覺此舉違反了律法，而叛變的士兵知道自己摧毀了閔氏的財物只有死路一條，急忙前去鄰近的大院君宅第雲峴宮（Unhyŏn' Palace）尋求良策與庇護。大院君把握了這個天賜良機。在他的暗中指導下，這群叛兵想出了一套廢黜閔妃、剷除閔氏，並將日本人逐出朝鮮半島的計畫。[50]

宮殿大門的守衛見到叛軍逼近便倉皇奔逃，因此這群士兵如入無人之境，攻陷了王宮。閔妃事先收到警告，在一名忠僕的幫助下僥倖逃脫，儘管當時有傳聞指她已經遇害。[51]有鑑於軍事叛亂已蔓延開來，漢城周圍地區的村民也紛紛響應，高宗於是恢復了大院君的政權，並於七月二十五日宣布：「即日起，所有大小公務及需要請示之事項，都應交由大院君定奪。」[52]

其他叛兵則對日本公使館發動攻擊。他們追捕並殺害了堀本禮造這位備受憎惡的別技軍教官。據公使館人員描述，他們事先毫無預料，一直到暴動當天遭到大批聚集在館外的暴徒以子彈、石塊和弓箭猛攻，才意識到情勢之危險。暴徒放火燒毀公使館後，日本代理公使花房義質及數名公使館人員在七月二十四日下午三點突破重圍，冒著傾盆大雨僥倖逃到了仁川，登上駛往日本的英國探勘船。持續兩天的暴動結束時，閔謙鎬、京畿道（Kyŏnggi）觀察使金輔鉉（Kim Po-Hyŏn）及大院君之兄、與閔氏家族密切合作的前議政大臣李最應（Yi Ch'oe-ŭng）已經喪命。在這場起義中，有七名日本人喪生、五人受傷。[53]七月二十九日，花房義質抵達長崎後呈交了第一份事件報告。兩天後，大清從駐日公使黎庶昌口中得知了這件事。[54]

綁架

朝鮮爆發的叛亂事件對大清與日本均造成嚴重影響。日本當局因公民的喪命及日本公使館的焚毀而大為震怒，立刻決定派遣一支由四艘軍艦、一個營的士兵所組成的部隊攻打朝鮮。日本即將出兵朝鮮半島的消息致使大清採取行動。駐日公使黎庶昌隨即聯繫張樹聲——時任代理直隸總督，暫時頂替自四月起因母親離世而告假的李鴻章。[55]張樹聲向總理衙門回報了朝鮮的暴動情況，儘管當時他還不清楚事件的起因。

幸好，壬午兵變的消息傳到中國時，數月前受高宗之命和李鴻章商討朝美條約的金允植人尚在天津。金允植會見津海關道道員周馥，向他強調事態的嚴重性。此前，周馥及其他清廷官員一直以為這場起義純粹是反日暴動。金允植則說，這不是偶然事件，而是大院君及其支持者預先謀畫的一場叛變。他還指出，這次的暴動和一年前高宗同父異母的兄弟李載先帶頭發動的未遂政變類似，並強調大院君早就預謀奪回政權。「統治了十年，他仍握有令人可畏的權力。他公然袒護不計其數的追隨者，而他們並不服從高宗。他已成為人民之敵。」金允植接著說，「高宗深知時勢變化甚大，朝鮮將難以拒絕和其他國家建立關係。因此，他聽從清廷的命令，〔與日美〕締結條約。這麼做是為了維護國家〔的和平狀態〕，緩解人民之苦。但是，他〔大院君〕拒絕〔與外國人〕和睦相處，並認為與外邦友好就等於出賣國家。他公然指責〔高宗〕並煽動人民，才導致了今日之亂。」[56]

金允植懇求大清伸出援手。「如果不盡快平定這場暴動，恐怕日本會乘機介入鎮壓叛亂，藉此在其他議題上威脅我們，並在朝鮮各地為所欲為。我們寧可仰仗大清的援助及調停，也不願讓日本插手國家事務。」[57]

就在周馥和金允植商談的同時，曾前往漢城協助朝美條約談判的馬建忠也回到了上海，並自行展開調查。他直接寫信給當時仍與金允植一同待在中國的另一名朝鮮公使魚允中。魚允中也贊同金允植的看法，認為大院君是此次叛亂的幕後主使。魚允中透露：「大院君知道陛下〔作為其子〕不會殺他，因此不停地圖謀造反，今日的叛亂是去年（一八八一年）陰謀的延續。」他歸結道：「他之所以這麼做，是要推翻弊政並斷絕朝鮮與外國政府的外交，這兩個立場為他贏得了民心。」[58]

八月九日，周馥收到黎庶昌的電報，信中似乎證實了那兩名朝鮮公使的觀點。[59]電報中還稱，高宗毫髮未傷，但「閔妃與陛下的十三名大臣已遭殺害，大院君掌握了政權」。[60]大清面臨的首要問題是，這場起義對其朝鮮政策造成的影響。他們唯恐大院君會廢除朝鮮與美國新簽訂的條約，進而破壞大清透過西方條約體制保護朝鮮的新政策。他們也擔心朝鮮和日本再次陷入僵局。眾臣一致認為，高宗相對願意接受大清的建議，以及首要目標是將大院君趕下台。[61]張樹聲建議朝廷立刻派馬建忠及提督丁汝昌前去朝鮮查明狀況。八月九日，馬、丁二人率三艘軍艦與部隊啟程前往朝鮮。皇帝還下令李鴻章提前銷假，立即返回天津。[62]李鴻章對派遣馬、丁二人前去朝鮮的計畫表示贊同。最重要的是，他希望避免與日本全面開戰。他警告：「〔我們應該〕向日本保證所有叛變者都將受到懲罰，說服他們不要挑起〔與朝鮮的〕衝突。」[63]

馬建忠於八月十一日抵達仁川後，前去和花房義質碰面，後者剛率領一支大型軍隊返回朝鮮，並回到了日本公使的崗位。[64]在八月十二日的會談中，花房義質告訴馬建忠，他已向高宗下達最後通牒，提出了七點要求，包括懲罰那些襲擊日本公使館、謀殺日本公民的暴徒，以及賠償日方的財物損失，目前尚未收到答覆。馬建忠打斷了他的話並表明，高宗不再擁有任何權力，因為現在的朝鮮是大院君作主。他指出：「你與高宗討論的任何事情都毫無意義。」他也警告花房應三思而後行，以免迫使大清干預朝鮮事務，否則「之後你會面臨相當複雜的問題」。[65]

與此同時，提督丁汝昌在八月十四日返抵天津，帶回了關於這場危機的第一手消息。馬建忠選擇繼續留在朝鮮牽制日本，並等待丁汝昌率更多援兵前來。[66]丁汝昌回報指出，有三艘日本軍艦載著一千二百名兵力抵達朝鮮，但他們對中國人以禮相待。他不認為日本打算與大清開戰。丁汝昌向他保證「他們〔日本人〕不敢公然〔與大清〕血戰」。此刻大清面臨的問題是，如何化解危機，同時避免與日本直接發生衝突。[67]

一項將大院君綁架到中國的計畫迅速成形。由於大院君是這場叛亂的主事者，因此將他帶離當地並圍捕叛亂分子，便能消除衝突的起因，進而防止日本將局勢升級為戰爭。李鴻章提議：「我們向日本表示，高宗與大臣們對叛軍的計畫一無所知。朝鮮朝廷無需為當前的局面負責。」[68]不過為了以防屆時需要兵力，李鴻章要求掌管山東（淮軍）防務的廣東水師提督吳長慶陪同丁汝昌返回朝鮮。[69]

八月二十日，一支由丁汝昌與吳長慶率領、共兩千名兵力的大清海軍在馬山浦（Masan'po，南陽）登陸，進軍漢城。翌日，馬建忠收到大院君差人快馬送來的信件，請求他居中協調日朝協約的條款。高宗因政局紛亂而心力交瘁，再次拒絕接見花房義質，以及那道與他共同商議提出七點要求的最後通牒，大院君則對日本的下一步感到憂心忡忡。[70]馬建忠很快便明白，這是展開大院君綁架計畫的絕佳機會，於是回信表示清軍將抵達漢城，「他們全是為了牽制日本而來，別無他圖」。[71]

馬建忠、吳長慶和丁汝昌三人於八月二十六日造訪時，大院君予以熱情款待。馬建忠試圖解除大院君的戒心，不斷讚美宮殿的內部陳設和建築設計品味不凡。[72]依照慣例，大院君於當天下午回訪。馬建忠與他進行了一場「筆談」，同一時間，清軍悄悄逮捕了這名攝政者的侍衛。過了一段時間，等所有朝鮮衛兵都遭到拘捕後，馬建忠突然在紙上寫道：

「您知道朝鮮國王一直以來都由中國皇帝冊封嗎？」

大院君驚訝地抬起頭來。

「您發動壬午兵變，篡奪王權，」馬建忠瞪大眼睛說道，「您殺了高宗的大臣，讓自己的追隨者取而代之。您對高宗的所作所為，表明了您對中國皇帝的不敬。」

大院君意識到自己上了當，連忙起身，這才發現侍衛已不見人影。隨後，馬建忠強迫他坐上轎子，在滂沱大雨中將他送上船並駛往天津。[73]

由此，朝鮮的「二王問題」暫時獲得解決，只是幕後功臣不是朝鮮，而是大清，清廷派人綁架了大院君，並著手直接干預朝鮮內政。這嚴重悖離了朝貢體制下互不干涉的傳統，也徹底改變了大清與朝鮮的宗藩關係，標誌大清統治朝鮮半島的起點。一八八二年的壬午兵變也導致朝鮮半島上的日本與清軍發生了軍事衝突，原因並非大清或日本對朝鮮別有企圖，而是當地混亂的內政所致。大清意識到，透過非正式的建議說服朝鮮、並以巧妙的外交手段牽制西方列強的政策已不再可行，因為朝鮮政局不穩定，加上高宗的王權持續受大院君所威脅。因此，大清迅速改變政策，捨棄了長期以來對朝鮮事務保持距離且不予干涉的做法，鞏固其對朝鮮半島的直接權力。[74]

然而，壬午兵變造成了一個更微妙的後果，那就是影響了人民對朝鮮國王和王妃的看法。高宗因內亂頻仍而心力交瘁，自身的弱點及缺陷暴露無遺。然而，據信在兵變中遭到殺害的閔妃從這場危機中崛起，所獲得的權力還比以往更加強大。大院君尋找她的屍體未果，便下令將其衣物放入空棺材中，宣布舉行國葬，並指示眾臣共服國喪。「大院君打算假裝她已經死了，」編年史家黃玹如此描述，「他盤算即便她還活著，眾人也會認為她已不在人世。」[75]然而，假性死亡的閔妃在因緣際會下，被中國人救回一命。大院君被帶到天津之後，她從藏身之處回到朝鮮王宮。隨著閔妃奇蹟般地「復活」，清廷深知在著手控制朝鮮半島之際，可以倚仗她作為堅定的盟友。

賠罪使節團

一八八二年十月十三日，朝鮮派出的一支賠罪使節團抵達東京。壬午兵變過後，日本堅持要求朝鮮政府派遣使團以「修補朝鮮與日本之間的信任」。[76]這支使團是兩國於一八八二年八月簽署的協定的一部分——即《濟物浦條約》（*Treaty of Chemulp'o*）。根據條約規定，朝鮮應派遣使節前往日本批准條約，並親自為朝鮮起義所造成的損失道歉。負責這項棘手任務的全權特使是年僅二十一歲的朴泳孝（Pak Yŏng-hyo）。朴泳孝為水原（Suwŏn）一名沒沒無聞的兩班文人之子，但因娶了朝鮮昭宗的獨生女永惠翁主（Princess Yŏnghye）而受封為錦陵尉（Prince Kŭmnŭng），從此躋身朝鮮王朝的貴族行列。由於妻子早逝，婚姻僅維持數月，但與皇室的姻親關係，卻使他往後的政治生涯如魚得水。對於一個剛滿二十歲的人而言，獲選為駐日首席特使可說是非比尋常的成就。一年前，即一八八一年二月，他被選入「朝士視察團」——朝鮮政府為查究日本情勢所實行的改革舉措之一。考察期間，朴泳孝參訪了日本的軍事設施、學校、工廠、郵局、博物館、兵工廠及醫院。而這一次，他則受命率領使節團。訪日的兩個月期間，朴泳孝會見了日本多名大臣及官員，甚至還有明治天皇本人。事後他坦言，年少時的這趟日本行是他人生中的轉捩點，並使他堅信朝鮮必須效仿明治維新、展開現代化改革。[77]朴泳孝的同行者為金玉均（Kim Ok-kyun），是其學生時代的舊識。兩人都曾師從高宗的親信、見證一八七六年日朝條約簽訂的朴珪壽。[78]金玉均是一個與高宗關係密切的革新派團體的其中一員，他比朴泳孝年長十歲，兩人的家世天差地遠。其父並未擔任任何重要官職，而他也不像朴泳孝那樣出身知名的兩班家族，但他與生俱來的聰明才智彌補了平凡的家世。金玉均年僅二十一歲即在科舉中狀元及第，不同凡響。[79]歷經各種官職，他認識了一名佛教僧侶，對方勸他「剪去髮髻」（象徵捨棄舊身分）並前往東京，就此改變了他的一生。[80]到了日本之後，他與福澤諭吉，也就是慶應義塾的創辦人結為好友，積極參與自由民權運動。[81]這段友誼一直持續至金玉均於一八九四年過世為止，對日朝兩國都造成了深遠的影響。一八八二年隨同賠罪使節團出訪，則是金玉均第二次前往日本。

與朴泳孝、金玉均同行的還有徐光範（Sŏ Kwang-bŏm）。徐光範是朝鮮開化黨的另一名成員，該黨於壬午兵變後崛起，持續推行高宗因這場危機而中止的改革計畫。他們也批評大清日益主導朝鮮內政與外交事務的舉動。雖然這支使節團聲稱其旨在簽署新約，但高宗也希望重新談判壬午兵變期間日方損失賠償的條款。這項任務——「恢復兩國之間的信任」——是否會成功，取決於朴泳孝能否達成這兩個目標。

然而，其中還有一個不言而喻的政治目的：試探日本政府是否傾向支持朝鮮初期的改革大業。一八八二年過後，清廷官員與朝鮮簽訂一項貿易條約，積極促進大清的商業利益並排斥其他國家，加強對朝鮮半島的宗主權。該條約名為《中朝商民水陸貿易章程》，保證了中國商人在漢城居住、工作以及在朝鮮境內旅行的權利。

大清也享有關稅優惠，大多數出口至朝鮮的商品稅率僅百分之五。先前西方國家強制對大清實施這種不平等的貿易特權時，曾引發極度不滿，而如今大清對朝鮮實行類似的貿易協定，顯示其迅速意識到了「新貿易戰」的現實。[82]正如英國外交官巴夏禮（Harry Parkes）所指，此貿易協定「清楚表明，中朝關係的基礎不同於朝鮮和（其他）外國的往來；後者受國際協議的制約，前者則取決於朝鮮對中國的依賴而定」。他總結道：「其他國家不能要求享有與大清同等的待遇。」

不出所料，日本對該項條約做出了負面回應。日本外務大臣井上馨評論道，這項條約表明，大清意圖「取得對朝鮮的龐大控制權，並獨占對該國的貿易特權」，並且強調，他認為此舉「衝著日本而來」。[84]然而，日本政府能做的有限。主導明治維新的官員們之前已得出結論，認為朝鮮若獨立，會比繼續作為大清藩屬並維持鎖國政策更符合日本的安全利益，而其於一八七六年迫使朝鮮簽署《江華島條約》，正是為了達成這個目標。[85]但是，壬午兵變和大清對朝鮮事務日益深入的干涉，使這些主張渺然無望。日本政府在一八八〇年代最關心的事情，是與西方列強進行舊有條約的修訂；倘若支持朝鮮的獨立及改革，能讓日本「與西方列強平起平坐」，明治維新的官員們將非常樂意這麼做。然而，他們並不準備冒險與大清開戰。[86]

一八八四年甲申政變

一八八四年，朴泳孝和金玉均來到日本，期待改革的理想能獲得支持，卻大失所望。即便事過境遷，金玉均在回憶錄中仍對大清充滿怨恨，同時也痛訴日本官員的「冷漠」以待，尤其是外務大臣井上馨及新任駐朝公使竹添進一郎。[87]金玉均曾希望這兩人能支持他在朝鮮為了推動改革所付出的努力，沒想到他們卻斷然拒絕。遭到井上馨回絕之後，金玉均轉而向福澤諭吉尋求協助和建議。

福澤諭吉是日本自由主義運動的功臣之一，可能也是日本在政府部門以外的領域最具影響力的人士。如同當代眾多日本自由派人士，他對朝鮮的改革運動投入甚鉅。他在寫給當時正在倫敦求學的友人小泉通道的信中，感性回顧了當初自己和金玉均的談話，如何令他想起三十年前日本經歷的痛苦掙扎：

這個月初，幾名朝鮮官員來到日本考察我國情勢，其中兩名年輕人得到了我們的接納。我將他們安頓在我的住處，將竭盡所能地對他們循循善誘。當我回想起二十多年前的情景，真的不禁對他們深感同情及憐憫……每當有朝鮮人來訪，無論身分尊貴或卑微，當我聽他們訴說國家的情況時，都使我彷彿看到了三十年前的日本。[88]

金玉均在福澤諭吉的牽線下認識了其昔日門生井上角五郎。隨後，井上協助創辦了一家朝鮮報社《漢城旬報》（*Hansŏng sunbo*），致力宣傳現代改革。井上角五郎先前於一八八二年十二月抵達漢城後，隨即捲入朝鮮政治的漩渦。他抱怨大清壟斷貿易且並未積極推動朝鮮的改革。大清的霸權與朝鮮人民飽受清軍羞辱的日常，也激起了他對金玉均及其開化黨的支持。一八八四年二月，井上在《漢城旬報》上發表了一篇煽動性的文章，描述一名清兵開槍殺死朝鮮一名商店老闆的事件，原因是店家拒絕讓士兵免費拿取商品。這起事件導致時任大清駐漢城部隊的副司令袁世凱發表聲明，要求該報停刊。[89]

這起爭議迫使井上角五郎離開朝鮮。與此同時，金玉均、朴泳孝及其他改革派領袖開始密謀將親中的閔氏派系趕下朝廷的權力寶座。井上角五郎在其回憶錄《關於漢城的回憶》（*Kanjo no Zammu*）中描述了整起事件的來龍去脈，可見他密切參與了推翻閔氏、挑撥中朝關係的陰謀策畫與執行。福澤諭吉顯然也知情；之後井上供稱，福澤為這場起義「編寫劇本並訓練角色」。一八八八年三月，日本當局質問此事時，福澤堅決否認曾參與其中，儘管有證據指出，他設計了一套電報密碼以聯絡之前在朝鮮的門生。[90]最終，井上的證詞和電報密碼不足以起訴福澤。當然，福澤對於透過武力來傳播「文明」的疑慮，遠比他那些積極推動改革的門生要來得深切，可他們依舊滿腔熱血，踏上了一條幾乎使中日兩國瀕臨開戰邊緣的道路。

甲申政變的靈感源自於一八八四年的中法戰爭。那年八月，中法兩國因安南（印度支那）之爭而爆發衝突。清政府派兵到越南東京（Tonkin）牽制法國勢力，反而被敵軍殺個措手不及，最終戰敗。金玉均、朴泳孝及其同黨希望以這場衝突為由，在朝鮮力行改革開放。

這段期間，日本的政策似乎也有了大幅轉變。離開朝鮮十個月後，日本公使竹添進一郎於一八八四年十月底回到漢城，宣布支持朝鮮改革派。在大清忙著與法國交戰之際，他受命暗中助朝鮮改革派人士一臂之力。[91]

他們的計畫是挾持高宗，接著以其名義宣布成立新的改革派政府。事前的準備包括縱火與起義。他們列了一份精確的政府官員刺殺名單，也選定了暗殺地點和場合，那就是新建郵政局的開幕晚宴。日期定在十二月四日晚上。一切都按計畫進行，看來似乎有望成功。火災準時發生，迫使賓客離開作為預定刺殺地點的那棟建築物。隨後，起義者直奔高宗所居住的昌德宮（Ch'angdŏk Palace），並以清兵暴動為由說服高宗與他們一同離開，前往景佑宮（Kyŏng-u Palace）——位於漢城東邊一座較小的宮殿。匆忙離去之際，高宗在朴泳孝與金玉均二人的堅持下，向竹添進一郎發去了一封照會，請求日本庇護。高宗一行人抵達王宮後，這名日本公使帶著約兩百名日本士兵組成的護衛隊前來迎接。接著，叛軍藉高宗之名召七名高官入宮，在他們前來覲見時殘忍殺害。新政府隨即宣告成立。[92]

但是，這群密謀者犯了一個致命錯誤。竹添進一郎並未繼續將高宗軟禁在規模較小、有重兵把守的景佑宮，反而決定讓他回到戒備相對鬆散的昌德宮。此舉與朴泳孝的請求相左，他認為這麼做並不明智。[93]然而，閔妃抱怨這座地處僻靜的王宮潮濕且不宜居，加上竹添進一郎則希望展現出通融的氣度，朴泳孝的反對因此遭到駁回。後來，這個決定令叛軍領袖後悔莫及。十二月六日晚上，占得上風的清軍包圍昌德宮，人數與之遠不成比例的日軍迅速撤退。儘管未獲上級指令，袁世凱仍主動出擊，迅速圍困王宮。[94]高宗與閔妃乘亂逃到了大清陣營。失去高宗作為人質的叛軍知道大勢已去。[95]其餘密謀者逃往日本公使館，據美國駐漢城公使盧修斯．富特（Lucius Foote）所言，「許多人聚集在〔公使館〕附近叫囂，偶爾有槍聲傳出」。[96]

日本協助發動政變未遂的消息傳遍了漢城，朝鮮暴民起來高喊「日本人去死！」而中國人也加入行列。「清兵數度襲擊公使館，」井上角五郎描述，「我與公使館的人同心協力，終於擊退了他們。」翌日，情況惡化。「我收到了住家被燒毀的消息……公使館裡除了兩百多名士兵之外，還有一百多名使館人員及商人。」儘管井上相信大家抵擋得了暴徒的侵襲，但糧食愈來愈少，因此他們決定逃往仁川。[97]

十二月六日傍晚，逃亡的一行人數度遭受攻擊，但仍設法渡過了漢江。「當時，白晝已成黑夜，大雪紛飛。過江後，我們回頭望向王宮，看到日本公使館被大火吞噬，每個人都難掩激動情緒，泣不成聲。」[98]顛沛流離地過了兩天後，一行人終於抵達仁川，在十二月十一日登上千歲丸號，航向流亡之途，抵達安全的日本。[99]

一八八五年《中日天津條約》

朝鮮恢復秩序後，中日兩國政府開始思考這場危機對各自與朝鮮的關係，及其對朝政策的影響。日本太政官的一些「主戰派」官員希望趁中法戰爭及朝鮮政變的機會向大清開戰。然而，多數成員秉持溫和立場。最後日本決定派伊藤博文以全權大使身分前往中國，修補兩國之間的裂痕——這已是短短兩年內第二次發生這樣的危機了。

一八八五年四月四日，伊藤博文與李鴻章會面商談時，李鴻章堅決表示大清不會冒險與日本開戰。然而，持續數週的討論卻因為關於一八八四年甲申政變的爭論而陷入僵局。李鴻章質疑日本公使竹添進一郎在其中扮演的角色，並責問日本政府高層對這起事件的介入程度。伊藤博文則否認日本外務省曾事先掌握任何內情。[100]

伊藤博文前來中國，是為了商議更急迫的問題：讓大清同意從朝鮮撤軍，並要求當局懲罰大清軍官並賠償受傷的日本居民。李鴻章原已準備就撤軍問題進行談判，但他不同意懲罰自家軍官及給予賠償的要求。日本駐華公使榎本武揚以此事對李鴻章施壓，聲稱假使大清無法達成這些條件，伊藤博文將退出談判，對此，李鴻章怒不可遏。他怒斥：「大清在甲申政變期間沒有做錯任何事。一切都是竹添進一郎的錯！如果日本想﹇藉這個問題﹈與大清斷交，我們就只能準備開戰了！」[101]

在四月十日舉行的下一次會議中，伊藤博文的態度變得和緩。李鴻章提議大清與日本同時撤軍，但堅持主張大清和以往一樣，有權在朝鮮內部發生叛亂，或半島出現政治危機時出兵。他承諾，一旦朝鮮恢復秩序，大清會立即撤軍，然而他不會接受伊藤博文關於日本出兵的提議，即使朝鮮政府如此要求。李鴻章也只得同意，日本有權在日本軍官或國民直接遭到朝鮮攻擊的情況下出兵。伊藤博文提出異議，雙方隨即陷入僵局。[102]最終，雙方互相妥協。李鴻章提議兩國撤軍，但假如未來朝鮮有了麻煩，兩國在出兵朝鮮半島時應知會對方。在懲處大清軍官的問題上，李鴻章稍作讓步，同意親自訓誡這些下屬官兵。[103]

四月十八日，李鴻章與伊藤博文簽訂《中日天津條約》。在第一項條款中，大清同意撤軍至馬山浦，而日本則同意撤軍至仁川，期限皆為四個月內。在第二項條款中，日本和大清均同意敦促朝鮮武裝部隊實現軍事現代化，且教官將不會是中國人或日本人。條約中最重要的第三項條款規定：「倘若朝鮮發生任何大規模動亂，需要兩國或其中任一國出兵時，雙方應事先書面通知對方，並在平定動亂後全面撤軍，不得進一步駐軍。」[104]因此，《中日天津條約》暫時解決了中日雙方的衝突，但這主要是犧牲了大清的權益才換來的。日本藉由中日皆有權出兵朝鮮的聲明，實際上確保了其與大清在朝鮮半島上的平等地位。駐朝清軍將領的迅捷行動（尤其是袁世凱率兵鎮壓甲申政變一舉），充分展現了大清維持宗主國地位的積極性，只是隨著日本在朝鮮取得侵略優勢，大清的朝鮮政策顯然必須進行一些調整。在一八八五年英俄大博弈的戰場轉向東亞和朝鮮半島之際，這些調整顯得尤為迫切。

第五章 另一場大博弈的開展

朝鮮的動盪造成了一個意想不到的後果，那就是再度激起了英俄兩國對朝鮮半島的興趣。在一八八五年四月十八日《中日天津條約》簽署的三天前，英國在朝鮮南岸具重要戰略意義的巨文島成立了「臨時」據點，理由是英國和俄國在阿富汗問題上的衝突日益升溫。

從許多方面來看，這兩大強權之間的危機皆令人始料未及。就在五年前，俄國似乎有意放棄向亞洲擴張的政策。這對英國來說是好消息，因為當時正值一八八〇年第二次阿富汗戰爭結束。英國才剛擺脫阿富汗問題的泥沼，允許當地各部族保有內部統治權，以換取對其外交政策的控制。隨著俄國入侵喀布爾（Kabul）的行動受挫，阿富汗問題以及保護英屬印度免受俄國侵擾的問題，看來終於得到了解決。

俄國在柏林會議中受到的羞辱，使英國更有望在雙方的競爭中占得優勢。俄土戰爭的結局令亞歷山大二世感到挫敗。鄂圖曼帝國與俄國締結了《聖斯泰法諾條約》（*Treaty of San Stephano*），前者將亞美尼亞（Armenia）部分地區與保加利亞（Bulgaria）割讓給了後者，而英國與奧匈帝國則因擔心俄國占盡好處而出手干預。亞歷山大二世希望奧托・馮・俾斯麥（Otto von Bismark）能出手相助，因為這位手腕高明的德意志帝國總理曾提議在柏林會議上居中調解。可惜的是，這位沙皇到頭來仍大失所望。他被迫接受領土遭到削減的保加利亞，其南部仍屬鄂圖曼帝國所有，北部則為自治公國。塞爾維亞和巴爾幹半島西南部的蒙特內哥羅（Montenegro）也脫離了鄂圖曼帝國的統治，獲得了完全的獨立。彷彿一八七八年柏林會議強加的這些讓步條款還不夠羞辱俄國似的，俾斯麥還設法讓奧匈帝國取得了巴爾幹半島西部的波士尼亞（Bosnia）行政管轄權，而英國最終則獲得塞普勒斯（Cyprus），這些安排都犧牲了俄國的權益。[1]

這場徒勞無功的勝利激怒了俄國的斯拉夫派（Slavophiles）人士。但是，羅曼諾夫王朝（Romanov Dynasty）遭受的更大傷害是，這引發了「專制危機」，並開啟了俄國的革命運動。隨著一八六一年的農奴解放改革（Emancipation Reform）有效廢除了帝國的農奴制，亞歷山大二世逐漸鬆綁其父尼古拉一世的專制政策。這使得虛無主義運動有了發展的動力，其在部分程度上回應了自由主義提出的這些新條件，挑戰舊有社會秩序並要求改革，同時主張必要時使用暴力以達成目標。[2]

第一位受害者是聖彼得堡總督特雷波夫（F. F. Trepov）將軍，他在一八七八年一月二十四日遭新革命組織「土地與自由」（Zemlya i Volya）的一名二十八歲成員維拉・伊凡諾夫納・札蘇里奇（Vera Ivanovna Zasulich）開槍打傷。札蘇里奇之所以企圖暗殺特雷波夫，是為了報復他在當地監獄殘暴對待組織中的另一名成員。[3]儘管暗殺未遂，札蘇里奇的審判及無罪釋放仍獲得了當地多數民眾支持，顯示人民對沙皇政權日益不滿。這起事件也標誌了革命策略的轉變。一八七九年秋天，從

「土地與自由」分裂而出的「人民意志」（Narodnaya Volya），成為史上第一個致力於系統性政治恐怖主義的組織。[4]該組織獲得民眾廣泛支持，甚至得到了政治溫和派的認同。曾為「人民意志」一員的俄國革命歷史學家弗拉基米爾．伯采夫（Vladimir Burtsev）表示，絕大多數的俄國人其實都支持恐怖分子：「政府……不受民眾愛戴，與全國上下漸行漸遠。其與社會大眾形同陌路，就連那些奉公守法的群體也都冷眼看待任何對國家權力產生絲毫影響的事情。」[5]德國大使馮．施維尼茨（von Schweinitz）將軍更直白地表示：「隨著國家日益衰敗，恐怖主義派的膽子愈來愈大，所有知識分子的不滿情緒也愈來愈強烈。」[6]令人失望的戰爭結果讓俄羅斯帝權現出原形，少數意志堅定的恐怖分子因而得以威脅政權。在位末期，亞歷山大二世在日記中寫道：「我就像一匹被獵人追捕的狼。」[7]

然而，柏林會議的羞辱與瞬息萬變的國內局勢，並未如英國所期望的那樣徹底抑制俄國魯莽激進的行為。一八八〇年秋天，英國政府收到情報指出，俄國在裏海以東的區域（即外裏海〔Transcapia〕）發動了一場大規模軍事行動。其指揮官米哈伊爾．斯科別列夫（Mikhail Skobelev）將軍在俄土戰爭中厥功甚偉，戰後回到突厥斯坦（Turkestan），率兵對蓋奧克泰佩（Geok Tepe）展開血腥圍攻，這是俄國在征服特克土庫曼（Teke Turkoman，今土庫曼）戰役中的關鍵行動。這起事件發生於一八八一年一月二十四日，多達八千名土庫曼人慘遭屠殺。[8]基於歐洲對這場血腥屠殺的強烈抗議，以及本身對斯科別列夫渴望權力的擔憂，亞歷山大二世解除了這名將軍的指揮權；但大家心中的疑問是，俄羅斯帝國的東進計畫是否會止步。英國首相威廉．尤爾特．格萊斯頓（William Ewart Gladstone）及其自由派支持者都認為，答案是肯定的。「〔斯科別列夫將軍的〕這場勝利最令人滿意的一點是，它讓俄國政府甘願放棄土庫曼，」《帕爾默爾公報》（*The Pall Mall Gazette*）寫道，「他們捍衛了自身的威望，攻下了敵人的據點，如今他們可以效仿我們在阿富汗的作法，放棄這片與其控制、不如征服的版圖。」[9]由於蓋奧克泰佩在戰略上無足輕重，因此當斯科別列夫將軍宣稱「整個土庫曼連一盧布都不值」時，英國政府信以為真。[10]

英國的仇俄分子倒沒這麼肯定。蓋奧克泰佩遭到圍攻之後，尤其是一八八五年一月「中國人」戈登將軍在喀土穆（Khartoum）遭狂熱暴徒殺害的消息傳出後，一個思想先進的新評論派別開始積極發聲。其中，查爾斯．馬文（Charles Marvin）尤具影響力，其著作與宣傳小冊獲得廣泛回響。精通俄語的他也是論述生動且富有說服力的作家。他在一八八二年出版的《俄羅斯向印度擴張》（*Russian Advance towards India*）一書，使他在仇俄圈內享有盛名。馬文主張，歷屆英國政府（尤其是自由黨執政下的政府）在對俄關係中優柔寡斷、膽小懦弱。在俄國圍攻蓋奧克特佩之後，馬文擔心他們會往東推進至土庫曼東南部的梅爾夫（Merv），若以此為據點，將可輕易進入阿富汗並奪下赫拉特（Herat），並從該地一路直攻英屬印度。[11]

然而，俄國外交大臣尼古拉．德．格爾思（Nikolay de Giers）隨即向英國大使杜弗林勳爵（Lord Dufferin）保證，他的國家對於外裏海地區沒有進一步的野心。他強調：「我們無意進攻梅爾夫，也不打算做任何可能被解讀為威脅英國的事。」[12]亞歷山大二世鄭重重申，俄國永遠不會占領梅爾夫，「我們不但不想朝該處推進，而且慶幸的是，我們沒有不得不這麼做的理由。」[13]

俄國對世界上其他地區的態度，似乎再度證實了這樣的緩和立場。俄軍終於從固勒札（大清稱之為伊犁，位於喀什市〔Kashgar〕東北部）撤退並將其交還大清的消息令人振奮。[14]最終解決伊犁危機的《聖彼得堡條約》（一八八一年簽訂），對大清而言是一場勝利，因為正如英國駐俄大使杜弗林勳爵所言，大清迫使俄國「做了其從未做過的事情——吐出她曾經併吞的領土」。除了一八六七年以七百萬美元將阿拉斯加賣給美國之外，俄國未曾在任何地方降下國旗。[15]

俄國的危機

對格萊斯頓首相及其憑藉堅決反帝國的選舉宣傳，而在一八八〇年全面執政的自由派政府而言，這些消息十分鼓舞人心。外國媒體無不鬆了一口氣。《紐約時報》評論：「新政府的一切都充滿了希望。俄國將被友誼所征服。沙皇頹弱不振；但他底下的大臣已準備好與格萊斯頓簽訂任何條約。」[16]格萊斯頓和英國民眾所不知道的是，亞歷山大二世很快就會離世——一八八一年三月十三日（舊曆三月一日）*，他在結束閱兵後返回冬宮（Winter Palace）的路上遭恐怖分子炸斷了雙腿。[17]

---

* 編註：舊曆（Old Style, O.S.）與新曆（New Style, N.S.）分別代表西方國家前後採用的兩套不同的曆法系統，各國自一五八二年至二十世紀期間從儒略曆過渡到格里曆。格里曆又稱公曆（新曆），為當前國際通用曆法，但由於計算方式變更，累積誤差將隨時間增加，羅馬教宗額我略十三世（Gregorius PP. XIII）遂於一五八二年下令修訂曆法，之後頒行格里曆。

亞歷山大三世（Alexander III）是「偉大的解放者」（Great Emancipator）之繼承人與兒子，因此在羅曼諾夫王朝面臨史上最嚴重的危機之一時正式掌權。此次的暗殺並非讓另一位家族成員登上王位所策畫的宮廷政變，而是徹底廢除俄羅斯帝制的之革命陰謀的一部分。可想而知，這位新上任的沙皇對父親的「壯烈犧牲」感到悲痛不已。[18]亞歷山大二世之姪亞歷山大．米哈伊洛維奇（Alexander Mikhailovich）寫道：「某種比我慈愛的叔父與英勇無畏的皇帝更偉大的事物，已隨他一同消逝在歷史洪流中。一八八一年三月一日，理想而美好的俄羅斯，這麼一個統治者如父親般治國、臣民如子女般順從的國家，自此不復存在。」[19]

亞歷山大三世因其身材高大（身高約一百九十公分）而有「巨人」之稱，他繼承了那染上父親鮮血的王位，將國家的多數弊病都歸咎於主導了內政的「不負責任的自由主義」。亞歷山大二世作為發起農奴解放改革的專制君主，一直不願透過殘暴手段，來鎮壓那些在他協助打造的新社會及政治環境下崛起的政治革命分子。他的兒子可沒有這層顧慮，嚴格限制新聞媒體的報導。其親信康斯坦丁．波貝多諾斯切夫（Konstantin Pobedonostsev）在這位沙皇即位不到兩個月後寫道：「在報章言論受到限制之前，任何事情都不可能有好的開始。」[20]身為專制政體與斯拉夫民族使命的狂熱信徒，波貝多諾斯切夫在一八八二年八月力促新沙皇制定一系列「臨時性」新聞審查規定，使亞歷山大三世的統治成為自尼古拉一世在位晚期以來，最保守反動的政權。[21]

為了滿足政權在國防方面的新要求，沙皇政府成立了公共安全與秩序保衛部（Okhrannye otdeleniia／Okhrana，又稱暗探局）——負責滲透並摧毀恐怖主義運動的祕密機構。其鎮壓措施收到了成效。由於聖彼得堡暗探局局長格里戈利・蘇戴金（Grigory Sudeikin）協助招募「人民意志」組織的高層線人，波貝多諾斯切夫得以將整個革命組織一網打盡。[22]上位兩年後，亞歷山大三世終於能夠放心於一八八三年一月二十五日舉行加冕典禮。[23]

沙皇還為俄國的外交政策指明了新方向。雖然他堅定遵循俄國的斯拉夫民族使命及自豪的「帝國主義精神」，但他下定決心要避免戰爭。「亞歷山大三世最偉大的成就，」其財政大臣謝爾蓋・維特寫道，「是他為俄國帶來了十三年的和平，這靠的不是優柔寡斷，而是公正與堅定不移。他沒有征服領土的遠大夢想，也不嚮往軍事榮耀。其他國家知道這一點，但他們也清楚，他在任何情況下都不會糟蹋上帝託付給他的俄羅斯榮譽和尊嚴。」[24]亞歷山大三世對自身角色的看法與此有些不同。他過去經常對大臣們說：「我們在世上只有兩個盟友，那就是本國的陸軍和海軍。其他人會毫無預警地背叛我們。」[25]沙皇試圖重整混亂無序的軍隊，並鞏固國家財政，以挽回國家在俄土戰爭中遭受的羞辱。亞歷山大三世是精明幹練的管理者，他「話不多，但言出必行，從不食言」。[26]

亞歷山大三世在外交政策上面臨的第一項真正的挑戰，發生在一八八五年三月。儘管父親曾鄭重承諾不會吞併梅爾夫，他仍允許積極進取的年輕軍官阿里漢諾夫（Alikhanov）中尉於在一八八四年三月十六日攻占這座城市。這項行動遭到英國仇俄人士的強烈抗議，但令人意外的是，這對以格萊斯頓為首的英國政府並沒有太大影響，因為他們不願迫於媒體的危言聳聽而貿然行動。查爾斯・馬文編著的宣傳小冊上以大寫字母凸顯了標題，寫著「薩里克的土庫曼，將無可避免地伴隨梅爾夫遭到併吞，使俄國的統治範圍擴大至潘吉德（Panjdeh），距離印度之鑰不到兩百二十五公里」，但這項警告卻被置之不理。英國外交大臣格蘭維爾（Granville）勳爵就只是告知俄國大使亞瑟·馮·莫倫海姆（Arthur von Mohrenheim）男爵「我國並沒有忽視這些〔關於梅爾夫的〕消息」。[27]

十二個月過後，馬文一語成讖。英俄兩大強權之間在地處偏遠的潘吉德綠洲僵持不下——位於穆爾加布河（Murghab River）河岸、梅爾夫和赫拉特之間靠近阿富汗邊境的地方。一八八五年三月三十日，一支阿富汗部隊在老謀深算的阿里漢諾夫的煽動下襲擊了俄軍部隊[28]，俄軍指揮官科馬洛夫（Komarov）將軍以此為由下令反擊，攻占了潘吉德。一週後，俄國奪取潘吉德的消息傳到了倫敦，多數人都認為，英俄之間的戰爭已無法避免。在美國，一向冷靜持重的《紐約時報》大肆渲染地報導：「英國與俄國幾乎肯定會開戰。」[29]一直以來被格爾思所愚弄的格萊斯頓譴責俄國屠殺阿富汗人及占領潘吉德的行為，並宣布英國將進入備戰狀態。[30]

亞歷山大三世似乎認為自己大膽的外交政策值得一試。如果說他希望幫助國家一雪當初在柏林會議中蒙受的恥辱，並恢復羅曼諾夫專制統治在十九世紀初的權力與榮耀，那麼他基本上可說是成功了。亞歷山大·米哈伊洛維奇大公指出：「偉大的加特契納（Gachina）*專制者給了革命派沉重的一擊。」[31]《聖彼得堡日報》（*Journal de St. Petersbourg*）報導：「沙皇昨晚（四月十日）現身劇院。觀眾們對潘吉德的消息依舊反應熱烈，且普遍認為科馬洛夫將軍的行為得到了沙皇的准許——他們見到沙皇時起身鼓掌，整座劇院歡聲雷動。」[32]亞歷山大二世在位晚期那般的陰沉絕望，與亞歷山大三世預言俄國將變得更加無畏且強大的承諾，形成了鮮明對比。然而，俄國和英國都未能預見，中亞衝突再起將對他們的遠東政策造成什麼樣的影響。一八八五年，大博弈的戰場轉移到了東亞。

巨文島

一八八五年四月十五日，駐長崎的英國海軍中將威廉．道威爾（William Dowell）奉命率領三艘英國軍艦出兵，占領位於朝鮮半島南岸的巨文島，作為封阻符拉迪沃斯托克與俄軍太平洋艦隊的行動基地。英國估測，遠東地區封鎖行動所帶來的威脅，將可阻止俄國進逼赫拉特——格萊斯頓曾警告俄國，若其攻打赫拉特，等同於向英國宣戰。套用某位英國官員的話，占領巨文島背後的意圖是「掐住狗的喉嚨，逼牠吐出骨頭」。[33]同時英國也擔心，俄國會趁中日出現嫌隙之際攻取朝鮮半島。

雖然阿富汗戰爭得以避免——英國與俄國成立委員會來解決阿富汗邊界問題，因此控制了危機——但「大博弈」的對抗使大清與日本在朝鮮問題上的立場變得更加複雜。起初，大清同意英國占領朝鮮半島。四月十二日，李鴻章致信總理衙門表明：「英軍將暫駐巨文島以對抗俄國。我認為，這對大清與朝鮮而言都不是壞事。」大清駐英公使曾紀澤告知英國政府，只要不妨礙大清或朝鮮，「英軍可暫駐巨文島」。[34]

＊ 譯註：亞歷山大三世一生有大部分時間都在加特契納宮（Great Gachina Palace）度過，世人將此地視為專制君主的要塞。

沒想到，俄國表達了強烈抗議。俄國聲明，如果英國可以占領巨文島，那麼俄國將占領朝鮮的其他地區。李鴻章憂心忡忡，加上英軍未回覆撤出半島的要求，於是他致信高宗，建議他無論如何都不應該同意英國占領巨文島，因為這「會惹毛俄國與日本」。[35]

敦請高宗提防英國的同時，李鴻章對俄國的意圖也愈來愈感到不安。一八八六年九月，俄國駐華公使拉德仁（Nikolai Ladyzhensky）來到天津，與李鴻章會面討論巨文島的危機。會談中，李鴻章直截了當地詢問拉德仁，他的國家對朝鮮有何意圖。拉德仁予以否認並宣稱：「我可以向你保證，我國無意占領朝鮮的任何領土。」李鴻章問他是否可以立下書面承諾，但拉德仁表示拒絕，並強調口頭聲明就行。在李鴻章的威迫下，最後兩人達成了妥協。拉德仁以白紙黑字給出了承諾，但對象只限大清，而且英國不得根據這份聲明提出任何主張。大清拿到了這份聲明後，便要求英國從巨文島撤軍。[36]

最終，英國於一八八七年二月撤軍，但巨文島事件的教訓顯示了李鴻章嚴重失算。他非但沒有將英國作為抵禦俄國入侵朝鮮的屏障，反而使俄國更加膽大妄為。俄方不甘於在朝鮮事務上扮演次要角色，再加上英國的退出，中俄之間的朝鮮半島之爭逐漸白熱化。

大院君的回歸

在此同時，日本與大清從朝鮮半島撤軍，根據《中日天津條約》第二項條款，高宗可考慮聘僱外國軍事教官來訓練本國軍隊。中日兩國都認為朝鮮應該聘請美國教官，但高宗的親信穆麟德（Paul Georg von Möllendorff）推薦了俄籍人選。[37]諷刺的是，穆麟德曾短暫在大清海關總稅務司工作過，於一八八二年經李鴻章向朝鮮高宗舉薦為外交顧問。雖身為德國人，但他強烈偏袒俄國。

一八八五年二月，穆麟德前往東京，並密會了俄國公使達維多夫（A. P. Davydov），商討讓該國軍官訓練朝鮮軍隊的可能性。穆麟德也希望討論將元山割讓給俄國以換取「保護」的可行性。[38]據稱穆麟德與達維多夫就這些議題締結了「祕密協議」，儘管俄國外交大臣格爾思否認俄國曾承諾會保護朝鮮。[39]俄國政府確實承諾過的是，將會指派軍事顧問前往朝鮮提供協助。

俄國與朝鮮密謀的消息震驚了東京和北京當局。最終，李鴻章迫使穆麟德在七月二十七日辭去職位並離境。同時，日本外務大臣井上馨會見了大清駐日公使徐承祖，表達了他對俄國在朝鮮別有意圖的憂心。井上馨建議大清釋放被關押在保定三年之久的大院君，並將他送回漢城。這位冥頑不靈的仇外——尤其是仇俄——鬥士將能制衡企圖利用俄國來「削弱大清威權」的朝鮮高宗和閔妃，讓大清和日本兩國各取其利。[40]大院君也許可以阻撓俄國與朝鮮簽訂協議。

李鴻章贊成這個主意，尤其是考量大院君自稱已改變心意並承諾與清廷合作。[41]他表示：「雖然李昰應（大院君）將以外人身分回歸朝鮮政府，但他仍然備受平民百姓所愛戴。」高宗必須三思而後行。李鴻章也認為，由於高宗恪守孝道，因此大院君「或許會暗中幫助高宗站在對的那一邊」。[42]此外，「李昰應聲稱對大清絕對忠誠，六十五歲的他依然精力充沛、精明強幹」。[43]

一八八五年二月，高宗聽聞父親即將回國的傳言，親信尹致昊（Yun Ch'i-ho）要他不用害怕。

他向高宗保證：「如果大院君在大清的支持下回來奪權，朝鮮是不會接受他的。依法一國不能有兩位君主，這道理就和天上不會有兩個太陽一樣。」高宗則沒這麼樂觀，他坦言：「一旦他回來了，國家將會滅亡。」[44]

一八八五年十月五日，父親大院君一抵國，高宗便下令處死三名與其關係密切的官員。他的妻子閔妃長久以來不斷勸使他這麼做，如今付諸實踐。這些天數已盡的官員皆與一八八二年的壬午兵變有所牽連，而處決他們的用意在於警告大院君。[45]閔妃原本計畫在大院君歸來時，舉行一個更懾人心魄的恐怖場面來迎接他，但這項計畫遭到了阻撓，因為大清當局運走了那些官員血肉模糊的軀體，不讓他們曝屍街頭。[46]

眾多百姓夾道歡迎這位前任攝政者返國時的景象，想必讓高宗與閔妃深感不安。美國駐朝公使福久寫道：「約有八千人聚集在濟物浦*迎接他歸來。街上一整天都擠滿了興高采烈的人群……雖然他〔大院君〕殘忍成性、陰險狡詐又嗜血，卻總能留住民心。」[47]

陪同大院君坐船前往仁川的，還有前大清駐朝鮮部隊指揮官袁世凱。曾師從李鴻章的他在兩次鄉試落榜後，加入了吳長慶麾下的淮軍，展開多姿多彩的職業生涯。一八八二年八月，他以初級參謀的身分抵達朝鮮，並在壬午兵變期間鎮壓叛兵大本營的戰役中立下大功。在一八八四年的甲申政變中，他擔任大清駐朝鮮衛戍部隊的參謀長，因機智的應對贏得了李鴻章的感激與讚賞。為表揚袁世凱兩度「率兵拯救朝鮮高宗」，李鴻章任命他為大清駐朝代表。[48]美國傳教士安連（Horace Allen）曾於一八八四年危機期間為袁世凱部隊的傷兵進行手術，他指出，袁世凱當時擁有絕對的權力。

「我曾在公使館旁的大街上，親眼目睹袁世凱的劊子手在眾目睽睽之下，將違反禁賭規定的中國佬斬首。」[49]

狂妄傲慢的袁世凱

二十六歲就任大清駐朝代表的袁世凱，他「仿效英國駐印度代表，自封為常駐官」。[50]此舉激怒了其他外國代表，因為這顯得他們像是受自家政府派駐到一個由常駐官監督的大清附庸國，地位矮了袁世凱一截。理所當然地，袁世凱的自命不凡最令日本感到冒犯。後來成為美國駐朝公使的安連回憶道：「他的傲慢無邊無際。」[51]

袁世凱也展開了一項計畫，確立對朝鮮各方面政治與外交事務的控制權。[52]他積極捍衛並擴大大清在朝鮮的通商口岸租界，大清的子民在這些租界享有治外法權及其他不平等權利。他也在主要通訊基礎設施，如陸上電報線路的建立與管理上扮演重要角色，並負責監督海關總稅務司。[53]「他〔袁世凱〕身著華服、乘八抬大轎在多名隨從的護送下大陣仗出巡，是漢城府最引人注目的景象之一。」[54]

＊註：即仁川港。

朝鮮對中國的傳統朝貢關係，實際上已轉變為現代形式的大清帝國主義，對此，高宗決定直接請求俄國的協助。而袁世凱截獲情報得知，高宗寄了一封密信給亞歷山大三世。儘管其真實性存在諸多爭議，這份文件仍在大清各界掀起了巨大波瀾。在這封非比尋常的信件中，高宗懇請沙皇讓朝鮮成為俄國的保護國，以維護朝鮮的「獨立」。他同時也請求俄國派戰艦駐守朝鮮。[55]

這封信明顯推翻了高宗在僅僅六年前，不顧國內強烈反對聲浪而大力支持的一項政策。該政策由金弘集於一八八〇年帶著黃遵憲的《朝鮮策略》從日本重返朝鮮時所提倡，以應對俄國入侵半島的危險為基礎。高宗對俄國的示好徹底顛覆了大清的朝鮮政策，而袁世凱對此感到既震驚又氣憤。[56]

一八八六年八月九日，袁世凱致信李鴻章：「高宗尋求西方國家的保護，並以朝鮮作為大清的附庸國為恥。過去那些年，高宗與奸臣共謀，在一八八四年試圖奉行與大清斷絕關係、與日本交好的政策，結果均以失敗告終。如今，高宗又重蹈覆轍，向俄國求助以對抗大清。」袁世凱主張李鴻章應先發制人，廢黜高宗，找個更聽話順從的君主取而代之。「如果您指示大院君幫忙，不出三、五天就能恢復秩序。假使我們遲遲不行動，等到俄國軍隊來犯，恐怕事態將惡化至我們無法控制的地步。」[57]依目前的情況來看，大清與俄國極有可能因朝鮮問題而開戰，因此李鴻章向光緒皇帝之父醇親王奕譞上奏此事。之後光緒帝指示李鴻章「加強軍備……並部署軍艦巡航朝鮮沿岸」。[58]

最終，李鴻章決定不支持袁世凱過於膽大妄為的計畫，因為他認為大院君並非接替王位的好人選。此外，俄國當局堅決否認曾收到這封具有爭議的信件，並允諾不會接受朝鮮提出的任何保護國及派遣戰艦的請求。[59]袁世凱乘機恐嚇高宗，警告「他的行為會導致可怕的後果」。事後，高宗否認曾涉入朝鮮與俄國的密謀。[60]

雖然李鴻章並未利用高宗的親俄陰謀將他趕下台，但這起事件確實讓大清改變了原本對朝鮮「獨立」所秉持的立場，無論這個概念的定義多麼薄弱。黃遵憲的《朝鮮策略》原本鼓勵朝鮮與美國及其他西方列強建立條約關係，以利大清遏制俄國的侵略來維持現狀。然而，朝鮮發生的混亂局勢、高宗的不可信，以及對朝鮮可能與俄國勾結的擔憂，使大清得出一個結論，那就是全力在朝鮮確立優勢地位更符合自身利益。一八八七年，袁世凱以朝鮮從屬於大清、因此無權自行處理外交事務為由，進一步阻止高宗派遣使團前往美國。他向美國駐華公使丹士謨（Hugh Dinsmore）辯稱，朝鮮對大清的附庸地位在高宗附加於《朝美友好通商條約》的照會中得到了申明，儘管該照會從未獲得美國正式承認。

接任丹士謨職位的奧古斯丁·赫爾德（Augustine Heard），對大清日益加強控制朝鮮半島的舉動抱持更悲觀的看法。他抱怨：「大清支配了海關；以協議為幌子攔截電報；禁止開放新港口，自始至終都以宗主國自居。」雖然他承認，大清征服朝鮮是為了保護其不受俄國侵犯，但赫爾德認為，大清正在犯下一個「可怕的錯誤」：「任何了解當前大清陸海軍組織的人都不會有這種錯覺，而一旦其與俄國交戰，將會發覺自身鑄下大錯。」[61]

李鴻章在朝鮮政策上的立場不變之所以令人訝異，是因為俄國尚未正式對朝鮮採取行動。俄國並未在一八八四年甲申政變時乘亂出兵。隔年，穆麟德代表高宗提議，允許俄國進入朝鮮東岸的不凍港元山（作為所謂祕密協議的一部分），結果俄方拒絕了。高宗在密信中提出保護國請求時，俄國也迴避不應。[62]俄國外交大臣吉爾斯表示：「俄國不該做出任何正面表述，讓朝鮮懷抱任何期望。」換言之，儘管朝鮮一再示好，俄國仍舊謹慎以對。[63]

維持現狀？

那麼，俄國的朝鮮政策究竟為何？一八八八年五月八日，其召開一場特別會議進行討論。會議的結論是「攻取朝鮮不但沒有任何好處，還會伴隨諸多不利後果」。此外，「某些情況下，我們〔俄國〕大可將位處滿洲側邊的朝鮮變成一處戰略要地，但由於防禦的不便及困難，朝鮮的優勢也就失去了意義……占領朝鮮不但會破壞我們與大清的關係，還會破壞我們與英國的關係，因為英國對朝鮮另有他圖」。[64]

然而之後，由於無法容忍大清併吞朝鮮，俄國對大清的態度有了轉變。「如果再遲一點才意識到大清的意圖，我們在南烏蘇里（South Ussuri）的處境將岌岌可危，因為我們的鄰居將不再是一個積弱不振且無害的國家，而是擁有各種強大資源的大清。英國則鼓勵其政治人士要懷抱自信與野心。」[65]

至於日本對朝鮮的圖謀，俄國所舉行的那場會議指出：「天皇〔日本〕認為，讓自己身處與大清發生衝突的危險之中是不智之舉，因此不但放棄了對朝鮮的渴望，還一度對朝鮮的未來漠不關心。」但是近年來，日本逐漸表現出「對於如何確保朝鮮不被大清奪取一事的焦慮」。無論如何，日本的政策「與我們的看法完全一致，我們必須在這方面全力支援東京當局」。[66]

俄國對日本謹慎的朝鮮政策的評估大致正確。伊藤博文和李鴻章在一八八五年《中日天津條約》中達成協議後，明治維新的官員們決心避免再次捲入甲申政變這樣的慘敗[67]，當時竹添進一郎行事草率，福澤諭吉等日本自由派支持朝鮮改革派的計畫也適得其反。[68]

俄國並未意識到，日本國內在朝鮮問題上仍然存在深刻的分歧。金玉均及其他朝鮮流亡者在暫居日本期間遭受政府不公的待遇，令福澤諭吉和其他自由派人士深感不安。一八八六年六月，內務大臣山縣有朋通知金玉均，他將被逐出日本，流放到草木不生的小笠原群島*，傳統的政治犯流放地。福澤怒不可遏，憤而致信山縣，痛斥他將金玉均視為「政治犯」，而他唯一的罪行就是「逃離朝鮮邪惡高官的魔掌，到日本尋求自由」。福澤感嘆：「日本政府竟會對這起罪行感到不安？」[69]

金玉均蒙受不平一事所引起的軒然大波，也激怒了支持朝鮮改革的日本反動派。大井憲太郎——早期的西學倡議人士與著名的法國法律專家，後成為民權運動的主要成員——與自由黨幹事小林樟雄密謀在一八八五年末派遣一支遠征軍到朝鮮推翻高宗政府。他們主張，此舉是為了在各地提倡自由與進步的精神。[70]儘管計畫失敗，「大阪事件」的領袖也被捕，但日本社會內部長久以來在「朝鮮問題」上的歧異，促使反動派和自由派聯手追求反對日本寡頭政治的目標。[71]

＊ 註：西方稱博寧群島（Bonin Islands），即日文「無人」之意。

只要朝鮮繼續維持現狀、不受重大干預，這些衝突就能有所抑制。自一八八五年起，日本政府看似滿足於放任朝鮮事務受到大清的強勢控制，只要這能阻止其他西方列強——也就是俄國——在朝鮮立足。[72]然而到了一八九〇年，一個新的變因出現，迫使推動明治維新的官員們重新思考其外交政策是否明智。他們面臨的問題是，是否要承擔起將朝鮮的命運交付予大清的代價，抑或是必須親自掌握朝鮮半島的命運。

第六章 俄國通往東方的鐵路

一八六〇年，尼古拉．尼古拉耶維奇．穆拉維夫—阿穆爾斯基宣布建立符拉迪沃斯托克（意指「東方的統治者」），並宣稱俄國擁有滿洲全境，從烏蘇里江以東延伸至海岸、以南最遠至朝鮮邊界，而從那之後過了將近三十年，當地仍是一片荒蕪，不見任何農業或貿易活動，無路可行、杳無人煙。[1]濱海邊疆區（Primorsky krai）位於圖們江岸，與朝鮮北部接壤，據估在一八八二年有五萬四千〇八十二人居住；阿穆爾河邊疆區（Amur krai）位於黑龍江與澤雅河（Zeya River）沿岸，約有四萬一千五百五十四個居民。在這麼一個面積相當於法國及德國面積總和（約九十萬平方公里）的區域，總人口不到十萬（包含原住民在內）。[2]

這並不是穆拉維夫—阿穆爾斯基當初期望的豐碩收穫。他占領這片廣袤土地時，人們對其肥田沃壤及發展潛力的讚譽不絕於耳。俄國博物學家兼地理學家理查．馬克（Richard Maak）強調了黑龍江流域「最有利的殖民條件」：「氣候宜人，對內水陸交通便利，土壤肥沃，並且鄰近東西伯利亞（Eastern Siberia）的行政中心。」他興奮地高呼，俄國新取得的這片土地「將成為所有鄰地的糧倉」。[3]

這些不切實際的期待，進一步受到了紐約商人兼探險家佩里．麥克唐納．柯林斯（Perry McDonough Collins）所激勵，他在一八五六年抵達俄國後，在美國政府的官方支持下提出了各種開發計畫，進一步挑動了俄國對這片土地的憧憬。同年十二月，柯林斯經國務卿威廉．馬西（William L. Marcy）任命為「美國駐阿穆爾河商務代表」，啟程前往伊爾庫茨克（Irkutsk），成為第一個踏足此地的美國人，並大談黑龍江流域發展國際貿易的「錢景」。然而，在貝加爾湖以東約四百公里的赤塔（Chita）停留的期間，柯林斯開始夢想修築一條連接西伯利亞腹地與太平洋及外部地區的鐵路。[4]他希望成立「阿穆爾河鐵路公司」的宏偉計畫，是興建西伯利亞鐵路的第一個提案。他將穆拉維夫對黑龍江的占領和傑佛遜對路易斯安那州的購地相提並論，預言俄國在該地區的商業與文明發展上大有可為。「俄國可能會發現，為了讓這條從西伯利亞領地入海的重要河流享有和平與安全，將必須效仿我們收購路易斯安那州的作法，因為滿洲全境對黑龍江穩定的貿易活動而言，就跟路易斯安那州之於密西西比河一樣重要。」[5]

事實證明，這種說法過於樂觀，甚至是痴心妄想。黑龍江的河口過淺，遠洋船艦無法自由進出，無數沙洲使得航行困難且危險。批評穆拉維夫—阿穆爾斯基向來不留情的札瓦利申（D. I. Zavalishin）指出：「沒有任何一艘船能度過整條黑龍江，或甚至通過其重要河段。」[6]原因是，船隻在河道中會不斷擱淺。札瓦利申認為，黑龍江完全不適合商業通航。若從海岸向內陸移動，就會發現該區域無論是氣候還是定期氾濫的草原，都不適合大量農業人口生活。當地無疑與肥沃的密西西比沖積平原沒得比。春季的黑龍江乾燥寒冷，凍土融雪緩慢，植物無法快速生長。乾燥的季風致使少量降雨在滲入土壤之前便蒸發殆盡，幼苗飽受乾旱之苦。夏季天氣暖和，卻也多雨霧濃。頻繁的傾盆大雨導致河水氾濫，沖走了還未成熟的莊稼。高度的潮濕不利穀物收成，為寄生蟲、鏽菌、黴菌、真菌及其他破壞作物的病害創造了有利環境。[7]黑龍江河谷無法供應糧食，居民只能大量進口穀物。[8]

俄國在黑龍江流域僅有的兩處肥沃地帶相距約九百六十五公里，一處在布拉戈維申斯克（Blagoveshchensk）*以東，另一處面積要小得多的平原坐落於鄰近符拉迪沃斯托克的拉茲多利納亞（Razdolnaya），而這兩處地帶之間則是草木不生的沼澤低丘。因此，符拉迪沃斯托克沒有腹地。正如俄國革命家彼得・克魯泡特金（Pyotr Kropotkin）所述：「它只是太平洋沿岸的一個港口，距離人口稠密的地區非常遙遠。」克魯泡特金在生涯初期曾擔任駐東西伯利亞哥薩克（Cossack）軍團的軍官，在無數篇短文中記下了自己的所見所聞，並描繪當地的陰鬱晦暗。[9]為了彌補黑龍江沿岸人口稀少的問題，穆拉維夫—阿穆爾斯基釋放大量罪犯，其中「大多是強盜及殺人犯，他們恢復了自由身，被安頓於黑龍江下游區域」。但他很快便意識到，只有男性的聚落毫無價值，因為「沒有妻子操持家務，男人要如何發展農業呢？」

* 編註：即海蘭泡，一八五八年因《璦琿條約》割讓給俄國。

於是，穆拉維奧夫〔Muravioff，原文如此〕下令釋放當地所有服苦役的女性罪犯（約有一百人），讓她們自由選擇託付終身的對象。然而，時間不多了；河川的水位正迅速下降，船筏必須盡快啟程，穆拉維奧夫讓這些男女兩兩成雙地站在沙灘上：「我在此見證你們的婚姻。你們要善待彼此；男人們勿虐待妻子，要幸福快樂地共度一生！」[10]

雖然「穆拉維奧夫」見證的婚姻「與一般的婚姻一樣幸福」，可惜已婚和單身罪犯的人數對於解決人口問題毫無幫助[11]，也未能吸引俄國民眾移居至此區。到了一八七〇年代中期，西伯利亞各城鎮更起而抗議流放人口對本地群體造成的不當影響。在有「西伯利亞的巴黎」之稱的伊爾庫茨克，城鎮居民懇求政府終止讓當地人口不堪重負的流放制度。「為了支撐成千上萬名流放護衛部隊的開銷，當地稅收負擔沉重。」社區週報《西伯利亞》（*Siberia*）報導，「成千上萬名流放者及苦役犯蜂擁而至，西伯利亞各城毫無防備。多達三萬名無業遊民四散各地，農民每天努力耕田以供給他們糧食之外，還得面對持械搶劫、謀殺及縱火的威脅。鎮上的犯罪事件更是層出不窮」。[12]

西伯利亞居民的生活品質也糟糕至極。符拉迪沃斯托克和許多西伯利亞的城鎮一樣，籠罩在絕望與憂鬱的氛圍下。「街道泥濘不堪、完全沒有鋪砌，下水道無蓋遮蔽，軍營及糧倉破敗不堪，木造房屋未經粉刷」，城鎮遠遠稱不上是熙來攘往的商貿中心，一年當中有六個月是冰天雪地，另外還有好幾個月大霧濃得伸手不見五指。[13]光是生活開銷就讓居民意志消沉。「處處都物資短缺、民生困苦，」鐵路工程師魯比莫夫（L. N. Liubimov）指出，「物價高得離譜。苦役與流放蔚然成風，壓迫當道，許多人亟欲離開此地，只為了擺脫日復一日對人類靈魂黑暗面的凝視。」[14]除此之外，由於俄國的居民「幾乎全是……軍官與陸海軍相關人員」，沒有商人或農民，因此糧食仰賴大清與朝鮮進口。一八八一年，英國探險家亨利・蘭斯戴爾（Henry Lansdell）描述自己在當地的旅行見聞：「許多人認為西伯利亞居民人口過多，阻礙了俄國的進步，〔因為〕他們在開價上優於俄國人，工資較低，廉價販賣勞力。」事實上，到了一九〇〇年，來自大清與朝鮮的定居者占了阿穆爾河邊疆區都市人口的四分之一。[15]

貫穿黑龍江的鐵路？

一八四九年，俄國占領黑龍江三十多年後，根納季・伊凡諾維奇・涅維爾斯科伊和穆拉維夫—阿穆爾斯基一同負責安排在該處南岸開闢一條可供船隻航行的水道，而他後來承認，開發一條「屬於西伯利亞的密西西比河」的夢想是痴人說夢。他注意到「礙於〔該區〕廣大的幅員、地理位置及氣候條件，商業與工業在此地無法像北美各州那樣迅速發展。這座邊疆區在各方面都與美國截然不同，因此……政府不應該被幻想以及北美地區和加州的例子所迷惑。」[16]帝國地理學會東方分會（Eastern Branch of the Imperial Geographical Society）的科爾金斯基（S. I. Korzhinsky）宣告黑龍江「毫無價值」，並指出「有必要打造一套完全不同的經濟體系，種植其他更適合當地氣候條件的作物」。[17]就連十分仰慕穆拉維夫—阿穆爾斯基的無政府主義革命人士米哈伊爾・巴枯寧（Mikhail

Bakunin）也不得不承認：「莫斯科和聖彼得堡的人們聲稱黑龍江是一條無關緊要的河流，就連划艇都無法航行其中；布拉戈維申斯克、尼古拉耶夫斯克（Nikolayevsk）以及黑龍江沿岸的所有村落與車站，都只存在於穆拉維夫的報告和想像中；黑龍江毀了俄國；它吞噬了數百萬盧布和成千上萬名人力；總而言之，它成了俄國的潰瘍。」[18]

儘管黑龍江具有這些缺陷，亞歷山大三世仍不打算放棄該地區。俄國在一八六〇至八五年間對外主要關注的地方是中亞，該地區因其歷史過往與地理位置，對俄國人具有直接且立即的重要性，而這是偏遠陌生的黑龍江與烏蘇里江從未有過的意義。然而到了一八八〇年代，隨著一八七八至八〇年第二次英阿戰爭（Second Anglo-Afghan War）的爆發，希瓦、布哈拉和浩罕遭俄國併吞，以及潘吉德危機（Panjdeh Crisis）在一八八五年終於平息，俄國政府逐漸將重心東移，因此西伯利亞鐵路的議題再次引起了討論。一八八七年六月，亞歷山大三世批准了交通大臣展開西伯利亞鐵路地形探勘的決定。[19]

沙皇之所以決定興建西伯利亞鐵路，主要基於兩個因素。自一八四〇年代起，革命熱潮席捲俄國，激進的思想家與作家——從彼得．克魯泡特金、亞歷山大．赫爾岑（Alexander Herzen），到巴枯寧及布塔舍維奇—佩特拉舍夫斯基（M. V. Butashevich-Petrashevsky）等無政府主義者——都深受一種思想所啟發，那就是將西伯利亞打造成有別於沙俄的自由和機會之地。這些區域主義者努力向聖彼得堡爭取更大程度的自治，並呼籲終止那套讓西伯利亞淪為俄國罪犯流亡地的流放制度。[20]一八六〇年，來自西伯利亞心臟地區伊爾庫茨克的巴枯寧，在寫給某舊識的信中稱：「西伯利亞遲早會脫離俄國。」[21]

由於穆拉維夫—阿穆爾斯基併吞了黑龍江和烏蘇里江，再加上對於俄國與美國重修舊好的渴望，這些激進思想家有了新的想法，那就是鼓吹革命擺脫沙皇專制，在俄國東部邊境建立「新美國」。克魯泡特金描述，穆拉維夫—阿穆爾斯基甚至考慮引領這個分離主義運動，「建立西伯利亞合眾國」。[22]克魯泡特金在回憶錄中寫道：「我愈來愈傾向選擇西伯利亞，那兒有廣袤無際的土地，可以實行已經成真或即將到來的偉大改革：當地的勞力想必寥寥無幾，我會找到一個可以讓我大展長才的地方。」[23]一八八一年導致亞歷山大二世遇刺的革命熱潮，也有助於其子制定未來十年的反動政策。一條可望加深西伯利亞「俄羅斯化」、進而鞏固該區域與祖國紐帶關係的橫貫大陸鐵路，被視為國家的首要之務。為了保護俄國政府不受激進變革勢力、極端思想以及危險的分離主義抱負所侵襲，這條鐵路被視為是新沙皇對不斷擴張的帝國收緊控制的最佳工具。「西伯利亞的未來全繫於其與俄國的緊密結合。」一名觀察人士寫道，「西伯利亞不是俄國的殖民地，而是俄國本身。」[24]

然而，比起對於西伯利亞分裂的擔憂，遠東地區俄國殖民地的嚴重缺陷，讓亞歷山大三世不得不正視該區域易遭外國侵略的問題。因此，西伯利亞鐵路的興建具有戰略考量，而非出於商業利益。柯林斯的夢想，即修建橫貫西伯利亞的鐵路，讓俄國遠東地區搖身一變成為美洲和歐洲商人雲集的「黃金城」（El Dorado），遭到了氣候、水文、土壤及生態聚落的嚴酷現實所打擊。重新審視鐵路議題的企圖，源自於眼前對大清重振旗鼓的戰略考量。雖然一八六〇年代大清慘遭英法聯軍大敗，軍事實力受到重挫，但一八八一年伊犁危機的平定，增強了大清的信心。清廷迫使在俄土戰爭中大傷元氣的俄國歸還大部分的伊犁地區，重新樹立起威望，此外更成功鎮壓了三大叛亂（南部的太平天國之亂、北方的捻亂和西部的同治回變），因而信心大振，重獲新生。[25]

俄國當局很快便察覺到這個變化。清廷開始在雙方的邊界爭端中採取更加好戰的立場，加強了滿洲的軍事部署，尤其是毗鄰烏蘇里江南部的吉林——在綿延九千六百五十多公里的中俄邊境，這是最容易遭受侵襲的地方，與符拉迪沃斯托克近在咫尺。大清的戰備狀態使兩國關係變得緊張。舉例來說，一八八二年八月，吉林一名叫李金鏞的清廷官員來到俄國的薩韋洛夫卡（Savelovka），向當地多為朝鮮裔的村民表示，這座村莊位處大清的土地，而非俄國領土。該村鄰近圖們江，住有一八七五年逃到俄國境內的朝鮮人。李金鏞宣布俄軍哨所必須遷離後，遭到一名憤怒的俄國軍官趕出村莊。同年十二月，清廷再度提起薩韋洛夫卡的問題，這次的對象是南烏蘇里俄國邊防部長馬提烏寧（N. G. Matiunin）。除了重申對薩韋洛夫卡的主權外，清廷還聲明一八六〇年《北京條約》所劃定的領土有誤，必須加以修正。雖然在馬提烏寧的足智多謀下，中俄兩國軍隊之間得以避免發生細微衝突，但薩韋洛夫卡事件仍預示了大清新出現的侵略性，同時也為許多俄國軍官眼中清廷圖謀的最終目標——重新樹立對南烏蘇里地區的管轄權——揭開了不祥的序幕。[26]

這起事件也顯示，俄國對其遠東領土的控制實際上有多麼岌岌可危。「一八六〇年，我們從大清手中奪取了一大片草木繁茂、陸地以及海洋資源豐沛的疆域，卻在占領該地的二十年來毫無作為。」曾擔任俄國太平洋海軍總司令萊斯沃斯基（Lesvosky）上將祕書的克里斯托夫斯基（V. Krestovsky）感嘆，「相反地，我們對此事漫不經心的態度，正使得這個地區日益貧困並走向最終的毀滅。」他也對俄國「沒有利用龐大的財富來獲得任何一毛利潤」的事實感到惋惜，儘管「多達數百萬的公帑（已花在）官方宣稱的需求與必備條件上」。他警告：「該地區正遭受外來（俄國以外）人口的殘忍剝削，而大清正透過和平手段逐漸從我們手中奪回該地。」[27]濱海邊疆區參謀長巴拉巴什（Ia. F. Barabash）上校更是悲觀。一八八二年完成吉林祕密考察任務後，他得到了一個結論，那就是清廷不但鼓勵人民移居人煙稀少的南烏蘇里地區，還在該區域擴大軍事集結的規模。[28]以大清的盤算來看，除了推動該地區的和平同化之外，還有其他考量因素。巴拉巴什還斷言，更不妙的是假使大清進攻以重新奪回波西耶特灣，可能會要求修改《北京條約》或至少討回濱海邊疆區。而更令俄國憂心的是，有報導指出，英國工程師正與清廷共同商討在滿洲南部興建鐵路的計畫，目的是將滿洲與符拉迪沃斯托克之間的距離縮短至大約一百四十五公里內。[29]大清的復仇主義是俄國「對清關係地平線上的一朵烏雲」，巴拉巴什也示警，隨著大博弈的戰場轉往東亞地區，清廷很可能在這方面獲得英國的支持。[30]

儘管對西伯利亞分離主義運動的擔憂與日俱增，以及媒體報導稱中方在兩國邊境展開軍事集結，俄國政府仍遲遲未採取行動，實現亞歷山大三世於一八八七年大膽宣布修築西伯利亞鐵路的計畫。這位沙皇在一八八六至八七年冬季召開四次特別會議，籌商興建這條鐵路將面臨的諸多實務、技術及財政挑戰（畢竟這是俄國截至當時為止最野心勃勃的計畫），卻受到了大臣之間的紛爭所阻礙。除此之外，由於涉及鉅額成本，財政大臣伊凡．維什涅格拉德斯基（Ivan Vyshnegradsky）以財政考量為由表示反對，並屢次駁回或削減交通大臣波西耶特（K. N. Posyet）的撥款請求。[31]這種局面不斷上演，導致計畫無限推遲。直到一八九二年，長期擔任鐵路經理、身為維什涅格拉德斯基門徒的謝爾蓋．維特（Sergei Yulevich Witte）受命出任財政大臣，穆拉維夫—阿穆爾斯基的功勳才終於得到了認可，而俄國作為遠東強權的新願景終於逐漸成形。

謝爾蓋．維特

謝爾蓋．尤列維奇．維特從一名普通的鐵路售票員一路扶搖直上，年僅四十三歲便出任財政大臣，成為俄國有史以來最年輕的高官。[32]實際上，維特出身貴族家庭；他的外祖母來自多爾戈魯基家族（Dolgorukis），是俄國歷史最悠久且聲名顯赫的家族之一。維特在一八四九年出生於第弗利司（Tiflis，今喬治亞〔Georgia〕首都第比利斯〔Tbilisi〕），父親是國有財產部高加索分部（Department of State Domains of the Caucasus）的主任。在奧德薩大學（University of Odessa）取得數學與物理學學位後，維特曾考慮進入大學教書，但在家人的勸說下，他進入了一家私營鐵路公司工作。拜母親的人脈所賜，他起薪豐厚，也逐漸熟悉鐵路營運的各個環節，有段時間曾擔任「貨運站出納員及旅務處售票員」。[33]維特很快就獲得了晉升，在一八八六年獲任為西南鐵路公司（Southwestern Railroad，俄國最長的鐵路之一）經理，那段期間，新任財政大臣維什涅格拉德斯基注意到他，向他請益如何縮減政府支付給私營鐵路公司的鉅額補貼，以彌補赤字。維特建議成立一個由財政部直接監管的鐵路事務部——這是他和維什涅格拉德斯基商討的諸多大膽提案的其中一項。[34]然而，他之所以能在俄國政府中飛黃騰達，靠的不只是頭腦，還有運氣。

一八八八年夏季至初秋時節，亞歷山大三世頻繁往來聖彼得堡及奧德薩。有一次，沙皇列車行經維特掌管的西南鐵路公司所營運的鐵路支線。列車已經誤點，但維特仍下令列車放慢行進速度。後來，波西耶特部長在沙皇面前訓斥維特，維特卻大聲辯駁道：「閣下，別人想怎麼做我管不著，但我可不想害沙皇陛下斷了脖子。」[35]數週後，一八八八年十月十七日，沙皇列車在庫爾斯克—哈爾科夫—亞速鐵路（Kursk-Kharkov-Azov）的波爾基（Borki）附近出軌，造成二十二人死亡、數十人受傷，亞歷山大三世及其直系親屬則倖免於難，證明了維特之前的顧慮是對的。[36]在回憶錄中，維特將這起發生於波爾基的意外視為自身仕途的轉捩點。事發後，沙皇想起了直言不諱的維特，決定將他調來為政府效力。

一八八九年，維什涅格拉德斯基聽從維特的建議，在財政部新立了鐵路事務部，任命年輕的門徒擔任部長——這是維特獲得沙皇青睞的第一個證據。僅僅過了三年，維特接替病重的恩師出任財政大臣。這時，他全權掌握了鐵路事務部，在為西伯利亞鐵路工程融資時無往不利，使其在二十世紀所有重大基礎建設計畫中位居前列。

如此大規模的工程計畫要上哪兒籌措資金呢？起初，有鑑於俄國債台高築，向他國借貸似乎不可行，但維特仍堅持可藉由國外貸款來募資。亞歷山大三世為俄國帶來的穩定政局及有所改善的俄法關係，都有助於這項鐵路工程取得必要資金。儘管如此，維特「先支出，後償付」的這句名言，可能會使本國工人與農民的貧困處境雪上加霜，因為他們必然得承擔更高的稅負。但維特堅信，如果西伯利亞鐵路使用的原料及設備都在國內生產，就可以將成本降到最低。[37]雖然俄國在亞歷山大二世的自由主義政權時期，曾草草實施自由放任經濟與貿易自由，維特卻是反其道而行，頒布了由上而下、由國家主導的資本主義發展政策，讓政府作為促進經濟活動的主要媒介。雖然維特不必對一八九一年施行的保護性關稅負起責任，但在他執政期間，關稅進一步提高，以至於到了一九〇四年，俄國對來自英國的商品平均徵收百分之一百三十一的進口稅率。[38]維特明白這種保護主義制度可能、也確實會導致這些弊病，但他預料，一旦俄國的民族工業立穩根基，保護政策就會撤銷。

如此一來，西伯利亞鐵路將成為「全國經濟的飛輪」。[39]廣泛的鐵路建設將擴大對重工業、煤炭及鋼鐵的需求，進而刺激國家經濟成長。重工業的擴展會轉而促進輕工業的發展，尤其是未來將沿著鐵路湧現的私營企業與社區。維特認為，在政府的干預與國家的大規模補助下，西伯利亞鐵路最終將提高俄國人民的生活水準。他寫道：「為了工業的進步與順利發展，我們必須採取一些措施，而這些措施無可避免地會導致政府的支出，無論是一次性補助或持續性補貼。」[40]

維特擁有罕見的充沛精力與出色的工作能力，身高比多數男性高出半個頭，身材「像是斧頭削砍過那般」粗獷原始，他憑藉實務經驗和良好的判斷力，主導首都的例行官僚運作。他沒有豐富的學識。不同於俄國的其他官僚菁英，他法語說得不好，英語一竅不通。民間盛傳他在宮廷中人緣不佳，「被當作平民百姓般對待」。然而，儘管他「外表邋遢，舉止笨拙，但整體而言，他的影響力及創造力讓人印象深刻」。[41]就如歷史學家希奧多・馮・勞埃（Theodore Von Laue）所述：「他屬於未來的俄羅斯，令詩情畫意也須服膺於務實的五年計畫。」[42]與維特同時代的作家彼得・斯特魯夫

（Peter Struve）也有同感：「維特不依循外行人制定的經濟原則，而是不受教條限制地在現實狀態的創造中尋找答案。維特之所以能夠洞察最棘手的政治問題、在非正統的治理方法中找到圓滑的解決方案，並深知何謂適才適所，是因為他正是天生的政治家、管理者，而不是富有文化涵養的求知者。」[43]

俄國外交官亞歷山大·伊茲沃爾斯基（Alexander Izvolsky）則描述，維特馬不停蹄的行動力擴延到「國家政治與經濟生活的各個方面」。由於他「始終傾向無限擴大國力，因此可說在大約十年的時間裡，他是俄羅斯帝國一億六千萬名人民的真正主人」。[44]然而，維特的權力其實源自於沙皇，也就是他鞠躬盡瘁的陛下。「亞歷山大三世不只擁有高尚的品德，」維特慷慨激昂地說，「還有一顆沙皇之心。他為俄國帶來十三年的和平，靠的不是卑躬屈膝，而是公正與堅定不移。」他充滿敬仰地讚揚這位皇帝：「沒有軍事征服或戰功彪炳的夢想。亞歷山大在一個看似對俄國不利的時期上位，他沒有讓俄國人民淌下任何一滴血，便提高了祖國的聲望。」[45]

當時亞歷山大三世主要關注的是橫貫大陸鐵路的興建，希望藉此為俄國帶來聲望和經濟動力，因此維特和他無不全心致力於相同的國家目標。未來將成為俄國擴張主義與文化帝國主義的主要因素，是西伯利亞鐵路，而不是軍事征服。維特提及西伯利亞鐵路時宛如信徒般虔誠不移，他相信這項計畫將讓俄國成為世界的中心：莫斯科當局將成為「第三羅馬」。這項工程「不只對祖國，還有對全世界而言，都將是十九世紀最大規模且最重要的事業中，數一數二的成就」。[46]

西伯利亞鐵路

西伯利亞鐵路全長約七千五百公里，至今仍是世界上最長的連續鐵路。在地理上，其從位於烏拉山脈以東、將歐俄與亞俄分隔開來的米亞斯河（Miass River）河畔的車里雅賓斯克（Chelyabinsk），一路延伸至距離莫斯科九千六百五十多公里的符拉迪沃斯托克。喬治・肯南（George Kennan）是十九世紀的記者兼探險家，他那篇幅長達兩冊的經典著作《西伯利亞與流放制度》（*Siberia and the Exile System*）揭露了沙俄的黑暗面，從視覺角度生動刻畫了這項跨越西伯利亞地區的工程，在規模上是多麼地極端：

> 如果能把一個國家從地球上的一處移到另一處，你可以移動整個美國，範圍包含了從緬因州（Maine）到加州、從蘇必略湖（Lake Superior）到墨西哥灣（Gulf of Mexico）的全境，將其置於西伯利亞中部，也完全不會觸及後者的邊界。接著，你可以將阿拉斯加及俄國除外的所有歐洲國家像拼圖一樣嵌進剩餘的空白區塊裡；放好了整個美國（包含阿拉斯加）與歐洲全境（俄國除外）之後，西伯利亞還有三十多萬平方哩的土地是空白的，也就是多出了一塊面積相當於德國一半國土的區域。[47]

這項計畫除了規模龐大之外，西伯利亞與俄國遠東地區惡劣的地理條件，也為工程及設計帶來了無數挑戰，尤其是烏蘇里鐵路線的最東段。[48]例如，外貝加爾地區三百二十多公里的軌道必須重新鋪設，因為原本的路線幾乎每到春夏時節都會遭洪水淹沒。[49]在英果達村（Ingoda）和希爾卡村（Shilka），約有三百七十多公里的鐵道浸在水裡。靠近斯利堅斯克（Sretensk）的地方，土石坍方掩埋了一條新鋪設的鐵軌，使「十五座橋梁消失無蹤」。[50]

類似的問題也見於符拉迪沃斯托克與哈巴洛夫斯克（Khabarovsk）*之間的烏蘇里鐵路，這是在此時期鋪設的唯一一條濱海區域鐵路。雨季期間，當地就像個巨大的水盆，必須將鐵軌遷移至地勢較高處，並因應支流無數的地形廣建橋梁。[51]另外還有滿洲盜匪「紅鬍子」的問題，他們偶爾會在此區出沒，迫使當局必須在所有重要車站設立兵營，「常年派兩萬多名衛兵沿線駐守」。[52]一名觀察人士指出：「列車與軌道有重兵看守。每個區段都建有乾淨整齊的小屋，供衛兵及其家眷居住。衛兵或其中一名家人必須不分日夜地定時巡邏所居住的區段。」[53]

然而，久久無法解決的問題仍是穆拉維夫—阿穆爾斯基在一八五〇年代首次踏足阿穆爾河邊疆區所面臨的困境：長期人力短缺。事實證明，招募西伯利亞鐵路所需的勞動力，與他為該區募集俄裔移居者一樣困難。遠東地區的西伯利亞缺乏技術工人，也沒有技術設備，這意味著鐵路和橋梁建設所需的零件都必須從歐俄船運而來。[54]一八九七年，在西伯利亞中部的鐵路區段，有近四成勞力（包括大多數的技術勞工）來自歐俄飽受饑荒之苦的地區。數千人從奧德薩出發，經由蘇伊

---

* 編註：即伯力。

囚犯正進行西伯利亞鐵路的挖掘工作。(*Razrabotka trudom 'arestantov' vyemki versty 516-ĭ, piket No. 2-24*〔莫斯科,1908年〕,美國國會圖書館)

士運河(Suez)橫越印度洋(Indian Ocean),歷時五週才抵達符拉迪沃斯托克,建造最東端的鐵路線。[53]

對於那些負責土地清理及伐木的勞工而言,工作環境尤其惡劣。挖掘工作通常從早春開始,那時的地面跟石頭一樣堅硬。春天降雨豐沛,工人們得站在深及膝蓋的冰冷水坑或泥漿中工作。《北方先驅報》(*Northern Herald*)報導:「他們的臉和雙手都凍得發青,疲憊不堪的身體冷得頻頻抽搐、發抖。」到了夏天,工作也沒有輕鬆到哪裡去:牛虻、蚊子和其他吸血昆蟲「的叮咬令人抓狂」。「這不是一項建築工程,」《符拉迪沃斯托克》(*Vladivostok*)指出,「而是一場掙扎,一場生死之戰。」[56]

東部區段有四分之一的勞工來自外國，其中多為中國人、朝鮮人，也有義大利人（約五百名），另外還有德國和芬蘭的工匠。[57]雇工們懷抱對豐厚報酬的期待、對饑荒及失業的恐懼前來，但很快就幻想破滅。腐敗情事層出不窮。建築工程大多由私人廠商承包，他們直接與工人簽訂工資合約。鐵路管理處根據承包商呈報的勞工人數、技能、工時及完成的工作支付款項，而工人卻只能拿到其中的一小部分。這是因為該制度普遍遭到濫用，承包商會為了擴大利潤而壓低施工成本。舉例來說，承包商向工人明列一長串規定，倘若違反就得繳納罰款，包含未完成工作、損壞設備、目無法紀或不服從等行為。[58]判定標準由承包商說了算，工人們因而損失不少應得的報酬。

身為囚犯的工人則面對更艱困的工作環境。愈是東邊的路段，僱用本地工人的難度就愈高。一八九一年年初，內政大臣杜爾諾沃（P. N. Durnovo）批准烏蘇里線的建設工程可僱用囚犯和流亡者作為工人，以緩解人力短缺的問題。因此，有百分之三十五的工人由罪犯和流放人士組成。[59]囚犯往往白天工作一整天，到了晚上還被迫從事勞動，簡直跟奴隸沒有兩樣。獄卒會「盡可能地從囚工身上榨取利益」，之後再將他們毆打至死。[60]儘管存在這些事實以及其他虐待行為，據說沙皇亞歷山大三世仍對於利用囚工勞力順利完成西伯利亞鐵路一事龍心大悅。之後，這種方式也用於解決其他公共工程項目人力短缺的問題，往後的蘇聯時代仍沿襲此舉。[61]

俄國皇儲的遠東之旅

受亞歷山大三世之命負責西伯利亞鐵路的興建任務時，維特並未預料到之後會遭遇的種種挑戰。但是，他足夠精明能幹，深知若想取得成功，那麼讓尼古拉．亞歷山德羅維奇大公（Grand Duke Nicholas Alexandrovich）——亞歷山大三世之子，即未來的沙皇尼古拉二世——為西伯利亞鐵路工程注入充足資金以確保能順利完工，才是明智之舉。為了監督這項艱鉅任務的執行，維特提議成立西伯利亞鐵路委員會（Siberian Railroad Committee），由該組織來負責鐵路建設各方面的決策，主席則由沙皇的長子擔任。

這個別出心裁的計畫令沙皇大吃一驚。亞歷山大三世從未認真考慮過自己的兒子與繼承人的問題。據描述，每當尼古拉在晚餐時試著參與政治討論，「他的父親便不耐煩地拿麵包扔他」。[62] 維特認為，「尼古拉二世上位時對自己必須扮演的角色毫無準備」。而他指出，原因是亞歷山大三世「沒有料到自己會這麼快就離開人世」。亞歷山大曾問財政大臣是否「曾〔與這位法定繼承人〕談過任何正經事」。沙皇稱：「他只是個幼稚無知的孩子，怎麼有辦法擔任〔西伯利亞鐵路委員會〕主席呢？」然而，維特堅信這是可行的。他承認，尼古拉．亞歷山德羅維奇大公年少輕狂，但如果陛下不「開始訓練他處理政事，他可能永遠都學不會」，並且強調，主導委員會的這個機會將是他的「第一次行政管理培訓」。最終，亞歷山大三世予以同意。讓尼古拉參與西伯利亞鐵路建設的先見之明，凸顯出維特的過人見識。事後，維特若有所思地表示：「我必須說，這個主意收到了不錯的成效，因為皇儲被交付重任後喜出望外並嚴正以待……在他的支援下，我才能順利推動建設工作，讓聖彼得堡——或者應該說是巴黎——在短短幾年內就能直接連通符拉迪沃斯托克。」[63]

為了讓尼古拉預計在一八九三年一月出任西伯利亞鐵路委員會主席一事做好準備，亞歷山大三世決定派他前往遠東地區，以「完備他的政治發展」。皇儲的這趟旅程共計約五萬兩千公里，其中包括近一萬五千公里的鐵道和約兩萬兩千五百公里的海上航程，需時兩百九十天。代表團將從維也納出發，前往希臘港口城市比雷埃夫斯（Piraeus），而尼古拉的堂弟、希臘和丹麥的喬治王子（Prince George of Greece and Denmark）將在當地與他會合，再一同走訪埃及、印度，接著前往新加坡及日本，也就是這趟亞洲「壯遊」的最後一站。之後，尼古拉將在俄國本土繼續他的旅程，前往符拉迪沃斯托克，並在當地舉行簡單且莊嚴的動土儀式，而那塊草皮最終將成為西伯利亞鐵路的終點站——烏蘇里線。從符拉迪沃斯托克出發後，他將走訪哈巴羅夫斯克、布拉戈維申斯克、位於東西伯利亞的尼布楚、赤塔以及伊爾庫茨克，然後乘火車經由托木斯克（Tomsk）返回聖彼得堡。

陪同尼古拉壯遊的人，是西伯利亞鐵路委員會成員埃斯佩爾．埃斯佩洛維奇．烏赫托姆斯基（Esper Esperovich Ukhtomsky）。烏赫托姆斯基從聖彼得堡大學畢業後，遊歷了東西伯利亞的許多地方，對生活在貝加爾湖周圍的少數遊牧民族、信奉佛教的布里亞特人（Buriat）產生了濃厚興趣。一如無政府主義者布塔舍維奇—佩特拉舍夫斯基，烏赫托姆斯基也堅守俄國整合中亞與東亞世界的願景。一八八〇年代，他多次前往俄國遠東地區及中國、蒙古旅行。[64]在尼古拉展開壯遊期間，他負責記錄旅途中的點點滴滴，而這份日誌最終出版成圖文並茂的三冊著作。

之後烏赫托姆斯基在這本著作中寫道，亞歷山大三世派皇儲前往遠東地區而不是俄國內地與西歐，無疑是個錯誤的決定。「這是個錯誤，而且是致命的錯誤，倘若不是沙皇英年早逝，這也不致演變成如此巨大的錯誤。」[65]此次壯遊最重大的事件，是某個日本狂熱分子刺殺尼古拉未遂，而礙於帝國的審查制度，這段經歷在烏赫托姆斯基的遊記幾乎被刪個精光。根據維特的說法，這起事件對聖彼得堡造成了「痛苦的影響」，並且讓人相信「日本人是令人討厭、卑劣且軟弱無能的民族，俄羅斯巨人只要輕輕一擊就能摧毀他們」。[66]之後發生的俄日衝突是否可追溯至皇儲於一八九一年五月令人遺憾的日本行，純屬推測，但這的確在日本國內引起了恐慌，人們擔心俄國會大舉侵略，並害怕日本在「文明」國家之中地位不保。

不幸的事件

一八九一年五月十一日，伊藤博文在塔之澤溫泉休憩時，接到首相松方正義的緊急電報。大津市一名員警襲擊皇儲，刺傷了他的頭部。松方指示伊藤趕緊返回首都。伊藤博文回憶道：「我驚訝得難以置信，晚餐也不吃了，立刻叫來人力車飛奔東京。」[67]

尼古拉與堂弟喬治王子在事發的兩週前抵達日本。襲擊事件當天的上午，皇儲一行人離開京都，前往大津市欣賞琵琶湖的美景。翌日，他們原本預定到奈良觀光，接著前往東京，與日本天皇共用盛宴。但是，計畫在大津遭到了中斷。刺客揮劍削去尼古拉的帽檐，刺傷了他的前額，再次出手前遭到喬治王子和人力車車夫制伏在地。皇儲立刻被送回飯店。當時初步報告指出，傷口有致命之虞。英國公使夫人瑪麗．克勞德．弗雷澤（Mary Crawford Fraser）表示，關於這起攻擊事件的第一封電文只寫了「頭部有兩道極深的傷口，不可能癒合。」[68]直到後來收到了更多電報，她才得以向政府回報皇儲沒有生命危險。

岩倉具視在小田原車站與伊藤博文會面，並傳達天皇口諭，要他直接前往皇居。他們在凌晨一點抵達天皇寢宮。三人在天皇的床邊討論當前情勢，決定讓天皇盡快搭乘火車前往京都，直奔皇儲下榻的飯店。[69]那天稍晚，伊藤博文也見到了天皇。與此同時，為了平息民眾的恐慌，天皇頒布了一道敕令，部分內容如下：

> 我國政府與子民準備以國賓應享的榮譽與禮遇，來歡迎令人敬愛的俄國皇儲殿下之際，收到了讓人難以置信的意外消息，殿下在遊歷大津途中遭遇了令人遺憾的事故。我們希望盡快將嫌犯繩之以法以表歉意，並確保此事不會影響我國與芳鄰俄國之間友好親密的關係。[70]

當天早上六點，天皇從新橋車站出發後，伊藤博文與其他內閣大臣開會商討如何面對這場危機，與會者包括首相松方正義、遞信大臣後藤象二郎及農商大臣陸奧宗光。第一項議題是對嫌疑犯應施以何種刑罰。當時大家對嫌疑犯及其動機一無所知，只知道他是一位員警，名叫津田三藏，但他們普遍認為，為了避免與俄國之間的外交危機，日本政府必須嚴懲不貸。緊接而來的問題是，

人力車夫向畑治三郎（右）與北賀市市太郎（左）逮住了襲擊皇儲尼古拉的凶手津田三藏。（維基共享資源）

懲罰到底要多嚴厲才行？這起事件應該被視為反叛皇室的行為，抑或是單純的預謀殺害？日本刑法第一百一十六條規定，任何企圖暗殺天皇、皇后或皇太子者將被處以死刑。但是，其並未指明這項規定是否也適用於外國皇室。

伊藤博文認為，第一百一十六條應適用此案。他宣稱：「這起謀殺事件罪行重大。既然無法估量其可能造成的影響，就應從重發落。倘若有大量的矛盾司法論據阻礙嚴厲的裁決，我甚至支持宣布戒嚴，強制鎖國。我們對於採取緊急措施以免國家陷入危機的行動，不應有所遲疑。」[71]然而，其他人不確定這麼做是否妥當。法律不能因應特殊政治情況而做出調整，這會使日本司法系統的公正性岌岌可危。

伊藤博文準備前往京都與天皇會合時，陸奧宗光、後藤象二郎在他離開帝國飯店前及時趕到。他們就選擇刑罰的這道難題提出了一些主意：聘請職業殺手殺害這個謀殺犯，然後對外宣稱他因病死亡。他們對伊藤說：「眾所周知，這種計謀在俄國經常可見。是個解套的好辦法。」伊藤震驚不已。他事後提到：「我對他們說，一個法治的主權國家絕不能容忍這樣可惡的行為，這種事就連說出來都令人可恥。」[72]

日本天皇十分清楚俄國興建西伯利亞鐵路的計畫，而他在一八九一年年初聽聞這項消息時，便認為這和皇儲的壯遊有關。雖然日俄兩國在一八七五年解決了庫頁島的爭端，但日本依然對俄國有所提防。一八八八年一月，當時已兩度擔任大日本帝國陸軍參謀本部總長的山縣有朋，點出了西伯利亞鐵路對日本國家安全的潛在影響。在一篇題為〈軍事建議〉的奏疏中，山縣有朋表示，這條鐵路將使符拉迪沃斯托克成為重要的運輸中心與海軍基地。[73]然而，由於符拉迪沃斯托克一年中大部分時間均處於冰天凍地的狀態，因此俄國自然會尋找一處不凍港取而代之，而且很可能會考慮位於朝鮮半島東岸元山附近的永興灣（Yŏnghŭng）。[74]同年六月，山縣有朋前往歐洲向維也納大學（University of Vienna）政治經濟學名譽教授洛倫茲．馮．史坦因（Lorenz von Stein）請益（伊藤博文在一八八二年起草日本憲法時也曾諮詢過他）。史坦因強調了朝鮮對日本國家安全的重要性，並表示日本必須不惜一切代價保衛朝鮮半島。他警告山縣有朋：「一旦朝鮮被其他國家占領，日本將面臨無可名狀的危險。」[75]防止朝鮮落入其他國家之手，是日本維護國家安全的關鍵，而西伯利亞鐵路對這一點構成了威脅。

事後津田三藏供稱，他認為皇儲造訪日本是為了替俄國的入侵做準備。[76]他在受審時指出，那天稍早，尼古拉與喬治王子走訪御幸山的寺廟，他第一個念頭是殺死俄國皇儲，但他猶豫了，因為不知道他們之中哪一位才是皇儲。後來，在大津的唐崎神社又出現一次機會，而津田再度猶豫不決。直到尼古拉一行人即將離開大津，津田才意識到機會不再，如果自己不採取行動，俄國皇儲就會帶著軍隊回來侵略日本。[77]

如果津田以為他會因這個自認的愛國行為而得到同胞的讚賞，那就錯了。記者拉夫卡迪奧・赫恩（Lafcadio Hearn）指出，京都全面封閉，舉城哀悼。「以往從清晨到深夜都人聲鼎沸的戲院全閉門停業。」他如此寫道。[78]一八九一年五月二十九日，一個名叫畠山勇子的二十七歲女傭在京都市政府大樓前「割喉自盡」。她在身上放了一封信，解釋她之所以自殺，是為了替尊貴的國賓遭到刺殺一事贖罪，並且「抹去國家榮譽蒙上的這個汙點，以消除天皇心中的沉痛」。[79]明治維新的教育家和領袖人物西村茂樹總結了民眾對此事的反應：「消息傳開後，舉國震驚。有人說俄國皇儲死了；也有人說他傷勢嚴重，生死未卜。流言四起，風聲鶴唳。」

明治天皇於五月十三日傍晚抵達京都後，立即前往俄國皇儲下榻的飯店。俄方請他隔日早上再來——這是天皇的請求罕見遭拒的一次。翌日，尼古拉親切地接見了天皇，表示自己傷勢並不嚴重、要他放心，也保證這起事件並不影響他與天皇及日本人民的情誼。[81]

伊藤博文受到的待遇則冷淡得多。前往官邸與天皇會合之前，他和外務大臣青木周藏見面，對方表示，皇儲將在當天上午離開京都，登上在神戶港待命的亞速紀念號（Pamiat Azova）。原定計畫突然改變，似乎與皇儲當天稍早的友好態度大相逕庭。俄國大使迪米崔・葉戈洛維奇・謝維奇（Dmitry Yegorovich Shevich）表達了深切的不滿，他聲明，尼古拉與隨從「感覺彷彿被敵人包圍」，不確定「能否相信護衛他們的員警及士兵不會把槍口轉而對準皇儲」。天皇意識到，皇儲若驟然離開日本，將導致外交災難或更嚴重的後果，連忙派伊藤博文前去懇請俄國公使重新考慮日本政府的安排，並說服皇儲留下來。[82]雖然到頭來這些努力白費力氣，但尼古拉在五月十九日啟程離開之前，仍與日本天皇在亞速紀念號上共進了愉快的午餐。

就在眾多侷促不安的日本官員試圖緩解嚴峻的外交情勢時，新任最高法院首席法官的兒島惟謙在東京會見了松方正義和陸奧宗光。有鑑於這起大津刑案的重要性，他們決定將其交由最高法院裁決。[83]他們關注的焦點是應對津田處以何種刑罰。「這起事件危害了國家的安全與福祉，」松方首先提問，「若要讓天皇和俄國人民滿意，刑法有什麼針對這項罪行的處罰？」兒島惟謙回應，此案最有可能歸屬於普通法案件，最重的刑罰為終身監禁。一八九〇年的《明治憲法》對此有明確規定。新政府的憲政體制，表明了日本是個與所有其他西方國家對等的法治國家。[84]如今，日本政府是否會為了政治權宜之計而決定背棄國家憲法，不僅破壞其對司法獨立的承諾，還會玷污日本作為文明法治國家的形象？

松方正義堅決反對兒島惟謙的看法。他宣稱：「〔尼古拉〕皇儲是未來的俄國沙皇。內閣才剛一致同意這起犯罪是反叛皇室的案件，適用刑法第一百一十六條規定。」[85]兒島惟謙反駁道，第一百一十六條只適用於日本皇室。首相火冒三丈地回應，兒島或許是對的，但眼前國家的存亡危在旦夕，還要計較這種法律上的小事嗎？「國家的存在比法律的存在還重要。」他聲稱，「沒有國家，就沒有法律。」[86]

對於俄國報復的恐懼讓這位日本首相膽顫心驚。他認為日本正面臨關鍵轉捩點，戰爭與和平難以預料。五月十六日，青木周藏會見謝維奇大使（對方曾問他日本政府會如何懲治罪犯）。謝維奇明確表示：「唯有死刑判決能讓俄國人民滿意。」他批評日本政府「在安排皇儲來訪的維安工作上明顯鬆懈」。文部大臣榎本武揚提到懲罰罪犯一事時，暗示日本的法官可能會判處他無期徒刑，謝維奇聽到後「臉色鐵青，並指無期徒刑的判決可能會導致兩國關係出現不可預見的危機」。[87]

顯然，兒島惟謙與最高法院的其他法官，都承受了判處津田死刑的龐大政治壓力。他們還收到一道指示隱晦的天皇敕令，其中寫道：「當前這起與俄國皇儲有關的事件對我國極為重要。請謹慎處理，迅速了結此事。」天皇並未明示他們該怎麼做。有些人將「謹慎」解讀為天皇在警告他們不要激怒俄國；其他人則認為，天皇的意思是日本憲法不容竄改。兒島惟謙決定依循後者的解讀。[88]

在五月十二日與首相會談後，兒島惟謙研究了歐洲和美國的先例，看看西方國家是否有專門適用於外國皇室的特別法，可惜一無所獲。而他指出，根據俄國法律，刺殺他國君主的行為所受的刑罰，要比企圖殺害沙皇的行為寬貸得多。對於這類犯行，德國刑法只規定了一到十年的有期徒刑。如此看來，日本的法律實際上比俄國或德國的法律嚴苛得多。[89]

但相較於西方國家之先例，兒島惟謙更擔心的是，一旦日本政府未能維護本國憲法而屈服於俄國的施壓，國家將會受國際社會所蔑視。此外，如果第一百一十六條規定被解釋為適用於外國君主及皇室成員，那麼日本與其他國家有何確切區別？「若將第一百一十六條規定應用於外國君主及其皇室成員，無疑將侵犯日本主權。」他認為「這會招致熟悉法律的外國人士的嘲笑與鄙視，也會讓我們的後代感到懊悔。〔無論津田的行為挑起了什麼樣的感受〕我們都必須明白，法律是國家的精神，法官不得依個人情感行事」。[90]

五月二十四日上午，即俄國皇儲離開日本的五天後，兒島惟謙通知首相，日本刑法第一百一十六條規定不適用於津田的案件。其他幾名最高法院的法官也認同首席法官的看法。當時的局勢明確顯示俄國不會做出強烈反彈，但松方及其內閣大臣仍對這項判決感到措手不及。內務大臣西鄉從道情緒激動，指責兒島惟謙「陷國家於險境」。[91]

然而，民眾支持最高法院的裁決。認為政府「軟弱無能」的看法，以及對政府甘願屈服於俄國施壓的擔憂，促使自由派加大了批評力道，尤其是以福澤諭吉和大井健太郎為首的團體（之前他們已批評過政府在條約修訂一事上的「懦弱」）。[92]同時，右翼「愛國協會」的成員自視為「國家聲望的守護者」，例如玄洋社及之後由其衍生的分支黑龍會。這些團體以反動的政治勢力之姿崛起，煽動社會反西方和反政府的情緒，挑戰政府在條約修訂上的緩慢進展。[93]不平等條約不僅強制對日本的司法與經濟主權施加人為限制，更日復一日地提醒其作為「文明」國家的劣等地位，同時還是日本民族自尊心的汙點。一八九〇年代，這些團體更勇於表達訴求，呼籲政府採取更大膽的外交政策，而他們認為，大津事件的判決是實現此目標的第一步。[94]下一步則是在危急時刻為日本的朝鮮政策找到新方向。

第三部
戰爭與帝國主義

在日本國內，關於西伯利亞鐵路對日本的朝鮮政策可能造成的影響，出現了嚴重的意見分歧。一八八〇年代，身為日本陸軍奠基者並兩度出任首相的山縣有朋，始終支持積極主動的政策。他主張擴充日本軍隊，以維持與大清勢均力敵的狀態。相比之下，一八九二年出任首相的伊藤博文及其外務大臣陸奧宗光則較為謹慎。對他們兩位及大多數日本民眾而言，當時外交政策問題仍在於條約的修訂和平等。一八九四年年初，日本為了爭取條約修訂及國家自治，而持續與英國進行的談判即將迎來結果，陸奧宗光不願惹惱英國，唯恐任何挑釁舉動會被英國拿來當作延遲談判的藉口。

一八九四年夏天，朝鮮南部爆發東學黨之亂，消除了這些爭議。由於情勢告急，朝鮮高宗請求大清出兵支援。根據一八八五年《中日天津條約》，大清知會日本其將出兵支援朝鮮，促使日本也出兵作為回應。兩軍無可避免地爆發了衝突，不久後中日兩國便在朝鮮開戰。雖然日本宣稱這場戰爭旨在恢復朝鮮秩序，但其更重要而未言明的目標，涉及了亞洲的勢力平衡，以及假如日本不採取行動、俄國便會趁亂占領朝鮮半島的隱憂。

這起衝突讓朝鮮社會付出慘痛的代價。在日軍主力部隊挺進滿洲追捕清軍之後，南部的東學（東學南接派）農民軍於一八九四年秋天發起了第二次衝突，抗議日軍入境及本地朝鮮官員的縱容。由於未能鎮壓農民軍，高宗再度向日軍求援。一八九四年十一月到一八九五年一月間，日本與朝鮮兩國的軍隊發動焦土平定戰，造成了毀滅性影響。中日甲午戰爭點燃了朝鮮內戰的戰火，而朝鮮社會與政體的裂痕，將在日本與俄國間的下一場戰爭中進一步擴大。

甲午戰爭也是日俄關係的轉捩點。一八九五年四月，為這場戰爭畫下句點的《馬關條約》簽署六天後，俄、德、法三國公使呼籲日本放棄遼東半島及其具有戰略價值的旅順港*——一場血腥且代價高昂的戰爭的戰利品。藉由這次的「三國干涉還遼」事件，俄國期望心存感激的大清能聽從建議，興築一條橫跨北滿洲的鐵路線，作為西伯利亞鐵路的關鍵區段。

如今，日本面對一個不同於以往且更難對付的敵人。但是，對俄國心存畏懼的國家不只日本一個，英國也日益擔憂俄國入侵滿洲的可能性。一八九六年，大清與俄國簽署密約，允許後者興建滿洲鐵路，消息一出，立刻引發了英國當局的不安。一八九七年俄國占領旅順港，更加深了英國的擔憂。

俄國在滿洲的行動同樣引起美國的驚慌。美國在一八七〇及八〇年代經歷了「長期的經濟蕭條」，致使政商界領袖認為工業生產過剩是國家最主要的弊病。向大清推行經濟擴張，被視為解決此問題最方便的辦法。美國國務卿海約翰（John Hay）認為有必要保障與大清通商國家皆享有平等特權，而他在一八九九年發布的〈門戶開放照會〉（*Open Door Notes*），公開挑戰了各國在大清境內的勢力範圍。海約翰在對華貿易的問題上扮演領導角色，聲稱美國致力於維護大清領土完整的原則（至少書面上是如此）。一八九八年的美西戰爭（Spanish-American War）及隨後對菲律賓的併吞，進一步擴大了美國在亞洲的利益。對俄國於滿洲擴張的疑慮及維持門戶開放政策的渴望，預示了英、美、日三國在東亞攜手合作的新局。

---

* 編註：西方稱亞瑟港（Port Arthur）。

一九〇〇年爆發的庚子拳亂（即義和團運動）為英、日、美三國關係增添了新的面向。當時英國將大部分軍事力量投入了第二次布爾戰爭（Boer War，一八九九年－一九〇二年），因此在處理中國危機時別無選擇，只能聽從日美兩國的意見。威廉．麥金利（William McKinley）總統未經國會批准，即下令從馬尼拉派遣兩千五百名士兵及海軍陸戰隊隊員前往中國；日本也同意與支持帝國主義的列強一同討伐大清帝國。這般參戰的舉動再度顯示，日本在東亞上演的危急局面中嶄露頭角，並渴望與西方帝國主義列強平起平坐。

俄國並未與西方列強一同反對大清鎮壓這起叛亂。其並未感受到義和團的威脅，認為這場運動主要是對歐美傳教士與商業活動的回應。然而，當動亂蔓延至滿洲、眼看將危及鐵路的運作時，俄國突然將義和團視為眼中釘，從黑龍江與濱海區域動員軍隊保衛鐵路。俄軍進逼滿洲之後，摧毀了數百座城市、城鎮及村莊。到了八月，俄軍已攻占滿洲全境。

三國干涉還遼事件才過了五年，俄國便將之前與大清建立的友好關係揮霍殆盡，並且遭到其他強權所孤立。東亞新衝突已漸漸醞釀，之後將使英、美、中三國的利益，與逐漸崛起的日本達成一致，共同對抗日益孤立的俄國。

第七章　戰爭的序曲

一八九四年是日本對外關係的轉捩點。人民對國家外交政策方向的不滿，導致伊藤博文率領的新政府被迫處於守勢。大津事件暴露了其在面臨俄國壓力時的軟弱，而要求政府大膽行事的強烈主張，取代了人們對其外交政策游移不定所引起的不滿。首先是條約修訂的問題，這是伊藤政府最重要的一項外交政策議程。自一八九〇年代初起，政府在條約修訂問題上的「軟弱無能」，成為新興政黨與反動派煽動反西方、反政府情緒的絕佳目標，以促使日本人民基於普遍的愛國議題而團結一致，並宣告西方特權的終結。因此，外務大臣陸奥宗光在一八九四年的首要任務，是和英國展開棘手的條約平等談判。[1]

此外，日本與大清在朝鮮問題上的衝突也愈演愈烈。在袁世凱的嚴密監管下，清廷控制了朝鮮所有形式的通信往來，包含漢城與釜山之間至關重要的聯繫。日本政府與駐漢城公使館之間不存在安全的訊息傳輸管道。日本與朝鮮之間的所有電報都必須經由大清的線路傳送，儘管前者多次抗議這些行為違反了先前條約明定的權利及協議。[2]當朝鮮政府在袁世凱的支持下限制對日的稻米出口時，兩國間的緊張情勢進一步加劇。一八九三年十月，朝鮮政府降低稻米出口量，相較於一八九二年少了兩萬六千噸。此舉引起日本媒體一片譁然。[3]

正是在這樣的背景下，一八八四年發動甲申政變但以失敗收場的金玉均遭到暗殺的消息，於一八九四年三月傳到了對現狀不滿並渴望改革的社會大眾耳裡。金玉均自從十年前逃離朝鮮後便流亡日本，其死訊一出，自由派媒體便熱切稱頌他是追尋「文明與啟蒙」理想的烈士，同時譴責大清讓一名受日本保護的流亡政治犯如此輕易地遭人暗殺。[4]

諷刺的是，金玉均在日本的生活一貧如洗，並且在當地經歷了數次刺殺未遂事件，但媒體對此完全無視。一八八五年，日本政府拒絕引渡金玉均，高宗於是派人追殺這位前叛亂領袖，不料這起有失周全的陰謀隨即遭到了揭穿。[5]之後，金玉均被流放到小笠原群島一段時間，因為日本認為他是個麻煩，是日朝和平關係的絆腳石，而他所謂的友人皆對這項裁決幾乎悶不吭聲。[6]然而，到了一八九四年春天，金玉均的死訊凝聚起日本人民的失望情緒，社會普遍不滿政府「軟弱」的外交政策及大清與朝鮮的傲慢態度（據稱這兩國「輕蔑」對待朝鮮流亡者的態度，冒犯了日本的尊嚴）。金玉均的死為日本與大清之間的衝突開了第一槍，對東亞的未來造成不可磨滅的影響。

在洪鍾宇（Hong Chong-u）與李逸植（Yi Il-sik）這兩名朝鮮人的誘騙下，金玉均走上了死路。一八九二年，李逸植在朝鮮政府的指示下來到日本，成功說服金玉均的親信洪鍾宇加入刺殺這名朝鮮「叛徒」的陰謀。兩人說服金玉均前往上海與李鴻章的養子、不久前出任駐日公使的李經方會面。他們向金玉均表示，清廷不滿高宗與閔氏家族領導下的朝鮮政局，並暗示他或許能在此事上發揮影響力。[7]洪鍾宇更提議陪同他前往中國。三月二十八日，金洪二人以及對這項謀殺計畫毫不知情的和田延次郎一同抵達上海，入住東和洋行旅館。洪鍾宇趁和田延次郎外出辦事的空檔，槍殺了正在小睡的金玉均。[8]

金玉均遭暗殺的消息當天便傳到了漢城。稱心如意的高宗聯絡了袁世凱，而後者在李鴻章的協助下，安排讓身為刺客的洪鍾宇護送金玉均的遺體返回朝鮮。此舉違反了既定協議，因為洪鍾宇本應被移交上海當局處置，金玉均的遺體則應送往日本。當時和田延次郎獲准暫時保管遺體，但他忙於安排船運事宜，暫時將棺木留在碼頭上，無人看管，結果金玉均的遺體遭到上海警方扣押，未能跟著和田一同上船。[9]與此同時，李鴻章命令警方將洪鍾宇和棺木交給兩名趕來上海、自稱負責處理此事的朝鮮官員。等到日本官員們發現大事不妙時，洪鍾宇、金玉均的棺木以及那兩名朝鮮官員已登上清軍軍艦，安然駛往朝鮮，並於四月十二日抵達仁川。洪鍾宇宛如英雄般受到民眾隆重歡迎。

日本首相伊藤博文非常清楚這起事件帶來的威脅。清廷不但違反了既定協議，還損害了日本的威信。畢竟，金玉均一直以來都受到日本政府庇護，而清廷卻讓刺客逍遙法外。伊藤也擔憂朝鮮對金玉均的遺體作何處置，因為根據朝鮮法律的慣例，罪犯在死後會遭受戮屍處罰。外務大臣陸奧宗光立即指示日本駐朝公使大鳥圭介與他國駐朝使館共同請願，勸阻朝鮮政府依照慣例進行戮屍，他警告，倘若朝鮮這麼做，「會激起日本民眾對朝鮮的嚴重反感」。大鳥圭介的請求遭各國公使置若罔聞，其中，俄國駐朝公使韋貝（Karl Weber）的態度尤其堅決，他表示：「高宗依法有權選擇適合懲罰朝鮮最頑強罪犯的方式。」隨後，大鳥圭介直接向朝鮮外務官員趙秉稷（Cho Byung-jik）反映此事，而對方拒絕了日本的請求，「堅稱朝鮮將遵循本國的刑法傳統行事」。儘管陸奧宗光極力懇求，金玉均的遺體仍遭到了戮屍；朝鮮當局將他的頭部與四肢砍下，懸掛在楊花津（Yanghwajin，一八六六年大清洗期間大院君處決朝鮮天主教徒的地方）公開示眾，任其軀體散落一地、慢慢腐爛。[10]

東學黨之亂

果不其然，日本社會對這些事件產生強烈反彈。批評者指責伊藤政府允許朝鮮和大清當局羞辱日本。一八九四年五月十八日第六次帝國議會眾議院全體會議中，守屋此助質疑政府對這起事件的處理。他宣稱：「我深信，金玉均遭到暗殺一事雖然僅關於單一對象，但實際上是牽涉了日本、大清及朝鮮這三個國家的重大外交事件。原因是，當初金玉均展開前往上海的往返旅程，到了當地後選擇下榻日本人經營的旅館，由此可見他希望繼續受到日本的保護。」[11]守屋此助接著指責清廷從和田延次郎手中「偷走」了金玉均的遺體。他怒斥：「這是什麼行為？這難道不是對日本民族的侮辱嗎？……我認為，以侮辱和輕蔑這兩個詞彙來形容清廷的這起惡行，是再恰當不過的了。」[12]

從四月到五月，多起大型公眾集會呼籲日本政府「迅速果斷」地做出反應，懲罰刺殺金玉均的凶手。日本激進人士、同時也是這位朝鮮「烈士」的舊識宮崎滔天事後回憶道：「前來悼念金先生的民眾肯定有上千人。」[13]

五月，大井憲太郎與井上角五郎組成了「金先生之友」（Friends of Mr. Kim）協會，譴責政府的緩和外交政策，並宣稱「日本人民大聲疾呼的」，是日本政府要求朝鮮和大清針對侵犯金玉均的政治庇護表示道歉。[14]五月二十日，該協會在青山墓園為金玉均舉行了盛大喪禮。由於沒有遺體，他們埋葬了金玉均的一綹頭髮，怒斥政府背叛了這名烈士。[15]兩天後，時事通信社以頭條新聞報導，對伊藤博文內閣舉行不信任投票的提案，迅速獲得了社會大眾的廣泛支持。[16]到了五月第三週，眾議院提出了四項嚴厲批評政府的決議，其中包含一篇向天皇陳表不信任投票的奏疏。[17]不信任案於六月一日通過。最終，以伊藤博文為首的內閣解散了國會。

然而，正當危機達到巔峰之際，外務大臣陸奧宗光收到了一則令人震驚的消息，而這使得伊藤博文解散國會之舉變得無關緊要。六月二日，日本駐漢城公使館書記官、同時也是陸奧宗光的密友杉村濬通知，清廷已宣布有意出兵朝鮮以平亂。東學黨之亂由一群不滿地方兩班官員貪污腐敗的農民所領導，目標是推翻無能的朝鮮政府。這場農民運動在一八九四年二月始於古阜郡（Kobu），並迅速席捲全羅道（Chŏlla）北部。四月，朝鮮政府派軍隊鎮壓，但傷亡慘重。[18]高宗心急如焚，請求大清協助平亂。然而，袁世凱並未依照一八八五年《中日天津條約》的規定，向伊藤政府告知大清將出兵朝鮮。他認為，既然高宗直接向清政府求助，這起危機應屬於朝鮮內政，與日本無關。[19]大清駐日公使汪鳳藻於六月七日才正式告知陸奧宗光清軍正前往朝鮮，卻晚了一步。此次延遲無意間對日本有利，因為這讓日本政府有充裕的時間可派遣軍隊前往朝鮮半島，而無須為其行動辯解。[20]

大鳥圭介於六月九日抵達漢城並重拾日本駐朝公使一職，立刻接下了「與可能已派往朝鮮的清軍維持均勢」的任務。六月十日，清軍在漢城南部的牙山（Asan）登陸，兩天後，五百名日本海軍陸戰隊隊員在仁川登岸，朝漢城進軍。到了六月十三日，又有近千名正規部隊士兵從日本趕來，其中八百人前往首都，接替海軍陸戰隊，同時留下兩百名兵力駐守港口。[21]隨著增援部隊到來，心煩意亂的袁世凱前去與大鳥圭介會面，商討共同撤軍事宜。然而，東學農民軍和漢城當局已在六月十一日達成停戰協定。隨著這起內亂平息，日本顯然沒有正當理由繼續向朝鮮半島增派兵力。[22]

大鳥圭介同意縮減駐守仁川的兵力，前提是袁世凱也必須減少駐紮牙山的清軍。在朝鮮的西方官員與商人對日本的動機心存疑慮，便向日本公使強力施壓，要求撤軍。陸奧宗光也擔心，不斷加劇的危機會損害政府為了英日修約談判所付出的努力。[23]

儘管存在種種擔憂，日本民眾的愛國情緒依舊高漲，以致政府不可能減少駐守朝鮮的軍力，更別說是全面撤軍，否則將在國內引發全面政治危機。伊藤博文帶領的政府一旦沒有在朝鮮取得具體成果，便不能打退堂鼓。陸奧宗光認為時機已經成熟，可以要求清廷在漢城連通釜山的電報線路的控制上做出讓步，並要求朝鮮解除對日本的糧食出口禁令，但那些支持大清並擔憂日本侵略意圖的西方國家，不會認同這種魯莽的經濟規定[24]，甚至可能會決定出手干涉朝鮮事務。「在沒有任何迫切開戰理由，甚或是看似合理的戰爭藉口的情況下，」陸奧宗光如是想，「我們如欲妥善處理國內與朝鮮的局勢，就必須想出某種可以扭轉當前事態的外交戰略。」[25]

伊藤博文想出了一個妙計。他認為，由於紛亂已平定，因此主要議題必須聚焦於改革朝鮮最初釀成這場衝突的條件。他建議日本和大清共同制定改革計畫，但由於清廷必定會拒絕這個主意，因此他建議日本政府無論如何都要推動並親自實行改革措施。如此也能使日本免受西方列強批評，因為這些國家會認為，日本在朝鮮的動機是開明且高尚的。這些「無私」之舉更能使日本以敦親睦鄰及維護國家安全之名，光明正大地採取行動，加深朝鮮「缺乏文明社會所具備的諸多基本要素」等看法，以及若想避免半島在未來出現衝突，「朝鮮就必須履行作為獨立國家的責任」。然而，伊藤博文的提議最令人讚嘆之處，在於能夠讓日本國內將改革問題視為對朝鮮政策核心的政府批評人士感到滿意，例如大井憲太郎、福澤諭吉等人。事後陸奧宗光回憶：「歷經千辛萬苦和深思熟慮，日本的外交政策如今往前邁出了重要的一步。」[26]

改革的提案

六月十六日，日本外務大臣陸奧宗光與大清駐日公使汪鳳藻會面討論朝鮮危機。汪鳳藻反對日本希望在其從朝鮮撤軍之前，先商討該國改革措施的提議。經過一番激烈爭論，汪鳳藻終於同意向清廷轉達日本的提議。[27]

李鴻章在提出反對意見之前，仔細研究了這項提議。首先，可預期的是，他認為朝鮮的紛亂已經平息，因此無論是大清或日本，都沒有必要干涉朝鮮事務。而且，雖然他原則上同意陸奧宗光的看法，認為朝鮮需要改革，但這不屬於大清或日本的權責。畢竟，朝鮮是獨立國家，就如日本經常指稱的那樣。最後，根據一八八五年《中日天津條約》的規定，一旦朝鮮的動亂平定下來，兩國都有義務立刻撤軍。而日本的提議將違反這項共識。[28]陸奧宗光早有預料李鴻章會拒絕日本提出的方案，他表示，日本政府打定了主意，必要時會獨自推動朝鮮的改革。[29]雙方就此僵持不下。

不出所料，朝鮮本身對於改革的提議也興趣缺缺。高宗的立場和李鴻章一致，他在六月二十六日與大鳥圭介的會談中表示，他願意展開內政改革，但前提是日本必須從朝鮮半島撤軍。大鳥圭介感到沮喪但無能為力，他與陸奧宗光都非常清楚，日本礙於國際輿論必須謹慎行事。[30]

李鴻章意識到日本可能會以某種方式迴避他的反對，於是暗中請求西方列強居中調停，最終目標是迫使日本退讓。他之所以如此謹慎避免與日本攤牌，是因為他認為大清尚未做好開戰的準備。而其中一個主要原因，與慈禧太后的壽辰有關。

出身滿族普通官吏人家的慈禧，是一個心思複雜且精明能幹的女人，一八五一年，年僅十七歲的她入選為咸豐皇帝的妃嬪。她行事心狠手辣，是大清唯一一位握有高度政治權力的女性。她在一八五六年生下咸豐唯一的兒子，從此展開卓絕不凡的政治生涯。一八六〇年，英法聯軍燒毀並洗劫圓明園，身為皇帝寵妃的她與咸豐一同逃難。一八六一年咸豐駕崩後，慈禧的五歲兒子登基成為同治皇帝，她則與慈安太后共同攝政，踏上了政治權力之路。一八七五年，年輕的同治帝患天花病逝，慈禧安排同治的三歲堂弟繼位（即慈禧親妹妹之子）。她將新帝過繼給已故的咸豐，從而使自己的親妹妹無法掌握攝政大權。從一八七五到八九年，慈禧攬有親姪／甥的共同攝政權，並仰賴李鴻章等人協助引領大清走向新道路。李鴻章作為北洋通商大臣，掌管太平天國之亂平定後最重要的準政府組織淮軍，實際上主導了大清的內外政策。[31]

一八九五年十一月二十九日，慈禧將屆六十大壽，而六十歲是中國干支紀年法下最重要的年歲里程碑。為了慶祝壽辰，慈禧決定為自己修整富麗堂皇的避暑行宮——頤和園。修建宮殿所費不貲，於是她挪用了以海防為名義所籌措的大部分收入，而諷刺的是，興建工程包含了造價不菲的一座人工湖和一艘大理石石舫。[32]

李鴻章非常清楚大清的不足之處，以及慈禧的奢侈無度對國家資源之危害，但他自認可以和平解決危機。不過，他低估了日本的決心。駐日公使汪鳳藻的回報，讓他誤以為日本國內激烈的政治爭議，會阻礙分裂的日本政府嘗試向外擴張。因此，李鴻章在一八九四年六月下令派兵前往朝鮮時，並未試圖控制漢城或其沿岸的戰略據點。即使日本持續派遣援軍，他也未增派兵力。[33]

相反地，李鴻章借重歷史悠久的「以夷制夷」作法。儘管懷疑俄國對朝鮮有所圖謀，他仍仰賴俄國的調停。六月二十日，李鴻章會見俄國駐華公使喀希尼（A. P. Cassini），請求協助迫使日本從朝鮮撤軍。他聲稱，英國曾提議居中調停，由此意圖讓俄國當局有所警惕。李鴻章向喀希尼透露：「英國表達了願意接下調停重任的意願，但我們認為，俄國在此問題上具有優勢。」[34]心存懷疑的俄國外交大臣格爾思嗅出了大清打算利用英俄對抗的意味。另一方面，李鴻章也向英國示好。但是，英國只願意在雙方敵對情勢不利於本國貿易的情況下才尋求和平。他們對於日本保證在朝鮮的行動將僅限於改革而不包括軍事占領的說詞，存有疑慮。[35]

李鴻章逐漸感到絕望。他不僅未能成功爭取俄國與英國介入調停以迫使日本撤軍，還面臨朝廷內日益強烈的反彈。李鴻章的消極態度激怒了光緒皇帝（一八八九年，他在姨母慈禧太后宣布歸政後親理朝政）。他認為，中日戰爭迫在眉睫，是動員支持力量與日本開戰、以樹立自身威望的機會。[36]

在恩師翁同龢與內閣大學士李鴻藻的鼓勵下，光緒帝召集了反對李鴻章如此「卑躬屈膝」的朝廷高官。其中一些人甚至懷疑他是心懷不軌才會尋求俄國的支持。[37]七月十六日，光緒帝召開御前會議，總理衙門和兵部大臣盡皆出席。他要求對日本採取激進政策，並立即向駐守朝鮮的清軍增派援兵。

然而，這項努力以失敗告終，更暴露了光緒皇帝實際上並未掌握實權。總理衙門拒絕考慮宣戰一事，僅同意向朝鮮增派援軍。總理衙門派遣了六千名兵力前往平壤，兩千名兵力前往仁川，企圖與駐守朝鮮的日軍平分秋色。儘管如此，清軍的戰備仍遠遠不足。英國駐華公使歐格納（Nicholas O'Connor）指出，截至七月中旬，駐朝鮮的日本兵力多達一萬人，而大清只有兩千人。[38]李鴻章遲遲不願動員開戰，唯恐影響英國與俄國介入調停的可能性，只是這樣的延誤致使清廷痛失良機，軍事處境岌岌可危。[39]

就在清廷終於開始調集軍力之際，日本首相伊藤博文及其內閣意識到，中日對抗已無可避免。然而，此刻依舊沒有可行的藉口來促成雙方關係破裂。朝鮮的改革已成為兩國主要的開戰理由，但日本仍面臨如何點燃導火線以引爆衝突的問題。陸奧宗光指示日本駐朝公使大鳥圭介「採取任何適當措施以引發日本與大清之間的衝突」。[40]

七月十九日，大鳥圭介致信朝鮮高宗，要求驅逐清軍，因其以「保護藩屬國」的名義駐軍朝鮮的行為已侵犯該國的獨立地位，也違反了一八七六年《江華島條約》的協議。三週前，也就是六月三十日，大鳥圭介巧妙引述了高宗申明朝鮮為獨立國家的公開聲明。[41]他據此在信中主張，朝鮮應採取一系列改革措施，以確保國家的「獨立」。這位日本公使在七月十九日的信件結尾下了最後通牒，要求朝鮮在七月二十二日前做出令人滿意的答覆。[42]

當然，日本並不指望高宗同意改革的提議。[43]但是，如果迫使朝鮮在未經高宗批准下接受這些提議，便等於推翻朝鮮政府，對於在干預外國政局方面向來謹慎行事的日本而言，這件事不能公開為之。那麼，要如何在一個不願與改革扯上任何關係的國家實行改革呢？或者確切來說，要如何確保一個外國政府以獨立之名，光明正大地接管某個國家呢？

針對這個進退兩難的處境，大鳥圭介提出了一個高明卻也短視近利的解決方案。他意圖利用朝鮮皇室宗親的嫌隙及政治分歧，並在眾多人選中，提議由反動的大院君作為朝鮮方面領導改革大業的代表。最重要的是，大院君即使無法毀滅閔氏家族（反日勢力的根源），也將會是與之抗衡的一股力量。隨著七月二十二日的最後期限逼近，大鳥圭介承受的壓力與日俱增，他必須拉攏大院君，共同「推翻作為萬惡根源的閔氏寡頭政治」。[44]此時，袁世凱已收拾好行囊，啟程返回中國。傳教士安連譏諷道：「他急著開溜，連妻妾都來不及帶走，讓她們任憑那些對他懷恨在心的人們所擺布。」[45]沒了袁世凱擋路，這下子日本要幫助大院君重新掌權就容易多了。

「日本不會要求朝鮮割讓半分土地」

一八九四年七月初，大鳥透過已故金玉均的密友岡本柳之助牽線，與大院君間接取得聯繫，試探這位前攝政者對於雙方合作的看法。岡本柳之助深知大院君憎惡閔妃，認為或許能夠說服年事已高的他與日本聯手，將閔妃和高宗趕下台。不過，他也知道大院君對日本頗有猜疑。儘管如此，岡本柳之助仍希望自己有辦法訴諸大院君的野心及務實立場：與日本合作，確保自己能順利掌權。

沒想到，大院君堅定拒絕了。七月二十二日，高宗的答覆不出日本所料地未盡人意，使得日方在說服大院君重掌政權一事上面臨愈來愈大的壓力。有人認為，日本應該乾脆綁架大院君，強迫他進宮，但岡本柳之助持反對意見。畢竟，日本需要大院君配合率領新政府，為改革計畫披上朝鮮政權的外衣。最終，日本駐朝公使館書記官杉村濬出手化解僵局。他發表了長篇大論，真心誠意地讚揚大院君的愛國精神。杉村濬感嘆，倘若大院君不採取行動，閔氏家族必會將他的國家帶往滅亡之途。他還暗示大院君不用害怕，因為閔妃已逃出王宮，據傳人正在春川（Ch'unch'ŏn）。杉村濬事後表示：「大院君聽了這話，原本凝重的神情緩和了不少。」[47]

大院君問杉村濬，是否能「以天皇之名」保證，日本「不會要求朝鮮割讓半分領土」。杉村濬表示，他「只是公使館書記官」，無法做出任何承諾，但由於他「代表日本政府的大鳥圭介公使」前來，將以此身分作為保證。大院君要了紙和筆，寫下「日本政府不會要求朝鮮的半分領土」，並要求杉村濬簽名背書。[48]這位公使館書記官鬆了一口氣，卻又有些惶恐不安，小心翼翼地簽了字。

大院君滿心歡喜地表示，現在他做好啟程回宮的準備了。

七月二十三日上午近十一點，大鳥圭介與大院君抵達景福宮。此前，日軍已在破曉時驅散了駐守宮殿的朝鮮士兵。[49]高宗親自迎接大院君歸來。「大院君來到正殿時，高宗走下台階，向父親問安，彼此拉著手相視而泣。」杉村濬回憶道，「大院君責罵高宗何以讓事態演變至今，高宗低聲道歉。」[50]他們協議，高宗將不會放棄王位，而是讓大院君重拾攝政大權。「大院君告訴大鳥圭介，高宗已准許他〔大院君〕全權處理一切的政務與改革計畫，而他承諾從今往後會與日本大臣協商朝鮮的任何政事。」[51]大鳥圭介的放手一搏似乎得到了回報。

大清並未立即獲知當天發生的一切。電報受到日本的嚴密管控，而在袁世凱於七月十九日倉皇離開後，大清便無從獲取有關朝鮮首都的細部情報。北京當局收到的唯一報告是清軍將領葉志超從牙山發出的電報，內容是駐守漢城的日軍即將南下。[52]電報中還指出，日本正派出更多兵力前來朝鮮。

七月二十六日，日本發動事變的消息傳到了北京。光緒帝堅持翌日宣戰，但李鴻章認為為時尚早。[53]此時，日本海軍已在七月二十五日的豐島（P’ung-do）海戰中擊沉了英國汽艇高升號（Kowshing），標誌著甲午戰爭的第一次交戰。這艘載有一千一百名士兵的運輸船是清廷向英國商人租借而來，用以運送軍隊前往朝鮮。據許多觀察人士指出，喪生船上的千名士兵是大清的精銳部隊。[54]雖然大清直到八月一日才正式對日宣戰，但日本已先開了甲午戰爭的第一槍。

第八章 勝利、戰敗與屠殺

日本人民慷慨激昂地迎接一八九四年八月一日的正式宣戰。自十六世紀末豐臣秀吉征服朝鮮失敗以來，日本再次因朝鮮問題而槓上中國，這場戰爭似乎是日本的一個機會，去確證本身剛樹立不久的自信，展現其作為現代強國、足以對抗「天朝上國」並取得勝利的實力。由於這場衝突的藉口是「朝鮮的改革」，因此高瞻遠矚的日本與保守落後的大清之間的爭鬥，賦予了這場戰爭超凡的重要性，而這樣的意義與日本自視為文明與進步先鋒的觀點形成了一致。福澤諭吉認為，這場戰爭是在亞洲散播「文明與啟蒙」的必要之舉。其不僅僅是兩國爭奪朝鮮之爭，更是「為世界文化而打的一場戰役」。[1]

一八九四年八月，記者內村鑑三在一篇題為〈朝鮮之戰的正當性〉（Justification of the Korean War）的文章中，陳述他對日本促進文明的角色所抱持的信念，並將這場戰爭描繪成正義的對抗。他指責大清讓朝鮮「一千五百萬個無助的靈魂」變得貧窮且無法自立，「只為了滿足這個世界上最落後的國家的嫉妒心」，他也對日本勇於「對抗這種邪惡」感到自豪。他預言：「日本的勝利將意味著生活在世界這一頭的六億個靈魂將享有自由的政府、自由的教育、自由的宗教及自由的貿易。」在日本的歷史上，「這個國家從未如此熱切追求比這更崇高的目標」：

無論是在高聳的斷頭台上
或是在戰車裡
最適合死亡的地方
就是我們可以作為人而死去的地方。[2]

這種對於戰爭崇高目標的思索，迎合了日本愛國的自豪及虛榮，同時也加深了國家的使命感。反覆提及文明的日本與落後的大清對戰，成為日本文學及藝術界戰爭敘述的主軸，而每一次的勝利似乎一再成就了日本作為「亞洲偉大希望」的使命。雖然福澤諭吉、內村鑑三等人相信日本能在這場正當的戰爭中取勝，但策畫戰爭的日本官員卻沒這麼樂觀。大清幅員廣大、資源豐富，在一八八〇至八一年與俄國的戰爭中，以伊犁盆地東部地區歸還大清而告終，這在一定程度上恢復了大清在第二次鴉片戰爭中遭受恥辱性損失後的軍事聲望。除此之外，北洋艦隊的兩艘現代戰艦，被外界認為優於日本艦隊擁有的任何艦艇。戰略上，大清也具有明顯優勢。他們在戰區附近擁有多座軍事基地，而日本出兵朝鮮所需的時間幾乎是大清的兩倍。日本的領導階層比狂熱的支持者更清楚現代戰爭的現實及難處。與大清交戰不會是一件容易的事。

成歡之戰

日本的計畫包含一場海戰與一場陸戰。海戰方面，帝國艦隊需要在大清和朝鮮之間的黃海建立指揮權，以確保向朝鮮半島西岸派兵的祕密管道，同時封阻大清增援部隊的部署。七月二十五日高升號的沉沒，標誌了這個階段的開始。這起事件不出所料地令國際間群情激憤，而且是預料中值得一試的風險。[3]陸戰則分為兩個階段，目標是創造鉗形攻勢，同時奪取滿洲、進逼北京。在第一階段，山縣有朋率領的第一軍於朝鮮西岸登陸，預期將擊退朝鮮境內的清軍，朝大清邊境挺進，入侵滿洲，並從北方威脅北京。[4]取得海上控制權後，日軍第二軍將在大山巖大將的指揮下從南面入侵滿洲，攻取遼東半島的海軍基地。完成遼東任務後，大山巖的部隊將轉往山東半島，奪取清軍主要軍港、同時也是北洋艦隊的母港威海衛，徹底解除大清從黃海威脅朝鮮的能力。[5]

第五師第九步兵旅團由大島義昌少將（大島混成旅）指揮，為第一軍的先鋒部隊，在一八九四年六月派駐朝鮮半島，但其補給及增援為日本帶來了第一個重大的後勤問題。由於日本尚未完全控制黃海，船艦在前往朝鮮半島的途中容易遭受攻擊。因此，位於廣島的大本營*決定讓第五師的剩餘兵力在釜山登陸，並派遣第一軍第三師前往朝鮮東岸的元山。這兩座港口均距離大清在威海衛和旅順港的海軍基地頗為遙遠。這些部隊將在漢城與第五師指揮官野津道貫中將會合。[6]從釜山及元

* 編註：在西方相關文件、著作中亦稱「帝國總司令部」（Imperial General Headquarters, IGHQ）。

日軍行動路線圖——中日甲午戰爭的前幾個星期。

山到首都的路途漫長艱辛，最終，大本營決定冒險將剩餘兵力直接派往仁川。山縣有朋深知自己率領的第一軍必須在清軍的增援部隊抵達朝鮮前，發動猛烈且迅速的攻擊。其作戰計畫是，快速打擊大清在平壤的軍事基地，將其陸上部隊逼往西北方。

然而，首先必須消滅大清在朝鮮的軍力。七月二十八日，即正式宣戰的兩天前，山縣有朋下令對敵方展開行動。大島義昌混成旅留下了一支小部隊守衛漢城，奉命攻擊牙山的敵軍——位於漢城南部的黃海海岸，大清將大部分兵力部署於此。六月初，聶士成將軍率八百名兵力抵達此地，協助鎮壓東學黨叛亂。身為朝鮮作戰總指揮的葉志超將軍麾下還有兩千多名士兵，他命聶士成在牙山西北約十六公里處的成歡（Sŏnghwan）建立防線。其周圍地區比牙山更具優勢，因為這座村莊位於兩條小河的後方，山脊處可供大清軍隊就地掘溝防禦。前方只有一塊又一塊的稻田，幾乎沒有遮蔽，擁有清晰的射擊視野。[7]在聶士成的部隊強化在成歡的守備位置之際，葉志超決定駐紮在南方數公里處的天安（Ch'ŏnan）。萬一到時聶士成的部隊被迫撤退，他就能派兵增援。大清在朝鮮的兵力共有三千人，但之後僅有一部分會與日軍交戰。

七月二十日午夜剛過不久，大島義昌便攻打聶士成駐守在成歡的部隊。武田中佐*向清軍左翼展開強烈的牽制攻擊，而大島則猛攻清軍的右翼及後方。[8]但是，武田遇到了麻煩。其部隊被迫渡河，其中一條河流淹沒了稻田，形成一座大池塘，泥濘的地勢阻礙了兵力的調動。一名士兵回憶當

＊編註：即武田秀山。

時：「水深及腰，我們雙腳卡在泥土中動彈不得。」[9]一些人在黑暗中迷失了方向；他們在敵軍的猛烈火力下聚成一團，互相你推我擠地掉到池塘中淹死。儘管出師不利，大島仍持續進攻。天亮時，其部隊已擊退了清軍的右翼。對方四面楚歌，只能慌亂撤退。一名清兵描述：「部隊被敵人包圍，我們耗盡了彈藥才殺出重圍。」[10]日軍取得了一場漂亮的勝利。據估有五百名清兵在成歡之戰中喪生，而日軍只損失了八十八名兵力。[11]

聶士成的部隊撤回天安，與清軍主力部隊會合。葉志超聽聞高升號和他所指望的增援部隊一同沉入海底的消息時，正計畫在更南邊的公州（Kongju）成立另一個據點。根據某些估計，其部隊的死傷相當於「一場血戰的傷亡人數」。假如當初高升號順利讓一千一百名生力軍在牙山灣登陸，葉志超也不一定會放棄駐軍公州的計畫。[12]由於錯誤情報高估了日軍有數萬名兵力，因此他評估己方兵力遠不如敵方，而實際上，大島義昌的部隊不到四千人。[13]翌日上午，也就是七月三十日，清軍撤出天安，繞道逃往北方，與平壤的部隊會合。在成歡受困撤退的行動擾亂了清軍的計畫，他們原本打算從北邊的平壤與南邊的牙山兵分兩路，包圍漢城的日軍部隊。[14]這下子，葉志超實際上等於將朝鮮南部拱手讓給了日本。

聶士成與葉志超兩位將軍所率領的部隊從天安出發，經歷兩百七十四公里的艱苦跋涉，在八月底抵達平壤。迎接他們的是分別由衛汝貴、馬玉昆、左寶貴及豐升阿將軍指揮的另外四支部隊。雖然葉志超是總司令，但清軍的每位將軍都握有半自主行動權，與軍隊必須在統一的單一指揮下作戰的基本戰爭原則相左。[15]大清明白，在平壤集中兵力會招來日軍的攻擊，也深知爭奪朝鮮的決定性戰役與這場戰爭的勝負，都將在平壤一決高下。[16]

平壤之戰

平壤是一座古城。於西元前一〇八年以漢朝的拓殖地建城，到了西元三一三年，高句麗（Koguryŏ）將軍廣開土（Kwanggat'o）*將中國人趕出朝鮮半島，之後，平壤於西元四二七年成為王國的首都。六六八年，在唐朝與新羅（Silla）聯手進攻下，平壤再次淪陷，隨後遭到遺棄，但九一八年高麗王朝（Koryŏ dynasty）建立後，收復了該城並立為西京。蒙古人在一二三二年占領這座城市，後於元朝（一二七一年—一三六八年）期間控制中國的同時，對朝鮮半島行長達一世紀的統治。十六世紀晚期，平壤在萬曆朝鮮之役（一五九二年—一五九八年，又稱壬辰倭亂）期間遭日軍占領，直到日軍於一五九三年敗給了明朝與朝鮮聯軍。數十年後，平壤在一六二七到三六年間二度遭外國軍隊占領，這次是滿族人，而丙子戰爭爆發之際，也正好是一六三六年清朝建立之時（一六四四年，清朝征服了搖搖欲墜的明朝，成為中國的皇朝）。在將近兩千年間，平壤經歷了多次大大小小的戰爭與占領。[17]

平壤位於入黃海的寬闊水道大同江（Taedong River）之右岸，可經由船隻通達。北面有多座丘

* 譯註：即好太王。

陵，其中最高的一座稱為牡丹台（Moktan-tei），清軍在那裡設置了一處要塞，可俯瞰整座城市與周圍地區。河流及丘陵形成了天然屏障，因此這塊地帶只有西南部向外開闊。清軍在此地加固了既有的兩座橋頭堡並修築防禦工事。[18]

由於平壤具有天然防線，戰鬥的優勢落在了清軍這方。清軍的作戰計畫設想日軍的增援部隊會經由海路及大同江到來，於是據此制定防禦計畫。他們也預料，即使這些部隊提前到達，也將受到朝鮮的嚴冬所阻礙。這項計畫的首次試驗是在三百年前，也就是一五九三年豐臣秀吉率兵與中朝聯軍交戰之時。當時日本雖然攻占了這座城市，但朝鮮海軍成功阻止日本船艦進入朝鮮西岸以運送補給物資及援軍。平壤全面封閉，而豐臣秀吉的軍隊在冬天踞於此地，士兵們飢寒交迫，飽受病痛折磨。[19]豐臣秀吉征服朝鮮未果的失敗經驗，讓山縣有朋學到了兩個重要的教訓：日本艦隊必須確保通往朝鮮半島的海路通行無阻，尤其是西岸的海上通道，而若想打贏這一仗，就必須迅速了結平壤之戰。山縣有朋推測，清軍不會多花力氣在已有丘陵作為天然屏障的城市北面構築防線。他還有遠見地預想，全力從正面進攻的戰略並不適宜，因此擬定了同時從四面攻城的計畫。[20]

在山縣有朋制定戰略之際，葉志超將軍為即將到來的這一仗所做的戰備工作存在嚴重缺陷。例如，他並未制定適當計畫，持續巡視重要地區以蒐集有關日軍的情報。這項缺失導致八月三日發生了一起不幸的友軍誤傷事件。衛汝貴和馬玉昆部隊派出的夜間巡邏隊迷路，並將彼此誤認為日軍，於是互相開火，導致雙方死傷慘重。這起事件促使清軍指揮官在增派夜間巡邏兵力方面極為謹慎，如此的結果是，葉志超及眾將對平壤城外的情勢或日軍的意圖所知甚少。[21]

平壤之戰於九月十四日午夜前夕爆發。日軍從大同江東岸和平壤南邊發動攻勢，這是山縣有朋經過籌畫後採取的行動，目的是掩飾北面部隊的實際兵力。[22]牽制攻擊由野津道貫中將與大島義昌少將帶領。在此同時，一支隸屬第三師的分遣隊也及時從元山趕來，與立見尚文少將的第十步兵團會合，從北面展開對平壤的轟炸。九月十五日凌晨，這兩支側翼縱隊在平壤北端拉起一道封鎖線包圍清軍，同時發動猛攻。上午十時左右，日軍已攻進平壤北邊的玄武門（Hyŏnmu Gate，即北門）。三村中尉*先行率領僅僅數十名兵力冒著大雨攀過城牆，奪取了城門。「清兵忙著在前線開火阻擋日軍，絕對想不到區區幾十個人居然敢在他們的眼皮底下翻越城牆。」[23]

葉志超將軍漸漸失去信心。「北門遭日軍占領，阻斷了我們運送彈藥的通道，」他向其他將軍表示，「如果敵人夜襲，我們要如何自衛？」他說服大家「暫時」棄守平壤並到其他地方重整旗鼓。與其在日軍的嚴密圍攻下遭到殲滅，不如保留軍力來日再戰。

葉志超派當地一名朝鮮官員通知立見尚文少將，清軍願意「於翌日清晨交出該城」。這位日本將軍雖表同意，卻也懷疑其中有詐。他擔心敵軍會連夜溜走，於是下令部屬提高警覺，防止清兵逃出封鎖線。午後四時四十五分，中方停火，葉志超下令「在城牆上懸掛白旗」以示投降。[24]

不出立見尚文所料，清軍「連夜輕裝」偷偷撤出平壤。不幸的是，葉志超的撤軍令未能傳達至所有部隊，不知情的士兵們看到一些同袍離去，當下驚慌失措了起來。傾盆大雨加上惡劣的天氣，

---

* 編註：即三村幾太郎。

導致了隨後的混亂局面。豐升阿的部下欒述善如此描述當時的騷亂：

士兵們嚇得在城裡四處逃竄。日軍聽到聲響以為敵方展開攻擊，隨即開火……中方的前軍遭遇敵襲，只能向後撤退，後兵忙亂逃命而只顧奔前。天色昏暗，士兵們倉皇推擠，分不清敵我，全軍放槍持刀、自相殘殺。從前方撤退的士兵遭到兩面夾擊……場面令人不忍卒睹。一些熟悉地形的士兵在當地民眾引路下脫離險境。許多人嚇得魂飛魄散，驚悸之下自盡身亡。[25]

不到四十八小時，平壤便落入日軍之手。隔日一早，立見尚文進到城內，發現「到處堆滿了清兵的屍體」。一萬五千名清兵喪生，其中有許多死於同袍之手；另外有六百八十三名士兵被俘。[26]

黃海海戰

平壤之戰是日本的一次重大勝利，但並未替朝鮮之爭畫下句點。對日軍而言，奪取黃海的控制權仍是緊要任務。大本營評估，必須防止清軍經由海路增兵，以鞏固在朝鮮半島上的戰果。旅順港和威海衛的海軍基地讓大清具有戰略優勢，可惜李鴻章的消極策略直到戰爭爆發前都未能善用此一優勢。海軍上將伊東祐亨指揮的日本聯合艦隊，亟欲藉中方的消極態度來取得先機，他們認為這是

在平壤的中國戰俘。（蓋提研究中心）

誘使北洋艦隊進入黃海並與之決戰的大好機會。日軍的戰略取決於這次關鍵的海戰：對黃海的控制，將使日本陸軍得以占領朝鮮、入侵滿洲，並從北邊威逼北京，同時在遼東半島登陸，以從南面向滿洲推進。這些行動皆是取得勝利的關鍵。[27]

自八月起，伊東祐亨的聯合艦隊開始追擊將兵力運至朝鮮北部的大清軍艦。七月二十日高升號沉沒後，伊東祐亨不斷試圖引誘大清艦隊離開威海衛基地長達近兩個月，但徒勞無功。然而在一八九四年九月十七日，也就是平壤淪陷的隔天，他終於等到了機會。[28]

黃海海戰不僅是這場戰爭的重要轉捩點，也是在現代海戰史上自一八六六年利薩海戰以來（Battle of Lissa，又稱維斯島海戰〔Battle of Vis〕，當時奧地利的裝甲艦在亞得里亞海〔Adriatic Sea〕擊潰義大利艦隊），第一次的大規模艦隊行動。在這二十八年期間，海軍技術經歷了大幅革新。黃海海戰首見配有大型軍械的鋼船——「機器時代的武器」。[29]李鴻章挹注數百萬銀兩打造現代北洋艦隊，還向德國、英國訂製船艦。儘管如此，這支艦隊嚴格來說為區域性質而非全國性質，因為南京與廣州也編有艦隊，只是船艦均年久失修。[30]

到了該是艦隊展現其價值之際，李鴻章卻似乎不願意動用，因為成本高昂。他長期倚重的英國海軍顧問琅威理（William M. Lang）*上校察覺到了這樣的遲疑。「我的想法是，大清正抑制海軍的發展，不願意冒不必要的風險。」他指出，「我不認為大清軍艦會出海追擊日本戰艦，而是會按兵不動，直到中國沿岸遭受威脅。」[31]北洋水師提督丁汝昌上將接到確切指令，不得頻繁與日軍交戰。[32]大清放棄主動進攻，將黃海的控制權拱手讓給了日本，白白浪費了自身最強大的一項資產。[33]當時多數海軍專家認為，中日艦隊實力大致不分上下。琅威理表示：「他們〔清兵〕訓練有素，砲擊準度高超。」每支艦隊都編有十二艘船艦。[34]大清艦隊的核心是兩艘火力強大的德製戰艦，也就是定遠艦與鎮遠艦。日本艦隊旗下沒有可與之匹敵的戰艦，但其船艦行動更加迅速且靈活、機砲射速更快。除了松島號及其姊妹艦嚴島號為向法國訂造的巡洋艦外，日本大多數戰艦都由英國製造。

日軍艦隊也趕著將大量兵力運往朝鮮。九月十四日，伊東祐亨的艦隊抵達大同江口附近，主力艦隊分派一部分的船艦及魚雷艇前往上游，並協助己軍進行平壤之戰。伊東祐亨明白陸戰計畫旨在攻占平壤後北進滿洲，於是在九月十六日出發前往遼東半島東側的海洋島（Haiyang Island，又作Ocean Island），防止清軍取得任何經由海路而來的增援或補給。然而，北洋艦隊已帶著四千名兵力抵達鴨綠江。這些部隊上岸後，艦隊於翌日一早便啟程返回中國。就這樣，兩國的艦隊在彼此毫無察覺的情況下，注定將在黃海對戰——這場戰役史稱鴨綠江戰役（Battle of the Yalu River）†，但實際交戰地點為海洋島附近海域。[35]

數名外國人以技術顧問的身分登上了大清艦艇。其中最重要的一人是前德國軍官漢納根（Constantin von Hanneken）上尉，他自一八七九年起效命於李鴻章，擔任其軍事顧問，而七月二十五日高升號遭日軍擊沉時，他人就在船上。事情發生的當下，他游到附近一座島嶼，存活了下來。[36]漢納根受命負責華北沿岸的防禦準備工作，並以個人顧問的身分登上丁汝昌上將的艦艇。作為一名前騎兵，丁汝昌並未以受過專業訓練的海軍軍官自居。定遠艦上的另一名海軍顧問、英國海軍中將戴樂爾（William Ferdinand Tyler）指出，「他是備受愛戴的領袖」，然而，「他缺乏船艦技術知識」，因此主要作為象徵性角色，「某種程度上像是海上的第一海軍大臣」。[37]具有船艦技術知識的，是曾到英國受訓的海軍軍官劉步蟾，戴樂爾稱他作「准將」。[38]

九月十七日上午，日軍水手在海洋島附近的艦隊陣地看到遠處有狼煙升起。大約在同一時間，清軍水手也偵測到地平線上有日本艦隊的蹤跡。到了上午十一點半，清軍發現有多達八艘日本戰艦正朝他們駛來。[39]清軍艦隊緩慢前進的同時，排成了不規則的錯落隊形；外界一致認為他們的隊形

---

* 編註：英國皇家海軍軍官，曾兩度擔任清朝北洋水師提督銜總監督。

† 編註：西方對黃海海戰的別稱。通常會再加上年分（一八九四年），以區別於一九〇四年日俄戰爭中的同名戰役。

紊亂無序。定遠艦與鎮遠艦居中，側翼分別為兩艘火力最強大的巡洋艦來遠艦與經遠艦。兩艘年代較久遠、被認為是艦隊中的「跛腳鴨」的撞擊巡洋艦超勇號、揚威號則列於右翼，距離步步逼近的日軍最遠。「戰力弱的翼艦自覺不足，縮踞於內，因此我們的艦隊呈新月形。」[40]

日本艦隊以單列縱隊前進，直逼清軍艦隊隊伍的中心，但在途中逐漸改變航線，從敵軍最弱的北側斜穿而過。一支隊伍有三個潛在的弱點：那就是中心與兩邊側翼。海軍戰略家阿爾弗雷德·塞耶·馬漢（Alfred Thayer Mahan）表示：「如果中心遭敵人穿越，隊伍就會四分五裂；但中心比側翼更容易獲得增援。」在此情況下，將兩艘最強大的戰艦擺在中心點，是最明智的戰略，但清軍犯了一個嚴重錯誤，就是將火力最弱的戰艦擺在側翼，使它們很容易成為敵軍攻擊的目標。假如分別在兩側的後方編列一艘戰艦，它們就能互相支援了。[41]

顯然，當務之急是改變航線及隊形。但是，丁汝昌還沒來得及下令，就被定遠艦艦橋下方主力砲無預警的開火所造成的衝擊波震得暈了過去。原來，劉步蟾准將過早決定開火正式宣戰，可惜這一砲完全射偏了。原本的攻擊目標是吉野號，但兩者距離六公里多，遠遠超出砲彈的射程。現在，清軍艦隊已經沒有時間調整隊伍了。吉野號迅速推進，與清軍艦隊右翼、火力最弱的超勇號及揚威號交戰，而這兩艘艦艇燃起熊熊烈火。它們沒有立刻沉沒，但實際上已被排除在戰力之外。坪井航三少將事後回憶道：「日軍之所以取勝，是因為集中攻擊了敵軍右翼的這些弱點。」[42]

隨後，清軍艦隊陷入一片混亂。丁汝昌昏迷不醒。爆炸發生時，先前意識到需要改變航線的戴樂爾中將就在丁汝昌旁邊。他也被炸得不省人事，腦部受到劇烈震盪，雙耳耳膜破裂（以及永久性耳聾）。後來他憤怒地說：「劉步蟾准將竟然在我與丁汝昌提督站在距離二十五公分大砲視線可及範圍之內決定開火，這到底是怎麼一回事？我從來不知道、也沒聽過有人討論這個計畫。我不知道丁提督是在哪裡昏倒的。他的腿被壓斷，無疑也受到了極大的驚嚇。」更糟糕的是，定遠艦的舵手室遭到日軍砲如雨下的攻擊，由於「我們所有的信號設備在開戰的半小時內都遭到毀壞」，根本不可能挽救混亂的局面。[43]

最初的交戰使中方處於守勢，日方奪下並保有戰局的控制權。日軍迫使清軍的超勇號、揚威號脫離艦隊，接著包圍並「猛烈砲擊，以致船上士兵們簡直陷入精神錯亂」。[44]到了下午三、四點，清軍艦隊殘敗不堪。雖然日軍無法癱瘓這兩艘裝甲艦的要害，但其速射砲使清軍水手傷亡慘重，缺乏人力可操作艦上的火砲和機槍。[45]

就在大約下午三時，中方戰況陷入低谷、看似全軍覆沒之際，清軍艦隊取得了第一場勝仗——鎮遠艦擊中了旗艦松島號。雖然不是致命一擊，但也足以使其喪失戰力。「松島號爆出火焰，接著冒出一陣濃濃白煙，我們〔大清〕的砲兵高聲歡呼。」一位觀察人士指出，「這枚砲彈確實發揮了驚人的破壞力。」[46]

不久後，大約五點左右，日本艦隊往朝鮮海岸撤退。松島號、比叡號與赤城號這三艘軍艦及商船西京丸號都嚴重受損。但是，日軍沒有任何一艘船艦被擊沉，大清則損失了五艘。[47]戴樂爾認為，「當時距離天亮大約還有一個小時，官方並未宣明中止交戰的原因，但合理的推測是，日本艦隊集中火力轟炸了四個半小時仍未能癱瘓超勇號及揚威號，可能是日方做出這項決定的一個主

1895年1月3日，日本士兵重現翻越錦州城的場景。（龜井茲明攝，《明治廿七八年戰役寫真帖》，第一卷第七十八號，日本國會圖書館）

因。」[48]松島號突如其來地遭受重創，可能也是促使伊東祐亨決定撤退的原因之一。伊東祐亨行事極為謹慎。他也明白，倘若讓艦隊冒險苦戰，日本陸軍將岌岌可危。一位觀察人士指出：「如同第一次世界大戰中的海軍上將約翰．傑利科爵士（Sir John Jellicoe），在第一次中日戰爭中，伊東祐亨可說是唯一一個可以在一個下午便輸掉戰爭的男人。」[49]

黃海海戰是一個轉

捩點。雖然伊東祐亨最終撤軍，但對北洋艦隊造成的重創使對方或多或少地喪失了戰力，而日本也得以確立在黃海的控制權。此時，日軍準備直接向大清開戰。大山巖率領的第二軍（由三個師與一個旅組成）奉命在遼東半島登陸，展開第二階段的陸戰。他的目標是奪取旅順港——大清花費十六年建造這座固若金湯、具有重要戰略價值的海軍基地。該港口擁有旱塢及現代化設備，是重要的海軍設施。[50]奪下旅順港後，大山巖將攻取大清第二重要的海軍基地（即位於遼東半島的威海衛，也是北洋艦隊的基地），使大清失去在黃海所有可用的基地。在此同時，山縣有朋帶領的第一軍持續向北推進，跨越滿洲，朝海城*前進。[51]

日軍登陸

十月二十四日，大山巖率領的第二軍其中兩萬兩千名士兵開始在旅順以北約一百六十公里、位於大連灣東北方的一座小海灣登陸。他們如入無人之境，並未遭遇任何抵抗。十一月五日，該部隊偶然發現了清軍的第一道防線。其由兩座堡壘組成，分別建於通往錦州的道路兩側的山丘上（錦州位於遼東灣，即遼東半島之地峽），形成一條戰略要道。翌日，錦州落入日軍之手。十一月七日，大連遭到日本艦隊襲擊，三千名中國守軍被迫往南撤至旅順港。[52]

* 編註：今中華人民共和國遼寧省海城市。

清軍在大連灣短時間內便兵敗如山倒的事態令人訝異，尤其考量其防禦工事設計之精良。隨同第二軍的日本記者久保田北森回憶道：「第二天（十一月七日）破曉，我軍三艘戰艦巧妙穿越雷區，接著轟炸並摧毀了東面的信號塔，砲擊疑似為敵軍兵營的建築，（但）並未遭遇任何反擊。由於海灣守備嚴密，程度僅次於威海衛及旅順港，因此我方預料會面臨激烈的反抗。清軍毫不設防，著實令人驚訝。」[53]

大連灣淪陷後，英國駐旅順港務督辦考爾德（Calder）上校前往天津會見李鴻章。他想提醒李鴻章，讓他意識到「（旅順）所謂的守兵愈來愈任性妄為，軍紀日益散亂」。考爾德帶來的消息令這位總督震驚不已。「他問起大連灣的一或兩處要塞是否真的遭日軍攻下，而聽聞兩處基地全失時，他簡直不敢置信。」[54]九月十八日，即黃海海戰的第二天，李鴻章依照聖旨繳回了三眼孔雀翎和黃馬褂，這是一年前皇帝賞賜給他的榮耀。[55]九月三十日，皇帝下了另一道聖旨，指名恭親王奕訢與李鴻章共同負責戰爭行動。[56]這位年邁的親王自從一八六〇年園明園遭到洗劫、與英法談判失利後便隱退多時，這次再度獲得起用，卻證明了他在處理日益加劇的危機上比李鴻章更加無能。

旅順口之戰

日軍進攻旅順港的計畫相當簡單明瞭。旅順，位於從西北向西南延伸的遼東半島之西南端，是大清最重要的海軍基地，有「東方直布羅陀」（Gibraltar of the East）之稱。[57]沿著半島南岸及北岸分別有兩條道路可通往城市。大山巖的第二軍將與山地元治中將指揮的第一師分頭沿著這兩條路推進，乃木希典少將率領的第一步兵旅將沿北岸的道路向城市發起主攻，長谷川好道少將帶領的第十二混成旅則將負責支援攻擊，並沿南岸道路前進以掩護左翼。同一時間在旅順港外海，伊東祐亨的聯合艦隊封鎖了港口，徹底包圍敵軍。屆時，清軍將會像「囊中的老鼠」一樣想逃也逃不了。[58]

隨軍前往旅順的人員有《紐約世界報》（*New York World*）的詹姆斯・克里爾曼（James Creelman）和《倫敦時報》（*London Times*，即泰晤士報）的戰地記者湯瑪斯・科文（Thomas Cowen）。[59]兩人都隨同第二軍進行採訪。值得一提的是，克里爾曼對途中的所見所聞留下了深刻印象。「氣宇軒昂的縱隊穿越河谷、翻過山丘，時而在溪流中列隊行進，時而在參差嶙峋的岩石間匍匐前進，或在流沙中蹣跚徒步，其驚人的紀律及耐性在途中展露無遺。」他寫道，「沒有任何旗幟、音樂或華麗儀式；這是個井然有序、嚴謹肅靜的組織，物資充足且裝備精良，士兵們眾志成城，目標是為日本贏得輝煌的榮耀。」[60]

克里爾曼離開了大山巖的指揮部，策馬前去與山地元治中將準備進攻旅順西北要塞的部隊會合——這些堡壘是旅順陸上防禦工事的一部分。展開進攻前，大山巖致信負責駐防旅順的四名指揮官之一的衛汝成將軍，要他棄守陣地。他提醒衛汝成，他的兵力遠不如訓練有素的日軍。他寫道：「你的部隊第一次在牙山之戰中失利，第二次在平陽〔平壤〕遭到擊退，第三次則在錦州吞敗，在海上也狼狽敗退。實際上，你們沒有取得過任何一次勝利。如此看來，天意昭然若揭。」[61]然而，大山巖並未收到回覆。

進攻旅順港之前，第二步兵團第五連在三角山上蓄勢待發。（龜井茲明攝，《明治廿七八年戰役寫真帖》，第一卷第一百一十三號，日本國會圖書館）

十一月二十日下午，四千名清兵開始進攻日軍陣地，但很快就遭到山地元治率領的第一師逼退。[62]山地元治因為童年時的一場意外而單眼失明，因此被稱為「獨眼惡魔」，他「不苟言笑且沉默寡言」，對手下的軍官也是如此。克里爾曼回憶道：「我記得在旅順口之戰的前一天，他靜靜聆聽部下們討論即將展開的作戰行動，一言不發，直到所有人不再說話。接著，他轉過身來，透過翻譯員對我說：『明天太陽下山前，清軍的要塞將全數落入我們手中』。」[63]

翌日凌晨兩點，日軍開始「沿著迂迴的路線費力前行，翻越外圍山丘，進入戰鬥位置」。到了上午，西北部的椅子山與松樹山堡壘已落入山地元治之手，其餘堡壘在中午一個接一個地遭到攻破。[64]成功拿下內陸所有要塞後，大山巖命令山地元治奪取城市。

第一旅第二步兵團在伊瀨知好成大佐的指揮下展開進攻。長谷川好道帶領的第十二混成旅攻擊東北部要塞以轉移中方火力，讓山地元治的部隊得以從西邊進入。[65]到了上午十一時，長谷川好道的部隊已拿下東北部所有八座堡壘。一名目擊者表示：「堡壘中一個清兵都不剩。他們沿著高牆從一座堡壘逃到另一座，途中不斷開火，每到一個據點都頑強抵抗，直到敵人的步槍因距離太近而無法攻擊為止。在敵軍的追擊下，他們四散逃向各處山丘，隨處所見淨是清兵的屍體。」[66]在山地元治部隊進攻的地方，場面更是怵目驚心。「山丘上散落厚重的軍裝、裝有彈匣的小包，以及士兵們逃跑時扔掉的各種物品。」克雷爾曼回憶道，「清兵倉皇逃離堅不可摧的高聳堡壘，一槍未發。」[67]到了十一月二十一日下午，伊瀨知好成的第二步兵團正穿越城中的街道前進。山地元治的預言成真了——旅順堅如磐石的堡壘在一天之內就被攻克。

旅順口兵敗如山倒的消失令清軍驚愕不已。衛汝成將軍的師駐紮在城鎮的商業區，整個下午他都沒有離開一步。「據說，他確實曾作態要前往支援其他將領，但到當天下午兩點鐘，他和他的部下在原駐地已杳無音信。」之後，衛汝成偽裝成普通苦力，帶著幾個僕人逃出了港口。據一名目擊者表示：「當時正好颳起了大風，他們的船又小，從當天下午五點鐘到晚上十點鐘，他們才渡過港灣口。」[68]衛汝成之兄即衛汝貴，他在平壤之戰中表現不佳，代價是慘遭斬首。衛汝成在煙台上岸後，也被處以斬首。[69]

旅順大屠殺

伊瀨知好成率領第二步兵團進入旅順時，眼前景象可謂慘不忍睹。路邊的柳樹上掛著三顆人頭，他們是十一月十八日在土城子村附近被俘的日本士兵。那些人頭支離破碎，鼻子、耳朵都被割掉。再往城鎮裡面走，又見到兩顆頭顱懸在一座房子的屋簷下。[70] 當時採訪中方戰況、在第二步兵團首度進城時差點遭一名日本軍官殺害的路透社記者史蒂芬．哈特（Stephen Hart）向克里爾曼回報，他親眼看到有人花錢向旅順營務處督辦龔照嶼買走了那些頭顱。[71]（巧合的是，當天下午，龔照嶼和衛汝成同船逃到了煙台。）[72] 日本軍官拿布掩蓋那些頭顱並帶走，「迅速清理了現場，禁止部隊士兵窺視」。[73]

傳聞負責保衛旅順的清軍將領之一黃士林下達了一道特殊命令，要求所有十五歲以上的男丁奮力抵抗日軍的侵犯。[74] 日軍一份報告指出：「由於難以分辨清軍士兵與平民，我方士兵只能逐戶搜查房子的各個角落，同時掃除所有頑強抵抗者。」[75] 儘管日方士兵盡力不傷及無辜，但同袍頭顱遭砍、死狀悽慘的消息傳遍全軍。日兵憤恨難平，又經由報告得知清兵會喬裝成平民趁機突襲，於是便進城準備展開報復。

日軍未能預料到的一個嚴重問題，即是有西方人目睹了所發生的一切。克里爾曼、科文以及史蒂芬．哈特與《黑與白》（*Black & White*）雜誌的戰地藝術家弗雷德里克．維利爾斯（Frederic Villiers），皆未看見任何清兵身著百姓衣衫或從民宅內向日軍開槍。克里爾曼事後寫道：「我發

1894年11月24日，日本士兵命令旅順的中國居民掩埋屍體。（龜井茲明攝，《明治廿七八年戰役寫真帖》，第二卷第十二號，日本國會圖書館）

誓，旅順的人民並未試圖對入侵者做出任何抵抗。如今日本堅稱其部隊曾被人從民宅窗戶及門口開槍射殺，這些說法實在錯得離譜。」[76]相反地，這些西方人士目擊了「日軍大搖大擺地走進城鎮，對著街道和民房大肆開火，追殺所有迎面而來的活物」。事後科文表示：「我努力查明日軍為何要這麼做，卻一無所獲。」[77]

接下來的三天裡，發生了大規模屠殺。「我以目擊者的身分作證，可憐的旅順平民並未試圖抵抗入侵者。」克里爾曼寫道，「我看到一個人哀苦求饒，日兵拿刺刀將他按壓在地，一刀砍掉了他的腦袋。另一個中國佬蜷縮在角落，一群士兵亂槍將他射得體無完膚。」他還描述：「一個跪在街上的老人身體幾乎被砍成兩截。整個城鎮被洗劫一空，居民在自己的屋子裡遭到屠戮。」[78]

顯然，有些日兵自認為實際上是在殺害清兵，而不是平民。親眼目睹這場大屠殺的戰地攝影師龜井茲明在日記中寫道：「每一個躲藏在旅順的敵軍都被殺死了。」他解釋，清軍「命令居住在旅順附近所有十五歲以上的男人／男孩奮力抵抗日軍。因此，日軍殺死了任何一個頑強抵抗的人。城裡死屍遍布，這些屍體浸滿了血水、腦漿及胃腸，散發濃濃的腐臭味」。[79]

然而，死者中赫見孩童的屍體。克里爾曼描述：「一個由小馬、驢子與駱駝組成的隊伍從旅順西側出發，載著成群嚇得魂飛魄散的婦女及孩童。這些逃亡的平民涉水跨過淺灣，在水中冷得不停顫抖、步履踉蹌。一支步兵團集結在灣口，不斷朝落水的人們開槍，但都沒有命中目標。最後跨過灣口的是兩名男子，其中一人帶著兩個小孩。他們蹣跚走到對岸時，一群騎兵追了上去，拿軍刀砍倒其中一人。另一名男子和孩子慌忙退入水中，有如落水狗般地遭到連槍射殺。」[80]

隔天，也就是十一月二十二日早晨，天氣異常寒冷，約攝氏零下六度。科文與哈特早早便起床上街巡察。「沿著主要街道前行，眼前的景象慘絕人寰。每幾公尺就有一具平民屍體，他們不是被捅死、被槍殺，就是被亂刀砍死，要是鄂圖曼帝國殘暴的巴什．波祖克（Bashi-Bazouk）、阿富汗的狂熱分子或生性凶殘的納納．薩希布（Nana Sahib）的追隨者看到此景，肯定樂不可支。我們在途中沒有看到任何一具疑似士兵的屍體，也不見任何武器。」[81]當天早上，克里爾曼無意間發現一名被害者，「他的脖子被日本刀劃破，一隻狗趴在他的手臂下瑟瑟發抖」。維利爾斯目睹了這一幕，為此畫了一張素描。「有一個死去的女人躺在一堆被殺的男人下面，呈現極其可憐的哀求姿

AFTER THE BOMBARDMENT OF PORT ARTHUR—FAITHFUL UNTO DEATH.

「旅順港遭到轟炸後——至死不渝。」弗雷德里克·維利爾斯的素描（《紐約世界報》，1895年2月11日）

態。」克里爾曼說，「在一個角落裡，二十五具屍體堆在一起。士兵們近距離攻擊受害者，那些垂死之人的衣物著了火，遭到烈焰吞噬……現場不見任何武器，也沒有戰爭的痕跡。這般景象足以讓世界上最公正的國家遺臭萬年。」[82]

維利爾斯為後世記錄這場駭人的屠殺事件之際，在城市的另一頭，以外國軍事觀察員的身分隨同日本第二軍出征的美國海軍軍官歐布萊恩（O'Brien）中尉大發雷霆。「他稱自己巴不得立刻離開日軍，並嚴正表示，如果華府得知這些事，戰爭部一定會召他回國。」[83]同樣作為第二軍軍事觀察員的泰勒上校（Colonel Taylor，英國醫官，也是過去曾征戰東印度的老兵），以及英國海軍上將費里曼特爾（Admiral Fremantle）也對日軍的惡行感到噁心。這三名軍隊隨員與四名記者同住，眼看屠殺持續到第二天仍不見趨緩跡象，他們「無所拘束地交流彼此對日軍野蠻行徑的看法」，設法找出可以阻止屠殺的辦法。克里爾曼回憶道：「有人建議其中一名軍官寫信給陸軍元帥（大山巖），抗議日軍持續屠殺手無寸鐵的居民。」但是，歐布萊恩中尉強烈反對。「他說，這麼做逾越了旁觀者的界限，肯定會被視為干涉軍政。」此外，「將軍們與部下都非常清楚大屠殺的細節」。[84]歐布萊恩提出的理由無疑是無所作為的方便藉口，卻得到其他人默默認同，因為他們也擔心起自身的安危。科文事後坦承：「要就地報導旅順落入日軍之手後所發生的一切是不可能的，這麼做甚至會招來危險。」[85]

克里爾曼回憶，當天晚上，大山巖軍隊的隨行日本軍事記者有賀先生前來攀談，神情明顯不安。他問克里爾曼：

「你認為發生了什麼事？」

「這是一項很好的戰略行動。」我答道。

「不，」有賀先生說，「你知道我的意思。我指的是日軍對旅順平民的殺戮。你會怎麼稱呼這起事件？你會稱之為大屠殺嗎？我希望你能坦白回答。」其他記者緊張地看著我，擔心我會出賣內心的真實感受，擔心日本人不會允許我們離開中國，而是強迫我們將電報交由軍事審查員檢閱，進而隱匿我們所目睹的駭人場面的細節。我試圖迴避這個問題，但有賀先生緊追不捨。他問道：「你會稱這起事件為大屠殺嗎？你認為這是文明的戰爭嗎？我們很想知道你對這起事件的評論。」我再次閃躲問題。有賀先生不再追問，轉而詢問為《黑與白》雜誌效力的倫敦藝術家弗雷德里克．維利爾斯，他也巧妙地簡單帶過。接著，有賀先生詢問《倫敦時報》的科文先生，而科文先生直截了當地表示，無論人們如何評論日軍在交戰當天的激動情緒，隨後幾天裡那些手無寸鐵的平民所遭受的殺戮，都是一場徹徹底底的大屠殺。有賀先生聽了之後若有所思。

「你這麼認為嗎？」他轉而問我。

「當然，」我回答，「文明國家有義務收押戰俘，而不是大肆屠殺。」有賀先生顯然希望我們承諾不會在各自傳送的電報中使用屠殺一詞，他以道地的亞洲風格展開辯駁。「這是一個問題。」他說。「如果我們選擇殺害戰俘，那又是另一個問題。」

「但你們不是在殺害戰俘，而是沒有試圖將那些無助的居民變成俘虜，就濫殺無辜。」

有賀先生說：「啊，」他雙手的拇指輕輕相抵，繼續反駁道，「這是一樣的事情。我們在平陽（平壤）抓了幾百名俘虜，結果發現供他們吃喝、看守他們既花錢又費事，所以我們這次不那麼做了。」[86]

屠殺一直持續到了第三天。第四天，城裡已無生靈，但暴行依然不止。克里爾曼描述：「我陪同維利爾斯先生去採查一座庭院，裡面堆滿了殘缺不全的屍體。我們走進去，驚訝地目睹兩名士兵俯身靠著其中一具屍體，其中一人手上拿著一把刀，他們切開屍體，正要挖出那人的心臟。他們看到我們時嚇得縮手，連忙遮掩自己的臉。我確信，在旅順那場單純的戰役中，戰死的中國人不超過一百名，卻至少有兩千個手無寸鐵的平民遭到殺害。」[87]

在旅順口戰役之前，這支軍隊一直以紀律嚴明而備受讚譽，然而，其指揮官不願約束士兵犯下暴行的放任態度實在令人震驚。戰爭期間，克里爾曼和其他外國觀察員都對大山巖元帥產生了幾分敬畏，以及曾指示部下率隊進攻旅順的山地元治中將。「我幾乎無法相信，如此放任屬下屠殺平民的指揮官，跟之前的他（山地元治）是同一人，就在幾天前，他才在塔連灣（大連灣）親手解放了大清要塞的籠中鳥，免得牠們餓死。」[88]

原形畢露的日本貓

十一月二十四日，第二軍向大本營通報旅順淪陷的正式報告，送達外務大臣陸奧宗光的辦公室。陸奧宗光立刻寫了一篇賀文給明治天皇，並指示外務省對外宣傳這項消息。到了晚上，日本在旅順的軍事勝利已傳遍世界各地。[89]日本民眾直到十一月二十五日才得知此事，因為前一天是假日，沒有報紙出刊。由於多了一天時間可加以渲染，日本各大報鋪天蓋地地報導這場勝利的細節。「好消息！天大的好消息！」《日本新聞》高聲張揚。《自由新聞》則顯得低調：「此刻旅順淪陷的好消息如雷貫耳。」日本人民的喜悅之情溢於言表。全國各地的街道上都高掛旭日旗。在東京，兩千名慶應義塾大學的學生手持火炬在街上遊行，在通往皇居的二重橋前高呼「萬歲！」；長野市舉行了紀念勝利的「盛大慶祝集會」；在大阪，中之島公園舉辦了「大阪市軍事勝利慶祝集會」活動。

朝鮮也舉行了慶祝活動。日本駐釜山領事館報告表示，該市的日本居民「白天高掛國旗，晚上家家戶戶都點亮燈籠，舉城慶祝祖國偉大的軍事勝利」。但是，儘管日本民眾熱烈討論這場勝仗，以及日本記者回國後對作戰行動的詳細描述，卻不見任何有關那三天在旅順發生的大屠殺的報導。[90]

關於這起大屠殺的第一篇報導，出自《倫敦時報》記者湯瑪斯・科文，他在十一月二十九日凌晨抵達廣島。幸運的是，他在第二天見到了碰巧在廣島的陸奧宗光。科文鉅細靡遺地描述了在當地目睹的暴行，令這名外務大臣聽了瞠目結舌。他很快便意識到事態嚴重，隨即向人在東京的外務次官林董發送電報，要求他向世界各地的日本官員下達緊急指示：「一名從旅順返國的歐洲特派記者告訴我，日本軍隊在征服該地區後做出了暴力行為。」信中還說：「我尚未收到關於此事的正式報告，收到後會立刻通知你。同時，特此指示你向我報告各大報紙上指涉此事的所有資訊。」[91] 緊急電報發出後，陸奧宗光又向林董發了一封密電，告知他從科文口中得知更多關於大屠殺的細節：

今日，我遇到了一名剛從旅順歸來的《倫敦時報》特派記者，他告訴我，日軍在取勝後大肆施暴，包括殺害被抓捕並捆綁的敵軍士兵及平民，甚至是婦女。從他的敘述看來，似乎確有其事。他聲稱，這些暴行不僅被西方媒體親眼目睹，也被在現場的西方艦隊海軍軍官、甚至是英國一名海軍中將目擊。因此，這些事件的報導預計很快就會登上東京與橫濱地區的報紙。今日，《倫敦時報》的特派記者急於知道日本政府有何對策。我告訴他，儘管這些事件泯滅人性，並且真如他所述的那樣屬實，但在收到大山巖大將的正式報告之前，我不會討論假設性的官方處置。我還強調，鑑於日本士兵一向嚴守紀律，這些據稱的事件即使屬實，也應有其正當原因，而正當的原因或許可緩和這起不幸事件可能造成的負面影響。我建議您秉持本國外務大臣的官方立場，並確保即使在這些事件經證實後，仍應堅決避免採取任何「堅定」立場。[92]

在這份電報發出的同時，陸奧宗光接到了駐英臨時副領事內田康哉的急電，通知他十一月二十八日出版的《倫敦時報》簡短提到了大屠殺。同一天，《紐約世界報》也刊登了一篇根據克里爾曼與旅順港中國難民的訪談所寫成的報導，只不過，內容未見詳盡，也不見任何圖像刊載。[93]十二月八日，《日本每週郵報》（*Japan Weekly Mail*）刊載了一篇更詳細、更令人震驚的報導：「毫無疑問，那晚這座城鎮發生了大屠殺。日兵推託表示，他們殺的是試圖阻止他們進城的人，但這個藉口不成立，因為第二天躺在街道上的屍體被砍成了碎片，而那些試圖抵抗士兵進城而被殺死的人，身上多是步槍或刺刀造成的傷口。」報導還稱，「無論如何，軍隊高層都對所發生的一切深感痛心」，這些殺戮「令人遺憾」。[94]

陸奧宗光最擔心的事情發生了，但他仍未直接收到大山巖傳來任何證實這些暴行的消息。內田康哉在電報中還提到，「每當報紙上出現不適當的報導，中央新聞社都會予以反駁」。他主動告知陸奧宗光，十一月二十八日《倫敦時報》報導「日軍肆意屠殺兩百名中國平民」時，中央新聞社已撰文否認，而那篇文章在十一月二十九日刊登於《倫敦時報》。他還說：「我壓下了路透社從上海發出的報導，該文聲稱日軍在旅順犯下了極其野蠻的暴行。」並在電文的最後請求上級撥款。[95]

十二月一日，陸奧宗光透過電報向內田康哉表示，他將吩咐林董匯出日軍所需之款項。隔天，他指示林董，從外務省基金中撥款兩千日圓（在當年具有可觀價值）。隨後，日本迅速展開了「收買計畫」，藉由查禁不利的報導或助長用於混淆視聽的對立性報導，來影響大屠殺的相關新聞。在陸奧宗光尚未從大山巖或大本營那方得到大屠殺的確證之前，這種作法已在進行中。科文於十二月三日在《倫敦時報》上，發表一篇描述旅順非武裝平民慘遭殺戮的報導後，隨即遭到中央通訊社以另一篇報導反駁。「除了交戰過程合理導致的傷亡之外，沒有任何一個中國平民遭到殺害。」[96]

陸奧宗光為何驟然採取行動？對他來說，先釐清旅順的實際情況或許比較明智，可惜他迫於情勢必須立即做出回應。他之所以如此倉促，是因為日本在十一月二十二日與美國簽訂新條約，廢止了後者的治外法權。[97]如同日本在此不久前和歐洲列強締結的其他相似條約，這項新立的美日條約標誌著日本新時代的起點。[98]

這場駭人的大屠殺可能會妨礙美國批准新條約的進度。[99]甲午戰爭的節節勝利證明日本戰勝了大清的「野蠻」，讓全世界看到這個國家的進步。事實上，日本發動這場「開化」運動的根本目的，據稱是要將朝鮮人民從大清落後的桎梏中解放，並透過「文明與開化」幫助他們實現脫離大清的「獨立」。日本在旅順港的野蠻行徑，極有可能使西方國家質疑它是否真的是個文明國家，並對這場戰爭本身所宣稱的合法性產生疑慮。

在眾多批評者之中，最先發難的人是詹姆斯．克里爾曼。回到日本後，他在十二月十一日向《紐約世界報》提交了一份關於大屠殺的嚴厲報導。這是有關該起事件最具體且最具譴責性的報導，刊登在頭版，引發了「一場真正大規模的震撼」。這篇簡潔題為〈一場日本人的大屠殺〉（A Japanese Massacre）的文章，指控日軍冷血屠殺旅順港的所有居民。他驚恐地寫道：「手無寸鐵的居民在家中遭到屠殺，死狀悽慘。」他還控訴日軍「肆無忌憚地進行了持續三天的屠殺」，並總結「文明世界將對這些細節大感震驚」。[100]

克里爾曼的報導在美國與英國產生了巨大影響。在華盛頓，這篇報導讓美國立法者在日本新條約問題上暫時止步。《世界報》（*World*）一篇社論的題為〈該條約建立在日本已成為文明國家的信念之上〉（That convention is founded in the belief that Japan has become a civilized nation），且「克里爾曼描述的暴行迫使人們重新考慮這一判斷」。[101]其他報章則起而呼應。《舊金山紀事報》（*San Francisco Chronicle*）的某篇社論認為，如果指控的事件屬實，條約的批准就應該擱置。[102]《倫敦時報》提出了獨特的看法，其內容引用了貓與女人的寓言：「貓被施了魔法，變成了美麗的女人，言談舉止完美無瑕，直到在宴會上一隻老鼠跑過了餐桌。事實證明，費心養成的習性完全敵不過原始的本能；優雅動人的女子消失了，取而代之的是原形畢露的貓。」[103]

「言過其實的真相」

陸奧宗光勞心勞力，豈能容忍祖國淪為他人口中的日本貓。在收到克里爾曼報導全文的當天，即十二月十四日，他同時收到了栗野慎一郎的電報。這位日本駐美使節轉述，美國國務卿葛禮山（Walter Gresham）曾警告他，假使媒體指控的旅順大屠殺屬實，新條約的批准可能會嚴重受阻。他迫切要求內務省提供更多關於旅順大屠殺的資訊。[104]但是，陸奧宗光一無所知。事情已過將近三個星期，他依舊不清楚到底發生了什麼事。栗野慎一郎在信中寫道：「各國領事館的軍事參事似乎皆已上報此事。因此，除非我國政府採取任何形式的應對措施，否則我國可能會面臨尷尬處境，致使外交關係遭遇困難。」栗野慎一郎在信尾焦急詢問：「您收到大山巖大將針對此事所上呈的報告了嗎？若有，請盡速提供報告副本及任何有助於釐清此事的其他資訊。」並表示將「盡最大努力扭轉《世界報》對日本的抨擊」。[105]

陸奧宗光深知必須迅速採取行動，於是盡一己之力來否認克里爾曼的報導。十二月十五日，美國領事譚恩（Edwin Dun）當面問及克里爾曼的報導，陸奧宗光否認並認為，克里爾曼的報導「嚴重誇大了真相，極其聳動，可能會使日本在文明世界的眼中遭受重大傷害與不公不義」。[106]當天下午，俄國公使希特羅渥（Mikhail Khitrovo）來訪，他又重申了這個立場。然而，雙方「相敬如冰、語帶不祥的言談」已是陸奧宗光最不需要擔心的事了。[107]就在前一天，《時事新報》發表了一篇社論替這場大屠殺辯白，稱其為正當之舉。「如果不思悔改的〔中方〕敵人繼續以野蠻的方式褻瀆我國陣亡的士兵，那麼隨之而來的反應可能是一場屠殺，而遇害的人數可能動輒超過三、四千人，」該社論輕蔑地表示，「甚至屠殺整個軍隊也不無可能。」《朝日新聞》則更進一步。該報在一篇題為〈我們不要被虛假的論點所誤導〉（Let Us Not Be Misled by Fake Arguments）的社論中主張：「日本奪取亞洲霸主地位的雄心太重要了，不容許外國人插手。」陸奧宗光致信伊藤博文：「如果這些挑釁的態度變本加厲，西方國家和我國國內的輿論可能會出現難解的衝突。」[108]他苦於不知該如何回應眼前的危機，急請伊藤獻策。十二月十五日晚上，陸奧宗光收到了伊藤博文的回覆：

> 我〔伊藤〕已將旅順的問題提交大本營，上級一致認為，進行紀律調查牽涉的風險過大，

因此不可行。是故，我們只能設法透過辯解來免除責任，而不是追究罪責。目前，我國負責海外祕密行動的特務正按此策略行事。[109]

這封電報附上了伊藤針對克里爾曼的報導提出的八點反駁：（一）當時逃亡的清兵已脫下軍服。（二）身著百姓衣衫的受害者大多是清兵喬裝的。（三）開戰之前，已撤離所有當地居民。（四）留在城內的少數居民收到當局指示以槍砲抵抗侵略者，而他們也確實照做。（五）日軍目睹被敵人抓走的同袍活生生被燒死、飽受折磨，而且死無全屍，因此氣憤難平。（六）日軍嚴格遵守軍規。（七）除了克里爾曼之外，留在當地的外國記者都對他的報導感到震驚。他們之所以離開戰場，是為了到日本準備冬衣，並打算重返戰區繼續採訪。（八）在旅順淪陷後遭捕的清兵都受到了善待。[110]陸奧宗光將伊藤博文的電文轉寄給栗野慎一郎，並在起草聲明時涵蓋了前述的八個論點，向各大新聞組織發布。[111]

陸奧宗光也與日本中央通訊社及英文報刊《日本每週郵報》接洽，並散播這項訊息。他向《日本每週郵報》的老闆法蘭西斯·賓克利（Francis Binkley）提議，針對有利於日方的報導，每個月「以日本政府補貼之名義支付固定金額」。《日本每週郵報》見風轉舵，此後便一改先前的報導立場。[112]

日本駐英公使青木周藏私下收買路透社，以六百英鎊的報酬換取同情報導。[113]伊藤博文所提議的、散布錯誤資訊的計畫逐漸起了作用。美國媒體開始引用對大屠殺持懷疑態度的知名人士所發表的言論。國際紅十字會財務祕書喬治．普爾曼（George H. Pullman）發表在《世界報》上的文章，受到廣泛引述，他指出：「很難相信日本會允許士兵沉溺於這種偏激行為。我本身接觸過許多日本軍人，要我相信他們會做出如此野蠻的行徑，需要拿出強而有力的證據才行。」[114]

《紐約先驅報》（*New York Herald*）的特約記者蓋爾維爾（A.B. Guerville）在旅順遭到攻陷時人並不在現場，但他為《舊金山紀事報》撰寫了幾篇報導，斷然否認有關大屠殺的敘述。在刊登於《紐約先驅報》、《紐約時報》與《萊斯里週刊》（*Leslie's Weekly*）的多篇文章中，蓋爾維爾質疑克里爾曼的誠信，聲稱他為了金錢利益而危言聳聽。[115]知名美國博物學家、紐約市美國自然歷史博物館（American Museum of Natural History）創辦人阿爾伯特．畢克摩爾（Albert S. Bickmore）也採信了那些否認屠殺的說法。「至於所有這種指控日兵之前為了維持良好形象而隱藏真面目的言論，在我看來相當令人厭煩。」他認為「日本向《世界報》提出解釋的行動，體現了對人道精神的尊重，而日軍在這起事件之前的作為也在我們意料之中，而非啟人疑竇。我依然認同日本的立場」。[116]

然而，陸奧宗光最重視的，莫過於美國駐日使節譚恩與美國國務卿葛禮山的意見。在美國國會審議新訂的美日條約時，他們的看法將極具分量。譚恩認為，克里爾曼的報導不具說服力，十二月二十日，他寫信向葛禮山表示：「克里爾曼先生向《世界報》提供的報導聳動至極。」他隨信附上《日本每週郵報》社論的簡報，重申「在旅順發現的遇難者大多是士兵喬裝的」。儘管看到「遭清軍俘虜的戰友死得面目全非」，日兵依然「恪守紀律」，並得出了結論：「在旅順淪陷時遭到俘虜的三百五十五名中國戰俘都受到了善待。」[117]

值得注意的是，譚恩發給葛禮山的電報，幾乎一字不差地重複了伊藤博文的八點論述。更令人驚訝的是，親眼目睹大屠殺的歐布萊恩中尉竟然贊同這些結論。他在十二月二十八日寫給譚恩的親筆信中表示，雖然他目擊了「多起殺戮事件」，但他對於這些殘暴情事一無所知。關於日軍的行為，他寫道：「應該謹記的是，這種情況在所有軍隊中都會發生，期待日兵會與眾不同並不公平。」[118]歐布萊恩顯然想與整起事件劃清界線，他在這份非比尋常的備忘錄結尾嘲諷道：「我毫不懷疑有人發布了一些言過其實的報導，但由於沒有親眼看見，因此我無法做出任何批評。」此外，大山巖元帥及其下屬「十分禮遇他」，因此他「感謝他們讓我享有舒適的生活」。譚恩在一月七日發給葛禮山的後續電報中引述了歐布萊恩的證詞，並總結道：「克里爾曼先生的報導容易讓人覺得完全誇大了真相。」[119]事實證明，歐布萊恩的信件給了克里爾曼最後一擊，使他的報導變得不可信，也讓陸奧宗光聲稱大屠殺遭嚴重誇大的說詞站穩了腳跟。[120]一八九五年二月五日，新訂的日美條約順利通過美國國會批准。

危機已經過去。令人玩味的是，李鴻章收到了中國難民的陳情，但美國的官員或媒體根本不在意中方的說法。[121]陸奧宗光成功擊退了日本尚未準備好躋身文明國家之列的指控。這場以「教化與改革」朝鮮之名義而展開的戰爭，在旅順熬過了最嚴苛的審查。在世界各國的眼中，日本儼然成為了亞洲復興與現代化的最大希望。

第九章　雙線戰爭

日本安然度過了旅順的風暴。而在大清半信半疑的驚愕與西方列強一改過往態度的讚賞中，他們向全世界證明了日本如今是一個「文明」國家，也是一個不容忽視的強國。然而，這場戰爭的目的原本就不是擴張領土，而是「提升」朝鮮的地位，意圖維護朝鮮的獨立，否則西方列強絕不會認可日本的舉動。陸奧宗光也許對朝鮮改革問題持懷疑態度，但伊藤博文則不然，他斷言：「朝鮮的主權地位是當前大清與日本發生衝突的主因。」[1]「經過一個月激烈的談判協商，日本將原因歸結於改革問題與大清堅持不和解的態度，於是決定在七月二十三日突襲景福宮，向大清宣戰。[2]

戰爭開打之初就出現了兩個問題。首先，日本的改革承諾，暗示了其必須確保朝鮮的領導者順從且可靠，至少讓日本表示會協助朝鮮維持「獨立」的承諾顯得可信。但是，要如何在干預朝鮮內政的同時確保其獨立呢？這個問題衍生自第一個問題。如欲實現改革，朝鮮政府必須團結一心。然而，日本選擇讓大院君來領導改革的決定，加深了朝鮮的政治歧異，進一步擴大了大院君與高宗這對父子之間的嫌隙。日本若試圖解決這些難題，將導致不堪設想的結果，使朝鮮局勢更加混亂，進而引發一場現已為多數人遺忘的血腥內戰。

攻占景福宮的第二天，日本駐朝公使大鳥圭介著手安排扶植新政府，任命十多名親日的改革派領袖為內閣成員，並指名金弘集出任首相。早在十年前，金弘集便曾說服高宗與美國簽訂條約，並實施現代化改革計畫，但該計畫因一八八二年大院君及其保守的儒家追隨者發動壬午兵變而中斷。如今，他和大院君合作，協助推行一項新的改革計畫——由日本人構想的甲午更張。一八九四年七月，朝鮮成立軍國機務處（Kun'guk kimuch'ŏ），領導者為金弘集，他負責監督十六到二十名成員。該組織得以讓日本主導的改革措施披上朝鮮的外衣。只要得到日本的批准，金弘集及其他成員便可增加或修改措施。這是朝鮮政府的最高決策機構，所有通過的決議都會向大院君報告。儘管大院君名義上是新立改革派政府的首腦，但他的工作並非制定政策，而是敷衍地審閱政策並上呈高宗。高宗則應日方要求「批准」這些政策，實際作用就是一只橡皮圖章。如此一來，高宗將淪為無實際權力的傀儡國王，如同過去年幼即位的情況。[3]改革政策的制定過程，可說是一齣由日本導演的朝鮮戲劇。

大鳥圭介的第一項任務，是讓日本與朝鮮的新政府締結臨時條約。他關注的重點是外國干涉朝鮮事務的可能性。八月二日大院君密訪俄國公使韋貝一事，使這層顧慮更顯迫切。大院君向韋貝表達對改革的不滿，認為日本推行的改革「過於激烈」，並譴責了「日本與大清開戰」的事實。他請求公使促使「列強進行斡旋」，協助盡快結束這場衝突。[4]

陸奧宗光對大院君密會俄國公使一事大為震怒，他指示大鳥圭介：「關於大院君密會俄國公使一事，必須表達強烈譴責的意見，因為朝鮮的態度若有任何動搖，都會使日本陷入尷尬處境，並招來外國干涉。」他還表示：「朝鮮政府必須謹記，當前的戰爭是日本為了確保朝鮮能脫離大清獨立而發動，朝鮮作為日本的盟友，必然會捲入與大清的實際戰爭，並且在達到締結和平的戰爭目標之前，朝鮮都必須維持這樣的局面。」[5]大院君擔任朝鮮新政府的主事者沒幾天，便與大鳥圭介之間開始出現猜疑。

從大院君的角度來看，另一個更急迫的問題是，如何罷黜腐敗但政治手腕高明的閔妃。這位前攝政者才剛在景福宮安頓下來沒多久，便派他最寵信的孫子李埈鎔（Yi Chun-yong）帶著一份欲將閔妃貶為平民的草擬詔書去見大鳥圭介。年僅二十五歲的李埈鎔在新政府中承擔多項職務，包括宗親府的主事者及閔妃所居宮殿的特別顧問。後者這個職位讓他有權監督與閔妃有關的事務，而前者的職位則確保了他在李氏王族中的領導地位。[6]閔妃若被貶為平民，便會被逐出宮外，而這也意味著她唯一的兒子李坧（Yi Ch'ŏk，之後的朝鮮純宗）無法繼承王位。大院君預想到了這一點，早已擬好計畫欲迫使新內閣採取行動，「確保其孫李埈鎔獲立為世子」。[7]

不料，大鳥圭介並不支持大院君的計畫。他不想捲入朝鮮的宮廷政治，因為這向來令人分心。眼下，他有更緊迫的事情要煩惱，更遑論日本正處於戰爭狀態。大院君認為他的拒絕等同背叛了日本的承諾，因為公使館書記官杉村濬曾強烈暗示，閔妃已逃離皇宮，不再能影響宮中政治。事實上，她的離開正是大院君同意在七月二十三日上午隨大鳥圭介入宮的主要原因。[8]更糟糕的是，有人向高宗洩漏了大院君意圖貶庶閔妃的陰謀，而這加深了他們父子間的敵意。洩密者金嘉鎮（Kim

Ka-jin）與安駉壽（An Kyŏng-su）是新政府中反對大院君的官員，他們認為他「過於年邁且保守」，無法推行激進的改革計畫，因此想方設法削弱其權勢。[9]

這場家庭之爭催生了兩個對立的政治派別：一邊是軍國機務處的進步派，他們支持高宗和閔妃，認為這兩人是推行改革計畫的最佳工具；另一邊是保守派，他們反對改革的範圍及步調，視大院君為捍衛者。據杉村濬回報：「大院君一派對政府的軍事與政治事務部門做出的所有決定感到憤怒，並大力指謫。」因此「新的〔改革派〕軍國機務處成員如今不向大院君報告他們的決議，而是直接請求高宗批准」。[10]

日本陷入了自己從旁煽動導致的家族仇恨之中。為了擺脫困境，陸奧宗光於八月十七日就日本未來的朝鮮政策，向首相伊藤博文及其內閣提出了四個方案：將朝鮮視為一獨立國家；建立日本對朝鮮的半保護關係，直接或間接地援助朝鮮，同時遏制其他外國勢力危害朝鮮的獨立地位；簽署中日聯合協定，確保朝鮮對日本的依附；或者締結國際協約以維護朝鮮之領土完整。

最終，日本政府決定採取最強硬的路線，即「保護國政策」。與此同時，大鳥圭介與朝鮮新政府達成了一項臨時協議，目標是讓改革按計畫進行。實際上，這項協議將為日本鋪平道路，使其政治與經濟得以廣泛滲透朝鮮，包含日本在漢城與釜山之間興建鐵路及電報線的權利。[11]六天後，即八月二十六日，兩國締結軍事同盟，確保在與大清交戰期間「朝鮮承諾將盡可能為日軍的行動和補給提供便利的管道」。這麼做的真正目的，是防止朝鮮政府在戰爭期間見風轉舵。[12]

可想而知，大院君對條約內容感到震驚不已。他反對戰爭，拒絕授權日軍將清軍趕出朝鮮，另外也反對親日派軍國機務處提交的改革法案，且一律拒絕簽署。但這是無用之舉，因為軍國機務處略過他直接請示高宗，於是在他野心勃勃的孫子李埈鎔的幫助下，大院君展開了暗中反日行動。

大院君與大多數朝鮮人及外國觀察家一樣，認為大清將在這場戰爭中獲勝。基於這個判斷，他和孫子李埈鎔策畫動員東學南接派勢力，再次引發一場反對日本與新政府的叛亂，以助大清一臂之力。[13]兩人還聯繫了駐平壤的清軍指揮官。八月，大院君致信衛汝貴將軍，請他協助朝鮮對抗日本：「目前王朝岌岌可危。我聽說大批清軍抵達了平壤，這確實是解救我們的好契機。我希望天朝上國能夠保護我們的王朝及朝廷，剷除當前政權中倒向日本的叛國賊。」[14]

大院君構思了一項宏大的計畫，那就是讓朝鮮境內的日軍腹背受敵，同時遭受南邊的東學黨與北邊的清軍兩面夾擊，藉此消滅日本勢力，重演三百年前豐臣秀吉在壬辰戰爭中的局面。[15]然而，九月中旬，日軍在平壤意外且迅速取得的勝利，令計畫宣告停止。雪上加霜的是，朝鮮左捕盜廳捕盜大將李允用（Yi Yun-yong）聽聞了風聲。大院君立即採取行動，意圖將李允用滅口，同時暗殺其他官員，以阻撓自己的計謀遭到進一步調查。[16]杉村濬發現了這起陰謀，起而反對這次暗殺行動——僅一個對象除外，那就是軍國機務處委員金鶴羽（Kim Hak-u），也是最大力批評大院君的人士。十月三十一日，他在典洞（Chŏndong）的家門外遭人砍殺。[17]

大院君的反日立場造成了負面影響；日本的改革計畫停滯不前。「大院君暗中反對改革計畫，擴張自身極端的權勢來執行陰謀。〔眾人〕無不膽顫心驚，沒人敢處理政務。」[18]陸奧宗光備感灰心，指派「一名道德高尚、能力禁得起考驗的人」來取代大鳥圭介。這個人就是井上馨，他擁有數十年的經歷，在朝鮮的經驗及對於這個國家的認識既深厚且廣泛。一八七六年，他曾作為副全權代表陪同黑田清隆前往漢城參與《江華島條約》的談判。[19]陸奧宗光希望他最終能控制住朝鮮國內的情勢。

井上馨的朝鮮行

井上馨於十月十九日抵達漢城後的首要任務，是決定如何處置大院君。他指出，當前的局勢「就像一個國家有兩個國王」，這樣的看法頗為諷刺，因為在很大程度上，正是日本造就了眼前這般的分裂局面。他的第一項行動計畫是消除大院君的影響，然後明確劃分王室的家務事和軍國機務處權力範圍內的事務。首相金弘集將負責所有國家事務，而高宗將在首相的協助及建議下理政。沒有任何一名王室成員參與政府事務。「閔妃、大院君和李埈鎔是朝鮮實施行政改革的障礙，」井上馨在寫給陸奧宗光的信中如此說道，「若不遏止這些障礙的影響，改革將徒勞無功。」[20]

只不過，要如何剷除朝鮮政府中的這些政治權貴呢？井上馨受到了幸運之神眷顧，在日本占領平壤之後，大院君寫給衛汝貴將軍的信落入山縣有朋之手。日方還攔截了李埈鎔寫給部下的一封信，發現他「命令他們向東學黨首領傳話，讓他們準備發動起義」。[21]井上馨震怒，拿著這些圖謀不軌的信件質問大院君是否真有其事。杉村濬回憶道：「在此之前，大院君一直頑強地隱瞞自己的罪行，沒有顯露出一絲罪惡感。但他一看到那些信，心防當下就瓦解，連忙誠心誠意地道歉，他說：『我是在不得已的情況下送出這些信的，如今也沒什麼好隱瞞的了。』」[22]十一月二十二日，朝鮮政府頒布敕令，正式終止大院君的攝政。[23]

井上馨面臨的問題並未就此結束。十月，東學黨捲土重來，響應大院君的號召，在南方煽動叛亂。雖曾在同年六月主動解散，但這次在大院君的鼓勵下，他們拒絕退縮。這場叛亂嚴重威脅日本在朝鮮南部的通訊及後勤管道。面對北方的清軍與南方的東學黨兩線作戰，陸奧宗光唯恐若不迅速鎮壓叛亂，俄國可能會乘亂參戰，與大清站在同一陣線。十月三十一日，他致信井上馨表示：「只要東學黨滋亂的範圍局限在朝鮮南部，即全羅道、慶尚道和忠清道三個行政區，我們就不必擔心俄國會出手干涉。」但他也警告：「倘若動亂蔓延至咸鏡道外圍的朝俄邊境發展，他們（俄國）就有出兵的藉口了。」這樣的結果將意味著「我們的士兵在掃蕩（南部的東學黨勢力）時，最後可能會意外與俄軍交戰。」我們必須不惜一切代價避免這種情況。他接著說道：「因此，必須在朝鮮北部遭受波及之前，盡快鎮壓這場亂事。」[24]

同時，高宗愈來愈坐立難安，尤其眾所周知地，大院君可能會毫不猶豫地乘著動亂的浪潮奪回政權。然而，光憑朝廷的兵力並不足以鎮壓。十月二十四日，忠清道知事和軍事指揮官皆回報表示，無法再鎮壓東學黨，「請求朝廷增派士兵馳援，因為他們的武器及彈藥都被奪走了」。全羅道的官員們被俘，「依據東學黨聲稱的罪行遭受嚴懲」。[25]

井上馨一直等到十一月八日才採取行動。他希望朝鮮政府邁出第一步，請求日本出手干預。不久後，朝鮮首相金弘集、外部大臣金允植和財政大臣魚允中向井上馨提出鎮壓動亂的緊急請求。

井上馨利用這項請求作為籌碼脅迫高宗，要求朝鮮必須同意劃清王室家務事與軍國機務處職權的界限，日軍才會代表朝鮮政府出戰。[26]高宗必須允諾無論是他或閔妃都不會干預國政，凡事也都會先與大臣們商議再定奪。

高宗妥協了。井上馨命令日軍在朝鮮朝廷部隊的支援下，和裝備不足且缺乏訓練的東學農民軍主力在全羅道與忠清道，以及水原、龍仁（Yŏngun）與器興（Kahŭng）周邊地區展開一連串血戰。最終，這些戰役成了中日甲午戰爭期間死傷最慘重的行動。[27]

中日甲午戰爭與朝鮮

崔濟愚（Ch'oe Che-u）在三十六歲時獲得天啟，要他創立一門新宗教。這名來自韓國東南部慶州（Kyŏngju）的學者飽讀儒家經典，也深受佛教與道教研究所浸染。二十歲時，他離開妻子和家人，周遊鄉間十一年以尋求精神上的啟示。他深信，朝鮮王朝的腐敗及墮落，有賴無論佛教或儒教都無法提供的精神復興，而他集各宗教之大成所創的新宗教「東學」（Tonghak）將能帶來解答，這是一條結合了儒教、佛教與道教的原則，以供養國家和人民的新路線。[28]東學也被視為有別於西學（羅馬天主教的指稱）的一種選擇。西學為新一代「受啟蒙」儒家文人所信奉的宗教，在十八世紀臻於成熟並提倡社會改革，並分別在一八〇一、一八三九與一八四六年遭受一系列迫害。朝鮮的天主教在朝鮮國王哲宗的統治下蓬勃發展了一段時間，直到一八六六年再次遭到大院君清洗。崔濟愚及其東學追隨者也將難逃類似的殘酷命運。一八六四年四月十五日，他遭到朝廷處決。

崔濟愚的殉教並未阻止東學運動的發展，更別說是消滅了，因為其門徒崔時亨（Ch'oe Si-hyŏng）不僅持續宣揚教義，還擴大宗教規模。根據儒家統治者與被統治者關係的既定原則，崔時亨及東學追隨者向朝廷請願，要求赦免已不在世的創教者之罪行。東學黨也對日本和其他外國人表達強烈反感。他們在上呈朝廷的請願書中表達了「對君王的敬愛與對國家的忠誠」，但也指出了國內的混亂局勢。「日本、外國的叛亂者以及盜賊如今已深入我國，無法無天到了極點」。他們還聲稱，「大多數的日本叛亂分子對我們心懷怨恨，在內心醞釀著災禍的種子，最終將毀滅朝鮮」。一八七六年，儒家學者崔益鉉正是利用同樣的說詞來反對高宗簽署《江華島條約》。與早期反洋教的儒家文人相似，東學黨也懇求高宗「團結全國上下，共同掃除日本與外國勢力」。[29]東學不只是單純的宗教運動，而是從創教之初便帶有強烈的政治意涵。[30]

一八八二年壬午兵變後（尤其是一八八四年甲申政變失敗後），崔時亨不同意教徒採取暴力手段來打擊朝鮮政府的腐敗，導致了東學運動內部的分裂。這樣的對立類似一八七〇和八〇年代儒家保守派與啟蒙進步派之間的分歧，但有一個主要區別是：保守派與進步派的分歧僅限於意識形態方面，而東學運動內部的分裂除了意識形態，還擴大到了地理範圍。崔時亨保有對廣大的北接派（Pukchŏp，字面意思是北方轄區，或稱北會眾）的有效控制；該地區包括東南部的慶尚道與江原道（Kwangwŏn）、北部的忠清道（Ch'ung ch'ŏng），以及西北部的黃海道（Hwanghae）與平安道（P'yŏngan）的所有東學組織。由西南部的全羅道與忠清道南部組成的南接派（Namjŏp，字面意思是南方轄區，或稱南會眾）則由全琫準（Chŏn Pong-jun）控制，這位富有魅力、卻也頗具爭議性的領袖，賦予了東學運動激進與革命的色彩。[31]

一八五四年，全琫準出生於全羅道古阜郡，父親曾是當地孔子鄉校（suwŏn hyanggyo，書院鄉校）的掌議，而他也因此接受了傳統的儒家教育。[32]此外，他似乎也受過一些軍事訓練。全琫準早年生活的細節鮮為人知，但可以肯定的是，一八九三年，其父遭到聲名狼藉的古阜貪官趙秉甲（Cho Pyŏng-gap）嚴刑拷打後去世，而他也同時成為了東學運動好戰派的領導者。當時，全琫準加入東學已有九年時間，但古阜政府嚴重的怠忽職守，似乎改變了他對東學運動及其引發社會與政治變革可能性的看法。一八九五年二月被捕後，他在審訊中表達了對地方政府的不滿。貪腐的地方行政官強迫農民修建蓄水池與紀念亭，之後非但不給予報酬，還向他們苛捐雜稅。全琫準向中央政府檢舉，希望革除這類情事，沒想到，朝廷派來的官員非但沒有懲罰趙秉甲，反而「指所有造反的人都是東學黨，編列了一份名單，開始緝捕他們、燒毀他們的屋宅，捉拿並殺害他們的家人」。對於這種不公不義的憤恨，是一八九四年春天第一次東學叛亂爆發的原因。[33]

全琫準率領的東學黨利用農民對「貪官污吏與道德敗壞的儒學文人（兩班）」的不滿，占領了古阜，可惜未能捕抓趙秉甲。攻下古阜後，全琫準擴大了行動基地，到了三月，他基本上已控制了全羅道各地。其手下摧毀官廨、奪取武器，並燒毀所有關於傳統統治階級體系的文件，包含家系族譜和奴役紀錄。[34]到了四月，約有一萬人加入農民軍，但並非所有人都皈依東學。高宗得知叛軍攻下全州（Chŏnju）的消息後，遂向大清求援，進而引發了中日甲午戰爭。[35]

由於擔心外國軍隊進入朝鮮，全琫準同意放棄強硬立場，並於六月中旬與朝廷軍隊達成停戰協定。然而，這麼做也有其他考量。全琫準明白，如欲往北進攻漢城，必須跨越忠清道北部一處隸屬北接派的地帶。但是，控制當地東學勢力的崔時亨並不贊成古阜農民起義，當然也不支持全琫準的暴力手段。他對於全琫準旗下多數農民軍實際上並非東學黨的事實頗為不悅。「被稱為接主（chŏpchu）的地方領袖都是東學黨，」全琫準事後承認，「然而，陣中許多人都是與東學沒有關聯的愛國義士。」[36]在沒有得到崔時亨批准的情況下，往漢城的道路無法通行，全琫準只能重新考慮眼前的選項。因此，他不但引發了一場國際危機，還釀成了東學運動內部的危機。崔時亨批評全琫準與南接派領袖是叛國賊、是東學異端。[37]崔時亨關注的重點一直是清除日本與外國的影響，而不是採取「反封建」路線來反對兩班、儒學及朝廷官吏。

在南接派的領導階層中，關於是否訴諸「反異端」及反日熱潮，抑或堅守「內政改革」路線的分歧，也帶來了令人不安的問題。雖然全琫準後來堅稱「抗日」為其革命議程的核心，但從他與日本右翼「愛國組織」的往來可知（如玄洋社及其分支天佑俠），假使能達到目的，他並不反對尋求日本的幫助。內田良平、武田範之、田中侍朗與天佑俠的其他成員迫切前往全琫準在南原（Namwŏn）的總部，表示願意提供武器與資金。[38]武田宣之尤其讚賞東學運動的決心，即解救朝鮮人民脫離閔氏獨攬朝政下的貪污腐敗，還指出「袁世凱與閔氏私通」，因此「大清是朝鮮人民受苦受難的最終根源」。而在朝鮮挑起事端以促成所期望的中日衝突，無疑符合天佑俠的利益。[39]

六月，清軍抵達朝鮮之際，全琫準已同意解散東學黨，他表面上採取了一些鎮壓措施。因此，葉志超將軍率領的部隊在牙山重新集結，並開始強化防禦以迎接日軍到來。日本先發制人，在七月二十五日對高升號發動攻擊（豐島海戰），面對日本的激烈攻勢，葉志超的部隊放棄了牙山／成歡灣，與集結在平壤的清軍會合。這使得朝鮮中部和南部地區落入日本的控制。然而，日軍態勢薄弱，因為陸軍仰賴從釜山一路縱貫半島全境的補給線，而這條補給線正遭受東學叛亂所威脅。為了抵抗大清，日軍需要朝鮮的配合。

這條補給線沿著傳統的侵略路線鋪設，也就是十六世紀末豐臣秀吉曾經善用、從釜山經由大邱（Taegu）、漢城再到平壤的廊道。由於葉志超決定棄守陣地，日軍在成歡輕易取勝，但補給的匱乏很快便成為重大的潛在問題，尤其日軍正著手為即將到來的平壤之戰做準備。日兵被迫冒著酷暑穿越荒地前往漢城，許多人無水可喝。在酷熱的夏季，日軍的朝鮮作戰行動持續受到補給不足所困擾。只要北洋艦隊還控制著黃海，日軍就必須經由陸路運送補給物資。由於沒有鐵路或可通行的道路，糧食、裝備、武器及其他物資的運輸，只能靠日籍苦力和當地的朝鮮勞工利用朝鮮農民提供的牲畜馱運。

諷刺的是，這場號稱以朝鮮改革名義發動的戰爭，其初衷原本應該得到像全琫準等具有改革思想的南方東學的暗中支持，卻反而使他們堅決反抗日本。即便到了八月，在日本入侵景福宮之後，全琫準仍對新的改革計畫抱持觀望態度。

然而，軍隊提出的要求，破壞了東學與受日本支持的朝鮮政府之間任何一絲可能的善意。八月二十六日，高宗勉強同意通過一項議定書，確保「朝鮮承諾將盡可能為日軍的行動和補給提供便利性」。儘管該協定的真正目的是防止朝鮮政府在戰爭期間改變立場，但事後證明，後者非常不樂於收到日軍發出的徵用令。[40]

起初，物資的徵調由朝鮮地方政府官員負責，但這卻加劇了當地農民與官員之間的緊張關係。之後，日本商人介入。軍方的物資需求（尤其是糧食）一開始由日本商人提供，但他們也遭到了當地居民的抨擊。十一月二十五日，六名商人在平安道購買軍隊需要的稻米及糧食時遭到東學黨攻擊。其中兩人因此喪生，而補給線周邊地區也逐漸傳出這種針對日本商人的襲擊事件。因此，日本陸軍接管了徵用令。[41]但與日本商人不同的是，士兵無法取得足夠的朝鮮貨幣，因此農民被迫接受日幣，而這種貨幣在朝鮮市場中一文不值。[42]只要農民拒絕接受日幣，士兵們就霸王硬上弓。他們乾脆搶走牲畜，承諾之後會付款，或者一毛都不給。除此之外，受徵召為勞工的朝鮮農民經常受到虐待，因而逃跑。為了強迫他們留下來，軍隊採取了嚴厲的手段。到了八月底，正當日軍為平壤之戰而整裝待發之際，針對補給線的零星攻擊，隨著民間對徵用令的憤恨而變得日益頻繁。[43]十月十三日，一千五百名朝鮮農民在釜山北邊的密陽（Miryang）起義，攻擊日軍的補給線。同日，一千名農民和東學黨在忠清道丹陽（Danyang）附近集結，準備展開襲擊，但遭到三支日軍部隊暴力鎮壓。[44]

日軍的主要補給線全位於崔時亨掌控的北方轄區。相較之下，全琫準的南方轄區並未涵蓋這些補給線，因此全羅道和忠清南道（Ch'ungch'ŏng nam）的農民受到日兵騷擾的情況要少得多。由於東學的「自治」組織開始在全羅道湧現，趕走了地方行政長官與知事，當地實際上和朝鮮其他地區斷了聯繫。因此，即使戰爭持續到了九月，全琫準仍持續致力於「清除封建主義」與改革政府，對比之下，崔時亨則全力攻擊日軍補給線，並打著抗日旗幟號召教徒。[45]

日本於九月平壤之戰戰勝後，戰火轉移到了大清本土，朝鮮半島上僅留下少數日軍人數來解決日益嚴重的動亂問題。一名觀察家表示：「日本現在要攻擊的對象不是大清，而是東學。」[46]井上馨在十月抵達朝鮮後意識到，戰爭已進入新階段，需要制定新的行動計畫。他發電報告知首相伊藤博文，緊急要求增援。[47]從釜山、義州（Ŭiju）到大清東北部的電報線路及道路持續受到攻擊，危及山縣有朋率駐滿洲第一軍的通訊和補給線。此外，叛亂還蔓延到了朝鮮東北部的咸鏡道，引發人民對俄國可能參戰並加入大清陣營的擔憂。

十月中旬，東學叛亂經歷了重大轉變，對日本在朝鮮的立場構成更大威脅。十月十二日，南接派的領導階層宣布將全面起義。四天後，北接派加入其行列。[48]在此之前，東學黨對補給線發動一連串未經協調的零星攻擊，如今演變成一場遍及全國的協同起義。一八九四年春天的第一次東學黨之亂著重於推翻腐敗的地方官吏，要求中央政府改革。而新一輪的動亂所疾呼號召的，則旨在將外國人逐出朝鮮，其中日本人為主要目標。

伊藤博文和井上馨都不認為東學黨的力量足以成就這般偉業。他們擔心的是，東學黨的仇外言論可能會引發西方的反應。來自外國的外交使團與傳教士變得侷促不安。倘若日本無法壓制動亂，西方列強便可能會介入以終止戰爭——而這正是大清一心盼望見到的局面。陸奧宗光回憶道：「這一次，英國政府再次計畫聯合列強敦促日本與朝鮮談和。這段期間，俄國也仔細留意任何可從中得利的機會。」[49]一旦日本無法控制這場動亂，其與大清的戰爭就可能提前結束，而諸多人命和軍備也將白白犧牲。

如果井上馨與伊藤博文知道東學運動正面臨內部危機，或許就不會那麼焦慮了。崔時亨起初並不贊成起義，只是勉為其難地加入。他批評全琫準號召起義是為了私利，聲稱「南接派以正當名義來合理化自己的行動，騷擾平民，傷害同志的信仰」。崔時亨會如此不安是有原因的。全琫準帶領的農民軍攻擊地方的兩班與官吏，沒收私人財產，肆行暴力。有次，他的手下「俘虜了駐紮在公州的一名軍事指揮官，然後將他活活燒死」。[50]崔時亨擔心「自己的北接派可能面臨遭南接派消滅的危險」，由此可見，東學兩派之間的嫌隙甚深。但是，在追隨者要求參加起義的巨大壓力下，崔時亨妥協了。十月中旬，北接派與南接派的東學聯軍在忠清道、慶尚道、江原道及京畿道開始發動攻勢。他們的目標除了日本人之外，還有朝鮮朝廷官吏。[51]

內戰

中日之間的戰爭引發了朝鮮內戰。在日本的指揮下，朝鮮政府軍回擊了東學黨對地方官廨和官吏的攻擊，使國內衝突愈演愈烈。東學黨的派系之爭有時導致局勢變得更加複雜；在某些情況下，與北接派有往來的地方幫派與朝鮮政府軍合作，打擊全琫準為首的南接派勢力。[52]心煩意亂的崔時亨事後感嘆：「政府不知道解藥（東學北接派）和毒藥（東學南接派）的區別。」他對全琫準的動機與這場起義的真正目的存有疑慮，指稱「他們〔朝鮮政府軍〕將導致玉〔北接派〕石〔南接派〕俱焚的局面」。[53]崔時亨的擔憂是對的。朝鮮、政府軍與地方民兵對抗東學黨的戰爭激烈又血腥。朝鮮編年史家黃玹鉅細靡遺地生動描述了地方政府部隊和民兵團體民保（minpo）在慶尚道河東（Hadong）遭到東學黨襲擊的經過：

傍晚時分，夜色漸漸暗下，匪幫〔東學黨〕包圍了當地政府軍的基地……士兵們混亂失序，最後開始棄守陣地。只有金進玉（Kim Jin-ok，音譯）〔河東郡郡長〕率領三十五名民保堅守陣線。民保們各個都是神槍手。他們往後退了三步再開火，彈如雨下，匪幫紛紛中槍，整座山谷很快就屍橫遍野。由於天色漸暗，匪幫也沒能追擊撤退的敵人。然而天亮後，匪幫整隊集結進入河東，燒毀了十戶民宅，聲稱將殺死所有藏匿的民保……之後，他們分別往四面八方探查，大肆劫掠附近的村莊。匪幫在花甲洞（Hwagaedong）放火燒毀了五百戶民宅，因為他們認為該區是民保的大本營，並掠奪平民來補足所需的物資。[54]

黃玹還描述了另一個陰森恐怖的場景。南原有個名叫朴鳳陽（Pak Pong-yang）的民保首領令手下偽裝成撤退的政府軍，並在山上埋設陷阱，引誘數千名東學黨「匪幫」前來。這群東學黨一路追捕撤軍，而朴鳳陽在他們快到山頂時啟動了陷阱。東學黨驚慌失措，一陣混亂中砍死了自己人，踩過他們的屍體急忙逃命。朴鳳陽命令部下「兩兩一組，一人負責拿長柄鐮刀砍下〔被殺死的東學黨成員的〕頭顱，另一人負責提著籃子撿拾」。他與部下「就這樣蒐集了七千顆被砍下的頭顱」。黃玹的敘述無疑誇大不實，但他透過諸多這類記述揭露了內戰的激烈與野蠻。[55]

這是朝鮮版的甲午戰爭。在成歡之戰之前，對於地方行政官與其他官吏的零星殺害是不被認可的行為。東學黨的公開宣言僅要求政府停止壓迫並罷免貪官污吏。然而成歡之戰過後，「至少有二十三名朝鮮地方行政官遭殺害」，另外還有數十名軍事指揮官及其他官員也慘遭毒手。[56]這種情況在忠清道尤其嚴重，當地的政府軍力量薄弱，無法擊退全琫準的部隊。地方官員「乞求日軍進駐他們所在的地區」以維持秩序。在慶尚道，東學黨造成了極度混亂。據《漢城旬報》報導，「在星州（Songju），他們〔東學黨〕燒毀了六百棟房子，而散布在河東各地的屋宅盡皆付之一炬。」報導還指出，「無辜喪命的受害者與倖存的百姓令人同情。」[57]忠清道知事宣稱，駐紮在公州的軍事指揮官「已帶著八十名兵力攻打東學黨」，但對方「將他俘虜並活活燒死」。[58]

十月二十七日，伊藤博文回覆井上馨的緊急增援請求，表示擁有六百名兵力的第十九後備營將於十月三十日抵達。十一月十二日，營長南小五郎少佐率領部下從漢城龍山（Yongsan）出發前往公州，並有兩千名朝鮮政府軍作為支援。日本打算發動一場焦土平定戰役，並在該年底前達到目的。[59]高宗及金弘集底下的新任內閣大臣對日本發動平定戰役的果斷決定表示歡迎。

朝鮮部隊聽命於日本指揮官，士兵們在南小五郎的嚴格命令下毫無行動自由。朝鮮士兵也抱怨得不到充足的補給，尤其是彈藥。大多數士兵只能仰賴那些從牙山、成歡以及昭南（Ch'ŏnan）撤退的清軍部隊用剩的彈藥，但這些遠遠不夠。一名朝鮮士兵抱怨：「我們得非常節儉地使用〔子彈〕，每次只能分得大約一百顆。」[60]

在此同時，全琫準與手下的農民軍開始從忠清道北上，並於十一月十三日抵達公州，和北接派部隊會合，圍攻公州城。十一月二十日，全琫準率領部隊與朝鮮政府軍及日軍展開了牛金峙之戰（Battle of Ugŭmch'i），但武力遜於裝備精良的敵軍，損失慘重。據政府軍指揮官李圭泰（Yi Kyu-t'ae）描述：「〔東學黨〕首領乘坐有頂的轎子，周圍全是旗幟與號角。我方的朝鮮士兵隨即上前，射殺了七十多名〔東學黨〕匪幫，活捉了兩人，〔而〕我方無人受傷。」[61]

日軍使用火力強大的十八年式村田步槍（Murata Type-18），造成了毀滅性破壞。[62]比起東學黨使用的老式火槍，現代村田步槍的有效射程要遠得多，準確度更高，速度也更快。「日本步槍內部裝有自動點火系統，持槍者無需在開火前手動點火。」黃玹描述，「因此，不論在下雨或大雪紛飛的情況下，日軍都能進行攻擊。在其認為已超出敵軍射程的幾百步距離內，日軍毫不留情地開火，敵人連一槍都來不及發射。」[63]

成千上萬名手持竹矛與火繩槍的東學黨，根本不是訓練有素且裝備先進的第十九後備營的對手。[64]東學農民軍原本可以集結兵力來彌補自身的弱點，然而在牛金峙之戰中，他們未能在同一時間將所有兵力集中於一處。北接派在忠清道的一支大部隊，原本可以在牛金峙之戰中扭轉局勢，卻遭到日軍封阻，被迫孤軍奮戰，在洪州（Hongju）、青山（Ch'ŏngsan）與海美（Haemi）吞下敗仗。[65]

全琫準多達萬名兵力的部隊以攻占漢城為目標，結果遭日本和朝鮮政府不到三千人的聯軍所擊

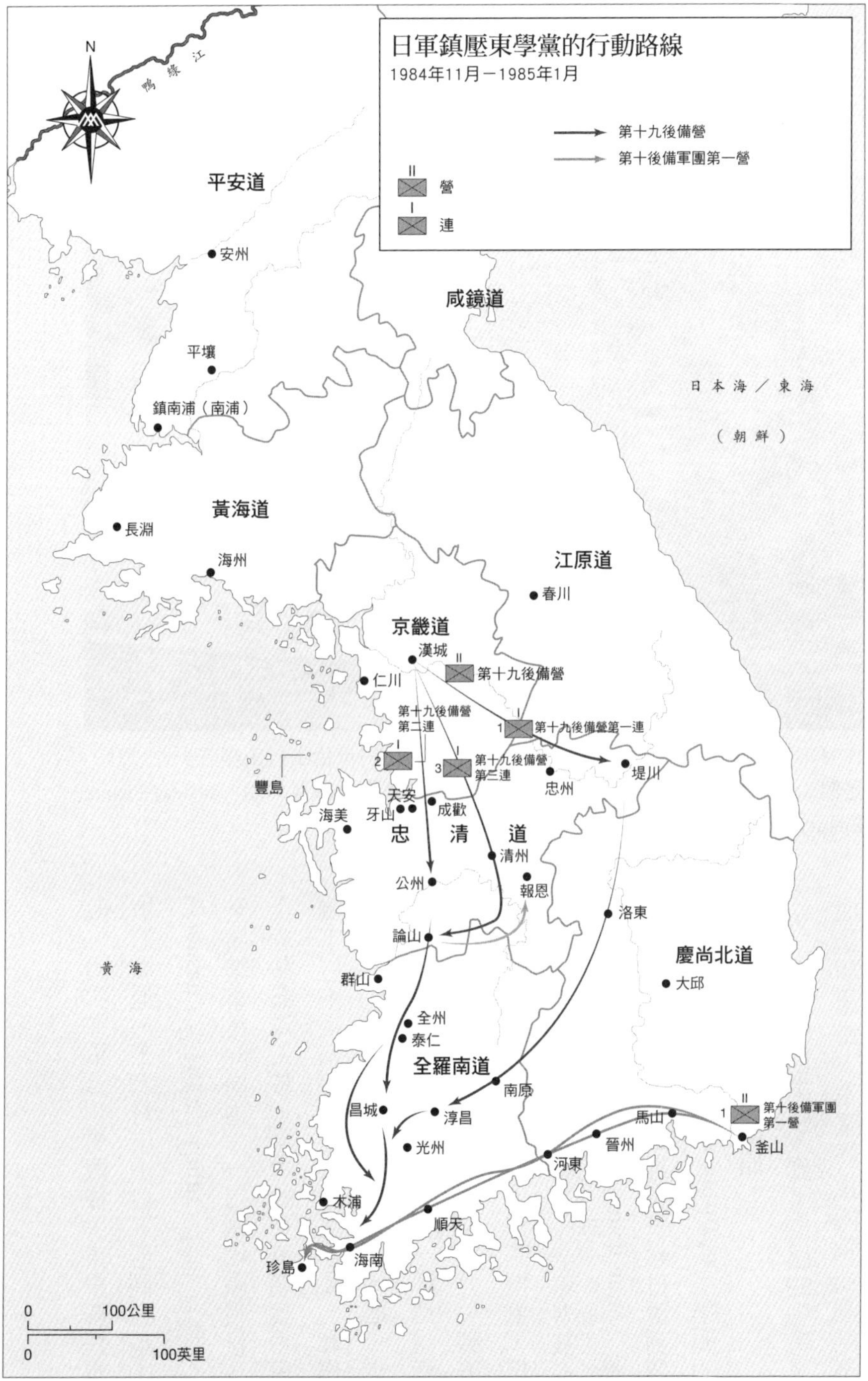

第十九後備營沿著三條不同的路線前進，以圍剿朝鮮西南部的東學黨。第一連走「東線」，朝堤川前進，然後向南前往洛東；第二連走「西線」，往公州前進；第三連走「中線」，進逼清州。最後，第十後備軍團的第一營從釜山向西掃蕩，圍攻並殲滅南方的東學黨。

1894年，使用十八年式村田步槍的日軍士兵。村田步槍由村田經芳少佐設計，是第一款大規模生產的日製步槍，在1880至98年間為軍隊採用。（Niday Picture Library／Alamy Stock Photo）

敗。兩次進軍公州失敗後，東學農民軍被迫撤退。十二月十一日，他們在論山（Nonsan）與蔚珍（Ŭnjin）遭到追擊。[66]全琫準事後回憶道：「這兩場戰役後，我清點部隊人數，原本的一萬名兵力只剩下三千。在元坪（Wŏnp'yong）和泰仁（T'aein）的戰役中，兵力又進一步減少。」全琫準絕望說道：「經過這兩次額外戰役後，我再次清點兵力，剩下五百人左右。」他招募了一些援軍，但「事實證明他們紀律渙散」。全琫準被迫解散部隊，逃往淳昌（Sunch'ang），最終在一八九四年十二月二十七日遭到儒家士紳韓信賢（Han Sin-hyŏn）率領的地方民兵（民保）逮捕。[67]

全琫準似乎意識到了自己的失策，他公開認錯，希望終止內戰並團結全國抗日。「我們東學黨組織了一支正義之軍，以消滅日本敵人並遏制改革派官員，肅清朝廷中的毒瘤，恢復王朝安定。」他說道，「然而不幸的是，政府官兵在我們所到之處發動戰爭，完全不明白我們懷抱著崇高而正義的理想。」他對朝鮮人同室操戈表示遺憾。他宣稱：「眼睜睜看著手足相殘，令人悲痛不已。」他又說：「目前，漢城受到日本的軍事占領，整個國家岌岌可危。然而，我們卻繼續自相殘殺，手足相鬥。」[68]

他懇請同胞團結一致的呼籲振奮人心，可惜為時已晚。高宗對東學黨的嚴厲指責，無疑受到了日本派來漢城看守朝鮮政局的官員所影響，但他也認同東學黨的負面看法。他回想起自己當初得知其犯下暴行後的反應：

> 我無法克制自己對東學農民軍的憤怒。他們殺害官員和無辜百姓，在國內各地滋事生亂。漢城與農村的百姓都忿忿不平，一致認為如果不制伏他們，邪惡勢力將猖獗無度。因此，我下令立刻派兵前往其〔東學黨〕巢穴予以徹底剿滅，格殺其首領並驅散其追隨者。必須犧牲一些人的性命來換取其他人的存活。[69]

十二月十一日，全琫準在論山與恩津戰敗後，南小五郎及其部屬在朝鮮政府軍的支援下奉命北上追擊敗軍，繼續執行「平定」作戰。他們將全琫準為首的東學農民軍及北接派的殘餘勢力逼到忠清道的報恩（Poŭn），之後東學黨在當地爆發的鐘谷之戰（Battle of Chonggok）中吞敗。[70]

1895年3月19日，朝鮮國防大臣趙喜璉（Cho Hŭi-yŏn，中）與隨行官員在錦州慰勞日軍。（蓋提研究中心）

那時，在釜山附近的第十後備軍團第一營已奉命前往全羅道，從東邊包圍全琫準的部隊。日本也部署了兩艘戰艦，阻斷逃往鄰近島嶼的路徑。[71]東學農民軍四面楚歌，動彈不得。日軍進攻過程中，凡走過便是強行以暴力平定，摧毀了許多城鎮及村莊。一名日本士兵描述了一月三十一日他們在海南村（Haenam）如何處決被俘虜的嫌犯：「今天，我們逮捕了七名遺留〔在村裡〕的東學黨農民，命他們在城外的地上一字排開，在森田中尉一聲令下，同時拿刺槍殺死這些受害者。在附近目睹一切的朝鮮士兵嚇得目瞪口呆。」另一名日本士兵描述，攻下南州村（Nanju）後「我們看到屍體堆成的一座小山。那些人不是被朝鮮政府軍逮捕，就是被我方

〔日本〕軍隊俘虜，但我們〔日軍〕把他們當作叛亂者處決了……留下的屍體多達六百八十具。」[72]全羅道境內數百座城鎮都面臨相似的命運。一八九五年一月底，清剿行動結束，日本與朝鮮政府軍奉命返回漢城。二月底，政府舉行遊行向凱旋歸來的士兵致敬。[73]

對於朝鮮在中日甲午戰爭中的死亡人數估計，各方不盡相同，但最新的評估指出，約有三萬到五萬名朝鮮人喪生。相比之下，在最終的中日甲午戰爭中，有兩萬名日本人及三萬名中國人喪命。朝鮮的死亡人數很可能被低估了，因為東學黨為了向招募來的新血吹噓他們所向無敵，而不願承認傷亡。[74]倘使這些數字正確無誤，那麼可悲又諷刺的是，朝鮮在甲午戰爭中損失的人命實際上多於大清和日本。

然而，甲午戰爭造成的最嚴重後果，更甚於這些傷亡人數的，是對朝鮮半島未來穩定的影響。戰亂下官兵人民血流成河，不同派系之間的分歧加深。不僅是東學黨和親日的朝鮮政府官員及兩班之間存在斷層，東學運動本身也可見深刻的歧異。全琫準與其他主張暴力革命策略的人士發動了第二次東學黨之亂，使東學運動產生了分裂。崔時亨和弟子孫秉熙（Son Pyŏng-hŭi）對內亂深感厭惡、失望，誓言讓東學運動回歸最初的和平。[75]就這樣，甲午戰爭使朝鮮社會進一步分崩離析，擴大了裂痕，任其他強權在未來得以藉此謀取己利，尤其是俄國。東亞動盪加劇的局面也醞釀成形。

第十章　三國干涉還遼

日本打敗東學黨與在平壤之戰中擊退大清，這兩次的勝利實現了將中方勢力趕出朝鮮半島的最初戰爭目標。日本隨後向大清開戰，並取得了驚人的戰果。隨著十一月下旬旅順的失陷，日軍準備攻占威海衛——北洋艦隊母港，也是大清在黃海海域僅存的基地。

日本沉醉在勝利的喜悅中，舉國歡慶。而令全世界震驚的是，日本在僅僅數月內就推翻了東亞地區數百年來以中國為中心的秩序，並戴上了新中央王國的冠冕。自一八六八年明治維新以來，人們逐漸將日本視為東亞文明與進步的先驅，但這個看法並未涵蓋改變中國文化的傳統。儘管維新志士的目標是採納西方的思想和技術，藉以成為一個強大而繁榮的國家，但他們仍將中國視為強國。中國文化仍普遍可見於日本人的生活。舉例來說，明治天皇走訪神道神社的旅程都以文言文記錄。[1]在甲午戰爭前，居住於日本的大清使節受到盛情又親切的款待，而這種待遇無法復刻在來訪日本的歐洲人身上，因為他們不具有相同的文學和文化素養。對中國經典作品的認識，也是所有日本知識菁英的基本核心，許多明治時期的高層官員都以炫耀自身的中國古典素養為樂。以副島種臣為例，他是精通古典文學的頂尖學者，通曉中國官場的知識泉源。一八七三年他被派往北京簽訂第一次中日條約時，這樣的知識背景對他助益良多。[2]

日本的藝術品和文學作品經常描繪中國歷史人物，即便是教育程度較低的民眾也對其並不陌生。事實上，對多數日本人而言，「甲午戰爭之前，我們印象中的中國是一個輝煌、浪漫又充滿英雄氣概的國家，」記者兼自由主義哲學家鶴見俊輔寫道，「日本對中國的文化依賴如此之深，以至於日本沒有人敢聲稱日本人比中國人強。」[3]然而，甲午戰爭改變了這一切。「一個可悲的事實是，數世紀以來建立的尊敬在短短幾個月內就被摧毀，日本對中國的態度自此從友好轉變為鄙視。」[4]

戰爭才剛開始，對大清無禮且不留情的低劣描述便漸漸出現。拉夫卡迪奧．赫恩曾報導：「每次政府宣告戰勝，都會刺激彩色印刷品的生產及銷售，這些作品冒犯意味濃厚、做工粗糙廉價，大多只是藝術家的奇想，卻足以促進大眾感受到勝利的榮耀。」[5]這些彩色版畫（或稱錦繪）明顯達到了創作者羞辱中國事物的意圖，諸多場景也呈現了血淋淋的暴力。「漫畫的主題與文字給讀者留下了日本人在精神上、肉體上都勝過敵人的印象。」身穿西式軍裝、紀律嚴明的日本士兵擺出冒犯的姿勢，對清兵及俘虜發號施令，而後者身穿舊式服裝，象徵落後的亞洲。[6]戰爭期間，超過三千件印刷品出版，據稱最受歡迎的一幅錦繪賣出了多達一萬件複製品。[7]「每家茶館都有獨家收藏的系列作品，市集中的店鋪無不擺滿了這些畫作。有錦繪的地方，人潮便絡繹不絕。」[8]

然而，錦繪只是重塑日本的眾多物品之一。髮飾、畫冊及玩具等各種小物的製造商，很快就掌握了戰爭良機，並將這股熱潮變成有利可圖的生意。「有一系列錫製或木製的機械玩具，轉動旋

小林清親，〈戰慄的敗將〉(*The Trembling General*)，1895年。這幅錦繪調侃了一名大清將領，描繪「他驚嚇萬分，從馬尾巴到自己的辮子都在顫抖」。(美國國會圖書館版畫與照片部，LC-DIG-jpd-00030)

轉軸或發條，就能將清廷官兵擺弄成各種令人感到不適的姿勢；有時則是惱怒的日本騎兵手持刀劍或長矛，氣勢磅礡地上下搖動，一副追趕著清兵的樣子；或者讓戰俘排成一列，左閃右避敵軍的手起刀落，」一名觀察家如此寫道，「呈現中國人『磕頭』又求饒姿態的泥塑人偶被拿來當作紙鎮或桌飾。」在另一個例子中，有個精雕細琢的玩具描繪了「日本戰艦逐漸逼近清軍船隻，而後者印有定遠艦的表意文字。清軍船隻被擊中，旗幟迅速墜落，注定沉沒的船隻急速下沉，日兵則強擊猛攻。」只要啟動機關，就可看到「日軍指揮者揮舞小把錫刀，矮牆後的清兵一個個倒下」。這類玩具「幾乎在每家玩具店都買得到，雖然做工粗糙，但動作活靈活現」。[9]

大清的示好

如此說來，日本政府自然希望能在反映國家巨大的自豪與成就感的情況下結束戰爭。日本不僅贏得了甲午戰爭中的每一場戰役，還在衝突期間與英美兩國談定新的平等條約。因此，一八九四年十一月二十六日，當天津海關稅務司司長德璀琳（Gustav Detring）帶著李鴻章寫給伊藤博文的信抵達神戶，並表示希望透過談判結束戰爭之際，後者以德璀琳沒有嚴格意義上的國書為由拒絕會見他。[10]兩個月後，大清派了另一支使節團前往廣島與日本代表會面，由張蔭桓與邵友濂率領，同行的還有美國前國務卿福士達（John W. Foster）。幾個月前，清皇帝請求福士達擔任大清和平使團的顧問，適時提供「明智的忠告」。[11]然而實際上，在一八九五年一月三十一日抵達廣島之前，張蔭桓和邵友濂顯然都只是位階相對較低的官員。[12]更令人擔憂的是，他們身上沒有大清授權談判和平條約的國書。

如同先前的德璀琳使團，張、邵二人的到來，令日本質疑大清希望透過談判結束戰爭的誠意。伊藤博文懷疑，大清派出和平使團的真正動機是讓西方列強介入談判，以達成對大清有利的條件。[13]這位日本首相的擔憂是對的，因為大清幾乎從這場衝突之初便直接向西方列強求助，呼籲他們協助終止戰爭。[14]「任何人都無法預測這樣的干預會以何種形式進行，以及會到什麼樣的嚴重程度，更別說是確保防止這類事情的發生了，即使是最睿智、最經驗老到的政治家也一樣。」伊藤警告，「面對此種兩難局面，若想順利解決當前局勢，為陛下效命的文武百官必須團結一心。」[15]

伊藤博文對目標一致的強調意義重大。這是因為兩個月前（十一月），山縣有朋因違抗命令而被天皇召回。山縣有朋的第一軍在平壤之戰中大獲全勝後，由於未料到清軍會堅持抵抗，因此遭遇極大困境。許多日兵甚至被凍傷。儘管如此，山縣有朋仍渴望繼續深入大清領土。大本營拒絕批准他的請求後，山縣有朋竟無視命令，直撲海城——位於奉天（今瀋陽）*西南方的戰略通信樞紐。日軍雖取得了成功，只是清軍多次試圖奪回該城，並首度對山縣有朋的部隊造成了損失，而且可說是滿洲戰役中最大規模的一次傷亡。首相伊藤博文震怒之下，說服天皇將山縣有朋召回日本。[16]

十一月二十九日頒布的皇詔讓這位自視甚高的將軍備感羞辱。官方宣稱，山縣有朋患有胃病，

---

* 編註：滿語稱穆克登（Mukden），西方的歷史文獻與官方文件中亦慣用此名。

不得不回國「休養以恢復健康」，但真正的原因是伊藤博文堅持其政府絕不容許將領之間出現任何分歧。[17]伊藤認為，「只要陛下的文武百官的最高層級顧問做出一致決策，我們就不應被（西方）公眾的任何異議所恫嚇」。[18]為了讓這場戰爭順利落幕，日本政府的領導者們必須團結對抗大清與西方勢力的陰謀。

圍攻威海衛

正當伊藤博文思索西方干預的威脅性之際，旨在攻取北洋艦隊最後一個據點威海衛的戰役正如火如荼地展開。威海衛戰役將是此次戰爭中最後一次大規模戰役，將迫使大清政府步步為營，以結束這場衝突。這場戰役也將意外地修復中國在日本人眼中的不良形象。雖然中日關係從此不見好轉，但威海衛戰役重新喚起了日本昔日對中國的欽佩與尊敬，為雙方的和平談判奠定了基礎。

威海衛位於山東半島北岸、煙台（舊稱芝罘）以東約八十公里處，是大清規模最大的海上要塞之一，而且如同旅順，被認為堅不可摧。其位居距大清和朝鮮最近點的戰略位置，北洋艦隊因此得以控制兩國之間的海上交通，同時直抵黃海北半部海域。提督丁汝昌及北洋海軍提督署位於威海灣口三公里長的劉公島。[19]劉公島和附近的小島——日島——都築有防禦工事，以保護北洋艦隊賴以泊船的海灣及港口。除了島上的防禦之外，港口的東北端、西南端也建有大型堡壘。數年前，這些防禦工事的設計與建造由北洋艦隊的德國顧問漢納根負責監督。

北洋艦隊負責守衛海港入口。其中，只有定遠艦、經遠艦、致遠艦以及來遠艦被視為具有防禦能力。而不久前鎮遠艦觸礁，儘管做了修補，仍被認為不適合航行。[20]丁汝昌的艦隊實力過於薄弱，無法在公海上與日本艦隊對抗，卻足以保衛海岸線，防止敵軍登陸而對北京造成威脅。一名觀察人士指出：「如果能守住威海衛，大清還有一線希望：戰艦或許仍能阻止軍隊在北京附近登陸。說句公道話，大清本身也意識到了這些事實，並鼓起最大的勇氣迎敵，至少他們的艦隊是如此。」[21]

儘管困難重重，丁汝昌仍相信威海衛可能會成為這場戰役的轉捩點。制定戰略時，曾在黃海海戰中表現出色的英國海軍顧問戴樂爾建議丁汝昌，在日軍抵達之前摧毀並撤離陸上堡壘。他表示：「我敢說，大陸本土的要塞不會作戰。他們將不戰而降，所以除非先摧毀，否則敵人反而會利用堡壘上的重砲來對付我們。」[22]

一八九五年一月二十日，北洋海軍提督署收到報告，內容稱大山巖的第二軍已在山東半島東岸、距威海衛東南方約六十四公里處的榮成灣登陸，並迅速推進。戴樂爾立刻著手組織大陸堡壘的破壞行動。[23]為此，清軍採用了一種略為原始的裝置，也就是繫在引信上的線香。「所有線香都有對應的尺寸，而每個中國人都準確知道一定長度的香炷燒完需要幾分鐘。」但若真要使用，「必須保持冷靜與謹慎。而中國人在砲火連擊下，既無法冷靜也不夠謹慎」。他們太急於撤離堡壘，往往未能正確點燃引信，或者總是太晚點燃引信，而讓敵人在遭受致命一擊前得以阻止炸彈爆炸。「炸彈只有在準備好與目標同歸於盡的人手上才真正具有危險性，如果對於自救逃生有太多顧慮，就會妨礙行動的破壞性。」[24]

結果到了一月三十日，威海衛南部的所有堡壘全數落入日軍之手。除西部砲台外，其他砲台均已淨空，但並未完全摧毀。日軍在東部砲台拾獲了十一枚可用火砲，他們迅速用這些火砲轟炸劉公島與港口裡的中方船隻。戴樂爾回憶道：「其中一枚砲彈擊穿了濟遠艦的裝甲甲板，船身沉入海中。」[25]因此，在大部分的圍城行動中，清軍戰艦被迫只能以榮成灣的西端為主要活動區域。至於日軍攻占威海衛的行動，則一帆風順。「日軍到達這座圍有城牆的城市後，直接走了進去；不過他們同時發現，我方的西面堡壘已全毀。」[26]

局勢看來毫無希望。清軍和外界完全隔絕。強大的日本艦隊封阻了海上所有逃出路徑，第二軍則封鎖了陸地通道。為了勸服清軍放下武器並交出港口，海軍中將伊東祐亨在一月二十五日已直接向丁汝昌提出呼籲。他們兩人在年輕時就認識彼此。這封信特地以英文寫成，好讓丁汝昌的外國顧問有機會勸他投降才是明智之舉。「時局的變遷使我們成了敵人，但交戰的卻是我們的國家。」伊東在信件開頭如此寫道，後續內容極其真誠懇切，全文引述如下：

人與人之間無需針鋒相對。你我之間曾經存在的友誼，如今依然溫暖如春。請別以為我寫這封信給你，是要無謂地勸你投降。當局者迷，旁觀者清。有時候，人無法冷靜思考自己怎麼做會對國家最有利、對自己最有利，而是會被自己所投入的任務所左右，進而有了錯誤的觀點；這麼一來，他的朋友難道沒有義務提出忠告，將他的思想導往正確方向嗎？我基於誠摯的友誼寫這封信給你，向上天祈禱你能夠理解我的苦心。清軍屢次遭遇災難的真正原因為何？我想，只要冷靜且明智地思索，就不難發現。毫無疑問地，卓越的洞察力已經讓你找到了原因。清國會淪落至此地步，非一人之過；責任在於長期管理其事務的政府……一個有著數千年歷史、疆域綿延數萬里的國家、世界上最古老的帝國，要完成復興大業、重新打穩根基，談何容易？夫大廈之將傾，固非一木所能支……與國家的命運相比，將一支分遣艦隊交給敵人或整個軍隊向敵人投降，不過是小事。無論日軍在世人眼中擁有怎樣的名聲，我發誓，你最明智的選擇是來日本，等待你的國家再度迎來良機，等待國家再度需要你的時機來到。這些是我作為一個真正的朋友的肺腑之言，盼你能聽得進去。

最後，伊東祐亨呼籲丁汝昌好好思考大清的未來：「你是要和眼看就要毀滅的國家同歸於盡，〔還是〕保留自己的餘力，之後另謀他計？」[27]

丁汝昌未做回覆。儘管情勢看來令人絕望，大清仍有希望繼續抵抗。劉公島在岸防砲台的射程以外，而日島仍安全無虞。這兩座島嶼也不在日本艦隊的攻擊範圍內。只要補給充足，北洋艦隊便可安全停泊在港口。[28]

然而，局勢在二月一日出現了急遽變化。日軍修復好威海衛南部堡壘上的七門大砲，大大提高了砲擊劉公島的武力。[29]新建的野戰砲砲台朝劉公島開火時，丁汝昌想出一套攻打趙北嘴堡壘（位於海灣東南側海角頂端）的計畫。但是，負責執行任務的水手發現敵艦行蹤後，竟臨陣退縮。[30]中方計畫在翌日（二月五日）上午再次嘗試攻打要塞，可惜日軍魚雷艇已悄然駛入港口南側。戴樂爾表示：「月亮落下不久，日島附近的巡邏艇就發射警報火箭。兩邊再次交戰，我跑上羅經甲板想利用望遠鏡看清楚點，發現有一艘魚雷艇正朝我們的左舷而來。」[31]定遠艦遭日方擊中。[32]丁汝昌不清楚日軍造成了多大的損失，下令艦艇駛向東面入口（南面），以阻擋其他敵艇靠近，但此時定遠艦已經沉沒。戴樂爾指出：「我告訴（丁）提督，這艘船艦撐不了多久，他應該讓船艦靠岸，如此還可利用船艦上的火砲來攻擊敵軍，而且應該在下沉之前立刻行動。」隔天約凌晨四時，黑暗中又發生了一次魚雷襲擊。丁汝昌命艦隊使用探照燈偵察日軍砲艇，但燈光恰巧照到日方的砲艇船身，反而讓敵人獲知清軍軍艦的確切位置。「一片隆隆砲聲中，我們可以聽到並感覺到魚雷引爆，天亮時，一幅悲慘的景象映入眼簾。來遠艦慘遭擊沉翻覆，船底露出水面，碼頭旁船身較輕的汽艇威遠艦也沉入海中。」[33]

二月八日，來自海上與陸上的猛烈砲擊擊沉了靖遠艦。兩天內，大清最頂尖的三艘軍艦遭日本擊沉。清軍魚雷艦隊試圖逃往煙台，但那十三艘魚雷艇不是遭到攔截就是被毀。北洋艦隊從二十五艘船隻，減少到只剩下四艘主力戰艦、五艘砲艦。[34]二月十一日，丁汝昌收到李鴻章電報，告知無法派兵增援，建議他與艦隊逃至其他港口。這個選項當然不可能成立。

翌日上午八時三十分，中方砲艦鎮北艦前端懸掛白旗，從海灣東南部駛向日本艦隊。丁汝昌委託部下程璧光將他寫的投降書交給伊東祐亨。[35]他在信中請求對方「饒恕所有海陸軍相關人員，包括中國與外國人士，並允許他們回家」。伊東當天便回信表示同意投降條件，並再次呼籲丁汝昌

北洋艦隊殘骸。左上方冒出大量黑煙的是鎮遠艦，最左邊同樣冒著黑煙的是平遠艦。右邊這艘是濟遠艦。遠處則是劉公島。（蓋提研究中心）

前往日本，待到戰爭結束。他在信中寫道：「如果你決定這麼做，我強力保證你將會得到無微不至的款待和最全面的保護。」回信的同時，伊東還寄出了兩打葡萄酒和香檳，以及一些柿餅。[36]隔日上午一樣是八時三十分，伊東收到丁汝昌的回信。對方表示，雖然他很感激，但「基於兩國正在交戰，我難以接受你的心意」，很遺憾必須退還這些禮品。他還要求伊東等到二月十六日再入港正式接管。[37]丁汝昌寫完信後，立即發電報給李鴻章告知此事。隨後，他回到自己的艙室，吞下大量鴉片。[38]

丁汝昌自盡的消息令人震撼，但並不出人意料。戰爭結束後，他若回到北京，將受到公眾羞辱，甚至遭到處死，北京城裡不會有人理解，也不會有人知道他曾面臨危急存亡的時刻。此外，他還會因為未在投降前自毀艦隊而備受譴責。既然繼續抵抗只會讓部下白白犧牲，丁汝昌決定犧牲自我，並相信伊東祐亨會饒他們一命。

伊東得知丁汝昌自殺的消息後，大為動容。為了紀念這位朋友，他命令遭攔截的中方船隻康濟艦護送丁汝昌的遺體運往煙台。「康濟艦離港前，日本軍官們向丁汝昌的遺體致意——而其所展現的敬意，讓在旁觀禮的清兵和外國人員深受感動。」[39] 康濟艦離港時，日本艦隊集體降半旗。伊東祐亨率領的旗艦松島號在康濟艦駛過時鳴放禮砲，以示「見證這位已故海軍將領的英勇精神」。[40]

伊東祐亨對已逝敵方的禮遇，體現了他的職業軍人操守，也就是崇尚武德、勇氣、忠誠、犧牲，以及對基層士兵的關心。他信守對丁汝昌的承諾，允許清軍士兵與水手撤離，並且讓平民離開威海衛。「威海衛之戰不僅以日本的勝利告終，而且在旅順的屠殺事件過後，日本的武士道精神也得到了平反。」[41] 一八八二年的壬午兵變首度引發這兩個強權的朝鮮半島之爭，丁汝昌自此一直密切涉入兩國日益緊張的衝突局勢。他的自殺在一定程度上修復了大清顏面盡失的軍事聲望，以及先前日本對其之敬仰。威海衛之戰的落幕，也終結了大清與日本在朝鮮命運上的較量，因為不久後，李鴻章便前往日本求和。[42]

李鴻章前往馬關

二月十七日大清於威海衛投降，隔天日本外務大臣陸奧宗光便聽聞李鴻章受命擔任全權公使，將代表大清政府展開和平談判。事後陸奧宗光回憶道：「看來大清終於下定決心要拿出誠意來談判。」儘管談判不一定會成功。[43]日本提出了四點要求，第一點、也是最重要的一點，是大清必須「承認朝鮮完全獨立」。在這一點上，陸奧宗光與伊藤博文都預料，李鴻章不會有太大的反彈。但是，第二和第三點要求更為敏感。日本要求大清割讓領土，也就是台灣與奉天*南部（包括遼東灣東部屬於奉天的所有島嶼），並要求大清政府支付鉅額賠償。而第四點，則是「日本與大清的關係應建立在平等基礎上」的要求，意味著日本將主張在商業與航海方面的各種權利，包括建立新通商口岸並擴大貿易。[44]換言之，日本要求享有近似於西方列強在大清所擁有的特權。

三月二十四日，李鴻章在養子兼得力副手李經方的陪同下，與伊藤博文坐下來討論日本提出的和約。對李鴻章而言，這次會談重演了十年前兩人平等會面談判《中日天津條約》的痛苦回憶。該協議協助穩定了兩國關係，並將兩國從瀕臨開戰的邊緣拉了回來，而問題的癥結點一樣是朝鮮。現在，李鴻章所代表的大清，則是戰敗的一方。[45]「十年前我在天津時談到了改革，」伊藤開頭說道，「為何時至今日，沒有一件事有所改變或革新呢？」李鴻章感傷地回顧過去三十年的風風雨雨，以及他在自強運動中扮演的角色，說道：「我國事務深受傳統所束縛，以致我無法實現己願。如今一轉眼十年過了，一切依然如故。」無論李鴻章對現代化改革抱持什麼希望，都在旅順和威海

＊編註：一九〇七年以前，東三省的行政區劃為盛京將軍（今遼寧省）、吉林將軍（今吉林省）與黑龍江將軍（今黑龍江省）。為閱讀理解之便，內文將以奉天、吉林與黑龍江稱之。

衛破滅了。他接著說：「我比之前更加懊悔。我為自己懷有奢望卻無力實現而感到羞愧。」[46]

李鴻章的可悲處境遭到了進一步打擊，一位名叫小山豐太郎的瘋狂人士持槍在李鴻章結束會面返回旅宿時展開襲擊，導致他的臉部受到重傷。一顆子彈射進李鴻章的左臉頰，直達左眼下方深處。[47]這起暗殺未遂事件讓人想起四年前的大津事件，搞得日本民眾人心惶惶。

當務之急是李鴻章能否生還。日本當局指派陸軍軍醫總監石黑忠直與陸軍外科主治醫師佐藤進前往馬關。由於「該事件在政治方面事關重大」，天皇親自指示他們監督李鴻章的治療。他們首先徵詢陸奧宗光的意見，而他深感憂心。他對醫生們說道：「我進退兩難。首先，我們不能讓李鴻章在這談判的關鍵時刻返國，我們承受不起這樣的代價。」他重申：「我只要求一件事，就是不要讓他回國。其他事我全權處理。」[48]他也擔心這件事可能會引發國際間對日本的強烈批評與對大清的聲援，導致外國出手干預。「在日本各地，比起李鴻章遇襲事件，人們似乎更擔憂這件事可能引發的國際批評。」陸奧宗光回憶道，「一個直到昨天都還被勝戰喜悅沖昏頭的國家，現在驟然陷入悲傷的深淵。」[49]

兩位醫生到場時，只見李鴻章躺在沙發上，仍身著遇襲時所穿的衣服。一名法國醫師和一名中國醫師正在照顧他。石黑忠直告訴李鴻章，他們奉天皇之命前來。他回憶當時說：「李鴻章問我傷口會否致死。」他向其保證，若處理得當，傷口不會致命。接著，李鴻章要求日本醫生負責他的治療事宜。他強調：「我不會違抗醫生的指示，但我必須確保自己不會流任何一滴血。」石黑忠直再次向他保證「上了年紀的人一旦失血就補不回來，要格外小心避免流血。我們會像照顧自己生病的父親一樣，無微不至地照顧您」。[50]

李鴻章的病情迅速好轉。他沒有再提起回國的事，也許是意識到待在日本才能確保身體完全康復。一週後，會談於四月一日重啟。關於朝鮮獨立的第一個問題，李鴻章表示「大清幾個月前已宣布願意承認朝鮮完全獨立」，並準備將這點寫入條約。他唯一的條件是日本也承認朝鮮獨立。至於奉天南部、台灣及澎湖群島的領土割讓、支付三十萬兩賠款及商業特權等問題，李鴻章則表示反對。他抗議，日本在開戰之初便公開宣稱，他們「對大清沒有領土企圖，只想確保朝鮮的完全獨立」。他指出，割讓領土將引起大清人民永久的憤恨。「結果只會導致我們之間永遠是自相殘殺的敵人，不再互相幫助，雙方很快便會淪為外來侵略的犧牲品。」至於賠償金，李鴻章聲稱，日本要求的金額「遠遠超出大清目前的財務能力」。他補充道：「日軍奪取了許多寶貴的戰利品，像是大清的軍艦與軍用物資」，這些「應從賠款金額中扣除」。此外他還表示，強迫大清為「一場其並非作為侵略國的戰爭」支付賠款並不恰當。[51]

不論是伊藤博文或陸奧宗光，都並未被這番說詞說服；他們提醒李鴻章，勝者是日本，而不是大清。儘管李鴻章擁有全權代表的權力，但他不想承擔責任。「李鴻章在自己的政府與日本之間左右為難」。[52]日方同意縮減領土要求的範圍。[53]李鴻章懇求伊藤降低索賠金額「作為給他的臨別禮物」，而他同意了。「雖然李鴻章的這種作為有失尊嚴，」陸奧宗光說道，「但毫無疑問地，他之所以如此，是因為相信『要求得愈多，就能爭取到愈多讓步』。無論如何，像李鴻章這麼一位長者肩負此重任前往他鄉，每天與官員們會面卻未顯露絲毫疲憊，無疑讓我們對他的精力充沛大感敬佩。」[54]最終，賠款金額降至二十萬兩。條約於四月十七日簽署，翌日李鴻章便離開馬關。

李鴻章離開後的隔天，發生了一起荒唐卻可能造成災難的事件。正當陸奧宗光設法穿過馬關人潮擁擠的街道，準備登上日本軍艦八重山號前往廣島之際，失去了重心。為了防止長官跌倒，名叫松下的警察分隊長反射性地將裝有已簽署的條約文件的柳條箱扔進了一旁的大水坑，水花濺得陸奧宗光一身，而那些文件全濕透了。陸奧宗光的副手中田敬義回憶當時：「這些文件原本預計在他抵達廣島後呈交天皇陛下，而下船的港口距離廣島只有一小段航程。條約是用手工竹紙印的，這種紙張出了名地遇水容易破損。事後，〔好幾名助手〕焦急又細心地吹乾並拼整好這份寶貴的文件。如今回想起來，真是艱辛又可笑，教人難忘。」[55]四月十八日，陸奧宗光向明治天皇呈交破損的條約，身上的衣服還濕漉漉的。這起意外也預示了之後的不祥。

俄、德、法三國干涉還遼

四月二十三日，俄、德、法三國公使會見日本外務次官林董，強烈反對《馬關條約》中割讓遼東半島的條款。「他們主張，由於日本永久占有遼東半島將對大清首都造成威脅，使朝鮮淪為名義上的獨立，因此他們建議日本撤銷這項條件。」[56]

三國干涉還遼「旨在剝奪日本的勝利果實」，雖是沉重的打擊，卻也並非完全出乎意料，因為在和談期間就有人懷疑，李鴻章帶著「三國的保護性擔保」來到日本，並暗中期待會有第三國介入談判。陸奥宗光的副手中田敬義回憶當時：「李鴻章似乎希望在大清與日本代表進行激烈的和平談判時，三國聯盟中的任一國能展現其陰險的意圖。日本方面也很早就開始擔心西方列強之一會試圖干涉條約的協定，其政府高層普遍認為外國的干預即將發生，儘管他們不確定將由哪一國帶頭，也不確定這會以何種形式進行。」[57]然而，對伊藤博文來說極其幸運的是，外國的干預並未在和平談判過程中成真。「如果在和談期間，俄、德、法三國要求撤銷日本取得遼東半島的條款，肯定會爆發一場巨大危機。」[58]

陸奥宗光篤定俄國是三國干涉還遼背後的主要推力。俄國政府在前一年便已派遣戰艦駐守符拉迪沃斯托克一帶，並維持強大的海軍戰力。[59]有關俄國在滿洲進行勘查的報告，引起了陸奥宗光的警覺與擔憂。《朝日新聞》的上野岩太郎在報導中寫道：「看來俄國人打算放棄黑龍江鐵路，修建一條穿越滿洲的鐵路。」[60]這樣的計畫說明了俄國對日本控制遼東半島一事有所顧忌，唯恐這將不利於滿洲鐵路之興建。

法國與德國決定支持俄國對日本和平條件的抗議，促使俄國的立場更加堅定。在四月十一日討論和平條約的特別會議上，戰爭大臣彼得．范諾夫斯基（Pyotr Vannovsky）提到，俄國政府必須抵制日本對朝鮮的侵占，「絕不能同意日本在和談中提出的條件，包括從大清手中奪走遼東半島的提案」。[61]俄國財政大臣維特也贊同這個立場，並宣稱「日本在亞洲大陸的敵對活動主要針對俄國而來，預定接管滿洲南部的條款將對我們各國構成威脅，可能會導致朝鮮全境遭到日本併吞」、「如果無法說服日本放棄對遼東半島的要求，俄國便應該對日本艦隊展開攻擊，並轟炸日本各大港口」。俄國應該建議日本「先釋出善意，放棄占領滿洲南部」，而倘若日本拒絕，那麼「我們將根據自身利益採取行動」。[62]

面對三國的反彈，包含陸奧宗光、山縣有朋與海軍大臣西鄉從道在內的御前會議成員於四月二十四日召開會議，共同討論這場危機。伊藤博文給了他們三個選項：（一）拒絕三國的要求；（二）連同英國，與俄、德、法三國召開會議；（三）遵循三國要求以表「示好」，但同時要求「大清履行其他條約義務」。[63]

陸奧宗光傾向第二個選項，希望在會議期間能夠實現外交突破，但伊藤駁回了這個想法，並指出列強的意圖十分明確，「沒有必要更進一步探究」，因為「若不考慮可能的後果便拒絕三國的建議，而使得他們有藉口對日本採取反制行動，是非常危險的」。[64]此外，任何涉及與俄、德、法三國決裂的行動，都可能將日本捲入另一場衝突，而這一次，日本可能無法取勝。[65]

這是一帖令人難以下嚥的苦藥。這場戰爭是軍事後勤規畫和執行的勝利，展現了日本新發展的能力及實力。大山巖吹噓道：「中國人花了二十年強化旅順的防禦工事，而我們不到十個小時就順利攻破。」如今，日本被迫交還因此而犧牲許多的遼東半島。而這同時更預示著，三國干涉是對日本對朝鮮主權宣示的一記警告。伊藤博文憤怒地回憶道：「雖然表面上看來，三國干涉的藉口是遼東半島，但真正的原因是俄國極度恐懼日本可能會接管朝鮮。基於這套推論，對當前局勢的合理解讀是，俄國會先全力阻止我們取得遼東半島，接著再削弱我們在朝鮮的影響力。」他得出了一個險惡的結論：「雖然俄國一直小心翼翼，唯恐暴露其對遠東的邪惡野心已悄然萌芽，但我們不難察覺，其野心已臻成熟，隨時都可採取行動。」[67]經過一番糾結與爭論，伊藤博文於五月五日宣布歸還遼東半島。

儘管戰爭的結局不盡人意，但這場衝突並未解決日本的朝鮮立場本身存在的矛盾：雖然日本自稱其行為意在捍衛朝鮮的獨立，但他們仍持續干涉朝鮮內政。除此之外，如果說日本的主要目標，是改革朝鮮並解決導致中日衝突的動亂根源，那麼日本一直以來都無法達成諸如此類的目的。從東學黨於一八九四至九五年的秋冬在忠清道、全羅道以及黃海道發動的起義可知，日本低估了東學黨的力量與朝鮮政治人物的抗日能力。如此一來，俄國勢力便無可避免地進入了朝鮮半島。

失敗的改革

三國干涉還遼事件削弱了日本在朝鮮的政治地位，在此同時，日本未能鞏固可靠的盟友關係，最終注定在朝鮮的改革努力中吞敗。一八九四年十一月大院君遭到罷黜後，井上馨欽點朴泳孝領導新的改革措施，此人曾於一八八四年發動甲申政變，失敗後便流亡日本。金弘集的施政一直未能達到井上馨的期望，因此這位駐朝公使有了組成新聯合內閣的想法。井上馨之所以看中朴泳孝，不只是因為他在「改革進步」方面的資歷，也因為他和大院君不同，除了日本方面之外沒有其他可仰賴的權力基礎。就在一年前，朴泳孝成了高宗策謀暗殺的目標，如同金玉均在上海遭到暗殺的陰謀。如今回到朝鮮，朴泳孝仍不斷受到威脅。據《漢城旬報》報導，「太陽下山後他就不出門了，白天只有在日本警方嚴密保護下才會外出。因此，獲得赦免的叛亂分子在朝鮮的生活並不平靜。毫無疑問地，他遲早會受到很久之前就該受到的公正懲罰。一切只是時間問題。」[68]

在井上馨眼中，朴泳孝的惡名是一項有利條件，也符合他想達到的目的，因為正如一位觀察人士所言，「他由日本人扶持上位，並透過他們的影響力得以保有權力」。[69]因此，井上馨自然對他寄予厚望。十二月十七日，軍國機務處解散，新內閣成立，金弘集出任總理大臣，朴泳孝則擔任掌有權勢的內部大臣一職。朴泳孝的好友、前流亡組織成員徐光範受命為司法大臣。這兩名前流亡者提出了一系列的激進改革措施，旨在「掃除過去的罪惡與弊病」，其中包括軍隊重組。[70]新政府也頒布了有關君王與內閣之官方職責的新法令。井上馨的改革計畫是將朝鮮變成一個準君主立憲制國家，由新的朝鮮聯合內閣掌握決策權。這種區分君王與政府職權的作法是仿效明治政府而來。

然而，朴泳孝並不想成為日本的傀儡。杉村濬解釋：「朴泳孝被貼上了叛國賊的標籤，因此有很長一段時間，他徘徊於不同國家之間。如今，拜日本人所賜，他回到家鄉，並晉升為內部大臣，但即便如此，他行事依然戰戰兢兢。」[71]朴泳孝一上任就發現自己與內閣總理大臣金弘集及其溫和改革派在理念上嚴重分歧（後者暗中與大院君保持聯繫）。

在這些政治鬥爭中，朴泳孝找到了一個令人意外的盟友——閔妃。起初，這兩位關鍵政治人物的共同利益是反對大院君。雖然大院君被趕下台，但他及其在金弘集內閣中的同黨，仍是一股不容忽視的勢力。朴泳孝尤其居於弱勢，因為他擔心倘若沒有閔妃的政治支持，自己的處境將岌岌可危。因此，朴泳孝與閔妃達成了一種默契。閔妃將借助朴泳孝的權力來摧毀大院君，而朴泳孝利用閔妃來獲得改革所需的政治支持。

朴泳孝漸漸疏遠井上馨，並竭盡所能地與閔妃打好關係，閔妃也有所回應。這是典型的朝鮮宮廷權術，而閔妃打了一手好牌。「朴泳孝的目的無疑是把她當作工具，」之後井上馨表示，「但她可是朝鮮最有能力的人，與其說她被朴泳孝利用，不如說是她利用了朴泳孝。」[72]

與此同時，井上馨依然面臨朝鮮改革問題，而這正是當初開戰的理由。為了贏得朴泳孝的合作，他建議日本對朝鮮行財政「捐助」，也就是向破產的朝鮮政府提供三百萬日圓的貸款。其用意是效仿英國干預埃及的作法，將朝鮮「埃及化」。換言之，井上馨希望增加朝鮮政府在財政上對日本的依賴，以換取對方的順服。[73]

起初，陸奧宗光正面看待向朝鮮提供貸款一事，但是當日本政府在國會提出貸款議案時，國際情勢已出現劇烈變化。一八九五年二月十四日，俄國駐日公使希特羅渥拜會了陸奧宗光，希望釐清日本的朝鮮政策。陸奧宗光警告井上馨「不要拘泥於任何會促使俄國干涉朝鮮事務的行為」。[74]到了五月，日本屈服於俄德法三國提出的要求時，貸款問題再次受到檢視。六月三日，日本內閣決定採取新的朝鮮政策，往後將「避免積極干涉朝鮮內政」，好讓朝鮮能夠自立自強。[75]

三國干涉還遼對朝鮮的心理與外交層面也影響甚大。此事顯示了儘管日本戰勝大清，仍不得不向西方列強屈服。考量日本的威望嚴重受創，加上貸款問題懸而未解，朴泳孝認為，展開大膽改革進程的時機已經到來。從一八九五年五月中旬至六月初，他試圖重組內閣，並在軍事、警政、司法、教育與地方行政體制方面，實施影響深遠的改革。[76]這些大刀闊斧的革新包含了八十八項激進的提案，內容涉及朝鮮的軍事、社會、政治和經濟生活等各方面，例如根除階級制度、廢除納妾制度及終止早婚習俗等。[77]朴泳孝急於鞏固自身權力，不惜與認為他的改革過於激進的金弘集形成對立。為了表示抗議，金弘集及其內閣中的溫和派成員集體請辭。

井上馨將新內閣的失敗完全歸咎於朴泳孝。他也痛恨朴泳孝抱怨他所提議的三百萬日圓貸款、以及強烈反對漢城日僑居留地的擴張等行徑。[78]面對朴泳孝的冥頑不靈，以及自家政府有別於以往的謹慎態度，井上馨於六月七日啟程前往日本，與外務大臣陸奧宗光商討局勢。一名觀察人士指出：「朝鮮人令他非常惱火，尤其是朴泳孝。這個人背叛了當初幫助他的日本，現在轉而討好俄國或任何吃他那一套的國家。」[79]

朴泳孝樹立「真正的獨裁者」形象後，試圖為朝鮮開闢一條獨立的路線。[80]然而，他在閔妃的用計下驟然失勢。後者揭穿了一樁以刺殺自己為目標的陰謀，而朴泳孝也受到了牽連。基於同情或是友情，杉村濬讓他躲藏在日本公使館，避開朝鮮士兵的搜捕。七月七日清晨，朴泳孝被迫二度祕密逃到日本。[81]朴泳孝十分肯定自己遭人陷害，也清楚誰是主事者。「我被彈劾的原因有很多，」他痛苦地回憶道，「但其中最主要的，是閔妃想再次將朝鮮置於其集團統治之下，也就是閔氏家族。她一直懷有這樣的野心，無時無刻不在等待執行計謀的機會。」[82]短短幾個月內，閔妃便成功解決了兩個主要競爭對手——大院君與朴泳孝。在這段過程中，朴泳孝不知不覺地助她一臂之力。井上馨不得不敬佩閔妃的高明手段，「對朴泳孝來說，閔妃太精明了，而事實證明，他們的結盟不盡如人意」。[83]

回到東京後，井上馨試圖調整失敗的朝鮮政策。他即將結束駐朝鮮公使的任期，便建議當局在未來基本上繼續採行謹慎的「不干預」政策。他建議日本政府透過有條件的融資來「達到」其在朝鮮的目標，這樣既能控制高宗和閔妃，又能讓他們對日本有所虧欠。內閣採納井上馨的建議，並敲定了三百萬日圓的貸款及寬厚的償還條件。日本政府也將「捐獻」三百萬日圓給朝鮮政府，以防止朝鮮與其他國家——也就是俄國——建立密切的經濟與政治關係。[84]但有個條件，那就是三百萬日圓的捐款須等國會批准後才能提供給朝鮮。這是一場明目張膽的權勢交易，但井上馨別無選擇。

七月中旬重返朝鮮後，井上馨相當看好日本國會將批准三百萬日圓的「大禮」。他向高宗與閔妃轉達了這項好消息，並建議將大部分的捐款用於修建漢城連通釜山的鐵路，同時興建一座新王宮，這表面上是為了建立高宗的威名及權威，實際上也意在收買他們。[85]事後杉村濬說道：「高宗和閔妃非常高興。這次會面（七月二十五日）後，公使經常前往王宮，千方百計想討高宗與閔妃的歡心。」[86]更令人意外的是，井上馨改變了對閔妃的看法，如今他樂見閔妃輔佐高宗處理所有國事。僅僅過了半年多，井上馨的朝鮮政策便迎來潰敗，在此同時，閔妃則享受著新獲得的權力。

九月初，西園寺公望接替患肺結核病重的陸奧宗光擔任代理外務大臣，他通知井上馨，日本政府駁回了三百萬日圓的貸款提案。井上馨不敢置信。此時，三浦梧樓已經以新任日本公使的身分抵達朝鮮。井上馨警告他，「捐款」失敗的消息將讓他在朝鮮政府面前「無立足之地」[87]，而他本身一直以來試圖與高宗夫婦建立的友好關係也將宣告破裂。井上馨啟程返回東京，但正如他所預料的，由於預期的「大禮」落空，高宗及閔妃與日本公使館的關係急速降溫。

大院君的回歸

大約在一八九五年朴泳孝遭到驅逐之際，閔妃曾向俄國領事韋貝將軍透露，她正暗中計畫阻撓日本入侵朝鮮，需要俄國的幫助。閔妃表示：「雖然日本與朝鮮為鄰，但彼此間隔著海洋，而朝鮮與俄國以陸地劃界，是真正的鄰國。」除此之外，日本懼怕俄國。「今年春天，日本被迫歸還遼東半島的事實，正說明了這一點。俄國永遠不會干涉朝鮮的獨立，因此如果我們依靠俄國、尋求保護，就能確保安全。」[88]

為了利用閔妃的勢力並加強俄國在朝鮮的影響力，韋貝設法在朝鮮宮中為自己的小姑安朵娜特・桑塔格（Antoinette Sontag）安插官方職務。[89]桑塔格在俄國公使館擔任精明幹練的管家與廚師，同時也精通數國語言。來自阿爾薩斯—洛林共和國（Alsace-Lorraine）的她除了俄語、英語及母語德語與法語之外，還說得一口流利韓語。公務上，桑塔格的工作是為朝鮮宮廷的公主們設立一所手工藝學校，但她頻繁拜會閔妃，雙方逐漸有了深厚的友誼。[90]因此，她往往比任何人都還要早得知宮中發生的大小事，並在暗地裡向韋貝通風報信。

如此密切來往使閔妃陷入了危險的處境。熟識韋貝與桑塔格的俄國建築師阿法納西・塞雷丁—薩巴丁（Afanasy Seredin-Sabatin）表示：「倘若這段友誼發生在不同時空下，發生在朝鮮的承平時期，一切也許都會很好。然而，從日本的角度來看，桑塔格是俄國代表，而呼籲日本克制野心、放棄占領遼東半島的美夢的，正是俄國。日本眼看閔妃逐漸拋棄一貫的謹慎舉止，獨斷專行了起來，一副日本在朝鮮不再具有任何影響力的樣子。」桑塔格也沒有試圖掩飾她對日本官員的輕蔑，公然嘲諷他們：「閔妃在這麼個戲劇性且不適當的時刻與桑塔格女士交好，讓日本與親日的朝鮮人士憤怒到了極點。」[91]

親日的朝鮮內閣成員對俄國與日俱增的影響力感到驚恐，不禁擔心起自身安危。傳言指出，有人正密謀暗殺他們，並成立親俄政府。他們也注意到閔妃和韋貝私下達成協議，將北方的一個不凍港租給俄國，而這正是俄國長期以來的一個目標。心懷不滿的官員們唯恐閔妃將重攬政權、為俄國統治朝鮮半島鋪平道路，於是再次向大院君求助。

三浦梧樓也對俄國日益左右閔妃的行事有所警覺，於是擬定了一項反擊計畫。他或許能說服大院君再次發動政變，研判屆時日本將會支持他。杉村濬對此抱持懷疑態度。這項計畫在前一年便嘗試過，結果慘不忍睹。杉村濬向這名新任日本公使解釋：「大院君的權力欲望極強，而且非常不可靠。與他合作將徒勞無功。」然而，三浦梧樓認為別無選擇。他感嘆：「如果我們繼續維持現狀，將眼睜睜看著朝鮮落入俄國之手。」[93]

絕望之餘，三浦梧樓想出了一項驚人的陰謀：刺殺閔妃，促使朝鮮擺脫這個任國家倒向俄國的主要推手。這項計畫在大院君勉強同意的情況下制定。三浦梧樓吩咐日文報紙《環城新報》（*Kanjō shimpō*）的發行人安達謙藏召集一些日本壯士（即刺客）參與其中。[94]他還命令日本公使館的衛兵一律喬裝成朝鮮平民，「這樣外國人就不會知道我們與此事有關」。而受日本訓練的朝鮮軍隊「訓練隊」（hullyŏndae），將擔任保護宮殿安全的先鋒部隊。

在井上馨的建議下，於一八九四年秋天成立、編制兩千多名士兵且裝備精良的訓練隊，旨在作為朝鮮開發新軍隊的模範。[95]然而，在朝廷施壓之下，該部隊的指揮官由閔妃的盟友洪啟薰（Hong Kye-hun）出任。洪啟薰曾在一八八二年的壬午兵變中擔任團長，在協助閔妃逃出皇宮的行動中扮演決定性角色。在一八九四年春的東學黨起義中，他帶領政府軍鎮壓全州的動亂，但隨後又與全琫準為首的東學農民軍談成了停戰協議。回到漢城後，他被任命為訓練隊指揮官，可是這項任命引起眾多年輕朝鮮軍官的不滿，他們認為，他和閔妃的同盟阻礙了軍事的現代化及進步。[96]第一營與第二營營長趙羲淵（Cho Hŭi-yŏn）、禹範善（U Pŏm-sŏn）各自向杉村濬透露，他們愈來愈憂心朝鮮的危急局勢，將全力支持大院君回歸。因此，這起預謀的政變牽涉到一場可謂朝鮮第一支現代軍隊的兵變。[97]

閔妃遇刺身亡

一八九五年十月八日凌晨，宮廷約有一千五百名衛兵巡守。訓練隊攻入東北面的城牆後，這些衛兵四散奔逃。洪啟薰在得知騷亂後急忙趕往王宮。他命令部隊解散，不料「眾士兵卻表示，他不再是指揮官，不會聽從他的命令」。不久後，他遭到射殺，據推測是他的一名屬下開的槍。[98]王宮徹底失守。[99]這時，安達謙藏率領的日本刺客進宮搜尋閔妃。

但是，部隊沒有人見過閔妃本人，不知道她長什麼模樣。日本公使井上馨和三浦梧樓經常造訪王宮，卻也從未親眼見過閔妃。三浦解釋：「男女授受不親，因此我也沒能見到閔妃本人。」[100]朝鮮高宗會見外賓時，閔妃與賓客之間向來隔有一道屏風。[101]刺客一進到宮裡，便慌亂地搜索起閔妃。[101]在王室住所內，十幾名日本刺客拔刀衝進寢室搜查。「他們抓住所有宮女，拉著她們的頭髮拖行在地並嚴厲拷打，逼問閔妃的下落。」[102]正當三名刺客進入王室住所時，皇太子李坧和高宗被逮個正著。高宗當場昏了過去。這位年輕的皇太子在他引人注目的目擊證詞中描述，一名宮廷官員跑到刺客面前，擋在那些日本人與閔妃躲藏的寢室中間，其中一名刺客大喊「王后人在哪裡？在哪裡？」同時一刀砍下了那名官員的手臂。「此時閔妃試圖從走廊逃跑。一名日本刺客緊追在後，抓住了她。她被推倒在地，然後（有人）重重踹了她胸口三下，拿刀刺了她。」[103]

儘管如此，這群日本刺客並不確定自己是否殺死了閔妃。後來他們回到現場一一查看女屍時，這才辨認出她。「日本士兵得到的消息是，她的太陽穴上方有一塊禿斑，而他們確實找到了一個臉上有此特徵的女人。」[104]最後，一個年輕的女孩指認了閔妃，她是王后最的寵信的人，經常出入王宮。[105]之後，刺客們將閔妃的屍體運到西側宮門外附近的一座花園，澆了汽油並點火焚燒。[106]

三浦梧樓抵達王宮之際，日本刺客正收拾善後。大院君在此與他會合。這名日本公使並未前往事發地點王室居所，而是在與之相鄰的長安堂覲見渾身發抖、悲痛萬分的高宗。他將一些文件遞給高宗，請他簽呈，其中的第一件事是再次任命大院君擔任攝政者。[107]兩天後，即十月十日，朝廷頒布《王后廢位詔敕》，宣布將閔妃貶為平民。這道敕令未經高宗親筆署名，而是由眾臣簽署。[108]部分內文如下：

> 朕臨御三十二年，治化尚未普洽，而王后閔氏引薦其親黨，布置朕之左右。愚弄朕之判斷，剝削人民；擾亂朕之政令，賣官鬻爵。暴虐專橫之事遍於地方而盜賊四起，宗社岌岌危殆。朕知其惡之已極而不能斥罰者，誠由朕之不明，亦顧忌其黨羽也……朕訪求其而不為出現，是不啻不稱於王妃之位，亦惡貫滿盈……故朕廢王后閔氏為庶人。[109]

這是一份譴責意味濃厚的文件，尤其有鑑於簽署該文件的朝鮮官員已得知閔妃離開人世。[110] 然而，這也凸顯了朝鮮高層在這項陰謀中的共謀關係。高宗將這起刺殺的責任完全歸咎於四名內閣大臣：金弘集、俞吉濬（Yu Kil-chun）、趙羲淵以及鄭秉夏（Chǒng Pyǒng-ha）。[111]

之後，《東亞日報》（*Dong-a-ilbo*）反思朝鮮在這起政變中扮演的角色時指出，雖然「參與陰謀的是三、四十名日本人，但事實上朝鮮啟蒙派的所有成員都牽涉其中」。[112] 雖然這些人沒有直接涉入閔妃的暗殺事件，但大院君當然知道她的死是必然結果。這場王室內鬥演變成了一場國際角力，世界上各大勢力之間的利害關係日益加劇，不僅牽動大清與日本，也使俄國捲入了朝鮮的內政之爭。如同在一八八二、一八八四和一八九四年所發生的事變，一八九五年的騷亂也依循了人們熟悉的家族模式，也就是在不斷擴大、牽涉列強利益的較勁中，父親與兒子反目成仇，唯一的不同點在於，朝鮮的核心人物閔妃已一命嗚呼。

十月十七日，日本召回三浦梧樓並正式解除其職務。廣島地方法院將在他等待入獄期間進行初步調查，審議對他的指控。但三浦抵死不屈。他為自己的行動辯解，指閔妃與俄國合作是為了破壞日本「維持朝鮮獨立」的努力。[113]閔妃與俄國合作的舉動危險又愚蠢，可能使半島陷入混亂，不僅威脅到朝鮮未來的獨立，也威脅到日本的安全。後來三浦梧樓的律師增島在辯護時表示：「〔一八九五年十月的〕這場動亂摧毀了禍根。閔妃的陰謀違反了律法，而日本公使有正當理由阻止其犯罪企圖與行動。」[114]

涉及十月這起事件的四十八名日本嫌犯在廣島遭到定罪，但無人被帶上法庭面對指控。到了一八九六年一月十四日法庭開審時，這些被告顯然將不會受到懲罰。[115]儘管有證據表明，三浦梧樓及杉村濬等人參與了刺殺閔妃的陰謀，但預審法官認為，沒有足夠證據證明他們預謀犯罪，因此他們獲得無罪釋放。[116]

一八九五年十月八日乙未事變的諷刺之處在於，其為俄國統治朝鮮半島奠定了基礎，而不是阻止此事發生。一八九六年二月十一日，高宗在皇太子陪同之下，前往俄國公使館尋求庇護。高宗宣布解散舊有的親日派內閣，並任命了新的親俄派內閣。內閣總理金弘集與農商工部大臣鄭秉夏被視為叛國賊，在王宮內遭到逮捕、押送警務廳並殺害。如今，俄國在朝鮮的地位似乎已無懈可擊。至於大院君則因高宗之父的身分而得以免於一死。他自此退出政治舞台，再也沒有提及此事。[117]三浦梧樓「確保朝鮮獨立」的夢想變成了一場噩夢。隨著俄國鞏固了自身在朝鮮的優勢，其領袖們將目光轉向了滿洲。

第十一章 陸上強權

三國干涉還遼事件改變了俄國對西伯利亞鐵路計畫的想法。針對哈巴羅夫斯克、斯特廷斯克（Stretinsk）之間的黑龍江河段所進行的初步勘測顯示，這條走向的鐵路建設困難重重。廣袤土地上覆有茂密的原始針葉林，但不見落葉常綠樹及灌木，因此土壤貧瘠。[1]黑龍江流域氣候嚴峻。俄羅斯人可以忍受嚴冬的寒冷，卻難耐夏季的炎熱潮濕。危險的野生動物漫遊林間，其中包括令人聞風喪膽的西伯利亞虎。一八八〇年代，海軍少將科皮托夫（Kopitov）提出了興建鐵路的想法，這條鐵路穿過伊爾庫茨克到恰克圖（Kyakhta），然後穿越大清領土，從阿巴該圖（Abagaytuy）、齊齊哈爾、吉林和寧古塔（寧安）到達烏蘇里區域的尼科爾斯克（Nikolsk）。[2]財政大臣謝爾蓋・維特也贊同這個想法，然而，這卻是艱鉅的計畫。首先，這意味著俄國將在外國領土上修築鐵路，而大清絕對不會同意這樣的提議。一八九二年中俄經濟聯盟的構想荒謬可笑，因為兩國在長期的邊界糾紛與俄國圖謀朝鮮而侵害大清利益的行動之後，一直處於氣氛緊張的狀態。

然而，大清在甲午戰爭中慘敗，為俄國帶來了新契機。一八九五年春，伊藤博文和李鴻章在馬關進行和談時，維特認真考慮掃除阿穆爾河線的障礙以及興建橫跨滿洲鐵路一事。經歷四月的三國干涉還遼、仍沉浸於大清滿懷感激的善意之際，沙皇尼古拉二世收到了一份正式請願書，其內容為請求授予「勘察滿洲線」的權限，這條鐵路「與阿穆爾河線相比，預計可節省約七百俄里的距離以及三千五百萬盧布的支出」。[3]維特隨後於一八九五年七月六日（舊曆六月二十四日）提出一項計畫，即在法國的參與下成立一家俄國銀行，以「加強俄國對大清經濟的影響力，用以抗衡英國因奪取大清海關管理權而在當地建立起的龐大經濟勢力」。[4]為了依照《馬關條約》繳付第一筆賠償金給日本，大清迫切需要貸款。

之後，維特成功為大清爭取到貸款。這位財政大臣憑藉高明的手腕與詭計和法國銀行談妥了貸款條件。大清將在俄國的擔保下得到價值一億盧布的黃金，並利用海關總稅務司的稅收來償還債務。若大清未如期還款，俄國有權干預海關總稅務司的運作。[5]貸款協議於七月五日（舊曆六月二十三日）達成。維特完成了一項令人印象深刻的外交壯舉：他為大清的貸款提供擔保，以便其償還對日本的戰爭賠款，確保大清對俄國欠下人情。[6]

俄國的陰謀算計並未就此止步。貸款契約簽定的隔天，維特即向法國財政部提議「在法國的參與及俄國政府的保護下成立一家俄國銀行」。該銀行將處理大清政府的貸款、獲得鐵路建設的特許權及建立電報通信等其他計畫。正如維特在七月二十六日（舊曆七月十四日）上呈沙皇的報告中所述，該銀行的主要任務是「加強俄國在經濟方面的影響力，而英國在大清的經濟影響力，主要得益於其奪取了大清海關的管理權」。法國接受了這項提議。這家俄國銀行擁有六百萬盧布的資本，其中八分之五由法國銀行出資，八分之三由俄國出資。[7]天津華俄道勝銀行（Russo-Chinese Bank）於一八九五年十二月十日（舊曆十二月二十二日）成立，是東亞最大的金融機構之一。俄國外交官羅曼・羅森（Roman Rosen）後來稱其不過是「稍加偽裝的俄國國庫分行」，因為該銀行的運作完全以俄國的利益為主。[8]

一八九五年五月，未來的交通大臣基爾科夫親王（Prince M. I. Khilkov）向沙皇請求允許，著手勘測部分的鐵路線。九月，一支由勘測員和翻譯人員組成的探險隊在俄羅斯哥薩克部隊的護送下，踏上了前往滿洲的旅程。這次的勘測考察讓俄國駐華大使喀希尼陷入了尷尬處境。貸款協議於六月簽訂後，大清不禁心生懷疑，因為有傳聞指出俄國正計畫興建一條鐵路，其途經涅爾琴斯克、齊齊哈爾到符拉迪沃斯托克，再穿越滿洲領土。[9]「這感覺就像是一個拙劣的玩笑，」外交副大臣拉姆斯多夫（V. N. Lamsdorf）感嘆，「我們不斷駁斥我國有意修建滿洲鐵路的指控，而另一邊，我國的工程師正進行大規模勘查！」阿穆爾州州長杜霍夫斯基（S. M. Dukhovsky）提議讓「工程師佯裝成普通的旅人」，但喀希尼否決了這個提案，他指出：「他們受託進行的工作太過引人注意，隨行的中國勞工可能會誤以為，他們的出現具有軍事目的且將對大清造成危險。」[10]

喀希尼向清廷保證，此次勘測不具帝國侵略的意圖，而諷刺的是，「〔到頭來〕地方政府官員竟得奉命保護俄國工程師」。然而，令喀希尼受挫的是，他並未持續收到相關消息。「我國的軍官及工程師多次前往滿洲，這逐漸令大清不安了起來。不知長官能否告知目的為何，以便我與清廷官員溝通時表達我國的立場？」起初看似為鐵路工程進行的協調，實際上雜亂無章。一八九五年夏

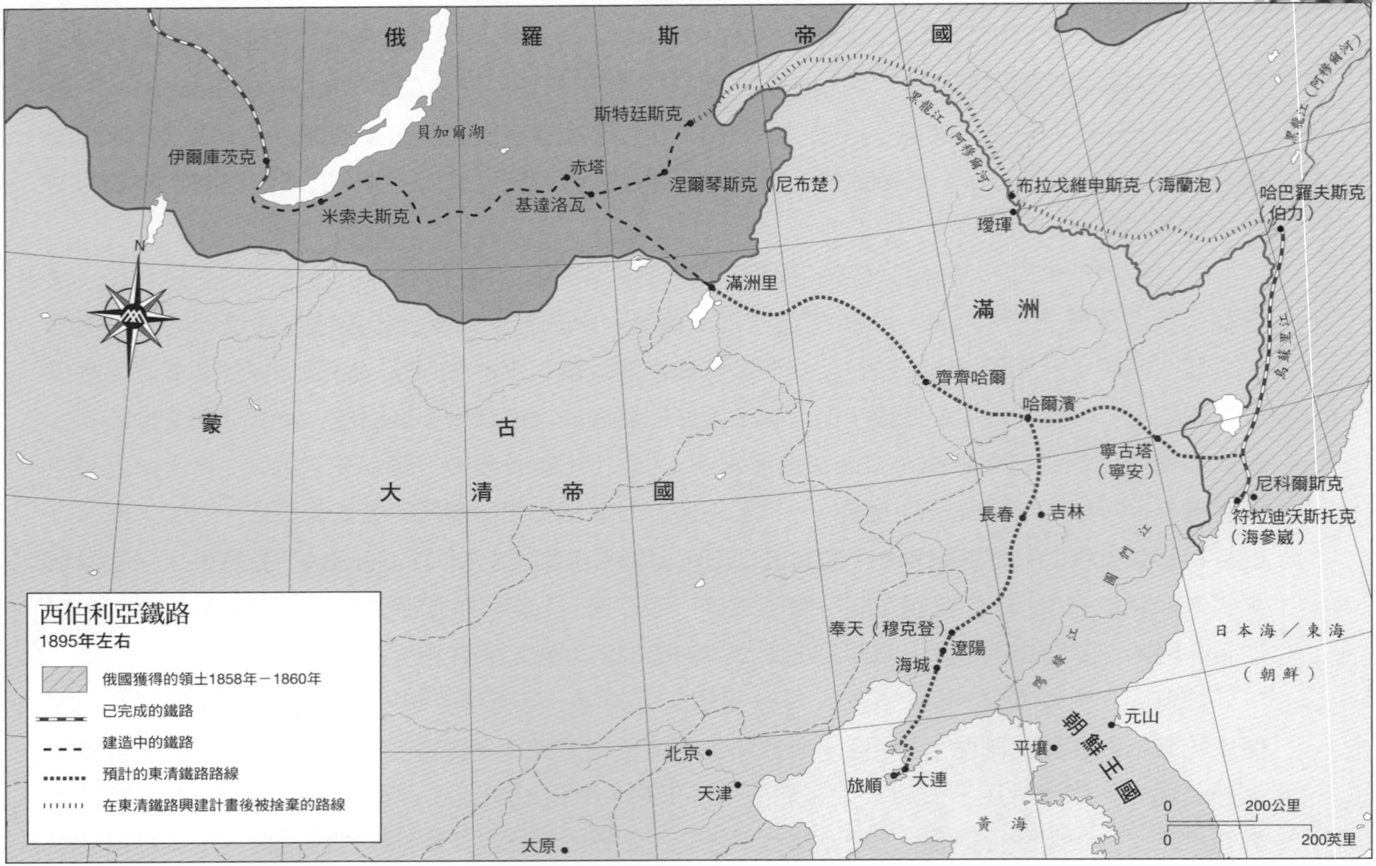

1895年，以尼科爾斯克為起點穿越滿洲的新鐵路線計畫。滿洲段從1897年開始修建，兩年後，俄國與大清協定，將鐵路延伸至旅順港與大連。因為這條鐵路線而棄修的黑龍江鐵路最終於1916年完工。

天，俄國在未通知俄國大使、更別說是請求大清放行的情況下，便決定派遣勘察團前往滿洲，恐怕會在關鍵時刻與大清關係惡化。「各國無不利用大清當前的局勢謀求己利，尤其是法國，唯獨我們固守大公無私的立場。」喀希尼警告，「目前大清非常崇敬我們，但其感激之情令人捉摸不定。」[11]

深入滿洲

要在滿洲興建一條鐵路，實際上相當困難：綿延兩百多公里、與東部戈壁沙漠相似的「寒冷高原沼澤」，長達五百八十六公里、海拔超過九百一十公尺的山區，以及四百八十三公里長、在雨季期間河水氾濫的松花江河谷，皆使這條鐵路將變成「一大片泥淖」。從寧古塔到尼科爾斯克的最終段則面臨「軟黏土質」的挑戰，若不大量填土，則不足以作為堅實穩固的地基。[12]

基爾科夫希望探勘的正是最後這一段路線，而勘察團將由工程師斯維亞金（N. S. Sviagin）率領。一八九五年八月三十日（舊曆八月十八日），他們在黑龍江沿岸的哈巴羅夫斯克登上內河船普提雅廷號（Putyatin），駛向烏蘇里江，向南前往符拉迪沃斯托克，之後徒步向西前往俄國的尼科爾斯克鎮，在濱海邊疆區軍事首長溫特貝格爾（Unterberger）將軍的安排下，與勘察團的其他成員會合，其中包括「精通漢語、中國風俗習慣的同志」格里戈利・阿列克謝耶維奇・莫西姆（Grigory Alexeevich Mosim）；身為隊醫、「同時也擅長地形測量學」的帕維爾・騰欽斯基（Pavel S. Tenchinsky）；四名清兵，以及十名哥薩克部隊士兵組成的護衛隊。[13]這群人從尼科爾斯克出發，沿著綏芬河到達大清邊境的匯流處。一進入大清境內，他們將繼續沿河西向，然後沿著牡丹江往北跋涉，希望能在冬季來臨前抵達最終目的地——寧古塔。

在尼科爾斯克，溫特貝格爾警告斯維亞金，清政府尚未正式批准他們進行勘察。斯維亞金事後回憶，到達邊境時，「我必須自行決定是否進入大清領土」。萬一俄國勘察團與清廷發生糾紛，溫特貝格爾便可以此為自己開脫。然而，斯維亞金並不擔心大清的反應，而是害怕凶猛的紅鬍子盜匪持續帶來的威脅。他表示：「我們在〔前往大清邊境的〕途中遇到的商人及所有想做生意的人都有武裝護衛隨同。紅鬍子藉著活動範圍鄰近俄國邊境之便，經常對我國領土發動攻擊；例如一八九四年，他們襲擊了穆拉維夫—阿穆爾斯基車站，該站是南烏蘇里鐵路的終點站。早期紅鬍子武裝攻擊事件更是時有所聞。一八七四年，他們搶劫並焚燒了寧古塔的部分區域。」[14]

除了紅鬍子之外，斯維亞金預期不會遇到太多麻煩，因為這個地區人煙稀少。這片土地的廣闊空曠令他驚訝不已。雖然「處處可見聚落遭到摧毀的跡象」，但一行人走了數星期都沒有遇到任何一座村莊。除了沿途散布的幾座軍事前哨外，該區域大多無人居住。他認為原因之一可能是十七世紀初的滿族入侵。他表示：「一六〇七至一五年間，〔滿族〕入侵綏芬河，帶走了兩萬多人。這場侵襲摧毀了該地區，使其不久後便林木叢生。」此外，強烈的季風和持續的氾濫也可能「與滿清的破壞性入侵同時發生，摧毀此地曾經存在的文化」。他推測，這樣的環境「驅使人們逃往其他地區，以致這片曾經種有作物、如今已遭毀滅的土地無法重生」。[15]

勘察團抵達寧古塔時，冬季已經來臨。除了幾次與紅鬍子的近距離衝突之外，一切都按計畫

1895年10月，斯維亞金（右中）率領工程師進行東清鐵路的初步勘察。（《一八九六至一九二三年東清鐵路歷史調查》〔*E. Kh.Nilus, Istoricheskīī obzor' Kitaĭskoĭ vostochnoĭ zhelieznoĭ dorogi, 1896-1923 g.g./ Historical survey of the Chinese EasternRailway, 1896-1923*〕哈爾濱，1923，第41、47頁）

順利進行。斯維亞金認為，這條鐵路是建得成的。他對沿途遇到的清廷官員也讚不絕口。「雖然我和旅伴們都是懷抱科學目標的個人，不代表任何官方單位，依舊受到了尊榮般的禮遇、熱情的款待以及設身處地的同理對待。」儘管溫特貝格爾將軍先前曾提出警告，斯維亞金到目前為止尚未遭到大清當局的刁難。騰欽斯基博士「很高興」他設法蒐集到了一個紅鬍子的樣本。「我們在路邊的一棵樹下發現一顆頭顱，這似乎是處決罪犯後展示其屍首的中國習俗。他們（清兵）在這裡處決了一個紅鬍子盜匪，並將他的頭顱掛在樹上……騰欽斯基醫生對滿族人的頭骨充滿好奇，離開時便一起帶走了。」[16]

斯維亞金一行人快到寧古塔時，一支清軍分遣隊前來迎接，這是他們在長達三個月的旅途中，遇到陣仗最大的一群中國人。莫西姆向他們解釋了這次勘察的科學目的，但並未提及鐵路，反正那些士兵肯定對鐵路一無所知。那群士兵似乎採信了他的說詞，命大家跟著他們進城。斯維亞金憶起了當時一令人費解的景象，那就是滿洲「空空如也，只有清政府刻意營造的那麼一點點的文化遺跡」，而這似乎是他歸結得出滿洲所具有的意義。「進入寧古塔時，我首先注意到的是一座沒有〔獨立〕墳墓的墓地。一堆棺材就這樣散亂地丟在路邊幾棵大樹下的空地上。其中有幾口棺材，腐爛的屍體外露；有些屍體則根本沒有棺材可裝。」這樣的景象令他感到不安。「在一個緬懷先祖與敬畏死者、慎終追遠信念貫穿私人生活及公共秩序各方面的國家，這般情景讓我徹底深感震撼。」這是大清帝國的冰山一角，與其他地區就像是兩個完全不同的世界。[17]

李鴻章與維特的會面

大清會為了與俄國打好關係，而放棄滿洲這片腹地的特許權嗎？就在斯維亞金與團隊即將結束在滿洲的勘察任務之際，在聖彼得堡那一頭，外交大臣羅拔諾甫（Aleksey Lobanov-Rostovsky）及財政大臣維特正討論東清鐵路（也就是穿越滿洲的那條鐵路）的問題。羅拔諾甫於十一月寫信給尼古拉二世，希望沙皇能指示喀希尼大使針對穿越大清領土的鐵路問題與北京展開談判。[18]從赤塔經由滿洲到尼科爾斯克的鐵路路線，遭到了阿穆爾州州長杜科夫斯基（Dukovsky）與外交部亞洲司司長卡普尼斯特伯爵（Count Kapnist）的反對。兩人都認為，不該只考慮較低的建設成本，因為如果不採取強制措施、甚至是軍事占領，就不可能興建一條穿越他國領土的鐵路。這也可能導致大清遭到瓜分，使英國得以奪取「可望確保其在黃海享有永久優勢的海軍基地」。卡普尼斯特主張讓這條鐵路沿黑龍江穿越俄國領土。他認為「這條鐵路雖然會長一些，但地理位置更好」，意思就是政治風險較小。[19]

杜科夫斯基附和卡普尼斯特的擔憂，即鐵路的興建不可避免地需要出動大量俄國軍力，否則大清「將有無數機會可中斷鐵路的運作」。他警告，一旦「有任何一丁點政治難題出現，我們將被迫捍衛這條大部分路段不在我國境內的鐵路」。他認為這項計畫是「重大的歷史錯誤」。[20]

最終，尼古拉二世站在維特與羅拔諾甫那一邊。初步研究顯示，沿黑龍江修築的路線將面臨嚴重的技術挑戰，難度更甚於滿洲鐵路。「大部分路段必須穿越陡峭的山脊，意味著隧道與橋梁的建造不可或缺。」若要建造一條橫跨黑龍江連通哈巴羅夫斯克的橋梁，將耗資約一百二十億盧布。此外，阿穆爾河段鐵路的修建「將妨礙俄國境內黑龍江的航運，因為鐵路將與其爭道」。滿洲鐵路除了難度較低之外，也具有地理優勢，位處「氣候相對宜人、土地也較肥沃」之地，農作物需求大。此外，符拉迪沃斯托克將成為遠東地區的主要港口，連接此地與西伯利亞及歐俄，並創造具優勢的貿易條件，「不僅有助於開發滿洲地區，也有利於整個大清的發展」。[21]

一八九五年十二月，喀希尼接獲通知，要和總理衙門的官員展開會談，以取得必要的合作及許可。此次會談始於一八九六年四月，進行得並不順利。[22]總理衙門告知喀希尼，清政府決定不授予任何外國勢力或企業特許權。喀希尼不滿地提出警告，大清這種態度將讓聖彼得堡留下「極其不快」的印象，而此次拒絕將「使大清承受最災難性的後果」。[23]

不久後，俄國有了另一個尋求鐵路特許權的機會。那是一八九六年五月的尼古拉二世加冕典禮。李鴻章代表大清皇帝出席在聖彼得堡舉行的典禮。[24]維特和羅拔諾甫安排在典禮前夕與李鴻章會面，試圖說服這位總督同意授予鐵路特許權。

五月三日，羅拔諾甫和維特在聖彼得堡與李鴻章會談。俄國提出的建議和喀希尼在北京與總理衙門所討論的一樣，不過強調了安全方面的問題。興建一條以俄國為起點跨越滿洲的鐵路，將讓俄國得以在日本發動攻擊時迅速支援大清。[25]李鴻章則堅持，俄國必須簽署共同防禦條約，作為鐵路特許權的交換條件。[26]他還要求俄國承諾遵守大清帝國的完整原則。維特與羅拔諾甫都向李鴻章保證，鐵路特許權「不會是俄國侵略大清領土的原因，也不會侵害皇帝的主權」。五月八日會談結束時，李鴻章似乎傾向接受俄國的提議。隔天，他寫了一封有關中俄條約的信給總理衙門：「大意是，一旦大清發生任何不測，俄國將挺身而出。」[27]

一八九六年中俄密約

不到一週，維特向李鴻章遞交了一份條約草案，內容約定，一旦日本入侵大清或朝鮮領土，大清將以滿洲鐵路為代價換取俄國的保護。草案還規定，任何一方都不得在未告知對方的情況下單獨簽訂和平協議，以及此盟約自鐵路啟用日起的十年內均有效。[28]羅拔諾甫向維特表示，他會將這份草案呈交給沙皇批准。然而，翌日維特收到草案時，不禁擔憂了起來，因為抗日防禦同盟的相關條款有所更動。事後維特表示：「更動後的條款載明，萬一大清遭受攻擊，我們有義務保衛大清，而如果濱海邊疆區遭到攻擊，大清有義務保衛我們。」這項更動是一個根本性的錯誤。他指出：「針對所有〔第三國〕勢力的防禦性同盟，和針對日本的防禦性同盟有很大的差別。」維特要求羅拔諾甫必須恢復原本的措辭。

然而，令維特苦惱的是，他在指定的簽署條約的當天（六月三日，即舊曆五月二十二日）發現那項有爭議的條款並未更動，意思就是，「我們仍有義務保衛大清不受任何勢力的攻擊」。他如此描述：

> 我前去會見羅拔諾甫親王，告訴他條款並未按照沙皇的意思修改。我以為外交大臣刻意省略了這一步，但令人意外的是，他敲了敲額頭說：「天哪！我忘了要書記官們依照草案重謄這項條款了。」接著表現出一副鎮定自若的樣子，低頭看了看手表，時間是十二點十五分。他拍手叫了僕人，命他們端來午餐（他原本預定在簽署條約後用餐）。然後，他轉頭對李鴻章和其他人提議，既然已經過了中午就先用餐，免得餐點涼了，簽約的事稍後再說。除了兩名書記官外，我們都先吃了午餐。用餐時，他們按照我在聖彼得堡要求外交大臣修改的內容重新擬定了條款。等到我們準備簽署時，舊版本已經刪除，而新的條約已準備就緒。[29]

事後證明，這項更動事關重大，對大清及東亞地區造成了嚴重的後果。李鴻章未能察覺條款載明的防禦義務僅針對日本的入侵便簽了條約，因而鑄下大錯。[30] 一八九七年，俄國拒絕阻止德國占領青島的行為，顯露了這個悲劇性錯誤的慘重後果。

一八九六年六月三日（舊曆五月二十二日），維特、羅拔諾甫和李鴻章在莫斯科簽訂條約，同意了這項關於鐵路特許權的重要條款，其明定：

> 第四項條款：今後為方便俄軍迅速且安全地調動兵力與運輸物資，以對抗敵軍並供應軍需，清政府同意讓俄國在黑龍江與吉林境內興築鐵路，以通達符拉迪沃斯托克。但是，俄國不得以修築鐵路為藉口，侵犯大清領土或大清皇帝的合法權利與特權。清政府將委託天津華俄道勝銀行管理鐵路事宜。大清駐俄公使與該銀行將當場協商並議定條款。[31]

換言之，大清將授予俄國從赤塔途經大清領土直達符拉迪沃斯托克的特許權，但這並不表示俄國有奪取大清領土的企圖，大清也並未放棄對特許權的主權。鐵路的興建與管理將交由一家私營企業負責，即東清鐵路公司（Chinese Eastern Railway, CER）。[32]

維特以最小的代價從條約中獲得了他想要的一切：利用東清鐵路公司興建穿越滿洲的鐵路之權利，雖然該公司主要由法國銀行資助，但實際上是俄國政府的一個分支。尼古拉二世登基僅一個月後，便在短短數個月內取得了外交上的勝利。維特由衷表達祝賀：「大清終於打破了百年不變的政策，允許俄國修建鐵路，穿越其地位崇高的滿洲地區。」他振奮寫道：「這是一件大事，拜沙皇的智慧、遠見及堅持所賜。我們難以預測〔此事件〕將帶來何種重大影響，但這無疑在俄國遠東史中寫下了最重要的篇章之一。」[33]

北緯三十八度線

俄國慶祝條約順利簽訂之際，日本方面很不是滋味。十月二十八日，儘管維特與李鴻章對外持續否認中俄密約的存在，但相關機密文件的部分內容仍被公布，且造成了極具衝擊性的影響，並引發外界對兩國的同盟產生激烈反彈。大清各省首長批評，該條約為其他強國尋求類似領土特許權開了先例。此般內情也對日本及其在朝鮮的利益帶來了隱憂。[34]在日本看來，這項「祕密」條約等同於「反日祕密同盟」。[35]

外交大臣羅拔諾甫明白日本對此感到憤怒，而且願意「不惜一切代價，甚至冒著開戰的風險」來捍衛日本在朝鮮的利益。[36]參與中日甲午戰爭的俄國軍事觀察家沃格克（Vogek）上校也相當清楚這一點；他認為，大清或英國都不是俄國在遠東地區面臨的真正威脅。「日本才是最關鍵的因素，而且是極大的隱憂。」[37]羅拔諾甫建議，在滿洲路段開通之前，上上之策是不要與日本作對，並且就朝鮮問題與日本締結臨時協約。

分別統領日本內閣與軍隊的伊藤博文及山縣有朋，也急切希望避免與俄國發生衝突。山縣有朋在加冕慶典期間抵達莫斯科，向俄國提議沿著北緯三十八度線劃分朝鮮——這詭異地預示了近五十年後，美國與俄國在二次世界大戰後依此劃分占領區的協議。羅拔諾甫斷然拒絕了這項提議，但同意共同承認朝鮮「獨立」。一八九六年六月，兩國同意限制派駐朝鮮的兵力，協助朝鮮高宗建立軍隊、警察部隊及管理財政，並在必要時提供貸款。[38]政治上，這項協議使日本遭受重大挫折，因為承認了俄國與日本在朝鮮半島上擁有平等的權利及地位。日本才剛結束與大清的戰爭，贏得了朝鮮的獨占權，如今卻被迫與俄國共享平等權利。

日本不是唯一一個因俄國策略而權利受到侵害的國家。德皇威廉二世（Wilhelm II）也感覺受騙。他比法國更強烈支持俄國對日本的干預，但德國不像法國那樣，並沒有因為支持維特的計畫而獲得任何實質利益。不同於英國或法國的是，德國幾乎沒有得到多少和其帝國地位相符的殖民地。

威廉二世於是決意要取得位於山東半島南岸的青島。一八九六年，德國駐俄大使拉多林親王（Prince Radolin）開始向新任命的外交大臣米哈伊爾·尼古拉耶維奇·穆拉維夫（Mikhail Nikolaevich Muravev）打聽青島的情況（一八九六年八月，羅拔諾甫隨沙皇出訪時因心臟衰竭意外去世）。一八九七年七月，拉多林向穆拉維夫提起此事。儘管事先收到了警告，尼古拉二世在七月十七日與威廉二世會面時仍中了對方的「埋伏」。威廉二世直截了當地問「他〔尼古拉二世〕是否會反對德國駐軍膠州〔青島〕」。尼古拉二世想都不想就表示不會反對。[39]

事後，尼古拉二世懊悔不已。他向叔叔阿列克謝·亞歷山德羅維奇大公（Grand Duke Alexei Alexandrovich）坦承，自己被德國表親「耍了」。對軍港有所了解的亞歷山德羅維奇大公則回應，由於他並未給對方書面同意書，因此隨時可以撤銷這項協議。尼古拉二世連忙表示不可行。「不、不，我已經答應他了，不能反悔。出爾反爾是最惱人的行為。」[40]一八九七年十一月，威廉二世藉本國傳教士遭到殺害一事為由，派遣艦隊占領山東港口城市青島，而清政府立即向俄國求援。然而，穆拉維夫乘機以大清的請求為由，光明正大地進駐旅順與大連。穆拉維夫主張：「多虧了大清的求助，這下子我們就有正當理由解釋，在大清領土上任何地點展開的行動，都是為了在太平洋海域進一步發展出對大清不利的情況下，向本國的分遣艦隊提供穩固的後援。」[41]此外，俄國已決定興建東清鐵路，因此必須防止外國勢力透過這條路線入侵遼東半島的可能性。

背叛

正確的作法應該是迫使德軍撤退。維特聽聞占領旅順和大連的計畫時極力反對，並認為此舉違背了一八九六年密約的「精神」。他宣稱：「俄國承諾保護大清，卻不應該侵占其領土。我們不該學習德國的壞榜樣，而是應該盡一切可能勸退德國占領青島。」[42]穆拉維夫回應，那項密約只規定俄國有義務幫助大清對抗日本，德國占領青島的行動並不屬於條款適用的範圍。[43]尼古拉二世起初抱持和維特一樣的想法，後來轉而支持穆拉維夫。這名外交大臣的主張說服了他，倘使俄國軍隊不占領這些港口，「英國將取而代之」。[44]一八九七年十二月初，俄國船艦駛進了大連與旅順。

清政府大感錯愕。光緒皇帝的恩師翁同龢在日記中訴說了大清的沉痛。「我們獲知俄國大舉出兵旅順的消息後，反覆權衡了當前局勢。大臣們聲淚俱下，不敢相信這種情況竟會發生。我們難辭其咎。」皇帝勃然大怒。三月二十二日，他召李鴻章和恭親王進宮。

光緒皇帝怒不可遏，當面斥責恭親王與李鴻章：「你們口口聲聲說可以依靠俄國，與對方簽了條約，使其享盡好處。如今，俄國不但沒能阻止德國（占領青島），反而自毀約定，欲侵占我國領土？這叫作示好？」恭親王和李鴻章連忙摘下帽子（表示認錯）磕頭道：「如果我們交出旅順與大連，密約依然有效。」光緒皇帝氣得全身發抖。慈禧太后問他：「那麼這次，你想宣戰嗎？」光緒沉默不語。[45]

俄國「臨時占領」旅順的消息，同樣引起了日本的憤怒及不滿，他們看到俄國船艦停泊在自己於一八九五年被禁止進入的港口，當然震驚不已。三個月後，中俄兩國於一八九八年三月二十七日簽署協議，大清將旅順租借給俄國，並特許俄國興建一條鐵路支線連接東清鐵路及遼東半島南端。[46]日本對此感到不敢置信。

然而，日本新任駐俄公使林董卻認為，這些不祥的發展是鞏固日本在朝鮮地位的機會。一八九八年一月初，他找俄國外交大臣穆拉維夫商量，試圖達成協議。[47]日本政府一直非常希望能達成一項協定，即授予俄國全權處置滿洲的權力，以換取日本在朝鮮類似的自由權利。[48]日本屢次提出這項利益交換的方案——眾所周知的「滿韓交換論」，意即「以滿洲換取朝鮮」。俄國知道日本對其在大清的地位感到強烈不滿，起初看似同意這項提案。他們的優先要務是興建東清鐵路，而不是在朝鮮問題上與日本針鋒相對——而朝鮮是俄國無論如何都希望最終能得到的一塊拼圖。之後，外交副大臣拉姆斯多夫指出：「基於地理與政治因素，朝鮮早注定成為俄羅斯帝國未來的一部分。」[49]

一八九八年四月二十五日簽訂的日俄《西—羅森協定》（*Nishi-Rosen Agreement*）並未滿足日本全權處置朝鮮的要求；俄國只承認日本在朝鮮半島擁有特殊的商業及工業利益。該協定甚至使得俄國和日本在朝鮮問題上處於平等地位，因此和一八九六年山縣有朋與羅拔諾甫簽署的協定相比，並未取得重大進展。外務副大臣小村壽太郎事後坦白表示，日俄《西—羅森協定》「什麼都不是」。[50]顯然，這絕非林董提出滿韓交換論時一心想達到的目的。不料，向來唯恐激怒俄國的伊藤博文卻決定退讓。日本的財政狀況極糟，軍事及海防也需要時間備戰。日本沒有能力再打一場戰爭，尤其是不得不與俄、德、法三國打交道的情況下。[51]

日本不是唯一一個對俄國占領大清領土之舉起疑心的國家。極具影響力的《當代評論》（*Contemporary Review*）如此看待遠東地區令人擔憂的局勢：「歐洲國家的外交手腕似乎已退化為單純關注俄國的一舉一動。」並提出警告：「若要統計俄國外交近期取得的勝利，就得一一清點世界上一半的國家。然而，這麼做對我們有利的原因只有一個，那就是這些勝利幾乎都讓英國直接或間接付出了代價。」[52]

一八九八年二月，經過冗長的辯論，英國下議院通過了一項決議，指出「保持大清領土的獨立，對英國的商業及影響力至關重要」。[53]英國透過《展拓香港界址專條》（*Convention for the*

Extension of Hong Kong Territory）*迫使大清出租新界（New Territories）九十九年，以確保香港的安全。一個月後，也就是一八九八年七月，英國占領威海衛。

美國目睹俄國「使盡心機背信棄義」的種種作為，唯一的反應是忿忿不平。美國駐華公使田貝（Charles Denby）寫道：「我非常清楚，自從華盛頓總統發表〈告別演說〉以來，我們在干涉外國事務的問題上可說相當保守。儘管如此，在不侵犯〈告別演說〉神聖性的同時，我們仍應探究的是能否抱持任何對自己有利的中間立場……〔並且〕公開譴責其他國家厚顏無恥地公然對大清強取豪奪的行為。」[54]遺憾的是，美國遲遲未就其所謂的「中間立場」做出確切表述。

---

* 譯註：本專條於一八九八年六月簽訂。

第十二章　海上強權

從阿爾弗雷德・塞耶・馬漢（Alfred Thayer Mahan）上校早年在美國海軍的職業生涯，看不出他注定成為當代最偉大的戰略家與地緣政治理論家之一。一八八三年，當時四十多歲的馬漢是美國海軍最破舊艦艇之一瓦楚塞特號（Wachusett）的指揮官。這艘船艦甫結束南太平洋的巡航，亟需維修。當時，美國駐祕魯利馬（Lima, Peru）公使正協助智利與祕魯在接近尾聲的戰爭中進行和平談判。馬漢負責在厄瓜多（Ecuador）、祕魯及智利（Chile）之間巡航，保護在這些國家工作的美國公民。[1]這份工作並不起眼。馬漢指揮一艘「三流船艦」執行毫無前途的任務，這似乎預示了他平凡無奇的海軍生涯即將走到盡頭。[2]

幸運的是，馬漢獲得了轉換職業跑道與人生方向的機會。一八八四年，他收到史蒂芬・盧斯准將（Stephen B. Luce）的來信，邀請他到羅德島紐波特（Newport, Rhode Island）即將成立的海軍戰爭學院（Naval War College）任教。在盧斯的敦促下，海軍決定成立一所致力於海軍史與戰略之系統性研究的學院。盧斯想起了這位足智多謀的前任艦長，認為他很適合這所新學院。倘若進入這所學院擔任教職，馬漢將可在極大程度上自由設計海軍史課程，讓學生能夠「將特定類別的事實融會貫通，而透過這種歸納，他們可以自行制定一套原則，未來指揮戰備海軍軍艦時能派上用場」。[3]這是一個令人興奮的機會，而馬漢欣然接下了這份工作。

為了準備這門課程，馬漢潛心研究歷史。當時，他贊同美國海軍的反歷史主義傾向，認為「過去的海軍史已成往事，對現在毫無用處」。那麼，他要如何才能讓過去的歷史對今日具有意義呢？他在祕魯的卡亞俄（Callao）找到了答案，「那是個沉悶得令人無法想像的海濱城市」。在英國俱樂部（English Club）的圖書館，他看到了偉大的德國歷史學家特奧多爾・蒙森（Theodor Mommsen）所著《羅馬史》（*History of Rome*）三卷套書的譯本。這套書改變了他的一生。

馬漢對書中描述西元前三世紀迦太基（Carthage）與羅馬共和國（Roman Republic）爆發的第二次布匿戰爭（Second Punic War），這場古代最慘烈的衝突之一尤其印象深刻。在敘述迦太基將軍漢尼拔（Hannibal）入侵羅馬時，蒙森強調了羅馬海軍擊敗漢尼拔軍隊的優勢。馬漢後來寫道：「或許是受到作者某句無意間的言語所啟發，我突然想到，假使當初漢尼拔從海路入侵義大利，就像古代羅馬屢次侵略非洲那樣，而不是經由漫長的陸路；或者他在抵達之後，經由水路與迦太基自由聯繫，歷史的發展會有多大的不同。」[4]漢尼拔最終放棄在義大利的苦戰，迦太基的地中海帝國就此滅亡。馬漢歸結道，漢尼拔的失敗歸根究柢是因為他未能掌握海權。他對海權在歷史上的作用和影響，以及由此延伸出的大陸與海上強權的本質及其衝突的洞察力，構成了他畢生心血的核心：亦即凸顯「商業與軍事方面的海權如何深刻影響國家政策；而這同樣也是國家政策成敗的重要因素。這迄今仍是我的教學目標」。[5]

馬漢在海軍戰爭學院授課的內容最終於一八九〇年出版成冊，書名為《海權對歷史的影響（一六六〇年至一七八三年）》（*The Influence of Sea Power upon History, 1660-1783*），這無疑是他最偉大的成就。這部著作涵蓋範圍極廣，反映了當代世界局勢及美國在其中的地位。十九世紀的工業擴張，引發了列強對市場和原物料來源的激烈競爭，誰掌握更好、更有效率的海上貿易路線及公路，誰就能獲益。[6]由於預期到一八九三年之後經濟大蕭條將持續數年，加上美國歷史學家弗雷德里克・傑克森・透納（Frederick Jackson Turner）於同年發表了美國邊界消失的論點，馬漢認為，美國必須做出抉擇，是要繼續保持大陸強國的地位，或是接受作為海上強權的命運。[7]「相較於目前的需求，國內的資源取之不竭；我們大可在『自己的小角落』永無止盡地自給自足……然而，如果這個小角落遭到一條穿越地峽的新商路入侵，美國就會像那些放棄了人類與生俱來的權利——海洋——的國家一樣，幡然醒悟。」[8]

同時，馬漢謹慎區分了美國的擴張主義與歐洲的帝國主義。歐洲領袖渴望在殖民地挖掘原物料、傾銷過剩產品並開發定居地，馬漢則強調，美國海外屬地的功能是作為戰略基地，作為通往亞洲與拉丁美洲遠洋市場的「跳板」。[9]這些基地可作為「歇腳處」，供美國商船「補充燃煤及維修零件」，並支援保護與捍衛海洋貿易的美國海軍。他解釋：「透過海洋貿易與海軍優勢掌握海權，就等於在世界上擁有支配權。」這是因為「無論在陸地創造的財富多麼龐大，都無法像海洋那樣有效促進必要的交流」。[10]

馬漢的海洋思想之所以具有影響力，是因為可以轉化為具體的行動方案。他對於一八九〇年代美國擴張主義的看法，理智地說明了美國為何及如何得以拓展其在陸地上的界限。[11]要做到這一點，不但需要挖掘地峽運河（巴拿馬運河）並連接「兩個舊世界（Old World）與兩大洋」，根據他提出的「跳板」概念，還得吞併菲律賓和關島（Guam）。[12]一八九八年十二月，與西班牙的戰爭促使美國取得了這些新的「加煤站」。此外，自一八九三年以來，實際上一直由美國糖料園主控制的夏威夷，也於七月遭到美國吞併。一八九九年，美國海軍占領威克島（Wake Island），如此一來，一條鋸齒狀的戰略基地線從加州、夏威夷、威克島、關島一路延伸到了菲律賓。這些領地的獲得並非出自戰前的運籌帷幄，而單純只是「商業擴張過程的插曲」，它們並非「真正意義上的帝國版圖」，而更像是通往大清的「跳板」。[13]馬漢重申：「所有國家都必須致力基於對自身及大清有利的動機來追求其商業目標，而不是展現軍事力量，更不是使用暴力手段，而貿易及其收益……是最明顯、也最具說服力的表現。」[14]

對中國市場，以及對於一連串可望將美國的政治與商業影響力擴展至亞洲的關注，也證明了海約翰、威廉．麥金利、亨利．卡伯特．洛奇（Henry Cabot Lodge）與美國前總統老羅斯福等知名美國人士支持的擴張主義論有其道理，他們認同馬漢的重商主義觀點，同時批駁帝國主義的信條。由此可見，就連像馬漢這樣曾經堅決秉持反帝國立場的人士，也轉而認同海權主義，因為其中心原則並不是透過軍事力量擴大國家版圖，而是促進貿易與商業的發展。[15]「真相很簡單，」老羅斯福在一九〇〇年為自身主張辯護，「目前的擴張政策與『帝國主義』或『軍國主義』沒有任何相似之處，而這種政策從建國那一天起，便是美國歷史的一部分。」[16]

馬漢的海權理論之所以吸引人，還有另一個原因。他的論述蘊含一種觀點：人類的發展史，是海上與陸上強權長久以來的競爭。近代日本與大清的對抗就證明了這一點。馬漢對中日甲午戰爭的著墨甚少，反觀日本卻非常關注馬漢，並認為自己能夠戰勝大陸敵人，主要歸功於馬漢海權原則的運用。[17]雖然三國干涉還遼事件，迫使日本的領袖們放棄了一八九四到九五年得來不易的成果，但這般羞辱也使他們意識到，若想挫敗另一個大陸強權——俄國——巧取豪奪的威脅，就必須拉攏盟友。美國對這場衝突的看法，似乎證實了馬漢的分析與理論。在他們眼中，馬漢所謂的「朝鮮戰爭」不是日本大陸擴張主義的徵兆，而是日本準備與其他海上強權合作，以開啟中國的廣大市場，終結「〔大清〕排外與保守政策的愚蠢」。這場戰爭喚醒了中國巨人，而美國企業得以從日本的善舉中撈到好處。馬漢向老羅斯福坦言：「日本對美國非常友好。我樂觀其成，如此將可大大促進兩國的外交。」[18]

日本與美國似乎正利用海軍實力促進貿易，將自己打造成「馬漢式」的海上強權，反觀俄國，則走上了截然不同的道路：征服領土。維特對於東清鐵路只應作為促進國際貿易之和平手段的請求，在其和平滲透（penetration pacific）政策實際上導致滿洲被日本吞併時，便遭到當局充耳不聞。在馬漢看來，這是俄國作為大陸強權所面臨的困境，而美國需要有所反應（儘管有限），因為大清受到了威脅。馬漢指出：「俄國領地之分散及人口之集中、加上遠離公海的先天地理位置，致使俄國在與那些有領土爭端的亞洲地區的往來上，無可避免地大多依賴陸路。」[19]難怪俄國會感到

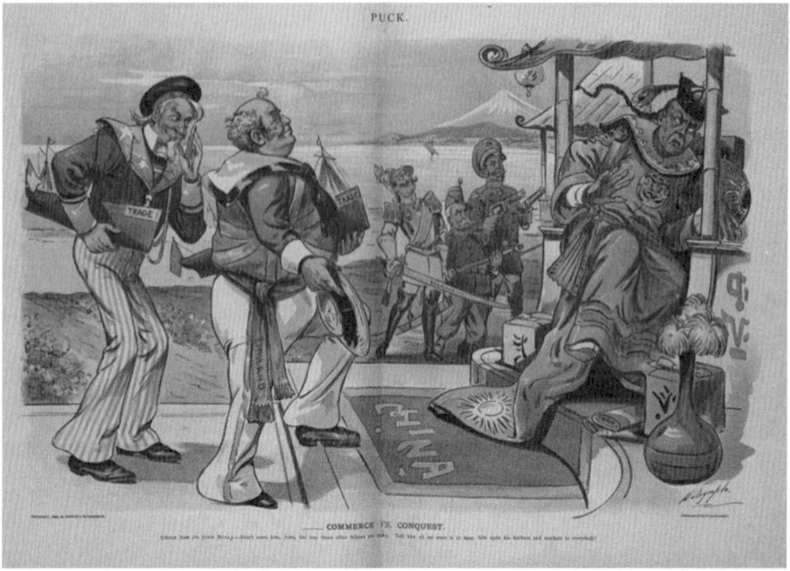

1898年2月2日，路易士・達爾林普（Louis Dalrymple）創作的〈商業與征服〉（*Commerce versus Conquest*）。約翰牛（John Bull，代表英國）與山姆大叔（Uncle Sam，代表美國）手上拿著標有「貿易」的船隻模型來到大清皇帝面前，站在一旁的德國、法國與俄國則手持武器虎視眈眈，令大清皇帝心驚膽顫。（美國國會圖書館版畫與照片部，LC-DIG-ppmsca-28776）。

不平，而且這種不平「〔應〕以侵略的形式表現出來——『侵略』二字是我們當中那些不希望看到國家有所發展的人士最喜歡的詞彙」。而俄國的傾向「必然是前進」。[20]儘管美國將這些衝突利益視為「反對與敵視的理由」是錯誤的，但面對那些受俄國擴張所威脅的國家「迫在眉睫的解體」，美國不能袖手旁觀。馬漢觀察道：「『物競天擇』一詞所隱含的這種競爭牽涉到衝突及苦難，而這些衝突及苦難……可以透過商議和協定的人為方法來避免。」[21]

這些用以挫敗俄國迫切擴張邊境與掠奪弱國——也就是大清——的「人為方法」會是什麼呢？

門戶開放政策

英國議會議員、皇家海軍艦隊司令查爾斯．貝雷斯福德勳爵（Lord Charles Beresford）給出了答案。一八九八年秋天，他表面上代表英國商會聯合會（Associated Chambers of Commerce）訪問中國，調查「有關確保英國貿易與商業利益之事宜」。臨行前，他會見了美國駐英大使海約翰，對方勸說他和當地的美國商界領袖會面。一八九九年初，貝雷斯福德自返國時取道美國，他告訴海約翰，他發現美國人「最能認同在中國維持完整，以及在對各國採門戶開放貿易的基礎上，與英國形成商業聯盟的想法」，並補充道：「我非常希望在不久的將來」，這種以門戶開放為前提的聯盟「成為絕對的事實」。[22]

貝雷斯福德向美國領導階層拋出了他所謂的「門戶開放或機會均等」的想法，其中包括時任美國國務卿海約翰。貝雷斯福德的作品《中國的分裂》（*The Break-Up of China*, 1899）一書成為中國政策方面最具影響力的著作之一。貝雷斯福德宣稱：「在我看來，未來的問題是這樣的。世界上的貿易大國，是否會允許那些一心想擴張領土的列強封鎖中國的財富，並當著他們的面關上開放的門戶？」如欲解決中國問題，必須透過加強外部和內部安全機構，來保證中國的完整及獨立。確保中國安全無虞，是所有貿易國與大清做生意的必要基礎，而若要實現這一點，就必須「徹底重組該國的軍隊與警察單位」。[23]

貝雷斯福德呼籲英國擔任領頭羊。「英國在中國擁有最大的既得利益，理應帶頭發起，邀請相關各方依照赫德爵士（Sir Robert Hart）籌辦大清海關的精神，共同組織大清的軍隊與警察單位呢？」[24]若要重組軍隊、警察單位，就必須指派英國和其他外國官員及顧問來管理這些機構，如同貝雷斯福德類比的海關。他也在意這麼做可能會招來外界批評，故而敷衍地反駁：「如果有人說我改組大清軍隊與警察的政策實屬好戰政策，我會回答，這是到目前為止，唯一能保證實現和平的計畫……倘若沒有和平，商業必會滅亡。」[25]

這是一項令人驚嘆、卻也不切實際的提議。雖然海約翰對貝雷斯福德的想法很感興趣，但他也知道，美國國會絕不會批准這樣的帝國投機行為，更別說是直接干涉大清內政的必要了。儘管如此，「門戶開放」的概念並未完全遭到摒棄（除了成立由外國軍官統率的大清軍隊和警察）。海約翰在遠東事務上的親信柔克義（William W. Rockhill）及其好友賀璧理（Alfred E. Hippisley，大清海關的英國督察員）接受了貝雷斯福德的提議，並在一八九九年夏秋期間的大量通信中，拼湊出之後為人所知的〈門戶開放照會〉的主要原則。在海約翰的勸誘下，世界各國列強一個個義無反顧地同意了在中國的公平競爭，而正是美國外交的這個「傑作」決定了美國在未來數個世代的亞洲政策。然而，這並非完全出自海約翰之手。正如海約翰的傳記作者泰勒·丹尼特（Tyler Dennett）後來所言：「這項政策長期以來一直被歸功於海約翰，後來是柔克義，但那實際上是賀璧理提出的。」[26]

在七月二十五日寫給柔克義的第一封信中，賀璧理開門見山地指出：美國必須帶頭確保門戶開放政策之實施，因為「美國的行動所受到的質疑會比任何其他國家的行動來得少」。[27]他認為，倘若美國不採取行動且坐視不管，就跟「自殺」沒兩樣，因為「俄國將加速對北京與華北地區的控制……而這些地區正是美國紡織品的主要消費區」。[28]

至於貝雷斯福德的提議，賀璧理認為一點也不切實際，甚至會招來危險。相反地，他建議在商業與航海方面採用「機會均等」原則，而列強無須做出改革中國的任何承諾。「當然，如果中國的獨立及完整也能得到保障，改革也就有可能實現。」最重要的不是改革中國，而是阻礙俄國在中國的發展，進而防止中國分裂。[29]世界各大貿易國必須聯手對抗俄國，確保「中國商品市場的開放，並排除國際衝突的危險根源」。[30]

柔克義於八月二十八日向海約翰遞交了一份備忘錄，其中概述了賀璧理方案的主要原則，只是略加修改。[31]〈門戶開放照會〉將防堵「祕密」條約的簽訂及牽涉上百萬盧布賄賂的幕後交易，例如李鴻章特許俄國興建滿洲鐵路的協定。柔克義宣稱：「列強之間的這種默契將使大清明白，不可藉由利益來挑撥外國勢力之間的關係。」[32]換言之，他的這項提議將有助於大清自救。

海約翰贊同這樣的作法。[33]一週後，他起草了致列強的第一份〈門戶開放照會〉。其直接要求列強正式保證，「絕不會干涉他們在大清的『利益範圍』或租界內，任何的通商口岸或既得利益」。[34]這項提案簡單明瞭，不需要簽訂任何形式的聯合條約或採取任何聯合行動。每個國家只須正式承認〈門戶開放照會〉中各自在其勢力範圍中的貿易權利。九月六日，照會草案寄往英國、俄國及德國，隨後又轉往法國、義大利和日本。

義大利和日本欣然同意。諷刺的是，英國針對威海衛「及英國今後可能租借或以其他方式取得的所有大清領土」做出了保證，但九龍（Kowloon，位於香港）除外，其他則無異議。[35]德國則表示，如果其他國家同意，就會跟進。法國就鐵路費率提出了一些要求後也表示同意。這麼一來，只剩俄國尚未表態。[36]

海約翰知道，說服俄國加入是最困難的挑戰，但若沒有俄國的同意，門戶開放政策將毫無意義。起初，柔克義在華盛頓與俄國大使喀希尼的討論徒勞無功[37]，但海約翰指示柔克義，以軟性威脅的方式勸服對方。柔克義向喀希尼提到，一旦俄國拒絕同意這項照會，「可能會招致〔美國〕民眾的誤解，而且極度不利於兩國之間的友好關係」。[38]

在聖彼得堡，美國駐俄大使查理曼・塔爾（Charlemagne Tower）向外交大臣穆拉維夫施壓，後者這才勉強表示，只要其他列強同意相同的條件，他大致上同意這項政策，但他只保證俄國不會為本國國民謀求「特殊」特權而排斥其他外國人。[39]這等於什麼也沒承諾。儘管如此，海約翰仍試圖「為俄國的答覆賦予最廣泛的意義」。[40]

海約翰憑著毅力及決心達成了目標。一九〇〇年三月二十日，他宣布列強都同意了他的提議，並且認為每個國家的贊同都是「最終定案」。〈門戶開放照會〉的通過是一場漂亮的勝利，不過其真正意義，在於將馬漢的商業貿易原則作為美國擴張主義的基礎付諸實踐。馬漢出版其專著和海約翰促成〈門戶開放照會〉的時機，實具先見之明。美西戰爭之後，美國仍在努力理解自身意外獲得的領土，及傳統上對帝國主義的反感。而門戶開放政策的高明之處有一部分在於，駁斥外界對美國意圖擴張領土的指控，同時為其擴張主義辯駁。《倫敦時報》聲稱：「就連反帝國主義者也樂見一項不意在征服，而是盤算商業利益的帝國政策。」[41]海約翰將馬漢的海權理論轉化為政策，並在此過程中向全世界發出信號，意指美國正逐漸成為超凡出眾的海上強權。美國世紀*的曙光就這樣在中國猝然衰落的陰影中顯現。

如此一來，難怪大清會氣得跳腳。大清被排除在門戶開放政策的談判之外。大清駐美公使伍廷芳在報紙上看到〈門戶開放照會〉的報導才得知此事。這下子大清淪為了世界各大強國餐桌上的主菜，他們互相承諾不會覬覦對方盤裡的食物，卻各自毫不客氣地盛了滿滿一大份。繼失去旅順、青島與威海衛之後，大清的自尊心又一次遭到海約翰〈門戶開放照會〉的巨大打擊。[42]「慈禧太后對這些談判感到勃然大怒，因而極力組成一反對美國的聯合政府。」賀璧理向柔克義坦承：「我不明白這是什麼意思，也不懂她為何會對這些行動如此惱火，因為這實際上是為了給大清一個喘息的空間，讓她有時間處理好內政並推動財政及行政改革，進而鞏固自己的地位。然而，無論這意味著什麼，大清恐怕都是『神欲使其滅亡，必先使其瘋狂』〔*quos deus vult perdere prius dementat*〕的真實寫照。」[43]

隨後，賀璧理的預言果真應驗了。

* 譯註：對二十世紀的一種概括，象徵美國在這段期間，對世界政治、經濟、文化方面的深遠影響。

第十三章　義和團

黃河——又稱「中國之悲」——發源於青藏高原的最西邊。黃河穿越甘肅省進入蒙古，並在其流域最大的壺口瀑布形成山西省與陝西省的省界。從這裡橫貫直隸省南端並穿過山東省。黃河有兩個可能的出海口：一個位於山東半島以北，注入直隸灣*；另一個位於山東半島以南約一百六十公里處。在中國歷史上，黃河多次改道（更動其出海口），往往造成了毀滅性後果。一八八七年，黃河在河南省潰堤，引發嚴重水災，淹沒了數百座城鎮與村莊，導致九十萬人死亡、數百萬人無家可歸。[1]一八八九年，柔克義走訪黃河源頭附近，橫越星宿海。他寫道：「每年七月，中國皇帝都會派一名官員到源頭獻祭一匹白馬與七、八隻白羊」，祈求上天不要讓河水氾濫。[2]然而，儘管皇帝每年都遵循這些儀式，卻也意識到有必要尋求實際的解決方法。數世紀以來，中國的水利工程師無不致力發展治水系統，並建立起一個由森林與堤壩構成的複雜排水網絡。

* 編註：今渤海灣。

一八九九年，名叫赫伯特．胡佛（Herbert Hoover）的年輕美國工程師來到中國，在清廷官員的引領下視察這些網絡。二十五歲的胡佛來到中國展開新工作，擔任倫敦礦業管理公司比維克—莫林採礦公司（Bewick, Moreing & Company）的採礦顧問。他的任務是協助公司拓展與開平礦務局（Kaiping Coal Mines）及其督辦張燕謀（又名張翼）之間的關係。開平礦務局由李鴻章一手打造，坐擁龐大的煤炭儲藏量，是大清最重要的新興工業之一。但是，他們急需資金的挹注，而胡佛受派前來勘察這項計畫。[3]

張燕謀身兼礦務局局長一職，這是一個由光緒皇帝（慈禧之姪／甥）身邊的改革派人士聯合成立的新部門，負責實施嚴格的改革計畫。這位二十七歲的皇帝在四歲時登基，當時是一八七五年，慈禧之子同治皇帝駕崩，因此慈禧得以繼續攝政。直到一八八九年，光緒年滿十八歲才逐漸直接掌權，而他決定與大清體制劃清界線。一八九八年六月，這位年輕的皇帝命臣民對政府和教育進行全面改革，致使朝廷陷入一片混亂。[4]

起初，慈禧看似贊同改革之舉，並且在光緒簡述改革計畫時未加以反對。然而到了九月初，清廷官員開始聯手反對改革議程。慈禧聽聞光緒召見伊藤博文密談，便不安地想起了朝鮮閔妃慘死的命運。伊藤與光緒的親信康有為關係密切，而後者不久前還稱慈禧為「假太后」。康有為也和光緒一樣，積極主張大清應依循日本模式進行改革。九月下旬，光緒召軍隊入京的消息終於促使慈禧採取行動。她唯恐一場意在剷除她的政變即將到來，於是回到紫禁城、幽禁光緒，並宣布恢復攝政。短暫的帝制運動「百日維新」只維持了一百零二天。[5]

然而，並非所有的改革努力都遭到摒棄。一八九九年三月胡佛來到中國之際，張燕謀告訴他，雖然大清前途未卜，但他相信「慈禧太后的政權仍有可能傾向實現大清在自然資源開發方面的利益」。[6]李鴻章也急切希望與這名美國工程師見面，因為他十分擔憂黃河的洪患。雖然李鴻章的威望自中日甲午戰爭之後明顯衰微，但他依然受慈禧所重用。他身兼數職，其中之一是掌管黃河治水事務。胡佛事後描述：「李鴻章曾表示，黃河的變幻莫測令他焦慮難安，而由於我是美國來的工程師，他希望我可以視察防洪工程並給予一些建議。我反駁指自己並非水利方面的工程師，但在他眼中所有工程師都是一樣的，而且他態度強硬，不容拒絕。」[7]

當局很快就為他安排了視察行程。身為「重要學者官員」的張燕謀負責帶領胡佛乘船巡遊水道。他向這名美國工程師指出，數千年來，中國一直仰賴複雜的柳枝基座和堤壩系統來防止黃河氾濫。河岸兩側種植了面積達數十平方公里的柳樹林。這些林木生長繁茂，因為河水氾濫時帶來了原本沉積在河底的大量泥沙。隨著時間推移，河床逐漸高出周圍的土地，但由於種植的柳樹林阻礙了水流，抑制了洪水。「因此，柳樹林自動形成了一道堤壩。」張燕謀解釋，「眼前要做的是讓柳樹林保持良好狀態；但除此之外，也得定期維修數百公里長、複雜的人造堤防。」[8]

張燕謀還告訴胡佛，中國人堅信「黃河決堤改道，引發致命災害與高昂代價，歷為朝代將亡的不二預兆」。張燕謀舉了具體的例子來佐證這「數千年來」的說法。其中一個例外是在一八八七年，當時黃河出現最後一次災難性氾濫，而皇朝並未滅亡。但是，黃河還禁得起再一次的災難嗎？胡佛告訴李鴻章，他視察了這些工程後，「相信中國的工程師有足夠能力治水，而且最重要的是定期檢修」。他也建議進行工程研究，找出緩解堤防壓力的方法。至於張燕謀提到關於黃河與中國朝代命運相繫的預言，胡佛表示認同。「我的結論是，對於洪水與朝代的滅亡相關聯的迷信其來有自。新的朝代意味著政府剛強有力，會重新種植柳樹及持續修築堤壩。隨著皇朝的衰敗、貪腐，治水工程的資金遭官員中飽私囊，人民砍伐柳樹作為燃料。事實上，據張燕謀指出，貪汙瀆職是導致我發現工程狀況不佳的根本原因，而且貪汙情事顯然已持續了很長一段時間。預兆出現的幾年後，清朝就滅亡了。」[9]

如果說疏於管理河道是導致一九一一年清朝滅亡的唯一因素，就太過簡化事實了，但一八九八至一八九九年的自然災害，無疑是大清覆亡的重要原因，當時華北地區受黃河氾濫所苦的貧困農民開始集結，組成了名為義和團的拳術組織。

大刀會

義和團的中心活動地帶橫跨黃河以南的整片區域，即中國的人口稠密區之一，但此地亦居最貧窮的地區之列。該地區的主要問題是水患。來自山東山區的河流全匯聚流入黃河南岸的低窪地區，淹沒了大片農田。[10]從山東、江蘇到河南省一帶的政治局勢，也不若其他中部地區那樣穩定，當地的匪患——斯維亞金在滿洲考察時所描述的那類活動——十分猖獗。甲午戰爭的緊急狀態動員了該地區的清軍兵力，在無人管制的情況下，目無法紀的行為普遍可見。「道路搶劫橫行無忌，」一名傳教士寫道，「為補足田地作物歉收，大膽的村民於是『到路上行搶』。」[11]一八九七年的大洪水毀壞了莊稼，導致饑荒，社會變得更加混亂失序。

擁有田產的農民最關心的是自我防衛問題，於是請求非官方武裝團體協助保護村莊和農場不受土匪及其他威脅。[12]其中一個團體正是大刀會，其於一八九五年初活躍於山東省西南部地區，主要對抗猖獗的盜匪活動。促使大刀會興起的時勢也催生了其他團體，無可避免地引發了衝突。正如歷史學家保羅・科恩（Paul Cohen）所指明：「促使山東省西南部（及江蘇省北部）反盜匪的大刀會蓬勃發展的權力真空狀態，也給了天主教會一個尤具侵略性的支派——德國神道會（the German Society of the Divine Word）——崛起的機會。」[13]這類天主教團體不斷激增、壯大，與大刀會發生了衝突。

衝突的起因並非宗教分歧，而是一種更具功利性的事物：財產及其他法律糾紛。中國的基督徒往往自稱是天主教會成員而胡作非為，有時行為與強盜毫無差別。某個西方人寫道：「眾所周知，外國神父的行為舉止或多或少與當地官員相似，而當地人歷經慘痛教訓後認知到，這些神父代表著權力。或許應該說，神父以人道為懷（至少在許多情況下是如此），而他未必會意識到信徒打著其名號所做的不法行為。一般的行動原則似乎是，中國人成為天主教徒，就會得到外國神父的保護，即代表得到外國勢力的保護。」[14]這種情況在山東尤其明顯。大清海關總稅務司監察長赫德寫道：「這個省分在兩千多年前是孔子的誕生地，如今是天主教會最活躍的教區之一。傳教士乘坐官轎，享有與官員、總督平等的地位，這樣的安排具有特殊意義，並凸顯傳教士企圖達到的目的，向各省人民及官員傳達了他們應當預期會面臨的情勢。」[15]

到了一八九六年春夏之交，大刀會襲擊了基督教在江蘇省及山東省邊界的地產，傳教士與大刀會之間的緊張關係就此爆發。隨後，他們遭到與天主教友好的地方當局逮捕並處死。一八九七年十一月，三名德國傳教士遭當地中國人殺害（他們可能和大刀會有所關聯），更是加劇了兩個組織間的衝突，而當地農民被迫在事發現場及另外兩個地方興建教堂時，情況更加惡化。[16]德國奪取膠州灣的行動，令地方民眾更加憎恨天主教會。威廉二世以本國傳教士遭殺害為由占領了膠州，進而引發俄國隨後在一八九八年攻占大連和旅順的事件。

這些事件再再加深了非基督徒的中國民眾對地方基督教群體的憤怒與敵意，導致衝突頻傳。儘管皈依新教的信徒們捲入了日益壯大的反基督教運動，但主要的敵意都針對天主教會而來。[17]在這些緊張局勢愈演愈烈之際，一場災難性的黃河洪患對山東省造成了嚴重破壞。一八九八年八月九日，黃河在壽張*決堤，淹沒了近六千五百平方公里的農田。三十四個縣共一千五百座村落遭「中國之悲」所淹沒，一百多萬人無家可歸、忍飢挨餓。[18]這在人們的記憶裡是截至當時為止，影響範圍最廣、災情也最慘重的洪患。外國旅客歷歷在目地描述了這場災難。一名目擊者寫道：「成千上萬棟房屋殘破不堪。家具、冬衣和糧食都被淹沒，而搶救起來的財物對那些深陷苦難的災民而言毫無用處。」記述中又說，由於「該區在春季飽受旱災，小麥普遍歉收」，因此人們的處境更加悽慘。「洪水在秋收作物還未成熟時來臨，導致農民只收成了一小部分的高粱，而棉花、豆類以及小米等所有低地作物全泡在水中，一點也不剩。」[19]

一八九八到九九年的冬季，洪水氾濫區的災民逃往華北，導致山東省和直隸省相交的西北邊境反基督教事件日益頻繁。在這段混亂時期，一個名為「神拳」的神祕團體漸漸活躍了起來，並取名為「義和拳」。[20]不同於大刀會的是，他們經常進行治療儀式，此外還將練拳作為其宗教儀式的一部分，讓成員得以宣稱自己刀槍不入，而這也是神靈附身的主要目的。[21]他們打著「扶清滅洋」的口號，號召人們「驅除洋鬼子」。[22]

到了一八九九年年初，倫敦傳道會（London Missionary Society）的分會分別在五月、八月和十月遭到襲擊的消息，漸漸引發北京外交圈的騷動。布魯克斯（S. M. Brooks）牧師在山東偏遠地區巡視的途中遭到砍殺的消息尤其令人震驚，並促使新任山東巡撫袁世凱對義和團發動全面鎮壓。[23]有別於無能的前任巡撫，袁世凱抱持強烈的反義和團立場。這場鎮壓行動是他率領的新建陸軍（在甲午戰爭後受大清指派組織的一支現代化部隊）所面臨的首次考驗。[24]袁世凱麾下的五千名士兵訓練有素，擁有最新型的速射砲和重砲，可用來對付持劍攻擊的農民軍團，如此對比不禁讓人想起一八九四至九五年間，朝鮮的日軍與東學農民軍之間的懸殊火力。到了一九〇〇年初，袁世凱已有效杜絕了義和團在山東的活動。[25]

然而，北京及港口城市天津所在的重要省分直隸省的情況可就不是如此了。該省總督裕祿無法控制義和團。由於天津與北京擁有大量外來人口，情勢變得更加棘手；義和團運動自然得以在當地

＊ 編註：位於河南省。

蓬勃發展。直隸省也聚集了大量的中國基督徒，人數超過十萬，其中多數信仰天主教，以致此地成為中國傳教風氣最盛的省分之一。截至一八九九年底，厚顏無恥的搶劫和暴力行為已遍及全省。[26]大清在如何應對義和團日益猖獗的問題上左右為難。赫德觀察道：「朝廷似乎進退維谷。若不鎮壓義和團，公使館便威脅將採取行動；倘若試圖鎮壓義和團，這個激進的愛國組織就會轉變成反清運動。該如何是好呢？」[27]

這場大災變於一九〇〇年六月到來。在此之前，義和團的暴動只針對中國基督徒；只有一名外國人遭到殺害（布魯克斯牧師）。然而到了五月中旬，據當時身陷動亂局勢的胡佛回憶道：「情況十分危急，因此我召來內部的地質勘察隊。」[28]胡佛一大早乘坐第一班列車前往天津時，義和團襲擊傳教士的謠言「傳得沸沸揚揚」。如同其他眾多外國人，他將在天津度過這個夏季剩餘的日子，等待西方軍隊前來援救。如今他毫無疑問地確信，黃河的洪患與朝代覆滅密切相關的中國迷信不容置疑。[29]

中國救援遠征行動

一九〇〇年五月二十七日中午過後不久，美軍第一支特遣隊在注入直隸灣的海河（舊稱北河）入海口的大沽口砲台登陸。兩座砲台分別在十九世紀初建於河口兩側，用以防止天津與北京遭船艦入侵。大清在第一次鴉片戰爭（一八三九年—一八四二年）失利後，砲台數量增至六座。然而，事後證明這些防禦工事並不足夠，因為在一八六〇年，這些砲台未能阻止英法聯軍占領北京並摧毀頤和園。此後的數十年裡，砲台雖得到修復並加固，但先前戰敗的恥辱及痛苦仍揮之不去。[30]

當時，美西戰爭期間曾在加勒比海與太平洋地區作戰的美國海軍巡洋艦紐華克號（Newark），以隸屬美國亞洲艦隊（US Asiatic Fleet）一支中隊的旗艦之姿駐紮菲律賓，由路易斯・肯普夫（Louis Kempff）海軍少將指揮。四月，肯普夫奉命率艦前往日本。[31]抵達長崎後，肯普夫獲報，華北地區正醞釀動亂。美國駐華公使康格（E. H. Conger）對清政府在保障美國公民生命財產安全方面的冷淡愈來愈感到不安，遂請求美國緊急派兵支援。雖然北京當局在五月二十九日發布命令，指示軍隊逮捕義和團主謀並驅散拳民，但康格擔心這麼做會火上加油。其他公使館和他一樣坐立不安，紛紛向母國求援。肯普夫隨後奉命立即率領一支分遣隊前往俄英兩國船艦已登陸的大沽。[32]

美軍抵達大沽的時機非常湊巧，總理衙門正批准派遣一支小型外國部隊前往北京駐守外國公使館。五月三十一日，一支由來自八個國家、四百多人組成的小型部隊啟程前往北京。[33]「在天津，人們對於是否真會爆發動亂一事眾說紛紜。」一位海軍陸戰隊員回憶道，「每天都有傳言指義和團愈來愈活躍……然而，大批清軍就駐紮在附近。可以肯定的是，只要清政府保持友善態度、軍隊忠於朝廷，天津就安全無虞。」[34]經過兩日急行，國際軍隊的分遣部隊於六月一日晚間八時點抵達北京，所幸並未遭遇任何抵抗。外國勢力都鬆了一口氣。

在此同時，義和團氣燄愈見高張。六月二日，總督裕祿向總理衙門發送緊急電報，稱「匪幫〔義和團〕人數已多到無法靠舉牌告示就驅散得了的地步」。[35]沒想到，朝廷竟拒絕以更激烈的手段壓制義和團。

六月九日傍晚，英國駐天津艦隊司令愛德華．西摩爾爵士（Sir Edward Seymour）中將收到英國駐華公使竇納樂（Claude Maxwell MacDonald）傳來急訊，表示：「局勢極度緊張；除非立刻進軍北京，否則就來不及了。」[36]西摩爾迅速在天津召集了一支國際部隊，其規模比先前的第一支要大得多。不久，電報線路遭人切斷，外國公使館與外界完全斷了聯繫。

六月十日上午，救援部隊出發前往北京。這支部隊與五月三十一日最先派出的部隊一樣，由八個國家的分遣隊組成，其中包括七百三十六名英國人、四百五十名德國人和一百名美國人、三百一十五名俄國人、一百五十八名法國人、二十五名奧地利人、四十名義大利人與五十二名日本人，共計一千八百七十六人，之後又有更多的俄國人、法國人加入。[37]這是第一次由國籍如此多元、規模如此龐大的國際聯軍集結對抗共同敵人。[38]全員同意由作為高級軍官的西摩爾來率領這次的救援任務。[39]

在天津以北約二十五公里的楊村，西摩爾帶領的救援部隊遇到了聶士成將軍及其約四千名兵力的政府軍。這位參與過甲午戰爭的老將起初對義和團採取強硬立場，在天津到北京的鐵路沿線殺害了眾多義和團成員。然而，他的行為遭到清廷強烈譴責，因朝廷仍希望在姑息與鎮壓之間保持中間立場。[40]結果，聶士成讓西摩爾的部隊順利通行。

國際聯軍與義和團之間的首次主要衝突發生於六月十二日，地點在天津與北京中間的廊坊，距離使館區約六十五公里處。[41]這時，西摩爾的救援行動又多了一些援兵，兵力共計近兩千一百人。[42]

部隊逼近的消息令北京的中國居民驚恐不已，許多人相信此地很快就會遭外國軍隊占領。六月十日，位於北京西南方約二十四公里處的西山的英國避暑公使館（供使館人員在涼爽的山區度過乾燥炎夏的處所）已被燒個精光。隔天，日本公使館書記官杉山彬在永定門被殺。儘管之後朝廷頒布敕令譴責這是「盜匪」所為，但「全北京城都知道，此乃正規軍所為」。[43]

總理衙門的官員緊急請求英國公使竇納樂阻止西摩爾的部隊進城，竇納樂卻置之不理。赫德寫道：「北京城的人民一直以來最擔心的是，除了義和團之外，連軍隊……也來攻擊我們。」[44]六月十三日，外國公使館焦急等待西摩爾率部隊前來之際，義和團對使館區發動了第一次攻擊。同一天，他們也展開了對中國基督徒的大屠殺。美國公使館的英格利斯夫人（Mrs. J. Inglis）寫道：「我們漸漸意識到，慈禧太后無意鎮壓義和團。六月十三日晚上，北京街頭到處都是當地基督徒的屍體，就充分證明了這一點。」[45]第二天，義和團放火燒毀了京城裡所有非中國人的住所及財物。一個目擊者描述：「城裡許多地方相繼起火，火勢一發不可收拾。兩座天主教的主教座堂及其孤兒院和醫院、所有大清海關總稅務司職員的住處、京師大學堂*與清華學堂†教授的住處、郵局、電報局、電燈工廠、中國通商銀行、俄國銀行及所有販賣外國商品的商店都被被焚燒殆盡。」[46]

朝廷展現了對西摩爾部隊的同情，命令總督裕祿動用武力阻止西摩爾進城。[47]實際上，救援部

＊　譯註：今北京大學。

†　譯註：今清華大學。

隊未朝北京前進，而是被困在了廊坊，因為當時鐵路已嚴重受損，無法修復。西摩爾寫道：「廊坊站是我們乘火車可到的最北邊，再往上的鐵路遭到嚴重毀壞。現在我們孤立無援，沒有運輸工具或其他方式可前進，與後方基地的聯繫也被切斷了。」西摩爾及其部下被困在廊坊長達五天。他意識到部隊無法繼續前行，決定調頭撤回天津。[48]與此同時，受困的使館人員在北京等待救援部隊到來的不耐，已漸漸轉為絕望。康格夫人（Mrs. Conger）痛苦地寫道：「他們什麼時候才會來救我們？我們逐漸明白，西摩爾『即將到來的部隊』根本不會來！從那時起，他們開始將當時已晉升上將的西摩爾稱為『見不到的』（See-No-More）將軍。」[49]

宣戰

等到西摩爾開始撤回天津，約二十七艘外國軍艦已抵達大沽口砲台附近的海域。由於聯軍指揮官沒有西摩爾的消息，又擔心中方可能已經切斷雙方的聯繫，於是決議，一旦大清試圖派兵增援並封鎖河道，就摧毀大沽口砲台。六月十五日傍晚，他們收到情報稱清軍計畫在海河埋設水雷，南堡也已獲得增援。他們向大沽口砲台指揮官發出最後通牒：如果他在六月十七日凌晨兩點前不投降，砲台將遭到轟炸並摧毀。[50]

六月十六日，慈禧太后召開御前會議，與眾臣商討如何解決危機。他們並不知道外國軍艦已下最後通牒，依舊在討論如何應對北京城各處的暴亂。前總理衙門大臣慶親王（奕劻）要求鎮壓義和團，但權高位重的端郡王（載漪，其子溥儁為繼任皇帝的可能人選）等強硬派人士竟加以斥責。他說：「你想讓民心背離我們而去嗎？」[51]（在端郡王的施壓下，慶親王被迫於六月十日辭去御前會議大臣一職。）慶親王擔心，一旦朝廷站在義和團這邊，外國列強將有所行動。慈禧太后猶豫不決，但最終還是採納了端郡王的強硬立場。「大清積弱不振，唯一可以依靠的只剩下民心了。倘若失去了民心，國家何以為繼？」[52]

六月十七日午夜，大沽口砲台向國際艦隊開火。[53]聯軍也做出反擊。這是大沽口砲台在五年內第四次遭到西方列強攻擊。[54]令人難以置信的是，朝廷仍對六月十五日聯軍發出的最後通牒一無所知。直到六月十九日，慈禧收到裕祿從天津送來的奏摺，才得知此事。裕祿並未提到實際的敵對行動已經爆發，也未提及大沽口砲台率先襲擊了艦隊。因此，慈禧太后與朝廷都以為，這場戰事是列強所挑起。[55]

朝廷於六月十九日收到聯軍轟炸大沽口砲台的消息後，下令所有外國公使館必須在二十四小時內離開北京。德國公使克林德男爵（Baron von Ketteler）對大沽口砲台的情勢毫不知情，隔天在前往總理衙門開會的路上遭人當街槍殺。[56]大沽口砲台遭到轟炸的消息，引發了義和團醞釀數週的另一波暴動。赫德描述：「〔六月二十日〕下午四時，槍戰爆發，子彈在奧地利公使館與海關總稅務司之間的旺達街（Want-ta street）呼嘯而過，越過了法國哨兵的頭頂……到了五點，我們所有人都待在英國公使館，而義和團展開了圍攻。」[57]翌日，即六月二十一日，慈禧太后發布了一份針對外國列強的「宣戰詔書」，其中部分內容為：

> 三十年來，〔列強〕恃我國仁厚，侵占我土地，蹂躪我人民，勒索我財物。朝廷稍加遷就，彼等負其凶橫……欺壓平民，侮慢神聖，使我國人民甚為憤慨……此〔拳民〕義勇焚毀教堂所由來也……我眾臣上下一心；義兵拳民同日不期而集者，不下數十萬人，下至五尺童子，亦能執干戈以衛社稷。彼仗詐謀，我恃天理；遑論我宣戰義理正大，領土廣有二十餘省，人民多達四億餘，何難揚我國威。[58]

儘管慈禧太后大膽宣戰，可一週後，即六月二十九日，光緒皇帝卻頒布了一份完全與之矛盾的敕令，要求恢復秩序。他指示：「各親王及監管義和團之高級將領應逮捕任何強盜行劫者，就地正法。」[59]軍官們也應「嚴查冒充士兵、行劫掠財物之盜匪。」這些所謂的盜匪，與六月二十一日宣戰詔書正式改以義民稱之的拳民相去甚遠。[60]

日本分遣隊

七月三日，光緒皇帝向明治天皇發電報求援。這再次表明了朝廷在應對危機的問題上存在嚴重分歧。基於彼此對西方列強都有所猜疑，光緒向明治天皇提出請求。他在信中寫道：「如果大清未能成功對抗西方列強，日本的獨立〔也〕將受到威脅，因此大清與日本站在同一陣線，應該擱下歧異，以維護國家的生存。」他也為公使館書記官杉山彬遇刺一事深感抱歉。「與日本結盟將能成功掃除當前問題並恢復秩序。」他懇求道，「大清皇帝誠心誠意請求日本天皇的協助。」[61]

十天後，明治天皇回以一份簡潔的照會。他感謝光緒皇帝對杉山彬之死表達遺憾，但隨後便指出：「暴徒〔義和團拳民〕的行動完全違反了國際法原則。」他接著又說，如果清廷「迅速鎮壓暴徒並解救公使」，日本政府會毫不猶豫地給予援助。否則，日本別無選擇，只能派兵「平定叛亂，解救本國國民」。明治天皇在信件的最後總結道，願意以公正立場介入調停：「代表大清與外國列強斡旋，日本當仁不讓。因此，倘若貴國政府立即鎮壓叛亂並解救外國代表，日本將運用自身影響力，介入貴國與外國的最終談判，維護貴國的利益。」[62]

這再次表明日本已「脫離亞洲」，即使其試圖證明自己與西方列強平起平坐。這種焦慮在救援遠征行動中表露無遺。日本各級軍官嚴格約束士兵紀律，警告他們若無端或肆意盜竊、縱火或對中國人施暴，將遭受嚴懲。日軍的紀律及英勇廣受關注。一個美國士兵提到，「整場戰役中，日本人不同凡響的自制力、英勇以及作戰能力令大家讚譽連連，欽佩之情難以言表」。[63]赫德爵士注意到，日本是怎麼「贏得所有人敬佩」，而日本指揮官本身從前線的官方電訊中，也敏銳地注意到了這一點。出羽*少將指出：「我們的弟兄所展現的敏捷與英勇，贏得了其他盟軍的讚譽及敬仰。」[64]

然而，無論多麼受到西方列強的讚賞，日本仍無法擺脫自視為次等國家的焦慮。被派往國際部隊的每一個日兵，似乎都承擔了改變這種看法的責任。在七月十三日展開的天津圍城戰中，日兵的

＊編註：即出羽重遠。

1900年，日兵在中國救援遠征行動中押送一名俘虜。（CO 106 / 422，第18頁，英國國家檔案館）

傷亡人數超過聯軍傷亡人數的一半。日軍約有近一萬三千名兵力，是截至當時為止人數最多的一支分遣隊，在盟軍共三萬三千人的遠征軍中占了將近四成。[65]八月四日，以日本、俄國、英國及美國士兵為主力的新國際救援部隊，在日軍的帶頭下啟程前往北京。「八月五日在北倉的第一次交戰，幾乎全仰仗日本軍隊。」查菲（Chaffee）將軍麾下擔任美國分遣隊參謀的威廉・克羅澤（William Crozier）上尉回憶道，「其他部隊很樂意助一臂之力，只可惜清軍膽小怯懦，戰鬥力不足，而日軍連連進攻，馬到成功」。[66]

日軍於八月十四日抵達北京，襲擊了東直門和齊化門，過程中死傷慘重。他們的行動讓英軍得以一舉進入城內，幾乎沒有遭遇任何抵抗，並在次日下午三時成功挺進使館。[67]日軍死傷人數占了盟軍的三分之二。[68]外國公使館的救援可說是大多得歸功於日本分遣隊的努力及犧牲。

然而，在北京淪陷後獲選為統率聯軍者，是德軍指揮官阿爾弗雷德・馮・瓦德西（Alfred von Waldersee）陸軍元帥，而不是日軍指揮官福島安正。八月六日，德皇威廉二世直接向尼古拉二世提出請求，儘管德軍對救援行動的貢獻微乎其微，仍希望他能支持馮・瓦德西出任該職位。[69]德國將這個職位視為提高國家聲望並為克林德報一箭之仇的大好機會。尼古拉二世支持這項提議，因為這等於是「拿棍棒戳『現代迦太基』〔英國〕的眼睛」。[70]德皇以俄國的同意來迫使英法兩國點頭支持。日本因此別無選擇，只能同意這項安排。伊藤博文對此簡直無言以對，他回憶道：「明治天皇回應表示支持德國的提案時，我震驚不已。即使是俄國提出這項計畫，他們也應該直接通知日本〔政府〕。」他進一步補充道：「我們必須為接下來可能發生的事情做好準備。這個問題一直令我憂心忡忡、徹夜難眠。」[71]

中俄衝突

伊藤博文對俄國有所提防是對的。他明白，俄國支持瓦德西不只是為了惹惱英國，也為了遏制日本的野心，這有部分是因為英國支持日本派遣一支大型部隊加入聯軍。[72]英國索爾茲伯里勳爵（Lord Salisbury）最初建議日本派出兩至三萬名兵力前往中國，因為當時英國正忙著應付第二次布爾戰爭。儘管尼古拉二世懷有疑慮，仍默許了這項提議。[73]

日本在其他方面也對俄國心存疑慮。自尼古拉二世於六月七日決定將四千名俄軍從旅順轉調至大沽起，每次需要俄國共同干預義和團危機的行動，對方都嚴正聲明其在某種程度上不同於其他列強，因為俄國人民對中國人民沒有惡意，甚至同情大清的悲慘困境。[74]早先尼古拉二世便已定調，將義和團危機完全歸咎於作為「萬惡之源」的西方傳教士及「無恥」的外國商人，指這兩者「比任何其他事情都更能激起中國人對歐洲人的仇恨」。[75]俄外交大臣穆拉維夫也表明，對於大清，俄國「與其他大國的立場大相逕庭」。他主張：「我們與大清共有的邊界長達一萬兩千多公里。我們正在修建滿洲鐵路，雇用了六萬多名中國工人。過去兩百年來，我們與大清一直保持友好關係。」[76]

儘管俄國表面上稱對大清友善，但其立場的矛盾對任何人而言都顯而易見：東清鐵路只有四千五百名衛兵看守，容易受到義和團攻擊，因此需要俄國的軍事增援，而在此情況下，俄國要怎麼和大清重建友好關係？[77]維特認為穆拉維夫須為義和團危機負起責任，他指責穆拉維夫：「別忘了，是你在旅順事件中提油救火的。」六月二十一日與維特交談後，穆拉維夫於隔日驟逝，死因為中風，許多人認為，他的死與大清的危急情勢有關。[78]外交副大臣拉姆斯多夫受命接任其職。

拉姆斯多夫這位「體香逼人」且同性戀傾向不為人知的新任外交大臣（尼古拉二世暱稱他為「女士」），在行事作風上比前任更為謹慎。一九〇〇年四月下旬，關於鐵路不時遭到破壞的報導，使拉姆斯多夫和維特一樣，對俄國捲入大清事務的情況感到憂心。而針對俄國的攻擊也加速到來了。俄國的電報線路遭到切斷；寺廟和旅館牆上出現不知名人士煽動民眾對「洋鬼子」施暴的告示。五月二十三日，一群中國暴徒襲擊了三名哥薩克衛兵。而負責駐防滿洲南部的俄國軍官康斯坦丁．庫紹洛夫（Konstantin Kushorov）向地方當局投訴，卻被警告不要讓部下進入城鎮與村莊。大清官員顯然無力維持社會秩序，庫紹洛夫只能再次尋求軍事援助。[79]

維特與拉姆斯多夫提出強烈反對。六月十四日，維特寫信給太平洋艦隊司令葉夫根尼．伊凡諾維奇．阿列克謝耶夫（Yevgeny Ivanovich Alekseev）海軍上將，要求他不得在未獲財政部特別許可的情況下派遣部隊至滿洲。維特向沙皇強調：「目前而言，出兵滿洲對我國不利。」他還在六月二十九日致信警告帝國戰爭大臣庫羅派特金（Kuropatkin），「沒有他〔維特〕的許可，不得出兵」。[80]初期，庫羅派特金對這場危機採取強硬立場，希望大清的亂局有助於俄國直接奪取遼東半島，但遭到維特反對。他宣布：「俄國不會宣戰。俄軍參與北京行動，只是為了鎮壓叛亂並支持合法的中國政府，因為他們無法獨力壓制局勢。」[81]

慈禧太后在六月二十一日的宣戰揭穿了這個謊言。在接下來的數週裡，清軍在奉天附近破壞了兩百多公里的鐵路，奉天火車站也受到攻擊。[82]與此同時，清軍開始湧入遼陽北部及南部的村莊。「任何屬於俄國人的財物無不付之一炬，而就俄國士兵視線所及，鐵路沿線處處火光一片。」清軍光是趕走外國人還不滿足。「他們嘲笑並折磨在偏遠哨所逮捕到的俄國士兵，砍下他們的頭顱，將屍體扔進豬圈。士兵們殺紅了眼，除了荼毒生者之外，還挖掘墳墓、毀壞屍骸。」至於鐵路，「他們燒毀了營房、車站、囤放木材和煤炭的倉庫；推倒鐵路車輛，昂貴的引擎駛向毀壞的橋梁因而掉落；拆除鐵軌，燒光所有能燒的，剩下的扔進河裡」。[83]到了七月中旬，維特迫於壓力，只能支持派兵前往滿洲增援本國軍隊的提議。

布拉戈維申斯克大屠殺（庚子俄難）

一九〇〇年七月十四日，從布拉戈維申斯克沿黑龍江駛往哈巴羅夫斯克的俄國蒸汽輪米哈伊爾號（Mikhail）遭突襲。該艘汽輪滿載火槍與砲彈，行經隔著黑龍江與布拉戈維申斯克相望的瑷琿時，經清軍要求靠岸。這條河構成了中俄之間長達數百公里的邊界線。也許是未能理解指示，又或者是刻意無視，米哈伊爾號並未服從命令，於是清軍開火，登船並逮捕了船長及船員。這起事件令布拉戈維申斯克的市民震驚不已。

在此之前，布拉戈維申斯克的居民於六月聽聞義和團起義的消息時並沒有想太多。[84] 該鎮建立於一八五六年，因地處黑龍江北岸的戰略位置，便作為俄國的軍事前哨，一八五八年，為紀念尼古拉・穆拉維夫—阿穆爾斯基宣布俄國吞併阿穆爾地區，因而更名為「布拉戈維申斯克」（好消息之地）。從那時起，布拉戈維申斯克逐漸發展成繁榮的商業城市。一八五八年滿洲淘金熱期間，該鎮人口激增，布拉戈維申斯克與瑷琿之間的貿易往來也變得熱絡，後者更成為俄國城市肉類和農產品的主要供應地。[85]

布拉戈維申斯克近三萬八千名中俄混血居民始終維持友好關係。出身當地的外國記者與流亡革命家列奧・戴奇（Leo Deich）指出：「數十年來，許多中國公民和俄國人和平共處，他們的勞力對我們的人口大有助益。」許多俄國家庭「雇用年輕的中國人或滿洲人為僕，而這些僕人也被他們視為家人」。[86]另一個當時住在布拉戈維申斯克的外國人石光真清則是在滿洲臥底的日本軍官，他指出：「城裡大約有三千名中國人」[87]，其中大多數「做苦工或經營攤販維生」。此外，俄國人與中國人「可以自由跨越邊境往來，彼此信任，沒有採取任何預防措施，也沒有護照管制」。[88]

這一切在七月十五日有了轉變。石光真清注意到，經歷了前一天的熱鬧之後，該市居民陸續返回布拉戈維申斯克。然而，下午兩點左右，阿穆爾州軍事領導格里布斯基（K. N. Gribsky）總督突然下令黑龍江禁止通行。渡輪依命令須停靠在俄國這側的河岸，而碼頭由哥薩克騎兵看守。當天早些時候，格里布斯基召開了市議會特別會議，「商討捍衛布拉戈維申斯克所需之措施，尤其是志願軍的組織工作」。格里布斯基被問及是否應該對「居住在城市內及周邊地區的許多中國人」採取任何措施時，其回覆表示，由於沒有宣戰，因此「特別措施既不必要，也不恰當」。他還安撫中國人民代表團並解釋：「他們受俄國法律管轄，沒有理由感到不安全或離開這座城市。」格里布斯基接著自布拉戈維申斯克出發，前往璦琿鄰近地帶對抗義和團，「以確保黑龍江航道的安全」。城市的防務交由警察局長巴塔列維奇（Batarevich）與阿穆爾州部隊主席沃爾科夫斯基（Volkovsky）上校負責。[89]

當晚六點，清軍開始從對岸轟炸這座城市。在碼頭散步的布拉戈維申斯克居民驚慌失措，當下四散躲避。「一幕幕令人難以置信的情景在街道上演。人們一邊急忙逃離這座城市，一邊驚恐地哭喊與咒罵。」關於敵軍登陸河岸的傳言加深了居民的恐慌，義勇兵紛紛拿起武器。一名目擊者回憶道：「在市議會，群眾爭奪倉促分發、數量嚴重不足的槍枝」，他們「打算闖入商店搶劫武器。」[90]兩軍隔著黑龍江互相開火之際，俄國派遣偵察兵前往河岸窺探是否有敵軍登陸。假使當時大清決定攻下這座城市，輕而易舉就能完成任務。然而反常的是，激烈槍戰僅僅過了一個小時，中方那邊的槍聲就沒了聲息。石光真清回憶並描述：「黑龍江變得異常安靜。恐怖的氛圍籠罩著整座城市。」[91]

第二天，中方又展開火力更猛烈的轟炸。更不祥的是，七月十六日上午，布拉戈維申斯克的華人區出現義和團張貼的布告。「看得懂的俄國人屈指可數，人們起初也沒注意到這些告示，但後來有人翻譯這些公告才發現，這些告示是要通知民眾，滿洲軍隊將於當晚登陸，並號召住在城裡的中國人參戰對抗敵人——至少俄國居民之間如此流傳。」[92]整座城市自此遭恐慌吞噬。記者列奧・戴奇描述：「那些碰巧擋在逃難路徑上的中國公民不幸遭遇驚恐且殘暴的對待，場面血腥暴戾。我在遠處目睹幾個人將兩名中國人拋摔在地，死命毆打他們……同一天傍晚，又發生了數起中國人無辜遭到殺害的事件。」[93]

警察局局長巴塔列維奇徵得格里布斯基的同意，著手圍捕中國居民。石光真清回想當時的情況：「不管是店主還是苦力，不管是否受僱於俄國人，所有中國居民都被強行帶離住家。整個清除行動極度殘忍，連小孩也被帶走。」[94]周圍村莊的中國人也是一樣，全被帶離住家。[94]「被拘留者毫不反抗地配合，俄國當局對此深感意外。例如，四十名中國人在三、四名非武裝俄國守衛的監督下走了五十俄里（約五十三公里）的路。」[95]一些俄國居民試圖庇護中國人，將他們藏在自家地下室或閣樓等處，「可惜經常被鄰居揭穿，向哥薩克或警方舉報。哥薩克士兵得知後使用暴力威脅，有時甚至亮出刀劍，逼迫人們交出藏匿的中國人」。[96]

夜幕降臨，三千至三千五百名中國人被集中關押在澤雅河畔莫爾丁鋸木廠（Mordin Sawmill）的一座庭院裡。[97]「被拘留者不可躺著睡。每個人都焦躁不安：孩童嚎啕大哭，一些長者抱怨抗議。」俄國當局這下子進退兩難。他們該如何處置這些囚犯呢？一名目擊者回憶當時：「我們能夠繼續關押這些中國人，而不給他們任何食物、棉被或休息的地方嗎？有人說，只要我們熬得過這些苦難，餓個兩三天沒什麼大不了的。」[98]但萬一群眾躁動了起來，會發生什麼事呢？中國囚犯的人數遠遠超過俄國守衛。除此之外，庭院沒有圍欄，沒有任何東西可以防止他們逃跑。[99]

七月十七日上午，負責指揮的俄國警官沙巴諾夫（Shabanov）率領六名士兵騎馬進入人群，同時宣布：

> 俄國決定對肆無忌憚的中國叛亂者展開懲罰性征戰。你們這些善良的平民百姓留在這裡會有危險，所以我們必須將你們撤離城市。等到征戰結束，你們就可以回到家園。在此之前，請聽從我們的命令！如果你們試圖反抗或逃跑，我們只好開槍嚇阻。現在我們即將前往避難所，請跟我們來！[100]

如果說這些中國難民相信這名軍官的話，以為可以安全抵達黑龍江的對岸，那麼他們在前往坐落於河岸的上布拉戈維申斯克（Upper Blagoveshchensk）、近十公里的艱苦跋涉中，可說是開始心生疑惑。天氣酷熱，許多人因行進速度快而精疲力竭，沿途陸續丟棄背包和衣物。年老者跟不上隊伍。一名目擊者指出：「許多人因高溫與疲累而倒下，或遠遠落在後面，俄國警方採取了強硬的手段。」沙巴諾夫下令「砍殺跟不上隊伍的人」。數十人因此遭砍死，其他人則被槍殺。十個月後，調查人員追溯這條「悲痛之路」上的足跡時，發現大量的中式服裝和鞋履，包括「髮辮、頭骨及全身骨骸」。還有證據指出，那些屍體曾被洗劫一空。[101]

隊伍快抵達上布拉戈維申斯克時，好幾名全副武裝的哥薩克士兵上前「協助他們渡河」。村裡的俄國人目睹了這個場面。而關於接下來發生的事情，儘管不同目擊者的敘述大多雷同，但仍存在諸多爭議：

> 渡河地點選在村子上游河道相對狹窄的地方（寬約兩百一十三公尺，深四點五公尺多）。儘管如此……那裡水流湍急，還颳著強風。他們（俄國與哥薩克衛兵）選好地點後，決定從此處渡河，於是催趕中國難民下水，命他們游過去。其中一些人下水後便奮力踢水試圖前進，只是不久後便沉入水中；其他人則是遲遲不敢跳進河裡。哥薩克士兵抽鞭子催促他們但無效，索性開槍射殺——不只哥薩克士兵開火，包含小孩與老人在內的村民也是。槍聲持續了約半小時，岸邊屍體遍布。槍聲停止後，指揮官（沙巴諾夫）下令全軍手持武器展開攻擊——哥薩克兵團使用軍刀，其他士兵則奉命用斧頭砍殺「不聽話」的中國人。一些士兵沒有立刻行動，哥薩克士兵便威脅要「砍下叛徒的腦袋」。中國難民忍不住悲從中來；有些人虔誠祈禱、比出東

正教十字架手勢，但無濟於事。[102]

關於這起事件的官方調查宣稱：「所有目擊者皆證實，這場渡河實際上根本是一場謀害並淹死中國人的大屠殺。」[103] 而受徵召而來的俄國士兵對此心知肚明。石光真清描述了當時的恐怖情景：「一名抱著孩子逃跑的母親被軍刀刺傷……孩子被拋落在地，身軀被重重踩碎。」雖然「屍體堆積如山」，但有些被壓在下層的人仍苟延殘喘，「鮮血不斷從嘴裡冒出」。「每一個還活著的中國人都被扔進河裡，他們的鞋子、帽子、包袱和其他東西都散落在地上那片血海中。」[104] 戴奇忘不了那令人心碎的一幕：「有個滿族家庭帶著一個哺乳中的孩子。孩子的母親不想帶孩子渡河，於是懇求那些為數眾多的旁觀者帶走孩子、救他一命。沒有任何人挺身而出。最後，她將孩子留在岸邊，自己走入河裡。過了一會兒，那個母親回來，抱著孩子再次跳進河裡；之後又回來，把孩子留在岸邊。哥薩克士兵最終刺死了她和她的孩子，結束了這場掙扎。」[105]

調查的結果並未公諸於世。十年後，一篇根據「官方檔案」撰寫的匿名文章刊登在俄國期刊《歐洲通報》（*Vestnik Evropy*），內容試圖還原事情真相。然而當時，這場大屠殺已多少為人所遺忘。據文章的作者（簡稱為「V」）指出，這場發生在上布拉戈維申斯克的大屠殺持續了好幾天。除了七月十七日的第一次殺戮之外，第二批八十四名中國人被送往河邊。七月十九日、二十一日分別又有一百七十人、六十六人被送往死亡河岸。「關於〔最後〕這批人的消息少之又少，即使有，也是官方的片面之詞。」V寫道，「足以確定的是，最多有二十個人成功渡河，並在對岸獲救。」[106]

布拉戈維申斯克當局並未向沿阿穆爾（Priamur）地區的總督格羅德科夫（N. I. Grodekov）通報這場大屠殺，但紙包不住火，因為數千具泡水而腫脹的屍體沿著黑龍江漂到了下游。[107]格里布斯基試圖將責任推給警察局局長巴塔列維奇。後續調查顯示，阿穆爾部隊的掌管者沃爾科夫斯基上校也在這場屠殺中扮演了關鍵角色。在收到關於逮捕八十五名中國人的電報後，他回覆：「在我們所屬河岸這邊的所有中國人格殺勿論。不必要求進一步的指示。」[108]

七月二十日，俄國當局似乎意識到事態的嚴重性。當天，格里布斯基將軍收到（一名低階軍官）從波克羅夫卡（Pokrovka）傳來的電報，對方想確認是否真要執行將所有中國人驅逐到對岸的命令，並「殺死所有抵抗不從的人」。格里布斯基驚恐萬分，他嚴正聲明：「我們的作戰目標是那些對我們不利的武裝清兵……溫和無害的中國公民……沒有做任何冒犯我們的事情。」這則訊息發出後，很快地，沃爾科夫斯基上校下達的命令突然有了改變。「他開始在電報中指示，『絕不能動無辜的中國居民一根汗毛，也不能殺害他們』。」要停止這場大屠殺，其實只需要格里布斯基的幾個字，而他「在此之前對眼前發生的一切，一無所知也視若無睹」。[109]

調查結果十分明確，可惜當局從未舉行審判，也未發表任何公開聲明，但採取了行政懲治措施。被控失職的格里布斯基黯然被解除了指揮官的職務。警察局局長巴塔列維奇因「怠忽職守與濫用職權」而遭到解職。沙巴諾夫這名最直接參與實際殺戮的警官，被認定須負起責任，「不但沒有阻止……對中國人施加的暴力行為，反而下令向他們開槍，並親手拿斧頭砍殺他們」。最後，沃爾科夫斯基遭解除指揮權並禁止繼續服役，「因為他的命令與電報造成了眾多死亡」。沒有任何涉案下屬（哥薩克軍團、低階指揮者以及士兵）經認定對大屠殺負有任何責任。[110]

儘管大屠殺無聲無息地落幕了，但格里布斯基等人受到了極大的恥辱。某個赫將軍（General Kh）在日記中描述了一九〇〇年九月十四日與格羅德科夫共進晚餐一事，其中一段話透露了俄國當局對這起事件感到不安。他寫道：「與格羅德科夫總督及其幕僚一同用餐時，有個不成文的規定是不能談論阿穆爾州，彷彿那是不光彩的事情似的，但偶爾有人會發表一些意見，表明了在哈巴羅夫斯克的人們對這一切知之甚詳，而且不認同這件事……他們把格里布斯基當成已死之人，不說死者的壞話，每當交談幾乎要觸及這些敏感話題時，他們便會尷尬地盯著盤子，沉默不語。」[111]

鮮血與寶藏

滿洲的衝突不同於義和團在中國本土挑起的混亂。義和團運動隨著範圍蔓延至東三省，呈現出明顯的反俄特徵（而不是反基督教）。大清正規軍加入了這場鬥爭，對東清鐵路與誓言捍衛它的俄國工程師、技術工人以及衛兵造成了威脅。布拉戈維申斯克遭到轟炸後，清軍對俄國的入侵似乎迫在眉睫。在此情況下，尼古拉二世下令出兵滿洲，標誌了中俄之間短暫戰爭的開端。

七月下旬，俄國與哥薩克分遣隊渡過黑龍江，占領瑷琿並將該地燒成灰燼。清軍的殘部往南撤退，俄軍則挺進滿洲，占領了瑷琿、齊齊哈爾之間所有的大型城鎮。在此同時，哥薩克部隊得知哈爾濱（東清鐵路的主要樞紐）受圍困的消息後，便從哈巴羅夫斯克出發。他們向哈爾濱推進的過程中，沿途所有中國聚落都遭到了焚燒與劫掠。自七月三十日起，琿春、寧古塔與三姓相繼淪陷。第二天，即七月三十一日，俄軍便攻占了黑龍江，三天後，負責城防的將軍壽山心亂如麻，絕望之下自盡身亡。[112]八月四日，哈爾濱這座擁有兩千多戶、約四萬人口的城市落入俄軍掌控。「雖然大多數居民都逃走了，但仍有不少人躲在地下室或倉庫裡。俄軍一發現這些人就立即殺了他們，之後更是洗劫了整座城市。」[113]奪下哈爾濱後，俄軍繼續南下，占領了長春、吉林以及開原。

另一支俄軍從大連出發，沿著南滿鐵路線向北推進。他們輕而易舉地攻下鞍山、沙河、海城及奉天附近的遼陽等城鎮。清軍無法有效防禦的部分原因在於其武力之分散。歷史學家維克多・札采平（Victor Zatsepine）解釋：「俄國占領軍在這些地方同樣也沒有遭遇民兵團體合力對抗。甚至在義和團到達之前，當地的紅鬍子匪徒便已橫行於城市與農村地區。」儘管在俄國人眼中，紅鬍子盜匪、正規清軍和義和團之間的差異看似難以分辨，但事實上，這些團體加入抗俄戰爭的動機截然不同，以致最終往往演變成互相廝殺的局面。此外，清廷朝令夕改的政策也讓地方主事者無所適從。在圍攻吉林的前一天，總督收到北京政府要求暫緩攻打俄軍的命令。吉林這座擁有十二萬人口的設防城市就這樣不戰而降。[115]

對奉天的最後攻勢於九月三十日發動，由帕維爾・伊凡諾維奇・米先科（Pavel Ivanovich Mishchenko）上校率領的哥薩克護衛隊為先鋒。米先科是參與過俄土戰爭的老兵，後來負責滿洲鐵路的防務。僅僅五年後，他將在日俄戰爭中的奉天會戰扮演關鍵角色。在那場戰役中，俄軍有兩萬多人陣亡，五萬多人受傷，而這次的行動只損失了兩百多兵力。[116]到了十月二日下午，米先科與部

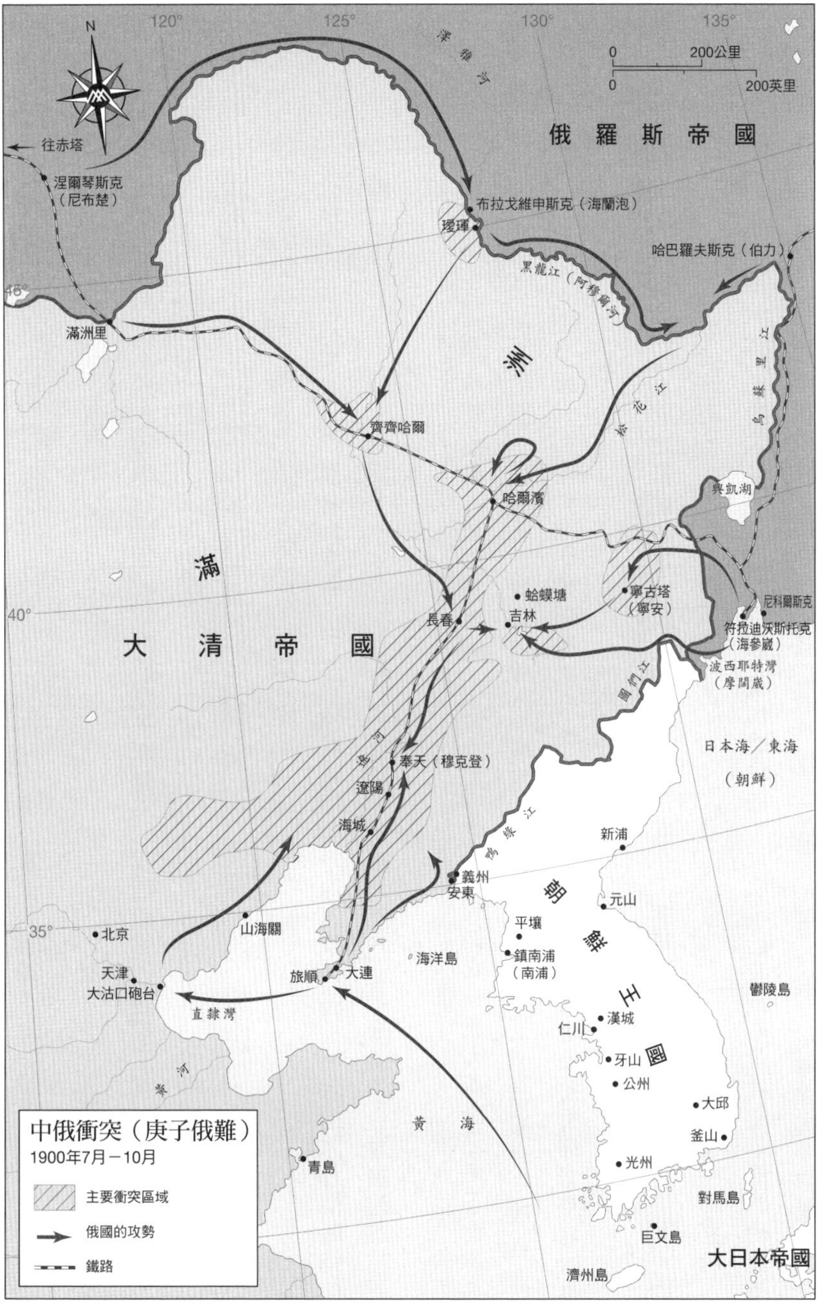

到了1900年秋，十多萬俄軍被調往滿洲。多數部隊經由西伯利亞抵達當地，少部分則從歐俄出發。本圖源自維多・札采平所著之〈一九〇〇年布拉戈維申斯克大屠殺：中俄戰爭與全球影響〉（The Blagoveshchensk Massacre of 1900: The Sino-Russian War and Global Implication），收錄於詹姆斯・弗拉斯與諾曼・史密斯（James Flath and Norman Smith）合編之《超越苦難：再述現代中國的戰爭》（*Beyond Suffering: Recounting War in Modern China*）（溫哥華，2011年），第114頁，並加以修改。

下便占領了清朝的龍興之地——瀋陽故宮。[117]

十月中旬，俄國對滿洲的占領基本上告一段落。在一九〇〇到〇一年之間的冬季，俄國占領軍持續追捕對俄軍與東清鐵路構成威脅的紅鬍子匪幫。「我聽說他們襲擊了軍備不足的俄軍，殺死許多士兵，拆毀部分鐵路，偷走了鐵道工程的原料。」石光真清寫道，「他們殘殺所有無法逃脫的俄國鐵路工人。」[118]紅鬍子不是戰後才有的現象，也並非俄國占領下的產物，但他們確實成了令俄國頭痛的問題，就跟他們曾為大清帶來麻煩一樣。

作家韋列夏金（A. V. Vereshchagin）回憶當時與沿阿穆爾（北滿）部隊指揮官格羅德科夫中將進行視察之旅，提起戰後不久在吉林看到的一幕駭人景象，那凸顯了俄國如今面臨的難題：

> 我跟著格羅德科夫的部隊出城。走了一段路後，我們在一座大廣場停下了腳步。我們面前有一道小圍欄，中間是一塊紀念碑，〔廣場〕中央有一個基坑，上頭有一片頂蓋。「那是什麼？」我心想。一名中國警察騎馬來到我們面前。格羅德科夫走上前對那名警察喊道：「打開！」
>
> 警察站在原地舉棋不定。最後，他轉過身去，一臉厭惡且恐懼地掀開了頂蓋。一股可怕的惡臭味迎面而來。在我們眼前的，正是所謂的「紅鬍子坑」。在當地，每年都有兩、三千名「紅鬍子」土匪被處死。他們的屍體被扔進坑裡，被砍下的頭顱不是被交給他們的親屬，就是裝進籠子裡掛在圍籬和樹上……我望向坑裡。我的天啊！這坑洞大得驚人，有數沙繩*寬，而

且深得可怕。裡面躺著成千上萬具赤裸的屍體，沒有一具有穿衣服或表現任何特徵。所有屍體都沒有頭顱，脖子像捲心菜莖一樣被砍斷了。我看得心驚膽顫，急忙往後退，生怕失足掉了進去。格羅德科夫往裡頭看了看，聳聳肩便離開了，畢竟除此之外，別無他法。[119]

一九〇〇年的各個事件迫使俄國面臨一個嚴峻的戰略選擇：在清楚自己的存在將招致日本與其他列強的疑慮下，是否應該留在滿洲，繼續殘殺更多紅鬍子，用無頭屍體填滿紅鬍子坑？還是應該撤出滿洲，任東清鐵路自生自滅？來自哈巴羅夫斯克、布拉戈維申斯克以及尼科爾斯克的俄國軍隊入侵滿洲時，並沒有打算保有這塊領土，可真踏上此地後，他們才發覺難以抽身。[120]「我們花了數億為另一個國家興建鐵路，而自身最迫切的需求卻沒有得到滿足，那就是本國的鐵路里程嚴重不足。」俄國駐日公使羅曼・羅森指出，「按理說，將人民的財富浪費在幫助外國建設基礎設施上是不可饒恕的政策，除非這是為了替最終的併吞鋪路。」[121]如今，滿洲鐵路使俄國的財富投資也變成了鮮血的投資。每一次軍事占領都曠日費時，但在中俄衝突中，俄國保護其鐵路投資的欲望導致不可預料的後果，這不僅關係到往後俄國與中日兩國的關係，也關係到大韓帝國†（一八九七年—一九一〇年）的未來。

---

* 編註：舊俄制單位，一沙繩約二・一三四公尺。

† 編註：為與先前的朝鮮王朝政權作出區分，以下將簡稱為韓國。

第十四章　李鴻章離世

俄軍橫掃滿洲之際，柔克義於一九〇〇年八月二十九日抵達上海，並立即前往北京。美國國務卿海約翰決定派柔克義前來中國與美國駐華公使康格共同促成和平談判。柔克義在東京停留，會見日本外交大臣青木周藏。青木透露了自己對俄國別有意圖的擔憂，他表示，只要俄軍留在滿洲一天，日本就不會下令「從北京撤軍」。此外，有鑑於「大清無力支付鉅額賠款」，加上「許多強國看來都決心獲取更多領土」，不具領土野心的美國是唯一能夠居中調解出中國問題可行解決方案的國家。換句話說，海約翰提出的〈門戶開放照會〉必須再次攤在檯面上。[1]

這會是一項艱鉅的任務。一九〇〇年的情勢和一年前海約翰首次提出門戶開放政策時大不相同，如今俄國已占領滿洲。和平談判於十月展開時，俄國駐華公使格爾思（Mikhail de Giers）因不願懲罰中國人而激怒了同僚。各國使節紛紛控訴那些應為義和團之亂負起責任的大清官員時，格爾思卻因自家軍隊在滿洲站穩了陣地而有所推託。柔克義大為惱火：「格爾思非常樂見談判無限期拖延下去，還幫忙盡可能在一些無關緊要的細節上浪費時間。」[2]

外交大臣拉姆斯多夫也示意，俄國政府不會在和談上與其他國家合作。他宣稱：「俄國在中國和遠東地區的目標，在性質及方向上與其他列強截然不同。」[3]各國都清楚，俄國政府正試圖恢復與大清的良好往來。因此，格爾思在九月初宣布俄國將是第一個從北京撤軍的國家，也並不令人意外。到了那時，俄國最關切的事情已十分明確，那就是確保自己能跟清政府針對滿洲問題單獨簽訂條約。[4]

清廷任命七十七歲老臣李鴻章為全權代表，他和慶親王（奕劻）一同與列強談判義和團協定的條款。[5]先前李鴻章安然地窩在南方，先是待在廣州，再去上海，之後又違逆朝廷召他回北京的多道聖旨，就這樣安全躲過了義和團拳亂。這樣處心積慮的算計奏效了。李鴻章並沒有因為抗旨而受到懲罰，而是在慈禧太后的歡迎下返回京城，因為對方意識到，只有他才能勝任這次的外交重責，解決這場她協助煽動所致的災難。[6]

李鴻章面臨的第一項、同時也是最困難的挑戰，是與俄國打交道。俄國在十月對奉天發動最終攻勢後，便結束了軍事行動。[7]儘管取得壓倒性勝利，但俄國很快就明白，光靠軍事占領無法確保本國鐵路的安全。外交手段有其必要，而事實證明這極為困難。謝爾蓋·維特反對繼續進行軍事占領，並主張最好的辦法是讓大清同意放棄駐軍滿洲，以解除鐵路及俄國邊境可能遭受的威脅。另一方面，戰爭大臣阿列克謝·庫羅派特金則反對過早撤軍，他主張，應該至少等到鐵路完工。他同時認為，滿洲最終應「依循布哈拉*的例子，成為俄國的保護國」。[8]

就在聖彼得堡當局拿不定主意之際，俄國和滿洲地方官員也需要共商權宜之計，好讓俄國有正當理由持續進行軍事占領。俄國太平洋艦隊司令阿列克謝耶夫上將對奉天軍事長官增祺將軍施壓，要求他簽署一份實際上等同於將該地割讓給俄國的協定。[9]†增祺猶豫不決，只是阿列克謝耶夫一再向他保證，這只是一份暫時性協定，之後可再修訂。[10]於是，增祺在未得到北京當局正式許可的情況下，於一九〇〇年十一月三十日勉強簽署了這份協議。[11]

對俄國來說極其不幸的是，《倫敦時報》記者喬治．莫里森（George Morrison）取得了這份祕密協議的副本，並在一九〇一年一月三日刊登副本內容，且一如預期地引發了各界的強烈抗議。[12]莫里森宣稱：「該協議賦予俄國居民的權責，猶如布哈拉的俄國居民或印度的英國居民所擁有的權責。之後，必定會出現關於其他兩個地區（吉林與黑龍江）的相似協定，屆時滿洲將真正成為受俄國保護的領地。」[13]《紐約時報》隨後發表了一篇尖刻的社論，預料美國在滿洲的商業形勢將遭遇嚴峻後果。[14]海約翰寫道，在義和團協議的談判中，「柔克義幾乎是灰頭土臉」，他一直懷疑俄國表裡不一。[15]而最令他憂心的是，清廷可能會被迫批准阿列克謝耶夫和增祺共同簽訂的協議。如此一來，俄國便有可能重演一八六〇年《北京條約》的歷史，透過外交手段獲得奉天、吉林與黑龍江，而這些地方全都位於滿洲。

---

* 編註：即布哈拉汗國（Khanate of Bukhara，一五〇〇年—一九二〇年），位於今烏茲別克西南部。一八六八年時成為俄國之附庸。

† 編註：即《奉天交地暫且章程》。

然而，當時的情況與一八六〇年截然不同。首先，大清不像之前那麼容易受騙上當了。離奇的是，清廷直到一月十五日才收到阿列克謝耶夫與增祺所簽協議的副本，距離《倫敦時報》首度刊登該協定已將近兩週。儘管李鴻章早在十一月就收到這份臨時性協議的副本，但在之後兩個月裡，他和朝廷的通信中卻隻字未提。等到該份協議最終遞交給清廷時，當局既「驚訝又憤怒」，斷然拒絕批准。朝廷頒布了一道免除增祺將軍職務的聖旨，只是之後又予以撤回。[16]

更重要的是，俄國面對的是日本這個勁敵。日本非常清楚俄國在第二次鴉片戰爭中如何玩弄兩面手法以利用大清的弱點來奪取領土，而他們決心不讓歷史重演。眼下尤其令人擔憂的是，英國忙於處理南非的戰事，似乎願意接受俄國「暫時」占領滿洲的善意表態。[17]同一時間，美國的麥金利總統即將迎來一九〇〇年十一月的選舉，儘管面對海約翰和柔克義的強力反對，仍努力兌現從北京撤軍的競選承諾。這兩人認為，在和平談判的關鍵時刻，撤軍的決定將削弱美國的影響力，並顯示華府無法有效應對俄國帶來的挑戰。[18]

日本似乎是唯一一個願意與大清聯手對抗俄國的國家。這背後的動機並非基於利他目的，而是考量國家利益，希望確保本身在大韓帝國的影響力，防止俄國勢力從滿洲滲透到朝鮮半島。[19]情況更為雪上加霜的是，俄國外交大臣拉姆斯多夫斷然否認阿列克謝耶夫與增祺簽訂的協議真的存在。對此，日本外務大臣加藤高明與俄國駐日公使亞歷山大．伊茲沃爾斯基你一言我一語地激烈交鋒[20]，致使兩國關係極度緊張。有報導稱，俄國在聖彼得堡舉行的中俄會談上試圖對大清施壓以控制滿洲，而這再度證實了加藤高明揮之不去的疑慮。

日本的援助

俄國政府提議在聖彼得堡舉行會談，與受命為全權代表的大清駐俄公使楊儒商討滿洲的未來。俄國預期，個性隨和的楊儒將輕易受到影響。李鴻章意識到俄國官員可能會將楊儒玩弄於股掌之中，因此限制了這名使節作為全權代表的職權，並堅持要求他在談判全程均必須透過電報徵求他和慶親王（奕劻）的意見。[21]

那麼，俄國在滿洲究竟圖的是什麼？這個問題似乎困擾著涉入滿洲問題的三名俄國大臣——維特、拉姆斯多夫與庫羅派特金。滿洲之爭的背後是個更重大的問題，牽涉了俄國在帝國東部地區的利益和太平洋海域的通行權。若想確保俄國遠東地區（濱海邊疆區）的安全，不但必須取得滿洲，還得拿下韓國。雖然在一八九五年閔妃遭到暗殺之後，俄國在朝鮮半島的地位有所提升，但沙皇政權未能好好利用這股影響力，反而在《西—羅森協定》（一八九八年簽訂）中與日本達成妥協，而這實際上使日本獲得了在韓國的政治經濟事務上與俄國平等的發言權。這項妥協被認為有其必要，因為當時俄國主要關注的是確保自身在旅順的利益和東清鐵路的完工。換言之，俄國必須安撫日本的不安。[22]

然而到了一九〇〇年，情勢有了變化。東清鐵路即將完工並通車。俄國在這條鐵路上投入了大量公帑，且犧牲了無數人命，必須不惜一切代價保全這筆投資。海軍大臣提爾托夫（P. Tyrtov）海軍上將如此說道：「必須阻撓日本在太平洋取得支配地位的機會，否則他們將更傾向發動侵略，而且很有可能達到目的，而若要這麼做，我們必須控制一個靠近日本的戰略要地，那就是韓國的南部。我們相信，當前有必要對日本採取這項行動，因為對方正加強戰力，準備對抗我國、我國的艦隊及軍隊。」[23]

一九〇〇年十二月十七日，俄國為即將舉行的談判擬了一份提案，其要點如下：滿洲「仍是大清帝國的一部分，得以保有民政管理權，但必須解散軍隊」；滿洲的地方軍事長官（將軍）得以「保有一支小型的警察部隊」，而「人數須由俄國決定」；部分俄軍將留在滿洲「維護和平」；東清鐵路仍由俄國財政部控制；奉天將由俄國關東軍司令阿列克謝耶夫海軍上將管轄，吉林與黑龍江則由阿穆爾州軍事指揮官格羅德科夫將軍掌管；俄軍的指揮官「將負責監督地方軍事長官的工作，防止他們發起抗俄行動」；最後，地方軍事長官不可「擴編警察部隊或從外國進口武器」。[24]

儘管維特和庫羅派特金堅決反對長期占領滿洲，但他們同意至少就目前而言，俄軍必須留守當地。[25]維特與楊儒之間的談判始於一九〇一年一月四日。楊儒首先問維特，俄軍打算在滿洲待多久。維特就事論事地說明，俄國將持續駐軍，「直到大清完全走出義和團的陰霾，恢復社會秩序為止」。「俄國政府不能像個孩子一樣，今天派兵，明天就撤兵。」維特敷衍地請求楊儒不要再提起有關撤軍的問題。[26]

在一月十七日舉行的第三次會面中，維特向楊儒提出一份列有十三項要點的草案，其中的內容，多和十二月四日備忘錄相同。不出所料地，楊儒大為震怒，怒斥這樣的安排基本上「無異於使滿洲像布哈拉一樣成為俄國的保護領地」。[27]維特微慍地反駁：「俄國在滿洲損失慘重，死傷無數。

若現在不採取任何預防措施就撤軍，有哪個正常的國家會做出這種蠢事？」楊儒回覆道：「大清一定會賠償俄國的損失」，但「絕對不會屈服於不公平的協議」。[28]

氣憤難平的楊儒將這次會談過程秉報朝廷。與此同時，慶親王前去徵求負責在北京進行和平談判的日本使節團團長小村壽太郎的意見。小村強調，大清必須「限制駐滿洲的俄軍人數，然後敲定撤軍日期」。最重要的任務是「不要將滿洲割讓給俄國，而且不允許他們在當地駐軍」。[29]

維特意識到自己的態度太過強勢，於是交由外交大臣拉姆斯多夫接手談判。數個星期內，楊儒與拉姆斯多夫會面了十三次。拉姆斯多夫提醒楊儒，之前俄軍比其他列強都還早撤離北京與直隸省，他同時明確表示，希望大清能接受俄國關於滿洲的提議，這麼一來，對於正在北京談判的《辛丑條約》，俄國將協助爭取較為有利的條件。

不過，你有張良計，我有過牆梯。拉姆斯多夫明確要求對談判細節保密，而大清並未允諾。二月十三日，駐日公使李盛鐸暗中向日本外務省透露了俄國的要求，而日本又將俄國吞併滿洲的企圖告訴了英國。這下子，列強都知道俄國在打什麼算盤了。兩廣總督劉坤一秉報朝廷：「他們力勸我們拒絕〔個別〕條約，並和大家一同討論。」[30]這下子，大清手上握有可迫使俄國妥協的籌碼了。

然而，修訂後的協議於二月十六日送到楊儒面前時，這位大清全權代表卻遲疑了。[31]李鴻章擔憂，倘若拒絕俄國的要求，將導致兩國關係破裂。[32]再說，其他列強並未保證會為了中國利益而有所干預，而即使他們真的這麼做了，俄國不開戰絕不會善罷甘休。對此，其他人則持不同意見。朝廷重臣張之洞認為，一旦順從俄國的條件，其他列強會認為他們也能要求取得大清的部分領土。

「萬一俄國火大了，我們只會失去東三省；倘若其他列強也生起氣來，漢地十八省可就難保了。」[33]

最後，朝廷命令楊儒不得與俄國簽訂協議。三月二十三日，朝廷頒布諭旨，聲稱與俄國個別簽訂協議將被視為「違反大清與列強在北京談判的《辛丑條約》」。拉姆斯多夫得知後勃然大怒。收到清廷傳來的拒絕信時，這位向來沉默寡言的部長「大聲念出信中的一字一句，起身站了好一會兒，滿臉通紅地怒吼道：『我無話可說！大清將自食惡果！』」[34]

大清最擔心俄國會試圖破壞在北京舉行的和平談判。所幸這並未發生，令其因此鬆了一口氣。在這件事上，清廷官員在日本的協助下堅守了立場。

《辛丑條約》

在聖彼得堡會談進行的同時，更大規模的多國會談也在北京展開，以敲定《辛丑條約》的條款。懲罰親義和團官員的問題已獲解決，接著就賠償問題進行談判。對此，最大的困難在於確定大清必須向每個國家賠償多少金額。美國國務卿海約翰認為，賠償金額的總數一旦有損大清獨立自主，最終將不利該國政局的穩定，因此他主張一次性賠償總額不超過一億五千萬美元，並認為這在「大清負擔得起的範圍內」。而這筆賠款將「根據列強所受損失的比例」一一分配給各國。[35]

只有日本對美國的提議持開放態度。其他國家（主要是德國和俄國）則認為，一次性賠款的金額太少，堅持要求將金額提高至三億三千三百萬美元（等於四億五千萬兩）。考量大清全年歲入估計為兩千五百萬兩，這樣的賠款金額實在驚人。[36]日本的代表們得知金額後更是瞠目結舌。義和團圍城期間，人在北京的石井菊次郎對俄國的一舉一動評價尤其苛刻。石井菊次郎是一九〇一年九月出任外務大臣的小村壽太郎所率領的駐華使節團其中一員，負責《辛丑條約》的談判。「俄國派兵駐守滿洲的幾個戰略要地，但該國〔在北京〕的實際救援部隊人數只有日本的一半。」石井後來禁不抱怨道：「而且，俄國是基於占領滿洲的野心而駐軍當地，因此現在他們不應該要求大清支付〔這次征戰的〕所有費用。」[37]

之後，石井菊次郎忍不住發洩心中的怒氣及挫折。他控訴道：「〔除了美國之外，〕小村壽太郎是當時唯一一個真正有良心的代表。就每個國家要求的賠款金額及其救援部隊的規模相比，明顯可看出矛盾。日本要求的金額非常公平；英國與美國的要求也相當合理。」石井憤恨地總結道，列強不但占了大清的便宜，也占了日本的便宜。「如果說一九〇〇年的日本與一九一九年的法國一樣，我們就會像法國在《凡爾賽條約》（*Treaty of Versailles*）中所做的，要求得到賠償總額的一半以上。」但是，日本缺乏這種經驗，反而被一群狡猾的歐洲列強耍得團團轉。[38]

美國也深感失望，但原因與日本不同。一九〇一年九月七日在北京簽署的議定書，遠遠未達到海約翰與柔克義所期望的目標。七月三日，海約翰提出〈門戶開放照會〉第二版，宣布維護大清領土完整的原則，可惜這項聲明並未被其他列強視為協議的基礎。儘管各國大致上同意這個版本的〈門戶開放照會〉，但「沒有任何一國願意書面重述並簽署書面承諾，以作出維護大清領土和行政權的保證」。一連好幾個星期，列強都允許海約翰代為發聲，「但他發言時，他們卻是心口不一」。在歐洲各大城市間流傳的公開報導也鮮少提及海約翰的〈門戶開放照會〉，即使有，篇幅也寥寥無幾。[39]

大清當然對這個結果大感失望，尤其是那些有損其主權的行動。清廷同意樹立紀念碑以追悼兩百多名在義和團拳亂中喪命的西方人，允許公使館派遣全副武裝的衛兵駐守，而且兩年內不進口任何武器，此外還同意規定發生暴亂的城市五年內禁止舉辦任何科舉考試。[40]

盟軍士兵肆無忌憚地掠奪大清的珍奇寶物，在大清的屈辱傷口上撒鹽，如此舉動加深了當地人民的憤恨。英國代表薩道義（Ernest Satow）指出，就連大清皇帝的陵墓也遭到了洗劫。美軍中國救援遠征軍司令阿德納·查菲（Adna R. Chaffee）將軍提到：「這場〔掠奪的〕瘟疫侵襲了所有人，儘管一些人症狀輕微。」[41]他在寫給友人的信中，冷冷地描述了這場瘟疫中其他更加令人髮指的行為：

> 俄國、德國、英國，或許還包含法國，都靠著奪取各種可在市場上銷售的財物而獲利甚豐。有人告訴我，光是一個鋅塊，就讓德國賺了多達兩百五十萬美元。一車又一車的貨物被運走，車流源源不絕；黃銅製的神像、青銅製的神像及各種金屬似乎都有現成的銷路。成千上萬卷一碼約可賣五美分的夏布（類似蚊帳）被成堆裝上手推車運至車站，然後一車車地穿過南牆後便一去不復返。幾乎沒有任何一樣物品不值錢，只要有人要買，東西就有價值；而這些財物皆屬清政府所有。自去年秋天以來，我還沒有去過頤和園，但據我所知，那裡實際上已成廢

墟，只剩下幾道牆仍矗立著。昔日巧奪天工的精美家具、桌椅及擺設大多已灰飛煙滅，或者被人運走了。當然，這些事我只跟你說。如果人們知道列強的這些行為之後，將透過信用貸款的方式來給大清一個交代，就不會認為這些掠奪像是攔路搶劫了。[42]

殘局

一九〇一年十一月七日，李鴻章與世長辭。他鬱鬱而終。傳聞俄國公使雷薩爾（P.M. Lessar）曾試圖強迫李鴻章在臨終前簽署中俄協約，令人對他的離世更覺感傷。赫德寫道：「可憐的老李在去世前的三十個小時還在勞心勞力。除了俄國失去一名好兄弟之外，老李的離世並未造成任何影響。」[43]柔克義表達了更多的同情：「就李鴻章在談判中扮演的角色來說，他做了一切能做的，無疑盡心盡力了。雖然我不認為有任何外國代表相信他動機單純或是愛國心切（他們都很了解李鴻章的為人），但他們全都肯定他能力出眾，包括迅速掌握問題的癥結點，以及他在促使清廷承擔令人不快的義務或執行欺人太甚的要求上，仍然具有的巨大影響力。」[44]

據傳假如當初李鴻章簽署了滿洲協議，就能得到三十萬盧布。而他堅定拒絕收賄，卻也暗示最終會履行承諾。之後，關鍵時刻到來，而他已撒手人寰。[45]喬治・莫里森事後寫道：「俄國公使館非常憤慨，因為有人引述我的話稱，雷薩爾在李鴻章的病榻前逼他簽署《滿洲協定》（*Manchurian Convention*），直接導致了他的離世。」[46]《北華捷報》（*North China Herald*）刊出的訃告歸結了人們普遍對李鴻章的評價：「雖然李鴻章並未受到舉國哀悼，但他的確地位崇高，非他人所能輕易取代。」[47]李鴻章的缺點及貪污腐敗已經到了「無以復加且厚顏無恥的程度」，然而這位直隸省總督最終仍未屈服於俄國的要求。關於滿洲命運的談判不得不延後，擇日再議。

李鴻章晚年，約攝於1898年。（感謝納森—狄克森〔M Nation-Dixon〕夫人與倫敦大學亞非圖書館提供圖片，文獻出自賀智蘭私人檔案〔Reginald Follett Codrington Hedgeland〕, SOAS reference PP MS 82/2/2）

第四部

新盟友，舊敵人

一九〇〇年夏天占領滿洲後，俄國認為沒必要在韓國問題上對日本做出任何讓步。一九〇一年六月辭去首相職務的伊藤博文，仍希望在此問題上與俄國達成某種程度的妥協。然而，新任首相桂太郎卻和英國展開協商，以尋求結盟。因此，日本採取雙軌政策來回應俄國占領滿洲的意圖：與俄國和解，同時和英國結盟。而大韓帝國的命運，則是這兩方討論的關鍵點。

一八九六年，山縣有朋提出以北緯三十八度線劃分朝鮮的想法，卻遭到俄國斷然拒絕。日本的領袖們隨後提出「以滿洲換取韓國」的方案（滿韓交換論），沒想到，再次遭到俄國駁回。日本積極敦促俄國針對韓國問題達成折衷協議，可惜會談陷入了僵局。

在倫敦，日本公使林董與英國外交大臣威廉·蘭斯多恩（William Lansdowne）的談判則相對有成效，兩國於一九〇二年一月簽定《英日同盟條約》（*Anglo-Japanese Alliance*）。該條約承認日本在韓國的利益，但並未規定英國有義務在日本和韓國發生衝突時提供幫助。然而，其中仍包括一項條款，那就是如果有第三國參戰對抗盟友日本，「其他同盟國有義務共同宣戰」。儘管該協議的目的並非鼓勵日本與俄國開戰，但確實讓日本擺脫了當初剝奪其在一八九五年的勝利果實的那種歐洲聯盟。

英日同盟的協定讓俄國措手不及。他們原本希望單獨與大清簽訂協約，以確保大清依照他們的要求做出讓步。然而，礙於英日同盟，俄國擱置了這些計畫。在英國的支持下，針對俄國的滿洲計畫，日本向其提出警告。日本放棄了先前「以滿洲換取朝鮮」的提議，反而將俄國占領滿洲的意圖視為對其韓國利益的直接威脅。

面對英日兩國共同施壓，俄國同意自一九〇二年四月起開始撤軍，最晚於一九〇三年十月完成。但是到了一九〇三年初，俄國徹底違反承諾，原訂的第二次撤軍時限也已過期。同時，沙皇尼古拉二世新設置俄國遠東總督一職，由其全權負責處理中國、韓國及日本的相關事務。俄國還在聖彼得堡成立遠東事務特別委員會（Special Committee for the Affairs of the Far East），由同為強硬派擴張主義者的亞歷山大·米哈伊洛維奇·別佐布拉佐夫（Alexander Mikhailovich Bezobrazov）與阿列克謝·阿巴薩（Aleksei Abaza）主導。

一八九八年，別佐布拉佐夫獲大韓帝國批准鴨綠江沿岸的伐木特許權。在日本的施壓下，高宗宣布開放鴨綠江的所有港口，並要求俄國遵守門戶開放原則——美國與英國均支持這個立場。但是，高宗迫於俄國強硬派的壓力而搖擺不定，在此同時，他的政府分裂成親日派及親俄派。

一九〇三年五月，日本獲報有一大群偽裝成勞工的俄國士兵進入俄國租借地，同時俄軍也占領了鴨綠江左岸的朝鮮村莊龍岩浦（Yongamp'o），結果日本迅速做出回應。日本在未宣戰的情況下，於一九〇四年二月八日至九日突襲旅順港。幾乎就在同一時間，日軍登陸朝鮮仁川，過程中完全未遭遇任何反抗。

在不到十年的時間裡，日本二度在韓國發動戰爭。但是這一次，日本得到了英國與美國的支持。

第十五章　新協約

一八九九至一九〇〇年間，義和團在華北地區與滿洲大肆屠殺西方傳教士及當地的基督教改宗者之際，基督教對韓國民眾的吸引力卻有增無減，這是一段耐人尋味卻鮮少人談論的歷史意外。韓國北部省分對天主教信仰日益高漲的狂熱尤其引人注意。到了一八九〇年代，韓國天主教徒的人數迅速增長，從一八九五年的兩萬六千人增加至一九〇四年的六萬人。大多數的信徒居住在黃海道與平安道，在這些地方，天主教的權力往往高於省級官員。[1]

天主教在韓國的爆炸性成長，主要是回應了地方與中央政府的顯著失敗。一九〇〇年的氣候尤其惡劣，人民飽受折磨。韓國政府非但沒有設法救濟紓困，反而提高課稅，並派遣特別稽查員強迫民眾繳稅，使人民處境雪上加霜。黃海道知事閔永肩（Min Yŏng-ch'ŏl）焦急地向上級秉報，當地有愈來愈多天主教徒拒絕納稅或遵守法規。[2]「令人頭痛的是，天主教徒妨礙警察的調查行動。」他忍不住抱怨道，「更糟糕的是，他們對警方施暴。我們無法執行行政工作……有些天主教徒口不擇言，甚至自稱不是韓國人……宣稱自己效忠教會。」[3]有一次，一群天主教徒毆打地方官員，

約瑟夫．威廉神父以直言不諱和強勢保護天主教徒的作風而聞名，其信徒包括安泰勳（An T'ae-hŭn）及安泰建（An T'ae-gŏn），他們分別是安重根（An Chung-gŭn，刺殺伊藤博文的凶手、朝鮮的民族英雄）的父親與叔叔。（出自瑪利諾修院檔案館〔Maryknoll Mission Archives〕）

抗議徵稅不公。一八九九年，四名天主教徒在安岳（Anak）被捕後，有數百名天主教徒衝進政府機關，指責地方行政官「抓錯了人，還打傷了數名警官」。當局懷疑這些天主教徒之前曾追隨東學黨，為了逃避懲罰而偽裝身分。天主教徒助長了「百姓對政府的不服從」，但由於他們受外國傳教士所保護，無法輕易懲戒他們，「倘若這麼做，可能會導致外交紛爭」。[4]其中一名傳教士約瑟夫．威廉（Joseph Wilhelm）神父被認為是「公正不阿的人」，然而對當地官員來說，他卻是「徹頭徹尾的恐怖人物」。「他多次被關進大牢，而且毆打〔韓國〕警察，一副自以為是總督的樣子」。[5]

到了一九〇〇年秋天，義和團抵達鴨綠江沿岸及滿洲接壤的平安道。美國駐韓公使安連指出，「八百名義和團拳民來到邊境，試圖拉攏朝鮮人加入他們的行列」，但遭到拒絕。[6]因應混亂的局勢，當局派遣警察部隊前往該地區，然而身著西式制服的警察被誤認成日本兵。[7]在滿洲，中俄兩軍交戰造成的混亂蔓延到間島（Kando），即圖們江北岸的中韓邊境，之後又擴散到咸鏡道，也就是匪徒及拳民的藏身之處。

一九〇〇年六月二十七日，高宗邀請漢城外交使團入宮討論當前的局勢。他深知隨著義和團之亂可能會在北方各道挑起事端，如此將導致自己的國家岌岌可危，同時也憂心日本可能會以此作為出兵的藉口，於是就維護北方秩序一事向在座賓客尋求「忠告」。他也十分擔憂國內天主教徒的處境。日本公使林權助譏諷地回應道：「列強在大清的行動完全一致，而他們在韓國無疑也會如此。」這番話「讓高宗不寒而慄」，同時也引起了俄國公使巴布羅福（A. I. Pavlov）的警覺。他建議高宗盡快派兵至北部地區維護秩序。[8]

韓國的中立

閔妃遇害後，高宗躲在俄國公使館將近一年，一八九七年二月才返回王宮。一年後的一八九八年，俄國與日本之間簽署《西－羅森協定》，為展開全新的自強和現代化計畫帶來了契機。兩國允諾承認大韓帝國的獨立，而在國家發展大幅落後且輕易便淪為俄國或日本的囊中物之前，高宗也將該協約視為他增強國家實力的最後一次機會。一八九八年大院君去世，也讓高宗擺脫了自一八七三年他宣布親政以來一直深受其擾的肉中刺。高宗將自己的稱號從國王改為皇帝，此舉象徵重新確立韓國的獨立地位，並宣告自身與日本、俄國及大清平起平坐。（閔妃也被追封為明成皇后〔Empress Myŏngsŏng〕）。他同時宣布，從今往後，朝鮮正名為大韓帝國。此次光武改革（一八九七年—一九〇四年）是韓國最後一次為了改變國家路線所做的孤注一擲。可惜其中的措施在實行上零碎鬆散，而且大多僅為紙上談兵。[9]

然而，義和團之亂可能會導致改革計畫還沒有機會展開，便面臨遭到破壞的威脅。日本與俄國無不在意此事會影響其各自在韓國的地位。俄國外交大臣拉姆斯多夫在寫給駐日公使伊茲沃爾斯基的信中說道：「當此之際，對我們而言最大的危險，是這場動亂可能會從大清蔓延至朝鮮半島。萬一真發生這種情況，日本將派遣大量軍隊前往半島。」他也要求伊茲沃爾斯基提醒日本外務大臣青木周藏，別忘了一八九八年協約的內容：一旦日本決定出兵朝鮮半島，俄國也有權這麼做。[10]

因此，義和團所造成的危機，提高了兩支外國軍隊再次於朝鮮半島上交鋒的可能性。為此，高宗向林董提出韓國中立的議題。如果日本與俄國開戰，韓國政府將堅守保持中立的權利。與此同時，在東京，伊茲沃爾斯基找上了一九〇〇年十月成為首相的伊藤博文討論高宗中立的提議。

伊藤博文斷然拒絕討論這個問題，並表示只要俄軍在滿洲一天，事情就沒得談。這是滿洲與韓國第一次在日俄兩國的朝鮮半島主權之爭中有了關聯。[11]俄國顯然不準備、也不願意從滿洲撤軍。有鑑於義和團之亂在滿洲造成的新局勢，伊藤博文提議就韓國問題協商新的條約來取代《西—羅森協定》。只是，伊藤政府於一九〇一年五月下野，談判也隨之中止。以曾參與甲午戰爭的老兵桂太郎為首的新內閣決定雙管齊下，以解決韓國問題。日本會試圖和英國就韓國問題達成協議，同時與俄國個別談判。桂太郎在三國干涉還遼和《辛丑條約》中汲取了慘痛的教訓，決心這次無論如何都要讓俄國成為輸家，而不是日本。

林董與蘭斯多恩

儘管列強在長達近十二個月的談判中多次有所爭執與不快，但在北京舉行的公使會議（Beijing Conference，一九〇〇年—一九〇一年）仍然促成了英日之間的友好。這兩國的合作以融洽的私人關係為基礎。俄國駐軍滿洲的舉動使日本與英國的利益形成一致，而英日兩國的代表薩道義與小村壽太郎在北京公使會議舉行前便是彼此相交的好友。兩人多年前就認識，當時小村壽太郎擔任日本外務省副大臣，而薩道義擔任英國駐日公使。之前小村贊成日俄和解，但基於在北京與俄國打交道的經驗，他自此堅決「不像前任副大臣那樣親俄」。[12]小村壽太郎對俄態度的轉變，在之後對日本與英國的關係產生重大影響。一九〇一年九月回到東京後，小村受命為桂太郎第一屆內閣的外務大臣，負責英日兩國的同盟關係。

一九〇一年三月，德國駐倫敦大使館首席書記官赫爾曼·弗萊赫爾·馮·埃卡德斯坦（Hermann Freiherr von Eckardstein）首度暗示建立英德日同盟的想法。埃卡德斯坦憂心，一旦任由日本自行行事，則其可能會與俄國就滿洲問題達成協議，而這樣的協約結果意味著大清領土不再完整，進而威脅東亞的穩定。埃卡德斯坦向日本駐英公使林董提議，和英國內閣舉行會談以建立兩國同盟，並向他保證，德國政府也支持這個想法。他還透露，英德兩國此時此刻正在協商遠東地區的政策，並有意邀請日本參與。[13]

林董積極回應這項提議，因為英日同盟的想法已在他的腦海盤旋一段時間。一九〇〇年，他曾向《倫敦時報》的喬治．莫里森坦承，這種同盟關係將會是他外交生涯的最高成就。事後他寫道：「毫無疑問，我的想法是，倘若英國政府有意組成像德國書記官所略述的聯盟，那麼這必定會是對日本最有利的聯盟。」林董立即請求日本政府的許可，以試探英國政府對此事的看法。[14]

結果發現，埃卡德斯坦根本是腳踏數條船——德國根本無意與英國或日本結盟。他甚至未向日本公使做出如此提議的權限。[15]但是，既然提案已攤在檯面上，林董決定自行找英國外交大臣蘭斯多恩勳爵談談。令他備感欣慰的是，他找到了一名善於傾聽的聽眾。四月十七日，兩人會面討論遠東局勢。林董事後寫道：「我提到大清的局勢，並解釋大清的未來令我個人感到不安，我認為，英國與日本有達成永久協定的迫切必要，以維護遠東地區的和平。」[16]接著，他提出了可作為同盟基礎的六項主要原則。

其中第三項引起蘭斯多恩的注意，隨後也成了最具爭議性的一項原則：「日本在韓國的利益大於任何其他國家，因此應獲准得以在韓國自由行事。」[17]蘭斯多恩指出，這項原則太過偏向日本，有失公平。倘若英國如此同意，可能會導致日本與俄國產生摩擦，甚至爆發戰爭而牽連英國。他解釋：「日本在韓國的利益非常龐大，事實上比英國在揚子江*的利益要大得多。英國無意圖謀韓國之利，何必冒上與俄國發生衝突的風險呢？」林董反駁道，有了英國參與的擔保，才是同盟協約「一切的本質」；如果少了英國的同意，日本就沒有必要尋求結盟。[18]蘭斯多恩回道：「我擔心這項原則會招來外界批評，指責日本與英國享有的利益不成比例。」[19]然而，英國還有別的選擇嗎？隨著會談在一九〇一至〇二年秋冬之交持續進行，蘭斯多恩有了另一個選擇。

兩邊下注

一九〇一年十一月，李鴻章離世，為駐華俄國外交官和聖彼得堡當局帶來了新的挑戰。俄國失去了對大清的重要窗口，面臨全新的局勢。世紀之交，西伯利亞鐵路即將竣工，維特等人大力吹捧，稱之為新世紀世界上最偉大的成就之一，而他們的確所言不假。義和團動亂餘波未平，加上關於滿洲的談判停滯不前，都可能危及這整個計畫。因此，維特和拉姆斯多夫收到日本前首相伊藤博文已出發前來聖彼得堡、欲討論遠東局勢的消息之際，都鬆了一口氣。維特希望在滿洲問題上與伊藤達成協議，好讓俄國在此得以不受日本干涉。問題在於，日本為了給俄國方便得付出多少代價，以及「以朝鮮換取滿洲」的新方案不知能否行得通。

---

* 編註：即長江。

既然林董與蘭斯多恩已在倫敦進行會談，為何首相桂太郎還要批准伊藤博文前往聖彼得堡呢？答案似乎只有一個，那就是桂太郎兩邊下注。換句話說，他決定邀請兩位新娘參加同一場婚禮，以防其中一位新娘反悔。

倫敦方面的談判進展迅速。十一月六日，蘭斯多恩向林董遞交擬議條約的初稿。[20]在這個談判的微妙時刻，林董收到小村壽太郎傳來的電報，指示他前往巴黎與伊藤博文會合。在十一月十四日的會面中，伊藤對於林董和英國的談判進展如此迅速感到驚訝，但他不認為，自己應該放棄和俄國試圖就韓國問題達成和解。「他〔伊藤〕認為，日本與俄國在韓國問題上繼續『各持己見』無濟於事。」[21]

林董怒不可遏，與其說他對伊藤博文感到憤怒，不如說他氣自己被政府蒙在鼓裡，對這項外交任務一無所知。「我在這裡與蘭斯多恩勳爵談判，靠著政府授予的全權代表權努力促成兩國同盟，政府卻派伊藤去和俄國商討協議的簽訂……我認為，政府在電報中接受了我對英日同盟提出的看法，另一邊卻採取這樣的行動，是前後矛盾的行為。」在「施展了能言善道的口才」後，林董最終得到伊藤博文的保證，他不會在聖彼得堡魯莽行事，「以免破壞英日之間的談判」。[22]

桂太郎看來也意識到，伊藤博文與俄國的談判可能會破壞倫敦方面的協商。十一月二十二日，他焦急地自柏林寫信給伊藤：「請謹記，關於英日結盟的談判已經取得了如此的進展，到了這個程度，倘若我們退縮，將為國家招致奇恥大辱。」桂太郎在之後的電報中也提醒伊藤，他在聖彼得堡的會談應「限於非正式的意見交流，並重申日本以英國方面的談判為優先」。[23]

外務大臣小村壽太郎向林董保證，日本政府並沒有兩邊下注，並請他以最有力的措辭向英國外交部轉達這則消息。[24] 林董這才釋懷，並在十一月二十六日返回倫敦時，向疑心甚重的蘭斯多恩轉達日本政府的承諾。「他〔蘭斯多恩〕說，如果日本政府打算在英日談判的同時與俄國協商協議，英國政府會感到非常憤怒。」[25]

伊藤博文前去聖彼得堡

伊藤博文於十一月二十六日抵達聖彼得堡。在十二月二日與拉姆斯多夫的初次會面中，伊藤聲明，雙方必須釐清有關韓國問題的誤解。他強調，在韓國自由行事「對日本來說是生死攸關的問題」。「如果我們在韓國問題上不協調出永久的解決辦法，就會陷入持續誤解的危險之中。」伊藤進一步重申，俄國應承認日本在韓國的重大利益，同時也拒絕了拉姆斯多夫關於兩國共同制定韓國政策的提議。他認為，「萬一韓國發生意外，日本抱持一種觀點，而俄國持相左看法，韓國就能坐收漁翁之利」。

拉姆斯多夫則認為，雖然俄國原則上不反對將韓國「託付」給日本，但日本必須對其軍事化及軍事用途做出鐵一般的保證。拉姆斯多夫表明：「俄國對韓國沒有不可告人的動機，但絕對反對日本在朝鮮半島從事軍事活動。」伊藤回應道，日本的任何軍事活動都是為了維持韓國的國內秩序，既無意、也無力與俄國軍事對抗。他說：「我們只要能在韓國發生動亂時恢復並維持其國內秩序」，還補充說明「派遣軍隊並不等於〔軍事〕占領。」伊藤被問及「日本在控制韓國北部的情況下，是否願意割讓一小塊領土（即韓國南岸的馬山浦〔馬山港〕）給俄國時，表達強烈反對。他強調：「日本無法做出如此妥協，因為馬山浦是韓國海灣的直布羅陀（Gilbraltar）；一旦失去這處港口，就等於失去韓國。」[26]

第二天，也就是十二月三日，伊藤博文與維特會面。這位俄國財政大臣聲稱自己「不是外交官」，所以可以「直言不諱」。他告訴伊藤：「貴國在韓國一直擁有相當大的利益，而我國沒有。」他指出，根據一八九八年簽訂的協定，日本和俄國得以在韓國維持均勢。「如果失去了這種平等，兩國還能避免彼此有所誤解嗎？」[27]

維特將話鋒轉回到滿洲問題上。「我想請你們注意一點，那就是我們在東方投資了三億盧布興建鐵路，而西歐和遠東地區各國將坐收其成，日本則更不在話下。俄國必須竭盡所能地保護這條鐵路，並取得歐洲國家及日本對鐵路未來的保證。」伊藤博文則反駁道：「唯有為了保護鐵路而採取措施才是合理的。但是，日本在韓國的付出遠比鐵路要來得多。」他唯一的希望是「韓國的商業、政治及軍事事務可以交由我國管理」，但隨後又補充：「當然，日本絕不會將韓國領土用於抗俄的軍事目的。」假如允許俄國在滿洲自由行動，那麼日本可以從俄國方面得到什麼呢？維特回道：「只要滿足我國在滿洲的所有要求，你們想做什麼都行。」[28]

伊藤滿懷希望地離開了聖彼得堡。在十二月五日與拉姆斯多夫的最後一次會面中，對方承諾會將協議草案送到柏林給他。[29]伊藤從柏林致信桂太郎，力勸他延緩英日協約之簽訂。[30]他向桂太郎保證：「我堅信日俄之間的這項協議對我國有利。如果我們錯過這次與俄國就韓國問題達成協議的機會，就再也不會有下次了。」[31]這和桂太郎先前的指示完全相左。與英國達成協議才是當務之急。

桂太郎愈來愈擔憂伊藤「擅作主張」。[32]他指示伊藤拒絕拉姆斯多夫的協議草案，因為無論如何，該草案都明確排除了日本在政治方面對朝鮮半島的任何主導地位。[33]伊藤花了六天時間思考該如何回覆拉姆斯多夫。[34]私底下，他卻感到非常痛苦。他深知，也或許是太過了解，若不簽訂協議，日俄將面臨戰爭步步逼近的不祥之兆。

維特認為自己失去了一個重要機會。他事後記述道：「遺憾的是，伊藤博文受到了冷淡的對待。我們動作太慢。拉姆斯多夫伯爵一一徵求相關首長的看法……〔他們〕提出了各種反對意見。」[35]身為財政大臣的維特向來強烈支持與日本「迅速達成協議」。他指出：「若是俄國要在與日本發生軍事衝突或完全捨棄韓國之間做選擇，那麼第二個選項仍是兩害相權之輕者。只要犧牲我國在韓國的利益，就能消除與日本之間持續存在的誤解。」[36]

英日同盟

十二月二十四日，伊藤博文抵達英國，不再反對英日結盟。一月二日，他拜訪蘭斯多恩在威爾特郡（Wiltshire）的私人莊園。他以為這位英國外交大臣對他的聖彼得堡之行瞭若指掌，索性意外地坦承：「我非常不希望您對我〔在俄國〕的所作所為有任何誤解。」他懊悔地說道，「我根本沒有打算腳踏兩條船。我國從未考慮和俄國結成像英日同盟那樣的關係。」[37]

此舉是為了保全日本的面子。儘管如此，伊藤博文在聖彼得堡的祕密行動或許推動了林董在倫敦的談判。伊藤博文商討的過程，促使英國採取行動，加速完成結盟事宜。[38]蘭斯多恩當然沒有強烈駁回林董的要求，尤其是關於第一條，也就是英國「承認日本在韓國的利益」及其「維護自身利益」的權利。[39]此條約承認日本在韓國的利益，但並未規定英國有義務在日俄發生衝突時提供援助，除非日本與不只一個國家爆發戰爭。林董也拒絕讓協約範圍擴大到涵蓋印度。因此，條約的有效範圍仍限於日本所謂的「極東地區」。[40]

為何英國政府會同意並締結一項其認為可能會導致日俄戰爭，並且可能使英國為了一個不怎麼感興趣的國家而捲入其中的同盟關係呢？主要原因或許在於防止俄國與日本就滿洲問題達成協議。倘若如此，英國將「無望」在東亞占得一席之地。就此而言，英國與日本同盟，與其說是為了獲得盟友，不如說是為了在滿洲問題上先發制人。正如歷史學家威廉．蘭格（William Langer）所言：「如果從這個角度來看待（英日）同盟，就不難理解為什麼英國會放手讓日本處置韓國問題，而且不得寸進尺地要求印度也納入同盟關係。對英國來說，重要的不是同盟的**內容**，而是同盟的**事實**。」[41]

一九〇二年一月三十日，林董與蘭斯多恩簽署英日同盟的協約。林董對這次的外交勝利相當滿意，卻仍對伊藤博文懷有不滿。他事後寫道：「對我來說，簽訂這項條約是莫大的喜悅，對日本來說也是極大的成功，但我不認為我國政府在此事上處理得當，尤其是在我與蘭斯多恩勳爵談判的同時，竟派伊藤侯爵前往聖彼得堡協商。當局不應在我方和英國談判之際派他去俄國，這樣除了使我在談判中處境尷尬之外（正如我與蘭斯多恩勳爵的談話過程所呈現的），背信棄義的行為也讓日本陷入極為不利的困境。我國確實贏得英國的支持，卻失去了俄國及其他歐洲國家的尊敬。」[42]

俄國的失策

日本是否失去了俄國的尊敬，有待商榷，但可以肯定的是，俄國對伊藤博文突如其來的回絕感到錯愕。英日兩國宣布結盟的消息令拉姆斯多夫與維特震驚不已。更棘手的是，這項消息傳來的時間點，正好在俄國遭遇另外兩次外交挫折之間。阿列克謝耶夫與增祺祕密簽署的協約公諸於世後，美國國務卿海約翰於二月一日向大清、俄國及其他列強發送電報，強烈反對擬議的協約及俄國繼續占領滿洲。假使英日沒有宣布結盟，這些反對意見可能不會對俄國造成多大影響——因為英日兩國同盟給外界的感覺是，英日美三國組成一個集團來反對俄國占領滿洲。這下子俄國措手不及，在外交上竟受到孤立。

除此之外，關於滿洲的外交談判緊接著在英日宣布結盟後重啟。對俄國而言，這些會談進行得並不順利。英日兩國同盟的消息使大清決定採取強硬立場，導致俄國最終不得不同意從滿洲撤軍。[43]新訂的中俄協約*於一九〇二年四月八日簽署，規定俄國將滿洲歸還大清，而大清將負責保

* 編註：即《交收東三省條約》，又名《俄國撤兵條約》。

護滿洲鐵路與「所有的俄籍公民及其生計」。俄國同意在六個月內從滿洲撤軍，整個行動將從一九〇二年四月八日持續至一九〇三年十月八日。[44]毫無疑問地，英日同盟成了俄國圖謀大清領土的主要障礙。英國駐俄大使查爾斯·史考特（Charles S. Scott）指出，雖然拉姆斯多夫、維特及俄國其他首長「假裝平靜、甚至冷漠看待〔英日同盟的〕這個結果，但他們其實對此感到極度不安，並承認這即使未造成俄國在外交上的挫敗，也是一種外交牽制手段」。[45]

這場同盟對大韓帝國的局勢也產生了重大影響。一名觀察家寫道：「這〔英日結盟的消息〕在韓國首都引起了轟動，而且出乎其政府所意料。」[46]《皇城新聞》（*Hwangsŏng Sinmun*）關注的焦點是協約第一項條款的根本性矛盾，也就是既「承諾韓國的獨立及領土完整性」，又賦予「日本為了保護其在韓國的政治、工業與商業利益而進行干預的權利」。[47]

一九〇二年二月四日，高宗會見俄國駐韓公使巴布羅福。他當下透露，日本已向韓國政府提議兩國簽訂新的條約，以「消除俄國在朝鮮半島的影響力，並拉近日本與韓國的距離」。[48]這份條約規定，萬一日本與俄國之間發生衝突，韓國「必須向日本求援」。此外，在取得貸款等財政問題上，「韓國政府也有義務向日本求助」。高宗說，他拒絕了日本的請求，同時希望「俄國也不要採取敵對行動」。[49]

然而，日本駐韓公使林權助堅持不懈。他將同盟條約的副本轉交給韓國外部大臣朴齊純（Pak Che-sun），並解釋英日決定「聯合兩國武力來阻礙俄國既有的侵略計畫，即先侵占滿洲，然後奪取韓國」。[50]林權助敦促朴齊純與日本簽署條約，以防止任何可能導致日俄為了半島之爭而發生的衝突。倘若這兩個大國開戰，韓國將左右為難，承受巨大的代價。

因此，英日同盟加劇了韓國在國家對外傾向上的掙扎：該站在日本這邊，還是投靠俄國？蘇聯歷史學家希帕耶夫（V. I. Shipaev）指出：「（韓國）『進步派』開始依循往例地偏向日本與美國，保守派則傾向沙皇俄國。這兩個團體（『保守派』與『進步派』）的持續對抗，某種程度上呈現了帝國主義國家之間的衝突，以及它們為了奪取朝鮮半島主導地位而展開的競逐，大韓民族因而面臨內耗，最終讓外國列強得以執行奪取領土的計畫，而在這些國家之中，日本國最具野心。」[51]

希帕耶夫的觀察相當值得留意，因為其指明了一八八〇和九〇年代介於高宗及其父之間、韓國保守派與進步派的內部衝突，在一九〇〇年之後仍以類似的形式持續存在。一八九八年，日本與俄國忙於應付在中國的危機，決定在韓國問題上休戰，同年，大院君離世。高宗利用這個意料之外的機會稱帝，宣告其國家為大韓帝國，強化了自身的帝國權威與國際威望。只可惜，英日同盟暴露了這些帝國稱號的空洞。從此，高宗被迫仰賴俄國的支持、與過去的「保守派」結盟，而其政府的「進步派」成員（包括外部大臣朴齊純在內）則將目光投向了日本。之後，這兩個在列強的韓國之爭愈演愈烈之際崛起的政治派系，將陷入激烈衝突，並將這種分裂的政治模式遺留給後代，致使韓國往後在受日本殖民及獲得解放後的那些年裡仍深受其害。

第十六章　俄國的韓國問題

亞歷山大・米哈伊洛維奇・別佐布拉佐夫出身俄國著名的貴族家庭，是退役的騎士衛兵團（Chevalier Guards）團長，他進入沙皇的親信圈後，對俄國遠東政策路線產生了重大影響。他參與了向韓國取得鴨綠江附近地區伐木特許權的計畫，並成功說服數名有權有勢的俄國官員給予支持。他的能言善道也影響了沙皇。據庫羅派特金指出，別佐布拉佐夫在尼古拉二世面前「留下極為良好的印象」，以致「短短幾個月內，他就掌握了比沙皇還大、從此之後難以撼動的影響力」。別佐布拉佐夫是名口若懸河、巧言善辯的演說家，許多人認為他有話直言的作風是其「信念堅定的、甚至天賦異稟的表現」。俄國駐日公使羅曼・羅森形容他是一顆「天體彗星」，他「如此接近我們的太陽系」這個事實，既令人意外又充滿危險。[1]其他人就沒這麼恭維了；有些人認為他「失去了平衡，被強烈的想像力所支配，而且對流行風尚有著病態的嚮往」。[2]無論個人特質為何，別佐布拉佐夫確實具有無可否認的魅力，幾乎吸引了所有人投入他推動的事業[3]，其中受此影響最深的人，莫過於他的頭號對手兼宿敵謝爾蓋・維特。這位財政大臣警告，別佐布拉佐夫的韓國伐木特許權計畫將使俄國走向毀滅與災難。

韓國伐木特許權一事始於一八九六年，當時高宗同意將朝鮮北部的一大片租界簽字讓與一名來自符拉迪沃斯托克的俄國商人波里斯．尤里耶維奇．布里納（Boris Yuliyevich Briner）。[4] 這片租界面積約美國德拉瓦州*的大小，範圍從位處東海／日本海†的鬱陵島（Ullŭng Island）大片林地，及至圖們江與鴨綠江沿岸地帶，涵蓋了對日俄兩國均具有戰略意義的多條水路。[5] 一八九六至九七年，高宗在俄國公使館避難時，布里納在俄國駐朝公使韋貝的協助下確保了特許權。由於當時的情勢，朝鮮高宗難以拒絕這項要求，但堅持在條約中加上一項重要條款：如果俄國在五年內未開發這片土地，特許權便會失效。

然而，布里納顯然無意開發，並且願意出售這項特許權。這件案子經由別佐布拉佐夫家族與皇室的關係，來到亞歷山大．米哈伊洛維奇大公（尼古拉二世的妹夫兼兒時好友）手中。五月十三日（舊曆四月三十日），尼古拉收到大公的一封信：「布里納的那件特許權案子極為重要，因為那讓我們有機會以探勘林地為由派遣一支勘察隊到朝鮮。」一週後，尼古拉二世又收到特許協議的副本、一份勘察隊員名單及有關朝鮮情勢的報告。[6]

尼古拉二世明確同意了米哈伊洛維奇大公提議的這項計畫。布里納一開始會獲得兩萬盧布，待勘測隊返國後，若證實有利可圖，便可再獲得五萬盧布外加八萬盧布的股份或現金。這個特權生效或終止的時間定於一八九九年二月十三日（舊曆二月一日）。在那之後，布里納可自由將他在大韓帝國的特許權轉讓給私人財團。[7]

於是，一支小型勘察隊在短時間內成立，並於一八九八年六月十四日啟程前往韓國。維特並未收到這次探勘的通知，「因為該行動不需要國庫撥款，且探勘的成功與否有賴完全保密才得以順利達成」。[8]勘察隊回報的消息鼓舞人心。尼古拉二世的親信涅波羅日涅夫（I. N. Neporozhnev）是勘察隊的一員，他回報表示「希望〔從高宗那方〕得到其他有價值的特許權」，並尋求外交大臣穆拉維夫的支持。[9]此外，他也請求當局允許興建一條從鎮南浦（Chinnamp'o，即南浦〔Namp'o〕）通達俄國與韓國邊界的鐵路，以在鐵路沿線租借並開發礦場的權利。勘察人員提出成立一家林業公司的可行性，管理從鴨綠江口到圖們江口，以及從黃海到東海／日本海的整條韓國邊界的範圍，「這將作為我們與有意入侵韓國南部的日本之間的一道屏障」。這樣一門事業「將讓俄國有另一種選擇……得以在捍衛我國以龐大商業利益之名對韓國與日本施壓」。[10]

不幸的是，俄國提出要求的時機對高宗而言並不適當。一八九六年一月接替韋貝擔任俄國駐朝公使、立場激進的士貝耶（Alexey de Speyer），於春天來臨前要求朝鮮政府宣示對俄國的依賴，而引起了一些批評。以漢城一群具有改革思想的官員為首的獨立協會（Tongnip hyŏphoe）號召公眾集會並於街頭示威，抨擊俄國干預韓國事務，要求莫斯科當局將士貝耶解職。他們同時呼籲韓國政府驅逐俄國派來的財政顧問和軍事教官。韓國日益高漲的反俄情緒引起聖彼得堡當局的擔憂，於是在

＊ 編註：約四千六百平方公里。
† 編註：俄羅斯、朝鮮半島與日本列島之間的海域，日本稱「日本海」，朝鮮／韓國則稱「東海」。

一八九八年三月突然召回士貝耶。[11]在四月接替他的新任俄國公使馬秋寧（N. G. Matyunin）看來並未意識到韓國社會的反俄情緒有多深，也不清楚高宗岌岌可危的政治地位。[12]對現實局勢不以為意的他，試圖重金賄賂高宗以換取合作。[13]

別佐布拉佐夫得知後喜形於色，可惜這筆交易很快便宣告失敗。一八九八年九月十一日，高宗與皇子遭暗殺未遂。有人在高宗晚膳喝的咖啡中放入鴉片毒。[14]驚魂未定的高宗告訴馬秋寧，此刻不是與俄國談判任何特許協議的好時機。[15]

在此同時，俄國外交大臣穆拉維夫與財政大臣維特得知對韓國執行勘察任務一事，不禁大發雷霆。他們認為，在俄國即將獲得旅順與滿洲的特許權之際，與日本作對實在愚蠢。提供貸款（賄賂高宗）的請求遭到了駁回。別佐布拉佐夫大聲疾呼，一旦拒絕借貸給韓國，「我們就失去了對其建立經濟影響力的大好機會，錯失了這次，也許再也沒有下次了」。[16]

若非別佐布拉佐夫以額外的六萬五千盧布，加上成立一家俄國木材公司的計畫說服布里納出讓特許權，這整件事便會在一八九九年畫下句點了。[17]買下特許權並其交由私人企業掌管，而非全盤放棄的作法顯得審慎且精明，因為俄國已投入太多成本探勘該地區。一八九九年八月，尼古拉二世收到一份詳盡的勘察報告，其中包括一份關於從軍事、經濟、社會及文化角度對大韓帝國北部的描述，以及一項針對鴨綠江及圖們江的研究報告。翌年三月，別佐布拉佐夫上呈自製的詳盡報告，概述了成立東亞公司（East Asiatic Company）的想法[18]，打算採取股份公司的形式，「資本為兩百萬盧布，每股五千盧布」。別佐布拉佐夫也拿出一份名單，一一列舉有興趣參與這項事業的知名人士，其中多人更是富可敵國。[19] 該公司有兩百股將由沙皇以私人財產買下。

尼古拉二世對這麼一項看似誘人的提案權衡再三。國家元首參與一項實為宣傳性質、財政結果未獲保證的商業活動，多少有點不道德，但透過第三方代為持有沙皇的股份，便可輕易避開這個障礙。更大的問題在於，這項事業帶有巨大的地緣政治風險。日本無疑會將俄國在韓國邊境的投機活動解讀為高度挑釁，實在難以判斷他們會作何反應。最後則是時機問題。根據布里納和高宗在一八九六年簽訂的協議原始條款，如果該地區未進行開發，特許權將在五年後到期。當時距此期限僅剩不到一年的時間。換言之，別佐布拉佐夫一夥人必須快馬加鞭。別佐布拉佐夫的盟友沃龍佐夫－達什科夫（Vorontsov-Dashkov）伯爵告訴尼古拉二世：「這家公司的成立全看陛下的決定。陛下所掌握的名單上所有人，都是抱著為您及俄國效勞的想法而加入，除非我們清楚確定您批准此事且給予資助，否則大多數成員很可能會選擇放棄。」沙皇只有幾天的時間可做出決定。「就這樣，他們創造出一個『最佳時機』，而這樣的壓力發揮了作用」。尼古拉二世最終贊同此案。他將以別佐布拉佐夫的表弟阿巴薩陸軍上尉的名義購買東亞公司兩百股股份。[20]

尼古拉二世不顧維特的強烈反對做出這項決定。原本這位財政大臣首度審核此案時，便建議沙皇等到「遠東地區的麻煩結束」再做定奪。至少必須先解決滿洲的問題，才得以考慮在韓國進行如此大膽的投機活動。而個性一向反覆無常又多變的尼古拉二世，同意維特的建議。[21] 然而，一九〇〇年夏秋之際，中國和滿洲的混亂局勢危害了維特在關鍵時刻的地位。別佐布拉佐夫將義和團之亂的責任完全歸咎於這位財政大臣，因為「所有的麻煩都因滿洲鐵路而起（尤其是奉天支線），以及他的得力助手——身為波蘭裔猶太人的亞歷山大．尤果維奇（Alexander Yugovich）〔滿洲鐵路總工程師〕」。[22]假如俄國如先前所提議的，在韓國北部擁有電報及公路等交通設施，「旅順港就有安全的通信線路，更重要的是，我們就不會被迫對大清強硬施壓，或者被迫與歐洲來往了」。[23]一九〇〇年夏天，隨著中俄激烈交戰，維特還能保有財政大臣一職的日子所剩不多了。

警告

維特繼續竭力勸說沙皇在滿洲與韓國的問題上保持警覺、耐心和謹慎。他警告，俄國必須「消除與日本在韓國問題上的誤解」，否則「我們就得無時無刻不擔憂會與該國發生武裝衝突」。[25]這些淨是白費口舌，因為沙皇已對維特的話充耳不聞。[26]一九〇二年十一月，尼古拉二世派別佐布拉佐夫前往遠東地區「展開一項高度機密的任務」。一抵達當地，別佐布拉佐夫便著手安排成立東亞公司，並因應「日軍已在韓國這側的鴨綠江岸登陸，其戰艦正在江上巡航」的傳言，決定「必須採取積極措施來〔保衛〕鴨綠江地區」。[27]

同時，俄軍撤出滿洲的第二個期限——一九〇三年四月八日——又是一改再改。[28]戰爭大臣庫羅派特金指出：「財政部和外交部都意識到，如果我們繼續推遲履行撤軍的承諾，更具體來說，如果我們不制止別佐布拉佐夫在韓國的活動，將會面臨危險。」[29]然而，一切為時已晚。五月，尼古拉二世宣布展開「新路線」。滿洲將被納入俄國獨占的政治及經濟利益範圍，而這在實際上否定了門戶開放政策。俄國也將以其在鴨綠江流域的伐木特許權為藉口，「鞏固在韓國的地位」。[30]

尼古拉二世任命別佐布拉佐夫為新任「國務祕書，負責掌管這家新公司，協助引領俄國政策的新方向」。[31]別佐布拉佐夫的職務是促進木材公司與俄國政府之間的溝通。八月，尼古拉二世任命阿列克謝耶夫上將接下新成立的遠東總督一職。阿列克謝耶夫曾在一八九五至九七年間擔任太平洋艦隊司令，如今握有俄國遠東政策的最終控制權。[32]透過這項任命，尼古拉二世建立了可謂俄國第二個政府，其任務是專門處理有關中國、韓國及日本的所有事務。沃龍佐夫—達什科夫伯爵在一九〇三年五月寄出的私人信件中寫道：「我無法理解我國東方政策的雙重性，也就是沙皇的官方政策與沙皇的非官方政策，這兩者有各自的代理人，而且互相牴觸。」[33]他曾是別佐布拉佐夫相當積極的黨羽之一。

阿列克謝耶夫命令馬德里托夫（A. S. Madritov）上校率領一支特遣部隊前往鴨綠江保衛木材公司。馬德里托夫安排身著便服的六百名士兵及一支由三千名「紅鬍子」匪徒組成的大型傭兵，分隊進入韓國領土。「馬德里托夫不奢望能得到清政府的支持，於是決定仰仗紅鬍子（作為傭兵），因為他們的組成可以用來對抗清政府。」[34]阿列克謝耶夫還部署了四支由六百名步槍兵組成的狩獵隊，在鴨綠江沿岸形成「壁壘」，因為「若不控制鴨綠江，俄國和旅順港的運輸管道便有可能遭受破壞」。[35]

庫羅派特金對此感到驚恐不已，他提出警告：「我們在鴨綠江流域的行動；以及在滿洲的所作所為已引發人們的敵意，因此一旦我們稍有不慎，都可能觸發（與日本的）戰火。」[36]馬德里托夫旗下的紅鬍子也有可能與大清的政府軍爆發軍事衝突，導致中俄關係陷入緊張。[37]然而，不管是庫羅派特金或維特都無能為力，因為馬德里托夫依照阿列克謝耶夫的命令行事，而阿列克謝耶夫以沙皇的名義行使職權。

為什麼尼古拉二世決定在鴨綠江採取有可能導致與大清及日本發生衝突的行動，而他底下飽經歷練的大臣們卻反對這個路線？歷史學家多明尼克．利文（Dominic Lieven）認為，尼古拉二世被別佐布拉佐夫的民族主義狂熱所迷惑，這種狂熱助長了他本身的愛國主義，主張自負且強大的俄國「不容許外國人，尤其是『東方人』放肆無禮」。[38]之前在遠東地區遭受挫敗後，別佐布拉佐夫對官僚體系抱持的懷疑態度，也加深了尼古拉二世對各部會首長的不信任，尤其是維特。歷史學家波德波爾托夫（S. Podboltov）指出，尼古拉二世對官僚近乎偏執的疑心，嚴重蔓延到他的私人生活。「令人訝異的是，這個泱泱大國的元首沒有任何一個私人祕書；尼古拉封印、簽署公文、回覆永無止盡的祝賀及慰問，而且親自處理各種瑣事和民眾的請願等。」[39]他在創造了「共約三十八萬四千名官員」的快速現代化過程中備受掙扎。「龐大且笨重的官僚體系缺乏連貫性，因為沙皇唯恐大權旁落，謹慎安排所有政府部門的運作都必須經他批准，由此造成組織失靈的代價。」[40]

那麼尼古拉二世該怎麼做呢？毫無謀略及管理才能的他，不久後便失去了對官僚體系的掌控。為了挽救權力，他日漸加強介入政府事務，但本身又缺乏管理方面的專業知識，進而妥當處理。俄羅斯帝國國務會議成員亞歷山大．波洛夫佐夫（Alexander Polovtsov）指出：「這位年輕的沙皇愈來愈藐視自身的權力機關，逐漸認為本身的獨裁統治能帶來助益，所以由此事件可明顯看出，他未和政府進行初步討論，和整體政策方針更無任何交集。」[41]因此，鴨綠江的伐木事業來得正是時候。尼古拉二世向來對俄國的遠東政策表現出濃厚興趣，他認為自己可在這個領域大顯身手。這項投機活動不僅是個證明沙皇有能力駕馭重大外交政策的試驗場，也是鞏固反維特勢力的機會——他對維特的厭惡與日俱增。就此而言，別佐布拉佐夫在韓國的冒險計畫正符合尼古拉二世所需。

一九〇三年八月十六日，尼古拉二世開除了維特。事後不久，記者波洛佩爾（S.M. Propper）描述，當時維特「氣得臉色鐵青，舉起右手並說：『我向世界上我最親愛的人——我的妻子和女兒發誓，我永遠不會忘記他對我所做的一切。』」[42]然而，拉姆斯多夫繼續擔任外交大臣一職。維特後來寫道：「拉姆斯多夫伯爵沒有勇氣主動離開，而沙皇也沒有理由開除他，因為他雖然曾提出看法，但並未據理力爭。」[43]

假如當初再勇敢一點、態度再堅定一些，是否就能阻止日俄之間的衝突？維特似乎是這麼想的，這無疑是因為他盡可能地為自己塑造最好的形象。只是都到了那種地步，無論他是否具有膽識，似乎都難以對後續發生的事件產生任何實質影響。一八九八年俄國政府原本有可能就韓國問題達成永久性解決方案時，或許維特應該展現出的謙卑與溫和的態度，只可惜他本身同樣不具備這些特質。

「日本正依我們的規則行事」

眾所周知，在日本和俄國之間即將到來的衝突之中，羅斯福總統與日本站在同一陣線。一九〇一年九月，自前任美國總統威廉·麥金利遭刺客槍殺身亡，老羅斯福在繼任總統的頭三年期間，對俄國的幻想日益破滅。一九〇四年，他憑藉自身能力，以壓倒性優勢當選總統後，對俄國的反感也愈發強烈。他在寫給英國外交官好友塞西爾·斯普林·萊斯（Cecil Spring-Rice）的信中提到：「多年來，俄國對待美國就像對待英國一樣惡劣，幾乎和對日本的態度一樣糟糕。他們的外交官不但厚顏無恥地欺騙我們，而且態度輕蔑，毫不掩飾地展現出他們打算策動大清來對付我國利益的意圖。」相比之下，他對日本無比讚賞。「日本政府善待我們，而他們全力爭取的，正是東方所有文明力量所極力爭取的。」[44]儘管老羅斯福對日本的野心不抱幻想，但他相信，日益崛起的日本可望與英國一同加入現代海上強權的行列，而他們的主要任務是捍衛亞洲門戶開放的原則。

一九〇四年之前，老羅斯福將東亞政策的主導權交給了海約翰，這位國務卿不再支持先前維護大清領土完整的目標，轉而更致力於倡導維護商業機會平等。俄國拒絕繼續撤軍滿洲，迫使海約翰不得不在一九〇二、〇三年發布一連串外交抗議。老羅斯福意識到這些舉動徒勞無功，於是嘗試採取更有力的行動來回應俄國的頑抗不從：與英國和日本組成非正式聯盟以遏制俄國的威脅。[45]但是，老羅斯福礙於美國外交政策的進程而綁手綁腳。海約翰不斷提醒總統：「我國的大眾輿論不會支持這樣的〔行動〕路線。」[46]儘管老羅斯福採納了海約翰的建議，仍對決策受限感到不滿，並提及「對俄國採取極端手段」的打算。總統似乎認為，美國社會可能會支持更強力捍衛美國在華利益的作法，未想他還來不及對此實際採取行動，日本便挺身接受了挑戰。[47]

老羅斯福一直在尋找的解決方案如下。日本可望平衡俄國的勢力，進而保障門戶開放原則。

「一個充滿希望的跡象是，他們〔俄國〕真的畏懼日本。」老羅斯福觀察道，「他們非常清楚在此情況下，我們沒有任何理由訴諸武力，但他們也知道，美國或英國必須給予最起碼的鼓舞，才能誘使日本尋求更激烈的方式來解決問題。」他自豪地說，日本人「正依我們的規則行事」。[48]之後，這位總統將為了他誤信日本會遵守門戶開放政策而懊悔萬分，然而此刻，他樂於全力支持日本的行動。

到了一九〇三年春天，駐漢城的英國及美國公使館已對俄國取得鴨綠江伐木特許權一事有所知悉。俄國駐日公使羅曼·羅森回報時提到：「這裡有傳言指出，在韓國領土的鴨綠江左岸（南岸，龍岩浦）出現一支由大清武裝衛兵護送的俄國伐木隊。這個消息即使未觸及敏感的滿洲問題，依然令人惱火。」[49]英國駐韓公使總領事朱邇典（John Jordan）憂心忡忡地指出：「日本公使館瀰漫著一種不安及焦慮的氛圍，那是我過去從未如此明顯感受到的。」[50]

日本駐韓公使林權助敏銳察覺到這種焦慮，但他並不是行事魯莽的人，而他對俄國威脅所表現出的樂觀反應，更展現出他在砲火下的冷靜沉著。他認為，沒有必要和俄國直接起衝突，而是建議東京當局在英美的支持下向韓國施壓，迫使對方開放鴨綠江的貿易。為了獲得英美兩國支持，日本將向韓國主張鴨綠江與大清接壤，而這意味著開放鴨綠江即符合門戶開放的原則。如此將足以防止俄國在龍岩浦、義州及鴨綠江沿岸其他港口獨攬特權，進而阻撓俄國單方面入侵韓國的行動。[51]雖然藉由與英美結盟並利用兩強權對商業入口管道的濃厚興趣來挑戰俄國，可說是精明老練的戰略，但這也造成了一個不幸的後果，那就是再次將韓國置於強國的競爭之中。

一九〇三年四月，日本政府正式要求韓國政府開放鴨綠江貿易，並宣布龍岩浦為通商口岸。[52]

一如既往，高宗面臨艱難的決定時猶豫不決、一拖再拖。他回應表示，由於必須進行調查，因此需要一段時間才能給予明確答覆。就在計畫展開調查之際，林權助收到一名工作人員回報，稱來自韓國的消息透露，俄國不出所料地反對開放鴨綠江口，並建議韓國反抗日本和西方各國的施壓。[53]

五月二十九日，拉姆斯多夫向尼古拉二世報告，木材公司的活動「引起了注意，並遭到外國勢力的敵視」。沙皇並沒有因此收手。六月三日，他指示拉姆斯多夫傳電報給駐東京的羅森公使，向日本轉達俄國「對韓國沒有任何侵略意圖」，但「這並未排除俄國企業家透過自認為適當的方式使用其租界的權利，包含鴨綠江流域的林地在內」。[54]

七位教授

隨著日俄之間緊張局勢升溫，關於龍岩浦和義州的開放及日本韓國政策的爭論，在日本國內造成深刻的歧異，尤其是在東亞同文會的主戰派中。該協會是直言不諱的泛亞主義團體，一八九八年由近衛篤麿創立，與極右翼的黑龍會有所關聯。[55]近衛篤麿後來成立了「對露同志會*」（即反俄協會），鼓吹政府對俄國採取強硬政策，認為該國不僅對日本造成威脅，也可能危害大清及韓國。[56]一九〇三年六月，與東亞同文會有所接觸的七位日本教授向外務大臣小村壽太郎呈交了一份題為〈七位法學博士對滿洲問題觀點之備忘錄〉（A Memorandum Concerning the Manchuria Problem Representing the Opinion of Seven Doctors of Jurisprudence）的文件，其中的最重要主張是，日本有權對俄國開戰。[57]他們認為，這項權利並非出於任何關於日本必須控制韓國領土的正當主張，而是基於日本為了捍衛門戶開放政策原則在韓國和滿洲的權利。[58]他們基於國際秩序與外交原則對俄國提出的控訴，呼應了知名國會領袖小川平吉的立場，後者是反俄協會的成員，對日本的「軟性」外交政策多所批評。在他看來，日本即將與俄國發生的衝突可歸結為一簡單的事實，即日本開放貿易的管道被否絕了。「既然美國、英國與世界各國都贊成滿洲的門戶開放政策，日本就應該採取必要措施，盡快開放滿洲以促進發展。」[59]

小川平吉與這幾位教授的邏輯，可追溯至一八九四年時任外務大臣陸奥宗光為甲午戰爭之正當性辯駁時，所提出的「改革與文明」論點。一如歷史學家加藤陽子所解釋：「與其說他們鼓吹向俄國開戰，不如說〔他們〕指控俄國犯了違反國際法的罪行。」大正時期（一九一二年—一九二六年）的著名知識分子吉野作造也提出類似看法，表達對戰爭的支持。他解釋：「我不認為日本本身有理由反對俄國擴張領土。我們會反對，只是因為俄國的領土擴張政策總是伴隨著排除對外貿易，而我認為，這種作法並不文明。因此，為了自保，日本必須全力反對以這種手段擴張。」[60]

這七位日本教授的文章在七月發表於大韓帝國頗具影響力的《皇城新聞》，並引起了轟動。作為韓國改革派的主要機構，《皇城新聞》是韓國自強運動的強力支持者，旨在發揚改革及資本主義發展。該報同時反映了強烈的反俄偏見。[61]隨之而來的讀者來信與社論也認同該文章的觀點，主張

---

* 譯註：俄羅斯的日文舊譯為「露西亞／露國」。

龍岩浦和義州必須應日本要求而對外開放。尤其是作為貿易以及商業戰略要地的義州，《皇城新聞》認為「倘若我們開放貿易，就該地區的發展這部分而言，將受益良多」。此外，「一旦外國勢力開始以貿易為目的進入港口，我們不僅能大幅減少該區的海盜事件，也可確保沒有任何一個國家能獨占特許權」。儘管許多韓國人基於民族主義而反對俄國的干預，但《皇城新聞》的編輯群之所以反俄，乃奠基於商業利益。增強國家實力的最佳手段，是讓「主要的經濟行為主體——也就是人民——累積財富」。[62]實現此一目標的最佳途徑，便是提倡自由貿易與商業，而這正是日本（而非俄國）所主張的。[63]

韓成銀行（Hansŏng bank）副行長韓相龍（Han Sang-ryŏng）等商界領袖表達的親日觀點，與大韓帝國政府的親俄傾向形成了鮮明對比。[64]韓相龍認為，與日本結盟，是資本主義得以在韓國生根的必要妥協。關於龍岩浦的開放，韓國外部大臣李道宰（Yi To-jae）抱怨，儘管他贊成門戶開放政策，卻也束手無策。憤怒不已的林權助向小村壽太郎回報：「韓國外部大臣認為，開放港口這件事難成，因為有好幾名官員持反對立場，俄國外交大臣也反對開放作為，以及高宗立場的不確定性。」[65]在韓國政府中，支持開放鴨綠江口的官員處於弱勢，對皇帝的影響力有限。林權助建議採取更有力的行動來反制高宗的抵抗。他抱怨：「日本在韓國政府中不具影響力。此時此刻，我認為不論我們與韓國有何協議，除了……反抗俄國的操縱，別無他法。」[66]

高宗的抉擇

高宗如今進退兩難。日本與俄國在鴨綠江開放的問題上對他咄咄逼人，而國內政府分裂又為親日派及親俄派。更糟糕的是，俄國在六至七月間入侵龍岩浦，致使地方首長疾呼要求政府採取行動。令他們尤為惱火的是，俄國在港口施工的過程中破壞了他們的祖墳。

相對於那些支持開放港口以限制俄國侵略的人士，以高宗的「寵臣」李容翊（Yi Yong-ik）為首的親俄派則主張，若開放龍岩浦和義州，將導致鴨綠江沿岸的俄國與日本部隊發生不可避免的衝突，進而將韓國捲入戰爭。[67]六月，李容翊遭暗殺未遂，順勢將兩派之間的紛爭推上了巔峰。他因病入院療養期間，有人在病房裡設置了一枚炸彈，雖然並未造成什麼損失，李容翊也毫髮未傷，但這場暗殺行動傳達了一個明確的訊息：親俄派容易受到攻擊。[68]

日本政府持續要求大韓帝國開放鴨綠江口。七月二十日的一則報導引起了林權助的注意，其指稱韓國政府已和俄國達成一份臨時租借協議，授予俄國在龍岩浦的特許權，如此一來，俄國木材公司將得以控制韓國境內鴨綠江流域的大片領土（其並未包含在最初的布里納租界內）。[69]經日本當局許可，林權助向尚未批准該協議的高宗表示，倘若韓國簽訂了租借協議、允許俄國在龍岩浦地區享有進一步的特許權，日本將別無選擇，只能出兵攻占當地，並威脅有可能派遣四萬五千名士兵進駐韓國這側的鴨綠江岸。[70]

高宗心煩意亂、坐立難安，暗地向俄國公使巴布羅福告知日本威脅出兵一事。日本也設法增加談判籌碼，遊說英國站在同一陣線。[71]英國駐韓公使朱邇典坦承：「鴨綠江港口的開放似乎不太有希望。但日本如此鄭重其事，我們也應堅持不懈。」[72]朱邇典指出，高宗這是在玩火自焚。「若韓國〔與俄國〕簽訂〔租借〕協議並拒絕開放鴨綠江，他們將意識到自己犯下大錯，然而，高宗似乎認為俄國擁有更強大的兵力，萬一有什麼麻煩，還是和俄國走近一點較安全。不管發生什麼事，他也許終究都得解決與日本的問題。」[73]

英國的施壓似乎起了作用。俄國木材公司的代表金斯伯格（G. G. Ginsberg）於八月抵達漢城，準備為租借協議的簽署進行最終確認，不料高宗告知對方，自己尚未做好準備。[74]高宗並未直接取消這份協議，而是一如既往地拖延時間，並告訴巴布羅福，他還需要一些時間才能做出最後決定。這又是另一個爭取時間的手段。

高宗夾在俄國與日本之間，絕望又無助。十月七日，李容翊前去拜會林權助，懇請他設身處地諒解高宗的立場。「有鑑於韓國政府認為開放龍岩浦將對自身不利，因此若沒有俄國的許可，高宗〔在港口開放一事上〕無能為力。」[75]眼前的問題是：日本是否會為了鴨綠江口的開放，甘冒與俄國開戰的風險？

戰事的醞釀

一九〇三年八月十二日，日本駐俄特命全權公使栗野慎一郎向拉姆斯多夫遞交了一項提案，表明日本的協議條件。日本承認俄國在滿洲的鐵路利益，以換取日本在韓國不受限制的行事自由，包括進入鴨綠江各港口。這實際上是伊藤博文於一九〇一年十二月在聖彼得堡提出的方案的權變——俄國承認日本在韓國的主要利益，而日本也承認俄國在滿洲的相同利益。[76]拉姆斯多夫對這項提案持開放態度，但自從阿列克謝耶夫被任命為遠東地區的新總督後，他在相關問題上就成了局外人。阿列克謝耶夫斷然拒絕基本上無異於將韓國割讓給日本的任何提議。此外，他也否認日本在滿洲具有任何利益，因此對日本來說，承認俄國在滿洲的利益，和放棄任何事物毫無關聯。[77]

尼古拉二世同意阿列克謝耶夫的看法，也就是與日本的協議應「僅以韓國問題為基礎」。[78]羅森曾前往旅順和阿列克謝耶夫商議，隨後返回東京，於十月三十日代表俄國向小村壽太郎正式答覆。俄國只接受日本在韓國南部的地位，但北緯三十九度線以北的區域將作為兩國之間的「中立」緩衝區。如此和原提議相左的回覆，實際上意味著日本將被迫讓出韓國北部的控制權，無疑是前景堪憂。事實上，日本也無法確保高宗不會暗中將這個「中立」區的控制權交給俄國。日本心中有數，在親俄的高宗統治下，作為「中立區」的韓國北部終將落入俄國的掌控。俄國還堅稱，韓國的任何一片土地都不得為日本作軍事用途之用，滿洲及其沿海島嶼也完全不在日本的利益範圍之內。

日本外務大臣小村壽太郎冷淡回應羅森於十月三十日所做的提議。他反駁道，日本只同意將韓國和滿洲邊界兩側八十公里的區域劃為中立區。[79]至於滿洲，日本「將會承認俄國的商業權利，但也堅決要求俄國保證日本在當地的條約權利」。[80]這對日本而言是重大的讓步。《時事新報》大力抨擊俄國，並在報導中稱，儘管日本表現出極大的耐心，然「俄國的所作所為讓和平解決滿洲問題幾乎成了不可能的事」。另一方面，《國民新聞》則批評，這根本就是日本在姑息。[81]

在這兩種情況下，戰爭與和平的問題對日本社會來說都是顯而易見的選擇：若選擇戰爭，即是站在捍衛自由市場體系與開放貿易這一邊；若選擇和平，則是代表封閉市場和經濟自給自足的「倒退」勢力。日本高調宣傳門戶開放政策的原則及小川平吉與那七位教授的論點，將迫在眉睫的日俄衝突包裝成更偉大、更有原則的對抗，更甚於爭奪在韓國和滿洲的權力及影響力的魯莽衝突。《日本每週郵報》的一篇社論指出：「不言而喻的事實是，日本、美國與英國一致要求朝鮮開放龍岩浦及義州，而就在韓國即將同意之際，俄國的反對破壞了計畫。這些國家在俄國手中遭遇重大的外交失敗，因為即使某些目光短淺的政論家極力主張，龍岩浦本身的重要性不大，但三大強權正式要求韓國開放此港口的事實確切表明了……在門戶開放政策與排外政策的第一次衝突中，前者在穩操勝券的情況下遭受可恥的挫敗。」[82]

一九〇三年十一月，美國正式聯合日本、英國向韓國政府施壓，逼迫開放鴨綠江港口，但高宗並未讓步。美國駐韓公使安連黯淡地回報，傾向開放港口的韓國新任外部大臣李夏榮（Yi Ha-yŏng）在十二月遭到解職。[83]同時，英日兩國代表多次提出與韓國官員商討港口開放事宜的請求，也吃了閉門羹。安連苦惱地指出：「高宗看來對俄國的保證深信不疑，相信戰爭不會發生，而且相信他們（俄國）不會讓他遇上麻煩。」[84]

高宗走投無路，重提了數個月前他曾考慮過的韓國中立提案。八月，高宗曾試探日本與俄國對這項中立提案的看法。他要求兩國保證，萬一雙方關係破裂，將「視韓國為中立國」，並尊重「韓國的邊界，不會有軍隊行經我們的土地」。[85]日本外務大臣小村壽太郎直接拒絕了這項提議，申明如果高宗想緩和日俄之間的緊張局勢，就應該開放鴨綠江港口通商。一如預期，俄國的反應要正面得多。[86]雖然俄國拒絕承認韓國為中立國，但巴布羅福向高宗保證，俄國原則上將支持韓國的中立地位。[87]小村壽太郎唯恐日本遭到算計，直接寫信警告高宗：「我們知道貴國已派代表到俄國要求宣布韓國中立。俄國也許會輕易給出承諾，但也將輕易地出爾反爾。」[88]

正當高宗思考下一步該怎麼做之際，對於將鴨綠江兩側各五十公里範圍作為中立區的提議，日本總算在十二月十一日收到俄國的回應。[89]俄國的立場一如對北緯三十九度線以北作為中立區的提議，同時拒絕了日本提出的將鴨綠江兩側劃為中立地帶的妥協方案。滿洲問題被徹底忽略。[90]俄國希望日本在韓國問題上妥協，但在繼續占領滿洲的立場上卻不肯讓步。朱邇典向英國外交部透露：「俄國談到日本時語帶輕蔑。巴布羅福先生表示，若戰爭真的開打，一切將會速戰速決。」[91]

十二月二十一日，日本向俄國提出第三個方案。就在小村壽太郎奉行外交解決方案之際，首相桂太郎開始為戰爭做準備。陸軍副總參謀長兒玉源太郎推估，日本必須在正式宣戰前派遣一支遠征軍到韓國，好在俄國之前拿下漢城，也就是韓國的運輸及後勤樞紐。戰略方面，日本在即將到來的這場戰爭中，將重演一八九四至九五年的甲午戰爭。控制海路並迅速在朝鮮半島上動員及部署，是至關重要的一步。雖然日本直到一九〇四年二月五日才著手整軍，準備迎接日益逼近的衝突，但早在十二月便已展開基礎工作。

隨著戰鼓漸響，高宗開始試圖尋求美國的協助。安連指出：「前一陣子，有人向我徵詢，萬一爆發戰爭，美國公使館是否可以收留高宗。我當下斷然地明確拒絕了。」[92]高宗同時向英國公使館發出類似的庇護請求，朱邇典也予以拒絕，並表示高宗看來無計可施了。「在宮廷裡，各方勢力爭相上位、呈現意見分歧的態勢，我們不可能對那裡發生的事有任何明確的了解。」[93]

一月六日，日本外務省收到俄國對第三個方案的回覆。這次最大的不同是，俄國在滿洲問題上做了部分妥協：「日本承認滿洲不在其利益範圍之內，而俄國在該地區境內將不會妨礙日本或任何其他國家根據與大清既有條約關係行使在滿洲的權利，但聚落的建立除外。」然而在最關鍵的問題上，即俄國堅持以北緯三十九度線以北地帶為中立區，則沒有妥協空間。[94]

桂太郎決定做最後的努力，指示栗野慎一郎在一月十三日向拉姆斯多夫遞交日本政府的最終提案。在朝鮮問題上，日本斷然拒絕俄國提出的方案，即限制日本對韓國領土的戰略使用並劃設中立區。再者，也要求俄國承認韓國及大清的領土完整性。除此之外，日本還要求俄國尊重他們在滿洲享有的權利和特權，包括定居權。[95]

這些要求所表明的，即自一九〇一年伊藤博文首次到聖彼得堡拜訪拉姆斯多夫以來，日本的立場已明顯趨於強硬。起初，日本滿足於伊藤單純地以滿洲交換韓國的提議。然而到了一九〇三年，在英日同盟與英美就鴨綠江港口問題所給予的支持下，日本不僅堅決要求俄國從滿洲撤軍，同時要求在滿洲享有平等的權利。[96]俄國沒能看出日本日益增長的信心及決心，而其原因只能以俄國人的傲慢與種族歧視來解釋。尼古拉二世在私人信件或文章中，經常稱日本人為「猴子」（獼猴）。而關於日本人思想幼稚、軍事威脅微不足道的敘述普遍可見。[97]否則，還有什麼其他原因足以解釋俄國在日益緊張的局勢下，居然未能即時回應日本於一月十三日提出的方案呢？這是相當令人費解的。一月下旬，栗野慎一郎向俄國政府提出一連串迫切請求，要求其做出回應。卻未收到隻字片語。[98]俄國未能迅速採取行動化解危機，這種無關緊要和失禮的態度，導致了日俄關係破裂。安連認為，高宗與巴布羅福要負起大部分責任。「我認為，如果韓國能夠同意日本、英國以及美國的要求，開放龍岩浦和義州對外通商，表明這些港口並不完全受俄國所控制，也許就能緩解局勢了。」[99]

奇襲！

桂太郎內閣打了一手好牌。日本展現了耐心，最重要的是，他們將日俄之間的對抗定調為捍衛門戶開放政策，因而輕易贏得了英國與美國的支持。然而，他們也贏得了韓國改革派與資本家的支持，這些人反對俄國的影響力，尤其在鴨綠江港口問題上。高宗無法穩握政權，只能消極地宣布中立。然而，此舉的空洞露了高宗不過是巴布羅福的傀儡，因為這位皇帝連龍岩浦問題一事都無法作主。因此，日本直接無視他在一月二十一日的宣告，即「大韓帝國政府宣布將嚴格堅守中立」。[100]

一月十四日，沙皇向外交使團成員發表演說（其中包含了日本駐俄公使栗野慎一郎），他表達了希望「避免事態變得更複雜，一切都能得到和平的安排」。最後他告訴栗野慎一郎：「日本必須記住，俄國不只是一個國家，還是一個帝國，其耐性有限。」世界各地的媒體紛紛對這段話做了評論。尼古拉二世得知此事後龍心大悅，並斷言「在他看來，戰爭的危機已經解除，因為他已向日本公使表示不希望發生戰爭。」[101]

二月四日，日本政府回應了沙皇傲慢的聲明，同時召開天皇親自出席的帝國會議，正式批准日俄斷交。小村壽太郎得知俄國太平洋艦隊已離開旅順時，面臨緊要關頭的決定。日本駐煙台領事水野幸吉傳來電報，指俄國太平洋艦隊「航向不明」。他們擔憂，該艦隊可能正前往韓國。這項消息事後經證實為誤傳，但對日本造成了巨大的震撼。[102]

二月六日，拉姆斯多夫收到栗野慎一郎傳來的最後一封電文，信中表明，由於俄國「接連拒絕」日本就韓國問題提出的方案，因此日本「別無選擇，只能終止當前徒勞無益的談判」。此後，日本預留了斷絕與俄外交關係的權利，因為這些關係「不再具有任何價值」。栗野慎一郎告知俄國外交大臣，他與相關外交人員計畫於二月十日離開聖彼得堡。俄國當局並未回覆。[103]

二月八日傍晚，在海軍上將瓜生外吉率領的海軍船隊指揮下，三艘日本運輸船在幾艘巡洋艦及魚雷艇的護航下，抵達仁川附近。幾個小時內，這些船隻極有效率地讓兩千五名士兵順利登陸。在日本政府無聲無息且井然有序地出兵攻取漢城之際，海軍中將東鄉平八郎派出一艘魚雷艇對旅順的七艘俄國戰艦發動攻擊。經過二月八日至九日出人意表的夜襲，第二天兩軍在距離仁川近海約二．五公里處再度短暫交戰，戰況一面倒。仁川（濟物浦）海戰和二月八日至九日對俄軍在旅順基地的奇襲，被視為是日本取得海權的偉大戰略計畫之一。

第五部

日俄戰爭——第零次世界大戰

就在日本突襲旅順港的同一天，其海軍的一支分遣艦隊在仁川港口八尾島（Palmido Island）外海轟炸了兩艘俄國戰艦，使韓國的日僑大為振奮。不到二十四小時，該港口便落入日本手中。兩週後，也就是二月二十三日，高宗被迫簽署一份事後議定書，允許日本在大韓帝國的領土上開展軍事行動。到了一九〇四年五月一日，日軍已推進至鴨綠江，將俄軍趕出朝鮮半島，並前往滿洲對抗俄國主力部隊。

陸戰規模龐大，血腥慘烈。在奉天的最後一場陸戰，是現代史上陸戰兵力最集中的一次史詩般戰役——二十七萬五千名俄軍對上二十萬日軍，而兩國為這場戰爭分別總共動員了一百三十萬、一百二十萬名兵力。大批軍隊加上先進的軍事技術，導致現代戰場上前所未見的大規模殺戮。後膛步槍、機關槍、鐵絲網、手榴彈及速射砲等武器再再加劇了殘酷無情、宛如地獄般的戰況及毀滅，預示了一九一四至一八年第一次世界大戰的大屠殺。

日俄戰爭也是一場媒體戰。電力通訊讓全世界的人們在短短幾天、甚至數小時內便可得知前線行動的消息，心情隨之上下起伏。日本的每一場勝利與俄國的每一次失敗（這兩國間的所有重大戰役皆以此結果收場）在歐美各國首都無不引起回響，全世界都驚嘆地目睹日本在戰場上接連取勝。俄國方面，庫羅派特金將軍在這整場戰爭中未能贏得任何一次勝利，致使國內日益動盪不安，革命步伐加劇。

對日本而言，戰爭是一個轉捩點，因其已躋身強權之列。日本屢屢迎戰並擊退俄羅斯巨人的能耐，一再引起韓國和大清的欽佩。前東學黨成員與支持改革的韓國菁英備受日本的表現所激勵，也做好了為其效力的準備。成千上萬名韓國人民動員支持日本的對俄戰爭，投身鐵路工程、運送軍用物資，或者從事間諜工作。戰爭開打不久後，新成立的改革主義組織「一進會」即帶頭號召這項聲勢浩大的行動。

至於大清這方，袁世凱及其他軍事領袖堅持不懈地為日本的戰爭貢獻一己之力，並在日本的勝利中看見改革中國的基礎。戰爭還未結束，袁世凱便向朝廷上奏，呼籲在十二年內建立憲政。

雖然軍事上的成功為日本贏得正面的國際形象，但戰爭也讓日本社會付出了慘痛代價。日本透過戰爭塑造強大國家地位的戰略導致了嚴重的後果，其影響比當時的政府領袖所預期或覺察的還要深遠，並且引發了更大的分裂。

第十七章　大韓帝國戰爭

日本最初考慮與俄國開戰時，即明白這場戰爭的勝負將取決於海上戰場。在甲午戰爭與日俄戰爭中，日本皆須大規模動員海軍以確保陸上部隊的通訊及後勤補給。日本海軍需要擴大對黃海、朝鮮海峽的控制，方能成就陸軍與海軍的密切合作。

然而，日本海軍不能採取任何危及其主要任務——支援陸軍作戰——的進攻行動。「我仔細思考了戰區的特性、陸地與海洋的布局及陸軍的作戰線，」海軍上將東鄉平八郎事後回憶道，「〔我〕選定了主要的戰略目標，那就是我應該將敵軍的主力戰艦困在旅順港內，防止對方逃往符拉迪沃斯托克。」[1] 儘管這項海軍作戰計畫在二月八至九日對旅順港與仁川發動了初步攻擊，但除了確保陸地行動的先發制人及預防性措施外，並未包括純粹進攻的行動。如海軍歷史學家朱利安・科貝特（Julian Corbett）所指：「他〔東鄉〕的首要考量是陸軍的作戰線。陸軍負責此項戰爭計畫的進攻部分，而他的職責是提供防禦性支援，將敵軍的主力艦隊困在一個區域內，使其無法干擾陸軍的進攻。」[2]

若想了解其中的關聯，我們可以先思考日本的戰爭目標為何，同時再次回顧甲午戰爭與日俄戰爭有何相似之處。在這兩場戰爭中，日本從未考慮過「打倒」敵人；其沒有打算進軍北京或聖彼得堡，而且這樣的計畫看來也不可行。相反地，日本在這兩次戰爭中的主要目標都是確保對朝鮮半島的統治。在日俄戰爭中，日本必須確保制海權，讓俄國受限於其效率低落的鐵路運輸線，接著挺進滿洲以封鎖這些鐵路。達成這兩個軍事目標後，便能在敵軍從歐俄獲得增援及補給之前打敗他們。日本的戰爭目標本身並非征服滿洲，而是實現滿洲的中立，將其作為抵擋俄國對韓威脅的緩衝區。[3]

因此，雙方自衝突之初便意識到，即使戰爭的目標是控制大韓帝國，勝負也將定於滿洲：對俄國而言，關鍵任務是迅速在滿洲集結部隊，盡力避免決戰，直到俄軍準備就緒為止；對日本而言，重點則是盡可能迅速殲滅俄軍，奪取其在陸戰中所依賴的海上運輸線。[4]

一九〇三年五月三日，遠東總督葉夫根尼·阿列克謝耶夫的參謀長維格夫特（V. K. Vitgeft）海軍少將為駐守旅順的太平洋中隊（Pacific Squadron）擬定了第一項詳細的作戰計畫。俄國效仿日本，將太平洋中隊的中心任務定為「以旅順為基地，保有對黃海與朝鮮灣的控制權」。俄國海軍的目標不是殲滅日本艦隊，而是防止日本陸軍從韓國西岸登陸。這項計畫忽視了日軍可能在韓國東岸登陸的重要性，理由是如果日軍在該處登陸，「無法對滿洲的行動產生任何決定性影響，因為登陸的地點距離後者〔滿洲南部〕太過遙遠，加上韓國屬多山地形，沒有合適的交通方式可供一支擁有火砲與運輸工具的大軍移動」。儘管依照該計畫，部分俄軍應駐紮在符拉迪沃斯托克，「將日本一部分的海上軍力從主戰場引開，並防止日本在濱海省分附近登陸」，但主要目標「必須是盡可能保持本國的海軍戰力，以維持對黃海的控制，並對〔敵軍登岸朝鮮半島的行動〕構成持續威脅」。[5]

一九〇三年九月下旬，隨著戰事的可能性升高，阿列克謝耶夫及其幕僚擬定了更周密完善的作戰計畫。這些行動奠基於一項假設：敵軍不會在韓國西岸的鎮南浦以北登陸。其太平洋中隊將迫使日本在韓國南部登陸，以為俄國爭取更多時間在滿洲南部集結兵力。[6]由於日軍從釜山進軍到滿洲邊境的義州需時至少兩個月，因此俄方的「計畫是拖延時間，直到中央政府派來更多兵力」。到了一九〇四年一月，遠東地區約有九萬八千名俄軍，分布範圍廣泛，從赤塔到符拉迪沃斯托克，以及從布拉戈維申斯克到旅順之間。[7]此外，東清鐵路的載運量一天最多只能供七部列車通行，不分類型。如欲擴大這些路線的載運量，將頗為耗時。而西伯利亞嚴峻的冬季氣候為調兵至遠東地區的行動帶來了更多的挑戰。[8]二月，六百名俄兵在徒步三十五公里穿越結冰的貝加爾湖時受寒凍死，在那之前，一場暴風雪使他們迷失了方向。[9]

面對這種種挑戰，阿列克謝耶夫消極看待眼前危機的態度著實令人費解。二月七日上午，這位待在旅順總部的總督得知日俄斷交的消息，並未對這項驚人消息採取任何行動，反倒祕而不宣。[10]據推測，他可能打算在二月九日他所召開的會議上將此事告知部下，但到了那時已經太遲。除此之外，他也否決了旅順當地報社《新邊疆區報》（*Novi Krai*）的請求，不同意其刊登一封描述兩國外交關係破裂的電報，直言「他不想引起紛擾」。[11]他並未取消預定在二月八日晚間舉行的舞會，而且儘管俄國太平洋中隊的指揮官史捷潘·馬卡洛夫（Stepan Makarov）中將示警該艦隊不堪一擊，他也沒有採取任何預防措施。[12]

俄國民眾對韓國情勢的反應也同樣被動。一九〇四年的一、二月，阿列克謝耶夫已察覺到了明顯的不祥之兆。據報有日籍船隻抵達符拉迪沃斯托克展開撤僑行動，韓國南岸的煤炭、稻米、帳篷及其他物資的運量也有所增加，其中包含了仁川的六百箱電報器材。另有報導稱日本情報人員的活動變得活躍，「其中一些人偽裝成韓國當地民眾」。[13]

阿列克謝耶夫請求沙皇指示，萬一日軍在韓國南部登陸，該如何因應。尼古拉二世仍希望能避免開戰，回應道：「最先敲響戰鼓的最好是日本，而不是我們。因此，倘使他們未對我們開戰，你們就不應該阻擋他們在韓國南部或東岸的元山登陸。不過，萬一他們的艦隊跨越了北緯三十八度線，並從韓國西側北上，那麼無論是否登陸，你們就必須發動攻擊，而不是等他們打響第一槍。」[14]沙皇的指示是阿列克謝耶夫接到的最後一道命令；假使這些命令確實執行，這場戰爭的走向或許會有所不同。

一九〇三年十二月，三艘俄國船艦停泊在仁川港，分別是裝甲巡洋艦博亞林號（Boyarin）、瓦良格號（Varyag）以及砲艇吉利亞克號（Gilyak）。一九〇三年十二月三十日至一九〇四年一月一日，吉利亞克號、博亞林號被召回旅順，砲艇寇里茲號（Korietz）則被派去取而代之。因此，一月初，俄國即有兩艘軍艦停靠在仁川港，在此加入其他國家的船艦，包括日本的巡洋艦千代田號，其任務是因應日益加劇的戰爭威脅，協助保護漢城的日僑。瓦良格號艦長魯德涅夫（V. F. Rudnev）同時肩負蒐集日軍動向情資的任務。然而，由於憂心引發戰爭，阿列克謝耶夫限制了魯德涅夫的行動。萬一日軍挑釁，他必須保持警戒，但不能主動進攻。他「不得阻止日軍登陸」，只能在事情發生時直接向上報告。他還奉命「必須與外籍人士保持良好關係」。[15]

隨著局勢日益緊張，愈來愈焦慮難安的魯德涅夫在二月五日向駐漢城大使巴布羅福公使發送電報：「有聽聞日俄斷交的消息。請回覆。」巴布羅福回應表示，無法證實或否認這些傳言。「在這裡（漢城），斷交的流言在民間甚囂塵上。目前尚未收到對這個傳言的確切證實。」同一天，在巴布羅福和魯德涅夫皆不知情的狀態下，阿列克謝耶夫收到了聖彼得堡傳來的訊息，其稱俄軍「已獲授權在必要時展開軍事行動」。二月七日，拉姆斯多夫根據這項訊息通知所有俄國駐外代表（包含阿列克謝耶夫在內），日本已與俄國斷絕外交關係。[16]

但是，漢城方面並未收到這些電報。二月六日至七日，巴布羅福向聖彼得堡發出三封電報，詢問日俄斷交的傳言。到了二月七日，巴布羅福得知，漢城和聖彼得堡之間的所有電報通信都遭到切斷，連通至旅順的電報線也無法正常運作。[17]他立刻通知魯德涅夫，而後者想出了一個辦法，那就是派寇里茲號前往旅順向總督傳遞急訊，其中包括高宗從祕密管道獲取的「日本艦隊已抵達鴨綠江口」的警告。[18]同時，巴布羅福建議魯德涅夫，立即帶著所有在瓦良格號的屬下離開韓國，「以免兩國宣戰時，俄國巡洋艦受困於外國港口」。然而，魯德涅夫拒絕這麼做，稱自己並未得到來自聖彼得堡的許可。作為第一太平洋中隊裝備最精良的戰艦之一，瓦良格號的命運已然注定。

仁川（濟物浦）海戰

魯德涅夫完全未察覺到即將發生的危機，反觀千代田號指揮官村上艦長*，則是在一九〇四年二月五日便獲知日俄斷交的消息。他奉命撤離港口，與由海軍中將瓜生外吉率領、從佐世保前往仁川的小型艦隊會合。二月七日傍晚，在夜色的掩護下，千代田號悄悄駛出港口，加入了神不知鬼不覺地抵達韓國海岸的艦隊。瓜生外吉來得正是時候，二月八日，他及時攔截並阻退了正前往旅順欲轉達高宗密訊的寇里茲號。這下子，瓦良格號和寇里茲號成了日本的囊中物，「猶如掉進陷阱的老鼠」。[19]

二月八日接近傍晚時分，日軍第十二師的兩千五百名士兵在俄國海軍按兵不動且未多加阻止的注視下依序登岸。安連指出：「日軍有條不紊、毫不遲疑地完成登陸並占領了仁川。士兵們裝配齊全，他們背著糧袋、炊具、水杯及毯子，而且全副武裝，連夜行軍前往碼頭，寄宿在日本僑居地日人住家，如此井然有序的部署令全程目睹的外國軍官讚歎不已。」[20]鎮上的街道覆滿白雪，商店及房屋的門廊都插上日本國旗。「日本當局集體發布道德演說，呼籲所有日本國民竭盡所能地善待韓國人及所有外國人，因為投入這場戰爭的日本正接受文明世界的審判。」[21]

二月九日凌晨兩點三十分左右，日軍完成登陸。瓜生外吉通知瓦良格號和寇里茲號的指揮官，稱「由於日本與俄國政府處於敵對狀態」，他有義務「命令麾下部隊攻擊目前駐紮於仁川港的俄國戰艦」。[22]他要求俄國艦艇在當天中午之前駛出仁川，和瓜生外吉率領的小型艦隊正面迎戰，否則他們將在下午四點前於港口內遭受攻擊。

魯德涅夫面臨嚴峻的抉擇，要麼加入一場必敗的自殺戰役，要麼讓瓦良格號和寇里茲號落入敵人手中，而自己和部下則成為戰俘。最終他選擇了迎戰，因為他認為，即使是在一面倒的戰役中對抗日本，也將是唯一光榮的行動方式。二月九日上午十一點三十分左右，瓦良格號和寇里茲號駛出港口迎擊日本艦隊，瓦良格號高聲播放俄國國歌。仁川海戰不到一小時就結束。魯德涅夫並未帶領千瘡百孔的瓦良格號和寇里茲號向日軍投降，而是讓船艦沉入海裡。

翌日，林權助前去拜訪巴布羅福，委婉地請這位俄國公使收拾行囊，立刻離開大韓帝國首都。有些人擔憂日本人可能會對韓國俄僑進行報復。英國公使朱邇典回憶當時提到，「船艦遭到擊沉時，許多俄兵驚慌失措了起來。瓦良格號上的船醫〔後來獲救〕在戰役過後變得精神錯亂」，但事實證明，這種恐懼是多餘的。[23]二月十二日上午，巴布羅福、全體部下、公使館衛兵及漢城的俄籍居民全被送上停泊在仁川的法國巡洋艦帕斯卡號（Pascal），啟程前往上海。「日本當局甚至派出護衛隊護送那些俄兵，直到他們安全離開韓國的領土」。[24]俄國公使館的保衛工作以及決定留下的俄國公民的權益，則移交給法國政府，由代理公使豐泰涅子爵（Viscount de Fontaigne）負責。戰爭期間，高宗透過法國暗中與巴布羅福及沙皇政府聯繫，積極破壞日本在韓國的戰爭行動。[25]

＊編註：即村上格一。

日軍登陸

日本的作戰計畫是，黑木為楨大將的第一軍（由第十二師、第二師及近衛師團組成）在韓國南岸介於馬山（Masan）和木浦（Mokp'o）之間的順天灣（Sunchŏn Bay）登陸，接著在四月底之前沿半島向鴨綠江進軍。[26]然而，日軍迅速攻下仁川與旅順港，促使預定的時程提前了一個多月。這正是維格夫特上將先前警示的情況。第十二師進軍漢城，增援當地的兩百五十名守衛軍。對仁川與漢城的控制，使黑木為楨大將得以沿用十年前日軍在甲午戰爭中的作戰路線，縮短軍隊的行進距離。

然而，登陸仁川的行動面臨了巨大困難。由於此地具有世界上數一數二極端的潮汐條件，運輸船必須在離岸約三公里處起錨，以免一天之內在寬闊的泥灘上兩度擱淺。部隊與貨物只能靠數以百計的木造平底舢板船運上岸。一名觀察家解釋了這種情況：「潮水退去後（最高十一公尺），〔港口〕底部有一大部分露出水面。我們在十七日上午啟航，馬上就在沙洲擱淺了；一艘舢板船前來載我們離開，結果沒多久也動彈不得。我們只能徒步在泥水中行走，走了一段路後，我們又上了另一艘舢板船，回到作為仁川登陸點的石坡。」[27]此外，突然湧入的部隊導致港口的糧食供應不及，既有的食物很快就消耗殆盡。韓國日僑協會會長中井喜太郎回憶道：「在漢城的日本租界，到商店沒有食物可買。孩子們嚷著肚子餓時，我和妻子都不知如何是好。」有一個解決辦法是到韓國的市場買米，但不少人抱怨米的品質低劣。中井喜太郎寫道：「〔韓國〕白米裡混了許多鵝卵石，所以

1904年2月8日，在仁川運輸士兵與補給品的舢板船。（美國國會圖書館版畫與照片部，LCDIG-ppmsca-08151）

我在吃飯時咬碎了兩顆臼齒，牙痛了好幾年。」[28]

到了二月底，日本已將數萬名士兵及第一軍超過十萬噸的裝備與物資運至仁川。[29]外國觀察人士對此大表驚歎。美國公使安連指出：「從目前的情況，以及對日本步兵團的仔細觀察來看，我認為，他們會在接下來的戰役中有很好的表現，甚至超越任何其他國家的步兵團。」[30]

日軍迅速占領漢城後，又透過脅迫手段確保韓國不但不會妨礙戰爭，還會給予支持。二月二十三日，大韓帝國代理外部大臣李址鎔（Yi Chi-yong）迫於壓力簽署了一份協議，雙方約定韓國政府在行政管理上接受日本的建議及援助。此外，韓國同時有義務向日本軍隊提供全面援助，並允許日方「基於戰略需求」占領領土。[31]此項協定達成後，《帝國新聞》（*Cheguk sinmun*）於二月二十七日刊登了〈被俘間諜處置令〉，申明「任何對日軍造成危害的人，都將依據大韓帝國的法律與習俗被處以死刑」。[32]

這類嚴厲措施的目的是為了讓韓國民眾戒慎恐懼。與此同時，日兵不斷受到上級告誡，須嚴格遵守軍紀。日軍還配有苦力和騾子，這樣就不必仰賴當地韓國人進行運輸。二月十三日，兩千名日籍苦力登陸仁川。[33]全新的安排發揮了作用，日兵普遍表現良好。韓國編年史家黃玹指出：「在挺進的過程中，少有日本士兵掠奪鄰近村莊的情事發生。」而且在多數情況下，日軍拿走任何東西都會付錢。[34]

日方汲取了甲午戰爭的經驗，齊心協力維持部隊紀律，防止士兵虐待當地居民。日軍補給系統有一個值得注意的特點是，在戰爭的頭幾週，士兵「幾乎未從如此資源豐富的國家奪取任何東西」。「儘管〔韓國〕盛產高粱及豆餅，日軍仍嚴謹地從國內運來大麥作為小馬的主食，輔以澳洲或美國運來的少量乾草堆或飼料。」從本國補給物資，在政治上可能是正確的決定，卻讓後勤系統承受極大的壓力，因而影響了機動性。[35]

到了二月中旬，第十二師的部隊已抵達平壤。為了加快登陸速度並在最短時間內動員最多士兵，陸軍副參謀長兒玉源太郎於三月十三日命令近衛師團在距離平壤約六十四公里的鎮南浦登陸。第二師將於三月二十九日跟進，沿海岸線北進，如此可將兵力提高至約四萬五千人。在鎮南浦登陸可省去從仁川出發、長達一百九十公里的艱苦跋涉，並且可直通位於平壤以北約八十公里的安州（Anju）——第一軍所有三個師團的會合處。[36]

儘管原定計畫出現了重大變化，但一切進展順利。一些日本官員對於日軍迅速取得成功且戰況看好的態勢，難掩欣喜之情，另一方面卻也忍不住蔑視俄國的無能表現。林權助評論道：「俄國的準備似乎不如當年甲午戰爭的大清。我相信，一天只能有三班列車可以通過滿洲，假設這些火車按需求平均分配給部隊和補給，那麼俄國在四月之前都不可能顯著提升陸軍戰力。日本海軍的出擊出乎意料地成功，因此我認為，我國軍隊大可從容行事。」[37]外國軍事觀察員從前線傳來的報告，無一不對俄國「難以理解」的政策提出了相同的看法。美方觀察員亨利・艾倫（Henry T. Allen）將軍寫道：「俄國在滿洲及韓國擁有充足的騎兵戰力，日軍在每一條重要河流及關口的推進肯定將嚴重受阻。安州江（Anju River）、博川江（Pakchŏn River）及大寧江（T'aeryong River）必須架設橋梁；而下列關口：伽山（Kasan）、定州（Chŏngju）、谷山（Koksan）及義州這側的三座重要山頭等，即使只有一半的守備，至少也能迫使日軍部署。這些關口都位於主幹道，比周圍區域的一般海拔高出一百二十二至兩百四十四公尺；支道上也有山隘。事實上，這個國家的地形非常適合俄國大顯身手，不但能阻擋日軍挺進，還會造成嚴重傷亡。」[38]

然而，俄國仍然保持被動。俄國的計畫向來取決於是否有時間可動員足夠的兵力在韓國展開進攻，可惜這些計畫在日本出其不意地攻擊旅順港和仁川後，都化成了泡影。因此，俄軍不得不在增援部隊從歐俄經由鐵路到來前臨機應變。俄國在遠東地區的可用兵力有近十萬名，分布於沿阿穆爾斯基軍事區（Priamursky Military District）和西伯利亞軍事區（Siberian Military District），以及滿洲的遼東地區。[39]另一支兩萬四千名兵力的邊防軍則負責保衛東清鐵路，從外貝加爾（Trans-

1904年3月，日軍從大同江東門大同門（Taedongmun）進入平壤。（JLP 532 LA 1 #11805，傑克．倫敦照片與底片集〔Jack London Photographs and Negatives〕，加州聖馬利諾杭廷頓圖書館〔Huntington Library〕）

Baikal）東部（哈爾濱至符拉迪沃斯托克）到滿洲鐵路南部支線（哈爾濱至旅順）的廣大地區均可見到其駐兵的蹤影。

軍令衝突

作為前線衛隊核心的哥薩克人與志願軍官都是強悍的戰士、勇猛的騎兵，是「俄羅斯帝國最強大的沙皇支持者」。[40]他們原本隸屬於謝爾蓋．維特主掌的財政部，享有比軍隊更多的資助和更高的薪資。然而，一九〇三年維特下台後，阿列克謝耶夫海軍上將接管了俄國在遠東地區所有的陸海軍部隊，這群戰士自此歸入其麾下。日俄戰爭之初，這些部隊被重新命名為外阿穆爾州邊防軍，附屬於庫羅派特金將軍率領的俄國滿洲軍，當時這位戰爭大臣被任命為俄國駐滿洲地面部隊的司令官。[41]

由於俄國遠東部隊的結構迥異於常規，庫羅派特金與阿列克謝耶夫之間很快便產生了衝突。[42]庫羅派特金名義上隸屬阿列克謝耶夫，但兩人對整體戰略的看法大相逕庭。庫羅派特金對戰役的第一階段的想法是，「從細節上防止我軍被殲滅」，這意味著在兵力不足的情況下固守陣地，不如確保免於被殲以待來日再戰來得重要。庫羅派特金寫道：「若要逐步增加兵力並準備進攻，我們應該等到戰力夠強，並獲得長時間不斷推進所需的一切物資時，再往前進。」[43]然而，阿列克謝耶夫卻主張採取更積極的立場；對他來說，要確保一處陣地的安全（例如旅順），就得冒上遭受重大損失的風險。俄軍在戰爭中的命運，有很大程度將取決於庫羅派特金是否決心保衛部隊，以空間換取時間，而不是順從阿列克謝耶夫日益強烈的要求，在滿洲軍準備就緒前便展開進攻。[44]

一九〇四年三月中旬，庫羅派特金抵達遼陽。他將軍隊分成南線支隊和東線支隊。南線支隊主要由西伯利亞第一軍團組成，由史塔克爾伯格（G. K. Stackelberg）中將指揮，部署在自營口經由大石橋、海城延伸至蓋平一線，任務是阻擋日軍在遼東半島登陸。東線支隊則部署於遼寧東南邊、靠近韓國邊境的鳳城一帶，由札蘇里奇（M. I. Zasulich）中將率領，任務是拖延日軍跨越鴨綠江進入滿洲的時間。庫羅派特金警告札蘇里奇，切勿主動迎敵。[45]他告訴札蘇里奇：「利用當地形勢使敵軍難以跨越鴨綠江，並阻攔對方越過虎山鎮山脈的進一步進攻。」另外也要求札蘇里奇「查明前來對付我們的日軍的兵力、組成及行進方向」。庫羅派特金希望東線支隊「避免與敵軍決戰」，正如他希望維持的總體目標，保衛部隊直到有足夠兵力可展開進攻。[46]

米先科少將的哥薩克軍旅加入了東線支隊，被派往韓國監視日軍。[47]米先科曾參與義和團運動及中俄衝突，這名老兵多次展現出英勇無畏的膽識。一九〇〇年七月的酷暑，在白頭子戰役中（遼陽附近的俄國衛隊前哨），他帶著兩百名弟兄擊退了三千名兵力的敵軍。[48]在八月的海城戰役中，他以更少的兵力挫敗了四千多人的清軍。[49]十月，他在四十八小時內奪下古代皇城奉天。身為行動派的他這次卻奉命勿與敵軍交戰，而是越過鴨綠江、追蹤韓國境內的日本人，若情勢許可則一路深入平壤。[50]

俄軍與日軍在韓國的首度交戰屬於小規模衝突，而非戰役。三月二十八日，日軍近衛師團的兩個騎兵中隊和米先科率領的第一赤塔軍團，以及第一阿爾貢外貝加爾哥薩克軍團，在平壤以北約六十四公里的定州發生衝突。米先科遵循上級指示，未主動和日軍交戰。他原本可以阻退日軍的推進，讓黑木為楨帶隊的第一軍晚個數週再前進，但他沒有這麼做。此行動也為整場戰爭定下了基調。

鴨綠江會戰

黑木為楨的第一軍派出的偵察兵於四月四日抵達義州附近的鴨綠江岸，發現水流湍急，江面上結滿堅冰，幾乎無法渡江。此處的鴨綠江約有六百四十公尺寬，中間是沙洲低地，江水上漲時間或會被淹沒。在義州以及位於大清那岸的九連城之間有兩座大島，分別是黔定島（Kintei Island）和中江台島（Chukodai Island）。義州與黔定島之間的水道較淺，黔定島與中江台島之間的主水道既深且江面寬闊，約有兩百一十三至三百〇五公尺。中江台島的面積也比黔定島大，位於源頭在滿洲的支流靉河與鴨綠江之交匯處。在此匯流處俯瞰寬闊平坦的鴨綠江河谷，可見一座名為虎山的岩丘。這裡可一覽從義州到九連城之間的整片河谷地帶；拿下此處，便可主宰該地區。

靠滿洲那側的義州下游為安東鎮（Andong），那裡的江水更深且寬。再順流而下，即為韓國那岸的龍岩浦，再過去就是江口與黃海。札蘇里奇接到的命令是拖延黑木為楨的軍隊，為庫羅派特金爭取集結兵力的時間。札蘇里奇深信日軍會從安東渡江，因此將其大部分兵力（一萬六千名步兵、三千名騎兵）部署於安東以南及以北的江岸。從九連城到靉河沿岸的地區滿是濃密的灌木叢及參差不齊的山丘，由規模要小得多的部隊所看守，巡邏工作都只是交差了事而已。令人好奇的是，這樣的地形或可作為大型部隊完美的藏身之處，但札蘇里奇認為，從安東進入是比較直接且不費力的路線，推測日軍不會在九連城冒險渡江。[51]這是俄軍犯下的第一個錯誤。

第二個錯誤是未戰便將義州拱手讓人。四月初，黑木為楨命令日軍偵察隊探勘義州周邊地區。不久，一支先鋒部隊跟進，受命攻占該城。這支規模相對小的部隊於四月八日抵達義州。由於附近沒有其他部隊可支援，因此他們處於弱勢。從第一軍主力所在的安州到義州，須穿越一百七十多公里長的原始森林及曠野，援軍需要耗費數日方能抵達。日本政府對這種冒險挺進的行動是否明智做了激烈辯論，黑木為楨本身也深知此舉的危險之處。日方得知俄軍已在鴨綠江上部署船艦，增援部

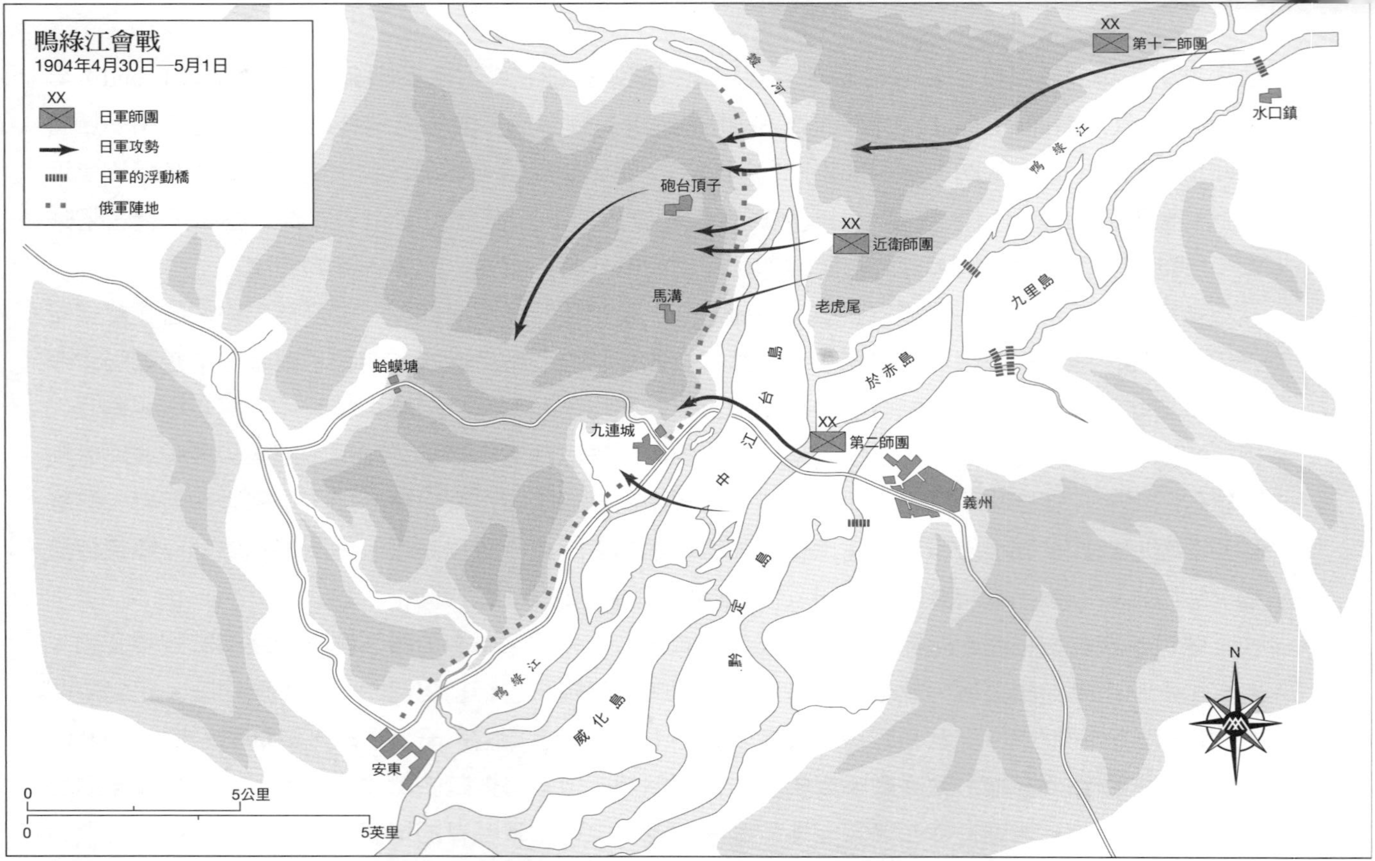

俄國將軍札蘇里奇以為黑木為楨的部隊會在安東附近渡江，不料對方從上游渡河，攻擊俄軍最薄弱的防線。黑木為楨的第十二師從北面包抄，第二師從九連城突破，俄軍防線崩潰，只能敗退至蛤蟆塘，之後撤退到北邊的遼陽。

隊有可能在幾小時內抵達。日軍是否會魯莽地將一支弱小的支隊送入強敵的虎口？另一方面，俄軍在定州的表現則給了他們希望。黑木為楨決定冒險一試，因為他的驅敵計畫取決於能否迅速攻下義州。[52]

日軍賭對了。四月八日，先鋒部隊進入義州。與家人同住義州附近的美國醫學傳教士沙羅克（A. M. Sharrock）目睹了日俄交戰的過程，成為此役唯一一名西方目擊者。據他估計，城裡約有六百名俄軍，比日軍兵力多，「俄軍占領了城北的高地，那裡地勢陡峭，覆有一片松林，為他們〔日軍〕提供了掩護。主戰場就在這裡。日軍衝上山坡，成功趕走了兵荒馬亂的俄軍。日軍追了七、八公里，來到一座高地，面臨俄軍反擊並略居劣勢。」沙羅克料想這是俄軍發動進攻的時機：

〔俄國〕部隊在挖有凹坑的山脊上一字排開……我們〔沙羅克及他的家人〕坐在前廊上，拿著望遠鏡俯瞰城景，等著看事態將如何發展。我們等了三個小時，心想自己隨時都可能成為第一批目睹戰爭的外國人。大約四點鐘，局勢緩和了下來，到了五點，〔俄國〕部隊動身離開。這是我們最後一次看到俄軍，幾天後，這個區域完全落入日本人手中……簡單來說目前的狀況是：〔韓國〕這側的鴨綠江一個俄國人也沒有。[53]

控制了義州之後，黑木為楨準備好迎接下一個階段。隨著日軍增援部隊陸續抵達，札蘇里奇意識到放棄義州所失去的巨大優勢。由於日軍兵力較少，他仍有機會重新奪下該城，只是等到他決定

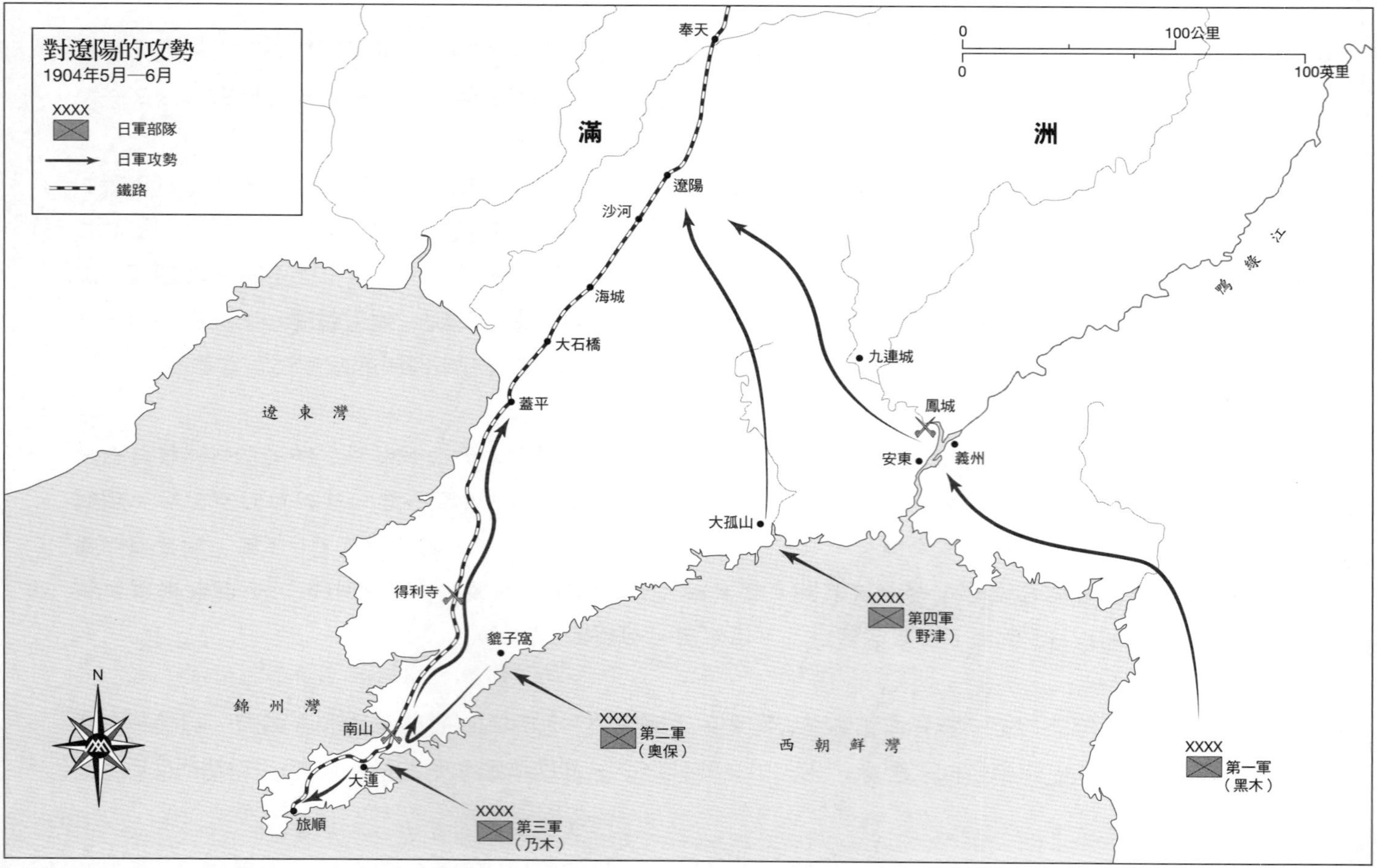

對遼陽的攻勢
1904年5月—6月
XXXX
日軍部隊
日軍攻勢
鐵路
0
100公里
0
100英里
奉天
滿
洲
遼陽
沙河
海城
大石橋
蓋平
鴨綠江
九連城
鳳城
安東
義州
大孤山
遼東灣
得利寺
貔子窩
錦州灣
南山
大連
旅順
XXXX
第四軍
（野津）
XXXX
第二軍
（奧保）
XXXX
第三軍
（乃木）
西朝鮮灣
XXXX
第一軍
（黑木）
N

採取行動時，已經太遲了。「直到四月十二日，也就是日軍先鋒部隊進入義州的四天後，俄軍才嘗試主動出擊，而主動權正一分一秒從他們的指縫間溜走。」效力於滿洲日軍的英國駐外武官伊恩·漢彌爾頓（Ian Hamilton）爵士指出，「他們派出一支約五十名兵力的部隊來到城外，試圖乘船渡江。日軍一支步兵連不費吹灰之力就趕走了他們，射殺了一名軍官及一名士兵。那名軍官是第十二軍的狄米德羅維奇（Demidrovitch）中尉，而日軍在他身上發現一紙軍令，上級命他穿越日軍的哨防，勘察義州南邊的情勢。日本朋友告訴我，大家都為這個可憐的傢伙感到難過，他奉命帶領五十名士兵，執行長官在事前曾猶豫是否要派六百人去完成的任務。」[54]

四月二十日，第一軍全體集結於義州周圍。雖然俄軍進攻的威脅已不再，但重點是要防止敵軍在對岸重整戰力。漢彌爾頓表示：「日軍打算花上整整十天安排好一切，然後再發動攻擊。他們想確保萬無一失。」[55]

為什麼奪下義州如此重要？黑木為楨又為何希望在這麼短的時間內挺進該區，讓先鋒部隊在沒有充足援兵的情況下冒險攻城？答案就在於第一軍為支持日本偉大戰略計畫所定的作戰目標。谷壽夫指出：「日本派遣第一軍至韓國的目的，是想從平安道入侵滿洲，攻擊俄國滿洲軍。」他曾是近衛軍第一步兵營的少尉，戰後將自己的戰時經歷寫作成書。[56]若想挺進滿洲，就必須拿下義州及其周邊區域，而黑木為楨的渡江行動，是啟動日本陸上戰役其餘環節的戰略關鍵。他在韓國行動的成敗，將決定奧保鞏大將率領的第二軍何時登陸遼東半島的貔子窩，並朝遼陽推進，與第一軍會合。谷壽夫也認為，黑木為楨的行動，將迫使庫羅派特金從遼東半島調走史塔克爾伯格所率領的南線支隊的部分兵力。南線支隊的兵力減弱後，野津道貫大將率領的第四軍便可從直隸灣沿岸的大孤山登陸，以掩護黑木為楨的左翼向遼陽全面推進。最後，待東鄉平八郎指揮的聯合艦隊牽制駐守旅順港的俄國太平洋中隊，乃木希典大將率領的第三軍便可登陸遼東半島，從陸路攻取要塞，然後與奧保鞏、野津道貫及黑木為楨的部隊會合，在敵方大批援軍到達之前殲滅俄國滿洲軍。

這一切都取決於第一軍能否取得成功，以及能在多短時間內攻破札蘇里奇的部隊。黑木為楨料到俄軍預期他會在安東渡江，並刻意營造出這樣的假象，而實際的渡江地點定在上游靠近義州的地方。這個行動的成功與否，端視札蘇里奇是否上當並成功奇襲。作戰計畫很簡單：第一軍將全力對付俄軍戰力薄弱的北翼，在此同時，近衛師團與第二師從九連城正面穿越，第十二師則先從北面大舉包夾，再從右側攻擊俄軍最北端的防線。

接下來的兩週，黑木為楨全力操兵，為即將到來的戰鬥做好準備。在義州，以及在通往該城的道路與鴨綠江以北的各處戰略要地，日兵用稻草、樹枝搭建嚴密屏障以掩蓋部隊和武器的運輸。一名觀察人士指出：「從遠處看不見道路，只見一座被茂盛林木覆蓋的深谷。這麼一來，日軍就能集結兵力，讓俄軍摸不清他們的底細。」[57]

俄軍方面就不是如此了，札蘇里奇的部下幾乎沒有採取任何預防措施來隱匿自身陣地。「俄軍絲毫不擔心自己的行蹤被敵方掌握，甚至允許士兵們在下午二至四時間到靉河河畔給馬兒餵水，並在靉河北岸與山腳基地之間的沙地上操練馬匹。」漢彌爾頓描述道，「這一切都在日本砲兵的可見範圍內，他們在掩護下盯著敵軍在火砲射程內肆意活動，猶如狐㹴犬依命不准輕舉妄動，以免在布設好所有捕網之前，嚇跑了這群輕率魯莽的兔子。」[58]

主攻行動在四月二十五日揭開序幕，日軍的魚雷艇與兩艘砲艇駛入鴨綠江口，朝俄軍陣地開火。此舉旨在讓俄方誤以為日軍正在鴨綠江口展開新的登陸行動。[59]同時，在四月二十五日與二十六日晚間，第十二師的數個支隊攻占九里島（Kyuri Island）、於赤島（Oseki Island）與黔定島。陸軍工兵開始在義州前方建造一座通往黔定島的橋梁，引來俄軍發動的第一次砲擊。這座橋梁的建造是個幌子，實際目的是「誘引俄軍開火，以鎖定他們的槍砲位置，並提前獲知其武器類型」。[60]

這座義州大橋的興建可能會讓札蘇里奇認為，他預設日軍在安東渡江的想法是錯的，但他並未改變部隊的部署。以建橋之計誤導俄軍的同時，日軍又另外修築了十座橋梁，以便渡江前往竹島展開最後一擊。俄軍未能意識到虎山的重要性，而這對日軍的準備工作帶來了助益，因為假如俄軍占領此地，將可大大牽制日軍的行動。四月二十七日破曉後不久，近衛師團攻下九里島，並朝虎山推進，與俄軍在激烈交戰後，戰勝敵方並拿下該處。[61]俄軍這才意識到虎山的戰略價值，兩天後試圖奪回該處，反而遭到擊退。

為了提供近距離且精確的砲火支援，日軍還在土質鬆軟的黔定島上部署了新進的德國克魯伯（Krupp）榴彈砲及近衛師團與第二師所擁有的火砲。[62]令人訝異的是，俄軍對此視而不見。「我們充分利用了當地的天然地形，並運用諸多巧妙方法來隱匿陣地，以免被俄軍砲手發現位置。我們將樹木移植到砲台前的不遠處，以掩蓋砲彈發射時放出的火光……因此第二天早上，從俄軍所在的對岸看過來的地貌，跟前一天沒什麼兩樣。」[63]

黑木為楨於四月二十八日上午十點頒布命令，隔天晚間展開全面進攻。[64]四月二十九日拂曉，第十二師開始從水口鎮乘船渡過鴨綠江。俄軍只回以微弱的抵抗，當天下午兩點日軍便又繼續進行造橋工程。第二天凌晨三點，兩萬名士兵開始過橋。[65]假如俄軍更積極反擊，或許就能嚴重打亂黑木為楨的行動時程。顯然，札蘇里奇沒有從歷史學到教訓，否則他就會知道，倘若日軍成功在水口鎮渡江，便會對俄軍在九連城的基地發動猛烈的側翼攻擊，而這正是一八九四年十月，日軍在同一地點渡江與突襲清軍所採取的策略。四月三十日上午，第十二師已在滿洲這側的鴨綠江岸集結完畢，朝靉河推進。[66]當天晚上，札蘇里奇收到一份警示報告，內容指出，在島上聽見車輪轉動聲，但他並未調動駐紮在安東的主力部隊。五月一日清早，晨霧散去，可以想見札蘇里奇看到黑木為楨率領的第一軍共四萬五千名兵力橫渡水淺的靉河時，有多麼錯愕與驚恐。日軍的三個師團已準備好發動最後進攻，分別為竹島上的第二師與近衛師團，以及鴨綠江東岸的第十二師。[67]

凌晨五點二十分，日軍砲火猛烈轟擊九連城及其周圍的俄軍基地。上午七點三十分，日軍步兵開始進攻，但敵方沒有反擊。日軍擔心俄軍意在誘引他們掉入陷阱，因此猶豫不決。之後，俄軍砲兵部隊的火力終於打破了僵持局面，近衛師團的反擊迅速壓制了這起攻勢。第二師迅速推進，衝破了俄軍在九連城的防禦，到了上午九點，該處已落入日軍之手。中午，九連城周圍的俄國部隊已撤回蛤蟆塘。[68]在日軍的追擊下，俄軍的士兵、槍砲以及馬匹慌亂逃竄，混亂的縱隊使陡峭的山徑水洩不通。俄軍倉忙撤退之際也展開回擊，兩軍因此展開數次激烈交戰。[69]

五月一日下午五點三十分，日軍占領鴨綠江西岸的俄軍陣地，札蘇里奇的部隊全面撤退。雙方

日本憲兵隊與韓國農民觀望鴨綠江海戰。（JLP 532 LA 1 #11732，傑克倫敦照片與底片集，加州聖馬利諾杭廷頓圖書館）

的死傷人數較預期來得輕微，日軍有一千〇三十六人陣亡，俄軍則為兩千七百人。[70]比起兵力及物資的損失，鴨綠江海戰對兩軍造成的心理創傷要嚴重得多。黑木為楨的決定性勝利震驚各界。一些人預料日本能贏得勝仗，卻沒有人想到俄國會輸得如此慘烈。英國記者阿爾弗雷德・史泰德（Alfred Stead）評論道：「俄國的優越感消失得愈慢，對日本就愈有利。一支占據易守難攻絕佳位置以阻擊日軍的軍隊，在孤立無援的情況下被打得落花流水。俄軍駐紮在當地，顯然應該要能防止日軍攻擊才對。」[71]鴨綠江海戰實現了日本在這場戰爭中的首要目標——將俄軍趕出朝鮮半島。

黑木為楨向東京回報取得勝利後不到四十八小時，奧保鞏大將所率領的、等候登上平壤港灣七十艘運輸船的第二軍接到命令，準備即刻出發前往遼東半島。在第一軍渡江進入滿洲之前，第二軍一直按兵不動以防需要支援，五月四至五日晚上，該軍開始登陸貔子窩。旅順港如今面臨著運輸斷絕與孤立的威脅。

獨立協會

眾所周知，高宗暗中支持俄國，並堅信俄國會贏得戰爭。巴布羅福於二月十二日離開前，高宗給了他一封照會，「申明他將積極與俄國合作」，並「希望俄國使團盡快回來漢城」。[72]其餘的戰爭期間，巴布羅福「以俄國駐漢城公使短暫駐派韓國境外」為由待在上海，監督阿列克謝耶夫為蒐集韓國與滿洲的日軍情資所發起的情報網絡之成立。該組織吸收「具愛國傾向」的韓國人作為情報員，他們不論是韓國籍或俄籍，都承諾協助俄國對抗日本。[73]令人驚訝的是，高宗本人也是一名「特務」，接收巴布羅福傳來的加密訊息，藉此和聖彼得堡當局聯繫。[74]

馬特維·伊凡諾維奇（Matvei Ivanovich）是俄國駐上海使團的翻譯官，他負責情報行動的通信，為漢城的韓國當局與半島及滿洲的祕密特務之間建立聯絡管道。[75]一九〇四年三月初，之前在咸鏡道與俄國交界附近的間島擔任管理使的李範允（Yi Pŏm-yun），組成了一支千人游擊隊。阿列克謝耶夫下令擁有三千名哥薩克騎兵的第一涅爾琴斯克哥薩克軍團（First Nerchinsk Cossack Regiment）前去支援。軍團指揮官帕夫洛夫（I. D. Pavlov）中校報告，高宗暗地派了一名值得信賴的韓國軍官「向俄軍指揮部提供有關日軍動向的情資」，而據當地消息來源指出，「高宗已明令當地政府官員不得攻擊俄兵，必須幫助他們取得補給、糧食，並為他們指路。」[76]

然而，並非所有韓國人都支持俄國。一八九六年，徐載弼（Sŏ Chae'pil, Philip Jaisohn）與尹致昊（Yun Ch'i-ho）等改革主義者成立「獨立協會」，主要目的是抗議俄國在韓國宮廷中的壓倒性影響力。這個團體組織鬆散，成員多是信奉基督教且受過西方教育的菁英分子。[77]協會成員嚴厲批評高宗躲在俄國使館整整一年，指這不是一個國家元首該有的行為，更抨擊協助俄國計畫侵門踏戶的無恥政府官員。他們宣稱：「我們相信，一個國家要想成為名副其實的國家，就必須獨立，而不需要依靠其他國家。」[78]在他們看來，俄國是危險落後、豪取強奪的獨裁國家，這與一八八〇年代黃遵憲提出俄國是白種野蠻人，以及許多韓國政策決策者稱其為「虎狼」的看法如出一轍。[79]對此，高宗的回應是，於一八九八年強制解散獨立協會。

對俄國的負面看法也加深了一種觀念，即日本才是韓國在「文明與啟蒙」綱領下實施民族現代化的典範，而不是俄國。[80]《皇城新聞》刊出了多篇討論甲午戰爭後俄國造成的威脅，以及一九〇〇年俄國占領滿洲與韓國北部的鴨綠江租界後，這個北方鄰國明顯提高警戒的現象。[81]此外，改革派呼籲實現「文明與啟蒙」，同時鼓吹政府與日本合作，並相信韓國的現代化應效仿日本的模式。獨立協會正是本著這股精神，痛批過時的儒家倫理綱常。[82]

對俄國的恐懼壓垮了對日本戰爭動機的質疑，反而導致默許、甚至支持日本對俄發動戰爭的態度。位在西北部的黃海道與平安道，由於這些地區是反政府活動的據點，也是日本第一軍前往滿洲邊境的途中行經之處，因此並未出現試圖破壞日本戰時努力的事件。例如，在鴨綠江會戰之前，當地的韓國人民幾乎未向俄軍透露關於日本第一軍的情報。在黑木為楨的部隊戰力薄弱之際，當地居民也未試圖阻斷日軍的補給線或對第一軍發動游擊突襲。在戰爭初期的那幾個月裡，幾乎沒有傳出道路與電報線路遭到破壞的消息。二月二十日，《皇城新聞》概括了韓國民眾的普遍態度，宣稱「日本為了防止韓國與大清領土遭到俄國侵略而發起這場正義之戰，應當受到支持」。[83]一九〇四年夏秋之交，日本在滿洲接連取得勝利，似乎證明了這麼一種說法：將賭注押在強勢崛起的日本，而不是食古不化的俄國，向來是正確的選擇。

因此，韓國民眾對戰爭的反應並不一致，而日本的戰時政策也經常加劇國內的緊張局勢，尤其是在軍隊從農村徵用人力、土地及物資的敏感問題上。有別於甲午戰爭期間直接徵用土地的擾民作法，日方採取間接談判的方式，付錢給韓國地方官員，請他們居中協調。一名觀察人士指出：「地主開口要錢〔土地使用費〕時，日軍叫他們去找當地官員。」[84]日本還成立了一套類似的間接付費制度，以招募韓國苦工運送軍事物資。

然而，這樣的制度很容易為地方官員所濫用並構成貪污。據編年史家黃玹描述，「經由韓國政府的協助，日軍在黃海道與平安道地區雇用粗工，日薪七兩*（nyang）。日軍只雇用自願者，並未強迫這些地區的僱工，但地方官員卻欺騙民眾，導致社會嚴重失序。」[85]在漢城以南數公里的始興（Sihŭng），這種亂象層出不窮。九月二十日，數百名韓國村民放火燒死了縣令朴禹陽（Pak U-yang）與他的兒子，起因是他被控私吞日軍支付給村民的運輸工資。[86]

一九〇四年夏末秋初，大批東學黨開始在黃海道與平安道捲土重來，並再次展開政治動員。林權助謹慎地回報表示，東學黨似乎是衝著韓國地方官員而來，而不是日軍。他在報告中寫道，「聚集在平安道的東學黨，似乎是一直以來飽受地方政府官員荼毒的農村居民」，他們的目標是「促使政府尋求進步」，並且「批評中央與道級政府官員的腐敗，強調改革的必要性」。[87]歷史學家文有美（Yumi Moon，音譯）認為，西北部之所以漸漸出現民亂，是因為戰爭引起了動盪以及政府未能把持權力。自從在甲午戰爭中失勢後，東學黨便銷聲匿跡，但戰爭給了他們東山再起的機會，「他們潛入日軍行經的村莊，在當地煽動民亂」。[88]

九月十七日，平安道的觀察使回報，數千名東學黨在順川（Sunch'ŏn）的郡役所前集會示威，是迄今規模最大的一次集會。這名官員指出：「警方試圖勸離，但東學黨聲明將繼續抗爭。我們派出警察勸說，但他們離開後又到其他地區聚集。社會日益動盪不安，我愈來愈感到憂心。」[89]對日本而言，最主要的顧慮是東學黨再起將對日俄戰爭造成的影響，結果其得到的答案令人始料未及。

一進會

一八九四年十二月，東學黨在公州吞敗後，朝鮮政府與日軍聯手將目標瞄準其在的全羅道與忠清南道的主要據點，即全琫準帶領的南接派的巢穴，同時也是東學黨的核心。之後，當局對東學

* 譯註：古代朝鮮貨幣單位。

追隨者的屠殺，以及對全琫準在內的東學黨領袖的逮捕與處決，徹底摧毀了南接派的宗教及軍事組織。一八九四年之後，東學黨勢力所剩殘存。[90]

然而，北接派的情況並非如此。其首領崔時亨帶著幾名親信設法逃到北方，成為活躍的地下勢力，擁有約四十萬名追隨者。[91]一八九六至九八年間，崔時亨致力重組東學黨，將重心擺在朝鮮西北部的黃海道及平安道。[92]一八九八年七月，崔時亨遭到逮捕並處決。但是，他的其中一個門徒孫秉熙順利逃脫。亡命天涯數年後，孫秉熙於一九〇一年突然間神奇地現身大阪，在當地經常與流亡的韓國改革派領袖來往，並接觸他們所奉行的「啟蒙與文明」理想。這些人全都被韓國政府視為叛國賊。其中兩人，即後來加入東學黨的趙羲淵與權東鎮（Kwŏn Tong-jun），曾涉入一八九五年的閔妃刺殺事件。在日期間，孫秉熙著手計畫回國，目標是推翻大韓帝國的君主政治。[93]

一九〇三年，正當日本準備與俄國開戰之際，孫秉熙派心腹李容九（Yi Yong-gu）前往韓國祕密組織東學黨。當時，人們對孫秉熙和李容九知之甚少。[94]日方只知道孫秉熙追隨者眾多，估計約有八萬人，他還「向日本戰爭基金捐贈了一萬韓元，向日本紅十字會捐贈了三千韓元」。[95]他之所以將李容九送回韓國，顯然是為了從新的政治局勢中占得己利。「日本接連贏得勝利後，俄軍徹底從韓國境內消失……隨著朝鮮半島落入日本之手，許多〔流亡的〕韓國人民認為，可乘此機會幫助遭到驅逐的領袖重回韓國以改革政府。」[96]李容九秉持這個目標，在一九〇四年九月成立了一個名為「進步會」的組織，並在「朝鮮八道」設立東學黨分支。不過，一些成員也開始自立為一進會。該團體由具有改革思想的知識分子及菁英組成，其中許多人曾是現已解散的獨立協會成員。一進會與獨立協會的成員都有一個顯著特徵，那就是他們都「斷髮」以標誌自身的「開化」。[97]

日本駐韓公使林權助對這些組織感到好奇。他們是什麼來頭？圖的又是什麼？最重要的是，他們是否會對在韓日本人構成威脅？關於他們早期活動的情報聽來令人放心。駐韓禁軍參謀長落合豐三郎於一九〇四十一月回報表示，進步會與一進會實際上是相同的組織。至於他們的對日立場，「雖然進步會／一進會起初意圖對抗日本，但如今未見此種跡象。有時，其成員甚至努力與日本士兵建立好關係」。落合豐三郎指出，他們甚至自願參與鐵路建設工程，並拒絕領取工資。[98] 一九〇四年十月，約有十五萬名一進會成員投入鐵路建設。李容九親自帶領三千名一進會成員前往咸鏡道參與鐵路建設。另一個消息來源描述：「一進會成員背著一袋袋白米前往文山（Munsan）。日兵都飢腸轆轆，一進會成員則煮飯給他們吃。」[99]

為什麼一進會成員如此不遺餘力地幫助日本人呢？駐鎮南浦副領事染谷成章推測，這是因為「該組織對改革運動極有熱忱」，而戰爭讓他們有「站在日本這一邊」的機會。除此之外，由於「鐵路是文明改革的一環，因此該組織正盡其所能地協助日軍作戰，好讓日本政府對他們心存感激」。[100] 一進會的其中一名創建者宋秉畯（Song Pyŏng-jun）也擔任漢城日本陸軍總部的翻譯，他在寫給第一軍參謀副長松石安治的信中宣傳他們的共同目標：

> 儘管韓國政府不斷迫害一進會，但我們依然持續壯大……居住在黃海道與漢城—義州京義線鐵路（Kyŏngui Seoul-Ŭiju railway）行經的平安道的成員們聲稱，光靠言語不足以表示他

們對日本人的支持和信任。他們向〔日本〕軍事總部與鐵路局提出請求，表示自願為〔日本〕鐵路無償貢獻勞力。然而，由於日本法律禁止無償勞動，因此他們仍領取可觀的報酬……在收到的報酬中，我們一進會成員同意集體存下工資，扣除食物及其他必需品的費用後，將剩餘的錢作為「戰爭基金」捐給日本政府，以懲罰邪惡的俄國。[101]

這就是問題的關鍵。一進會策略性地利用日本的力量，來推動改革大韓帝國「專制政府」的目標。同時，宋秉畯等人堅信，若協助日本對抗俄國，一進會終將能夠與日本「共享」勝利，確保國家的獨立。在戰爭早期，孫秉熙也曾提出類似的想法。當時，他召集了四十名東學黨領袖前去東京，闡述對於東學黨目標的願景，內容可概括為三項要點：（一）建立文明；（二）推翻邪惡的韓國官員；以及（三）協助〔日本〕贏得戰爭。[102]根據一九〇四年十月發布的一份報告，約有二十六至二十七萬名一進會成員參與鐵路工程，或是從黃海道及平安道運輸軍用物資的工作。另外還有一些成員自願擔任間諜。[103]

十月二十三日，美國公使安連收到一份報告，其中包括一名身分不明的一進會領袖寫給韓國駐紮軍司令官長谷川好道大將的一封信。[104]安連從中得知，一進會領袖正密謀暗殺韓國政府官員，因而大感震驚：「這些激進分子打算透過韓國人民常用的暗殺手段，將反對日本改革或暗中與俄國人串謀的官員趕出韓國。」[105]

一進會的陰謀旨在報復政府官員以暴力手段鎮壓其成員的惡行。一九〇四年九月二十日，高宗

1904年，日兵與韓國勞工一起投入軍事行動。（威爾遜〔H. W. Wilson〕，《日本為自由而戰》〔*Japan's Fight for Freedom*〕〔倫敦：聯合出版社（Amalgamated Press），1904年至1906年〕，1:300）

命令各道觀察使與軍隊指揮官逮捕當地的一進會追隨者，並處決其首領。十月初，韓國政府允許地方首長「槍殺」集會成員的首領。一進會譴責這些血腥的報復舉動是「專制政府的暴行」。對日本而言，考量到韓國政府正全力打擊一進會，眼前的問題是，他們在對該組織的支持上秉持何種立場。[106]

長谷川好道對支持一進會一事有所顧忌。[107]外務大臣小村壽太郎也有同樣的擔憂。他清楚意識到，一進會組織「正迅速壯大」，而且似乎「比原先想像地具有更深厚的基礎」，不過他對該組織的動機存有疑慮。他在寫給林權助的信中提到：「他們聲稱與我們有志一同……積極透過花言巧語來贏得我軍的同情。但我們無法確定，他們是否其實想利用我們來實現其領袖的個人野心。總括而言，〔利用他們〕獲得韓國人民的支持可帶來助

1904年，一進會成員救援一名受傷的日兵。（JPL 532 LA 1 #11716，傑克・倫敦照片與底片集，加州聖馬利諾杭廷頓圖書館）

益，但這群人組成這樣的〔政治〕黨派最終可能會對我們不利。」[108]

林權助則較為樂觀，他建議暫時先觀望事態的發展。他在給小村壽太郎的信中寫道：「我感覺局勢有可能惡化，已在考慮採取適當措施。雖然目前沒有必要解散該組織，但我已拿定主意，假使他們開始對公共秩序構成威脅，我會立刻行動。」不過就目前而言，與他們保持關係是有好處的。他指出：「他們全心全意協助我軍，而且願意當無酬勞工。當初一進會宣告成立時……許多早在戰前就飽受韓國政府暴政所折磨的人們認同他們的想法。大韓帝國朝廷認為該組織與日本有所牽連，因此〔目前〕不敢對其採取行動。」[109]此外，一進會也可促使高宗不得不同意日本的改革措施。該組織將矛頭指向了「人民的掠奪者」，並公開譴責韓國地方政府官員的個人貪腐情事，這些作為或許有助於提高日本的整體聲望。

雖然長谷川好道與小村壽太郎遲遲無法決定是否要和一進會過從甚密，但最終林權助看到了其中的好處。他在信中向小村壽太郎表示：「一進會的原則不僅和我們的政策不謀而合，全國各地的民眾也贊同並支持這個組織。」[110]這番話並不完全正確，但不可否認的是，一進會在日本政府爭取民眾支持戰備投入等方面發揮了重要作用，讓他們得以將主要精力集中於滿洲的作戰行動。[111]

第十八章　滿洲戰爭

鴨綠江會戰使俄國猛然驚醒，打破了該國自認可速戰速決、輕鬆擊退「處於劣勢」的敵人的幻想。數天後，即五月五日，俄國又迎來另一次的衝擊，奧保鞏大將率領的第二軍開始讓第一師、第三師與第四師，共三萬九千名士兵在遼東半島東岸的貔子窩登陸。他們如入無人之境，登陸過程毫無阻礙。[1]

沒有人比東西伯利亞第五步兵團（Fifth East Siberian Rifle Regiment）指揮官尼古拉・亞歷山德羅維奇・特列季亞科夫（Nikolai Alexandrovitch Tretyakov）上校對這突如其來的轉變更為驚訝（該團自一九〇三年以來持續負責保衛朝鮮半島上的滿洲鐵路）。特列季亞科夫一直很清楚俄日關係日益緊張，但他和大多數的俄國軍官一樣，並未認真思考過戰爭的可能性。直到二月九日，旅順港遭到襲擊的消息傳來時，他才明白眼前的任務有多麼艱鉅。他與三千名下屬應上級要求，協助保衛遼東半島與旅順港。特列季亞科夫的處境十分危急，因為他的軍團人數不多，根本不足捍衛半島、抵禦任何聯合攻擊。「阻擋軍隊登陸是非常困難的事情，而這裡崎嶇的海岸地形，大幅提高了守備難度。」他提出的增援請求一再遭到上級、同時也是東西伯利亞第四步兵師師長亞歷山大・福克（Alexander Fok）將軍所拒絕。於是，特列季亞科夫決定沿著鄰近大連的地峽建立主要防線。在義和團運動期間，他曾在當地監督南山防線的建置作業。唯有在此地，他才有機會阻擋日軍進攻旅順港。[2]

距旅順港約六十四公里處，有一座連接遼東半島南部及大陸的地峽。半島最狹窄的寬度不到五公里，溝壑縱橫，以南山為地勢最高處。南山以北約四公里處為古城錦州，一八九四年十一月初，日本攻取旅順港途中曾遭到占領。特列季亞科夫在錦州修築了固若金湯的前哨基地，以防阻敵軍對南山這座荒城的攻擊，並且傾力整修南山殘破不堪的主要防禦工事。[3]假使日軍來犯，東西伯利亞第五步兵團很快便能擋住其去路，因為日本第二軍當前的目標是穿越錦州前進，突破南山所恃的地峽防線，並奪下大連，將其作為攻占旅順港的基地。

五月八日，特列季亞科夫奉命偵察日軍的登陸行動。這項任務從一開始就困難重重。「我軍所有地圖上的城鎮名稱都汙損難辨，幾乎沒有等高線的標註，〔也〕沒有各山頭的高度。」更糟糕的是，俄國軍隊雇不到當地嚮導。特列季亞科夫氣憤地表示：「花再多錢也請不到一個。」[4]偵察隊漫無目的地四處遊蕩後回到了南山，對眼前的情勢仍不甚了解。在鴨綠江會戰中首度暴露出的戰場情報不靈的問題，將在剩餘的戰爭期間持續困擾俄軍。

相較之下，日軍有備而來。奧保鞏獲得了駐布拉戈維申斯克的日本情報官石光真清的幫助，這名少佐曾於一九〇〇年七月在當地目睹慘絕人寰的屠殺事件。戰前，他在滿洲蒐集情報期間，藏身於哈爾濱的一家照相館。庫羅派特金前來滿洲視察軍事基地時，毫無戒心地僱請石光真清擔任攝影師。因此，石光對當地的了解，為奧保鞏帶來了極大的助益，因為他是少數幾個掌握了滿洲近年局勢的日本人之一。[5]

到了五月二十四日，日軍的第一師、第三師和第四師已準備就緒，即將攻打錦州與南山的防線。奧保鞏決定即刻發動進攻以免俄軍進一步加強防禦，而不是等待重砲武器運來（運輸耗時數週）。特列季亞科夫已修復好南山年久失修的防禦工事，挖掘壕溝、新設地雷區，並在帶刺鐵絲網上架設機關。這是戰爭史上首次有軍隊利用鐵絲網將大片區域布設成機槍殺戮區，日後這種戰略技巧愈來愈具有破壞性，並在第一次世界大戰的戰場上臻於成熟。[6]

五月二十五日晨間，日軍開始轟炸俄軍陣地。第四師率先發起攻擊，試圖讓俄軍前哨退縮至錦州城內，但攻擊未能成功。[7]原本上級允諾從錦州灣派遣砲艇支援，但因暴風雨而受阻，於是奧保鞏決定等到第二天再發動主攻勢。眼前的情況似有不祥。石光真清事後回憶道：「雖然山丘地勢平緩，卻布滿了金屬（帶刺鐵絲）網；視線可及範圍內有二十多座堡壘，山頂上還有七十多門大砲對準我們。我們沒有足夠強大的火砲可發動攻擊並開路，也沒有多少彈藥可用。」[8]

第二天一早，奧保鞏的部隊開始發起主攻。石光描述：「我拿望遠鏡觀望戰場，眼前可怕的景象令人不忍卒睹。我軍以砲火掩護自殺進攻部隊時，士兵一個個被機槍連發的強大火力擊倒：無人有辦法重新站起來再前進。這是我軍第一次遇到機關槍這種新式武器。」日兵紛紛受困於鐵絲網，慘遭俄軍的機槍掃滅，下一批士兵爭先恐後地踩過死去戰友的屍體，舉步維艱地推進。[9]攻勢幾乎

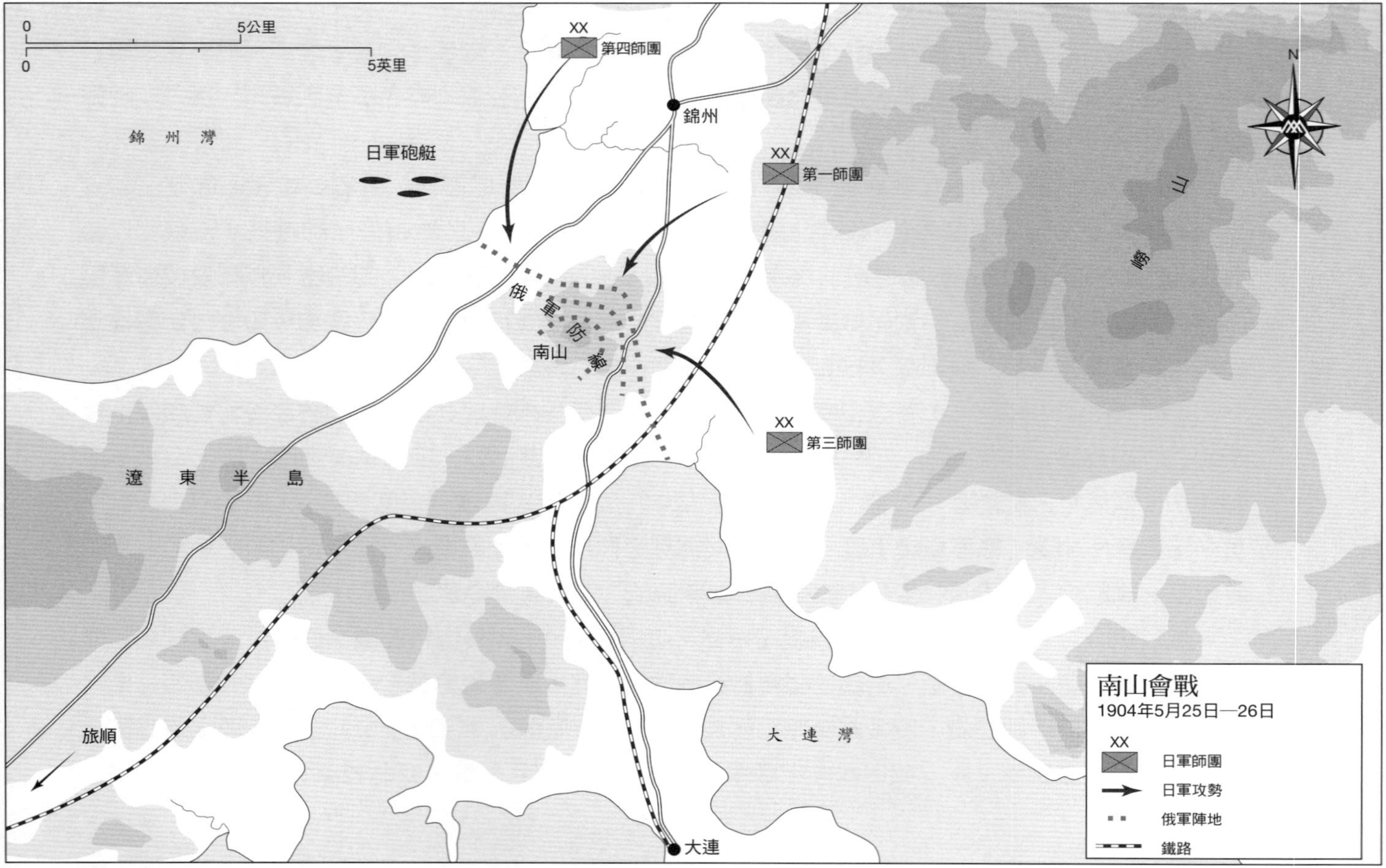
南山會戰
1904年5月25日—26日
日軍師團
日軍攻勢
俄軍陣地
鐵路
0
5公里
0
5英里
錦州灣
日軍砲艇
第四師團
錦州
第一師團
第三師團
俄軍防線
南山
遼東半島
旅順
大連
大連灣
N

毫無進展，「士兵的屍體沿著南山防線愈疊愈高，血流成河」。[10]前線傳回的戰報每況愈下，「雖然奧保鞏頻頻下令再次進攻，但我們收到的都是全軍覆沒的消息」。石光真清應奧保鞏要求，向第一師指揮官伏見宮貞愛親王中將傳達口信，內容簡潔明瞭：「全力進攻，做好全軍陣亡的準備。」[11]

當天下午，奧保鞏召集部下集思廣益。他們決定暫停進攻，等到夜幕降臨後再試一次。日軍曾九次試圖攻占南山，但屢戰屢敗。他的部隊因傷亡慘重而精疲力竭、震驚不已，奧保鞏深知己方抵擋不了持久的攻勢。第二軍將在前線全面迎戰，第一師與第三師則從東側攻擊以吸引俄軍的注意力，同時，第四師沿著錦州灣在深及腰部的水域徒步前進，大膽圍攻俄軍防線。[12]

當天傍晚六點五十分，「夜幕覆上堆滿屍體的山丘時」，第四師在錦州灣砲艇艦隊的支援下向前推進。[13]步行一．六公里後，日兵登陸上岸，準備攻擊俄軍側翼。特列季亞科夫命令部隊退至第二道防線，但隨後得知接手指揮防線的福克將軍過早下令全面撤退，導致內部一片混亂。「我策馬追在撤軍後頭，聲嘶力竭地大喊：『弟兄們，停止撤退，停止撤退！』他們卻回道：『上校，我們奉命撤退！』」特列季亞科夫毫無防備。他的部隊一看到日軍「萬砲齊發」便驚慌失措了起來，紛紛失控逃竄。[14]

日軍發動第十次進攻，在刺刀尖下攻下了南山。石光真清描述：「令人訝異的是，我軍只戰了三十分鐘，便成功將國旗插上山頭。戰爭的情勢瞬息萬變，詭譎難測。我們全力進攻，敵軍也堅守不退，致使我軍傷亡慘重。然而，就在我們決定暫時按兵不動之際，他們卻撤退了。」[15]

俄軍將領的無能，成了這場戰爭的標誌之一。福克將軍有一整個軍團的後備戰力可增援南山防

南山山頂。（CO 1 482 / 201-450，第25頁，英國國家檔案館）

線，而他不僅沒有乘勢派兵出擊，反而過早命令部隊撤退，使俄軍防線難逃潰敗的命運。儘管沒有任何證據顯示日軍將展開行動，福克將軍仍擔心受到敵方圍攻，並遭之後的登陸行動切斷退路。特列季亞科夫認為，福克將軍的擔憂是庸人自擾。[16]

日軍占領南山後，切斷北向的鐵路，阻絕了大連與旅順的對外聯繫。到了五月二十六日傍晚，大批驚慌失措的俄籍公民成群結隊地逃離大連。南山戰役結束的隔天，石光真清暗中抵達大連進行勘察。他寫道，依現場情況看來，「俄國民眾似乎沒有料到祖國會在南山會戰中失利」。他們倉皇逃離城市，餐桌上還留著碗盤，飯菜都來不及吃完。日本未經一戰便控制了這座具戰略價值的港口。[17]俄兵和平民爭先恐後地逃往旅順港，在兩天後抵達要塞的外圍，強逼當地農民賣給他們一大群牛隻，總計約兩百頭牛。[18]由於如今要塞已和外界隔絕，他們必須靠這些糧食庫存及忙亂中帶上的所有其他物資，設法撐過未來的好幾個月。接著，日軍展開了對旅順港的圍攻。

對奧保鞏麾下的士兵來說，留在南山埋葬死者可謂陰森恐怖的任務，這場大屠殺的規模令人震驚。日軍有七百三十九名士兵陣亡，五千四百五十九人受傷，數字遠遠超過日本在一八九四至九五年甲午戰爭中一千四百一十八人的陣亡人數。[19]更令人難以置信的是，日軍在南山一役中消耗的彈藥，比整個甲午戰爭所消耗的還多。[20]俄軍的傷亡相對輕微，只有四百五十人喪生、受傷或失蹤，但在混亂的撤退過程中，反而損失了六百五十名兵力。[21]

櫻井忠溫勘察了戰地情況，在暢銷各國的戰爭回憶錄《肉彈》（*Human Bullets*）中描述當時的情景：「到處都是讓人不忍卒睹的景象，哪怕是一塊沾滿鮮血的繃帶。滿山滿谷盡是成堆的屍體，那些死者屍斑畢露、臉色發青、眼瞼腫脹，沾滿了血與塵土的亂髮結成塊，牙齒緊咬著嘴唇，唯一不變的只有紅色的軍服……令人觸目驚心。遍地可見血跡斑斑的軍靴、制服碎片、汗衫以及軍帽等；所及之處惡臭難耐，血肉模糊。」[22]南山會戰盡顯陸上戰事的劇烈變化，在攻方面臨守方居於易守難攻的位置，並布設有效障礙物（地雷和帶刺鐵絲網）及速射武器的情況下，雙方死傷差距懸殊。這類戰事將在一戰中被放大到駭人的程度，而南山會戰可說預示了之後的屠殺。

分歧不一的命令

五月二十七日，特列季亞科夫的部隊從南山撤退之際，庫羅派特金正前往奉天，在新成立的總部與阿列克謝耶夫開會商議。一週前，阿列克謝耶夫的參謀長雅科夫・智林斯基（Yakov Zhilinsky）少將向庫羅派特金遞交總督的照會，內容稱「滿洲軍隊進攻的時機已到」。[23]阿列克謝耶夫之前曾誇耀旅順港的防禦堅不可摧，此時卻認為解救旅順港有絕對必要，因為「旅順港對日俄雙方都具有重要的象徵意義，倘若失守，將有損俄國的威望」。[24]

然而，庫羅派特金認為，發動進攻為時過早，尤其有分散兵力之虞。他希望等到政府派來更多歐俄的增援部隊再行動。於是，兩人請沙皇定奪。[25]尼古拉二世選擇站在阿列克謝耶夫那邊，立場傾向基於國家威望、軍隊士氣及戰略因素，必須確保旅順港不會落入日本之手。東部分隊司令史塔克爾伯格中將被任命為旅順港救援行動的指揮官。

五月十九日，在另一名經歷中日甲午戰爭的老兵野津道貫的指揮下，日本第四軍登陸滿洲海岸的大孤山。第五師、第六師及第十師共計六萬名士兵再度順利登岸，就如同之前在仁川與貔子窩的情況。他們之所以選擇大孤山，是為了圍剿從南方來的俄軍。[26]日軍三路並進，企圖在滿洲發動一場決定性戰役。三路大軍將在遼陽會合，亦即滿洲軍隊的集結地。奧保鞏的第二軍沿遼東半島前進，黑木為楨率領的第一軍從東面推進，野津道貫指揮的第四軍則走中路向北推進。與此同時，新組成的第三軍在乃木希典大將的帶領下於六月中旬抵達大連，準備南下奪取旅順港。

甲午戰爭期間，乃木希典曾擔任第一步兵旅旅長，對旅順港發動攻擊。一八九四年十一月二十一日，他在一天內攻下了要塞，從一名沒沒無聞的旅級軍官搖身一變成為民族英雄。日本期待這般驚人的勝利能夠重演，但正如奧保鞏等人在南山會戰中所驚覺的，俄國不像一八九四年的大清，若派出步兵團對固守陣地的俄軍發動大規模進攻，將付出極為高昂的代價。[27]

五月二十八日，庫羅派特金心不甘不情願地前往史塔克爾伯格位於海城——遼陽以南約六十四公里的鐵路重鎮——的總部，共商作戰計畫。史塔克爾伯格擁有一支約三萬五千人的步兵團，其中西伯利亞第一軍團占了絕大多數，另外還有三千五百名騎兵。他將在南滿鐵路線上、位處旅順港以北約一百二十八公里的得利寺*建立防禦工事。這座城市的地形有利於防禦，又可經由鐵路運送補給物資，因此史塔克爾伯格相信自己可以及時建立適當的防禦，阻斷奧保鞏的推進。

然而，此時俄軍並不清楚日軍所有部隊的實際位置，僅鎖定了兩支部隊的據點，即黑木的第一軍與奧保鞏的第二軍。至於以野津道貫為首、在五月下旬已登陸大孤山的第四軍，俄軍幾乎一無所知。此外，他們對乃木希典第三軍的規模也知之甚少。庫羅派特金為此勃然大怒。「結果，我們不知道敵軍一半兵力的去向，也就無從得知在採取任何關鍵行動之前必須掌握的兩個重要情報，那就

---

* 編註：位於今中華人民共和國遼寧省大連市瓦房店市龍潭山，五世紀時高句麗曾於此建立山城。

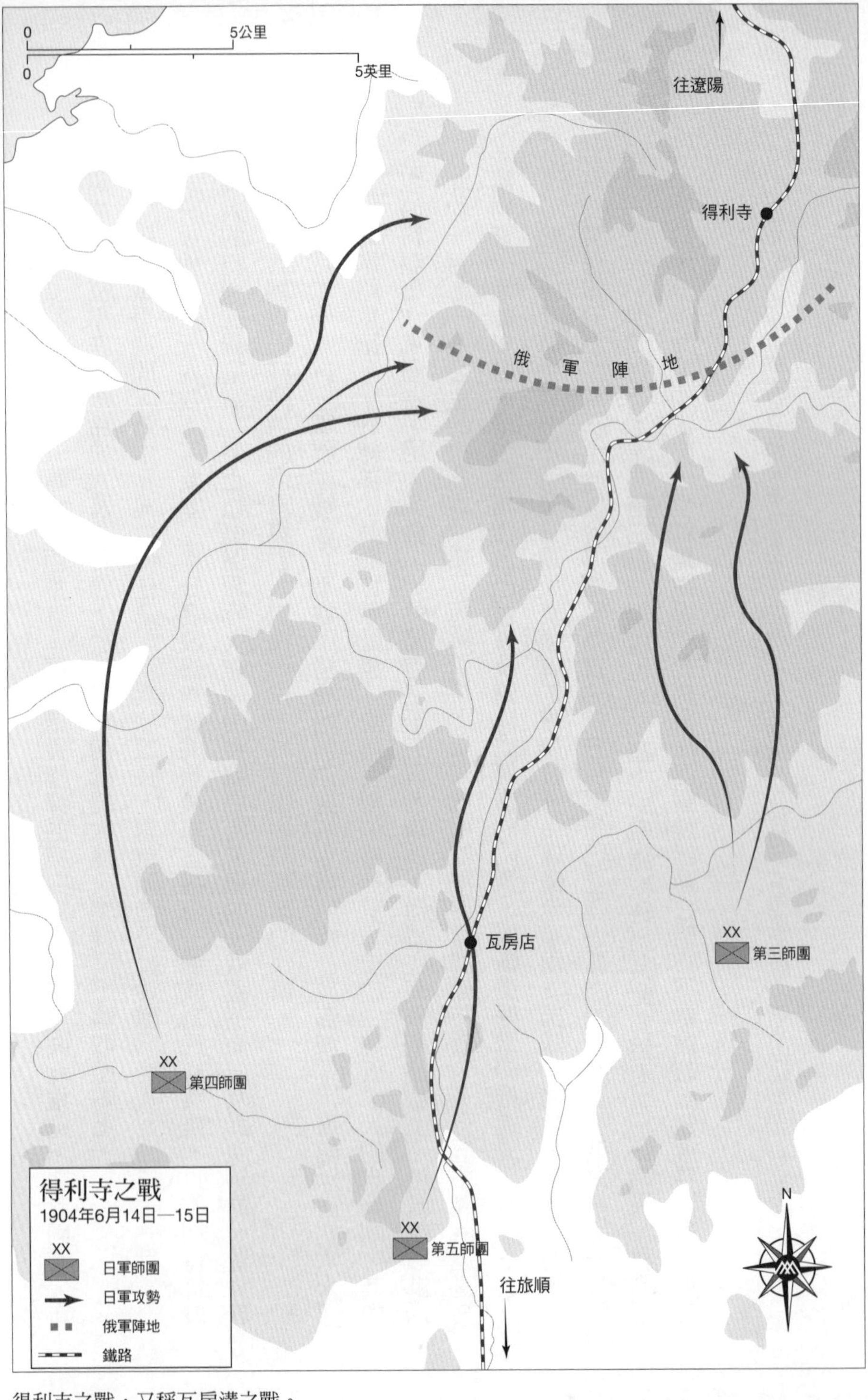

得利寺之戰，又稱瓦房溝之戰。

是敵軍主力的所在位置，以及最有可能的行動計畫。」[28]整個戰爭期間，俄軍將飽受缺乏日軍位置和動向的基本情報之苦。這讓他們在得利寺損失慘重。

得利寺之戰在六月十四日上午展開，持續到第二天為止。日本情報部門向奧保鞏大將透露，史塔克爾伯格的部隊部署在得利寺南邊，主力則駐於中央。接近得利寺時，奧保鞏將部隊分成三支縱隊，第四師走左路（西面），第五師走中路，第三師走右路（東面），以進行大範圍包抄，其中第四師繞行俄軍右側，其他兩師則朝俄軍陣線正面佯攻。然而，史塔克爾伯格無視、或者質疑大批日軍正從右側包圍俄軍防線的消息。到了第二天黎明，他才意識到俄軍主力遭受來自西面的縱射砲火襲擊，可惜為時已晚。日軍第四師已封阻史塔克爾伯格的右翼，他們針對防線的猛烈砲擊，使他的部隊逐漸喪失鬥志。隨後，走中路的第五師全力進攻、強行突破，迫使俄軍棄戰撤退。許多俄國軍官對屬下的表現大感失望，高喊他們面對日軍進攻時的反應「丟臉丟到家」。[29]這次的戰敗代價慘痛。官方公布的傷亡人數是南山會戰的兩倍多，計有三千四百一十三人，但實際數字可能要高得多。日軍也損失慘重，有一千一百六十三人死傷，但不及俄軍的一半。[30]

第三場陸上戰役結果使俄國再度吞下慘敗。庫羅派特金事後怒氣沖沖地說道：「假使在戰爭之初鐵路就完工就緒，那麼哪怕一次只能供六節軍用列車通行，我們在得利寺也會有三個軍團的兵力可用。這麼一來，這場戰役的問題就會變得不同，而且必會影響整場戰役的進程，因為我們原本應該要先發制人才對。」[31]身為戰前負責海陸軍準備工作的總司令，總督顯然必須為這次的失敗負起責任。在阿列克謝耶夫與庫羅派特金之間的指責、爭執愈演愈烈之際，戰地的居民也開始選邊站。

有人告訴中國民眾，俄國無疑將贏得這場戰爭，但日軍出色的表現使他們對這些預測打上了問號。

大清的中立

俄軍在得利寺慘敗後，阿列克謝耶夫於六月十五日發出公告，敦促中國民眾「繼續照常生活，不必受到干擾」。如果他們「保持安靜，就不需要害怕遭到俄國人的毒手」。他特別警告，假如有任何重要的鐵路遭到破壞，後果不堪設想。[32]這是相當不明智的舉動，阿列克謝耶夫嚴重誤判了中國民眾的心理。「即使是最會冷嘲熱諷的人，面對如此殘酷的威脅也難掩笑意，我們毫不懷疑，這般威脅必將立刻遭到否決，」一名觀察人士如此表示，「事實上，總督怎能號召手無寸鐵的鄉村農民及婦孺，保護鐵路不受日軍或紅鬍子盜匪的破壞呢？這種宣告的主要目的，是促使人民祈願日本最終能取得勝利，祈求俄國人永遠不會回來虐待他們。」[33]

開戰前四天，大清宣布中立。美、英、法、德、義等中立國聯合向俄國與日本請願，要求避免出兵北京所處的直隸省，以防大清帝制政府再次逃離北京。[34]美國國務卿海約翰向列強傳發一份照會，表達美方「真心渴望維護大清的中立立場」。[34]俄國與日本都做出了正面回應，小村壽太郎隨後發表聲明，指「日本政府將承諾會尊重大清在俄國占領區以外的中立性，條件是俄國必須做出類似的保證並信守承諾。」[35]話雖如此，小村壽太郎從未打算遵守諾言。日本政府依約將戰事局限於滿洲地區的同時，仍極力拉攏清廷官員。戰前，中日兩國的學者、官僚以及軍事人員已建立起有效的關係網絡，因此可合理期待大清在某些議題上與日本心照不宣地合作。[36]

有四名日本軍官是爭取大清支持的關鍵人物，並在日俄戰爭中扮演重要角色，分別為福島安正少將、青木宣純大佐、坂西利八郎少佐與仙波太郎少將。[37]這四人都對中國了解甚深，並在戰前便和袁世凱及其他軍事改革人士往來密切。其中，福島安正自年輕時進入駐華使館工作以來，便一直活躍於中國。甲午戰爭爆發之前，他曾安排多項針對中國與朝鮮的偵察任務，最終在一八九四至九五年戰爭期間出任第一軍參謀長。[38]之後，他在一九〇〇年義和團運動期間率領日本分遣隊參與中國救援遠征行動，傑出的表現令法、英、美三國印象深刻，也讓袁世凱讚歎不已。[39]

青木宣純在一八九七年結識袁世凱，之後在清政府於甲午戰爭後成立的新軍中擔任教官。[40]同樣與袁世凱熟識的坂西利八郎，在其於一九一二年宣布繼任中華民國大總統時擔任顧問。至於仙波太郎則是在擔任日本支那駐屯軍（亦稱天津駐屯軍）司令官期間認識袁世凱。根據《辛丑條約》條款，日本得以讓軍隊留駐，以保護使館、租界及其他領地，但他主要的任務是密切監視俄軍，以及「誘使東北三省官員改變態度，轉而傾向支持日本」。[41]

一九〇三年十一月，時任陸軍參謀部次長兒玉源太郎，要求青木宣純設法確保袁世凱支持日本的抗俄戰爭。具體而言，他希望袁世凱能居中協調大清與日本在滿洲的間諜活動；他還希望中方能協助破壞俄國在滿洲的交通網路，以及動員紅鬍子對抗俄軍。袁世凱一概同意這三項請求。他向青木宣純保證，「至於俄軍情報的蒐集，我已從旅順港派了數十名特務前往滿洲。我會讓你們知道他們回報的所有消息。」關於在戰爭中動員「紅鬍子」一事，袁世凱表示：「清政府將協助日本動員並徵召紅鬍子（以達到日方目的）。」他坦言：「這場戰爭不但會對日本產生重大影響，也將決定大清的命運；這也關乎東亞的未來。萬一日本戰敗，中國也可能受到威脅，為此，大清將不惜一切代價助日本一臂之力。」[42]

眾所周知，袁世凱在百日維新（戊戌變法，一八九八年）期間背叛維新派而掌權，但許多支持改革的人們也承認，當年政變時，革命綱領不太可能產生實際效果。袁世凱支持較為保守的改革計畫，但這不表示他並未積極推動改革。在改革主張獲得慈禧太后支持而立穩根基後，他著手訓練並整裝軍隊，因為他的座右銘之一是「缺乏武力的政策毫無用處」。柯樂洪（A. R. Colquhoun）指出：「國內民眾將他視為未來的唯一希望，而認識他的歐洲官員極為讚賞其人格與能力。」除此之外，雖然他與日本軍官關係密切，並堅持不懈地效仿他們實現軍事現代化，但「袁世凱並不如某些說法所描述的那樣，是日本人的傀儡」。相反地，他的人生信條始終是「為中國人捍衛中國」。[43]中俄衝突的痛苦回憶、以及阿列克謝耶夫下達「所有窩藏紅鬍子的中國人都將被槍決，村莊將被燒毀」的命令，未能激發袁世凱或中國民眾支持俄國的目標。一名觀察者談到中國人態度的轉變時形容：「蠕蟲抬起了頭，如今試圖給長期以來將它踩在腳下的哥薩克人一個教訓。」[44]

俄國駐華公使雷薩爾感到驚恐不安。一九〇四年三月七日他致信清廷官員，痛心疾首地控訴紅鬍子破壞俄國的電報線及鐵路，要求奉天將軍增祺出兵鎮壓這些盜匪，倘若清廷不這麼做，就代表「大清聲明中立是一場鬧劇」。中方簡短回應：中俄衝突期間，俄國先利用了「紅鬍子」，並強迫許多中國人加入鎮壓義和團。「現在俄國受這些土匪所擾，又想借清軍之力來鎮壓他們？」其他國

紅鬍子盜匪的頭顱被裝在木箱裡，高懸空中，約攝於1904年。據稱他們因試圖使行駛於哈爾濱與奉天之間的火車出軌而遭俄軍斬首。（De Agostini-Biblioteca Ambrosiana / De Agostinia Editore / agefotostock）

家（美國）對大清的中立提出質疑時，其再次否認自己違反了中立協議。並駁斥了派遣盜匪馬賊幫助日本的指控，強調「將紅鬍子借給外國軍隊協助平亂，是俄國軍官馬德里托夫中校首先提出的主意」（阿列克謝耶夫於一九〇三年派他前往韓國北部保全本國的木材企業）。[45]如今，俄國被過往犯下的錯誤給反咬一口。

袁世凱同時透過其他方式協助日本。他確保奉天、遼東、海城與大石橋的大清官員都傾向支持日本。例如，當青木宣純對奉天某個官員的任命持保留態度時，袁世凱再三保證該官員為「親日」立場。[46]他還透過祕密管道向日軍提供了二十多萬套冬衣及冬靴，以及經由天津與山海關運來的糧食，並協助從蒙古徵調了大量馬匹。[47]有消息來源指出，一九〇四年年底，「兩班從山海關發出的列車，以每節列車二十個車廂，每個車廂十匹馬（即每列有兩百匹馬）的配置」，走私馬匹及大量的牛肉、豬肉以及蔬菜給日軍。[48]天津的俄國領事發現這起走私陰謀後強烈抗議，以致運輸作業暫時中斷。[49]一九〇四年年底的此時，俄國顯然已經受夠了。他們密謀刺殺袁世凱，結果遭到仙波太郎所阻撓。[50]

日方情報

比起日本爭取清政府高層合作的能力，更令人印象深刻的是，他們從中國民間蒐集到的情報。這有賴甲午戰爭期間便已逐漸形成的縝密情報行動，他們為了建立一個全面的祕密情報網絡而投入大量資源。甲午戰爭之初，日本並不確定能否取勝，為了盡可能發揮作戰能力，便建立起一高水準的軍事情蒐行動。時任第一軍參謀長福島安正要求對大清的弱點進行詳細評估，進而成立了一套線民網絡，為日本提供重要情報。[51]

義和團運動過後，日本的情報工作向外延伸，追蹤起俄國在亞洲與歐洲的活動。在歐洲方面，日本支持波蘭和芬蘭的反俄獨立運動。駐聖彼得堡武官明石元二郎大佐負責這項任務，日本公使館在戰爭開打時撤離後，他轉往斯德哥爾摩繼續蒐集情報。[52]他能力出眾，到了一九〇四年三月已經成功取得波蘭社會黨（Socialist Party）成員的合作，著手「分發宣傳小冊，鼓吹在滿洲的波蘭士兵脫離俄軍」。波蘭還承諾協助破壞「俄國東部與西伯利亞的鐵橋與鐵路」。[53]在戰爭的第二年，這項攻擊俄國「要害」的大膽行動發揮了作用，國內沸騰的挫敗情緒轉化成日益高漲的革命狂熱，最終導致一九〇五年的俄國革命。[54]

在滿洲，石光真清少佐曾加入一個範圍涵蓋旅順港和符拉迪沃斯托克的複雜間諜網絡，從事臥底工作。直到戰爭前夕，他在一九〇四年一月底突然被召回，才結束間諜活動。據沃蒂諾夫（A. Votinov）在一份關於日俄戰爭期間日本間諜活動的詳細報告中指出，滿洲當地的日本情報官管理一個由中國、韓國、滿族和蒙古等不同國籍的特務及線民組成的網絡，他們負責蒐集有關俄國活動的重要情報，尤其是鐵路方面。「自一八九九年起，俄國政府命令數以萬計來自天津、煙台的中國平民投入鐵路建設，使日本間諜更容易滲透建設工程，因為這些城市依然是日本諜報活動的中心，自然也有日本間諜隱身這群工人之中。」[55]

日本情報官向日本當局傳送詳細報告，而這些報告會經由駐外武官與領事所提供的資訊加以核實與補充。如此運作收到了良好的成效。沃蒂諾夫敬佩地寫道：「戰前福島少將宣稱，日本比俄國更了解他們的軍事動員能力，是有事實根據的。」[56]

一九〇〇年八月，石光真清逃離布拉戈維申斯克後，搭乘火車經尼科爾斯克與烏蘇里線抵達哈巴羅夫斯克，也就是「紅鬍子正沿著東清鐵路惹事作亂的地方」。[57]石光在哈爾濱的基地蒐集到當時處於建設後期的東清鐵路的情報。[58]取得充分的鐵路情資後，他在一九〇〇年底前往符拉迪沃斯托克，將這些資訊回報給當地的日本駐外武官武藤信義少佐。（之後，武藤分別在一九二六到二七年、一九三二到三三年擔任關東軍指揮官，同時帶領滿洲國帝國軍並掌管關東租界。）[59]十二月二十八日，石光與武藤接到一同前往哈爾濱的命令，他們將在當地偽裝經商，武藤經營雜貨店，石光則從事攝影工作。[60]

後來，石光真清的攝影工作室意外成了一座「寶庫」。他表示：「俄軍與鐵路公司通常都洗全尺寸的照片。我們接到他們委託拍攝東清鐵路工地或一些重要橋梁的照片時，通常都受到諸多限制。我們必須在俄國工作人員（官員）在場的情況下，在鐵路辦公室的暗房裡沖洗所有照片，並將原始底片交給他們。」石光則想出一個妙計來規避這些嚴格的管制：

> 我們沖印照片時動了些手腳，那就是故意弄壞一些照片。我們先利用某種手法使這些照片變得模糊，之後再將它們帶回（工作室）並恢復影像。這個過程得花上不少錢……此外，我

> 們還複印了許多日本妓女或俄國美女的照片，送給俄國工作人員與軍官好巴結他們。如此一來，我們逐漸取得他們的信任，不斷受他們委託前往各處軍事建築工地拍攝照片，地點從滿洲到中原地區都有，以供俄軍回報工程進度。[61]

事實證明，專業攝影師成了一種特別有效的掩護。在符拉迪沃斯托克，有一名偽裝成攝影師的特務專門拍攝團體照，尤其是俄國軍官的照片。「開戰的兩週前，這名攝影師取得沙俄邊境地區軍官的確切資訊後，便從符拉迪沃斯托克消失無蹤，而在他帶走的照片中，甚至還可見多名被他的能言善道和精湛技術給玩弄於股掌間的不幸軍官。因此，經由這名攝影師確認，日本參謀本部掌握了有關駐符拉迪沃斯托克沙俄邊防部隊指揮部組織的準確資訊。」[62]

如果說俄國在戰前對這些間諜活動視而不見，那麼在戰爭期間，他們同樣如此。在俄軍的後方地區，日本雇用中國人進行偵察行動。由於俄國是中日雙方的共同目標，因此這項任務並不困難。在俄軍占領的村莊內，房屋外的門牌不僅清楚標示了居民的姓名，還指明他們隸屬哪個部隊。特務在執行某地區部隊的情蒐工作時，簡直「易如反掌，他們只需要四處走動，記下門牌所載明的所有資訊即可」。透過三、四百名間諜的報告，日軍精準掌握了俄軍的部隊、指揮官、據點及活動等情報。[63]

事後，庫羅派特金將軍感嘆日本以優越的情蒐能力占盡優勢。「日本為這場戰爭準備了十年之久，他們不僅研究了這個國家，還在這個國家部署無數名特務，從中獲取了大量寶貴情報。」他還指出：「儘管日本人態度嚴苛殘酷，但中國民眾的大力支援為他們助益良多；雖然我們在騎兵方面占有優勢，但日本大致上十分了解我軍的兵力和部署。反之，我們經常在一無所知的情況下展開行動。」[64]

這個問題的部分原因在於，俄軍不太注重、或甚至根本無視保密的重要性。有一次，一名中國藝人來到俄軍的營地。

> 在第N軍團駐紮的一座基地，來了一位中國魔術師，俄軍發現他原來屬大師等級，於是給了他豐厚的報酬。然而他在離開之前，謙恭有禮地要求軍團指揮官開立一張證書聲明他技藝精湛；這位「魔術師」解釋，這是因為他需要一份推薦函來證明自己的才能。他的請求得到了批准。時間久了，他到一處又一處的軍營演出，只要是俄軍的基地，他在表演結束後都會拿到證書。透過這樣的「巡迴演出」，這個喬裝的日本間諜彙集了一系列有關俄軍軍營位置的資料，而這些資料都有實際的證書佐證。[65]

最終，這位魔術師在第二輪「巡迴演出」時，遭到一名起了疑心的俄國官員拘留，但此時他已將重要情報轉達給上級。與黑木率領的第一軍同行的美國記者弗雷德里克．帕爾默（Frederick Palmer）察覺了問題的關鍵——「俄國自作自受」：

如今，俄國想與大清建立友好關係，為時已晚；他們在義和團之亂期間播下了第一批種子（我親眼看到他們冷血猛擊孩童的頭部），如今他們嘗到的惡果不只有這些，還有多年來的占領對滿洲每一個農婦造成恐懼所引起的報復。[66]

圍攻旅順港

八月十日，乃木希典大將率領的第三軍開始圍攻旅順港，而太平洋中隊試圖突破日軍的封鎖。這次的突擊是阿列克謝耶夫的主意，他希望太平洋中隊與符拉迪沃斯托克中隊（Vladivostok Squadron）串聯起來，合力對抗日本艦隊。不過，太平洋中隊司令維格夫特上將堅信，上上之策是讓艦隊待在港口，直到援軍抵達，同時作為海上砲隊以應付即將到來的圍攻。他的提議遭到了否決。而隨後長達七小時的黃海海戰，對東鄉平八郎司令及其聯合艦隊而言，簡直是險象環生，所幸最終取得勝利，殲滅了維格夫特。維格夫特的戰艦察列維奇號（Tsarevich）的艦橋，遭東鄉平八郎的船艦三笠號發射的兩枚口徑三百〇五公釐的砲彈擊中。[67]戰局立刻轉而對俄軍不利，由於失去統帥且無法重建指揮權，太平洋中隊很快便分崩離析。

嚴重受損的察列維奇號及數艘驅逐艦逃到青島，並遭德國扣留。一艘巡洋艦和一艘驅逐艦逃到上海，另一艘巡洋艦逃到西貢，分別遭大清與法國扣留。輕巡洋艦諾維克號（Novik）最遠到了東海，但在抵達符拉迪沃斯托克前便被擊沉。[68]四天後，也就是八月十四日，上村彥之丞海軍上將指揮的日本第二艦隊在蔚山（Ulsan）海岸外的朝鮮海峽攔截了卡爾・耶森（Karl Jessen）海軍少將指揮的符拉迪沃斯托克巡洋艦中隊（Vladivostok Cruiser Squadron）。耶森的中隊從符拉迪沃斯托克出發，準備和太平洋中隊會合，可惜因對方沒有出現而掉頭。在這個距離總部有一大段路的脆弱時刻，他們在八月十四日黎明遇到了上村彥之丞的巡洋艦。這場一面倒的戰鬥持續了六小時，俄國巡洋艦留里克號（Rurik）千瘡百孔，於是船員將其鑿沉，另外兩艘巡洋艦雖然成功回到符拉迪沃斯托克，卻因受損嚴重而無法修復。

這兩場海戰的失敗讓俄國遭遇沉重打擊，俄國太平洋艦隊因而徹底喪失作戰能力，日本則完全掌握了制海權。庫羅派特金及部下採取了一些措施，好讓這場災難的消息晚一點傳到基層，以免影響士氣。「由於官方報告如此安排，以致韓國海岸發生海戰的消息十三天後才傳開，而軍隊那時才意識到又一場〔海上〕災難。」[69]阿列克謝耶夫收到消息，第一時間的反應是要求救援旅順港，哪怕「只是向海城示威」也好，但庫羅派特金堅持認為，不應該採取任何行動來「阻止我軍在遼陽集結兵力」。[70]

日本在海上取得勝利後，共計發動三次普通突擊（general assault），乃木希典的第三軍發動的第一次，目的在於奪取重兵把守的旅順港。這次突襲始於八月十九日，損失多達一萬八千人名兵力。十月和十一月下旬，日軍又兩次試圖攻打要塞，當時日軍步兵團再度變成「肉彈」，頂著毀滅性的砲彈與機槍火力衝破俄軍布設的鐵絲網。[71]

旅順港何以如此重要，讓日本不惜犧牲無數兵力也要拿下？旅順港原本並非陸戰的主要目標。

兒玉源太郎大將曾設想用「竹柵欄」來控制旅順港，其意指「一支足以防止俄軍突圍的小型輕裝部隊」。[72]然而，有兩件事的發展使這項計畫有了改變。其一，是一九〇四年五月有消息指出，俄國一支新艦隊正在波羅的海集結，準備增援太平洋中隊。這讓日本奪取旅順港的行動成為勢在必行。另一個發展是，隨著時間一天天過去，有更多部隊與物資正從歐俄運來，以增強庫羅派特金部隊的戰力。日軍愈早奪下旅順港，乃木希典的第三軍就能愈早與第一軍、第二軍及第四軍會合，聯手消滅位於遼陽的俄國滿洲軍。時間對日本不利，因此盡早征服旅順港是確保海戰、陸戰都能取勝的關鍵。[73]

黑木為楨、奧保鞏與野津道貫大將也被時間追著跑，必須盡快和庫羅派特金的軍隊交戰，以免對方愈來愈強大。依當時的標準，庫羅派特金召集了一支由兩個歐洲軍團和五個西伯利亞軍團組成的龐大部隊，共計十四師，有十五萬八千名兵力（十二萬八千名步兵、三萬名騎兵），並擁有六百〇九門火砲。與他對峙的是大山巖率領的第一軍、第二軍和第四軍，總計十二萬五千名兵力（約十一萬五千名步兵、一萬名騎兵），擁有一百七十門火砲。兩軍交鋒的總兵力接近三十萬人，為現代史上規模最大的兩軍對戰之一，人數只輸一八七〇年德軍在色當（Sedan）擊潰法軍的普法戰爭（Franco-Prussian War）。[74]

遼陽會戰

遼陽是中國東北地區最古老的城市之一，在晉朝（西元二六五年—四二〇年）是古朝鮮高句麗王國（西元前三七年—六六八年）北部疆域的一部分。[75]到了遼朝（九一六年—一一二五年），契丹族攻占遼陽，使此地成為五大都城之一。遼陽的街道按照中國傳統的方形布局，街道呈整齊的棋盤狀，四周有巨大城牆環繞。這些城牆及其外門在明朝初期（一三六八年—一六四四年）進行大規模重建，但城市的基本格局並未改變。遼陽城的北端流有太子河，河水湍急且深，可涉水而過之處寥寥無幾。河水從東邊流往遼陽時，漸漸向西北彎折，緊挨著高聳雄偉的北面城牆。

在俄國占領滿洲後的那幾年，遼陽變得像是歐洲的省會，有火車站、教堂、各種商行、停放火車頭的碼頭，以及一處磚瓦房林立的俄僑定居區。庫羅派特金將軍的司令部就設在城市西邊的火車站附近。

到了八月初，大山巖元帥及其參謀長兒玉源太郎將司令部和奧保鞏的指揮部統合為一，儘管庫羅派特金拚命設法延遲日軍的進攻，但自西向東列陣的第二軍、第四軍和第一軍駐紮在遼陽南方，等著發動一場足以摧毀俄軍的決定性戰役。[76]陸戰因氣候因素進入長時間的停滯。石光真清回憶道：「那段期間，滿洲進入雨季，泥濘深及膝部。許多士兵、馬匹以及運貨工都死於暴雨導致的滾滾泥流……那些貨車裝滿了軍用物資，陷在泥沙中動彈不得。」[77]

除了惡劣的天氣之外，大山巖還面臨其他問題。由於日軍彈藥嚴重短缺，遼陽會戰遲遲沒有進展。陸軍作戰計畫人員嚴重低估了所需的彈藥量。他們根本無法想像，單一戰役的彈藥消耗速度會和整場甲午戰爭不相上下。[78]更雪上加霜的是，乃木希典未能在八月攻下旅順港，因此他不太可能有辦法和其他部隊在遼陽會合。這麼一來，大山巖只能與僅僅幾支部隊一同迎戰庫羅派特金。之後

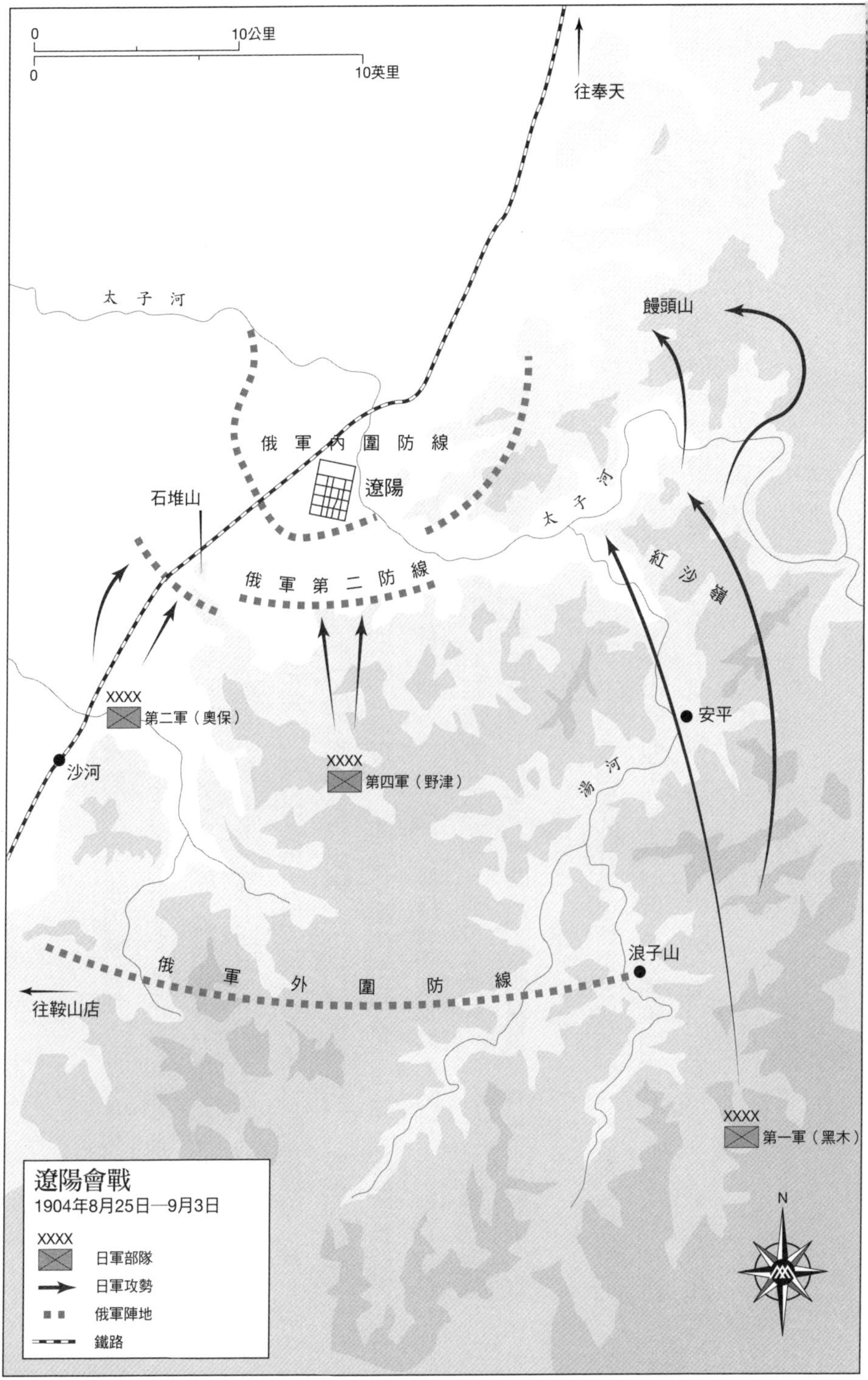
0
10公里
0
10英里
往奉天
太子河
饅頭山
俄軍內圍防線
遼陽
石堆山
太子河
紅沙嶺
俄軍第二防線
XXXX
第二軍（奧保）
安平
沙河
XXXX
第四軍（野津）
湯河
浪子山
俄軍外圍防線
往鞍山店
XXXX
第一軍（黑木）
遼陽會戰
1904年8月25日—9月3日
XXXX
日軍部隊
日軍攻勢
俄軍陣地
鐵路
N

在旅順港，日軍損失掉更多人員及彈藥。

庫羅派特金等待日軍到來時收到情報指出，日軍的兵力似乎遠勝於他，而事實正好相反。[79]失準的戰場情報再次對俄軍造成致命打擊，而庫羅派特金只重防禦的心態也是如此。他仰賴遼陽的三道防線，其分別為城南約二十四到三十二公里處的外圍防線、城南約八公里處的主防線（以西側的石堆山〔Cairn Hill〕為錨），以及城市本身的防禦工事。為了回應日軍的主攻，俄軍組成了一支強大的後備隊。主防線上的既設陣地防備完善。[80]掩體深掘，前方覆有草皮，目的是掩護步兵。掩體前面挖了一排又一排的坑洞，每個坑洞「底部都有一根尖樁，失足掉進洞裡的人會被刺穿」。如果士兵運氣夠好而沒有掉進坑裡，仍得設法通過布滿了地雷及鐵絲網的廣闊陣地，「這些鐵絲網糾纏成網，緊密牢固，讓人難以通過」，有些地方還通了電。保衛遼陽城本體的防禦工事更為錯綜複雜。「除了蜂窩狀的坑洞、鋒利的木樁、糾結成團的鐵絲網和通電導線外，還有聳立的護城河或壕溝，其兩側陡深得讓人無法攀爬。」這些障礙物上布滿了機關槍，整座堡壘又有「小旅順港」之稱，因為其號稱堅不可摧。[81]

強大的俄國防線將對日軍造成巨大挑戰，不過大山巖的計畫很簡單。居西側、位於俄軍右翼的第二軍將發動正面進攻。由野津道貫率領、走中路的第四軍吸引俄軍後備軍的注意，而黑木為楨帶領的第一軍則從東面繞過俄軍左翼，跨越太子河，朝遼陽北方的鐵路前進以包圍俄軍。這整套以扭轉敵軍左翼為目標的調動，是鴨綠江會戰更大規模的翻版。

八月二十六日，黑木為楨的第一軍與外圍防線進行小規模戰鬥，促使庫羅派特金下令部隊全面從外圍防線撤退。這個急躁的舉動顯示了庫羅派特金的心態。不同於俄國的其他將軍，他從未低估過日軍的能耐。八月二十八日，奧保鞏的第二軍在石堆山與俄軍主防線的東側部隊交戰，遭遇了史塔克爾伯格帶領的西伯利亞第一軍團的頑強抵抗。日軍的進攻一再被擊退。「他們三三兩兩地倒下，但未受傷的士兵仍勇往直前。一百五十名兵力在突破鐵絲網密布的防線之前只剩下二十人，而這二十人在掙扎穿越鐵絲網的過程中幾乎全軍覆沒。」[82]八月三十一日，奧保鞏再次嘗試進攻，但俄軍持續嚴密防禦。然而，這場大屠殺似乎並未削弱日軍的戰鬥意志。石光真清回憶道：

> 我們顧不了死者及傷者。那些還有力氣用軍刀或槍枝當拐杖的士兵，步履蹣跚地來到野戰醫院。寸步難行的傷兵和死屍一起癱倒在地，在熾烈的陽光下等著嚥下最後一口氣。一些英勇奮戰的士兵渾身是血，在前往醫院的路上昏厥了過去；四處可見昏厥在地的士兵。然而，上級不允許其他士兵伸出援手。「今天是特別的日子。即使戰友倒下，也不要停止前進。踩過他們的屍體繼續向前。」[83]

與此同時，黑木為楨的第一軍即將圍繞俄軍左翼。「我們在山谷中，俄軍在我們必須攻克的山丘上。在第二道〔防線〕的前方，一條長而完整、至少高達三百〇五公尺的山脊自東北向西南延伸。」[84]到了傍晚，這座山丘被日軍拿下。八月二十八日，大山巖命令黑木的第一軍跨越太子河，而他們在兩天後完成了指令。英國軍事觀察家伊恩・漢彌爾頓將軍不敢相信俄軍就這樣讓他們渡河了。「就最初步的情資體系來看，應該不難在日軍開始渡河的那一刻便獲取情報；事實上，我有確切證據表明，日軍渡河並非在特別保密或毫無任何苗頭的情況下進行。」俄軍或許無法阻止第一師前進，但「肯定能夠阻撓並拖延其進程」。[85]

黑木為楨對庫羅派特金陣線後方造成的威脅，將切斷其部隊和約六十五公里鐵路外的奉天之間的聯繫，而這正是庫羅派特金最恐懼的情況，第一軍的威脅引發了一連串決定俄軍命運的災難性決策。實際上，假如當初庫羅派特金迅速且沉著地做出反應，便能摧毀黑木為楨規模相對小的兵力。八月三十一日上午，他下令從主線撤軍，重新整隊以迎戰後方的新一波威脅。奧保鞏和野津道貫立即在石堆山上架起大砲，準備砲轟遼陽。九月三日，從左翼反擊黑木為楨失敗後，庫羅派特金下令部隊全面撤至奉天。日軍精疲力竭，無力追擊，倘若當時乘勢續攻，便能結束這場戰爭。庫羅派特金事後承認，從遼陽撤退的決定導致士氣大傷，但他也辯稱這是唯一的行動方案：「放棄遼陽的決定必定使英勇衛城的部隊大為受挫……但從另一方面來看，我們在前方及側翼都備受威脅的情況下撤退，因而脫離了險境。」[86]黑木的參謀長藤井茂太少將描述道：「庫羅派特金或許是位出色的組織者，但在戰場上，他不足為懼。」[87]遼陽會戰是截至當時為止最血腥的一場戰役，證明了新式戰爭帶來慘重代價。日軍有五千五百三十七人陣亡，一萬八千〇六十三人受傷；俄軍的損失則較小，更為凸顯進攻的一方在新式戰爭中會付出較大的代價：三千六百一十一人陣亡或失蹤，一萬四千三百〇一人受傷。[88]

戰敗與犧牲

遼陽的慘敗致使俄國當局試圖提升軍隊指揮體系的效率，第一步是在十月二十六日解除阿列克謝耶夫總督海軍總司令的職務。不論是好是壞，庫羅派特金取代了他的位置。十月底，阿列克謝耶夫登上一列專車，從此銷聲匿跡，就一個一年前還握有至高無上的權力的官員而言，他的地位可謂一落千丈。[89]

庫羅派特金麾下的俄國滿洲軍被改編為三支新軍，分別是尼古拉・彼得羅維奇・利尼耶維奇（Nikolai Petrovich Linievich）將軍率領的第一軍（東面）、奧斯卡・費迪南・格里彭伯格（Oskar Ferdinand Grippenberg）將軍率領的第二軍（西面）與亞歷山大・考爾巴斯（Aleksandr Kaulbars）將軍率領的第三軍（中央）。[90]這三位將領都曾在一八七七至七八年俄土戰爭期間為庫羅派特金效力，但只有利尼耶維奇具長期待在亞洲的經驗。他在一九〇〇年八國聯軍遠征北京期間擔任俄軍指揮官，戰後留在中國，並於一九〇三年受命出任沿阿穆爾地區的總督兼總司令。遼陽會戰導致俄軍遭遇殘酷的挫敗，但利尼耶維奇仍然相信事情會有轉機。

伊恩・漢彌爾頓前往位於鳳山的司令部向大山巖致意。大山巖的參謀長兒玉源太郎以及福島安正少將也在場。漢彌爾頓問大山巖，是否滿意戰果。這位日本將軍答道：「還好。俄軍撤退的時機拿捏得太好了。」大山巖很清楚遼陽跟色當並不同。「我們必須在奉天打贏下一場戰役！」談話的氣氛十分愉快。漢彌爾頓評論道：「沒有人比這三位可畏的將軍更鬥志昂揚了。我一直到回國後才

日兵穿過小米田，準備進軍旅順港。（CO 1 / 485 1-250，第16頁，英國國家檔案館）

知道，福島少將在這場戰役中痛失愛子。」[91]乃木希典也在戰場上失去了兩個兒子，其中長子在錦州喪生。這樣的壯烈犧牲逐漸讓日本國內感到沉重，他們愈來愈擔心有太多人為此喪命。顧及大眾的輿論及其對戰爭的支持，軍隊開始謹慎審查前線傳回的戰報。[92]

石光真清不覺也激動了起來。他想起之前在《時事新報》上看到著名教授與法律學者浮田和民撰寫的文章，內容和遼陽會戰有關。「我們為遼陽一役犧牲太多了，」浮田寫道，「這難道不是在浪費前途有為的官兵們的生命？」石光真清對此番言論大為光火，當下寫了一封信回應浮田。「打仗和坐辦公室不同。」他嘲弄般地寫道，「對於〔在戰場上〕不幸犧牲的眾多士兵，你怎麼能說他們的戰死不值得呢？〔在我們當中〕有誰會一心尋死呢？」多數人同意石光的看法，只是質疑的聲浪也愈來愈強烈。[93]

旅順港的淪陷

尤其，乃木希典大將在攻占旅順港方面毫無進展，這讓人愈來愈感到沮喪。令日本領導階層更覺沉重的是，乃木在屢次的自殺式攻擊中派出大量士兵，卻沒有取得明顯進展，這樣的策略似乎徒勞無功。據乃木希典估計，只要犧牲一個步兵師，就可望像甲午戰爭那樣，直接襲擊而無須發動初步圍攻，便可奪下旅順港。一名觀察人士描述了乃木希典的想法：「若使用會戰型加農砲長時間轟炸，眼前的阻礙肯定不會像南山那樣棘手。」[94]他的作戰計畫是，先攻占大孤山和小孤山兩座堡壘，然後奪取要塞圍牆沿線的古堡，如此旅順港便能手到擒來。[95]

只是這幾年裡，局勢有了極大變化。俄軍為了防禦小孤山和大孤山投入甚多。過去在甲午戰爭中不堪一擊的山丘，如今已成了令人生畏的防禦工事，架滿了鐵絲網、機關槍以及地雷等新式戰爭工具。櫻井忠溫描述當時的情況：「我們視線所及的山丘無論高低大小，都覆滿了這些可怕的東西。」此外，許多鐵絲都通了電，一旦手拿普通鉗子觸碰，當下便立刻喪命。堡壘也處處埋有地雷做為保護。進攻前必須派工兵拆除地雷。「到了進攻的當天，我們通過望遠鏡可以看到一群群俄兵

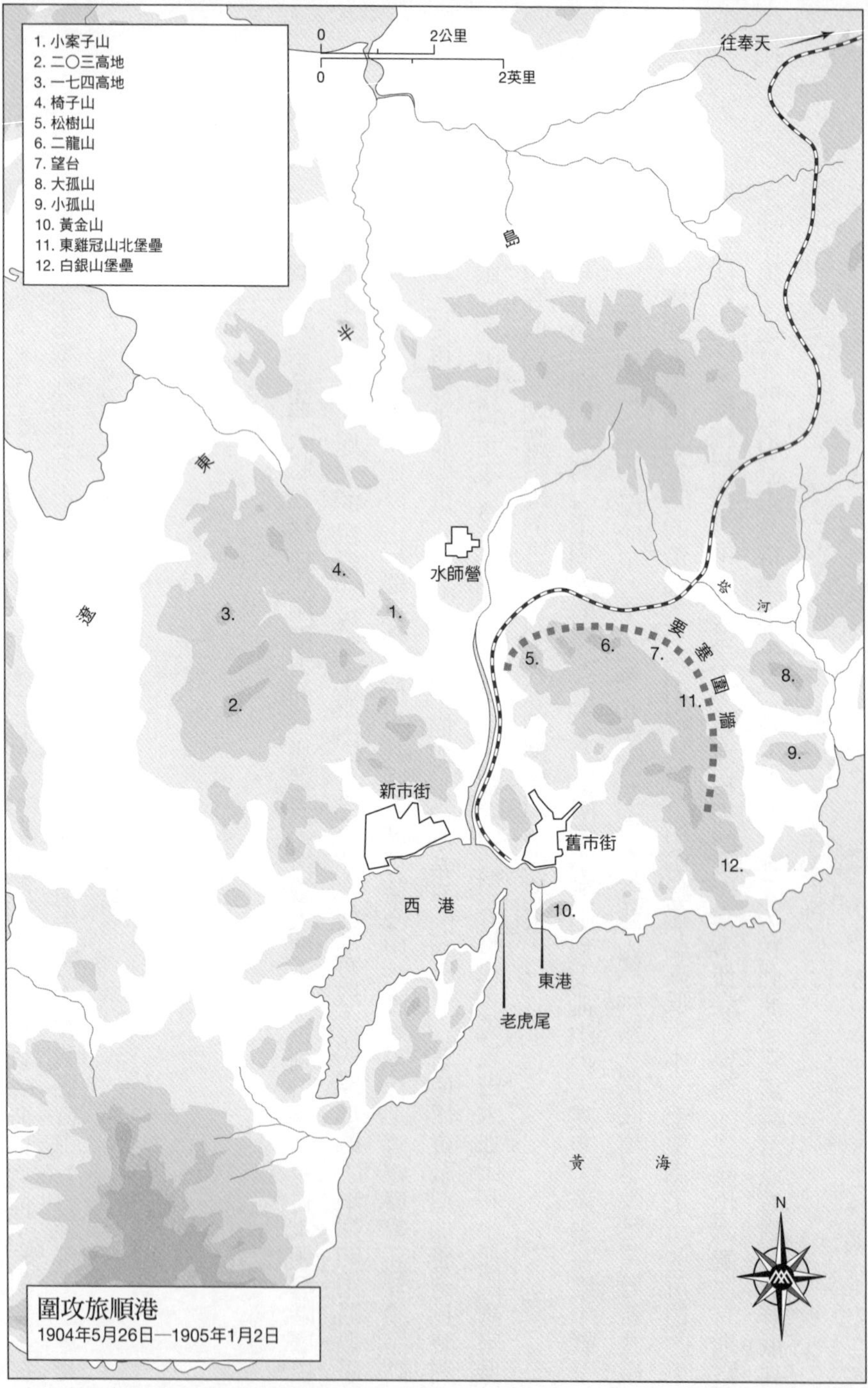

圍攻旅順港。大孤山（圖中標號8）與小孤山（9）在8月7日至9日的大孤山戰役（Battle of Takushan）中為日軍攻占。事後證明，旅順港失守的關鍵是二〇三高地（2）。

到處忙著埋設炸藥。我們在地圖上標出那些地方……設法記住所能記住的一切。」[96]

儘管如此，乃木希典仍認為，「人海戰術」的壓倒性力量足以克服這些阻礙。鴨綠江會戰和南山會戰似乎讓他確信他的想法，俄軍「受的訓練是苗頭不對就撤退」，而日軍只會不斷推進。櫻井忠溫回憶道：「每次我軍都戰勝，因為我們不相信撤退是有用的。」[97]然而，在面對機槍連發、地雷遍設以及鐵絲網密布的情況下推進，日軍傷亡慘重。日軍在八月七日至九日攻下小孤山與大孤山，卻是付出了三千人傷亡的巨大代價。[98]乃木命部隊暫停前進，準備下一波攻打西邊的長城要塞和一七四高地（174 Meter Hill）。雖然拿下了一七四高地，但難掩八月十九至二十四日攻打要塞圍牆時痛失一萬八千名兵力的失敗。[99]俄軍同樣損失慘重。葉菲莫維奇（P. V. Efimovic）上校在一封信中寫道：「近五十名軍官葬身鷹巢（Eagle's Nest，即望台），約兩千五百名射手、砲兵……陣亡。有些連損失多達八成兵力，第十六團第十連……全軍覆沒，團長、連長雙雙陣亡。」此外，滿洲炙熱的夏季以致腐屍惡臭難聞。俄兵不禁抱怨：「要拿浸了煤油的繩索塞住鼻子，才有辦法在現場走動。」[100]

八月第一次普通突擊失利後，日軍在第三軍總部召開了一場會議，而乃木重申了他的看法，也就是儘管傷亡慘重，仍可透過正面進攻奪取旅順港。他宣稱：「俄軍無法補充兵力或彈藥。他們每損失一名士兵或一顆子彈，就變得愈弱。相比之下，即使我軍缺乏補給和彈藥，但我們有能力隨時補充。因此，直接進攻是合適的策略。」[101]換言之，乃木的方法是打一場消耗戰。[102]而他沒有考慮到的是，日軍正在進行一場與時間賽跑的戰爭；在俄軍波羅的海艦隊抵達之前奪下旅順港，至關重要。開戰前，尼古拉二世曾命波羅的海艦隊前往東亞保護旅順港——該艦隊在羅傑斯特文斯基（Rozhestvensky）上將的指揮下更名為第二太平洋中隊（Second Pacific Squadron）。但是，日軍不清楚這支艦隊將在何時抵達。

東京方面對此惴惴不安了起來。乃木希典及其部下似乎和前線的戰況有所脫節，尤其是負責整體戰略的伊地知幸介，他看來根本無法勝任這項職務。因此，東京當局派筑紫熊七中佐前往第三軍司令部了解情況。十月二十二日，就在乃木希典即將發動第二次普通突擊之前，參謀部次長長岡外史少將致信筑紫熊七，請他協助引導第三軍轉往二〇三高地，此處位於西北部，可俯瞰城市與整座港口。長岡外史指出，二〇三高地可作為砲兵觀測點，不僅能指引砲火轟炸城市，更重要的是能精準攻擊港口內的俄國艦隊，是擊退俄軍並占領旅順港的關鍵要地。[103]時間緊迫，由於歐俄派遣增援部隊的速度一天天加快，需要第三軍的兵力來對付庫羅派特金駐奉天的部隊。旅順港的俄軍或許不會立刻投降，但如果日軍攻下了二〇三高地，將重挫太平洋中隊，進而有效減緩直接奪取旅順港的緊迫性。[104]

乃木希典竟斷然拒絕調整後的策略。他認為，二〇三高地的重要性居次，假如先攻打該處，會轉移東部主攻勢的焦點。十月下旬第二次普通突擊失敗後，只見沮喪的長岡外史向好友鮫島重雄尋求建議，對方擔任新成立的第十一師之指揮官，而該師後來加入乃木的軍隊。鮫島重雄告訴長岡外史，第三軍參謀部沒有人會同意這個提議。他抱怨：「無論發生什麼情況，第三軍司令部都將堅守正面進攻（東北要塞）的戰略。」長岡外史聯絡隸屬滿洲軍的總參謀部高級軍官井口省吾。和鮫島溝通之後，長岡外史比以往任何時候都確信，大山巖應該趁早介入。第三軍參謀部需要「醒一醒」，而其參謀長伊地知幸介必須撤換。

然而，什麼事也沒發生。大山巖並不認同新的計畫，他跟乃木希典一樣，依然主張占領二〇三高地「不是攻取旅順港的關鍵」。他認為，「那座高地只能用來觀測與砲射俄軍艦隊」，推斷「占領二〇三高地不會有任何影響」。倘若「以迅雷不及掩耳的速度大規模突擊旅順港，成效會大得多」。[106]第七師團的生力軍剛從日本前來增援乃木希典的第三軍，而大山巖希望他們足以扭轉日軍的處境。

乃木希典於十一月二十六日發動第三次普通突擊，卻未能收到明顯成效，第二天，長岡外史在一份備忘錄中宣洩怒火，痛批第三軍的指揮官無能失職。初步的進攻犧牲了約四千五百名士兵。[107]「第三軍總部處於四分五裂的狀況，」他憤怒地指出，「各師首領不再尊重總部〔參謀部〕，就連士兵也一樣。在野戰醫院裡，那些小兵都說『我們的參謀長〔伊地知幸介〕沒用』」。長岡外史也想知道，第三軍司令部何時要改組。他憤怒說道：「如果現在不整頓第三軍司令部，就會白白浪費我軍的後備部隊！這麼一來，軍心將大受打擊。」[108]大山巖司令部的回覆簡潔有力：「攻占旅順港後，我們會將第三軍司令部撤回日本並解散。」[109]兒玉源太郎也認為司令部有必要改組，但必須等到旅順港拿下後再進行。

十一月底展開的第三次攻擊震撼外界。《每日電訊報》（*Daily Telegraph*）記者大衛・詹姆斯（David James）對他目睹的一切感到驚恐。他寫道：「相較於〔第三次進攻〕，前幾次都是小規模戰鬥，不過是這場悲劇的前奏罷了。」[110]進攻的日軍在軍服綁上白色領巾，以便在黑暗中辨別敵我*。俄國軍官施溫特（Schwindt）上尉在日記中描述：「夜間的暴風雨過後，日軍的屍體遍布土丘（Kurgan）砲台的山坡上，看起來就像一塊黏蠅板。」[111]

面對又一場災難，兒玉源太郎別無選擇，只能出手干預。大山巖也意識到，第三軍的潰敗正危及整場滿洲戰爭。他們兩人擬定一項行動計畫。大山巖同意讓兒玉源太郎暫時接管乃木希典的指揮權，監督第三軍攻占二〇三高地的行動。這是非常棘手的麻煩事。為免乃木希典拒絕，大山巖寫了一封密信，指示乃木希典將指揮權交給兒玉源太郎。[112]

十一月二十九日，兒玉源太郎離開遼陽軍營，前往旅順港。他熟練又有技巧地告訴這位驕傲的將軍，他只是希望暫時接下指揮權，實際上是「借用」第三軍，以便引領二〇三高地的征服行動。他還小心翼翼地避免提及大山巖。兒玉源太郎早準備好在必要時向乃木希典出示大山巖的命令，但顧及他們兩人是從小一起長大的莫逆之交，因此不希望讓乃木希典受到不必要的羞辱。他也明白，失去指揮權的恥辱可能會使乃木希典憤而自盡。[113]

結果，乃木希典沒有異議，兒玉源太郎頓時鬆了一口氣。這位剛毅的指揮官心力交瘁，茫然無措。在兒玉源太郎的指揮下，第三軍迅速調整了戰略。他們使用十一月中旬運抵、口徑兩百八十公釐的榴彈砲來削弱二〇三高地的防禦工事，隨後持續派出步兵強攻。俄軍頑強抵抗了將近一個星期，但在一九〇四年十二月五日，日軍終於攻下了該座山頭。[114]第三軍此際得以指揮太平洋中隊的砲兵及山腳的城鎮。兩天內，三艘戰艦、兩艘巡洋艦紛紛遭擊沉，到了一月初，整支艦隊徹底毀滅。三週後的一九〇五年一月二日，史托塞爾（Stoessel）將軍正式交出旅順港。日本第三軍共有九萬三千人傷亡，其中一萬五千四百人喪生，四萬四千人受傷，三萬四千人患病，這個數據再次遠遠超過俄軍的三萬一千三百〇六人，其中有一萬兩千六百六十人死亡或失蹤，其餘則是受傷或被俘。[115]

旅順港失陷後，日本政府曾討論是否應該解除乃木希典及其參謀人員的職務，但最終這位老將軍保住了職位，之後還獲得民族英雄的美名。[116]兒玉源太郎的運籌帷幄成功挽救了局面，以及乃木希典的榮譽及名望。他允許乃木以旅順港的攻克邀功，因為他明白這關乎更大的利益。

史托塞爾投降

那麼，史托塞爾將軍呢？他是出於什麼考量而放棄這座要塞？又為何愧對自己的名言「我將奮戰到底」？

投降的前一週，民眾將史托塞爾譽為英雄，而他一宣布投降，這樣的情緒便立刻有所變化。在日軍圍攻期間隨同俄軍的英國戰地記者艾利斯·阿什米德—巴雷特（Ellis Ashmead-Barlett）寫道：「整場戰爭中最引人注目的，莫過於人們在史托塞爾將軍及其守軍交出旅順港後，瞬間對他們產生

＊　編註：該特別支隊也因此被稱為「白襷隊」。

反感。」[117]如此的嫌惡情緒有部分源自於民眾相信，所有俄兵身負絕不能棄守堡壘的神聖義務，而沙皇尼古拉一世在一八五〇年的詔告中也曾概述這項教條：「俄國旗幟一旦高高升起，就絕不能再降下。」絕大多數的駐地軍官也都反對投降。此外，事後人們得知，旅順港儲備了大量的糧食、彈藥和補給以支援戰力，民眾的反感升級成憤怒。[118]他們譴責史托塞爾是紈袴子弟、是叛徒，憤恨地疾呼政府應該將他送上軍事法庭斬首。轉眼間，他從備受尊崇的戰爭英雄，淪為俄國民眾深惡痛絕的人物。

那麼，史托塞爾為何要投降？他投降後問的第一件事是「庫羅派特金人在哪裡？」史托塞爾最後一次聽到他的消息是在十月六日，當時對方向他保證援兵已在路上。他接著問：「波羅的海艦隊在哪裡？」對於這兩個問題，不管是乃木希典大將或其部屬都無法給出確切答案。他們推測，庫羅派特金人在奉天，而波羅的海艦隊停駐在好望角（Cape of Good Hope）附近，但他們無法確定。[119]

在日軍攻占二〇三高地之前，該處的防禦只能用不同凡響四個字來形容。「俄軍步兵在猛烈砲火下頑抗了數小時之久，其神勇在戰爭中前所未見，為俄國軍事史寫下最光輝燦爛的一頁。」[120]而其中值得一提的是將軍羅曼．康得拉堅科（Roman Kondratenko），「俄軍的菁英」，這號卓越人物備受同袍愛戴。他實際上是旅順港的第三指揮官。[121]在康得拉堅科的領導下，旅順港守軍展現出非凡的勇氣；俄軍以三萬四千人的兵力，抵擋七、八萬名日軍（還不包括其增援部隊在內）的猛烈攻勢長達兩百三十三天。日軍砲擊之際，康得拉堅科人在雞冠山要塞裡。十二月中旬，滿洲冬季的寒風將毒氣吹向雞冠山要塞。一名俄國軍官寫道：「日軍焚燒一種浸了砒霜的東西。同袍被那煙霧燻得呼吸困難，臨時築起的矮牆上的哨兵每隔幾分鐘就得換班一次。」日軍「試圖用砒霜毒氣逼我們棄守……這是這場戰爭中第一次使用毒氣」。當天晚上，康得拉堅科將軍親抵要塞視察眼前的危急情勢，一枚口徑兩百八十公釐的砲彈在會議召開之際的窗前爆炸，也奪走了他的性命。[123]後來特列季亞科夫表示，他在十二月十五日的過世「令駐軍永生難忘；所有人無不垂頭喪氣，因為我們知道沒有人可以取代他的位置」。[124]

其他軍官也同樣投入戰鬥。伊爾勒曼（Illeman）上校命部下按兵不動，在來勢洶洶的砲火下靜待數小時以保衛二〇三高地。日軍花了十天才擊退俄軍。特列季亞科夫描述：「〔十二月三十一日〕那天晚上，我們都非常沮喪。大家一起討論後續的防禦計畫……這是大家共同的願望，原本一定能夠實現。」[125]

然而，史托塞爾得出其他結論。八月一日日軍開始圍攻時，他面臨兩個主要問題：保護要塞，直到庫羅派特金的部隊從北方前來解圍；以及保護太平洋中隊不被摧毀。俄軍在遼陽戰敗的消息使其迅速獲救的希望破滅了，但庫羅派特金於十月六日寄來的信件，讓史托塞爾暫時恢復了鬥志。不料，之後又斷了音訊。太平洋中隊於八月十日出發前往符拉迪沃斯托克時，史托塞爾卸下了肩上的重擔，因為他確信維格夫特上將一定會抵達目的地。然而，隔天遭到砲擊的太平洋中隊，在失去受創嚴重的戰艦察列維奇號後，好不容易回到港灣，而史托塞爾當下明白，他們永遠無法再度出海。[126]「黃海海戰使太平洋中隊（或者其殘存的部隊）成了『一支動彈不得的艦隊』」。這下子，唯一的希望寄託在波羅的海艦隊的到來。只是，波羅的海艦隊姍姍來遲。他一度灰心喪氣地哭喊：「他們究竟在幹什麼?」[127]

十一月二十六日，乃木希典展開第三次普通突擊，旅順港的俄國守軍一心堅決抗敵到底。隨後，日軍改變戰略，集中兵力攻占二〇三高地。十二月五日終於攻下高地後，日軍無情地轟炸城鎮及港口。[128]十二月二十九日，史托塞爾召開戰事會議。包含史米爾諾夫（Smirnov）在內的多數人主張堅守陣地，但也有少數人贊成投降。[129]之前從南山撤退時嘗盡恥辱的福克將軍認為，要塞無法堅守，並形容這座遭到圍困的城市就像「長了壞疽的有機體」。[130]儘管如此，其他軍官大多表決贊成繼續保衛旅順港。史托塞爾當下表明，會以多數人的意見為主，「好的各位，我明白幾乎所有人都贊成進一步防禦，因此我們將繼續守衛這座港口」。[131]他沒有告訴軍官們的是，他早已做出放棄要塞的決定。當天，史托塞爾傳了一封電報稟告沙皇尼古拉二世，「這座要塞撐不了幾天」。與此同時，太平洋中隊司令官維倫（R. N. Viren）少將收到一封來自史托塞爾參謀長的信，告知「史托塞爾將軍已致信乃木希典男爵大將，提議展開投降談判。因此，今晚你們只需要好好保養船艦即可」。[132]

維倫上將收到信後驚訝得說不出話。一月二日再度召開戰事會議的軍官們同樣錯愕不已。「史托塞爾將軍告訴他們，他已經下達所有指示，並全權授權達成投降協議。」多名軍官紛紛提出抗議，卻頻遭到打斷。他們被告知，「他們〔日本〕是勝者，我們必須服從他們的要求」。[133]一些軍官當場不禁悲從中來。史托塞爾在電報中懇求尼古拉二世：「英明偉大的陛下！請原諒我們，我們盡力了。請仁慈地審判我們。長達十一個月不間斷的奮戰耗盡了我們的力氣。有四分之三的駐軍不是躺在醫院，就是進了墳墓……他們成了陰魂。」[134]這是個謊言，但史托塞爾別無他法。

特列季亞科夫上校和其他軍官得知這個消息時，正齊聚塔河灣附近的信號山（Signal Hill）。特列季亞科夫憶起當時的情況：「突然間，一名軍官從鎮上飛奔而來，告知他看到兩名軍官騎著馬、手舉白旗來到我們的防線外。我當下愣住。這個消息引起一片劇烈騷動。」他又說：「大多數人都不希望投降，強烈指責我們的前輩在未徵得全體軍官同意的情況下交出要塞……當旅順港的失守成為公認的事實，我們很難維持要塞內的秩序。」[135]

史托塞爾無疑有充分的投降理由，只是他顯然沒有衡量此舉會對滿洲戰爭的其餘戰役造成何種影響。他看來並未考慮到，繼續保衛要塞，會致使乃木希典的第三軍無法對抗庫羅派特金，而這原本能帶給他所需要的優勢。而庫羅派特金顯然也意識到讓這支部隊分身乏術的重要性，因為旅順港淪陷後，他立即重新發動進攻，盡可能在乃木希典的部隊抵達北方前取得勝利。[136]交出旅順港後，一支由十萬名士兵組成的軍隊在勝利的氣氛下，得以加入日本陸軍的其他部隊，共同對抗在滿洲的庫羅派特金軍隊。

一九〇五年革命

「隨著一九〇四年步入尾聲，俄國社會各階層都在思考反叛的問題。」維特回憶道，「旅順港失守等可恥災難的消息傳出後，這樣的情緒變得更加強烈。」[137]對日戰爭大幅加劇了俄國國內的政治

日軍圍攻旅順港後，在大連登船前往日本的俄國戰俘。（威爾遜，《日本為自由而戰》〔倫敦：聯合出版社，1904至1906年〕，3:1243）

危機。在俄國民眾眼裡，最大的罪過不是庫羅派特金一場戰役都沒打贏，而是這些失敗暴露了統治菁英的無能。當時弗拉迪米爾·列寧（Vladimir Lenin）指出：「將領與軍團司令官們顯露了〔他們的〕平庸且無用。文武百官證明了他們和農民時代一樣地尸位素餐且貪污腐敗。官僚機構形同虛設、發展不全、毫無準備，與士兵缺乏密切連結，也未能贏得他們的信任。」[138] 一月四日，列寧創辦的報紙《前進》（*Vpered*）宣布，清算的時刻即將到來，社會的動盪、不滿以及叛亂「增長了十倍」。該報要求讀者「全力以赴」，準備迎接這個時刻。[139]

而這個時刻，於一月十六日到來，時值聖彼得堡的普蒂洛夫（Putilov）鐵工廠發起罷工。罷工背後的領袖是喬治·加邦（Georgy Gapon）神父，他在戰爭開打的前一年組織了一個勞工團體，即聖彼得堡工廠工人大會（Assembly of Saint Petersburg Factory Workers）。[140]這場罷工行動促使近十六萬名工人占據華沙（Warsaw）和波羅的海火車站，癱瘓了整座城市。與此同時，加邦正在進行計畫的最後階段，也就是讓數萬名工人及其家屬在一月二十二日的週日前往冬宮遊行示威，目的是會見沙皇，親自遞交請願書，然後安靜地解散。加邦與這場罷工的主辦者是否曾預期發生流血事件，外界不得而知。然而，請願書無疑暗示了他們的想法。[141]

一月二十一日晚間，俄國新任內務大臣彼得・斯維亞托波爾克—米爾斯基（Pyotr Sviatopolk-Mirsky）與聖彼得堡市長伊凡・富倫（Ivan Fullon）及沙皇政府的其他成員一同商討對策。他們決定，必須阻止工人來到冬宮，並計畫沿途在特定地點攔截遊行隊伍。他們希望群眾看到武裝軍隊就會散去。至於萬一抗議者不解散該如何應對，他們顯然沒有討論到這個問題。[142]

遊行於上午十點展開。據當地報導，一支哥薩克分遣隊揮舞大刀衝進人群。此後不久，部隊開火。維特描述當時從公寓窗戶看出去的情景：「我走到陽台時正好聽到槍聲，好幾發從近處飛掠而過，其中一槍打死了附近沙皇塞洛中學（Tsarskoe Selo Lycée）的一名警衛。接著，我聽見一連串的射擊。不到幾分鐘，一大群人急奔回來，有些人抬著死者與傷者，其中還有一些孩童。」[143]

血腥星期天（Bloody Sunday）過後，聖彼得堡的民眾將城市變成了備戰區，在此同時，警方和軍隊阻止示威遊行並保護政府財產。一九〇五年二月二日，當局關閉了基輔、華沙、哈爾科夫及喀山的各所大學。二月十七日，名為卡利亞耶夫（I. P. Kalyaev）的社會革命人士向謝爾蓋・亞歷山德羅維奇（Sergei Alexandrovich）大公的座車丟擲炸彈，致使他當場斃命。恐怖分子犯案時，這位莫斯科總督用完午餐正在從尼古拉宮殿（Nicholas Palace）返回官邸的路上，他被炸碎的遺體散落在血跡斑斑的雪地上。三月，位於喬治亞奇阿圖拉（Chiaturi）的警察總部遭示威者洗劫一空。四月，高加索地區（Caucasus）爆發鐵路大罷工。六月，在烏克蘭敖德薩市（Odessa）的裝甲巡洋艦波坦金號（Potemkin）上，艦隊官兵叛變，七百六十三名船員將軍官們丟入黑海（Black Sea）。此次譁變由謝爾蓋·艾森斯坦（Sergei Eisenstein）在一九二五年改拍成電影《波坦金戰艦》（*Battleship Potemkin*）因而成為不朽。在片中，船員吃的肉腐爛長蛆，暗喻沙皇政體的腐敗。[144]這是一九〇五年俄國革命的第一階段，也為尼古拉二世在十月三十日頒布的詔書做好了準備。在這份文告中，他正式交出專制權力，賦予人民基本的公民權，以及信仰、言論、集會與結社自由。隨後，新的立法機構「國家杜馬」（State Duma）成立，旨在保障這些權利，讓人民「有機會真正參與並掌控我們所任命的政府之行動合法性」。[145]

韓國游擊隊

所有這些事件都對韓國的抗日行動產生了深遠影響。許多居住在俄國遠東地區的韓國移民將「血腥星期天」及隨之而起的革命熱潮，視為「革命」奮鬥的啟發，用以抵抗日本統治。例如一九〇一至〇四年間，在黃金和煤礦工業的罷工行動中，與俄國夥伴並肩作戰的韓國勞工，即深受一九〇五年俄國革命所激勵。[146]據俄國駐漢城法務總長亞歷山大·索莫夫（Aleksandr Somov）表示，這些韓國人「將符拉迪沃斯托克視為他們〔脫離日本〕完全獨立的最後堡壘，如果這座城市陷落，就代表他們失去所有獲救的希望」。他注意到，符拉迪沃斯托克是「革新派研究革命理論與成立愛國民族組織」的城市。血腥星期天事件激發了他們的革命熱情。[147]俄國外交部官員格拉維（V. Grayve）指出：「符拉迪沃斯托克和韓國飛地，如今成為那些不平之士聚集的中心，他們對大韓帝國政權、政治移民以及那些繼續留下且將帶來生命威脅的人感到不滿。」[148]

自一九〇四年秋天撤出韓國北部陣地後，俄軍指揮部於一九〇五年一月再次發動攻勢。[149]他們與抗日的韓國游擊隊義兵（ŭibyŏng，又稱義軍）聯手。儘管義兵在一八九五年為了替閔妃復仇而崛起，不過一直到日俄戰爭期間，才在俄國的指導下組成一支現代作戰部隊。一九〇四年十一月，維克多·金（Victor Kim，即金仁洙〔Kim In-soo〕）與比留科夫（Biriukov）上尉首度合作。比留科夫和其他俄國軍官都預期，這支民兵將獲得韓國保守派的大力支持，因為「眾所周知，他們非常忠於大韓帝國的君主制度」。[150]

一九〇四年秋，在間島這個歷史悠久的中韓邊境地區，原本擔任巡撫的李範允成為「義軍」領袖，在俄國的支持下組成一支大型游擊隊，使用韓國皇帝的馬牌（map'ae，字面上意指馬匹通行證）向當地居民徵用人力與物資。[151]一九〇五年三月俄國革命爆發後，俄國、韓國及日本軍隊在咸鏡北道的吉州（Kilju）附近發生激烈衝突。這些戰役在俄國、韓國和滿洲之間的邊境持續進行，同時，一支全新的韓國游擊師在安尼西莫夫（A. D. Anisimov）少將的指揮下正式成立。李範允的「義軍」也加入這支韓國游擊師對抗日軍的行動。[152]日軍在這起動亂中受到挫敗，密謀將高宗送往日本，可惜受阻於俄國外交官的積極作為。[153]

俄國支持韓國游擊勢力，援助其抗日行動及在東北邊境進行的民兵襲擾，此舉使日本當局及韓國親日派人士一天比一天益發憂心。

第十九章　奉天

一九〇四年一月二日旅順港的失陷改變了戰爭的態勢，因為庫羅派特金再也無法枯等從歐俄輸運的補給及增援部隊了。乃木希典的第三軍終於擺脫旅順港，可往北前進加入滿洲戰役。庫羅派特金決定在乃木抵達前發動攻勢。[1]為了爭取時間，他命令米先科將軍帶領約七千五百名騎兵從戰線後方突襲，破壞鐵路，以在他查明第三軍的行蹤時阻延其行動。

結果，米先科的突襲無濟於事，原因不是行動的意圖及任務有誤，而是因為執行不當。騎兵作為一種戰鬥兵種，理應具備高度機動性；後方突襲是典型的騎兵任務。然而，米先科率領的哥薩克軍團受大型馱隊拖累，行進速度幾乎和一整支縱隊的行軍差不多。他們缺乏適當的地圖，戰爭期間長期處於這樣的狀況嚴重影響著俄軍。最重要的是，這項行動備受矚目，數個月來奉天每家「咖啡廳與理髮店」都在談論這個話題。日本對此早有預料。[2]可想而知，結果是一場史詩般的慘敗。奉命前往破壞鐵路的多數騎兵都找不到目標。位於蓋州的關鍵鐵路橋仍然位置不明。少數發現鐵路的騎兵又炸藥設置不當，以致未能引爆。[3]因此，這場襲擊幾乎未對第三軍造成任何影響。三月，另一支約四百人的小型部隊又發動了一次突襲，造成的破壞程度輕微，日軍不到幾小時就恢復狀態了。[4]

黑溝台會戰

旅順港的失守，促使庫羅派特金召集麾下三名陸軍指揮官討論後續行動，尤其有關是否在乃木希典抵達前發動進攻的問題。不久前從符拉迪沃斯托克前來指揮滿洲第一軍的利尼耶維奇將軍已年屆六十七，卻是一匹可靠的「戰馬」，人稱「西伯利亞之狼」；滿洲第二軍的首領是格里彭伯格將軍，他「耳聾、年邁又容易緊張不安」；滿洲第三軍則以考爾巴斯將軍為首，他「自負又愛虛張聲勢」，卻也可靠。庫羅派特金有理由懷疑他的軍隊指揮官們的整體能力（或許利尼耶維奇除外），但他仍然徵求了他們的意見。儘管乃木希典即將到來一事令人心情沉重，但他們仍在一月的會議中達成了進攻的決議。[5]

俄軍的目標是將日軍逼退至遼陽，而庫羅派特金在一月十九日公布的進攻計畫非常簡單明確。格里彭伯格帶領的第二軍將在戰線西側發動主攻，以擊退日軍在沙河黑溝台村的側翼。[6]考爾巴斯的第三軍和位於第二軍東側的第一軍將守住戰線，並在第二軍成功擊退日軍側翼後推進。[7]庫羅派特金麾下的軍隊，是俄國有史以來在同一指揮體系下規模最大的其中一支，約有三十萬名士兵，並且隨著歐俄援兵的抵達而與日俱增。[8]

大山巖率領的日本滿洲軍兵力並未明顯減損。位於東京的日本陸軍參謀部一直抱持樂觀態度，估計約二十萬兵力便足以壓制俄軍，等到乃木希典的第三軍加入，便可使兵力增至近三十萬名。如此一來，日俄兩軍將勢均力敵，日軍也得以在二月中旬發動攻勢。日方不認為俄軍會提前發動攻勢，時間點當然更不可能是滿洲的嚴冬。在大山巖的司令部，參謀松川敏胤斷然否定了俄軍在一月發動進攻的可能性，而信任其判斷的參謀長兒玉源太郎也同意這個看法。[9]因此，庫羅派特金有機會出其不意地阻擊、甚至摧毀大山巖的軍隊。

格里彭伯格擊退日軍側翼的計畫以第二軍渡過渾河為始，接著攻占日軍最左邊（西側）的外圍陣地——黑溝台村。奪取黑溝台後，格里彭伯格的部隊將占領黑溝台東北方數公里、鐵路以西約十六公里處的沈旦堡村。撕裂日軍最左翼的缺口後，格里彭伯格的部隊便可朝鐵路推進，迫使整條日軍防線在考爾巴斯的第三軍與利尼耶維奇的第一軍的壓力下往遼陽撤退，而日軍若未採取任何行動，便會遭到圍攻且就地摧毀。

然而，庫羅派特金態度謹慎。他仍不清楚乃木希典的第三軍位於何處，也不信任手下三位軍隊指揮官，尤其是格里彭伯格。他打算先觀望格里彭伯格的攻勢效果如何，之後再命令考爾巴斯、利尼耶維奇率軍推進。實際上，他的態度是「你們先進攻，如果一切順利，我們再跟進」。這種立場無法鼓舞士氣。「庫羅派特金並不想長驅直入或縱深繞過敵人的（西南側），而是希望限制在較小的攻擊範圍內」。[10]利尼耶維奇在日記中寫道：「我的兒子拜訪完格里彭伯格的總部後告訴我，格里彭伯格及其全體參謀，都對庫羅派特金感到非常不滿。（他們說）庫羅派特金每件事都要干預，經

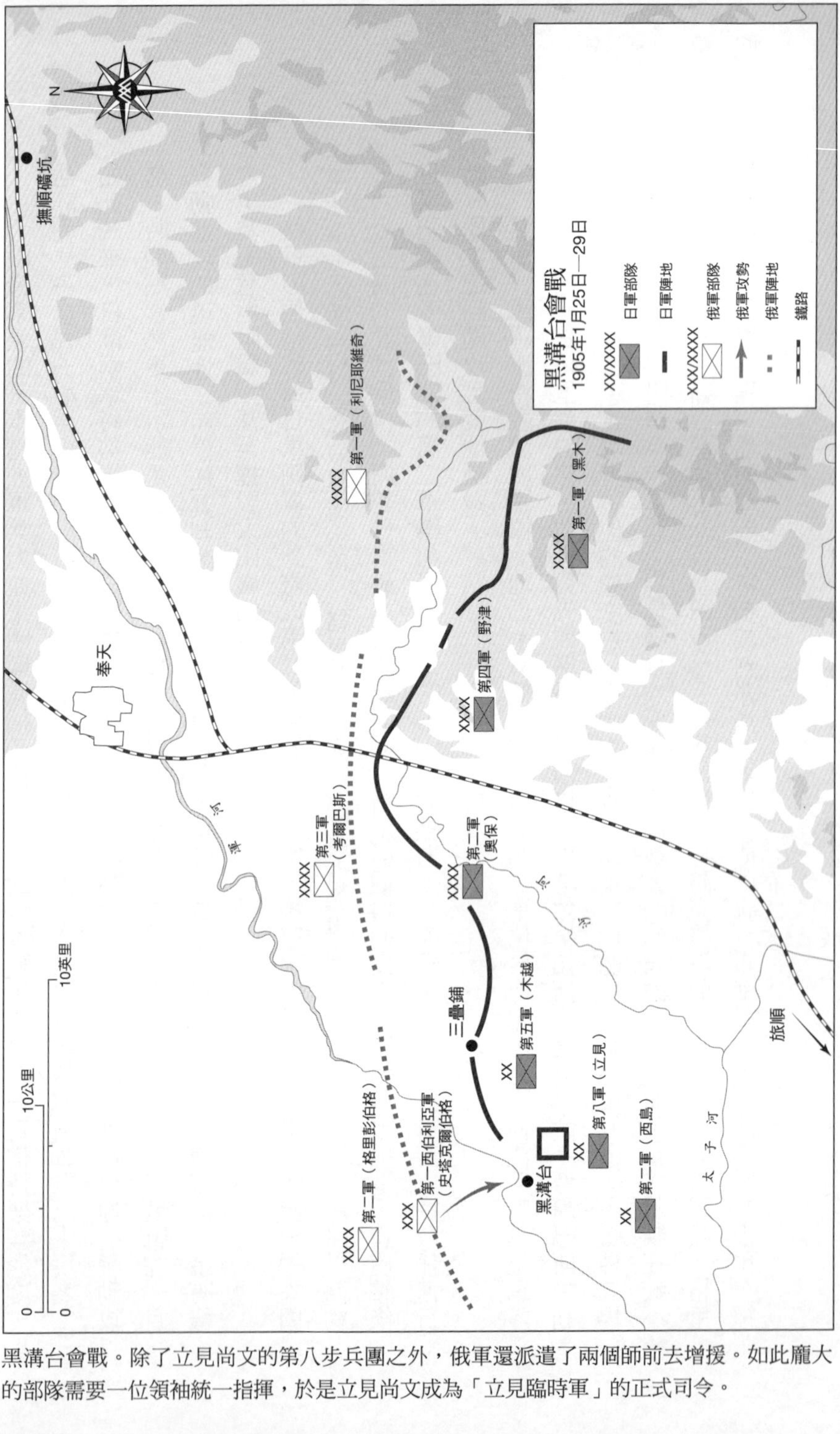

黑溝台會戰。除了立見尚文的第八步兵團之外，俄軍還派遣了兩個師前去增援。如此龐大的部隊需要一位領袖統一指揮，於是立見尚文成為「立見臨時軍」的正式司令。

常跳過格里彭伯格親自下達命令，甚至指使低階的部隊指揮官，並等到事後才告知。」[11]

一月二十五日上午，史塔克爾伯格將軍帶領的西伯利亞第一軍團（隸屬格里彭伯格的第二軍）從西面進攻日軍前哨陣地黑溝台，為這場戰役揭開序幕。[12]進攻的部隊在覆滿白雪的大地上行蹤畢露，還沒能將日軍兩個營趕出黑溝台，便傷亡慘重。[13]

事實證明，奪取沈旦堡的難度更高。既然俄軍明顯想攻打側翼，日軍就必須不惜一切代價守住此地。史塔克爾伯格的先遣部隊遭到堅守陣地的日軍的「鐵片」攻擊。一月二十五日晚間，一場激烈的沈旦堡爭奪戰隨之而來。隔天一早，格里彭伯格收到了「已迅速攻下沈旦堡」的喜訊。他大喜過望，「激動地親吻了那來帶來好消息的傳令兵，並向庫羅派特金秉報這則消息」。[14]

然而，格里彭伯格的興奮為時短暫。事後發現，史塔克爾伯格的部隊攻打失誤，他們發動刺刀攻擊占領的，是一座無足輕重的村莊，以致西伯利亞第一軍團損失了六千名兵力。[15]庫羅派特金勃然大怒：「在攻打沈旦堡之前，沒有進行過任何重要的偵察工作——不僅格里彭伯格及其參謀對此地幾乎一無所知，而且根本沒人知道村子東側有一座架了七排鐵絲網的防禦工事，外頭還有五百多級台階。」[16]利尼耶維奇同樣臉色鐵青，他表示：「西伯利亞第一步兵團在毫無偵察的情況下貿然前進，簡直是史塔克爾伯格方面的犯罪行動，再考慮到他在這次行動中投入了三百名軍官和近八千名低階軍官，這起罪行就更嚴重了。」[17]

最後，日軍守住了沈旦堡，卻也減損了兵力。[18]一月二十七日，生力軍抵達，支援軍隊奪回黑溝台。大山巖迅速組成了一支「臨時軍」，由立見尚文中將指揮，這實際上是一個後備師團，即第八步兵團，用以確保日軍極左翼的安全。[19]站穩陣腳、不讓格里彭伯格來勢洶洶的第二軍擊潰側翼的這項任務，將落到立見尚文實際兵力嚴重不足、軍事力量卻被過度要求的部隊上。

交戰的同時，雙方也得對抗極度的嚴寒。一月二十三日，西伯利亞的寒風從北方吹來，氣溫驟降。一月二十七日夜間，氣溫降至攝氏零下二十度；為了不暴露位置，部隊不能生火，因此眾多士兵都凍傷了。酷寒的氣候也影響了士兵的視力，有些人甚至患上夜盲症。糧食與水都結成冰，士兵沒得吃也沒得喝。[20]

然而，最痛苦的是傷患。「他們在戰場上躺了數小時，無人照料……與此同時，暴露在冰冷霜雪之下使得他們的傷口更加疼痛難忍。」路透社戰地記者布魯克（Brooke）勳爵指出：「實際上，這些人所承受的痛苦無以名狀——許多本可以在夏天痊癒的士兵不敵凍瘡而死。」[21]而多數人更是活活凍死。

格里彭伯格的部隊苦苦掙扎之際，庫羅派特金卻始終令人難以理解地毫無動靜，考爾巴斯與利尼耶維奇也並未伸出援手。沈旦堡的慘敗令庫羅派特金大為震撼，因而猶豫不決了起來。一名俄國軍官寫道：「我們焦急等待發動進攻的命令。一等再等。一月二十六日、二十七日、二十八日，日子一天天過去，我們不知所措。」[22]庫羅派特金在關鍵時刻對格里彭伯格完全失去了信心。考爾巴斯與利尼耶維奇踞於易守難攻的陣地，可隨時攻擊日軍的中路和右翼，可是庫羅派特金仍然按兵不動。大山巖決定下令對俄軍中路聲東擊西，以掩蓋左翼的弱點，而這可能會讓庫羅派特金有所顧忌。這場佯攻規模甚小，應該不會有什麼殺傷力，但在史塔克爾伯格大敗於沈旦堡之後，此舉似乎對神經脆弱的庫羅派特金造成了不可磨滅的影響。[23]

格里彭伯格下令於一月二十九日恢復進攻時，庫羅派特金已決定徹底放棄作戰行動，命第二軍撤回至原本的陣地。格里彭伯格錯愕不已。當天上午，日軍重新占領了黑溝台，到了傍晚，「各處的俄軍都在撤退，並且遭到敵人的猛烈追擊」。俄軍再次遭受了可恥的挫折。黑溝台會戰起初由俄軍發動，眼看勝利在望，他們反而撤退了。利尼耶維奇在日記中寫道：「哈克維奇（Khakevich）將軍告訴我，整個第二軍的士兵不停咒罵庫羅派特金，尤其是他跳過格里彭伯格下達命令，要求第二軍全體撤退到原本的位置。他們都認為，如果庫羅派特金沒有下這道命令，我軍原本是可以贏得這場戰役的。」[24]布魯克勳爵總結了俄軍全體的感受：

格里彭伯格的部隊對行動失利感到憤慨不平，每個人都覺得自己被其他部隊的同袍給「拋棄」了。不論是考爾巴斯或利尼耶維奇，都沒有調動任何一名士兵或發射任何一枚砲彈以支援第二軍——除了考爾巴斯在戰爭開打當天進行的、一場微不足道的砲隊操演以外。格里彭伯格就這樣孤軍作戰，而這是讓我們大家覺得最離奇的一件事。在大約八萬五千人的部隊裡，有兩萬人傷亡；全軍得知這些傷亡是在同一場戰役，且右翼毫無支援的情況下慘敗所致時，都備感痛心。一想起史塔克爾伯格軍團當初的遭遇，我們多所同情；人們提到這場戰事時，都稱他們作「那支不幸的西伯利亞第一軍團」。[25]

第二天，即一月三十日，格里彭伯格向戰爭大臣維克多・薩哈羅夫（Viktor Sakharov）發出一封電報，請求允許他返國「養病」。對一名將軍而言，在戰爭期間棄自己的軍隊於不顧是極不尋常的舉動。儘管許多人將格里彭伯格突然的離去歸咎於庫羅派特金，但利尼耶維奇認為，庫羅派特金下令撤退是合理的決定。他指出：「雖然沒什麼好遺憾的，但庫羅派特金對最近的幾場敗仗，以及格里彭伯格逃回俄國的舉動感到沮喪。格里彭伯格起初在沈旦堡的行動實在不甚順利、缺乏計畫且未經深思熟慮，因此注定第二天就失敗，這顯示他不但沒有天賦、缺乏遠見，而且根本無法勝任將領一職，結果還生了病。」[26]

事後證據顯示出，基於日軍的弱點，黑溝台會戰原本會是戰爭的轉捩點，可惜庫羅派特金與利尼耶維奇完全沒有線索足以掌握日軍實際上有多脆弱。其實，庫羅派特金以為己方自遼陽會戰之後便一直處於劣勢，而事實正好相反。假如他允許格里彭伯格再撐一天，就有可能擊潰立見尚文的部隊。倘若俄軍向日軍中路及右翼發動協同攻擊，便有極大可能可突破日軍薄弱的防線。庫羅派特金的顧慮源於自以為的兵力劣勢，而乃木希典的第三軍即將到來更加深了他的顧慮，更遑論對方行蹤不明。

庫羅派特金任命考爾巴斯接管格里彭伯格的第二軍，比爾德林（Bilderling）將軍則擔任第三軍的新指揮官。在這場短暫的戰役中，俄軍總計超過一萬兩千人陣亡、受傷及失蹤，其中七千人屬於史塔克爾伯格的西伯利亞第一軍團。史塔克爾伯格因不適任而遭到解職。日軍則有九千人傷亡。[27]俄軍原本可以取勝，但這次煮熟的鴨子又飛了。

奉天會戰

庫羅派特金內心慌張不安，因為這場戰爭中規模最大的陸戰即將開打。奉天一戰將牽涉五十多萬名士兵（近三十萬名俄軍及二十多萬名日軍），是戰爭史上規模最龐大的陸軍戰力。[28]庫羅派特金深知，即將到來的這場戰役將決定俄國滿洲軍、日俄戰爭乃至俄羅斯民族的命運。一連串的失敗不能再持續下去。國內革命情緒高昂，這場戰役勢在必得，而庫羅派特金認為，奉天將是打敗日本之地。但是，他惴惴不安。首先，他仍然不知道乃木的第三軍處於何方。俄國情報系統的失靈更是致命。他對手下的指揮官們依舊信心不足。事後他說道：「他們最明顯的弱點是不夠主動，對於如何指揮進攻不得要領，也缺乏決心。」[29]最後，格里彭伯格的離去嚴重削弱了士氣。他回憶道：「這為他的部下及其他部隊樹立了致命的榜樣，重挫了所有的軍紀。」[30]簡而言之，庫羅派特金相當悲觀。利尼耶維奇於開戰數天前的二月十六日在日記中寫道：「我去探看總司令的情況，發現他十分沮喪。他變得憔悴不堪，滿頭白髮……格里彭伯格的離開讓他完全失去動力。他不知怎地變得頹喪、失控，而如今，他把所有希望都寄託在從右翼進攻沈旦堡的考爾巴斯身上。」[31]

迎戰庫羅派特金的將軍是大山巖，他認為奉天是結束戰爭的機會。到目前為止，他屢次放過俄軍，卻不得不再次與之交戰。時間緊迫，庫羅派特金的軍隊很快就會變得過於強大。大山巖必須給予俄軍毀滅性的一擊。從他下達的命令，可清楚看出他對即將到來之戰的企圖：「這場戰役的目的是決定戰爭的勝負。因此，問題不在於占領某些據點或奪取大片領土，而是必須給予敵方沉重的打擊。」[32]

奉天會戰*是日俄兩軍指揮官意志力的激烈較量，兩人皆意識到，這場戰役將決定戰爭的勝負。庫羅派特金和大山巖都制定了取勝的進攻計畫，剩下的唯一問題不是誰先動手，而是誰能掌握主動權，主導戰役的走向及節奏。就此而言，奉天會戰與其他戰役並無不同，也就是先採取行動的一方將掌握主動權。如此一來，問

1905年，俄國滿洲軍士兵通過奉天城門。（美國國會圖書館，LC-USZ62-103623）

題就在於主動權將維持在某一方還是換手。在奉天會戰中，日本搶得先機，掌握了主動權，而且從未失去過。

到了二月中旬，大山巖的軍隊進入最後陣地，其中包括一個新的編隊——第五軍，又名鴨綠江軍，由第一預備師、從第三軍分遣而出的第十一師所組成。[33]其司令川村景明受命迅速在日軍極右翼（東側）就定位待戰。在第五軍旁邊的戰線上，由東到西依序為第一軍（黑木為楨）、第四軍（野津道貫）、第二軍（奧保鞏）以及第三軍（乃木希典）。大山巖不想浪費時間，要求全軍待乃木希典的部隊就定位後便立刻展開進攻。他計畫讓鴨綠江軍和第一軍在右側進行佯攻，誘使俄國後備軍往東移動。接著，乃木希典的第三軍在另一端對俄軍西翼進行大範圍攻擊，目標是威脅奉天以北的鐵路。倘使俄軍上當，以為日軍會從東面展開主攻，那麼他將命令第一軍與第四軍從奉天東邊突破，在城北和第三軍會合，並圍困俄軍的主力部隊。這項計畫是典型的兩翼包圍戰略，由大山巖麾下才智過人的參謀長兒玉源太郎構思而來。

有鑑於庫羅派特金的軍隊規模較大，而大山巖依然對乃木希典的能力存有疑慮，這可說是一項雄心勃勃的大膽計畫。不過，有幾個條件對大山巖有利，其中包括俄軍的無能及壞運氣。舉例來說，庫羅派特金對日本新成立的第五軍認識有限，而且他相信，這不過是一支由預備役待命師團所組成的小型部隊，僅此而已。乃木希典第十一師的編制，幸運地讓庫羅派特金誤以為其部隊踞於

---

* 編註：西方稱「穆克登戰役」（Battle of Mukden）。

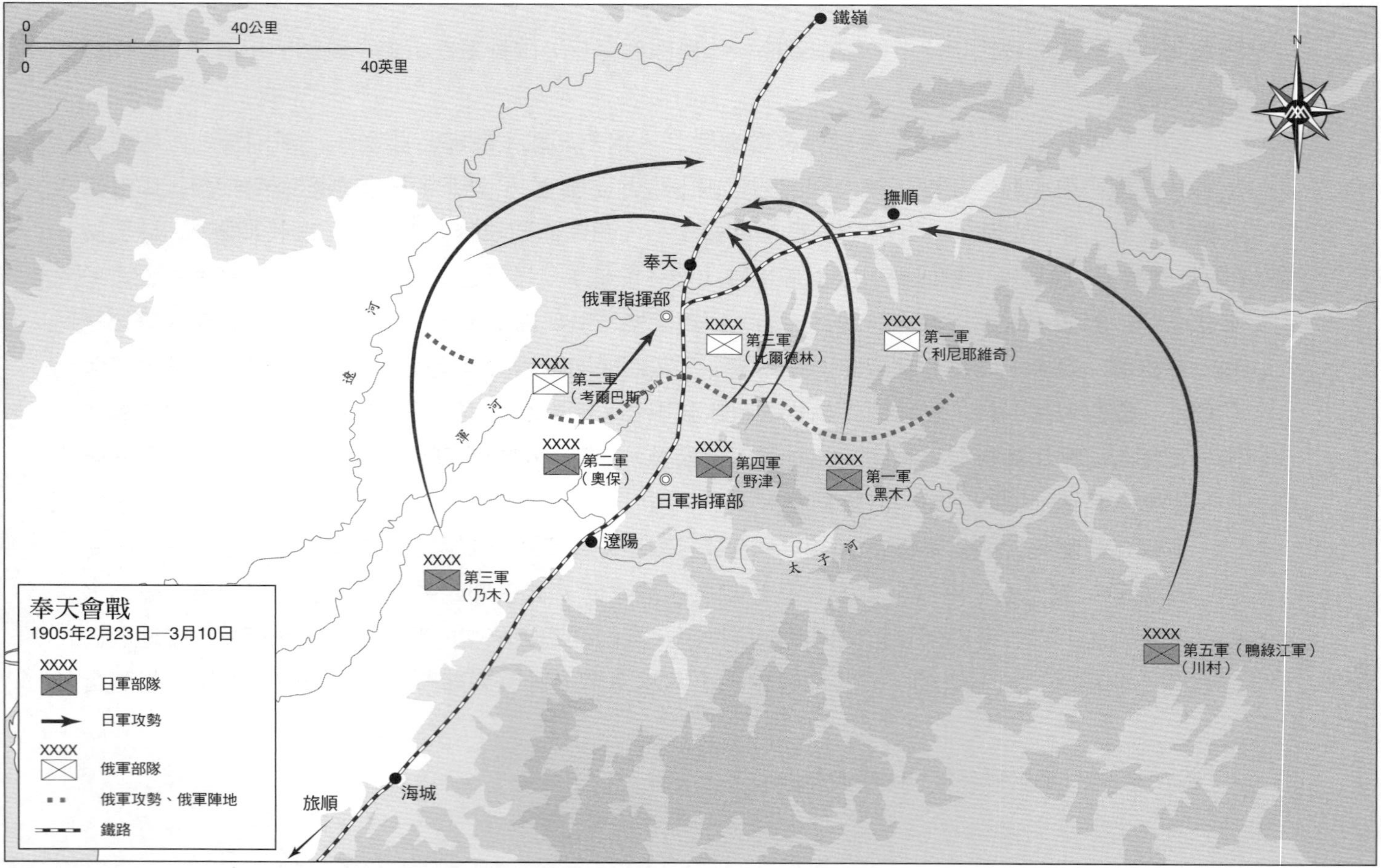
奉天會戰
1905年2月23日—3月10日
XXXX 日軍部隊
日軍攻勢
XXXX 俄軍部隊
俄軍攻勢、俄軍陣地
鐵路
0 40公里
0 40英里
N
鐵嶺
撫順
奉天
俄軍指揮部
日軍指揮部
遼陽
海城
旅順
遼河
渾河
太子河
XXXX 第三軍（比爾德林）
XXXX 第一軍（利尼耶維奇）
XXXX 第二軍（考爾巴斯）
XXXX 第二軍（奧保）
XXXX 第四軍（野津）
XXXX 第一軍（黑木）
XXXX 第三軍（乃木）
XXXX 第五軍（鴨綠江軍）（川村）

東邊。這些事態發展同樣驅使庫羅派特金加強符拉迪沃斯托克的防禦，因而耗盡了資源。「這時，我們聽聞大批日軍在朝鮮北部登陸的傳言（據信與俄軍交出旅順港，因而促使乃木的部隊解脫有關），這迫使我加強了我軍在濱海邊疆區的兵力，尤其是符拉迪沃斯托克的駐軍。」[34]

在此同時，大山巖採取了一切預防措施來掩飾第三軍的所在位置。迄今為止，哥薩克軍團百無一用，他們在遼陽以西距離乃木部隊營地僅數公里的地方進行偵察，卻未能鎖定對方方位，延續了他們在這場戰爭中毫無可取之處的紀錄。庫羅派特金確信，日軍將從東面發動主攻。[35]

兒玉源太郎未解除乃木希典的指揮權，也未揭露他在旅順港失職且失策的實情，這樣的決定也對日軍有利。對俄國來說，乃木希典已成為一號傳奇人物。與俄軍隨行的美國戰地記者弗雷德里克·麥考密克（Frederick McCormick）指出：「在俄國人看來，乃木希典這個名字所代表的意義，就如同阿基里斯（Achilles）之於特洛伊的守衛者。自旅順港失陷以來，他們一直試圖確認他的行蹤。俄國的三個軍同樣畏懼他，畏懼那兩百八十公釐口徑的大砲，畏懼他麾下那些所向披靡、步履矯健的二〇三高地征服者。」[36]等到突襲俄軍右翼的時機成熟，日軍便得以利用這種恐懼予以痛擊。

庫羅派特金命令軍隊於二月二十四日展開攻勢。這將重演「沈旦堡」的作戰行動，號召位於戰線西側、考爾巴斯指揮的第二軍突破奧保鞏的第二軍所處的西翼，然後包圍日軍防線，接著由利尼耶維奇率領的第一軍與比爾德林為首的第三軍從正面發動進攻。然而，大山巖於二月二十三日派鴨綠江軍攻擊利尼耶維奇位於東翼的第一軍，由此掌握了主動權。川村景明在等待大山巖指令的同時，已和利尼耶維奇纏鬥數日。[37]庫羅派特金大為振奮，因為日軍的行動正如他所預料。利尼耶維奇透露：「他（庫羅派特金）在電話中告訴我……他與八十名軍官在戰地共進午餐，還說部隊的士氣無比高昂。他對他們寄予厚望。」

川村景明於二月二十三日正式展開攻勢，庫羅派特金派出所有的預備兵力增援利尼耶維奇，以迎戰日軍的「主力」進攻。關於日軍第十一師（原隸屬乃木第三軍，現隸屬第五軍）進攻撫順以南的摩天嶺關口的消息，促使庫羅派特金深信，日軍將從俄軍的左翼（東面）發起主攻。萬一利尼耶維奇的第一軍必須撤退，那麼守住該地就變得至關重要。為了因應這個「重大」威脅，庫羅派特金一錯再錯，將西伯利亞第一軍團從考爾巴斯的第二軍分調出來，交由接替被解職的史塔克爾伯格的亞歷山大・格恩格羅斯（Aleksandr Gerngross）指揮，並派其東進支援利尼耶維奇帶領的第一軍。作為全軍預備隊的第十六軍團也被調往東部。[38]

如今，庫羅派特金考慮是否要讓考爾巴斯帶領的第二軍，發動他為第二天所規畫的進攻。考爾巴斯在進攻前要求增援，但庫羅派特金沒有答應。於是，這項攻擊行動胎死腹中，庫羅派特金也就失去了掌握主動權的機會。[39]「這個庫羅派特金真是個不可理喻的傢伙。」利尼耶維奇坦言，「他什麼都怕，只會透過別人、甚至是我的部下傳令，就是不直接對我下令，而且對任何變通方案都猶豫不決。如果一個長官抱持著這種想法，軍隊是不可能贏得戰爭的！謹慎不是什麼壞事，但他對側翼及撤退路線的恐懼具有傳染力，會影響到部下。我們每個人都有害怕的事情，尤其是對於側翼及撤退路線的恐懼。因此，我們現在的處境是，兵力龐大，原本可以讓部隊到前線去擊退敵人，但我們卻堅持將他們留在後方。」[40]

率領第一軍穿越地勢險峻的山區、往第五軍的左翼前進之際，黑木為楨大將收到日軍迅速取勝的消息。儘管這只是一次支援性的佯攻，但對俄國左翼的攻擊出乎意料地順利。「四天內，日軍往東推進了近三十二公里，將左翼逼退到構成俄軍東部屏障的山窩，並奪取摩天嶺，日軍由此可直通撫順和鐵嶺。」[41]情勢漸漸危急了起來。「黑木與川村正以迅猛的速度擊潰俄軍左翼，以致庫羅派特金將軍有理由相信，日軍將從該側展開主攻。」[42]庫羅派特金連忙致信利尼耶維奇表示：「今天我會下令勘察通往鐵嶺的整體路線，以備撤退之需。」[43]

二月二十八日，日軍開始以口徑二百八十公釐的榴彈砲轟炸比爾德林率第三軍所據的俄軍中路，這種武器曾在旅順港造成毀滅性的心理影響。庫羅派特金不覺目瞪口呆。「指揮官們表面上威風凜凜，其實心情已經沉到了谷底，這麼說一點也不為過……如果日軍預期使用當初攻打旅順港的砲彈轟炸，能夠造成有效的精神傷害，那麼他們算是達到了目的。」[44]這會兒，庫羅派特金則認為日軍的主要攻勢將來自中路。

隨後，最令人震驚的事情發生了。考爾巴斯意識到，俄軍的右翼（西側）突然出現了意料之外的大批集結部隊。早在二月二十七日，俄國極右翼的哥薩克軍團就注意到有一支大型部隊往北移動。那是乃木希典率領的第三軍。一陣巨大的恐慌隨之而來。庫羅派特金沒有後備部隊可派去增援考爾巴斯或興築防禦工事。格恩格羅斯帶領的西伯利亞第一軍團被匆匆派去支援利尼耶維奇的第一軍，又立即受命返回。在這場戰役中，西伯利亞第一軍團先是東進，之後又往西移動，幾乎一槍未發，既浪費時間，部隊也因此精疲力竭。[45]一支令人可畏的部隊所擁有的強大戰鬥力就這麼平白浪費了，只因為庫羅派特金的搖擺不定及膽怯，格恩格羅斯作為一名傑出指揮官的聲望從未受過實際考驗。

三月一日，庫羅派特金考慮讓軍隊全面撤退。利尼耶維奇指出：「今天，總司令下令將主陣地和奉天之間的所有補給站撤至鐵嶺或更遠處。我敢說，他可能打算全軍撤退。若真是如此，可以想見格里彭伯格會有多高興，因為之前他堅持請求允許撤退到哈爾濱，結果只得到庫羅派特金唾棄的笑聲。」[46]熱中於研究日俄衝突，且對其中的心理細節有獨到見解的司馬遼太郎，在其備受歡迎的歷史小說《坂上之雲》（*Saka no Ue no Kumo*）中描述這場戰爭，他堅信，「庫羅派特金最終〔在奉天〕被自己打敗了」。[47]司馬遼太郎的看法有一部分是正確的；這位俄國司令似乎只是跟隨日軍的腳步，毫無自主進攻計畫。「他隨著敵人一會兒往左、一會兒往右，彷彿是日本僱用的傀儡將軍。」[48]不過，司馬遼太郎並未考慮到庫羅派特金更遠大的戰略目標。這位將軍深深記取了博羅季諾戰役*（Battle of Borodino）的教訓，也就是在戰術上取得了勝利（即便是一連串的成功），也未必能打贏戰爭。庫羅派特金依然以空間換取時間。他面臨的主要問題並不是消耗戰略有缺陷，而是這種戰術不合時宜。有鑑於俄國的革命形勢，俄軍必須取得勝利，哪怕只是戰術方面。[49]

三月二日至八日，兩軍持續激戰。奧保鞏的第二軍奉命正面攻擊考爾巴斯的第二軍，以防他重新整軍對付乃木希典的第三軍，避免他完成對奉天北邊的包圍。石光真清回憶道：

俄國與日本軍隊……變成了悲慘的惡魔，在無邊無際的荒野上激烈交戰。士兵們在混戰

> 中拚鬥，四處可見近身肉搏的廝殺。不管是傳令兵或補給品，都無法抵達戰場。即使總部的命令到得了一個師，師長也無法向前線作戰的士兵們傳令。部隊散落各處，根本無法執行命令；一遇到敵人就開火。子彈用光了，就舉起步槍撲向敵人，徒手搏鬥。沒有人發號施令，也沒有人指揮調度，只有敵我。[50]

三月七日，奧保鞏第二軍第三十三步兵團（名古屋）的指揮官吉岡友愛中佐發現部隊遭俄軍包圍，雙方展開了一場慘烈的戰鬥。「子彈消耗殆盡，士兵們徒手拚搏了起來，直到刀劍斷了、體力耗盡才停止。」整個軍團遭敵方殲滅。石光真清想起自己在那場戰役結束後，在現場目擊到的景象：「步槍、子彈、行囊、水壺，全遭到死者丟棄，重傷的士兵散布各處，遭沙塵掩埋，戰場看過去猶如一片沙漠。為了躲避機槍的掃射，士兵們拿鐵鏟挖坑，如今這些坑洞雖有一半埋在塵土裡，一眼望去仍可見痕跡。我騎在馬背上行經滿目瘡痍的戰地，看見無數名士兵年紀輕輕便葬身戰場的可怕場面，禁不住心頭一緊。」[51]

然而，多虧了同袍慘烈的犧牲，乃木希典的部隊才得以挺進，並威脅奉天以北的鐵路路線。一收到有日軍（而且是一小支部隊）偵察鐵路的消息，庫羅派特金便緊急向聖彼得堡當局回報：「我被包圍了！」這麼說有點誇張了，但乃木希典的部隊阻斷鐵路的確是遲早的事。[52]在利尼耶維奇看

---

* 譯註：拿破崙戰爭中規模最大、死傷最多的單日戰役。

來，庫羅派特金似乎已經絕望。他評論道：「他並不好過。他原本打算在今天（三月六日）率領第二軍攻打日軍，但是當我問他西線戰況如何時，他只回答『糟糕』兩個字，便不再說話……我們談話的過程中，他沉默寡言、精神渙散，對第一軍的情況漠不關心，顯然，他對某件事感到非常焦慮。昨天我們談話時，他變得比較健談，也較為開朗。」而庫羅派特金還不知道乃木希典的部隊已經轉向的驚人消息。[53]

在東側的利尼耶維奇對日軍的頑強感到不可置信。他驚訝直言：「他們爬出壕溝，不分晝夜地一次又一次發動進攻，打得我們的弟兄精疲力竭。日軍出奇制勝，而且無所畏懼！他們甚至派遣三個軍團北進六十俄里，摧毀摩天嶺的道路並占領該地。換作是我們，絕對不敢做這種事。」[54]三月六日，庫羅派特金命第一軍、第三軍後撤，利尼耶維奇則奉命退到渾河的另一頭。[55]

大山巖得知俄軍正悄悄撤退後，於三月七日午夜向軍隊下達新的命令：「我打算正式展開追擊，擊潰撤退的敵人。」[56]摧毀庫羅派特金軍隊的時機終於成熟。隔日上午，所有日兵全力追擊敵軍。

異常的天候助日軍一臂之力。一場突如其來的沙塵暴使能見度幾乎為零。這股南風——日兵們稱之為神風——代替日軍擾亂了敵人的陣腳，導致忙著撤退的俄軍身陷混亂及騷動之中。[57]三月九日，奧保鞏的部隊順利突圍的消息引起一陣恐慌，成千上萬名俄兵急忙拋下武器逃命。[58]

俄軍向來擔心日軍會穿越滿洲平原緊追不捨，但此事並未成真，而俄軍雖然吞敗、士氣低落，卻沒有被完全消滅。大山巖的軍隊疲憊不堪，後繼無力。[59]他在戰後致信天皇表示：「儘管傷亡慘重，我們仍持續進攻，將敵人逼出了奉天的陣地。只是，我們仍未順利達成目標。」[60]石光真清感嘆日軍犧牲了一切仍扭轉不了危急的形勢，他寫道：「日軍已達極限。倘使俄國控制了海權，日本就會潰不成軍。這麼一來，俄國就有可能入侵日本本土，到了那時，我們的國家將會滅亡。」[61]這次的巨大傷亡堪比歷史上規模最大的戰役。庫羅派特金損失了軍隊三分之一的兵力，兩萬多人陣亡或失蹤，五萬人受傷，兩萬人被俘；日軍則有一萬六千人陣亡，六萬人受傷。[62]

三月十五日，庫羅派特金遭解除指揮權，利尼耶維奇奉命接替他的位子。庫羅派特金不想回去聖彼得堡，懇求沙皇任命他接管利尼耶維奇的第一軍。他說：「我或許不是一個好將領，但至少我和一些軍團指揮官一樣優秀。」[63]

至於利尼耶維奇，他決定固守陣地，於是奉天成為日俄戰爭中最後一場大規模陸戰。利尼耶維奇之所以對重新發動進攻抱持謹慎態度，是因為他對進攻的可行性缺乏信心。此外，他也想等待更多援軍到來。與此同時，他希望等到十月自俄國出發的第二及第三太平洋中隊抵達後，再考慮進行另一場陸戰。[64]如果羅傑斯特文斯基上將成功摧毀東鄉平八郎的聯合艦隊，那麼大山巖的軍隊被迫撤出滿洲只是時間早晚的問題。

在世界的另一頭，羅斯福總統正興致高昂地關注在滿洲發生的戰役之走向。奉天會戰結束後，他與日本公使高平小五郎進行會談。這位總統提及日本領導人或許考慮和平倡議的想法。老羅斯福說，日本不可能延長戰爭，那為什麼不趁占上風時結束這場衝突呢？高平小五郎卻是不以為然，「如果我們現在公開和平條件，俄國便會趁虛而入。他們還沒有認真思考和平談判這件事」。[65]而老羅斯福深感自己有責任、也有必要說服日俄兩國達成符合雙方利益的和平協議，但最重要的是，他希望迅速了結這場戰爭，以促進美國的利益。老羅斯福最大的心願，是守護滿洲的門戶開放原則。然而，他對於將這些原則擴展至朝鮮半島一事隻字未提。

第六部

東亞新秩序

日俄戰爭初期，羅斯福總統樂見日本連連取勝，並認為這消除了他對於俄國在亞洲尋求擴張的顧慮。儘管如此，他仍極力推動兩對立國的和解，以維持該區域的勢力平衡。但是，若想成功促成這種局面，必須解決韓國問題。他的理由是，假使任其發展，韓國將無可避免地再度成為強權對抗與區域動盪不安的目標。因此，在美國或任何其他西方大國未提出正式抗議的情況下，日本與大韓帝國於一九〇五年十一月十七日簽訂了《乙巳條約》（又稱第二次日韓協約）。此條約剝奪了大韓帝國的外交主權，使其成為日本的保護國。

這些事件導致亞洲的權力平衡完全倒向了日本那一方。然而，戰爭非但沒有解決韓國政局不穩的問題，還帶來了更艱鉅的挑戰：一個日益不穩定的大清。成千上萬名中國學生在戰前、戰時湧入日本，受到了日本的啟發。一九〇五年，清廷同意廢除中央用以遴選官員的科舉制度。中國的青年有了新選擇，通往前景可期的學術或知識生涯的大門也敞開了。在活躍的知識分子之中，未來的中華民國臨時大總統孫中山為其反清改革組織「革命同盟會」找到了一批積極響應的志士。

清政府試圖集結皇朝勢力之際，日本對大清處境的反應充滿了矛盾。一直以來（包含日俄戰爭在內），日本國家安全政策的主要目標十分明確——防止韓國落入西方列強之手。以桂太郎為首的內閣接受了門戶開放政策，將其視為對韓國進行商業而非軍事滲透的論點之合理延伸。然而，遍布滿洲丘陵與山谷間的鮮血及財富改變了這一切。兒玉源太郎及山縣有朋等陸軍領袖堅決認為，日本必須從這些極度的犧牲中取得一些利益。因此，日俄戰爭成了一個轉捩點，為隨後圍繞日本外交政策方向而起的國內衝突奠定了基礎。之後的衝突不僅發生在陸軍和海軍將領之間，也見於陸軍領袖與伊藤博文等文官之間，其中，後者希望日本能透過海權躋身強權之列、與中美兩國建立合作關係。

這些政策衝突大多起因於《樸茨茅斯條約》（*Treaty of Portsmouth*）令日本大失所望。對日本而言，日俄戰爭的結束不值得慶祝。相反地，這場戰爭加深了社會自甲午戰爭以來所秉持的舊觀念，即將軍贏得了戰爭，但平民失去了和平。如此的憎恨使日本與大清之間的關係變了質。如果說袁世凱期望他在戰時促成的合作，會隨著和平的到來而得到回報，那他就大錯特錯了。最終，日本外務大臣小村壽太郎對戰爭的結果耿耿於懷，於是前往北京爭取大清的讓步及日本的滿洲權益。

韓國方面，李容九與孫秉熙及其他一進會成員有了更深刻的醒悟。他們曾希望藉由協助日本抗俄，來換取日本對韓國發展及改革的協助，未曾想到頭來卻加速了祖國的殖民化。與此同時，包含前儒學官員在內的其他保守派團體與「義軍」聯手（後者是一八九五年後成立的抗日游擊隊，旨在為明成皇后復仇）。戰後，這些特務之中，許多人定居俄國遠東地區，並在當地組織針對韓國日僑的武裝襲擊。一九〇五年的俄國革命及之後列寧倡議的民族自決，皆激勵了義軍組成的游擊隊拿起武器反抗日本。

因此，一九〇六到一〇年間，日本愈來愈積極攻打韓俄邊境的韓國游擊隊。日本對滿洲的蠶食也激起了大清的反日情緒。在這些情況下，日本認為有必要和俄國達成某種協議，來遏止大清與韓國日益高漲的反日民族主義浪潮，尤其是借對方之力來鎮壓俄國遠東地區的韓國游擊隊。一九一〇年，日俄兩國同意維護各自的勢力範圍；日本將獲得滿洲南部和大韓帝國的獨占權，而俄國將擁有滿洲北部及外蒙古。確保俄國的合作後，日本於一九一〇年正式併吞朝鮮半島。一年後，擁有兩百五十年歷史的大清皇朝宣告滅亡。

日本奪下中國東亞霸主地位的漫長旅程已畫下圓滿的句點。面對日益動盪的中國，日本新建立的自信將在下一個十年隨著另一個非歐洲大國——美國——的崛起而受到考驗。這個國家從第一次世界大戰的殺戮中崛起並嶄露頭角，挑戰日本的東亞霸主地位。然而，「東亞大競逐」卻為這兩個強權隨後的戰爭埋下了伏筆。

第二十章　《樸茨茅斯條約》與大韓帝國

日本陸軍大臣寺內正毅於三月初首度提出和平談判的議題時，朝鮮半島的命運並不在老羅斯福的考量內。寺內正毅曾向美國駐日公使洛伊德．格里斯科姆（Lloyd C. Griscom）試探老羅斯福政府對結束戰爭的看法，只是對方從未提及韓國問題。[1]在老羅斯福看來，韓國問題已經解決。事後他寫道：「當然，軍事形勢可能會發生變化，可如果希望實現和平，日本應當建立起對大韓帝國的保護關係（其顯然完全無法自立自強），並且繼承俄國在旅順港的權利，而我希望看到滿洲歸還給大清。」[2]

這些表態帶有濃濃的諷刺意味。畢竟，正是日本憑藉門戶開放原則抗議俄國對韓國北部的占領，才有了開戰的部分正當性。此外，日本的領袖們還義正辭嚴地表示，一切都是為了捍衛門戶開放政策，以爭取英美兩國對戰爭的支持。直到一九〇五年，小村壽太郎等人仍公開宣稱日本在滿洲堅守門戶開放原則，但在韓國問題上卻再也沒有提過此事。[3]即便是美國，也沒有從一而終。關於大韓帝國為一獨立國家的主張，老羅斯福在默許一個弱國遭受不公待遇，以及維護東亞勢力均衡與穩定的更大考量之間多所權衡。他表示：「除非讓大韓帝國成為美國的保護領地（一個荒誕不經、異想天開的替代方案），否則這個選擇就會變成，要讓韓國成為日本的後盾，或是讓韓國成為俄國的一部分。」[4]這凸顯了大國政治冷酷無情的現實。

奉天會戰過後，日本最迫切的問題是該如何結束這場衝突。長岡外史仍亟欲往鐵嶺推進。他還希望將戰場拉到符拉迪沃斯托克，即波羅的海艦隊的避難港。[5]若想實現這個目標，就必須新成立一支北朝鮮軍，由兩到三個師團組成，成員來自第五軍（鴨綠江）。[6]然而，大山巖與山縣有朋考慮再三。後者於三月二十三日致信首相桂太郎，表達對於繼續這場戰爭的擔憂：「偉大軍事行動的計畫應與國家（外交）政策始終保持一致。一旦兩者之間出現任何歧異，那麼即使打贏了戰爭，也無法促進國家的利益。」[7]除此之外，日本必須再增加六個師團的兵力，並準備十億日圓的戰爭基金，以對付由利尼耶維奇率領、兵力預期為大山巖部隊三倍之多的敵軍。他指出：「雖然敵人在該國國內兵力強大，而我們的兵力已消耗殆盡。我們在戰爭第三階段的軍事行動意義重大，萬一出現失誤，到目前為止取得的輝煌勝利將化為烏有。現在我們必須謹慎行事。」[8]

兒玉源太郎的看法和山縣有朋的主要論點如出一轍。他希望日本政府能向俄國主動表達和平意願。然而，長岡外史依舊不以為然，同時堅持必須奪下符拉迪沃斯托克及周圍地區。他指出：「擊退韓國北部的俄軍來維護和平，是大日本帝國受一九〇四年日韓協約所規定的義務。符拉迪沃斯托克是（俄國）遠東唯一一座軍港，一旦占領該處，就表示可永久威懾俄國。」[9]這座港口城市也是韓國抗日運動的中心，若拿下這個地方，便可解決潛在的麻煩。然而，兒玉源太郎對於將戰場拉到符拉迪沃斯托克一事備感擔憂。據說三月二十八日上午，他在新橋車站見到長岡時，一下了車便厲聲訓斥這位陸軍部的參謀次長。「長岡！別傻了。解鈴還須繫鈴人，你忘記這個道理了嗎？」長岡聽了怒火中燒，憤而轉身離開。[10]

日本當局最後捨棄了占領符拉迪沃斯托克的主意，反而認為控制庫頁島是個相當不錯的辦法。[11]四月十七日，元老*們與內閣成員促膝商議該如何尋求和平談判。[12]他們決定請羅斯福總統擔任調停者。與此同時，他們著手制定談判條件。俄國承認日本在韓國有完全的行事自由權、俄國軍隊撤出滿洲，以及日本擁有旅順港和大連的控制權，這些都是沒有商量餘地的必要條件。關於戰爭賠償、庫頁島的割讓、日本在俄國的濱海邊疆區沿岸的捕魚權，以及日本對被扣押在中立港口的俄國船隻的主權等問題，則沒那麼重要。起初，俄國的賠償對小村壽太郎和桂太郎而言是必須優先考慮的問題，在軍事領袖們看來重要性則低得多。[13]最終，所有人都同意，賠償這項條件可有可無。[14]他們將擬妥的談判條件送到天皇面前時，天皇同意了。老羅斯福第一次聽到風聲時，也認為戰爭賠償的要求過於樂觀。[15]

在日本政府激烈爭辯和平條件之際，尼古拉二世甚至還沒開始考慮結束戰爭的可能性，對此老羅斯福惱火地感嘆道：「沙皇這傢伙身為一億五千萬人民的絕對獨裁統治者，實在荒謬。他沒辦

---

* 譯註：非官方稱呼，指二戰前處於隱退狀態的資深日本政治家，包括伊藤博文、黑田清隆、山縣有朋、松方正義、井上馨、西鄉從道、大山巖、西園寺公望，共八人。

法發動戰爭，現在也沒辦法促成和平。」[16]在奉天會戰尚在進行時，便有人力勸尼古拉二世向日本展現善意，無奈他表現得一副興趣缺缺的樣子。他看來也不了解國內社會的情緒。法國駐俄大使莫里斯・邦帕德（Maurice Bompard）向某個友人透露了令人擔憂的情況：「俄國民眾愈來愈不樂見戰爭……在許多村莊裡，後備軍人的離開伴隨著暴動。」[17]軍隊中出現譁變的威脅。在莫斯科，「一千名後備軍人辱罵並毆打軍官，拒絕前往滿洲，而在兵變平息之前，政府只能靠哥薩克軍團作戰」。[18]《解放報》（*Osvobozhdenie*）直截了當地指出：「戰爭遲遲不結束，全是因為俄國迫切需要一場勝利來拯救獨裁政權。」[19]

沙皇身邊的人試圖喚醒他認清現實。尼古拉二世的母親瑪莉亞・費多羅夫娜（Maria Fedorovna）皇太后爭取到法國政府——俄國表面上的盟友——的援助。透過保羅大公*（Grand Duke Paul），她懇求法國外交大臣泰奧菲爾・德克拉塞（Théophile Declassé）呼籲尼古拉二世展開和平談判。[20]二月，皇太后收到「俄羅斯婦女」團體寄來的請願書，她們懇請皇太后「運用她的權力終止這場戰爭」。[21]德克拉塞原本擬好一封要給沙皇的信，卻也擔憂之後俄國會將任何不利的結果歸咎於法國，因此最後作罷。儘管如此，他非常同情皇太后的處境，於是向日本駐巴黎公使表示，繼續打下去「於事無補」。[22]三月，尼古拉二世再次收到令人震驚的消息：法國金融界終止了六億法郎貸款的談判。這場失敗緊接著奉天會戰失利而來，「首度打破了沙皇繼續交戰的決心」。[23]

儘管各界要求與日本談和的壓力與日俱增，波羅的海艦隊進入南中國海（South China Sea）的消息仍令尼古拉二世為之一振。五月十三日，高平小五郎大使致信小村壽太郎，根據華盛頓的消息來源，俄國人民看來「意志高昂，因為波羅的海艦隊出現在中國附近海域」。[24]之後，又傳來海軍上將東鄉平八郎於五月在對馬海峽海戰中大獲全勝，而波羅的海艦隊全軍覆沒的消息。對此，俄國全國人民難以置信、悲痛不已。法國外交官莫里斯・巴列奧洛格（Maurice Paléologue）寫道：「對馬海峽的驚人慘敗，掀起了俄國全國上下熊熊怒火。」尼古拉二世則在日記中無奈寫道：「如今，整個中隊在為時兩天的戰鬥中幾乎全軍覆沒的壞消息，終於得到了證實。」[25]

率領第二軍的石光真清少佐收到對馬海峽海戰的捷報後，感到既高興又欣慰。「第二軍總部舉行了盛大的派對慶祝，就像當初收到旅順港陷落的消息時一樣……我們都意識到自己真的有可能可以活著回家，只是心中突然湧起一股焦慮感。我們問自己：『談判會順利進行嗎？』、『萬一談判失敗了，該怎麼辦？』」[26]

日本的領袖們也同樣感到焦慮。事實上，東鄉平八郎只是暫時解救了日本，他的勝利不過是讓日本有機會啟動和平談判，僅此而已。因為無論大山巖的軍隊未來會贏得多少勝仗，日本顯然都會輸掉這場消耗戰。

五月三十一日，老羅斯福收到日本公使高平小五郎提出的正式請求，以協助日俄兩國進行和平談判，他立即安排與俄國大使喀希尼的會面。六月二日，老羅斯福告訴喀希尼，對俄國來說，戰爭已經沒有希望，應該想辦法結束這場衝突。如果俄國礙於國家顏面而不願率先表態，他願意擔任調

＊ 譯註：保羅・亞歷山大德羅維奇（Paul Alexandrovich），沙皇亞歷山大二世的幼子。

停者協助安排兩國會談。[27]早在喀希尼的報告送達沙皇前，德皇威廉二世便已敦促表親尼古拉二世尋求和平，他認為海戰的慘敗已經斷送了俄國獲勝的任何機會，尼古拉二世應該尋求老羅斯福的協助。[28]威廉二世更是對美國駐德大使查理曼．塔爾直言不諱地高聲說道：「除非實現和平，否則他們將殺死沙皇！」他最害怕的事情是，俄國走上革命一途。

尼古拉二世不像威廉二世那般恐慌，但同意在五月二十五日召開戰事會議商討談判事宜。[29]阿列克謝耶夫上將也出席了會議，可見他對沙皇仍具有一定的影響力。戰爭大臣薩哈羅夫與俄國海軍部海軍技術委員會主席杜巴索夫上將（F. V. Dubasov）雙雙極力反對和平談判，力爭俄國沒有打贏任何一場戰役就想結束戰爭，有失顏面。另一方面，阿列克謝耶夫和弗拉基米爾．亞歷山德羅維奇大公（Grand Duke Vladimir Alexandrovich）則強力主張展開談判；倘若和平條件令人無法接受，沙皇隨時可以退出並繼續戰爭。即使談判失敗，也能讓利尼耶維奇有時間組織軍隊。[30]

尼古拉二世權衡再三，總算決定展開和談。他的根本理由是「俄羅斯帝國還沒有任何一寸領土落入敵人手中」的這個事實。日本尚未對庫頁島採取任何行動，但他估計這是遲早的事，再說，沒有艦隊是守不住庫頁島的。他說，必須迅速行動，因為「明天局勢可能就不一樣了」。[31]

隔天，美國大使喬治．馮．倫格爾克．邁耶（George von Lengerke Meyer）覲見沙皇。邁耶轉達了羅斯福總統的訊息。他強調，他與總統都知道俄國「絕不會接受任何代價的和平，如果日本提出完全不合理的條件或索求過高的賠款，國王陛下必將擁有全國團結一心的支持」。讓尼古拉二世動搖的似乎不是邁耶說的任何話，而是沙皇本人在前一天的戰事會議上所提的：「您〔邁耶〕來得正是時候，他們雖然還沒有踏上我國的土地，但我意識到他們隨時都有可能進攻庫頁島。因此，這場會面必須在那之前進行。」[32]假使長岡外史占領符拉迪沃斯托克的計畫實現了，俄國會作何反應呢？如此看來可以肯定的是，尼古拉二世絕對不會同意談判，戰爭也將持續進行，為日俄雙方帶來不可預料的後果。

前往樸茨茅斯

華盛頓特區最初被選為展開和談的地點，但由於夏季氣候潮濕，老羅斯福將地點改至新罕布夏州（New Hampshire）的樸茨茅斯（Portsmouth）。考量日俄雙方代表都得長途跋涉至此，和談定於八月初召開。

首席談判代表的任命，成了尼古拉二世的一大難題，因為他最初中意的三名人選是尼利多夫（A. I. Nelidov）、伊茲沃爾斯基和穆拉維夫，分別為駐法國、丹麥和義大利的大使，結果他們都拒絕了這吃力不討好的任務。於是，沙皇只好指派謝爾蓋·維特，他唯一僅有的人選，儘管他個人非常討厭他。拉姆斯多夫提醒沙皇，沒有人比維特更了解遠東事務了。維特事後嘲諷道：「我很清楚我們陛下溫柔細膩的個性，因此我能諒解，歷經諸多風波後，任命我為首席全權代表、讓我再次親近左右，對他來說是多麼不悅的一個決定。」[33]

沙皇對維特下達的指示簡單明瞭。只要日本提出的要求「有辱俄國的榮譽與聲望」，他就應該毫不遲疑地立刻停止談判。具體而言，就是不支付任何賠償，也不能失去任何一寸領土。維特公開支持沙皇的立場，原因無非是：這是一種謹慎的政治手段。他在前往會議的途中，在巴黎面見法國總理莫里斯・魯維埃（Maurice Rouvier），對方告訴他，在和平談判結束前，法國無法再借款給俄國。魯維埃甚至提議，如果有需要，法國可以幫忙湊錢支付賠款。維特回答說，雖然他「全力支持和平」，但絕不會同意「支付任何一毛錢，因為俄國從未賠償過，也永遠不會支付賠款」。魯維埃指出，普法戰爭後，法國支付了賠款，但這無損國家榮譽。「我〔維特〕的回應是，如果日軍真的侵門踏戶至莫斯科，我們會重新考慮。」[34]

與維特同行的有聖彼得堡大學（Saint Petersburg University）國際法教授弗里德里希・馬滕斯（Friedrich Martens），他「令人景仰……但在許多方面能力有限，〔而且〕虛榮到了病態的地步」；普蘭森（G. A. Planson），一個「典型好阿諛奉承的官僚」，曾為阿列克謝耶夫總督效力，「卑躬屈膝地聽命行事，致使我們陷入這場戰爭」，以及他的祕書納博科夫（D. Nabokov），也是當時年僅六歲的天才小說家弗拉基米爾・納博科夫（Vladimir Nabokov）的叔叔；波科蒂洛夫（D. Pokotilov），「聰明絕頂且天賦異稟的人才……從一開始就反對戰爭」；羅森男爵（Baron Rosen），「出身波羅的海思辨世家、智力普通的德裔紳士」；最後是希波夫（D. N. Shipov），「能幹之人」，但他「趨炎附勢」，即法國人說的「兩面通吃」（*manger à deux râteliers*），「他不停對上級逢迎諂媚、極盡吹捧，但當上級失去權勢時，他又現實地慢慢疏遠」。另外還有維特「優秀能幹」的私人祕書弗拉基米爾・科洛斯托維茲（Vladimir Korostovets），他應維特的要求鉅細靡遺地記錄每一起事件。[35]維特顯然認為，自己在個性、智力以及氣質方面遠勝其他同僚。

日本談判代表團以外務大臣小村壽太郎為首。伊藤博文原本是擔任團長的最佳人選，但他婉拒出任。據稱他對此表示：「一個人必須為自己種的果負責。我發動甲午戰爭，自然也得為它畫下句點。我認為，當前這場戰爭應該由桂太郎本人來了結。」[36]桂太郎在壓力下接下這份工作，但他認為，這是吃力不討好的任務，而當小村挺身而出時，他深表感激。

相較於言詞尖刻且作風張揚的維特，小村壽太郎給人的印象要平實得多。然而，在他不起眼的外表下，隱藏著堅毅的智慧與自負的驕傲。他年輕時曾在美國留學，在那段期間，他深深意識到自己的民族認同以及身為日本人的自豪。他一生都「瞧不起外國風俗與國際主義」。[37]從哈佛大學法學院畢業後，小村壽太郎回到日本，公開宣稱自己是新的「反洋」激進人士。他指出：「倘若沒有強烈的反洋精神，任何國家都無法維持獨立。」儘管留學多年，他仍自傲地穿著和服、木屐，展現本土主義的價值觀。[38]他也全盤認同日本的大陸擴張行動，認定這是增強國力的必要之舉，並深知西方列強對日本構成的威脅。不出所料，他遴選了一群人協助他與高平小五郎進行和平談判，而這些人無不認同他強勢的民族主義觀點。[39]

七月八日啟程時，小村壽太郎一行人在東京新橋火車站受到熱烈歡送，五千多位民眾齊聚高呼「萬歲！」小村對之後的日本首相幣原喜重郎耳語：「我回國後，這些人將變成失控的暴民，拿泥巴砸我或持槍攻擊我。所以，我應該趁現在好好享受他們的歡呼。」[40]

勝利與失落

在會談中，俄國顯然必須在庫頁島與賠償問題上做出讓步，尤其因為日本已占領了該島。一九〇五年七月七日，日軍在科爾薩科夫（Korsakov）登陸，順利接管了當地的俄國駐軍。到了七月三十一日，俄軍約七十名軍官、三千兩百名官兵淪為日本戰俘，庫頁島也落入日本手中。[41]小村壽太郎承受著龐大壓力，假使未得到補償，也絕不能放棄庫頁島。他也拒絕在賠償議題上妥協，即便在內部最初於四月商定的優先事項清單中，這個問題的重要性並不高。日本的社會大眾也強烈要求俄國支付賠償，這點小村非常清楚。[42]

八月十五日，維特寫信向拉姆斯多夫表示：「我想，陛下會給出適當的指示，您說對嗎？」然而，沙皇仍然堅持己見，在致維特的電報中寫道：「談判過程中不得提及交出庫頁島一事。我國人民不會原諒我把任何一寸領土拱手讓給任何敵國，這麼做也會對不起我自己的良心。」[43]維特收到指示後心一沉。之後他描述道：「〔八月二十三日〕日我恢復談判的前一天，我非常緊張。我知道和平對俄國而言不可或缺，如果沒有和平，我們就會面臨新的麻煩，我盡心盡力為之奉獻的皇朝也可能會陷落。」[44]隨著談判因賠償及庫頁島問題而遲遲沒有進展，拉姆斯多夫於八月二十一日電告維特關於結束第二天會議的最終指示。[45]

老羅斯福決定出面干預，以個人名義呼籲沙皇勿中止談判，並考慮接受一套折衷方案——已落入日本手中的庫頁島北半部將歸還俄國，而俄國支付賠償作為交換。這位美國總統認為，「只要日本歸還庫頁島（北半部），俄國就沒有理由不賠償日本」。老羅斯福將這份電報轉寄了一份給維特，而他無視拉姆斯多夫的最終指示，還告知這位外交大臣，在沙皇回應美國總統的請求之前，不宜中止談判。[46]

八月二十三日下午三時五十分，邁耶大使來到沙皇別墅，轉達羅斯福總統的口信。尼古拉二世表明：「他只會簽署光榮的和平協定，任何形式的賠償都是不可能的。」隨後兩人討論了庫頁島的問題。邁耶指出，庫頁島的南半部在一八七五年之前一直是日本的領土，俄國直到最近才獲取此地。他強調：「庫頁島並非俄國**真正**的領土，如同旅順港。為何不該歸日本所有？」他同時警告，如果這場戰爭因為俄國未在庫頁島問題上妥協而持續進行，俄國就有失去符拉迪沃斯托克的危險。「萬一俄軍戰敗，你們將會失去符拉迪沃斯托克、失去整座庫頁島，甚至還可能會失去整個東西伯利亞；然後呢？」如此談了大約兩小時後，尼古拉二世態度終於放軟。他同意將庫頁島南部交給日本，但絕不支付賠款。[47]

在邁耶與沙皇懇談的同時，老羅斯福直接向日本天皇提出和平要求。這位美國總統經由好友兼昔日同窗、自哈佛大學畢業的律師兼眾議員金子堅太郎向日本隱約施壓，要求日本放棄賠償：「文明世界希望日本能取信於各國，希望日本能在道德方面展現如同軍事方面的領袖風範。」[48]老羅斯福並未向金子堅太郎和天皇提及，沙皇已經同意放棄庫頁島南部。不知為何，他也對日本代表團隱瞞了這個重要資訊。[49]

儘管面臨老羅斯福與日俱增的施壓，小村壽太郎仍在八月二十六日致信桂太郎，表示局勢令人絕望。「我們認為，沙皇受到利尼耶維奇將軍及其他人的影響，堅信滿洲的俄軍占上風，足以扭轉戰局。目前看來他無意談和。」小村壽太郎主張，除了終止談判之外，別無選擇。他還進一步說道：「戰爭如果持續，全是俄國的責任。既然無法繼續進行會談，我們會在談判破局時立刻離開。」[50]

小村壽太郎傳來談判可能破裂的電報，對東京當局而言可說是相當不樂見的消息。八月二十五日，曾協助日本取得戰爭貸款的美國金融家雅各·希夫（Jacob Schiff）通知公使高平小五郎：「美國、英國以及德國將……不再願意提供日本任何大量融資。」這意味著日本將沒有足夠的資金可繼續這場戰爭。[51]

希夫力勸日本與俄國達成和解。桂太郎指示小村將最後一次的會議延後二十四小時，好讓內閣有時間商議。在此同時，桂太郎、伊藤博文、山縣有朋、寺內正毅及其他內閣成員花了一整天商討對策。最終，考量國家已資源耗盡，並且接受國家無力繼續戰爭的現實，他們只能放棄同時爭取庫頁島和賠償的要求。[52]八月二十八日下午，小村收到了上級指示，先撤回賠償要求，但堅持俄國須割讓庫頁島。然而，假如維特拒絕這項提議，小村便會一併撤回對庫頁島的主張。這項決定相當於在領土與賠償的問題上完全投降。[53]

日本代表團得知指示後感到難以置信。小村壽太郎則泰然以對，只說了「我就知道他們會做出這樣的決定」。[54]代表團祕書本多熊太郎事後指出，他的同僚們當時得知消息後難過得不禁流下淚來。小村為了鼓舞代表團的士氣，便提醒他們別忘了悲劇英雄楠木正成的故事。楠木正成是日本鎌倉幕府時代的戰爭英雄與忠臣，曾為後醍醐天皇鞠躬盡瘁，他在一三三六年的湊川之戰中輸掉了一場決定性戰役。小村於是莊嚴地宣告：「今日便是湊川之戰啊！」[55]

當天晚上發生了幾件值得注意的事。外務省通商局局長石井菊次郎向小村壽太郎發出最終指示後，便決定前去拜訪英國公使竇納樂。在這次臨時會面中，石井訝異地發現沙皇在八月二十三日與邁耶大使會面時，已同意將庫頁島的南半部讓予日本。[56]竇納樂從倫敦當局得知這項出人意料的消息。石井隨即會見桂太郎告知此事，而桂太郎再電告小村壽太郎，要求他堅守對庫頁島南部的主張。小村對於上級的劇烈轉變一無所知，也很懷疑維特是否會同意。這是一場豪賭，因為萬一竇納樂的情報是錯的（桂太郎沒有時間仔細查明），這場和平談判將就此破局。

事實上，要不是維特勇於挑戰上級，情況可能真會如此。就在小村壽太郎逐漸恢復鎮定之際，維特在八月二十八日深夜收到沙皇經由拉姆斯多夫發來的電報，沙皇在電報中表明：「指示維特，無論如何都終止談判。我不想〔繼續〕等待日本做出善意的讓步。」這是俄國對於日本要求會談延遲二十四小時所做的回應。然而，維特無視這道命令。科洛斯托維茲指出：「他的回應是，如果我們不聽聽看日本新的提議內容便終止談判，那麼，我們就會遭外界指控為一心想延續戰火，而了解日本提出的新條件，是他對祖國應盡的義務。」[57]維特的舉動，無疑是犯下藐視沙皇命令的滔天大罪，為此他飽受磨難。他違背了尼古拉二世的指示，冒險挑戰皇威。事後他描述：「那天晚上入睡前，我天人交戰。一方面，理智和良知告訴我，如果第二天的會談達成和平協議，將是一件值得慶祝的事；另一方面，我內心深處有個聲音竊竊私語：『如果你因為命運而免於簽署和約，必將快樂得多，因為一旦你簽署和約，所有條款將會是你的責任，沒有人會願意承認他對上帝和祖國犯下的罪孽，就連俄國沙皇也是如此，尤其是尼古拉二世。』我一邊啜泣、一邊祈禱，就這樣度過了一個輾轉難眠的夜晚。」[58]

八月二十九日星期二，日本與俄國全權代表進行了最後一次會談。在正式展開會談前，小村壽太郎邀請維特與羅森一同參加非公開會議。「全場沉默了數秒鐘……最後，小村壓低音量說，日本政府的目標是恢復和平……已表態同意俄國將庫頁島一分為二，並且不支付任何賠償的提議。維特平靜地答道，俄國已接受日本的提議，將以北緯五十度線為界，劃分庫頁島的領土歸屬。」[59]

這場會談於上午十一時結束。科洛斯托維茲描述：「維特走出會場時紅光滿面，嘴角泛著微笑，接著他停下腳步，振奮高喊：『各位，我們實現和平了！恭喜大家！日本對所有問題都做出了讓步。』此話一出，群情激昂，在場所有人你一言我一語地互相道喜，彼此熱情地握手與擁抱。維特激動地親了我和幾名夥伴的臉頰。每個人都心滿意足，羅森男爵也不例外……他一反慣常的冷靜，微笑地讚賞謝爾蓋．尤列維奇幹得好。大家繼續熱烈地討論了一會兒，之後維特向拉姆斯多夫伯爵發出一封電報，請他轉告沙皇這個消息。」[60]

小村壽太郎與日本代表團的其他成員不認為自己有理由慶祝，尤其是小村，他知道令人煩心的事正在國內醞釀。相關的新聞報導將和平協議渲染成俄國的勝利。竇納樂寫信向在外交部工作的朋友亞瑟．哈廷（Arthur Hardinge）爵士說道：「俄國無疑在這些和平條款上，將我們的小盟友耍得團團轉。」[61]而那些報導更是加深了這種印象。停留樸茨茅斯的期間，維特不遺餘力地和美國記者

謝爾蓋・維特（右）與羅森男爵於1905年在新罕布夏州樸茨茅斯的溫特沃斯酒店（Wentworth Hotel）。（美國國會圖書館版畫與照片部，LC-DIG-ppmsca-08801）

培養關係，如今證明辛苦有所回報，而他為此深感得意。科洛斯托維茲描述：「他們聚在旅館裡祝賀維特，並感謝他的友好往來。這些記者報導的調性大致上都對我們有利。他們敘述俄國取得了輝煌的外交勝利，日本據說則是灰心喪氣。」[62]

沙皇對這項消息感到錯愕。維特之前通知已達成和平協議的電報讓他感到頭暈目眩，據他事後描述，當下自己彷彿「恍惚失神了」。他不確定該高興還是生氣。英國外交官塞西爾・斯普林・萊斯多次耳聞，尼古拉二世形容自己「被騙了」才會同意談和。[63]畢竟，維特當初違抗了他的命令。事後維特不快地反映道：「直到他收到來自世界各地的祝賀，其中包含德皇威廉熱烈的賀電，沙皇才捎來一封道謝的電報。」維特當著日本面前炫耀自己的成功與俄國的「勝利」，是有失體面的行為，尤其是在雙方都費盡好大一番力氣才有如此成果的情況下。然而，維特被自己對沙皇的反感和證明自身價值的欲望給蒙蔽了雙眼，對日本人（尤其是對小村）做出了不得體且失禮的舉動。科洛斯托維茲指出：「俄國自認是勝利者，是今日的英雄。在（酒店）自助餐廳，賓客們舉杯向俄國和美國敬酒。新罕布夏州州長、待人和藹的麥克連（Maclean）坐在露台上的桌前，邀請大家暢飲歡慶，他非常高興，並表達了對俄國的熱愛……日本代表則退居次要位置，不想破壞俄國與美國兩方高昂的興致。」[64]

這一切都是令小村難以吞下的苦果。這個男人自豪於祖國為了對抗俄羅斯巨人，不惜犧牲眾多人命及金錢並且屢戰屢勝，卻在樸茨茅斯會談中感到失落。日本駐華盛頓公使館臨時代辦日置益向朋友透露：「我為小村感到非常遺憾。勝利者竟然得順著戰敗者的要求談和。」[65]小村曾預言，結束會談回國後，自己將不會受到國民的熱烈歡迎，而他沒有預料到，國內對和平協議未包含任何賠償的結果竟感到極其憤怒且受辱。他呼籲大眾莫忘了對國家的崇高使命感：

> 日本民族的骨子裡流著武士道精神與武士榮譽的血液。對個人和國家而言，國家的榮譽比金錢更重要……這難道沒有比我們是否得到賠償更重要嗎？我們的策略與戰術、先進的武器裝備以及艦隊指揮等，讓世界各地的人們為之驚豔。這難道不是勝利的真諦嗎？俄國想要光榮的和平，我們想要的是平等的和平。我們已經實現了這個目標，而我們帶給人類、文明與全世界的是，一種比是否獲得賠償更具有意義的事物。[66]

小村壽太郎等人或許感覺遭到了老羅斯福的背叛，因為他隱瞞了沙皇願意割讓庫頁島南部這項重要資訊。沒有證據顯示，這位美國總統這麼做是別有意圖或基於政治利益。[67]然而，在日本對西方列強的諸多不滿之中，還有一筆帳要算。

大韓帝國的陰謀

儘管心裡不是滋味，小村壽太郎仍成功爭取到所有無商量餘地的條款，包括俄國承認日本在韓國的權益、俄軍撤出滿洲，以及日本對東清鐵路南段的控制權。此時在韓國，高宗對樸茨茅斯會談的情況瞭若指掌，想方設法地影響會議進程。九月，他致信俄國外交大臣拉姆斯多夫：「俄國與日本之間和議的結果如此，將使韓國失去最後的希望。」並詢問俄國可以提供什麼樣的援助來確保大韓帝國的獨立。拉姆斯多夫向他保證：「沙皇非常關心鄰國的利益，維護其領土完整是他堅持不懈的目標。」[68]

然而，高宗並不打算完全仰賴俄國以確保國家的獨立。一九〇四年八月，在戰局明顯不利於俄國的情況下，高宗從囚犯中選中一個年輕、勇敢且受過教會教育的改革派人士，其名為李承龍，後來以李承晚（Yi Sŭng-man）之名而為人所知。李承晚因從事反政府活動，以及與現已解散的獨立協會的淵源而遭到囚禁、虐待。[69]基於其教育背景，李承晚能說一口流利的英語，於是高宗決定派他赴美為大韓帝國說項。任務結束後，他繼續留在美國攻讀喬治華盛頓大學（George Washington

University）的學士學位，以及普林斯頓大學（Princeton University）的博士學位，直到一九一二年才為躲避日本殖民當局的追捕而逃回韓國。此後的三十年，他致力於遊說美國與歐洲列強，為韓國爭取獨立。一九四五年，他在美國駐韓政府的保護下返國帶領南韓，成為這個新成立國家的首任總統。[70]

令人玩味的是，日本政府並未阻撓高宗派人赴美的計畫。[71] 一九〇五年二月，李承晚設法確保得以和國務卿海約翰會面，對方表示同情，卻也深知老羅斯福不會為大韓帝國說情。先前老羅斯福曾於一月寫信向他表示：「我們不可能為了韓國而與日本作對。他們無法主動出擊以保衛國家。」[72]

而高宗並不氣餒，反而持續努力說服美方出面調停。一九〇五年六月，他會見了美國公使館官員盧奇（A. W. Lucci）。高宗一再追問，萬一大韓帝國的獨立面臨威脅，他能否指望美國會根據一八八二年的《朝美修好通商條約》「協助」爭取權益。盧奇直言不諱地表示不可能，並解釋：雖然羅斯福總統致力推動和平談判，但「美國已承諾不會干涉談判的進行，並以此樹立榜樣，防止其他大國出手干預」。高宗透露希望能與美國進行祕密協商，盧奇則指出：「任何此般努力無疑都會引起日本的強烈抗議，世界各國也會認為日本有理由採取強硬措施。」隨後他警告高宗：「日本在這場戰爭中犧牲了無數人命及金錢，不會容忍任何第三勢力介入，也不會允許韓國危及勝利的果實。」[73]

俄國早料到日本會要求在朝鮮半島享有完全的行動自由。儘管如此，尼古拉二世仍希望在和約中加入日本接受大韓帝國獨立的條款。他還認為必須「在條約中納入禁止日本在韓國南岸修築要塞的條款，以維護俄國通行韓國海灣的自由」。[74]只是，沙皇很快就打消了這些念頭，因為維特和拉姆斯多夫曾提醒他，韓國不是俄國的領土，因此俄國在此議題上無法討價還價。

韓國問題是日俄戰爭爆發的主因，也是日本在和談中的首要目標，因此在談判初期成為核心焦點。維特的立場是「俄國將同意日本在韓國享有完全的行動自由」，但他堅持日本不得損害大韓民族的權利，不得採取對俄國邊境領土安全造成威脅的措施，同時必須保證俄國公民在韓國享有與其他外國公民同等的權利及特權。[75]

小村壽太郎全盤接受，唯獨針對大韓帝國的主權問題，他巧妙地主張日本不會允許這樣的表述，因為大韓帝國已喪失獨立地位。當前的問題完全在於，俄國是否「接受日本在韓國享有完全的行動自由」。最後，維特和小村各退一步，即條約內文將不會提及大韓帝國的獨立。取而代之的是，會議紀錄將加入以下限制條款：「日本官員聲明，在此協議，未來日本認為必須在韓國採取的任何可能危及該國主權之措施，均得經該國政府同意後方可執行。」[76]這無疑是一段空話，但雙方都感到滿意。

維特很清楚，其他列強——即美國與英國——並不支持大韓帝國的主權地位。七月，美國戰爭部部長威廉·塔夫脫（William Taft）在前往菲律賓的途中順訪東京，與日本達成了一項協議。七月二十七日，塔夫脫會見桂太郎時明確提到，他同意這位日本首相對韓國問題的看法，並聲明：「他個人認為，日本軍隊在韓國建立宗主權……是眼前這場戰爭的必然結果，將直接促成東方世界的永久和平。」[77]他的評論完整表達了「羅斯福總統的政策與精神」。[78]大約在同一時間，英國外交大臣蘭斯多恩和日本公使林董正敲定更新後的英日同盟條約，在這份協約中，英國默許日本接管大韓帝國。[79]

伊藤博文與高宗的會面

因此，一九〇五年九月五日日俄兩國簽署《樸茨茅斯條約》的消息傳來後，漢城方面便有一種不祥的預感。由於第二項條款規定，俄國不得干涉日本對大韓帝國的監管，因此高宗預料在不久後，日本將與韓國簽訂保護國條約。問題在於，他是否有辦法向日本爭取一些微小的讓步，以使條約更有利於韓國。

伊藤博文銜明治天皇之命前往韓國談判這項新條約。他在十一月九日抵達漢城，並在次日將明治天皇的信函遞交給高宗。十一月十五日下午三時，伊藤博文與高宗展開第一次正式會談。《明治天皇實錄》（*Meiji TennoKi*）詳細記載了兩人之間的精采對話，值得在此詳述。[80]

伊藤博文直接切入正題。他告訴高宗：「日本政府希望主導韓國的外交政策，不過，陛下仍保有對國內事務的控制權。」「由於韓國的局勢與全東亞的安全息息相關」，因此他提議讓大韓帝國成為日本的保護國，以維護該區域的和平及穩定。他也提醒高宗，別忘了考慮當前的國際形勢。「我們非常希望此時此刻就日韓建立保護關係一事，取得您的同意。」

高宗回道：「我當然無法拒絕你的提議。」但他有一個請求：「授權日本掌管大韓帝國外交政策的同時，我希望能保有名義上的權力。」

「你說的『名義上』是什麼意思？」伊藤問道。

「例如，互相派遣外交使節。」高宗回答。

伊藤態度堅決：「在任何一種外交關係中，『名義』與『實權』密不可分。如果日本允許大韓帝國繼續（只在名義上）推行目前的外交政策，後者將再次捲入有關其領土主權的衝突，而這樣的衝突必將（再度）威脅東亞的穩定。日本不容許（類似日俄戰爭的）衝突再次發生，因此我們希望全權掌控大韓帝國的外交政策。我們是基於慎重考量，以及從過往經驗中學到的教訓而做出這個決定，必須堅守這項原則。」

高宗堅持要求其政府至少「能在**表面上**保有對外交政策的控制」，並詢問日本政府是否會重新考慮。「我擔心，大韓帝國將淪落到像奧匈帝國的匈牙利或非洲各國那樣的下場。」

「匈牙利的皇帝已不存在。」伊藤冷回道，「這種情況和日韓之間的關係完全是兩回事，日韓兩個國家依然保有各自的君主及獨立地位。將大韓帝國比作非洲國家也不恰當，因為非洲沒有一個國家具有獨立地位。正如我之前所提，日本與大韓帝國之間的這項條約，旨在防止東亞未來可能再次發生的衝突。日本只希望獲得韓國授權監管其外交政策，而韓國政府將保有國內事務的控制權。」

高宗仍不死心，向伊藤博文追問明治天皇是否會重新考慮這個問題。「或許他有可能改變主意？」

伊藤嚴正回道：「日本政府已充分考慮此事，不會就這一點做出任何細微改變。」接著他威脅道：「我今天來此的目的就是徵得您的同意。如果陛下拒絕，反正日本政府已拿定主意，屆時難保您的處境會是如何。勿再猶豫，請立刻簽署條約。」

高宗懇請伊藤再給他一點時間。「我不能獨自做這個決定。我必須與大臣們商議，同時調查民意。」

這個最後的請求似乎激怒了伊藤博文。「陛下認為有必要徵求大臣的意見，相當合理……不過，我懷疑您對公眾輿論的擔憂只是一個藉口，真正的意圖是挑起社會不安，使其反對日本的提議。若真如此，未來陛下將得對後果負起責任。」伊藤接著解釋，社會大眾並不了解這些問題。「韓國民眾仍缺乏對外國關係的認識，且對當前的國際形勢一無所知。如果在這件關乎國家存亡的事情上尋求他們的意見，只會激起民憤而已。」

高宗頓時大吃一驚，否認意圖煽動反日輿論，表示只是想和大臣們商量後再做決定。

伊藤回應，高宗可以和他們商量，「但是，」他補充表示，「您必須先保證，大韓帝國最終會接受我們的提議。」他唯恐高宗會一拖再拖，然後把責任推到大臣們身上。伊藤脫口而出：「這件事不能再拖了。」並要求高宗當晚便召集大臣開會。「請不要再浪費時間。」伊藤惱怒地說。

高宗同意了，但再次提及讓他保有對大韓帝國外交事務「名義上」的權力的問題，並希望就這件事對日本天皇提出呼籲。

這次，伊藤失去了耐性，他斷然要高宗「放棄這個念頭」。這場會談持續了四個小時，於晚間七點結束。

《乙巳條約》的簽訂

高宗懇求伊藤允許他調查民意，確實是在拖延時間，因為他知道，有眾多團體意識到國家政局岌岌可危（尤其是本地的儒家學者與兩班），而且早已表達反日立場。由英國記者厄尼斯特·湯瑪斯·貝塞爾（Ernest Thomas Bethell）經營、持強烈反日立場的韓國報社《大韓每日新報》（*Taehan maeil sinbo*），在《樸茨茅斯條約》公布後，隨即展開煽動反日情緒。一名日本公使館官員寫道：「最近聚集在城中的儒家學者紛紛購買《大韓每日新報》，並且嘲笑日本。」這些學者「如李址鎔、李根澤（Yi Kŭn-t'aek）及李夏榮等人，甚至對韓國的大臣施壓，罵他們是叛徒、是逆臣……他們向來反對日本，影響力愈來愈不容忽視。」[81]

有傳聞指出，日本在賠償問題上決定退讓的舉動，顯露出日本畢竟不是強大的國家。一份出自日本警方的報告顯示，「儒家學者們大肆嘲諷日本軟弱無能，有人說小村壽太郎……可能收受了俄國的鉅額賄賂，儘管條約對日本不利，最終還是簽字了。」[82]人們一度希望《樸茨茅斯條約》能像一八九五年三國干涉還遼事件那般打擊日本聲譽，重創日本在世界上的地位，尤其是對日俄戰爭賠償不滿的日比谷反和平暴動正肆虐東京，以致韓國有望從這場動亂中得利。然而，伊藤博文抵達漢城的事實，打破了這個充滿希望的幻想。隨著高宗的大臣們齊聚一堂、準備與日本直球對決，人們逐漸意識到，醞釀了將近二十年的終極清算日終於到來。

十一月十七日上午十一時，林董在日本公使館會見了大韓帝國內務大臣李址鎔、學部大臣李完用（Yi Wan-yong）、外部大臣朴齊純、軍部大臣李根澤以及農工商大臣權重顯（Kwon Chung-hyo）等五人——即後來惡名昭彰的「乙巳五賊」——一同商討保護國條約事宜。會後，一行人入宮覲見高宗。[83]會議進行得並不順利，林董請寄宿長谷川好道大將府邸的伊藤博文前來協助協商的推進。伊藤與長谷川於晚間八時左右抵達皇宮，而日本的軍隊和警方將皇宮團團包圍。[84]

接下來發生的事情至今仍是個謎。高宗拒絕在文件上蓋上璽印，而伊藤不滿地予以痛斥。眼看情況毫無進展，伊藤召來外部大臣朴齊純並宣稱：「這屬於外交事務，因此朴大臣有權用印。」參政大臣韓圭卨（Han Kyu-sŏl）拒絕合作，他告訴伊藤：「我已下定決心，要這麼做的話，為了我的國家，我會身先士卒，壯烈犧牲，你覺得如何？」伊藤怒不可遏，罵他是「奸臣」，未想其他幾位大臣卻稱，「韓圭卨是否批准此事並不重要；其他首長蓋章批准即可」。十一月十八日凌晨一點，「乙巳五賊」在條約上蓋章簽字。不久後，伊藤博文與長谷川好道便離開了皇宮。

伊藤與長谷川一離開，朴齊純禁不住悲從中來，卻遭韓圭卨嚴厲斥責：「你今日上午（在與林董的會談中）表示反對這項條約。你說因為你知道自己會被迫簽下條約，所以想將皇璽扔到池子裡。那你為何沒那麼做呢？」隨後，韓圭卨召來數名低階官員擬好一份請願書，請求高宗要求驅逐那些簽下保護國條約的大臣。[85]

十一月二十三日，《中國公報》（*China Gazette*）首度報導了這起事件。內容引用了一大段很可能是厄尼斯特・湯瑪斯・貝塞爾所撰寫的敘述，與事實多有出入。據這篇報導指出，伊藤博文、長谷川好道和林董在十一月十七日傍晚一同來到皇宮，帶著日兵和警察威脅皇帝的人身安全。報導還稱，大韓帝國外部的日本顧問沼野安太郎偷走了皇璽，並簽署了保護國關係的條約。雖然這些報導無法查證，但韓國無疑是在受到脅迫的情況下簽署了條約。[86]

日本政府於十一月二十日就日韓保護關係條約發布了一道詔令，向全世界解釋締約的原因。日方哀嘆：「韓國做出了不明智且輕率的行為，尤其是在棘手難題層出不窮的國際關係領域。」此外，「一旦放任當前不盡人意的情況，任其放縱、目無法紀，將招致新的困境」。因此，日本「不得不採取必要措施，希望一勞永逸地結束這種危險局面」。基於這個目標，明治政府決定掌管韓國的外交政策，以確保「亞洲的和平與穩定」。這道詔令的結尾寫道：

> 日本帝國政府提請所有與韓國締結條約的列強注意這項協議，同時鄭重聲明，在掌管韓國外交關係與履行監督該國既有條約執行狀況之義務時，日本將確保這些條約的有效性及其所涉內容，並將公正無私看待列強的合法商業與工業利益。[87]

這是一份令人刮目相看的文件。日本將保護關係條約的簽訂，包裝成是為了「亞洲的永久和平與穩定」著想，聲稱自一八七六年開放以來，朝鮮半島一直是東亞紛爭及衝突不斷的地方，並以此作為其接管韓國的理由。一九〇五年十月下旬，伊藤博文抵達漢城的數週前，高宗請他信任的美國好友荷馬．赫伯特（Homer Hulbert）帶一封信給羅斯福總統。由於旅途漫長，赫伯特直到日韓簽署了保護關係條約的數天後才將信件送達。高宗在信中指稱日本對大韓帝國不公不義，呼籲美國根據一八八二年的《朝美修好通商條約》與日本交涉，以維護大韓帝國的主權。這正是日本在詔令中警告美國勿出手「干預」，否則將導致「國際糾紛」的韓國事務。十一月二十一日，赫伯特將這封信交給國務卿羅脫（Elihu Root），而對方只說了一句話：「你想讓我們惹禍上身嗎？」[88]

在十一月二十一日於北京舉行的一場密會中，小村壽太郎告訴美國駐華公使柔克義，考量高宗希望老羅斯福代表大韓帝國出手干預，「倘使美國能帶頭關閉駐漢城的公使館，日本樂見其成，因為這將對韓國造成巨大的道德效應」。[89]三天後，即十一月二十四日，羅脫指示美國駐韓公使毛艮（Edwin Morgan）撤離駐漢城使館。不久後，其他國家也紛紛跟進。一名駐漢城的美國官員將各國外交官撤離大韓帝國首都的現象比喻為「一群老鼠倉皇逃離一艘正在下沉的船」。[90]

一波憤怒的浪潮席捲漢城，氣憤難平的儒學文人撰擬的陳情書排山倒海而來，呼籲高宗處決「乙巳五賊」並廢止條約。[91]儒家學者崔益鉉宣稱，朴齊純「理應受到比千刀萬剮更嚴重的懲罰」。[92]他寫給高宗的請願書值得在此詳盡引述：

> 我們的民族獨立與國土完整有多少次得到了保證？日本又以友誼的名義欺騙了我們多少次？他們玩弄我們無數次，讓人難以信任。如今他們聲稱將確保大韓皇室完整無缺。陛下，您怎麼能夠相信他們呢？幸好，皇權未遭廢黜（至少現在是如此），人民尚未被消滅，外國使節也尚未被召回。日本人〔此刻〕手握的不過是卑鄙叛賊所簽字的一紙毫無意義的文件。我們應該先將朴齊純及追隨他的另外四名〔叛賊〕斬首謝罪。接著，應在外部選派一人立即與日本政

府聯繫。我們應迫使日本交出或銷毀《乙巳條約》……同時，我們應與外國使館聯繫並召開會議，宣布日本〔對我國〕犯下的罪行，以及該國如何濫用權力對付一個弱國。如此一來，陛下的旨意與人民的意志終究可以昭告天下。如果各國都能明白大韓〔民族〕的精神，那麼世界各地的人們將會挺身而出，支持我們……每次一想到國家嚴峻的未來，我就忍不住淚流滿面。我希望陛下能聽取我的忠言，即使這些話出自一個將死之人。希望您能採取必要之舉來挽救當前局面：懲治五賊，廢除《乙巳條約》！[93]

尤其引人注意的是，崔益鉉的請願書並未提到日本戰勝俄國一事。這起激勵人心的事件似乎證實了韓國改革派的主張，即推行明治維新的日本是韓國應該效仿的榜樣，但是，崔益鉉並未提及日本的勝利對韓國所具有的意義。[94]他也似乎不了解韓國的現實政治困境，也就是向美國求助只是徒勞無功，以及美國願意為了維護東亞地區的「和平與秩序」而「拋棄」韓國。[95]最終，老羅斯福之所以牽線促成《樸茨茅斯條約》的簽訂，是為了在共同的門戶開放原則基礎上，建立以日本為中心的區域新秩序。這種現實政治的盤算，崔益鉉始料未及。

十一月三十日，明成皇后的表弟閔泳煥（Min Yŏng-kwan）割喉自盡以表抗議。他的口袋裡放有六封遺書，每封都蓋上了血印，署名給美國、法國、英國、德國以及大清的代表，目的是懇請他們「幫助我國人民獲得自由與獨立」。另外有一封信署名給同胞，信中他為「國家的屈辱與人民的羞恥」致上「誠摯歉意」。[96]其他人士自殺的消息也跟著傳出。同一天，儒家學者趙秉世

（Cho Pyŏng-se）選擇服毒自殺；十二月六日，駐平壤的長桑台（Changsangdae）部隊指揮官金奉學（Kim Pong-hak）切腹自殺；另一名儒生宋秉璿（Song Pyŏng-sŏn）也服毒自殺，他喝下毒藥並留下遺言：「若不廢除條約，國家將不復存在。」[97]

隨著自殺事件頻傳，一群兩班和官員於十二月三日入宮，直接向高宗請願。他們申明：「韓國的土地及兩千萬名人民不是您所創造的，而是祖先傳承給您的。這個國家〔在您的統治下〕淪落到眼前這個地步，歷代先皇及人民不禁感到忿忿不平。」他們要求高宗廢除《乙巳條約》，然後向韓國人民道歉。[98]

那些對日本持正面態度的人士則泰然處之。獨立協會的前任會長尹致昊認為，官員們的反應過於極端。他在一八八〇年代初期加入開化黨。一八九五至九六年間，他擔任學部協辦和外部協辦。他在日記中嘲諷道：「韓國人民認為，〔《乙巳條約》〕將引起列強的強烈憤慨，迫使日本取消該條約。首先，有哪一個大國敢率先向日本扔石頭？其次，韓國在過去二十年裡以獨立地位和列強往來期間並未有所成就，以致今日值得他國同情以對，更別提理應獲得全世界的幫助了。人不自救，孰能救之？……有哪個強權會冒險惹怒作為戰爭勝利者的日本，只為了拯救病入膏肓的韓國？」[99]

出走與救贖

一九〇六年，大批韓國人民開始出逃至位於俄國遠東地區的濱海邊疆區。[100]同一年，崔在亨

（Ch'oe Chae-hyŏng）與李範允在波西耶特地區成立一支抗日義軍志願軍。[101]兩人在日俄戰爭期間皆十分活躍，之後開始帶兵定期向韓國北部的日本駐軍發動襲擊。[102]

對那些支持日本開戰的韓國人而言，這場戰爭的勝利如同證實了明治時期的日本的確值得效仿。這座島國實現了自我革新，並透過軍事與經濟實力打敗了俄羅斯熊。「戰爭就這樣畫下了句點。」尹致昊諷刺地評論，「俄國得到了教訓，日本得到了榮耀，大韓帝國則得到了最壞的結果。在日本欺人太甚的奴役下，韓國人民將會意識到，自家君主的專制正是引領他們走向外族暴政的墊腳石。」[103]

一進會首領宋秉畯對韓國的未來則抱持較為樂觀的態度，他深信繼續與日本合作將對韓國有益。日本的戰勝讓他及會眾們從彼此的合作關係中獲益匪淺，他們期盼日本得以進而幫助韓國改革陳腐破敗的體制。[104]在此基礎上，他堅信，保護國條約只是臨時措施，目的是讓韓國走上「進步與文明」的道路，最終走向獨立。一進會樂於在日本的「指引」下作為友好的盟友，共同推動大韓帝國實現「真正的」獨立，意即「實質」而非名義上的獨立。[105]他宣稱：

> 一進會竭盡全力〔協助〕日本，並在修建鐵路與運送軍用物資的過程中犧牲了數百名追隨者的性命。我們受苦受難，是為了向日本這個東方最先進的國家奉獻心力，是因為相信其理想剛正不阿，並感謝其在日韓同盟中展現的友好。然而，食古不化的韓國人民稱我們是叛徒，對我們真正的目標視而不見；儘管我們不畏懼他們的憎惡，仍對此深感遺憾。[106]

這與崔益鉉當初的請願形成了鮮明的對比。崔益鉉這一派回溯道德議題，主張保護大韓民族認同與文化的原始自豪感，讓國家的「朝鮮特質」免於受到威脅；另一派則倡議以與日本合作為基礎來建立韓國的發展模式，進而引發了各種有關韓國主權與身分等核心意義的問題。於是，日俄戰爭的結束為韓國留下了深刻的政治分歧，而這些歧異的影響一直延續到了二十世紀。

第二十一章　「亞洲的永久和平與安全」

一九〇四年六月，日本前內務大臣、伊藤博文的女婿末松謙澄發表了一場公開演說，目的是消除社會的反日恐懼，緩和歐美領袖對日本近期在戰爭中取勝的過度驚恐。他說道：「無論日本在目前的戰爭中取得多大成功，都不會影響其對韓國、滿洲或中國的明確政策，而歐洲在此問題上不必有任何顧慮。首先可以確定的是，在任何可以想像的情況下，日本都不會允許俄國在韓國擁有最起碼的政治或領土控制權。這是絕對肯定的事。」在滿洲問題上，「除了所有列強共同享有的權利之外，日本不渴求在此擁有任何其他權利。滿洲將歸還大清，只是日本必須採取前述的措施，以免滿洲將來再次回到戰前的情況。」[1]

美國的政治家與商界領袖對這些保證大表贊同。鐵路大亨、同時也是聯合太平洋鐵路（Union Pacific Railroad）與南太平洋鐵路公司（Southern Pacific Railroad）的負責人哈里曼（E. H. Harriman，政治家埃弗里爾．哈里曼〔W. Averell Harriman〕的父親）尤其熱中於維持滿洲的商業和貿易開放。一九〇五年春，美國駐日公使洛伊德．格里斯科姆寫了一封信給哈里曼，敦促他訪問日本。當時，日本的領袖們沉痛意識到國家已經破產。這場戰爭耗費了十七億日圓，而日本的國民年所得只有二十多億日圓，財政負擔沉重，格里斯科姆在信中解釋，日本需要總額約七億日圓的外國貸款。[2]

日本嚴峻的財政狀況，也對其戰後在滿洲的重建計畫造成了重大影響，尤其是東清鐵路，日本在《樸茨茅斯條約》中從俄國手中獲得該鐵路的部分路段，而眼下急需修復。客車或火車頭一台也不剩，只有幾台貨運車廂還在運作，許多鐵道橋梁也遭到摧毀。若想讓鐵路恢復運行，將需要購置新的車廂、火車頭及其他鐵路設備，以及修復橋梁。[3]格里斯科姆認為，哈里曼與日本雙方可達成一項有助於兩國利益的協定：以美國資本來換取滿洲的鐵路使用權。

考量哈里曼與金融家雅各．希夫關係密切，而希夫旗下的銀行也曾向日本提供戰爭貸款，因此他是展開這宏偉事業的最佳人選。[4]哈里曼回覆格里斯科姆：「保護美國未來在太平洋的商業利益不會完全消失，至關重要……而要找到最好的辦法，就是著手展開行動。」[5]

哈里曼的宏偉願景

哈里曼心中所想的「開創事業」，是一項與全球接軌的遠大計畫。他的願景是建立一條貫通亞洲、歐洲以及美國的環球運輸廊道。這將是一條連結世界工業及商業中心與最大規模市場的商業幹線。更重要的是，它將使美國在遠東地區占有主導地位。他誇耀道：「這將是世界上最不可思議的運輸系統，足以讓我們環繞地球。」格里斯科姆指出：「這樣的計畫如果是從別人口中說出，會是痴人說夢，但出自哈里曼之口，聽起來就相當可行。」[6]在哈里曼目光遠大的計畫中，東清鐵路將是重要的一環，用以串聯當代雄偉的運輸計畫：蘇伊士運河（一八五九年—一八六九年）、美國橫貫大陸鐵路（US transcontinental railroad，一八六三年—一八六九年）、巴拿馬運河（Panama Canal，一八八一年—一九一四年）以及西伯利亞鐵路（一八九一年—一九〇四年）。

一九〇五年八月三十一日晚上，哈里曼大張旗鼓地抵達橫濱。在格里斯科姆為他舉辦的宴會上，他舉杯向賓客致詞，呼籲美日兩國未來同甘共苦、共享繁榮：「你們在戰略方面突飛猛進，但也必須從和平的藝術中尋求更大的成就，也就是繁榮、滿足與幸福。我希望在不久的未來，日本和美國的商界能夠意識到共同的利益，進而建立更緊密的關係。」[7]

接下來的幾天裡，哈里曼認識了幾位元老，其中包括伊藤博文、井上馨，還有日本興業銀行長添田壽一及數名內閣大臣。哈里曼提出了一個大膽的想法，即成立日美企業聯合組織，為東清鐵路的南部支線——一九〇六年正式更名為日本南滿鐵路（South Manchurian Railway, SMR）——提供資金並管理其運作。他與合夥人將出資購買這條鐵路，以換取鐵路的部分所有權與控制權。[8]如此合作關係將為日本政府省下鐵路恢復運行所需的龐大費用，同時還可為日本國庫挹注所需的現金。此外，日本大可以信賴美國，因為哈里曼及其商業夥伴追求的是利潤，而不是領土。

不幸的是，這項方案提出之際，正值動盪時期。《樸茨茅斯條約》所規定的條款剛傳至東京不久，便引發了九月五日的日比谷暴動。條款的內容激怒了日本民眾，許多人將矛頭指向美國，甚至焚燒羅斯福總統的肖像洩憤。[9]由於動亂在此之後持續了好幾天，因此哈里曼決定離開東京，前往中國及韓國，待一切平息後再返回日本。在此同時，格里斯科姆繼續遊說日本官員，宣傳哈里曼的計畫。格里斯科姆寫道：「我很驚訝沒有遭遇任何強烈反對。桂太郎伯爵向來不是容易被說服的人，但他坦承表示有意贊同此案，大藏次官阪谷＊也是如此；最後，井上馨伯爵也說：『如果我們錯失良機，就太愚蠢了。』」[10]實業家澀澤榮一也加入哈里曼的行列，發揮其在商界的巨大影響力。

日本之所以願意支持哈里曼的提議，有兩個原因。首先，日本財政狀況嚴峻，若是進行鐵路的修繕及運作，財務會更吃緊。至於日本政府能否有效管理這條鐵路，也令人懷疑。哈里曼在鐵路領域深厚的經驗與專業知識，將確保東清鐵路得到妥善管理，甚至有獲利的可能。第二個主要的考量是戰略問題：日本對俄國具國家安全上的顧慮。日本最資深的元老井上馨尤其憂慮，戰敗的俄國可能會為了報復而重啟戰爭。倘若東清鐵路交由美國和日本共管，便能迫使俄國三思而後行，避免挑起一場可能將美國捲入其中的衝突。[11]

哈里曼於十月八日結束在中國與韓國的停留，並開心地得知自己的提議獲得正面回應。四天後，桂太郎與哈里曼草擬一份「初步協議」備忘錄，同意成立一個以哈里曼為首的投資者聯合組織，為「購買日本政府取得的東清鐵路及其附屬設施；鐵路的修復、裝備、重建與擴建，以及大連站的完工與整修」提供資金。雙方也同意在「共同與對等」的基礎上擁有這條鐵路。這家公司按照日本的法規組織而成，屬於日本企業。此外，假使「日本與中國或日本與俄國爆發戰爭」，這條鐵路的運作將受日本控制，並且須遵循日本政府的指示「運送部隊士兵及戰爭物資」。[12]這對日本而言是划算的交易，因為資助該項鐵路計畫的重擔完全落在哈里曼及其合夥人的肩上；所有財務風險由他們承擔，若是獲利了，日本還能分得利潤。

然而，就在協議預定簽署的前一天，日本遞信大臣大浦兼武竟強烈反對，聲稱應先徵詢正從樸茨茅斯返回日本的小村壽太郎之意見。不過，大浦兼武還有更深一層的主要顧慮。該協議出賣了日本用人命和金錢「換來」的鐵路所有權，可能會讓情緒一觸即發的社會大眾更加憤怒。日方告知哈里曼，表示協議的簽署應延後，等到更合適的時機再進行。於是，哈里曼於十月十三日帶著未簽署的備忘錄啟程前往舊金山，雖然感到失望，但仍期待小村壽太郎返回東京後會批准他的宏偉計畫。

哈里曼離開日本之際，美國國內正醞釀著動亂。九月初，在談判期間擔任老羅斯福與小村壽太郎之間的重要聯絡人金子堅太郎正準備返回日本，他意外接待了山繆・蒙哥馬利・羅斯福（Samuel Montgomery Roosevelt）的來訪。從商的山繆是羅斯福總統的表親，因而得知哈里曼的鐵路計畫。他對聯合組織一事抱持強烈的保留態度，因為他認為，日本的鐵路權利是「現行和平條約的精髓」。他告訴金子堅太郎，他可以做出適當的安排，並提供「四千萬至五千萬日圓、利率百分之五」的貸款。[13]這項財務安排會比哈里曼的提議來得更簡單直接，鐵路的所有權也將完全歸屬日本。沒有證據顯示羅斯福總統透過表親積極試圖破壞哈里曼的計畫，不過，哈里曼與老羅斯福之間的複雜關係早已眾所周知。[14]

---

* 編註：即阪谷芳郎。其所任職的大藏省日後改制為財務省。

十月二日，小村壽太郎和金子堅太郎啟程返回日本。小村擔心自己抵達橫濱時，憤怒的暴民會向他丟擲「炸彈」。他無法強制要求俄國賠償的事實，凸顯了東清鐵路南部支線的所有權關乎日本未來滿洲利益的重要性。[15]因此，他從金子堅太郎的口中得知告哈里曼的計畫，以及山繆・羅斯福願意提供融資的消息時，內心大受鼓舞。他透露：「我〔在和平會談上〕用盡了全力為日本爭取鐵路所有權。」此刻，他下定決心要好好善用這件事。[16]

小村壽太郎與金子堅太郎於十月十六日抵達日本，兩人打算建議政府回絕哈里曼的提議。小村完全漠視美日共管鐵路以對抗俄國威脅的嚇阻效果。他在樸茨茅斯遭受羞辱後，並不打算放棄自認在談判中取得的一大勝利：日本擁有東清鐵路南部支線的控制權，未來可望在滿洲南部占有一席之地。條約的第六項條款規定，俄國如欲將鐵路權讓渡給日本，須徵得大清的同意。[17]小村也不希望見到日本得來不易的鐵路權被賣給出價最高的國家，讓日本人民因此再度受辱。就如記者喬治・肯南所言：「對日本民眾來說，在未獲賠償的情況下與俄國談和已經夠糟了；如果再將超過一半的勝利果實賣給美國，進而讓國家用金錢及人命換來的商業領域向外國競爭者敞開大門，會是一件讓人無法忍受的事。」哈里曼在十一月初抵達紐約時，收到了添田壽一傳來的電報，對方通知他，十月十二日的備忘錄已遭到中止。[18]

有趣的是，日本意識到自身在一九〇五年的處境，與俄國在一九〇〇年處境幾乎一模一樣。這兩個國家都在滿洲耗盡了人命和金錢，而結果證明，撤離滿洲並且將其歸還大清，並不容易。每一次的軍事占領行動耗時過長，但對日本而言，驚人的犧牲、不盡人意的戰爭結局，致使小村壽太郎等人深信，日本必須利用勝利來擴大自身的權益。十一月六日，小村前往北京，就日本戰後在滿洲的立場與大清商談新的協定。[19]

覺醒的中國

日本的勝利對大清來說是一道分水嶺，因為它揭穿了西方列強無敵的神話，同時也顯示改革仍有可能成真，即使對大清而言也是如此。戰爭的結束為一九〇〇年以來不凡的變革時期樹立標竿，包括教育體系的全面改造、行政與軍事的廣泛改組、軍事訓練體制的效率提升，以及金融機構的集中化嘗試。[20]這些革新對中日關係造成了直接影響。一九〇五年九月，斷然決定廢除傳統的科舉考試制度，為成千上萬名希望到日本求學的中國青年打開了大門，眾多未來的政治及文化領袖也選擇前往這個國家進修。在清政府的鼓勵下，中國學生相信學成歸國後可獲得極有前途的工作。他們發現日本的大學院所是學術探索的沃土；許多人生平第一次接觸到令人興奮的新思想，以及不受監管的自由。

周樹人正是其中一人，他後來成為中國最著名的作家、詩人、翻譯家及文學評論家，筆名魯迅。魯迅最初在地方一所儒學學院求學，之後前往日本學醫。有一天，魯迅在課堂上觀看日俄戰爭期間日軍處決中國間諜的宣傳幻燈片，頓時有所領悟。那名據稱是間諜的人被一大群順服的中國人所圍繞。從中國人對日本處決自己同胞的反應中，魯迅看到了一個民族的精神病態，他們過於冷漠且軟弱，既不能拯救自己，也無法拯救國家。那一刻，他決定棄醫從文，立志醫治中國人的靈魂而不是肉體。後來他寫道：「我搖身一變，成為文化改革的鬥士。」[21]

成千上萬名和魯迅一樣的中國學生成立組織，譴責過時的儒家思想，提倡新中國的概念。他們高喊民族主義的口號，呼籲人們努力實現三個主要目標。首先，是奪回中國在外來帝國強權手中失去的一切。這種反帝國情緒不同於義和團的仇外情結，不像拳民那樣和大清站在同一陣線，並希望中國恢復西方列強到來之前的狀態。對於年輕一代的新民族主義者而言，中心思想在於恢復主權，並推動中國在國際社會的平等地位。第二，他們呼籲建立一個現代的中央集權民族國家，能夠在平等的基礎上參與大國外交，捍衛國家主權，對抗帝國主義勢力。最後，為了實現這些目標，中國必須推翻大清。如欲恢復民族權利，不僅必須拿回大清輸給外國的一切，也必須從外來的滿族手中奪回中國。[22]

與一八九八年支持君主立憲、反對推翻大清的康有為等改革派形成鮮明對比的，是新中國的改革人士投入公開的反清活動。一九〇三年初，第一個公開反滿族的組織「青年會」於日本成立，只是成員寥寥無幾。[23]然而，隨著戰後大批中國學生湧入日本，反清團體急遽成長了起來。一九〇五年，受過教會教育的革命家孫中山成立「同盟會」，致力於推翻大清並建立新的共和政體。[24]該組織的意識形態，揉合了孫中山在研究「西學」與社會主義理論期間，所發展的共和主義思想。他在騷動不安、不忠於大清的海外華人群體中得到了支持，為自己的革命組織找到了現成的新血。他大膽號召成員透過激進的社會與政治改革來拯救中國，比相對謹慎保守的康有為吸引到更多的追隨者。[25]

中國內部的民族主義萌動與反清情緒也昭然若揭。一九〇五年五月，上海商會（Shanghai Chamber of Commerce）通過一項決議，呼籲所有在上海的中國人抵制美國商品。美國的排華法律歧視在美的中國留學生和商人，激起了中國人的憤怒。一九〇二年十月，波士頓移民局官員在沒有逮捕令的情況下，逮捕了兩百五十名中國移民。其中一名受害者馮夏威之後返回中國，在上海的美國領事館前自殺，抗議中國移民在美國遭受的待遇。[26]數千名中國民眾加入示威活動，紀念馮夏威壯烈成仁。不久後，廣州、廈門、天津等地的商人也加入抵制美國商品的行列。由於抵制運動的領袖之間未能互相協調，加上清廷強力鎮壓，因此這場運動為時不久，最終貿易恢復正常。不過，這項行動標誌了中國一種新的群眾運動，其試圖透過協調一致的經濟活動來回應民族屈辱，顯現出中國人深沉入骨的挫敗感。[27]

小村壽太郎與袁世凱在北京的談判

一九〇五年十一月十二日，小村壽太郎抵達北京，受到日本駐華大使內田康哉的迎接。五天後，他們與大清軍機大臣兼外務部總理慶親王，以及直隸省總督袁世凱舉行了中日會談的第一次正式會議。有鑑於大清決定全面實行改革措施，兩位全權代表不願再向外國勢力讓步。[28]先前在一九〇四年十二月，伊藤博文已重申日本對大清的立場。他說道：「日本既沒有奪取滿洲的意圖，也沒有足夠的實力可無限期派重兵駐守該地的偏遠邊境。（日本）已公開宣布將尊重大清領土之完整……並認為其完整性至關重要……只要大清始終奉行門戶開放政策。」[29]

因此，袁世凱與慶親王期望兩國能夠達成友好協定，只可惜他們的期待很快就落空了。小村發表了簡短的開場白，為整場談判定下了基調。他首先敘述起日俄戰爭的起因，強調日本做出了重大犧牲，這不僅是為了自衛，也是為了東亞的整體的「和平與安全」。「大清政府應該好好思考，假如當初日本沒有選擇對俄開戰，大清會遭受怎樣的負面影響，以及日本為大清做出了多少犧牲。」他希望大清能夠保證「消除所有可能導致滿洲未來發生國際衝突的因素」。[30]最後，小村提出日本在滿洲發展貿易及商業的計畫。[31]他同時解釋，日本主要擔憂的是俄國的復仇。若俄國再次侵略滿洲，日本必須有權派兵防守東清鐵路南段沿線（即之後的南滿鐵路）。[32]

慶親王與袁世凱默許了小村所要求，轉讓東清鐵路南部支線與租界權，但也提出了一些條件。[33]他們解釋，大清有意與日本建立真正的夥伴關係，卻強調「滿洲仍然是大清的領土」。[34]因此，袁世凱強力要求所有外國軍隊完全撤出滿洲，禁止任何外國官員冠上軍事首長的頭銜，最後，日本須保證僅將大連作為通商口岸，「並且成立辦事處，監督日軍進出遼東（關東）租界的活動」。[35]

小村壽太郎與內田康哉粗率且冷漠地做出了回應。他們主張，日本冒著國家存亡的危險迫使俄國軍隊撤出滿洲，因此期望曾經為了中國利益而犧牲的眾多人命與金錢能夠獲得充分補償，此事於理有據。[36]關於日軍撤出滿洲一事，小村聲明，「如果滿洲恢復社會秩序」，日本將與俄國同時撤兵。然而，小村並未告訴中方與會人士，他在樸茨茅斯時從維特口中得知，俄國根本無意調離在滿洲北部的鐵路衛兵。[37]

接著，小村逼迫袁世凱同意一系列「密約」，其中一些條款明顯侵犯大清的主權。例如，根據第三項協議，中國的政府不得自行興建任何鐵路，因為任何支線都可能「危害上述鐵路（東清鐵路）之利益」。第八項條款更是惡劣，規定「有關滿洲開放（通商）地點的條例應由大清自行制定，但必須事先與日本駐北京公使協商」。至於第十三項條款，大清地方當局若未事先與駐該區的日軍指揮官協商，不得派兵剿滅盜匪。[38]

這些協議顯然侵犯了大清的主權，沒想到小村更是得寸進尺。隨著韓國的漢城—義州段鐵路完工，他非常希望能獲得奉天—安東段的使用權，以便最終將這兩個路段連接起來（安東與義州分別位於鴨綠江的兩岸）。[39]袁世凱強烈反對，內田卻反駁道：「如果大清擁有鐵路，那麼萬一俄國在不久的將來（再次）占領滿洲，該怎麼辦？」[40]最終，雙方達成了協議：日本將擁有奉天—安東段鐵路的使用權，但期限是一九二四年。[41]

《中日會議東三省事宜條約》於一九〇五年十二月二十二日簽訂，標誌了東亞歷史新紀元的開始，也是日本外交政策的轉捩點。戰後的各項協定所引發的問題，在日本國內造成了多方的裂痕，這些問題涉及了日本在滿洲的立場，以及關於當前應採取何種作法的歧見。小村壽太郎等強硬派人士，冀望日本不惜犧牲其國際地位或對中關係，也要追求滿洲的政治與商業利益。同樣抱持這種觀點的人士包含大島義昌，即新任的關東總督，同時也接替大山巖成為滿洲日軍的指揮官。然而，伊

1905年12月22日，《中日會議東三省事宜條約》簽署後，小村壽太郎（中）及內田康哉與袁世凱的合照。（De Agostini-Biblioteca Ambrosiana / De Agostinia Editore / agefotostock）

藤博文等較有先見之明的日本政治家，預見了此立場將面臨重重難關。首先，日本對亞洲大陸的野心，必然會導致與美國之間的利益衝突，而且勢必會導致日本在國際社會陷入孤立。更重要的是，強硬政策的推行，將在中國挑起抗日運動。

這些意見分歧致使桂太郎內閣於一九〇六年一月下台。外界期望新上任的西園寺公望政府能在極端的強硬派與反強硬派之間取得折衷。[42]一九〇六年初參訪滿洲後，西園寺公望首相帶著大島義昌的辭職信回到日本。大島威脅表示，除非政府接受他對滿洲問題的部分看法，否則就辭去職務。雙方顯然達成了妥協。大島的司令部從遼陽遷至旅順，其頭銜也從總督改為都督。日本政府還宣布，關東租界將由外務省進行行政管理，而非軍隊。[43]雖然此舉看來意味著強硬派的失敗，但實際上，滿洲仍掌握在日本軍事行政官員手中。

攤牌

一九〇六年的頭幾個月裡，外界逐漸懷疑日本維護大清領土完整性及捍衛「亞洲永久的和平與安全」的承諾。喬治·馮·倫格爾克·邁耶大使在一月致信羅斯福總統，引述自己與曾隨同日軍數月的前線記者史丹利·沃什伯恩（Stanley Washburn）的談話：「日本正在全世界面前玩一場大博弈。他們根本不在乎任何歐美人士，甚至包含目前對他們有所幫助，且盡其所能影響他們的英國人或美國人。他們暗地裡嘲笑滿洲的門戶開放政策，因為一旦時機成熟，他們就能靠著廉價勞力在製造業領域打敗我們，進而占據貿易這塊大餅。」[44]

另一名戰地通訊記者高登・史密斯（J. Gordon Smith）也提出了類似的看法，他寫道：「日本商人已經跟在日軍後頭湧入滿洲，儘管日本政府將所有其他外國商人拒於門外。」[45]在此同時，大清當局焦急地等待日本依照《中日會議東三省事宜條約》「附約」第三項條款的規定，通知他們何時可以重拾控制權。一九〇六年三月，英國與美國正式向日本提出抗議，要求對滿洲實行門戶開放政策。[46]

隨著外界要求「開放」滿洲的壓力與日俱增，大清官員也表達了對日本的不滿，尤其是他們意識到，如果沒有先「徵詢」日本的意見，他們實際上什麼事也做不了。在大清看來，一切都沒有改變，就只是日本取代了俄國。美國外交官丹尼森（H. W. Denison）在一月向格里斯科姆回報：「目前中國普遍吹起一股極為強烈的反割讓風潮。〔大清〕政府千方百計地試圖收回已經讓渡的權利。他們為了防止違約情況而取消特許，如果沒有正當依據可取消，便花錢贖回特許權。」[47]日益高漲的民族主義浪潮（反特許主義只是其中的一個徵兆）與日本軍事占領滿洲的殘酷現實相互碰撞。西園寺內閣起初的回應是，繼續向大清與全世界保證很快就會從滿洲撤軍。只要滿洲的實際情況不變，便足以安撫日本的強硬派。但是，從滿洲撤軍一事不可能無限期往後延遲。

一九〇六年五月二十二日，西園寺內閣、多位軍事領袖及元老召開聯合會議商討滿洲問題。伊藤博文在開場時發表了演說：「我聽外務大臣加藤高明說，我們收到了其他國家對於滿洲問題的諸多詢問，需要予以回覆。」接著，他總結了自己在三月收到自竇納樂大使傳來的訊息，對方曾警告他，英國逐漸失去耐心。日本的立場正在「疏遠所有那些曾在戰爭期間同情日本的國家」。這位大使向伊藤透露，日本在「自我毀滅」。[48]

伊藤博文告訴與會的領袖們，竇納樂的訊息猶如「一道從天而降的閃電」狠狠打醒了他。此外，「歐洲媒體一直在暗示，日本準備與俄國再次開戰，以及日本認為《樸茨茅斯條約》不是和平條約，而是停戰協定。」他擔憂，這些謠言實際上是從日本傳出，而外界對日本滿洲政策的質疑，也導致國內動盪不安。此外，「來自中國的報告顯示，袁世凱也感到不滿」，由此預示未來可能面臨更多麻煩。他警告，「全中國有可能起而反抗日本」。「大清的局勢岌岌可危。許多中國民眾倡議重申國家主權，我們不應該忽視他們的能耐。」伊藤還指出，之後可能會再次發生類似義和團的起義，而這無疑會引來俄國軍隊。倘若日本不想和俄國再次開戰，「我們就必須竭盡所能維護中國的和平與安定」——基於這個原因，日本必須「尊重中國人民對滿洲提出的要求」。[49]

隨後，伊藤博文指責日本在滿洲的軍事管理作風就跟俄國一樣。他控訴道：「軍事管理的指導方針沒有為中國人留下任何餘地。」[50]

新上任的大日本帝國陸軍參謀總長兒玉源太郎大將否認其他國家像伊藤博文所說，擔憂日本對滿洲的行政控制。日本只是需要花時間釐清當地的情況而已，暗指政策的混亂大多是因為軍事行政長官受到外務省和領事館的阻礙，問題在於軍事管理機構與民政當局未劃清權責範圍。[51]

這樣的言論看來惹惱了伊藤博文。他表示：「他想提醒兒玉源太郎，滿洲的軍事管理要點，在一九〇六年四月制定的〈關東總督府軍政實施要領〉中已有明確規定。」該文件明定，軍隊的角色僅限於三大職責，別無其他。「軍政署的主要職責，是調解日本軍隊與清政府及人民之間的關係」，而不是「干預日本領事的運作」。除此之外，軍政署有義務「下放權力給大清地方當局」，使其得以適度履行治理職責。最後，日本軍政署的主要任務是「保護其管轄範圍內日本居民的安全」，並且「監管其商業活動與海外旅遊」。伊藤博文指責軍方越俎代庖，怒斥「軍方看來是將滿洲視為日本新占得的領土了」。針對大清重新控制奉天、安東一事，經過激烈交鋒後，兒玉源太郎提議任命一總督來管理所有和滿洲相關的事務。「這個人可以處理我剛才提到的所有官僚程序，並成立一所監管機構。」[52]

伊藤頓時勃然大怒。他譴責日軍繼續駐守滿洲的事實，並批評軍官和商人肆無忌憚地把「經營滿洲」掛在嘴邊，彷彿滿洲是日本的一部分似的。他說道：「你〔兒玉源太郎〕誤解了日本在滿洲的地位。日本在滿洲的權利只包括我們從俄國手中接管的權利，也就是遼東半島的租界及鐵路。『滿洲的治理』最先是日本人民在戰時的說法，之後由我們的〔軍事〕行政官員沿用。但是，滿洲絕對不是日本的領土！它屬於大清！日本在不屬於自己的土地上行使主權並不合理。我們也沒有必要在當地建立並經營殖民機構。我們應該讓大清承擔管理滿洲的責任。」[53]

桂太郎認同伊藤博文的看法，寺內正毅則試圖秉持中間立場，提議區分軍隊與領事的職責。最後，他們有所妥協。日本政府將盡力減少軍事行政官員的人數，「進而消除軍人的高壓手段」，同時成立半民營的南滿洲鐵道株式會社（South Manchurian Railway Company，或稱「滿鐵」），由在戰爭期間便意識到鐵路之重要性的兒玉源太郎大將管理。這個半官方計畫將成為日本向滿洲進行商業擴張的基礎。一九〇六年七月兒玉源太郎驟逝後，寺內正毅大將接任陸軍參謀長一職，兒玉的戰時副手、前台灣總督府民政長官後藤新平，則獲派為南滿洲鐵道株式會社的第一任總裁。[54]後藤的座右銘為「文裝的武備」，意指日本人必須與中國人和平共存。[55]伊藤博文努力維護大清的完整性，並維持日本的國際地位，後藤新平則急躁冒進地在滿洲推行殖民化，這兩者之間竟達成了微妙的平衡。[56]

戰爭結束不久後，日本的領袖們意識到自身處於十字路口：日本應該採取何種擴張主義？又該以何種形式進行——是從陸上展開，還是海上？[57]直到日俄戰爭，日本國家安全政策的主要原則和目標都十分明確，即防止韓國落入他國之手。雖然對大清與俄國的兩場大陸戰爭，將日本的重心及力量拉向了亞洲大陸，但這並不代表日本的領袖們完全摒棄了日本作為海國的概念。[58]戰爭衍生的鉅額債務使日本不得不限縮軍事開支。[59]倘若日本意圖成為大陸強國，也得承擔巨大風險，因其需要維持規模龐大的常備軍，而這對一個島國而言並不是理想的情況。再說，日本也承受不起全面與西方盟友為敵的代價。

然而，韓國發生的事件再次改變了這樣的盤算，顛覆了日本領袖們在一九〇六年達成的不穩固的內部妥協。到了一九〇七年底，何方勝出已昭然若揭。敏銳的美國記者兼東亞事務觀察家湯瑪斯·米勒德（Thomas Millard）注意到這個鮮明的變化。「戰爭結束後〔一九〇七年初〕我第二次訪問滿洲時，注意到整體政治情勢出現了細微的變化，儘管情勢隨著事態發展而不斷改變，但日本占領的外在證據已沒之前那麼明顯。駐紮在該國的日軍人數有所減少。十八個月前，我最後一次去當地，奉天、遼陽、營口、鐵嶺、新民屯與吉林仍可見駐軍，而如今都已撤出。而奉天是最後的要地，部隊也已於一九〇七年撤出。隨著日本放寬軍事控制，大清的行政程序逐漸在滿洲境內恢復職能，但仍有一些限制及例外。」然而，到了一九〇七年末，日本又重拾控制權，而如今米勒德禁不住高聲控訴：「大清恢復自治是假的……管理南滿洲的真正權力現在不屬於大清，而是掌握在日本手中。」[60]那麼，是什麼促成了這樣的改變呢？

前往韓國

一九〇六年三月，伊藤博文就任大韓帝國首任統監*將軍。正如他多次重申，他的主要任務是實現「該國根本性的體制與經濟改革」。為了確保自己能在不受政府——尤其是軍隊——干預的情況下行使統監的職權，伊藤堅持要求可全權指揮駐大韓帝國的所有部隊。兒玉源太郎大將強烈反對，因為就如他的參謀井口省吾所指出，由文官領導韓國駐屯軍，將樹立起極為不當的先例。山縣有朋也反對伊藤的要求，認為這侵犯了軍隊直接向天皇報告的權利。[61]

但是，伊藤博文頑固不從。他斷然宣布：「如果不能控制軍隊，我就拒絕出任統監一職。」他想握有「等同於元帥的權力」。為他破例是不可避免的事，因為「沒有人像他那樣備受天皇的信任」，而找一個像他這樣經驗豐富、聲望崇高的人來擔任統監一職，至關重要。[62]伊藤之所以渴望獲得相當於元帥的權力，與大韓帝國的管理機構有關，這些管理機構因為戰爭的關係變得高度軍事化。直至一九〇五年一月，前一年為了保護日本公使館與公民而成立的日本韓國駐屯軍，已控制了漢城及周邊地區的所有警方勤務（包括戒嚴），即使在日俄戰爭正式結束後也是如此。[63]戰後，當局對於毀損日本鐵路和電報線路的罪行仍施以嚴酷懲罰。自一九〇四年七月至一九〇六年十月，慶尚道與平安道有兩百五十七名韓國人受到懲罰，其中三十五人因破壞或妨礙鐵路運行而遭到處決。[64]伊藤博文認定，他若想有效行使統監職權並取得韓國人民的合作，就必須取得軍隊控制權並解除日軍的軍備。

另一個令人信服的因素是，日本人在韓國的行為舉止極為失控，極可能有損他的權威及合法性。一名觀察人士指出：「日本實施一套大規模的剝削制度，聚焦於韓國人民生活的各個方面。日本人獲得多項特許權，所簽訂的合約也有最優厚的條件，當地的移民法、土地法及一般行政措施的制定，也完全以日本人的利益為考量。」韓國人也經常遭到詐騙。「從日本一次又一次的行動可知，他們認為韓國及當地的一切都屬於他們。他們想要就給他們吧！誰敢阻撓他們，就等著倒大楣了！」[65]荷馬．赫伯特觀察後發現，雖然「日兵的不法情事幾乎不為人知」，但隨軍隊湧入的「大批低級的日本人」惹出的麻煩層出不窮。「當這些日本人憑藉國家的軍備力量，將韓國民眾視為敗類並施以各種暴行，無可避免地將引起強力的反擊。」[66]

到了一九〇六年初，當地一進會成員受到韓國民兵團體及其他組織日益暴力的攻擊，因而引起

＊譯註：日本與大韓帝國於一九〇五年簽訂《乙巳條約》、獲得韓國的外交權後，於漢城設立了統監府。

了日本人的擔憂。在戰爭期間具有廣泛影響力的一進會如今相當不得民心。[67]舉例來說，在江陵郡（Kanglŭkun），據報有「數百人在當地肆行無度，毆打一進會成員，並摧毀其家園」。在谷山郡，「好幾群村民砸毀一進會的辦公室，造成五人受傷」。咸悅邑（Hamyŏl）的義軍成員「持刺刀襲擊當地的一進會幹事，導致四十名成員掛彩」。[68]這些攻擊事件凸顯了一進會的地位意外地翻轉，預示了朝鮮半島之後的動盪不安。

這段期間，高宗暗中尋求俄國的幫助。一九〇六年一月，新任俄國公使普蘭森奉命在大韓帝國設立總領事館。他的理由是，與其找伊藤博文談判，不如讓他直接和韓國政府協商。他主張，《樸茨茅斯條約》完全無損大韓帝國的獨立，也並未使一八八四年俄國與朝鮮締結的協議失效。俄國堅稱，日本應歸還戰爭期間所奪取的俄國資產，包含布里納在鴨綠江沿岸獲得的租界，而這正是日俄戰爭的起因。伊藤先前曾要求授予日本人在當地的伐木權，但高宗予以拒絕，並表示該區屬於俄國所有。[69]

因此，日俄兩國在韓國問題上再次出現了嚴重矛盾。所幸，一九〇六年五月，拉姆斯多夫意外去世後，接任俄國外交大臣一職的亞歷山大．伊茲沃爾斯基決定採取新路線。伊茲沃爾斯基向來批評俄國一味向遠東地區擴張而不顧後果，因為他認為，俄國的主要利益在歐洲。[70]因此，他打算促進俄國的對外關係，對象不只英國，也包括盟友日本。他向普蘭森下達新指令，由於韓國是日本的「痛點」，因此他應該避免與高宗有任何糾葛。[71]

考量俄國採取了新的立場，伊藤博文逐漸嚴格管控高宗的私人生活。一九〇六年七月，他下令撤除皇帝的宮廷護衛隊，高宗在自己的宮殿裡「與囚犯沒有兩樣」。「宮裡各處大門都派有警察守衛，未經日本指派之官員允許，任何人不得進出。」[72]高宗走投無路，設法偷偷遣人捎了口信給普蘭森，表明「他依然指望俄國伸出援手」，希望大韓帝國能「保有最後一絲獨立」。俄國公使一改之前的支持態度，反倒建議他，韓國「無論處境有多艱難，都應安於現狀，靜待更好的日子到來」，因為「企圖做任何反抗，只會使韓國的處境變得更困難」。[73]於是，高宗遭到了遺忘，但身為大韓帝國統監的伊藤低估了這位韓國皇帝的能耐。儘管他試圖限制高宗的行動，但這位統監「面臨了他始料未及的頑強與決心」。[74]

海牙會議與一九〇七年《日俄密約》

七月三日，漢城當局收到一封於七月一日發出的電報，信中宣布三名大韓帝國代表已抵達一九〇七年舉行的第二次海牙會議——商討戰爭指揮與國際紛爭解決辦法的國際論壇。那三名官員帶著一封致與會代表的公開信，內容主要聲明日本「使出違反所有國際準則的威脅手段」，迫使大韓帝國簽署《乙巳條約》，而高宗作為一國之首，被「剝奪了與友邦直接溝通的權利」。高宗拒絕接受這樣的事態，因此指派這三名代表「將日本侵犯我〔高宗〕權利的行為告知其他列強」，並試圖恢復韓國與其他列強之間的直接溝通管道，「這是大韓帝國作為一獨立國家所享有的權利」。[75]

然而，韓國代表團出乎意料地受到了冷漠對待。伊茲沃爾斯基聽聞韓國代表團前來的消息後，立即向俄國駐巴黎大使、同時也是第二次海牙會議主席尼利多夫發出急電，指示他「勿對韓國代表團做出任何反應，以防他們真的前往海牙請求我方合作」。伊茲沃爾斯基當時正與日本駐俄公使本野一郎針對滿洲、大韓帝國及外蒙古的未來進行甚為棘手的談判，希望避免與日本另生事端。同樣是擔心與日本節外生枝，促使其他列強也對韓國代表團冷眼相待。荷蘭外交大臣瓊克希爾・范泰茨・范古德里安（Jonkheer van Tets van Goudriaan）拒絕同意讓他們參加會議。俄國、英國、法國、美國以及德國的代表也拒絕與他們會面。[76]

雖然伊藤博文聽到韓國代表團未能獲准參加會議的消息時鬆了一口氣，但他對高宗引發的尷尬處境大為震怒，[77]因為韓國密使被海牙會議拒於門外一事遭媒體大作文章。例如《巴黎先驅報》（*The Herald Paris*）便針對高宗受迫的惡劣生活條件，詳述了令人不堪的細節，指他「就像個囚犯，無時無刻不在擔憂自己的生命安危」。該報又再度刊登高宗被迫簽署《乙巳條約》的過程。[78]

海牙傳來的消息也在東京引起熱烈討論。井上馨提議將高宗帶到日本，讓他親眼見識日本的輝煌成就，如此他或許會明白，「日本希望為大韓帝國做些什麼」。[79]只不過，這個想法很快便遭到捨棄，因為外界無疑會認為日本在綁架高宗。於是，他們決定逼高宗退位。[80]日本駐韓公使林權助於七月十八日抵達韓國與伊藤博文商議，但就在同一天，伊藤得知韓國內閣與高宗會面，試圖自行解決眼前的局勢。韓國群臣唯恐日本可能採取行動，於是自作主張，迫使高宗禪讓帝位予其子純宗。事態發展迅速。「高宗的退位詔書於七月十九日凌晨三時公布，登基儀式於同日上午八時舉行。七月二十日下午二時三十分，新皇帝〔純宗〕與群臣召開第一次朝會，正式宣布登基。」[81]短短二十四小時內，大韓帝國有了新皇帝。

這個時機再巧不過了。在純宗登基的十天後，伊茲沃爾斯基和本野一郎終於結束了談判，並於七月三十日簽署一九〇七年《日俄密約》。滿洲一分為二，北半部為俄國的勢力範圍，南半部屬於日本。雖然多數相關論述都認為，美國為了維護滿洲的門戶開放政策而進行的操作，是日俄兩國和解的主因，但實際上，大韓帝國與外蒙古的地位才是談判的主要焦點，而不是滿洲。[82]林權助對伊茲沃爾斯基最大的要求是，他必須保證俄國不會干涉日本和韓國之間的關係。為此，日本願意「在一定程度上保證」，不干預俄國在蒙古的權利及特權。伊藤博文衷心贊同這樣的交換條件。

伊藤或許也認為，日俄協議將能解決滿洲問題，因為這麼一來，兒玉源太郎及其軍隊便失去了主張維持滿洲駐軍的理由。俄國不再構成安全威脅，日軍便能順勢撤出。然而，事實正好相反。隨著滿洲、大韓帝國與外蒙古的勢力範圍有了明確的界定，日本失去了遵循門戶開放原則與維護大清領土完整的動機。這下子，日本得以理直氣壯地搬出之前在滿洲犧牲了無數人命、金錢的陳腔濫調。在這個問題上，一九〇七年的《日俄密約》達成了對軍隊有利的協議。

純宗皇帝

《日俄密約》同時解決了韓國問題。在外交上遭到孤立的高宗無計可施。[83]新皇帝純宗更合伊藤博文的胃口。韓國人民是否意識到這名年僅三十三歲的新皇帝心智遲鈍，外界不得而知，但外國觀察人士無意間注意到他的智力缺陷並且大肆談論。美國記者約翰・科克里爾（John A. Cockerill）在報導中指純宗「心智衰弱」。一八九四年，美國駐韓公使約翰・希爾（John M.B. Sill）的嫂嫂愛麗絲・格雷厄姆（Alice Graham）描述道：「這名皇儲看起來就像個傻子，〔而且〕外表完全騙不了人。」有些人猜測，他會變得如此，是因為在一八九八年喝下遭人下毒的咖啡所留下的後遺症；有些人則歸咎於他在母親去世後心理受到重創所致。一本以鮮明的朝鮮民族主義觀點撰寫的明成皇后傳記指出，純宗的精神耗弱及無能，是日本侍臣慫恿他吸食鴉片成癮而出現的症狀。[84]無論他脆弱的心智狀態的成因為何，純宗都比高宗要聽話得多。

一九〇七年七月二十四日，純宗即位僅僅五天，就批准了一項新條約，允許日本掌握大韓帝國的內政，包括控制高宗用以資助其私人計畫（如海牙使團事件）的王室金庫。新條約的祕密條款中，包含了一項解散韓國政府軍的協議。一旦實行，便意味著抹滅韓國軍隊發動組織性行動、反抗日本統治的所有可能。[85]但是，伊藤博文嚴重低估了韓國人民的反應。高宗退位、以及隨後韓國軍隊解散，引起了激烈的民怨。遭解散的士兵們加入義軍，壯大了其規模。一九〇七年七月之後，伊藤迎來日本自一八九四年以來最大規模的動亂，逼得日本不得不出動六個師的兵力鎮壓。[86]這些發展加劇了日本陸海軍之間早已存在的衝突，山縣有朋等陸軍將領呼籲政府凍結海軍預算，將資金挪用於陸軍的動員。[87]與此同時，在滿洲，儘管一九〇六年日本將行政權移交給外務省，之後完成撤軍，但仍繼續派軍駐守滿洲南部。為了維持軍力，截至一九〇七年春天，日本將一個師團及另外六個營交由駐守旅順港的關東租界都督大島義昌大將管理，其中包括一支新成立的後備營隊。[88]

純宗——又名隆熙皇帝（1874年—1926年）——是大韓帝國第二任、也是最後一位皇帝，1907至1910年在位。照片中，他坐在右起第二位。在他旁邊的是嘉仁親王（中），未來的大正天皇。最右邊的小男孩是皇太子李垠（Yi Ŭn），純宗同父異母的弟弟。這張照片攝於1907年的大韓帝國。（世界歷史檔案〔World History Archive〕／圖像資產管理〔Image Asset Management〕／agefotostock）

日本就這麼走上了一條通往強權地位的陸路，如今面臨了所有大陸強國的共同課題：藉由併吞領土與統治當地居民以尋求國家安全。這並不是日本對俄開戰之初所秉持的海洋擴張主義願景。[89]戰前，桂太郎內閣和元老們盡皆同意阿爾弗雷德．塞耶．馬漢的觀點，也就是日本為一海上強權，並且接受由其邏輯所延伸而出的主張，即實行門戶開放政策是為了發展商業活動，而非對大陸進行軍事滲透。然而，戰爭導致的慘烈犧牲、樸茨茅斯會議令人不滿的結局、對俄國侵略滿洲的恐懼以及韓國的暴力局勢，再再改變了權力的盤算。更令人備感不祥的是，日本的大陸擴張主義使其走上了與老友兼盟國——美國——對抗的道路，儘管人們尚未理解，或者並未意識到這一點。日本口口聲聲承諾要維護「亞洲的永久和平與安全」，到頭來完全是另一回事。

第二十二章 日韓合併

一九〇七年《日俄密約》簽署後，俄國外交大臣亞歷山大・伊茲沃爾斯基指示俄國駐漢城領事須格外謹慎，「不要讓人有懷疑我們從事反日活動的理由」。領事館成員必須謹記，俄國的總體政治目標是「維護穩定的對日關係」。[1]如果高宗仍指望俄國能代表大韓帝國進行干預，伊茲沃爾斯基將明確表示這是不可能的事。

然而，日本與美國之間日益緊張的關係帶來了一絲希望，促使韓國或可從兩國之間的餘波得利。一九〇六至〇七年在美國發生的一連串事件，激怒了日本政府，而這一切始於舊金山學區教育委員會（San Francisco School Board）的一個決定。一九〇六年十月十一日，該委員會通過一項決議，指示所有中國、日本及韓國學童就讀位於地震災區中國城的「亞洲公立學校」。四月發生的舊金山大地震引發了強烈的反日情緒，日本商人與公民成了暴力行為的受害者。當時社會熱議的焦點，是基於種族歧視的反移民傳統論點。羅斯福政府對於日本人大批移入的處理方式所引發的爭議，也煽動了西岸的仇日立場，因為民眾普遍認為，除非移民潮受到抑制或更有效的阻止，否則美國不可能與日本建立友好關係。[2]

舊金山的反日情緒，在很大程度上源自於當地勢力強大的勞工團體所策動的陰謀。加州的政客們流行一種消遣方式，利用人們對「黃禍」（Yellow Peril）的恐懼心理來找樂子。對於日本在滿洲尋求擴張的質疑，以及滿洲門戶開放政策的終止，致使社會反移民的怒火愈燒愈旺。約翰・霍拉迪・拉坦（John Holladay Latane）於一九〇七年出版的《作為世界強權的美國》（*America as a World Power*）中，對於日本在亞洲與太平洋地區的擴張主義及其危及美國利益，表達出典型的焦慮。他警告，美國「不能再冷眼旁觀遠東地區的政治變化」，以及「與日本的緊張關係已是不爭的事實」。最後他總結寫道：「在重塑遠東局勢的過程中，美國必須維護自身利益，並且絕對不能放棄精心制定的政策。」[3]

因此，舊金山學區教育委員會的決議是由諸多複雜因素所促成，尤其是日本對滿洲的軍事謀畫。這也引起了日本國內的反彈。東京一家持極端愛國主義立場的報社《每日新聞》於十月二十一日申明，日本應該派遣海軍給美國人一點教訓。與此同時，進步黨創辦人、前首相大隈重信則呼籲政府召回日本駐美大使青木周藏，並要求美國就「據稱對舊金山的日裔居民所施以之暴力行為」做出道歉及賠償。他也要求學區教育委員會撤銷該項決議。[4]一九〇七年一月有傳言指出，數千名曾參與日俄戰爭的日本老兵正「祕密煽動一場在美國本土組織軍事部隊的運動」。青木周藏大使要求美國政府「授予〔在美的日裔居民〕最惠國公民或國民的所有權利，包含日裔兒童可就讀公立學校的特權」。[5]

老羅斯福盡力緩解緊張局勢，威脅將控告舊金山學區教育委員會。十二月三日，他發表國會演說時宣布：「仇日的敵意對美國人民而言是一種恥辱，也許還會為國家招來嚴重後果……不讓日裔國民就讀公立學校，是邪惡的荒唐行為。」[6]然而，總統也擔心，萬一華府在加州的訴訟中勝訴，「〔西岸〕將出現抗議，進而引發戰爭」。[7]伊藤博文與青木周藏大使對加州的這起危機深感憂鬱，提議「與美國達成明確的共識」，以避免外交關係破裂。[8]

日本首相西園寺公望同樣盡其所能地平息紛擾，他在一九〇八年一月的一場演講上提醒日本民眾：「舊金山的反日運動持續進行……對此兩國都備感遺憾。」[9]雖然之後學區教育委員會的命令修改為只適用於中國和韓國兒童，但美日兩國的人民互相猜疑、敵對的氛圍從未真正消失。[10]

在美國的韓國移民遭受與日僑及華僑同樣的歧視，儘管人數相對較少。一八八九至一九一〇年間，總移民人數依族裔劃分共有十四萬八千名日本人、兩萬兩千名中國人和八千三百名韓國人。[11]直到一九〇三年，許多移民受招募至夏威夷的蔗糖種植園工作，才開始有更多韓國人移民到美國及其屬地。[12]然而，也有一小群韓國裔學生在本國的美裔傳教士鼓勵下進入美國的大學就讀，其中包括李承晚、其至交朴容萬（Pak Yong-nam，兩人曾因反政府活動入獄期間同住一間牢房），以及早他們數年、於一九〇二年就來到美國的安昌浩（An Chang-ho）。朴容萬曾就讀於內布拉斯加州（Nebraska）的黑斯廷斯學院（Hastings College）；安昌浩則是受過教會教育的韓國基督徒。日俄戰爭爆發後，美國漸漸出現一些韓國組織，這些組織預期日本將獲得勝利，提倡韓國獨立。其中以總部設於舊金山的共立協會（Mutual Assistance Society，簡稱MAS，韓文作Kongnip hyŏphoe）最具影響力。共立協會由安昌浩於一九〇五年創立，其內部通訊報《共立新聞》（*Kongnip sinmun*）每月出刊兩次，對象為韓國僑民，發行地點最遠包含符拉迪沃斯托克、檀香山甚至哈爾濱等地。[13] 該組織的主要任務是促進大眾對韓國困境的意識，以及為韓國的獨立籌募資金。

雖然共立協會透過非暴力手段運作，但並未與政治暴力斷絕關係。例如，其中一名成員田明雲（Chŏn Myŏng-un）便涉入一九〇八年三月發生在舊金山的美國前駐日顧問杜倫．史蒂文斯（Durham Stevens）暗殺事件。嫌犯遭到起訴時，共立協會為他們聘請律師、籌集辯護基金並提供口譯資源。[14] 史蒂文斯遇刺案讓在美韓國人得以圍繞共同的民族主義理想團結一心，但美日之間持續存在的外交危機提供了更大的機會。《共立新聞》指出，「日美戰爭不可避免」，這將為韓國帶來恢復獨立的絕佳機會。「倘若兩國開戰，日本將再也無法影響韓國……日本不可能戰勝美國。」[15]

一九〇八年八月，共立協會派代表團參加在丹佛舉行的美國民主黨全國代表大會（Democratic National Convention）。[16] 其成員包括李承晚和李相卨（Yi Sang-sŏl）——當初前往海牙會議結果無功而返的三位代表之一。他們的目的是利用日美之間的針鋒相對來為韓國謀取利益，意圖對民主黨政綱中「將亞裔勞工逐出美國」這項呼籲大作文章，渲染其反日情結。[17] 雖然這些努力未果，但史蒂文斯遇刺事件和民主黨大會，確實成功地讓在美韓裔群體團結了起來。一九〇九年二月，安昌浩成立大韓人國民會（Korean National Association，簡稱KNA，韓文作Taehanin kungminhoe），其旨在「將海外韓國人團結成一組織」，整體目標是實現韓國獨立。[18] 雖然大韓人國民會起初只在夏威夷和舊金山設立總部，但很快便開枝散葉，在加州、夏威夷、俄國遠東地區與滿洲設立了區總部及地方分會。[19]此後的十年裡，這些地區的韓國人之間或多或少都有所聯繫。雖然他們實現獨立的方式天差地遠，但這是朝鮮半島以外的韓國人，第一次攜手為爭取國家完全主權的共同理想而努力。[20]李承晚希望利用美日兩國日漸緊張的關係，積極尋求美國在這方面的協助。

義軍

在大韓帝國，伊藤博文汲汲營營地掌握政府的所有權力。一九〇七年的《丁未條約》（又稱第三次日韓條約）有一項關鍵條款是解散韓國軍隊的祕密協議。這項計畫不僅僅是對海牙使團吃了閉門羹的回應，早在一九〇五年十一月《乙巳條約》簽署時便已列入考量。經過對俄戰爭，日本面臨的一個主要問題是，是否應該讓大韓帝國恢復文官統治。一九〇四年，日本駐韓武官伊地知幸介向總司令部呈交了一份提案，強烈主張對朝鮮半島實行直接軍事管制，而這項計畫也得到韓國駐屯軍參謀部的贊同。[21]他們的論據有部分基於過往的先例。甲午戰爭結束後，井上馨在駐朝鮮公使任內的一大敗筆是倉促撤走日軍，並仰賴朝鮮國王的協助才得以完成任務。伊藤博文認為此言有理，因此儘管他反對在滿洲採取類似的安排，仍贊同日本繼續對韓國進行軍事管制。[22]

七月三十一日晚上，一九〇七年《丁未條約》簽署不到一週，日本當局下達了解散韓國軍隊的命令。隔天早上七點，長谷川好道大將召集所有韓國指揮官前來其司令部，將命令傳達給各自的部隊。[23]伊藤博文與長谷川都很清楚這麼做會引起爭議，但他們都認為此舉有其必要。[24]在駐日將領鞏固其對半島的權力之際，維持一支由忠誠度可疑的韓國武裝士兵所組成的部隊，既不明智，也不可行。長谷川命兩支騎兵中隊陪同遭解職的韓國指揮官返回部隊，且「在必要時可使用武力」。[25]

不出所料，韓國士兵群情激憤。隸屬漢城部隊的朴昇煥（Pak Se-han）參領自殺以示抗議，引發了一場譁變。[26]各道級部隊也拒絕服從軍隊解散的命令。江華島的前哨部隊於八月十一日發動兵變，可惜隨即遭到鎮壓。然而，元山軍團在正式解散之前成功帶著所有彈藥逃了出來。[27]

解散軍隊的同時，日本遭遇了一場始料未及的危機，成千上萬名心懷不滿的士兵加入發動反叛的義軍，持武器反抗日軍。到了八月底，日軍面臨自一八九四年鎮壓行動以來最大規模的韓國叛亂。關於義軍兵力的估計各有差異，但最準確的數據是，截至一九〇七年底，約有五萬名義軍投入游擊戰；一九〇八年，人數增為七萬。隨著日軍反擊行動的規模及成效不斷擴大，義軍人數銳減，在一九〇九年降至兩萬八千人，到了一九一〇年只剩一萬九千人。[28]

日本在一九〇七至一〇年所面臨的情勢，在許多重要方面都與一八九四至九五年的鎮壓行動大相逕庭。首先是戰役的地理範圍。東學黨的鎮壓行動主要發生在人口稠密的南部、西北部地區[29]；這一次，大多數的激烈交戰見於人煙稀少的東北地區。另一個重要的對比是韓國政府與人民所扮演的角色。一八九四年，朝鮮政府軍隊與私人民兵團體、日軍共同鎮壓東學黨；而這一回，則是日軍獨自對抗義軍。以邏輯而言，這兩個因素導致日本耗費更多的時間，並付出更大的心力來鎮壓義軍。一八九四至九五年的鎮壓行動在幾個月內便迅速收場，而與義軍的纏鬥則拖了三年之久。

義軍也比一八九四至九五年的農民軍更具有凝聚力及戰鬥力。原因是，義軍的陣容中有職業軍人。許多義軍指揮官都曾在日俄戰爭期間與俄國並肩作戰，並受過俄國軍官的指導及整備，例如李範允與崔在亨。其他人則是曾在韓國軍隊服役，並且受過日軍的訓練。一九〇八年一月，高宗的御前侍衛隊長金仁洙（Kim In-su）抵達哈巴羅夫斯克，三個月後，李相卨與李瑋鍾（Yi Wi-jŏng，李範晉〔Yi Pŏm-jin〕之子，俄文名作弗拉基米爾・謝爾蓋維奇・李〔Vladimir Sergeevich Lee〕）也抵達當地。這兩人在前一年都曾擔任海牙會議的與會代表。[30]在俄國濱海邊疆區和滿洲的韓裔群體支持下，韓國與滿洲邊界附近及南烏蘇里邊疆區的義軍分隊自一九〇七年夏季開始，在一系列的軍事行動中重創了慶興、會寧（Hoeryŏng）及明川（Myŏngch'ŏn）的駐軍，造成多人傷亡。[31]

一九〇八年五月十五日，南烏蘇里邊疆區的邊防政委斯米爾諾夫（Smirnov）回報提到：「韓國人正在向俄國遠東地區各地的〔義軍〕志願軍捐贈武器。」他同時指出，在韓國及滿洲邊境地區的韓裔人口定居地，紅鬍子盜匪也出手助義軍一臂之力。「這些韓國村落不在大清的控制範圍內，受俄中邊境東部地區的自治土匪所管轄。該區村莊林立，為群山、森林所圍繞，因此對韓國人來說有地利之便……韓國的政治流亡犯在中國人的默默支持下活躍於滿洲地區；這些地區的仇日中國居民無不贊同韓國人在滿洲發起抗日行動。」他補充表示：「在韓國展開的抗日鬥爭，正順利推進至圖們江、鴨綠江流域。三週前，駐茂山（Musan）附近的日兵遭到殲滅；城市本身已遭武裝的韓國勢力控制，另外還有一百五十名日兵在鄰近杉順（Samsun，音譯）的地區陣亡。」[32]

韓國人也得到了俄國地方當局的暗中支持，他們「非常清楚義軍正在俄國集結，準備前進韓國」。一九〇八年四月斯米爾諾夫回報：「在李範允、崔在亨與李瑋鍾（弗拉基米爾・謝爾蓋維奇・李）的指揮下，韓國政治移民在諾沃基耶夫斯基（Novokievskiy）的巢穴蠢蠢欲動。」一支有七百名兵力的義軍分隊在洪範圖（Hong Pŏm-do）的率領下攻占了山沙（Sansa）、甲山（Kapsan）以及清津（Ch'ŏngjin），並摧毀日軍要塞。到了月底，「有近千名義軍從俄國境內逃往韓國」。他認為，「隨著夏季來臨，韓國的東部和北部地區、以及鴨綠江和圖們江上游，將上演一場血腥大戰」。[33]

到了一九〇八年六月，日軍的通訊遭到嚴重阻斷。七月，斯米爾諾夫回報指出：「由於韓國政治流亡分子發動武裝進攻，慶興、開峯（Kaebong）與會寧之間的電信杆與通訊線路都被切斷了。」此外，「〔位於〕圖們江下游的日軍基地及小型部隊正遭到擊潰」。日軍嘗試僱請一進會成員作為間諜蒐集情報，以遏止義軍的進攻，但他們卻「遭到大韓愛國者〔義軍〕無情地追殺」。[34]各地對義軍的支持洶湧而起。[35]

在平安道的西北部，數座城市遭義軍占領。一九〇八年六月，茂山地區落入義軍之手。「這一切鼓舞了韓國人民的士氣，在滿洲與俄國，韓國人積極募資並購買軍火。」[36]七月十日，斯米爾諾夫回報：「一支日軍連隊在距離會寧約二十五公里的雲城山（Unsŏngsan）附近遭到圍困，狼狽慘敗，有六十四名日本士兵陣亡，三十人受傷。義軍無人陣亡，只有四人受傷。」[37]

濱海邊疆區總督瓦希里・弗盧格（Vasily Flug）日益提高對義軍活動的警戒。[38]一九〇八年四月，他向外交部尋求指示，用以處理韓國義軍，因為「這涉及更高層級的政治範疇」。他同樣謹慎為之，深怕「在我國與日本的關係中犯下任何政治錯誤或低級過失」。斯米爾諾夫獲悉，李範允正從符拉迪沃斯托克運送武器至諾沃基耶夫斯基，並「準備越境進入韓國」，而他同時警覺到，那群義軍之中有二十名俄國人。他寫道：「就我而言，我（斯米爾諾夫）事先對諾沃基耶夫斯基這群移民的行動一無所知，必須小心翼翼地盯著他們。」然而，他認為，俄國人直接涉入韓國民族的起義並不明智，因為這麼做可能會加劇俄國與日本的緊張關係。弗盧格與斯米爾諾夫有著同樣的擔憂。他們一致認為，雖然俄國「未明確表達官方支持，但只要他們（韓國義軍）的活動不違反我國法律，我們也不得阻撓」。[39]

俄國的袖手旁觀政策對日本而言是不夠的。日本希望俄國政府積極干預以鎮壓義軍，而俄國外交部予以否絕。一九〇八年七月下旬，俄國駐東京大使馬列夫斯基—馬列維奇（Malevsky-Malevich）在一份機密備忘錄中通知沿阿穆爾軍事區總督溫特貝格爾：「俄國政府意欲徹底消除日本對（我國）支持韓國叛亂的疑慮。」他指示溫特貝格爾採取積極措施，「解除（韓國）謀反分子的武裝，並且防止俄國公民參與叛變」，並且表示「如果李範允不是俄國公民，就將他逐出帝國」。[40]於是，溫特貝格爾著手壓制沿阿穆爾地區境內的韓國義軍活動。當局向李範允發出驅逐令，要求他離開諾沃基耶夫斯基，並且指示俄國公民不得再與韓國人進行私下或其他方式的合作。[41]

在滿洲，韓國叛亂分子也日益受到大清地方當局的迫害。根據一九〇七年的《丁未條約》，日本主張有權管轄間島的韓國人民，並於一九〇七年八月讓大批本國公民移居此地，其位於圖們江北岸邊境，為朝鮮民族的飛地（位於今吉林省境內）。到了一九〇八年八月，斯米爾諾夫回報，「大清政府放棄間島後」，日軍正「加固其陣地」並追捕義軍。「多虧了大清，〔日本〕積極在暗地裡處決韓國叛亂分子的行動才得以保密」。[42]同時，俄國駐漢城領事索莫夫（A. S. Somov）奉命「與韓國人往來時，須極度謹慎」，並迅速「粉碎一切有關我們可能支持義軍的流言蜚語」，「我們不鼓勵韓國人嘗試進行任何抗爭，實際上就等於是在幫他們的忙，因為我們剝奪了日本不可或缺的武器，那就是擴大並強化其主權的正當理由」。[43]

在義軍被迫離開他們在俄國及滿洲的陣營之際，日本發動了一場焦土戰役，試圖向在韓國境內作亂的義軍施壓。《每日郵報》（*Daily Mail*）記者麥肯齊（F. A. McKenzie）是唯一一個親眼目睹這場戰役的西方記者。據他報導，日軍最常使用的戰術是恐嚇韓國農民，將他們的村莊燒個精光，防止他們援助並救濟義軍。[44]

日軍也被控犯下前所未聞的暴行。其中，強暴韓國女性的行為更是令當地民眾膽顫心驚。[45]日軍顯然處決了投降的義軍以及任何涉嫌協助他們的人。「韓國人民向我描述這些處決時，最後總會提到，將義軍排成一列並施以行刑式槍決後，負責指揮的日本軍官會走上前去，抽出刺刀無情地戮屍。」[46]在麥肯齊看來，韓國義軍是富有愛國情操卻命運多舛的英雄。「他們就像一群可憐的傢伙——必死無疑，卻仍奮力為毫無希望的理想而戰……〔然而〕無論他們展現愛國情操的方式錯得多麼離譜，至少他們為同胞們樹立了愛國的典範。」[47]

並不是每個西方人都對義軍抱持如此正面的看法。美國傳教士查理．克拉克（Charlie Clark）在一九〇七年曾花了大半時間遊歷漢城以東的京畿道與江原道，他憶起日本及韓國造成的破壞時提到：「我看到數以百計的房子被燒成廢墟，凶手不是日本人，就是義軍，因為兩方正互相對抗。在楊根（Yanggeun），有三百棟房子被燒毀；在德壽（Tuksoo）與龍門（Yongmoon）也各有八十棟慘遭毒手。這些都是人口最多的城鎮，然而我們每天路過，都會看到一些獨棟房屋及小村莊被燒毀的景象。數百人為了避難只好住在山洞裡……日本人在某些方面非常殘忍，但整體而言，義軍跟他們沒什麼兩樣。」

「義軍」才是真正壓迫窮人的惡霸。幾個月前，這場戰役中還閃爍著一點微弱的愛國主義光芒，而且毫無疑問地，這種光芒在某些人身上依然可見，但就我親眼所見來推論，他們之中有九成的人都是為了搶當「頭號人物」，而不是為了國家著想。據我所知，他們從未主動挑戰日本人。從一開始，他們就組成三十到一千五百人不等的多個匪幫，分頭到每個村落向村長索取大筆錢財。只要遭到拒絕，他們就大肆殘殺或虐待無辜人民。光是在洪城邑（Hong Sung Eup），他們便榨取了四萬六千兩的銀子與財物，相當於現今的五千多日圓。村民若拿不出錢，他們就搶奪窮人身上的衣物。日軍一出現，村民們索性四散奔逃。[48]

斯米爾諾夫證實了克拉克所觀察到的一些事情。一九〇八年六月，他與崔在亨當面對質，指控他「收受錢財、利用軍隊謀取私利」的「欺詐」行為。[49]隨後，李範允也譴責崔在亨及其手下「行為舉止更像強盜而非愛國人士」。[50]

到了一九〇九年，義軍與日軍之間的交戰次數驟減，這有大部分是因為俄國出手鎮壓邊境的義軍活動，但也是因為義軍日漸膠著於對抗日軍。一九〇九年二月，斯米爾諾夫的報告提到，李範允因缺乏資金及其他問題而處境艱難。不久後，李範允被迫解散義軍，銷聲匿跡。「日本派間諜前來暗殺李範允及其所有親信。我們（俄國）收到訊息，任何成功完成（暗殺）任務者，均可獲得一萬盧布的犒賞金。」[51]

在韓國最富饒且人口最稠密的南部地區，義軍的處境同樣窘迫。俄國於一九〇六年發布的一份報告指出，韓國南部的全羅道和忠清道是日本人開發程度最高的地區，人口占全國近百分之六十五。該區的經濟也幾乎完全仰賴日本，主要的出口產品稻米幾乎全部輸日。當地的日本人大多定居於鐵路沿線，尤其是大邱、大田（Taejŏn）和釜山站附近，以及鎮海（Chinhae）等港口城市。因此，日本在一九〇九年秋天發起「南方大綏靖運動」時，這些地區的義軍在組織動員與隱身躲藏方面都比北方的同袍要困難得多。此外，他們也未受過充分訓練。義軍在南方當地組織的三支部隊之中，有兩支由前儒家士大夫閔宗植（Min Chong-sik）與崔益鉉所領導，另一支由官位較低的申乭石（Sin Dol-sŏk）率領。閔宗植帶領忠清道約五百名義軍組成部隊；崔益鉉帶領全羅道約四百五十名義軍組成部隊；申乭石的部隊則位於慶尚道北部，規模較大，約有一千名兵力。這些裝備簡陋、未經嚴格訓練的農民軍，雖然在兵力上與一八九四年對抗日軍的部隊相差不遠，但遠遠不是受命前來消滅他們的兩支現代日本部隊的對手。[52]

一九〇七年平壤大復興運動

西北部的黃海道與平安道也受到這些動亂影響，但不同於其他省分的是，此區的北美長老會差會（North American Presbyterian Mission）與美以美會差會（North American Methodist Episcopal Mission）勢力根深柢固。這兩個省分的基督教歷史悠久，尤其是平安道。外國傳教士經常成為保護其會眾免受地方官員或日本人虐待的緩衝。一進會的顧問內田良平指出：「一九〇七年，平安道有一半以上人口是基督徒。民會（Minhoe，即人民委員會）、自強會（Self-Strengthening Society）與青年協會（Youth Associations）都設立於該道……運作也都由基督徒主導。」一進會的垮台促使該區的基督教勢力更為強化，得以將一進會的改革主義宗旨占為己有。內田如此解釋：

> 平安道被稱為「基督教的巢穴」……自從一進會為了「保護生命與財產」而開始居中調解政府官員及韓國人民的關係，每間教會紛紛公開宣稱會保護那些有意入會的人以招募信徒。一進會對日軍束手無策，另一方面，基督教會則受到日本當局的重視，因而使信徒認為教會擁有巨大的影響力及權力。此外，隨著日軍勢力不斷擴大，基督教牧師像母親照料孩子般地培育信徒，伺機而動。如今，時機到來，基督教會藉一進會的改革運動高喊獨立，聲稱反日就等於反一進會。[53]

這個地區在戰爭期間曾是一進會的根據地。自一八九〇年代末以來，當地長期存在反政府運動與內亂。[54]基督教之所以得以不斷壯大勢力，很大程度受惠於大韓帝國的國力衰弱，以及基督教會願意動用權力保護、有時甚至以激進手段維護其信徒的利益。

起初，一進會乘著這股反政府狂熱，打著親日的改革主義旗號大舉進軍此區。[55]傳教士威廉·布雷爾（William N. Blair）清楚記得當時在平安道南部的安州，韓國民眾拿起武器代表日本對抗俄國軍隊的勇氣。[56]然而，戰爭的結束及一九〇五年十一月《乙巳條約》的簽署，使韓國人民對日本幻想破滅。[56]之後，隨著攻擊事件與日俱增，此區的一進會勢力一落千丈。另一方面，基督教會的信徒大幅增加。

一九〇六年八月，平壤的美以美會差會與北美長老會差會舉行了一場聖經研讀與禱告大會，為韓國空前未有、頌揚宗教及國家意義的全國性現象奠定了基礎。長老會差會的牧師喬治·馬科恩（George S. McCune）回憶道：「〔一九〇六年〕聖誕節過後，傳教士們開始祈求上帝賜予力量……在大會的一開始，我們誠心懺悔……如此才有可能得到我們所祈求的祝福。」[57]許多人自白「憎恨日本人的罪過」，尋求救贖。布雷爾指出：「我們認為，韓國教會需要做的不只是悔悟自身的仇日罪過，也需要對所有違背上帝的罪惡有更透徹的認識。」他接著說：「教會若想成為聖潔之地，便需要想望上帝的聖潔，而充滿怨恨的靈魂也需要擺脫國家的危急局勢，轉而關注自己與主之間的關係。」[58]

一九〇七年的新教大復興（The Great Protestant Revival）從平壤擴及全國，成千上萬名韓國民眾齊聚一堂，熱切甚至發狂似地禱告，「懺悔他們的罪過，乞求上帝與他們所傷害之人的寬恕」。[59]

在平壤舉行的兒童祈禱週會，攝於1907或1908年。西北部各省分對新教教旨的熱烈響應不只體現在該地區龐大的信徒人口，從教會學校的入學兒童人數也明顯可見。（美以美會／維基共享資源）

「那些祈禱聲聽在耳中有如萬水奔騰，宛若禱告的巨浪拍打著上帝的寶座。」布雷爾描述，「隨著禱告的進行，所有人沉浸在沉重且悲傷的懺悔氛圍之中。有人低聲嗚咽了起來，轉瞬間全場都跟著哭泣。」[60]

傳教士們對當前發生的一切感到不可置信。這場復興運動令查理・克拉克「大為驚歎」，他在鄉間旅行期間走訪了多處村莊，當地的教堂裡滿是祈禱與悲泣的村民。「我們每天都會看到他們淚如雨下地相互懺悔、乞求寬恕……如同平壤的集體禱告，這裡每時每刻都聽得到三、五百名信徒高亢洪亮的齊聲祈禱。」[61]面對國家自主與獨立的潰敗，懺悔與救贖的教旨似乎是促使韓國人民投身新教的原因。但是，一九〇七年的大復興運動並未聚焦於國家的慘況，而是倡導一種專屬於個人的改革主義啟示。雖然韓國的新教徒並未放棄實現國家的獨立，但他們認為，韓國社會的重生必須從個體以及個人的精神救贖做起，而這比政治立場的煽動更為重要。

作為「現代且開化」的公民，人們的心理發展將在二十世紀的第二個十年，成為深入人心的文化民族主義的主要信條之一。在這民族運動中，最著名的擁護者就屬已解散的獨立協會重要成員尹致昊了。大復興期間，尹致昊協助成立了眾多新組織，其中以新民會（Sinminhoe）和青年學會（Ch'ŏngnyŏn hak'hoe）最為知名，兩者都旨在透過教育、商業及工業促進韓國人民的精神與道德成長。他宣稱：「我們向所有渴望改革陳腐舊習且願意培養真正公德的人宣示，單靠學術能力或優雅華美的詞藻並無法實現這個目標，而是必須建立一個由志同道合的青年所組成的崇高靈性組織，互相交流並運用知識、制定前瞻性政策、藐視落後和威脅、不計代價地遏制傳統的憤怒浪潮，以及在追求幸福的路上揮灑青春活力，使其成為我們〔國家〕復興的關鍵。」[62]

一九〇七年四月，尹致昊的願景是與其他基督教領袖（包含一九一〇年短暫返回韓國領導漢城基督教青年會〔Seoul YMCA〕的李承晚）共同打造「基督教徒模範聚落」的烏托邦，「以顯而易見的方式取代愛國義軍游擊隊的〔暴力〕手段」。[63]以個人自我發展原則和基督教教義為基礎的、一九〇七年新教復興主義所秉持的「民族提升」教旨，持續在韓國社會中的各個領域得到民眾響應。他們對韓國所抱持的信念和希望，逐漸與李範允和崔在亨等義軍領袖所懷抱的理念背道而馳。這些團體雖然都透過與大韓人國民會的聯繫而有所交流，但是到了一九一三年，彼此的深刻歧異已逐漸顯現。同年，安昌浩在舊金山成立興士團（Hŭngsadan），不僅是為了韓國最終得以脫離日本控制而準備，也為了培養「開化」又民主的公民以實現韓國的現代化。如蘇聯歷史學家波里斯・派克（Boris Pak）所述：「不久便可看出，大韓人國民會有部分領導階層受到美國教會的影響，而在引導韓國走向更加親美的政治路線的過程中，該組織不僅開始宣導抗日精神，也推行反俄宣傳活動。」[64]

因此在這個時期，兩大政治團體開始嶄露頭角。其一由基督徒與資本家組成，主張對外導向的民族主義，其發展宗旨為改革國家並使其融入更廣泛的世界秩序之中；另一個團體基本上與前者相左，由改革主義的儒家文人及義軍追隨者組成，將目光瞄準國家內部，追求防禦性民族主義，而其前提是必須維護民族的純正，防止受到外來勢力所「污染」。之後，列寧提倡民族自決與反殖民主義革命，激勵了眾多民族主義者將反日情緒轉化為保衛韓國不受外國和西方資本主義侵蝕的革命計畫。最終，現代韓國民族主義的這兩個派別，分別成為支持資本主義的南韓與採行共產主義的北韓。朝鮮半島的劃分儘管在一九四五年經美國與蘇聯以北緯三十八度線為準大致界定，但實際上可追溯至日俄戰爭之後，甚至更早。

純宗皇帝的出巡

一九〇九年六月，伊藤博文辭去大韓帝國統監一職，沮喪之情溢於言表。他未能實行自己的改革計畫，而全國各地的動亂，更是將如今日本政府內部要求併吞韓國的聲量放大了。伊藤從未將合併的選項完全排除在韓國問題的解決辦法之外，但他一直希望避免走到這個地步。然而，他結束統監任期時，卻認為時機已到，繼任者曾禰荒助應該讓日本與韓國超越「流言蜚語」，「同心協力達成兩國的統一」。[65]是什麼讓伊藤博文改變了心意呢？

一九〇八年冬天，伊藤博文提出了一項大型的宣傳攻勢。正如明治天皇在明治維新初期所做的，他認為純宗皇帝若出巡，或許有助於加深人民的民族歸屬感，並且透過皇室的象徵來統一國家。伊藤希望藉此促使韓國人民團結起來支持新皇帝，鼓吹他們接受使社會動盪不安的改革措施，同時停止反抗日韓的統一。[66]出巡行程包含分別在大邱、釜山和馬山過夜一晚，以及訪察漢城至釜山鐵路沿線的幾個地方。這趟出巡為短期旅程，從一九〇九年一月七日至十一日。

隨同純宗出巡的人員包含伊藤博文、首相李完用、皇太子李垠（純宗同父異母的弟弟）、內部大臣宋秉畯及其他扈從，出巡隊伍於一月七日上午自漢城火車站啟程。每一段旅程都依照事先的安排進行，但「數以萬計」夾道歡迎的韓國與日本民眾看起來都發自內心地滿懷熱忱，許多日本人更是熱情洋溢。在釜山，純宗參觀了商會，之後登上第二中隊的旗艦吾妻號巡洋艦，觀摩了艦隊演習及其他戰術操練。[67]伊藤博文於一月十一日從馬山寫信給好友金子堅太郎，他愉悅地寫道：「艦隊演習是此行令人收穫最豐的一場活動，純宗對此大為驚豔。」[68]純宗一行人所到之處備受歡迎，也並未發生重大意外。日本媒體似乎也感到滿意。《東京朝日新聞》禁不住讚揚：「不久前，日本的各代天皇還效仿中國皇帝成天待在皇宮大門內，即使外出，也只去山城而已。大韓帝國作為中國的附庸（國），直到最近才完全效仿中國的這項慣例，而此次走訪韓國部分地區的出巡確實前所未見。」該報還指出：「本報認為，此令人愉快的計畫及成功執行，伊藤公爵功不可沒。」[69]

此次純宗出巡大獲成功，伊藤博文因而考慮安排另一場西北之旅。事後證明，這根本是重大失誤。釜山與馬山的居民多為日本人，而漢城以北的省分少有日本人居住，而黃海道與平安道的韓國居民對皇室的態度並不友善。[70]儘管如此，伊藤仍決定安排純宗經由漢城至義州的鐵路，沿途巡訪開城（Kaesŏng）、平壤、清州以及位於滿洲邊境的新義州（Sinŭiju）。

一月二十七日，純宗一行人展開出巡。《京城新報》（*Keijo Shimpo*）報導：「大韓帝國統監在北部受到了本地民眾極其冷漠的對待。」[71]在開城，就讀當地教會學校的青年學生前來迎接皇家列車時，手上只拿著韓國國旗而非日本國旗，正如某觀察人士指出，由此可見「他們的反日情緒」。負責組織歡迎活動的學部大臣李載崑（Yi Che-gŏn）為那些舉旗的學生們辯駁道，伊藤博文作為純宗的隨員，既不應該受民眾行禮，也不該獲得揮旗迎接。[72]內部大臣宋秉畯顯然對伊藤受到侮辱有所不滿，與純宗的一名隨從發生了爭執。[73]不過，此次出巡最不幸的結果發生在二月三日純宗返回漢城之後。宋秉畯接受《朝日新聞》對於這次出巡的採訪，而在二月十六日刊出的報導中，他抨擊了韓國的基督教團體和美國教會：「關於本地約三十五萬名基督徒，最嚴重的問題在於，他們彼此間的聯繫引人惴想。」他宣稱：「他們的共同目標是反對當前的政府，並採取卑劣的手段。」隨後又抛出一枚震撼彈表示：「一旦他們發動武裝叛亂，我會採取嚴厲措施，盡速殲滅他們。當然，他們背後有一群美國傳教士撐腰，這很有可能會成為韓國最嚴重的問題之一。」[74]

美國駐日大使湯瑪斯・歐布萊恩（Thomas O'Brien）震驚不已，並要求伊藤博文說明此事。這確實事關重大，因為這極有可能破壞日本與美國原本就陷入緊張的關係。伊藤辯解道：「宋大臣尚未精通日語，因此，還無法適當表達語意。」他向歐布萊恩保證，他支持駐韓美國教會。「在韓國的基督徒將與其他國民一樣，繼續受到同等待遇，並且只會在明顯違反該國法律的情況下才會受到懲治。在韓國的許多基督徒當中，試圖利用宗教來煽動獨立思想的人不在少數，然而，這個事實不能被歸咎於美國教會的煽動。」[75]

雖然伊藤博文試圖將傷害程度降到最低，宋秉畯仍被迫辭職。[76]伊藤指派宋秉畯的政敵、首相李完用的盟友朴齊純接任。宋秉畯長期以來與李完用的不合雖然令伊藤困擾，但還可以忍受，只是這次他對美國教會的怒斥太過火，有可能危害伊藤作為統監的地位，因此不得不撤換他。

四月十日，伊藤博文在官邸接待桂太郎與小村壽太郎。他們為了商討併吞韓國的議題前來。他們清楚伊藤對此有何看法，因此帶上了「詳盡的報告以回答伊藤可能提出的任何問題」。然而，兩人沒想到的是，伊藤竟然在併吞問題上輕易地讓步了。他的外交事務主任小松綠描述：「當時伊藤一邊抽菸、一邊聽他們說話，最後回道：『好吧，（我想）沒有別的辦法了。』……桂太郎和小村壽太郎原本預期會與他發生激烈爭執……令人慶幸的是，伊藤的態度意外地平和。」[77]純宗出巡的結果讓人失望，一行人在黃海道與平安道受到冷漠對待，加上宋秉畯對韓國基督徒及美國教會的尖刻批評，再再促使伊藤博文相信不能再維持現狀了。然而，問題依然存在：如何併吞韓國？過程中需要採取哪些行動？這個過程將耗時多久？最重要的是，其他列強會如何回應日本併吞韓國的舉動？

伊藤博文的最後一程

一九〇九年六月，曾禰荒助被任命為第二任大韓帝國統監。與此同時，伊藤博文自封皇室導師，勞心勞力地指導皇太子李垠。這個職位在當時引起了極大爭議，因為伊藤得以藉此讓年僅十一歲的李垠從大韓帝國皇室中除名，將他作為日本皇室的一員撫養長大（李垠後來與日本梨本宮守正王之女方子公主成婚）。[78]那年夏天，伊藤遇見後藤新平。後藤在成為南滿鐵路公司的總裁之前，曾經擔任台灣的民政長官。他的良師、也就是第四任總督兒玉源太郎，於一八九八年選派他管理該座海島。後藤新平推行嚴格的改革計畫，將台灣轉變為成功的現代日本殖民地。一九〇六年他離開台灣接管南滿鐵路公司時，這座殖民地的經濟已實現自給自足，與伊藤博文在韓國的失敗相比，可謂「典範級」的成就。[79]一九〇八年桂太郎再次出任首相，後藤新平便成為遞信大臣與南滿鐵路公司總裁。

後藤力促伊藤前往中國與俄國遠東地區，協助處理中國正在醞釀的抗日運動，以及在合併韓國的議題上與俄國達成和解。當時，在慈禧太后於一九〇八年十一月去世，以及光緒帝在此前一天中毒身亡之後，中國動盪不安了起來。後藤新平向伊藤博文表示：「隨著慈禧太后去世，大清國勢更為積弱，此時我們大可嘗試在東方建立新秩序。」而更急迫的是，「今後，北京朝廷的大權將掌握在載灃（醇親王）手中，〔而〕他對於與日本友好往來興致缺缺。」[80]雖然大清在一九〇九年九月勉強與日本針對有爭議的關東（間島）領土簽訂了新協議，但這個局勢在中國掀起了新一波反日浪潮。[81]對孫中山及其反清追隨者而言，《間島協約》*再次表明，清廷無法保護中國不受外國勢力的強取豪奪。後藤新平向伊藤表示，他將協助安排伊藤與俄國財政大臣弗拉基米爾·科科夫佐夫（Vladimir Kokovtsov）會面，就遠東事務達成共識。而合併韓國的問題也是當務之急。後藤事後坦言：「伊藤之所以極力推動純宗出巡，是希望完成對韓國的合併，並尋求俄國與大清〔對這項努力〕的諒解。」[82]

科科夫佐夫於十月的第一週出發前往哈爾濱，並在二十五日傍晚及時抵達，準備隔天迎接伊藤博文的到來。[83]這位俄國財政大臣所不知道的是，還有另一個人在哈爾濱等著迎接伊藤博文。安重根是來自黃海道的天主教教徒，其家族數十年來因反政府活動而飽受騷擾。一九〇七年，他因為高宗被迫退位而決定離開韓國北部的家鄉，自我放逐到符拉迪沃斯托克，後來他描述道：「高宗的退位不僅激怒了我，也惹惱了這位皇帝的所有子民，人們心中生起了一個漫長曲折的願望——重振韓國的國力。」[84]在符拉迪沃斯托克，安重根與崔在亨、李範允碰面，這兩人都是義軍的重要首領。此外，他也與田明雲結為好友，即一九〇八年三月杜倫·史蒂文斯暗殺事件的兩名嫌疑犯之一。俄國駐日大使尼古拉·馬列夫斯基—馬列維奇事後評論道，伊藤公爵暗殺事件的策謀者，是「從符拉迪沃斯托克到舊金山」的一群韓國革命分子。[85]

十月二十六日早上七點，伊藤博文於九點抵達時，已有大批人潮聚集。負責監督維安工作的日本總領事川上俊彥以安全措施為由，決定不邀請賓客，也不舉行歡迎儀式，僅允許他本人及其部下認識的日本人進入列車月台。[86]科科夫佐夫回憶：「火車準時抵達。我立刻走進公爵的車廂，他對我表示歡迎，並轉達了來自官方的問候。」與伊藤同行的還有祕書森泰二郎及南滿鐵路局局長田中清次郎。川上俊彥於事後描述：「他們〔伊藤博文與科科夫佐夫〕結束談話後，伊藤博文跟隨俄國公使登上月台，經過一排列隊迎接他到來的俄國士兵。突然間，一名身穿西裝的韓國人從〔俄國〕士兵隊伍中走出來，手持左輪手槍朝伊藤開了三槍。」根據一些目擊者所言，他行凶時高喊「大韓帝國萬歲！」雖然一旁的軍官立刻衝上前抓住安重根的頸部與手臂，他還是設法掙脫，又開了三槍。其中一顆子彈擊中了川上俊彥，打傷了他的右臂。森泰二郎與田中清次郎逃過一劫，只受了輕傷。[87]安重根犯案後未試圖逃走，與另外三名共犯遭到大清當局逮捕，並交由日本發落。[88]據伊藤博文的隨從室田義文描述，奄奄一息的伊藤問是誰襲擊他，而當六十九歲的他得知是一個韓國人時，喃喃地說：「真是個蠢蛋！」結果，這句話成了伊藤的臨終遺言。[89]

伊藤博文早一步死於韓國刺客之手的消息對日本政府造成重大衝擊，並認定必須盡快正式合併韓國。[90]小松綠指出：「伊藤為了完成合併韓國的偉業而展開遠東之旅。諷刺的是，他先行一步離去反而讓他完成了心願。」這起暗殺事件也讓科科夫佐夫意識到，韓國問題對日本而言變得十分緊迫。「這場意外不僅向俄國揭露，也向全世界揭露，日本對韓國的控制情有可原。雖然伊藤之死阻礙了新東亞政策的制定，但他實際上促成了當下的任務——獲得俄國對於合併韓國一事的支持。」[91]

---

* 編註：又稱《圖們江中韓界務條款》。

而眼前支持的前提是，俄國與日本就滿洲問題達成永久性協定。美國為了維護門戶開放政策而採取的行動，再次威脅到俄國在當地的利益。一九〇八年，投資銀行家威拉德・史特萊特（Willard Straight）提出了另一項計畫，將美國資本注入滿洲，以期達到滿洲鐵路的國際化。史特拉特直接得到國務卿羅脫的許可，擬定了一份協議，由奉天省巡撫唐紹儀、東三省總督徐世昌和一群美國投資者共同出資、建造及營運一條從錦州通往瑷琿的鐵路。這項計畫得到了菲蘭德・蔡斯・諾克斯（Philander Chase Knox）的支持，一九〇九年三月，他甫獲即將上台的威廉・塔夫脫政府任命為國務卿。一如老羅斯福，塔夫脫也希望在新的「美元外交」下繼續推行門戶開放政策，以鼓勵並保護美國的海外投資。諾克斯進一步提出對大清進行「中立化計畫」，希望屆時俄國與日本能接受這個既定的事實。三國於一九〇九年十月二日簽署了初步協議。[92]因此，俄國在同年秋天面臨了必須與日本合作以採取行動來確保其滿洲利益的壓力。

日本同樣承受著與俄國就韓國問題達成協議的壓力。伊藤博文遇刺一事為韓國的叛亂注入了能量，如斯米爾諾夫所描述：「韓國愛國人士的精神為之一振。」、「刺客（安重根）被視為民族英雄……所有韓國民眾都頌揚他的偉大。」來自符拉迪沃斯托克、尼科爾斯克以及俄國遠東地區的其他韓國人居住地的捐款源源不絕，以「成立暗殺小組，目的是殺害日本官員及其支持者」。一九〇九年十一月，一群武裝分子無預警襲擊南門附近的火車站，場面陷入混亂失控，日本憲兵隊當下束手無策。一名觀察人士指出：「日本人對這些示威活動感到惶恐不安，他們甚至擔心韓國將爆發全面起義。」眼下日本意識到，為了控制局勢，他們必須消除北方（尤其是俄國遠東地區）叛亂運動

李範允率領的北關東義軍。1910年7月，李範允與柳麟錫（Yu Yin-sŏk）、洪範圖在符拉迪沃斯托克成立了軍事組織「勸業會」（Chanykhve）。該協會旨在協調義軍各部隊攻擊韓國北部日本駐軍的行動，並團結所有韓國人民參與抗日鬥爭。（《京畿新聞》）

的核心勢力，並且盡速併吞韓國。為此，他們急需俄國的支援。[93]

十二月底，馬列夫斯基—馬列維奇與日本大使本野一郎會面商討「惡名昭彰的美國〔鐵路〕計畫」。一九一〇年七月四日，俄國外交大臣伊茲沃爾斯基和本野一郎在聖彼得堡簽署了一項條約，規定兩國不得在對方利益範圍內從事任何政治活動。雖然協議中並未具體提及韓國，但俄國承諾「不會以任何方式阻礙另一方鞏固與進一步發展其特殊利益」，這意指日本在韓國的行動自由，包括吞併在內。[94]俄國也承諾，將停止向韓國的叛亂者及義軍提供任何援助或救濟。[95]濱海邊疆區總督溫特貝格爾命斯米爾諾夫「在任何情況下都不得允許前義軍成員返回韓國」，並指示將他們送往滿洲。一九一〇年十月，李範允遭俄國警方逮捕。[96]

與此同時，諾克斯提出的計畫成了泡影。有了日本的合作，俄國對大清施壓，強烈要求大清不得支持該項協議，成功阻止了美國資本流入滿洲。[97]事後《紐約時報》引述桂太郎的話指出，一九一〇年七月的《日俄密約》並非受到諾克斯的提案所影響，「也並非作為對美國直接或間接的回應」。[98]這話有一部分是事實。雖然日本憂心美國會蠶食滿洲，但他們更擔心韓國陷入動盪。[99]如今有了俄國的加入，日本就可以迅速展開合併韓國的計畫了。

《日韓合併條約》

有感於「日韓合併」的時機已近在眼前，一進會會長李容九提出了他心中的合併計畫，希望其成員能在新的安排中保有一些權力。一九〇九年十二月四日，李容九自稱代表一進會共一百萬名成員及兩千萬韓國人民，向統監曾禰荒助與純宗皇帝呈交了一份合併請願書。其部分內容如下：

我國得天獨厚，資源豐富，但兩千萬人民卻走投無路，無法發展成為文明國家，何以如此？這是因為韓國並未建立國家基礎，也未確立任何總體原則來管理國家；（政府）不斷依靠強大的鄰國，從未提出幫助人民的永續計畫，這是多麼愚蠢啊！如果不是日本天皇的仁慈，腐敗的韓國領袖們絕不會有今日的成就，未來也不可能將韓國變成一個文明國家。如今，保護國制度已經建立，韓國與日本共享其利。倘若日本與韓國不再能互相保護，當前的局面將無以為繼。因此，我們應為「日韓合併」奠定不可動搖的基礎。這是韓國自保的唯一途徑，也是日本自衛的唯一途徑。而日本不僅得以自衛，還能一方面支持東亞，另一方面維持世界和平。[100]

一進會明知會引起反彈，為何還要提出這項請願？一個原因是，李容九及宋秉畯（後者以資深領袖之姿重返一進會）在與大韓帝國首相李完用之間的激烈鬥爭中，兩人所採取的簡單政治操作。他們兩人認為，在日本的施壓下，這位首相最終將不得不在合併問題上有所退讓。但是，與其無條件地「放棄」韓國的獨立，一進會的領導階層希望保留一些對韓國國內政策的控制權。[101]就如歷史學家徐永熙（Sŏ Yŏng-hŭi，音譯）所述，「日韓合併」計畫的目標不是讓韓國被日本吸收而作為殖民地，而是建立一種「聯邦」，在其中，一進會仍將在名義上掌管韓國本土的政府事務。[102]李容九宣稱：「如此一來，韓國人民將不會再被視為低等國家在保護關係下的公民。我們將成為新聯盟的一分子，成為世界一等民族。」[103]漢城英國文化協會（British Council）代理會長亞瑟．海德．雷（Arthur Hyde Lay）指出，李容九與宋秉畯在合併問題上占得先機，意在「先發制人，避免任何會使韓國受日本牽制的單方面舉動」。[104]

這是一個耐人尋味的想法。當時，李容九與李完用已接受了這樣一個事實：日本相對強大的軍事實力致使韓國顯得軟弱無能，以及儘管義軍奮力反抗，韓國仍不可能恢復獨立。他們也不希望在義兵游擊隊的努力下取得勝利，因為假使如此，他們自己的腦袋也將不保。不久前，首相李完用在十二月的一次暗殺事件中逃過一劫，因此他深知自己的處境岌岌可危。儘管如此，他也認為李容九提出合併請願為時過早。有感於這項提議不得人心，他希望藉此要求日本統監曾禰荒助懲罰李容九並解散一進會。[105]

日本方面也不願接受李容九的提議，但原因有所不同。他們猶豫不決，不知是否該接受提議，允許一進會對國家和地方等事務握有監督權。他們也無法允許一進會握有對地方政府的管轄權，即便只在名義上是如此；這麼做無法解決韓國的問題，只會讓問題長久存在。

在這場危機中，曾禰荒助經診斷患有胃癌，於是在一九一〇年五月十三日，軍部大臣寺內正毅奉命接任統監一職。[106]此時，國際局勢又有了劇烈變化。一九一〇年第二次日俄條約即將簽署完成，日相桂太郎決定必須盡快完成合併，因此指示寺內正毅提前行動，安排成立委員會準備相關事宜。[107]

寺內正毅於七月二十四日抵達漢城後，著手將一進會排除在合併事宜的討論之外，並直接與李完用及其內閣合作。[108]日方認為，這位韓國首相在行事上遠比一進會來得圓滑。畢竟，李容九有可能拒絕合作，倘若如此，寺內就得擔心日本可能會與一進會領袖李容九及宋秉畯組閣。假如一進會掌權，不知道又會做出什麼事情來。當時仍在這位統監手下擔任外交事務主任的小松綠指出：「萬一宋秉畯當上首相，難保他的宿敵李完用會發生什麼事。如果李完用首相棄國叛逃，他將會被韓國人民批評為背信忘義的大臣，同時也會遭日本拋棄，在世界上將無立足之地。李完用是個聰明人，必然明白這一點。」[109]換言之，李完用及其內閣成員都將成為日本的行屍走肉。而寺內正毅果然順利讓李完用任他擺布。

除了保住自身性命，李完用最關心的是皇室成員的待遇。小松綠透露，「李完用說，只要不讓純宗退位」，他就會好好合作。「他這麼說的同時，一副難過不已的樣子，甚至流下淚來，讓人不忍直視。」李完用也憂心大臣們的命運。小松綠則向他保證，會厚待這些內閣大臣；純宗皇帝及其妻兒也將成為日本皇室的一分子。小松綠這麼對李完用說：「日本將善待韓國的王室成員及高官（例如你本人），絕不會傷害他們。我可以向你保證這一點。」[110]

李完用接受了這些話，事態自此有了急遽的發展。八月十七日，李完用收到寺內正毅派人送來的條約草案，並於隔天與內閣大臣們討論。正如小松綠所承諾，日本在條約中保證將會厚待韓國王室。高官與貴族們也將獲得豐厚補償。條約也允諾，只要韓國人民接受合併，就有機會擔任官職。正當李完用思考是否簽署條約之際，他聽聞宋秉畯突然現身漢城的消息，於是便立刻點頭同意。

最後一步是取得純宗的批准，而他毫無怨言地批准了條約。一九一〇年八月二十二日下午四時，日韓簽訂合併條約。在隨後的慶祝宴會上，未出席的純宗向寺內正毅傳遞了這樣的訊息：「我一直相信我們（日本與韓國）的問題會得到解決。現在是時候了，因此我將全權委託首相李完用（來完成這項任務）……從此刻起，我不再過問任何國事，將全心照顧家人。」他唯一的要求，是有限度地裁撤王室官員，否則「我會深感羞愧，人民也會十分傷心」。但他隨即又表示：「我真心感謝日本天皇的善意，願意讓我們享有一如往常的生活待遇。」[111]

於是，隨著這幾句簡短的自貶言語，沒有任何高調抗議或宣示，朝鮮王朝的五百年歷史畫下了句點。朝鮮半島自一八七〇年代大清為了保有朝鮮這個附屬國以來所經歷的無止盡鬥爭，以一九一〇年韓國最終併入大日本帝國作為收場。一年後，延續了兩個半世紀的大清宣告滅亡。那些推翻滿族政權的革命人士的長遠目標是「雪除國恥」與「恢復中華民族的精神」。[112]在這些目標上，中國與韓國有著相似的世界觀，為東亞的新秩序奠定了基礎，而這種新秩序不論在血腥程度或戲劇性上，都不亞於兩國為了主權而奮鬥的過程。

後記 遺留給後世的影響

這場大競逐為東亞留下了什麼？它又是怎麼決定這個地區與全世界的未來？

其中一個主要結果是，日本作為亞洲新帝國主義強權的崛起，引發了廣泛的區域性暴力與動盪。歷史學家理查・奧佛瑞（Richard Overy）也觀察到類似的情況，他指出，十九世紀末的帝國之爭，助長了一九三〇年代的危機與即將到來的戰爭。我們通常不會考量到二戰的殖民層面，但這只是因為我們聚焦於一九三九年德國對波蘭的入侵，而忽略了一九三一年日本對滿洲的侵略。多數的戰爭史對二戰的描述都和邱吉爾（Winston Churchill）的看法一樣，認為這是熱愛自由的國家和殘酷無情的獨裁政權之間的一場激烈鬥爭。然而，這種觀點並不適用於太平洋地區。這是因為太平洋戰爭（the Pacific War）顯然是一場殖民地之爭。日本攻打大英帝國在亞洲的領地，成功將太平洋與歐洲地區的戰爭合為一體。一九四一年十二月七日，日本轟炸珍珠港，將美國捲入戰爭，致使二戰成為真正的全球性衝突。只不過，日本的目標不僅僅是擊沉美國戰艦。他們閃電突襲了關島、菲律賓、中途島（Midway）及威克島等美國屬地，以及英國與法國在馬來西亞、新加坡、香港和中南半島的屬地。一九四五年大日本帝國垮台後，盟軍連忙收回失去的殖民地。奧佛瑞主張，應該將二戰視為一場帝國之間的衝突，而非善與惡的末日之爭，無疑才是正確的。「在一九四〇、五〇年代，隨著領土型帝國崩潰而結束的全球性暴力，其長久存在的根源可追溯至十九世紀的最後數十年，在這段期間，開發中國家的經濟與政治加快了現代化的腳步。」[1]因此，若將一九一四年視為「和平的終點」，會是一種誤導。早在第一次世界大戰之前，大規模衝突就已經破壞了世界的穩定。亞洲地區原本對日本有利的勢力均衡即使出現了逆轉，也並未削弱各國的領土之爭。

對日本來說，一九一〇年併吞大韓帝國，是一八八〇年代以來為了控制朝鮮半島而起的長期角力的最終結果。儘管一九一〇年簽署的《日韓合併條約》最終解決了韓國的地位問題，但並未消除維護中國領土完整的爭議。[2]一九一〇年七月，俄國與日本簽訂一項新的友好條約，將一九〇七年的協約向前推進了一步。兩國承諾將共同行動，採取「任何措施」以捍衛各自的利益範圍。

一九一一年大清滅亡後，以山縣有朋為首的親軍派國會議員希望居中調停以解決辛亥革命，並出兵中國，卻遭到首相西園寺公望所回絕。然而，歐洲爆發第一次世界大戰後，關於日本對華政策的衝突很快便得到了解決。山縣有朋的盟友大隈重信首相所率領的新政府，趁著歐洲各國鬥得你死我活之際，迅速奪取了德國在亞太地區的殖民地，其中包括德國於一八九八年占領的山東。多虧了地理上的優勢，日本才有機會經由海戰躋身強國之列，但最終，日本的菁英分子選擇踏上陸上強權的道路。

這並非日本擴張主義者對俄國開戰時的想望。戰前，桂太郎內閣與元老們接受門戶開放政策，並認為這是在邏輯上對馬漢的主張所做的一種延伸，也就是對外開放的目的是發展商業活動，而非對大陸進行軍事滲透。只是，戰爭中犧牲的無數人命及金錢、《樸茨茅斯條約》不盡人意的結果，以及韓國局勢的暴力發展，都改變了這一切。

日本未能從日俄戰爭中汲取正確教訓，也並未評估自身作為大陸強權的可行性，釀成了未來的災難。[3]俄國革命（Bolshevik Revolution）的爆發，促使時任日本內務大臣後藤新平召集一百萬名兵力組成的部隊，占領貝加爾湖以東的俄國領土。如此看來，日本對陸上強權地位的追求，似乎從韓國、中國延伸到了俄國。[4]日本首相濱口雄幸儘管竭力引導國家走向不同的道路，仍遭到槍殺。一九三〇年十一月，他在東京遭一名右翼極端民族主義青年槍殺，隨後於一九三一年八月因傷去世。經濟大蕭條時期，全球經濟的崩潰與日本國內的苦難，再加上激進好戰的日本民族主義興起，最終驅使一群日本駐奉天軍官於一九三一年九月十八日夜裡，在南滿鐵路引爆了一枚炸彈。到了年底，滿洲已由日本控制，而這個國家正走向與中美開戰的道路。

而中國呢？一九〇五年十二月二十二日簽訂的中日密約*如同過往先例，都試圖透過結盟來阻止大清無法獨力應付的任何侵略。事實證明，陳舊過時的「以夷制夷」策略在這起事件中沒能發揮作用。一如以往，這種策略為大清的主權帶來了更大威脅，但不足以說服清政府相信，維護大清的方法是努力收回失去的權利，而不是將那些權利分送他國。

* 編註：即《中日會議東三省事宜條約》。

在中華民國名義上的主事者袁世凱的領導下，後帝國主義時代的新中國積弱無力，和大清一樣飽受列強剝削。一九一五年，袁世凱對日本提出的《二十一條》讓步，承認其接收德國在山東的權益及福建省的經濟控制權。之後，他受到詆毀人士的脅迫與暗中破壞，最終於一九一六年離世。[5]

中國在一九一九年凡爾賽和平會議（Versailles Peace Conference）中無力解決山東問題，而美國總統威爾遜提出的十四點建議同樣令人失望，致使許多中國百姓得出一結論：布爾什維克主義與馬克思主義才是終結中國數百年來黯淡衰落與備受屈辱的解方。一九一九年六月《巴黎和約》（*Paris Peace Treaty*）簽署僅四週後，蘇俄外交事務副人民委員加拉罕（L. M. Karakhan）便宣布，蘇俄將自願放棄在滿洲的特殊權利，包括將東清鐵路無償交還中國。此外，蘇俄也承諾取消俄國在沙皇時期與中國簽訂的所有祕密條約，並放棄中國因義和團起義而償付的所有賠款。雖然蘇俄後來違背了歸還鐵路的承諾，但中國民眾牢牢記住了這份聲明，這在威爾遜主義的承諾失敗後，似乎提供了另一種選擇。一九二五年三月孫中山早一步離世，其追隨者蔣介石成為國民黨的新任領導者，直到一九二八年，蔣介石領導國民黨統一中國，孫中山的反帝國主義思想才成為讓全中國團結一心的思想力量。[6]

中國從這場大競逐中學到的重要教訓，不僅是將反帝國主義作為民族屈辱的解方，更是讓屈辱感與中國領土的喪失形成緊密的連結。中國曲折的發展歷程，可說是一段收復領土與統一國家的漫長過程。而這正是十九世紀中國解體的關鍵——除了屢次遭受無情羞辱之外，還有帝國緩慢又穩定的瓦解，而與日本因朝鮮半島控制權所產生的衝突，更加速了這個過程。中國政府之所以試圖收回其視為歷史財產的所有領土，和中國努力抹去民族恥辱、恢復國家昔日的強大有關。當然，沒有什麼比讓台灣重新回到北京政權的版圖，進而結束這場大競逐中最具爭議且最充滿仇恨的篇章，更能夠有力地向人民表明中國在世界上的新地位了。

至於俄國，情況又是如何？一戰爆發後，俄國陷入生死掙扎，沙皇政權不得不從遠東地區的陰謀中收手。最終，是這場世界大戰給了羅曼諾夫王朝致命一擊，而不是日俄戰爭。一九一七年革命結束的不久後，布爾什維克政權統治下的俄國再次陷入遠東控制權之爭，一支包含了七萬三千名日兵在內的國際遠征軍登陸符拉迪沃斯托克，用以在俄國內戰中支持白軍*（the Whites）。之前遭沙皇政權追殺的韓國游擊隊員及義軍領袖們，如今與布爾什維克勢力聯手發動代理人戰爭，對抗共同的敵人。[7] 一九二二年十一月，日軍完全撤出符拉迪沃斯托克的一個月後，布爾什維克勢力在俄國遠東地區宣告勝利。

因此，俄國在這場大競逐的開展中遭遇了屈辱般的挫敗，但與中國相比，俄國不但未失去任何領土，反而獲得了大片屬地，使疆域進一步擴及太平洋地區。此外，一九一八年後，布爾什維克勢力在東亞地區建立起影響力及權力。隨著一九二二年俄國內戰結束，蘇聯政權與孫中山及其帶領的國民黨結盟。由於資金匱乏，孫中山向蘇聯求助，並同意共產黨員加入國民黨以換取支援。一九二

* 譯註：一九一八至二〇年，在俄國內戰中對抗蘇聯紅軍的政治運動及其軍隊，主要由支持沙皇的保皇黨與自由主義者等反布爾什維克勢力組成。

四年，國共兩黨在廣州展開第一次國共合作（之後國際間稱之為「第一次統一戰線」（First United Front」），此舉令日本大為震驚，並於隔年迅速與蘇聯簽訂條約。

二戰過後，蘇聯繼續擴大在東亞的影響力，收復了之前在日俄戰爭中喪失的權益。此外，史達林還在朝鮮北半部建立一個衛星緩衝國，實現了尼古拉二世在半個世紀前的目標。因此，今日的俄羅斯在弗拉迪米爾・普丁（Vladimir Putin）試圖重拾過往帝國榮耀的同時，也將目光轉向東邊的亞洲，又有什麼好驚訝的呢？[8]如作家費奧多爾・杜思妥耶夫斯基（Fyodor Dostoevsky）在一八八一年所述，「在歐洲，我們是低等暴民，但在亞洲，我們可是泱泱大國。」[9]

對韓國而言，與日本合併後的主要問題是生存，也就是如何才能確保國家的獨立及「朝鮮的民族性」。回答這個問題的答案取決於所有事物之中，舉凡抗日行動到與日本政府之間的各種調節及合作。

一九一〇年後，沙皇政權開始收回對韓國游擊隊的支持，逐漸嚴厲鎮壓俄國遠東地區的韓國抗日活動，包括大範圍地逮捕義軍領導者。一戰爆發後，這種情況尤其明顯，當時俄國試圖強化與日本的關係，並採取行動對抗共同的敵人。

然而，一九一七年的十月革命改變了這一切。布爾什維克勢力率領的新政府推翻沙皇的政策，切斷了與日本的往來，轉而支持韓國的抗日組織。列寧的反帝國主義言論也吸引了許多韓國組織，包括改革主義派的儒家學者，他們渴望保衛國家不受日本操控，從而參與一項全新的革命計畫，直接訴諸反帝國主義的民族主義。

一九一八年爆發的俄國內戰，為俄國及韓國帶來了在遠東地區再次合作的契機。布爾什維克勢力需要盟友，而韓國的激進分子幫助他們開闢了第二條戰線，對抗日本傾注大量兵力的西伯利亞遠征軍（Siberian Expedition，一九一八年—一九二二年）。這是自日俄戰爭以來，俄國與韓國第二次向日本開戰。

一九二〇、三〇年代，移入俄國遠東地區的人口大幅增加，其中大多數韓國人集中在符拉迪沃斯托克，占當地人口約四分之一。[10]但是，蘇聯與韓國人民之間一直以來不甚融洽的關係，隨著一九三七年史達林進行大整肅（Great Terror，一九三六年—一九三八年）而急轉直下，當時，蘇聯將韓國人從俄國遠東地區強行驅逐至中亞的烏茲別克共和國及哈薩克共和國。[11]史達林的政策，導致韓國游擊隊將抗日活動基地遷至滿洲東部。而共產黨領導的當地游擊隊勢力漸增，韓國游擊隊也日益引起日本當局的注意。最終，政府的嚴酷鎮壓迫使游擊隊放棄在滿洲的活動，並於一九四〇年逃往蘇聯。其中包括一名年輕的共產主義領袖，名為金日成（Kim Il Sung）。[12]

其他韓國人則尋求另一條路徑確保民族的存續。一九一九年，來自夏威夷、符拉迪沃斯托克、舊金山以及漢城的韓國移民齊聚上海，建立起所有朝鮮民族主義者的統一戰線，在首任總統李承晚的領導下，成立所謂的韓國臨時政府（Korean Provisional Government，簡稱KPG）。從一九一九年成立到一九四五年日本投降，該臨時政府的目標旨在國際會議上爭取外界對韓國獨立的支持，其他有志一同的韓國溫和派，則在殖民地內致力推動民族「自強」。只要殖民主義符合韓國的「發展」目標且有助於文明的推動，他們都願意與殖民政權合作而非對抗。

隨著二戰的結束以及一九四五年蘇聯、美國軍隊紛紛占領朝鮮半島，韓國的這兩大勢力也展開了權力之爭。朝鮮半島以北緯三十八度線被一分為二的歷史，迫使韓國人不得不根據意識形態陣營劃定地理上的分界。在一九四五到四八年，這段甫獲解放的動盪期間，從韓國北部南下的人士在抵抗北韓革命中扮演了不可或缺的角色，同時也因為被李承晚政權（一九四八年—一九六〇年）的保守民族主義政治所吸收，而對戰後南韓的建國造成了深遠的影響。[13]事實上，大多數北方難民來自傳統的基督教中心平安道與黃海道，他們親身經歷了受蘇聯支持的北方領導階層所施加的迫害，因而發自內心地反對共產主義。

因此，朝鮮半島的分裂加深了日本殖民占領下早已存在的歧異，並打造出分別受到相互敵對的蘇聯與美國所支持的兩大游擊陣營。一九五〇年六月，隨著兩個對立的政權各自試圖實現在本身體制下統一朝鮮半島的夢想，他們對韓國未來的分歧看法釀成了戰爭。

至於美國，這場大競逐促使其與日本有機會成為主宰亞太地區的兩大非歐洲強國。二戰摧毀了日本的地位，但美國利用在這場大競逐期間所奠定的基礎崛起，成為亞太地區的強權。在日本經歷了一八九四到九五年間的甲午戰爭，而美國經歷了一八九八年的美西戰爭之後，國家在海外的影響力及勢力範圍的擴大，在極大程度上形塑了兩國的自我認知。日本最終選擇成為陸上強國，並試圖控制亞洲大陸；比起取得領土，美國則更著重於貿易與商業的擴張。[14]由於美國和世界上多數國家之間相隔了兩大洋，因此為了達成這個目標，有必要成為海上強權。

及至一九〇五年，美國與日本看似分道揚鑣。日本占領了韓國及遼東半島，以此作為取得陸上強權地位的先決條件，美國則將馬漢提出的原則與門戶開放政策作為商業焦點，持續發展成為海上強國，主張財富及權力來自商業和自由貿易。

矛盾的是，對國家權力與利益截然不同的構想（一邊是從大陸國家的角度出發，目標是確保國家安全；另一邊是海洋國家的角度出發，重點是確保商業機會），促使美國與日本走上了衝突的道路。一九一〇年七月《日俄密約》簽署後，關於美日之間即將發生衝突的討論更頻繁地出現。不過，直到一戰爆發，美國才開始有所警覺。隨著日本老一輩的政治家及將軍紛紛將這場戰爭譽為「新大正時代對日本命運發展的神助」，擴張帝國利益的機會使日本內部的歧見暫時形成了一致。[15]

面對這些混亂的局勢，以及為了填補歐洲列強留下的真空，美國成了唯一有能力緩解中日緊張關係的國家。一九一七年四月，美國參與了一戰，進一步鞏固了威爾遜總統對中國的承諾及門戶開放原則。威爾遜堅決反對舊帝國主義的外交實踐，因為這會剝奪中國的主權。儘管威爾遜直到一九一八年一月才明確提出他對戰後秩序的願景（引進自主發展與自由貿易等概念），但他顯然在參戰時便已懷有這些理想主義原則。

雖然威爾遜並未兌現他在凡爾賽和平會議上對中國的承諾（因為日本堅持不願放棄山東），但一九二一至二二年的華盛頓會議，讓美國有另一個機會重申自身對國際協定、貿易以及門戶開放政策的承諾。戰後美國政策的制定者意識到，有必要透過新的合作和穩定框架來恢復東亞的平衡，但他們同時也在回應全球在裁軍方面的壓力。這場結束所有戰事的戰爭過後，以往耗費無數資源的軍事開支，如今有必要更具建設性地用於經濟發展。[16]

美國在計畫中還設想新成立一個國際金融財團，為日本提供發展貸款，以換取對方承諾在中國遵守門戶開放原則（滿洲除外）。[17]財政困難的日本似乎也有意配合，因為與中國取得共識的走向已努力多年。歷史學家弗雷德里克．狄金森（Frederick Dickinson）指出，對日本而言，一九一九年「不是《凡爾賽條約》之年，而是日本真正政黨政府的元年」。[18]日本首相原敬引領並監督真正代議制政府的擴張，而這得力於戰後的經濟繁榮與國有企業的私有化。一九一九年三月，約五萬名學生、職員與工廠工人聚集在東京日比谷公園，呼籲開放普選。與此同時，數以萬計的韓國民眾走上街頭，要求獨立與自決，為韓國殖民地的行政改革創造了機會。對此，原敬呼籲放寬日本所有海外屬地的殖民管理，其政府也承諾將遵守新的國際關係與經濟依存框架，因而重新燃起人們的希望，期待海約翰與馬漢的願景最終可望在東亞實現。

美國也發揮其影響力，居中調停日本與中國針對山東問題所展開的談判，日本同意將山東歸還中國。中國未能收回完整主權，但日本放棄了一九一五年的《二十一條》，並同意恢復中國對膠濟鐵路的管理權。

然而，一九二九年紐約華爾街股市崩盤。全球經濟在大蕭條時期的崩潰，暴露了華盛頓體系*未能兌現的承諾，而且當即影響了貿易模式。由於購買力急遽下滑，美國市場對日本商品的需求萎縮，意味著其進口量下降到股市崩盤前的四分之一。[19]原本將國家經濟與外交政策押注在美國貿易的日本領袖們，轉而反對自由資本主義體系，以及一九二〇年代蓬勃發展的經濟國際主義。到了一九三二年，滿洲落入日本之手。五年後，時值日本侵略中國之際，美國與日本也走上了戰爭的道路。

於是，日本於一九四一年十二月七日轟炸美國海軍位於夏威夷珍珠港（Pearl Harbor）的基地，兩國自一九〇五年日俄戰爭結束以來一直背道而馳的衝突由此達到了巔峰。然而，在爭奪陸上強權的野心隨著二戰結束而以災難性的結局告終之後，日本成功地重新融入了以美國為首的全球體系，成為華盛頓體系下的東亞樞紐。二戰結束不久後，隨著冷戰迎來曙光，日本再度崛起成為新海洋秩序的堅定支持者，抗衡舊時大陸強權俄國的野心與欲望。

• • •

一九八九年歐洲冷戰結束後，人類歷史的進程以資本主義、自由民主的勝利畫下句號的觀點逐漸風行了起來。法蘭西斯·福山（Francis Fukuyama）的名言「冷戰的結束意味著歷史的終結」，似乎預示了不僅人類的意識形態鬥爭已經結束，地緣政治本身也將永不復存。[21]中國與蘇聯等封閉的共產主義社會過於缺乏創造力，無法在經濟上與西方國家競爭，因此唯一可能引發危機的，是奉行共產主義的北韓等流氓國家。此觀點認為，只需要些微的推力，那些國家便會加入現代化的浪潮，成為自由開放的社會、也就是美國的翻版。

---

* 譯註：一九二一至二二年列強在美國華盛頓舉行國際會議，在大國重新劃分勢力範圍下緩和了遠東地區的緊張局勢。

當然，這並未成真。相反地，許多和福山一樣，宣稱歷史已於一九八九年結束的人士，如今紛紛宣告冷戰再度回歸。[22]第二次冷戰的概念不僅暗示美國將與俄國及中國展開對抗，也指明這樣的衝突將牽涉到朝鮮半島上從未結束的戰爭，即南韓與北韓至今依然隔著非軍事區僵持對峙。一名觀察人士甚至認為，烏克蘭戰爭就好比韓戰，是驅使美國及其民主陣營盟友與強大獨裁集團展開新冷戰的另一個「熱」開端。[23]

然而，若將焦點放在冷戰上，既有可能模糊當代的挑戰，也有可能得以釐清其中的問題。如果美國期望冷戰結束後，傳統的地緣政治競爭便會消失，那是因為他們錯誤解讀了冷戰的結束對中國與俄國的意義：美國式的自由資本主義民主並未戰勝共產主義，是時候回歸復仇主義與老派大國政治了。[24]由二〇二二年二月二十四日俄羅斯對烏克蘭的入侵可知，前者表現得就像是個典型的帝國主義強權。俄羅斯詩人亞歷山大．普希金敏銳地提醒了我們，這類的戰爭似曾相識。俄波戰爭期間，俄軍於一八三一年圍攻華沙，當時普希金創作了著名的愛國頌歌〈致俄羅斯的誹謗者〉（To the Slanderers of Russia），向歐洲的政治領袖提出呼籲：

這是斯拉夫人的家務事，
是一場存在已久的內部爭端，早已經過命運的權衡
是一個你們無法解決的問題。
別管我們……

這是你們無法理解，你們格格不入的家族世仇。[25]

普希金為了捍衛俄國對波蘭發動帝國戰爭之正當性，而創作出這首大膽無畏的詩歌，蘊含了日後俄國及其斯拉夫邊境地區（包括二〇二二年的烏克蘭）之間的關係中，所有的基本特徵。[26]

亞太地區也可見類似的情況，這個區域如今可說是沒有二十一世紀初那樣來得穩定，原因與俄國的這段過去如出一轍。例如，中國與日本在東海宣稱的各種爭議主權，可追溯至一八九四到九五年的甲午戰爭，當時日本控制了中國的台灣領土，包括現今備受爭議的釣魚台列嶼。[27]中國持續支持北韓的立場，反映出一種深層的願望，那就是重振在西方列強到來與明治時期的日本崛起之前、盛行於東亞的中國中心秩序，當時，朝鮮的君王每年都向中國皇帝進貢。如今，朝鮮半島依然是此區域動盪不安的存在，這主要歸咎於大多數的政策制定者最不重視的因素，即韓國人的身分認同、正統性與民族主義，而這些問題的根源可追溯至十九世紀末。最後，俄國與日本之間關於千島群島地位的長期爭端，起源於一八七三年的征韓論。一八七五年的《聖彼得堡條約》原本已經解決了這場衝突，直到二戰結束，該地竟曖昧不明地割讓給俄國，由此又引發了紛爭。[28]二戰結束八十年後，日本與俄國仍未簽署正式和約。普丁於二〇二〇年修改了《俄羅斯憲法》，明確禁止將俄國領土割讓給他國，這意味著俄日之間的糾紛可能會持續延燒。[29]

因此，大國政治的新時代絕非冷戰的重演，而是舊帳的清算。對普丁而言，俄羅斯必須承擔起責任，對其帝國歷史進行嶄新的闡述，帝國的歷史是完整連續的，在一九一七年布爾什維克革命之後、俄羅斯帝國基本上不復存在的期間，也未有任何律法上的改變。普丁堅稱，俄羅斯一直以來都是一個統一的帝國，而蘇聯政權的立法基礎並不正統，他非但拒絕承認蘇聯的解體，還保留了主張擁有任何屬於前沙皇帝國的土地（包含烏克蘭在內）的權利。[30]

因此，普丁入侵烏克蘭的行動宛如一道分水嶺，將歷史帶往新的方向。這起危機不但讓人對瑞士的中立、德國的和平主義打上了問號，更在西方及其他國家之間創造了巨大的鴻溝，預示著修正主義勢力可望在未來幾年有機可乘。雖然西方民主國家十分希望對俄羅斯實施嚴厲制裁，卻也有不少非西方國家（包括中國、印度這兩個人口最多的國家）對西方如此回應可能招致慘重後果而深感擔憂，甚至超越了對俄羅斯的恐懼。首先，俄羅斯對烏克蘭的侵略，加速了中國力促與全球經濟「脫鉤」的手段，劃分出中國與西方的勢力範圍。二〇二〇年，中國國家主席習近平提出了「雙循環」經濟模式，勾勒中國經濟基本上自給自足的願景，即一方面繼續透過出口與國際經濟接軌，另一方面將關鍵產品的製造及消費局限於國內經濟範圍內。[31]眼見西方國家有意沒收俄羅斯的資產，圍繞著習近平的中華民族主義者，似乎更加積極地試圖實現這個目標。[32]同時，這位中國領導人有大半的執政期間都致力透過「一帶一路」倡議來建立以中國為中心的經濟秩序，而中國在這些基礎建設上的鉅額投資或被稱之為「新絲綢之路」。[33]在俄羅斯入侵烏克蘭之後，習近平採取了更多行動以促使中國與全球經濟「脫鉤」。[34]

因此，地緣政治的趨勢逐漸與全球化背道而馳，並且偏向由兩、三個貿易集團所主導的多極化世界，近似於十九世紀末的情勢。[35]保加利亞作家伊凡・克拉斯特夫（Ivan Krastev）提出了敏銳的觀察：「過去我們處於戰後的世界，現在則處於戰前的世界。這就是改變。」[36]

因此，「東亞大競逐」的故事在今日與在十九世紀末同樣具有意義，不僅是因為這讓我們學到了關於該地區潛在的戰爭及暴力的教訓，也因為我們得以更加認識當代的世界局勢：韓國人身分認同的分歧及朝鮮半島的長期動盪之根源及遺緒；中國復仇主義的領土野心及為了重拾中央王國地位所做的努力；日本既是現代化發展典範，但同時也是令人憎惡的存在；最後，俄羅斯曾懷抱舊日美夢，盼望重返往昔那作為亞洲霸權的輝煌帝國時代，如今夢想破碎。

對西方社會的讀者而言，這部關於「東亞大競逐」的記事有時或許顯得零散不全、難以理解，但我仍希望這本著作能幫助各位在看待該地區的脈絡和演變時，能獲得一定程度的理解與驚奇，因為全球的未來緊繫於此。

嗚謝

在研究與寫作本書的多年來，我虧欠了無數人情，有了那些人的幫助，這本書才得以問世。我最感謝的人是我的丈夫金池律（Jiyul Kim），我在所有學術努力中最親密的夥伴。對於我的作品，他一直都毫不留情地批評，卻也給予最熱情的支持。真要說我寫作的對象是誰的話，那個對象非他莫屬。我也要深深感謝哈佛大學出版社（Harvard University Press）的編輯凱薩琳・麥克德莫特（Kathleen McDermott），她很早就看到了這件書案的潛力，並且支持我的夢想，儘管頁數愈來愈多。她不但細讀了數版書稿中的每個句子，還進行了些微的調整，讓篇幅變得比較易讀。

寫作過程中的翻譯工作得力於我的朋友、昔日的學生與同事們。遺憾的是，鮮于澈（Choule Sonu）沒能看到這本書付梓便告別了人世。他對日本古代文獻的翻譯，對本書的完成至關重要。他在一九二九年生於平壤（當時韓國還是日本的殖民地），而這本書不論在個人或學識方面對他都極具意義。他教導我許多關於生活、韌性以及友誼的道理。我們深深懷念他的智慧和鼓勵。我昔日的學生伊薩克・薩夫（Isak Saaf）翻譯了俄文文本，給予我非常寶貴的協助——我們攜手走過了漫長的旅程。在翻譯與研究工作上，我也要感謝徐熙元（Heewon Seo）、石川將吾（Shogo Ishikawa）、張勳（Xun Zhang）、艾爾西・王（Elsie Wang）、唐潤華（Runhua Tang）、袁靜怡（Jingyi Yuan）、張潔（Jie Zhang）、安娜・福法諾娃（Anna Fofanova）、迪米崔・李（Dmitri Lee）及安達亮（Ryo Adachi）。如果沒有他們的鼎力相助與重要貢獻，本書的可信度及學術價值將大打折扣。

多年來，許多朋友與同事讓我有機會呈現部分手稿，並且給予我寶貴的回饋與支持，在此謝謝伊斯拉・沃格爾（Ezra Vogel）、拉納・米特爾（Rana Mitter）、克利斯蒂安・奧斯特曼（Christian Ostermann）、巴拉克・庫什納（Barak Kushner）、漢斯・范・德芬（Hans van de Ven）、米奇・勒納（Mitch Lerner）、巴拉茲・薩隆泰（Balazs Szalontai）及邁爾斯（B. R. Myers）。遺憾的是，伊斯拉在本書完成之前就離開人世了，但在我心裡，他的精神永存於本書的書頁之中。另外，我非常感謝好友徐熙慶（Suh Hee-gyŏng）與金永秀（Kim Yŏng-su）的好客與慷慨。他們不僅讓我在首爾度過了舒適且生產力甚豐的研究生活，還帶我參觀了景福宮，回顧閔妃生前的那段時光，我因此獲得了意想不到的啟示，那至今仍是我在那年最珍貴的回憶之一。

我也想感謝歐柏林學院（Oberlin College）的同事們：修莊・德普曼（Hsiu-Chuang Deppman）、瑪雅・索洛維耶娃（Maia Solovieva）、劉芳（Liu Fang）、埃默・奧德懷爾（Emer O'Dwyer）、安・謝里夫（Ann Sherif）、里奧納德・史密斯（Leonard Smith）和大衛・神塚（David Kamitsuka）的慷慨支持。我尤其感謝該所學院優秀的圖書館員黛安・李（Diane Lee）與朱潤曉（Runxiao Zhu），多虧他們的幫助，我才能找到無數的稀有書籍與手稿。

本書獲得傅爾布萊特資深專家計畫（Senior Fulbright Research Fellowship）及史密斯理查森基金會（Smith Richardson Foundation）的慷慨資助。我覺得自己很幸運，謝謝史密斯理查森基金會的艾倫・宋（Allan Song）選中了這個研究計畫，儘管我擔心最終結果並不完全符合他最初的設想。歐柏林學院的基金會、政府與企業資助辦公室（Office of Foundation, Government and Corporate Grants）為我提供了國內外旅行的夏季補助金及學生研究資助。我要感謝潘蜜拉・史奈德（Pamela Snyder）、伊莉莎白・埃德加（Elizabeth Edgar）與溫蒂・貝絲・海曼（Wendy Beth Hyman），以及歐柏林研究與發展委員會（Oberlin Research and Development Committee）的其他成員，感謝他們在本書出版的各個階段給予持續且熱情的支持。

最後，在寫作本書的過程中，我的孩子以撒（Isaac）、漢娜（Hannah）、艾瑪（Emma）與亞倫（Aaron）忍受了我那程度遠遠超出他們預期的壞脾氣及古怪行為。艾瑪陪我一起在首爾生活了一年，甚至同意進入一所韓國中學學習韓語。她的開朗與無憂無慮，為我這一年的研究生活帶來了滿滿的歡樂和回憶。漢娜在研究與技術方面給予我無比的支持，更協助在英國國家檔案館找到了數十張珍貴的照片。作為一名學者與母親，我和孩子們到華盛頓特區、波士頓及倫敦的研究之旅，是我在職業生涯中最幸福的一段時光。

參考書目縮寫對照表

CHKSR 杉村濬，《漢城迺殘夢》（*Sŏulae namgyŏdun kkum*）之〈在韓苦心錄〉（Chaehan koshim rok），韓相一（Han Sang-il）編譯（漢城，一九九三年）。

CIK 駐韓日本公使館紀錄（Chuhan ilbonsa kongsagwan），https://db.history.go.kr/item/level.do?itemId=jh.

CJCC 邵循正（Shao Xun Zheng），《中日戰爭》（Chung-Jih chan-cheng），第三冊（上海，一九五六年）。

CRNJR 《日俄談判的相關通信往來》（*Correspondence regarding the Negotiations between Japan and Russia*）（東京，一九〇四年）。

DPEC 《義和團運動期間中國大事紀》（*Diary of the Principal Events in China during the Boxer Insurrection*），一九〇〇年，英國國家檔案館，CAB 3Y / 53 / 62 1900.

ERJW 美國陸軍參謀部（US War Department General Staff），《日俄戰爭縮影》（*Epitome of the Russo-Japanese War*），第二部（華盛頓特區，一九〇七年）。

FRUS 《美國外交關係相關文件，一八五〇至一八九九年及一九〇〇至一九一九年》（*Papers Relating to the Foreign Relations of the United States, 1850-1899 and 1900-1919*）（華盛頓特區，政府印務局，一九一五—一九三五年）https://www.archives.gov/research/alic/reference/foreign-relations/about-frus.html.

IHH 伊藤博文，《伊藤博文祕錄》（*Itō Hirobumi hiroku*），平塚篤（Atsushi Hiratsuka）編，共兩冊（東京，一九二九—一九三〇年）。

KA 露意絲・布特爾（Louise Boutelle）與戈登・泰爾（Gordon W. Thayer）合編，《紅色檔案摘錄：蘇聯中央檔案局歷史期刊》（*A Digest of the Krasnyi Arkiv (Red Archives): A Historical Journal of the Central Archive Department of the USSR*）（克利夫蘭，一九四七年）。

KDC 謝爾蓋・維特，《朝鮮案例，第一部。北韓遠征，一八九八至一八九九年》（*Koreyskoye delo 1 chast'. Ekspeditsiya v Severnuyu Koreyu.1898-1899 gg*），鮑利斯・葉爾欽圖書館（Boris Yeltsin Library），https://www.prlib.ru/en/node/337637.

KJSL 高宗實錄（Kojong sillok），https://sillok.history.go.kr/search/inspectionMonthList.do.

KNKK 田保橋潔（Tabohashi Kiyoshi），《近代日本外國關係史》（*Kindai Nissen kankei no kenkyū*），第一至二冊（漢城，二〇〇二年）。

LDV 拉姆斯多夫，《一八九四年至一八九六年日記》（*Dnevnik, 1894-1896*）（莫斯科，一九一一年）。

LOC 美國國會圖書館（Library of Congress），華盛頓特區。

LZR 王嵎生（Wang Yusheng），《六十年來中國與日本》，第一至四冊（天津，一九三二年）。

MSC 金永壽（Kim Yŏng-su），《明成皇后生前最後那段日子：西方人薩巴丁回憶錄》（*Myŏngsŏnghwanghu ch'oehuŭi nal: sŏyangin sabatchini mokkyŏkh'an ŭlmisabyŏn, kŭ haruŭi kiŏk*）（首爾，二〇一四年）。

MSRP 李永石（Yi Yŏng-suk）編，《明成皇后刺害事件俄國機密文獻》（*Myŏngsŏnghwanghu sihae sakŏn rŏsia pimilmunsŏ*）（漢城，二〇〇五年）

NA 英國國家檔案館（National Archives, Kew, UK）。

NARA　馬里蘭州大學公園市國家檔案與紀錄管理局（National Archives and Records Administration, College Park, MD）。

NGB　《日本外交文書》（*Nihon Gaikō Bunsho*）（東京，一九三八年—一九六三年）。

PORKMK　斯維亞金，《從哈巴羅夫斯克到寧古塔，穿越俄羅斯與中國滿洲：印象與觀察》（*Po russkoi i kitaskoi Man'chzhurii ot Khabarovska doNinguty: vpechatleniia i nabliudeniia*）（聖彼德堡，一八九七年）。

PRI　格林斯基（B.B. Glinsky），《日俄戰爭的序曲：出自謝爾蓋．維特伯爵珍藏檔案》（*Prolog Russko-Iaponskoi voiny: materialy iz arkhiva Grafa S. Iu. Vitte*）（聖彼德堡，一九一六年）。

RICKH　韓國國防部（ROK Ministry of National Defense），《日俄戰爭與朝鮮半島》（*Rŏsiawa ilbonŭi chŏnjaeng kŭrigo hanbando*），第一至二冊（漢城，二〇〇四年；首爾，二〇一二年）。

WWRP　威廉．伍德維爾．柔克義文件（William Woodville Rockhill Papers），哈佛大學霍頓圖書館（Houghton Library）。

參考書目

序言

1. 儘管這段關於蒙古圍攻的血腥敘述經常為文獻引用，但出處不明。霍沃斯（Howorth）將其歸屬於〈科斯特羅馬編年史〉（Henry H. Howorth, History of the Mongols, vol. 1 [London, 1876], 1:139），但其他學者對此提出異議。見J. J. Saunders, The History of the Mongol Conquests (Philadelphia, 1971), 82. 關於基輔淪陷的敘述，見Howorth, *History of the Mongols,* 1:141。關於這場大屠殺的引文出自Howorth, *History of the Mongols,*139。關於韃靼族圍攻俄羅斯各城，尤其是梁贊（Ryazan）與弗拉基米爾（Vladimir）的經過，見Robert Michell, ed., *The Chronicles of Novgorod*, 1016-1472 (London, 1914).
2. 蒙古對俄羅斯歷史、社會與政治的影響，一直是備受俄國歷史學家爭論的主題之一。見Thomas T. Allsen, *Mongol Imperialism: The Politics of the Grand Qan Möngke in China, Russia, and Islamic Lands,1251-125y* (Berkeley, 1987)‧Timothy May, *The Mongol Conquest in World History*(London, 2021)‧Marie Favereau, *The Horde How Mongols Changed the World* (Cambridge, MA, 2021); Donald Ostrowsky, *Muscovy and the Mongols: Cross-Cultural Influences on the Steppe Frontier*, 1304-1589 (Cambridge, 1998); Charles J. Halperin, *Russia and the Golden Horde: Mongol Impact on Medieval Russian History* (Bloomington, IN, 1987).
3. 這場衝突的起因是，伊凡三世拒絕每年向壓迫俄國的大國進貢。見Michael T. Florinsky, Russia History and Interpretation, vol. 1 (New York, 1953); Michael Khodarkovsky, Russia's Steppe Frontier: The Making of a Colonial Empire, 1500-1800 (Bloomington, IN, 2002).

4. 從外興安嶺以至額爾古納河的這片邊境（一六八九年《尼布楚條約》），是一八六〇年俄羅斯吞併之前，兩國官方均承認的邊界。Leo Pasvolsky, *Russiain the Far East* (New York, 1922); JamesForsyth, *A History of the Peoplesof Siberia: Russia's North Asian Colony, 1581-1990* (Cambridge,1992)
5. Peter Hopkirk, *The Gre t Game: The Struggle for Empire in Central Asia* (Tokyo,1992), 4.
6. Pasvolsky, *Russiain the Far East,* 12.
7. Vladimir [pseud.] [Z. Volpicelli], *Russiaon the Pacific and the Siberian Railway* (London, 1899), 178-179.
8. G. I. Nevelskoy, *Podvigi russkikh morskikh ofitserov na krainem Vostoke Rossii, 1849-1855 g, Pri-Amurskiy i Pri-Ussuriyskiy krai: Posmertnyya zapiski Admirala Nevel'skogo* [The exploits of Russian naval officers in the Russian Far East, 1849-1855: Priamursky and Priussuriysky krai: Posthumous notes of Admiral Nevelskoy] (Saint Petersburg, 1897), 95-97. 另見George Alexander Lensen, *The Russian Push toward Japan: Russo-JapaneseRelations,1697-1875* (Princeton, NJ, 1959), 277-278.
9. Ivan Barsukov, ed., *Graf Nikolai Nikolaevich Muraviev-Amursky: Iograficheskie materialy po ego pis'mam, ofitsial'nym dokumentam, rasskazam sovremenikov i pechatnym istochnikam* [Count Nikolai Nikolaevich Muravev-Amursky: Materials on his letters, official documents, stories of contemporaries and printed sources], vol. 2 (Khabarvosk, 2009), 46-48.
10. Lensen, *The Russian Push,* 278.
11. David Schimmel penninck van der Oye, *Russia nOrientalism: Asia in the Russian Mindfrom Peter the Greatto the Emigration* (New Haven, CT, 2010), 229.
12. Orlando Figes, *Natasha's Dance: A Cultural History of Russia* (New York, 2002), 380.
13. Martin Malia, *Russiaunder Western Eyes: From Bronze Horseman to the Lenin Mausoleum* (Cambridge, MA, 2000), 20.
14. Marquis de Custine, *Empire of the Czar: A Journey through Eternal Russia* (New York, 1989), 214, 230.
15. Figes, *Natasha's Dance,* 380.
16. Figes, *Natasha's Dance,* 369.
17. Peter Waldron,"Przheval'skii, Asia and Empire," *Slavonic and East European Review* 88, no. 1-2 (January-April 2010): 314. 另見

Katya Hokanson, *Writing at Russia's Border* (Toronto, 2008).

18. Waldron, "Przheval'skii, Asia and Empire," 314; Katya Holanson, "Literary Imperialism, Narodnost' and Pushkin's Invention of the Caucasus," *Russian Review* 53, no. 3 (July 1994): 314-342. 薩拉凡是俄羅斯女性所穿的一種傳統連身裙。
19. Waldron, "Przheval'skii, Asia and Empire," 318; Schimmel penninck van Oye, *Russian Orientalism,* 156-157; Bassin, *Imperial Visions,* 42. 見Martin Malia, *Alexander Herzen and the Birth of Russian Socialism* (New York, 1965); Simon Sebag Montefiore, *Romanovs, 1613-1918* (New York, 2016), 370-371.
20. Schimmel penninck van Oye, *Russian Orientalism,* 229.
21. Sarah Crosby Mallory Paine, "A History of the Sino-Soviet Border, 1858-1924"(PhD diss., Columbia University, 1993), 103.《璦琿條約》的中俄版本有所差異。如果不是涅維爾斯科伊記錯了，就是穆拉維夫故意起草了一份俄文文本，將這塊海域劃給了俄國。另見R. K. I. Quested, *The Expansion of Russia in East Asia, 1857-1860* (Singapore, 1968), 150-152.
22. David J. Dallin, *The Rise of Russia* (New Haven, CT, 1949), 19. 另見Hugh Seton-Watson, *The Russian Empire* (Oxford, 1967), 438-445.
23. Jonathan Spence, *The Search for Modern China* (New York, 1990), 181.
24. Orville Schell and John Delury, *Wealth and Power: China's Long March to theTwenty-FirstCentury* (New York, 2013), 39; Douglas Hurd, *The Arrow War: An Anglo-ChineseConfusion, 1856-1860* (New York, 1967), 221-222.
25. PRO, 20 / 22 (49), Lord Thomas Elgin to Lord John Russell, October 27, 1860, NA; Orville and Delury, *Wealth and Power,* 9.
26. A. Buksgevden, *Russkii Kitaii: ocherki diplomaticheskikh snoshenii Rossii s Kitayem. t. 1. Pekinskii dogovor, 1860 g* [Russian China: An outline of Russia's diplomatic relations with China—Vol.1. Treaty of Peking, 1860] (Port Arthur, China, 1902), 53-57. 上述資料之英文譯本，見T. G. Tsiang, "China, England and Russiain 1860," *Cambridge Historical Journal* 3, no. 1 (1929): 115-121.
27. Buksgevden, *Russkii Kitai,* 76-78.
28. Barsukov, *Graf Nikolai Nikolaevich Muravev-Amursky,* 2:315-317.
29. Dallin, *Rise of Russia,*23; Donald W. Treadgold, "Russiaand the Far East," in *Russian Foreign Policy: Essays in Historical*

Perspective, ed. Ivo J. Lederer (New Haven, CT, 1962),540-541.

第一章　朝鮮慘烈的勝利

1. Yuangchong Wang, "Provincializing Korea: The Construction of the Chinese Empirein the Borderland and the Rise of the Modern Chinese State," *T'oung Pao* 105 (2019):128-182; Carl F. Bartz, "The Korean Seclusion Policy, 1860-1876" (PhD diss., University of California, 1952), 2-3; Mary C Wright, "The Adaptability of Ch'ing Diplomacy: The Case of Korea," *Journal of Asian Studies* 17, no. 3 (May 1958): 364.
2. Bartz, "Korean Seclusion Policy," 2.
3. Samuel Hawley, *The Imjin War: Japan's Sixteenth-Century Invasion of Korea and Attempts to Conquer China* (Lexington, KY, 2014), 564. 另見G. H. Jones, "The Japanese Invasion," *Korean Repository* 1 (1892): 308-311.
4. Bartz, "Korean Seclusion Policy," 7-8.
5. 這就是所謂的宗藩制度。相關歷史文獻大多陳述大清沿用明朝的進貢制度。一六三七年後，朝鮮與大清新建立的關係實際上變得相當具強制性，而滿族的統治受到許多朝鮮人民的憎恨。Kirk W. Larsen, "Comforting Fictions: The Tribute System—The Westphalian Order, and Sino-Korean Relations," *Journal of East Asian Studies* 13 (2013): 233-257. 另見Yuanchong Wang,"Claiming Centrality in the Chinese World: Manchu-Chosŏn Relations and the Making of the Qing's 'Zhongguo' Identity, 1616-43," *Chinese Historical Review* 22, no. 2 (2015): 95-119; Wang, "Recasting the Chinese Empire: Qing China and Chŏ son Korea, 1610s-1910" (PhD diss., Cornell University, 2014). 兩國之間的接觸各有不同。自一六三七至四三年，大清向朝鮮派遣了十二個使團與二十八位使節，平均每年一．五次，而朝鮮在同一時期派遣了五十六個使團與一百零二名使節，平均每年七次。見Wang，"Recasting the Chinese Empire," 100-101.
6. 一名清廷官員如此描述東線邊境：「柳條邊區隔了（內陸與）蒙古。南至朝鮮，西至山海關。跨越（壕溝）的非法入侵者將受到嚴懲……在禁區內，荒山阻道，路頹而閉。」見Seomin Kim, *Ginseng and Borderland: Territorial Boundaries and Political Relations between Qing China and Chosŏn Korea,1636-1912* (Oakland, 2017): 82; 88-92. Bartz, "Korean Seclusio

nPolicy," 27; Mary C. Wright, The Adaptability of Ch'ing Diplomacy: The Case of Korea," *Journal of Asian Studies* 17, no. 3 (May 1958): 366; Niansheng Song, *Making Borders in Modern East Asia: The Tumen River Demarcation, 1881-1919* (Cambridge, 2019), 16-53;Alyssa Park, *Sovereignty Experiments: Korean Migrants and the Building of Borders in Northeast Asia, 1860-1945* (Ithaca, NY, 2019), 30-38.

7. KJSL KJSL, May 15, 1864 (lunar), http://sillok.history.go.kr/id/kza10105015006; TakemichiHara,"Korea,China, and Western Barbarians: Diplomacy in Early Nineteenth-CenturyKorea," *Modern Asian Studies* 32, no. 2 (May 1998): 396.
8. David J. Dillon, *The Rise of Asia* (London, 1950), 23.
9. B. D. Pak, *Koreitsy v Rossiiskoi imperii (Dal' nevostochnyi period)* [Koreans in theRussianEmpire (The Far East period)] (Moscow, 1993), 19-20.
10. N.N. M. Przhevalsky, *Puteshestvie v Ussuriiskom krae, 1867-186Y gg* [Travels in Ussuri Krai, 1867-1869] (Moscow, 1947), 97。普熱爾瓦爾斯基是中亞與東亞著名的探險家。一八六七年，他展開了烏蘇里江邊疆區的探險，甚至進入朝鮮北部。
11. Pak, *Koreitsy v Rossiiskoi Imperii,* 24-25.
12. Pak, *Koreitsy v Rossiiskoi Imperii,* 20-21.
13. 朝鮮與中國在鴨綠江邊境地區也發生過類似的衝突。平安道知事黃宗賢（Hwang Chong-hyŏn）經常回報邊境地區走私活動猖獗。KJSL, 11 kwan, January 28, 1874, http://sillok.history.go.kr/id/kza11101028001.
14. Przhevalsky, *Puteshestvie,* 97.
15. 一八六三年十二月，哲宗駕崩，高宗於同月即位，正式統治朝鮮。一八六四年，大院君與神貞王后趙氏共同攝政。
16. Pak Chae-gyŏng, *Kŭnse Chosŏn Chŏnggam* [Treatise on early Korean politics] (Seoul, 1975) (hereafter cited as *Chŏnggam*), 42-47.《朝鮮政鑑》原文為中文，於一八八六年在東京出版。主要作者不詳。雖然書封載明作者為朴齊炯，但序言中卻指該書作者為「I-sun」。「I-sun」是朴齊炯的筆名。見Kenneth Quinones, "The Kunse Chosŏn Chŏnggam and Modern Korean Historiography," *Harvard Journal of Asiatic Studies* 40, no. 2 (December 1980): 507-548.
17. *Chŏnggam,* 26.

18. Samuel Hawley, ed., *America's Man in Korea: The Private Letters of George C. Foulk, 1884-1887* (Lanham, MD, 2008), 132.
19. 朝鮮哲宗是朝鮮英祖（Chŏngjo, 1776-1800）私生弟弟的孫子，趙恒祖在一八〇一年天主教迫害中被殺。見Kang Jae-eun, *Land of Scholars: Two Thousand Years of Korean Confucianism, trans. Suzanne Lee (New Jersey, 2003),* 422-423.
20. Missions etrangeres de Paris, *The Catholic Church in Korea* (Hong Kong, 1924), 39. 到了哲宗在位末期，據說全國共有十二名法國傳教士，近兩萬名皈依者。見Ch'oe Ching-young "The Decade of the Taewŏn'gun "The Decade of Taewŏn'gun: Reform, Seclusion and Disaster" (PhD diss., Harvard University, 1960), 262.
21. William Elliot Griffis, *Corea: The Hermit Nation* (New York, 1904), 372-373. 其他資料指出，天主教徒的人數增加了一倍多，從一八五〇年的一萬一千人增至一八六五年的兩萬三千人。Jai-KeunChoi, *The Origins of Roman Catholic Church in Korea: An Examination of Popular and Governmental Responses to Catholic Missions in the Late Chosôn Dynasty*（(Norwalk, 2006), 165.
22. Cho Kwang, "Kojong hwangjewa Mwit'el chugyo" [Emperor Kojong and Bishop Mutel], *Kyŏnghyangjapchi 96* (March 2004): 62-65. 另見Cho Kwang, "WangŬi ŏmŏniŬiyŏngse" [The King's mother'sbaptism], *Kyŏnghyangjapchi* 96 (June 2004): 62-65; FrederickPichon, *The Life of Monseigneur Berneux, Bishop of Capse, Vicar-Apostolicof Corea* (London,1872), 156-157; Charles Dallet, *Histoire de l'Eglise de Coree,* vol. 2 (Paris, 1874), 502-503.
23. Niansheng Song, *Making Borders,* 16-53.
24. B. D. Pak*, Rossiia i Koreia* [Russiaand Korea] (Moscow, 2004), 58. 普爾熱瓦爾斯基描述，他率探險隊渡過圖們江時，朝鮮人民很害怕遇到他，擔心「自己的人頭不保」。Przhevalsky, *Puteshestvie, 1867-186,* 102-103.
25. 根據朴齊炯的說法，大院君確實會見過南鍾三，並且批准了利用法國傳教士來阻止俄國入侵的計畫。然而，貝爾納主教似乎並未及時回應大院君的詢問。*Chŏnggam*, 53-54; Dallet, *Histoire de l'Église de Corée,* 2:522-523; Yi Sŏn-gŭn, *Han'guksa ch'oegunsep'yŏn* [History of Korea: The modern period] (Seoul 1962), 229-240.
26. Cho Kwang, "Kojong hwangjewa Mwitel chugyo", 62-6. 另見ChoKwang，"Wanguˇi ŏmŏniuˇi yŏngsae", 62-65; Pichon, *Life of Monseigneur Berneux,*156-157; *KNKK,* 55-57.
27. Missions étrangères de Paris, *Catholic Church in Korea,* 40.

28. Missions étrangères de Paris, *Catholic Church in Korea,* 40.
29. 一八五六年，貝爾納主教一抵達朝鮮，就任命達維利神父（Father Daveluy）為助理主教。一八五七年三月二十五日，達維利神父在一間民宅中被奉為主教。見"The Lives of the 103 Korean Martyr Saints: Bishop Marie Nicholas Antoine Daveluy (1818-1866)," *Catholic Bishops' Conference of KoreaNewsletter,* no. 47, Summer 2004, http://www.cbck.or.kr/bbs/enewsletter.asp?boardid=E5100&bid =13001534.
30. Missions etrangeres de Paris, *Catholic Church in Korea,*40; Dallet, *Histories del'Eglise Coree,* 2:512-513.
31. Griffis, *Corea,* 374.
32. Vladimir [pseud.] [Z. Volpicelli], *Russiaon the Pacific and the Siberian Railroad* (London, 1899), 267-269.
33. Pak, *Koreitsy v Rossiiskoi Imperii,* 24-26.
34. Kang, Sang-kyu,*Chosŏn chŏngch'isa ŭi palgyŏn: Chosŏn ŭi chŏngch'i chihyŏng kwamunmyŏng chŏnhwan ŭi wigi* [Discovering Chosŏn's politicalhistory: The politicaltopographyof Chosŏn and the crisis of civilizational transformation] (Seoul, 2013), 358. 一八六六年一月二十日，朝鮮國家法庭宣判南鍾三與洪奉柱有罪，並以叛國罪將他們處死。KJSL, January 20, 1866 (lunar), http://sillok.history.go.kr/id/kza_10301020_002.
35. Pichon, *Life of Monseigneur Berneux,* 158-159. 朴齊炯指出：「當局大舉逮捕所有天主教徒。大院君下令將他們全部處死，兒童除外（他特別赦免了他們）。在水口門外，這些虔誠信徒的屍體堆積如山，毫無遮掩。所有人看到這可怕的景象都膽顫心驚，畏懼大院君的虎威。」南鍾三與另一名皈依天主教的李身逵（Yi Sin-kyu）在西門外被處以磔刑。*Chŏnggam,* 56-57.
36. Daniel C. Kane, "Bellonet and Roze: Overzealous Servants of Empire and the 1866 French Attack on Korea," *Korean Studies* 23 (1999): 23.
37. Kane, "Bellonet and Roze," 6.
38. Kane, "Bellonet and Roze," 9.
39. Pichon, *Life of Monseigneur Berneux,* 158; Griffis, *Corea,* 377.
40. KJSL, July 8, 1866, http://sillok.history.go.kr/id/kza10307008004.

41. *Chŏnggam,* 73.
42. Griffis, *Corea,* 381. 丹尼爾．凱恩（Daniel Kane）指出，羅澤帶領的分遣隊有九百名兵力。見Kane, “Bellonet and Roze,” 23.
43. Daniel Kane, “A Forgotten Firsthand Account of the *Pyŏng’in yangyo* (1866): AnAnnotated Translation of the Narrative of G. Pradier,” *Seoul Journal of Korean Studies* 21, no. 1 (June 2008): 70.
44. 見Lee Kyong-hee,“Joseon Royal Books Return Home after145 years in France,” *Koreana: A Quarterly on Korean Art and Culture,* http://www.koreana.or.kr/months/news_view.asp?bidx=1576&lang =en&page type=list; and Jean-MarieThiebaud, *La presencefrancaise en Coree de la fin du XVIIIe siecle a nos jours* (Paris, 2005).
45. *Chŏnggam,* 74.
46. 如欲參考關於這些事件的出色總結，請見Daniel C. Kane, “Heroic Defense ofthe Hermit Kingdom,” *MHQ: The Quarterly Journal of Military History* 12, no. 4 (Summer2000): 38-47.
47. Griffis, *Corea,* 386.
48. Missions etrangeres de Paris, *Catholic Church in Korea,*50; *Chŏnggam,* 78-79.
49. CarterEckert, ed., *KoreaOld and New: A History* (Seoul, 1990), 197.
50. 丙寅洋擾爆發的數個月前，即一八六六年八月，美國商船謝爾曼將軍號（General Sherman）在朝鮮外海失蹤。一八七一年六月，一支由五艘美國軍艦和五百名士兵組成的艦隊抵達江華島展開調查。隨後發生了一場短暫的戰鬥，隨後美國艦隊司令約翰．羅傑斯（John Rodgers）海軍少將撤回中國。大院君稱這是朝鮮對西方列強的第二次偉大「勝利」，進一步證明了他的隱蔽戰略是明智的。Tyler Dennett, “Seward’s Far Eastern Policy,” *American Historical Review* 28, no. 1 (October 1922): 54-60.

第二章　日本的朝鮮問題

1. “Memorial of Okubo Ichizo, of the Satsuma Clan,” extract from newspaper published in *Yeddo,* April 10, 1868, *British Documents on Foreign Affairs, Part 1 Series E* (Asia,1860-1914) (Bethesda, 2012), 189.

2. Hilary Conroy, *The Japanese Seizure of Korea,1868-1910: A Study of Realism and Idealism in International Relations* (Philadelphia, 1960), 18-19; Marius Jansen, *The Making of Modern Japan* (Cambridge, MA, 2000), 333-364; E. H. Norman, *The Origins of the Modern Japanese State: Selected Writings of E. H. Norman* (New York, 1975), 192-195; Norman, *Japan's Emergence as a Modern State* (New York, 1940), 85-91.
3. Conroy, *Japanese Seizure of Korea,*1868-1910, 18.
4. James Lewis, *Frontier Contact between Choson Koreaand Tokugawa Japan* (NewYork, 2003), 146-176.
5. Joseph H. Longford, "Japan's Relations with Korea," *Nineteenth Century* 5 (1904): 210.
6. Tabohashi Kiyoshi, *Kindai Nissen kankei no kenkyū,* [Study of Japan and Korea relations in the modern era], vol. 1 (Seoul, 2002), 301.
7. Marlene Mayo, "The Korean Crisis of 1873 and Early Meiji Foreign Policy," *Journal of Asian Studies* 31, no. 4 (August 1972): 800. 見George Alexander Lensen, *The Russian Push toward Japan: Russo-Japanese Relations, 1697-1875* (Princeton, NJ, 1959), 271-307.
8. Shinichi Fumoto, "Russia's Expansion to the Far East and Its Impact on Early Meiji Policy," in *Russia and Its Northeast Asian Neighbors: China, Japan and Korea, 1858-1945,* ed. Kimitaka Matsuzato (Lanham, MD, 2017), 3-4.
9. Fumoto, "Russia's Expansion," 8-10; Tabohashi, *Kindai Nissen kankei no kenkyū,* 1: 304-305.
10. Wayne C. McWilliams, "East Meets East: The Soejima Mission to China, 1873," *Monumenta Nipponica* 30, no. 3 (Autumn 1975): 245.
11. Jonathan Spence, *God's Chinese Son: The Taiping Rebellion and the Western Powers* (New York, 1996); Stephen R. Platt, *Autumn in the Heavenly Kingdom: China, the West and the Epic Story of the Taiping Civil War* (New York, 2012).
12. James A. Gao, *Historical Dictionary of Modern China, 1800-1849* (Lanham, MD, 2009), 7.
13. Pamela Kyle Crossley, *The Wobbling Pivot: China since 1800* (London, 2010), 118. 另 見Albert Feuerwerker, *China's Early Industrialization: Sheng Hsuan-huai (1844-1916) and the Mandarin Enterprise* (Cambridge, MA, 1958); Stanley Spector, *Li Hung*

Chang and the Huai Army: A Study of Nineteenth Century Chinese Regionalism (Seattle, 1964).

14. Seward, "Li Hung Chang," *Chinese Recorder and Missionary Journal* 25, no. 12 (December, 1894): 584-585.

15. Mayo, "Korean Crisis," 808; McWilliams, "East Meets East," 249-251. 另見Wayne C. McWilliams, "Soejima Taneomi: Statesman of Early Meiji Japan, 1868-1874" (PhD diss., University of Michigan, 1973), 273-274.

16. Mayo, "Korean Crisis," 810.

17. Frederick Foo Chien, *The Opening of Korea: A Study of Chinese Diplomacy* (New York, 1967), 16.

18. T. C. Lin, "Li Hung-chang: His Korean Policies, 1870-1885," *Chinese Social and Political Science Review* 19 (1935-1936): 211-212; McWilliams, "East Meets East," 250-251.

19. McWilliams, "East Meets East," 259-260.

20. McWilliams, "East Meets East," 263.

21. 在一八七一年《中日修好條規》最終版的第一項條款可見「所屬邦土」這個詞彙。使用該詞的用意是表明朝鮮為大清的「附屬國」（屬邦）。然而，大清在引用條約時使用「屬邦」一詞來指稱朝鮮。見Okamoto Takashi, "Internalzing 'Territory': Howthe 'Territory' Concept Became Part of China's Contemporary Apparatus," in *A World History of Suzerainty: A Modern History of East and West Asia and Translated Concept*, ed. Okamoto Takashi (Tokyo 2019), 221-223; T. F. Tiang, "Sino-Japanese Diplomatic Relations, 1870-1984," *Chinese Social and Political Science Review* 28 (April 1933): 17. 大清與日本對於「所屬邦土」與「屬邦」究竟意指為何看法不一，這起爭議在一八七〇年代持續不休；之後，這兩個詞彙所涵蓋的範圍逐漸擴大到朝鮮以外的地方，也用於指稱台灣及琉球群島。見Tabohashi, *Kindai Nissen kankei nokenkyū*, 1: 531-533.

22. Tabohashi, *Kindai Nissen kankei no kenkyū*, 315-316.

23. Tabohashi, *Kindai Nissen kankei no kenkyū*, 318.

24. Tabohashi, *Kindai Nissen kankei no kenkyū*, 318-319.

25. 副島種臣是帝國政務會議之領導者（即太政官），該職位之正式名稱為「太政督導」或「太政大臣」。根據《明治憲法》，他於一八七一年奉命擔任這項職務；一八八五年，該職位遭到廢除，取而代之的是新設立的首相一職。見

McWilliams, "East Meets East," 264-267; Tabohashi, *Kindai Nissen kankei nokenkyū,* 319; Tsiang "Sino-Japanese Diplomatic Relations, 1870-1894," 17. 關於柳原前光與總理衙門談話的日文紀錄，標準的英文翻譯由有賀長雄提供，請見Alfread Stead, ed., *Japan by the Japanese* (London, 1904), 161-163.

26. McWilliams, "East Meets East," 269.

27. McWilliams, "East Meets East," 270.

28. 張貼在倭館的海報寫道：「（日本人）採行外國制度，改變了外表與習俗，完全不感到羞恥。我們不應再將他們視為『日本人』，也不應允許他們進入我們的土地。從日本人最近的行為來看，我們可以稱（日本）是一個無法無天的國家。」Tabohashi, *Kindai Nissen kankei no kenkyū,* 320. 另見*Meiji Tennō Ki* [Record of the Emperor Meiji], vol. 3 (Tokyo, 1968), 115. 倭館衛兵室牆上的海報是否由東萊官員所張貼，不得而知。韓國歷史學家李宣君（Yi Son-gun，音譯）不這麼認為，他表明：「韓國史料中沒有關於這些（侮辱日本人的）祕密指令的紀錄。」見Yi, "Some Lesser Known Facts about the Taewongun andHis Foreign Policy," *Transactions of the Korean Branch of the Royal Asiatic Society* 39 (1962): 41-42.

29. Tabohashi, *Kindai Nissen kankei no kenkyū,* 320; *Meiji Tennō Ki,* 3: 116-117. 493-494.

30. Peter Duus, *The Abacus and the Sword: The Japanese Penetration of Korea,1895-1910* (Berkeley, 1995), 32.

31. Ben Limb, "Sei-KanRon: A Study in the Evolution of Expansionism in Modern Japan, 1869-1973" (PhD diss., St. John's University, 1979), 141.

32. Wm. Theodore de Bary, ed., *Sources of Japanese Tradition,* vol. 2 (New York, 2005), 684; *Meiji Tennō Ki,* 3, 117-118.

33. 岩倉具視帶領的使節團是日本政府派往世界各地的大型代表團，出使期間自一八七一年十二月至一八七三年九月。國武久美詳細記錄了這支代表團取得的進展，並在之後出版了《美洲與歐洲旅行記事》（*Account of Travel to America and Europe*）一書。見MariusJensen, *The Making of Modern Japan* (London, 2000), 355-361; Ian Nish, *The Iwakura Mission in America and Europe: A New Assessment* (Tokyo, 1998).

34. Mayo, "Korean Crisis," 794-795.

35. Tabohashi, *Kindai Nissen kankei no kenkyū,* 322-323; *Meiji Tennō Ki,* 3:119-120.

36. De Bary, *Sources of Japanese Tradition,* 686.
37. Mayo, "Korean Crisis," 798.
38. 一八七五年五月七日，日俄簽署了《庫頁島千島交換條約》。雙方同意承認整座庫頁島為俄國領土，而千島群島完全屬於日本領土。見Lensen, *The RussianPush,* 441-443.
39. Mayo, "Korean Crisis," 813; *Meiji Tennō Ki,* 3:140-141.
40. 帝國會議成員出席了十月十五日的最高委員會會議。會議上，西鄉隆盛提出動議，要求根據八月十七日的會議決定進行表決，最終確定外交使團團長的任命。*Meiji Tennō Ki,* 3: 143-147.
41. Tabohashi, *Kindai Nissen kankei no kenkyū,* 326.
42. Tabohashi, *Kindai Nissen kankei no kenkyū,* 326.
43. Conroy, *JapaneseSeizure of Korea,*45-47. 另見Tabohashi, *Kindai Nissen kankeino kenkyū,* 319-327.
44. *Meiji Tennō Ki,* 3 :148-149. From "Memorial concerning the KoreaQuestion," in*Iwakura Tomomi kankei Monjo* [Papers of Iwakura Tomomi], ed. Takematsu Ōtsuka (Tokyo,1927-1935), 1:363-366; Limb, *Sei-KanRon,*197-198.
45. *Meiji Tennō Ki,* 3:148-149; Tabohashi, *Kindai Nissen kankei no kenkyū,* 327; Limb, *Sei-KanRon,* 198.
46. 西鄉隆盛已於十月二十三日遞交辭呈；所有之前屬於其主戰派陣營的成員（板垣退助、後藤象二郎、江藤新平與副島種臣）均於次日請辭。Tabohashi, *Kindai Nissen Kankei no Kenkyū,* 328; *Meiji Tennō Ki,* 3:150-151.
47. 約翰・羅素・楊（John Russell Young）是尤利西斯・格蘭特（Ulysses S. Grant）將軍的部下，一八七九年，他在日本見到了岩倉，他描述當時的情景回憶道：「他有一張引人注目的臉龐，從臉部的輪廓線條可知他個性堅定果斷，另外還有一道傷疤，那是刺客企圖暗殺他時所留下的。」John Russell Young, *Around the World with General Grant,* vol. 2(New York, 1879), 527. 另見Richard T. Chang, "General Grant's 1879 Visit to Japan," *Monumenta Nipponica* 24, no. 4 (1969): 373-392.
48. Keene, *Emperor of Japan,* 244.

第三章 朝鮮的開放

1. James Palais, *Politics and Policy in Traditional Korea* (Cambridge, MA, 1975), 39; Pak Chae-gyŏng, *Kŭnse Chosŏn Chŏnggam* [Treatise on early Korean politics] (Seoul, 1975)（以下簡稱 *Chŏnggam*〔政鑑〕）, 49-50。
2. George C. Foulk, *America'sMan in Korea: The Private Letters of George C. Foulk,1884-1887* (Plymouth, 2008), 49.
3. Palais, *Politics and Policy,* 202-219; *Chŏnggam,* 50-53.
4. 宋時烈（一六〇七年—一六八七年，筆名尤庵）為十七世紀著名學者。見Palais, *Politics and Policy,* 113-119.
5. *Chŏnggam,* 98.「清議」一詞字面意義為「公正的批評或精粹的評論」。
6. Palais, *Politics and Policy,* 115-127.
7. *Chŏnggam,* 99-100.
8. *Chŏnggam,* 99-100.
9. *Chŏnggam,* 99-101; Palais, *Politics and Policy,* 47, 121-122. 另見Key-huik Kim, *The Last Phase of the East Asian World Order* (Berkeley, 1980), 31-32; Munsang Seoh, "The Ultimate Concern of Yi Korean Confucians: An Analysis of the i-ki Debates," *Occasiona lPapers on Korea*5 (March 1977): 41.
10. Palais, *Politics and Policy,* 119. 私塾並未徹底消失。
11. *Chŏnggam,* 101, 102.
12. *Chŏnggam,* 110.
13. Ching Young Choe, "The Decade of the Taewŏn'gun: Reform, Seclusion and Disaster" (PhD diss., Harvard University, 1960), 488-489.
14. Palais, *Politics and Policy,* 181. Choe, "Decade of the Taewongun," 493.
15. Palais, *Politics and Policy,* 28. 這基本上是大臣們向神貞王后提出的論點，他們提議賦予大院君象徵性地位，而不讓他掌握實權。*Chŏnggam,* 41-42.

16. Palais, *Politics and Policy,* 176-201. 朴齊炯還注意到大院君對地方貪腐情事的打擊，尤其是糧食囤貯的問題，這使他備受民眾愛戴。見*Chŏnggam,* 104-105.
17. Palais, *Politics and Policy,* 191-192.
18. Kang Jae-eun, *The Land of Scholars: Two Thousand Years of Korean Confucianism,* trans. Suzanne Lee (Paramus, NJ, 2006), 445.
19. 高宗的王妃是閔升鎬之妹（養兄妹關係），而閔升鎬是大院君妻之弟。*Chŏnggam,* 69-70.
20. *Chŏnggam,* 70.
21. Ch'oe Mun-hyŏng, *Myŏngsŏnghwanghu sihaeŬi chinsirŬl palk'inda* [Revealing the truth behind Empress Myŏngsŏng's assassination] (Seoul, 2006), 70.
22. 普羅斯珀・瑪麗—日意格（Prosper Marie-Giquel）也提出了這項建議，這名法國海軍軍官在協調英法將太平天國叛軍趕出上海的戰役中扮演了重要角色。KJSL, June 24, 1874 (lunar), http://sillok.history.go.kr/id/kza_11106024001.另見T. C. Lin, "Li Hung Chang: His KoreaPolicies, 1870-1885," *ChineseSocial and PoliticalScience Review* 19, no. 2 (July 1935): 213.
23. 李裕元不假思索地拒絕了大清的援助。KJSL, June 25, 1874 (lunar), http://sillok.history.go.kr/id/kza11106025002.
24. 「我們與日本的關係毀了，是這個官員（安東晙）的錯，」李裕元歸結道，「因此，我認為應立即展開調查並懲處他。」KJSL, June 29, 1874 (lunar), http://sillok.history.go.kr/id/kza11106029_001.
25. 朴珪壽指控安東晙誇大了日本的政局變化且過度批評日本官方使用「皇帝」一詞，認為他拒絕收下日方送來的文件是不當的舉動。KJSL, June 29, 1874 (lunar), http://sillok.history.go.kr/id/kza_11106029001. 另見Choe, "Decadeof the Taewongun," 518-520.
26. *KNKK,* 549. 另見KJSL, September 20, 1874 (lunar), http://sillok.history.go.kr/id/kza11109020001.496.
27. Kang Sang-kyu, *Chosŏn chŏngch'isau˘i palgyŏn* [Discovering Chosŏn's politicalhistory], 436; James B. Palais, "Koreaon the Eve of the Kanghwa Treaty, 1873-1876" (PhD diss., Harvard University 1968), 621.
28. Palais, *Politics and Policy,* 290.
29. Palais, *Politics and Policy,* 255.

30. Hilary Conroy, *The JapaneseSeizure of Korea,1868-1910: A Study of Realism andIdealism in International Relations* (Philadelphia, 1960), 61.
31. William Elliot Griffis, *Corea: The Hermit Nation* (New York, 1904), 422.
32. Donald Keene, *Emperor of Japan: Meiji and His World, 1852-1912* (New York,2002), 256. 基恩指出，黑田清隆啟程的日期是一月六日，這其實指的是一月三十一日；一月六日為農曆的日期。
33. Ivan Parker Hall, *Mori Arinori* (Cambridge, MA, 1973), 1.
34. 中日雙方於一八七一年簽署的《中日修好條規》中，該詞彙為「所屬邦土」。「所屬」意指「屬於」；「邦土」的語意過於模糊，無法確切定義。「邦」意指「國家」，「土」意指「土地」。但是，「邦土」也可用來指稱「國家」、「土地」或「屬地」，英文中也如此翻譯。然而，「所屬邦土」更為直接的翻譯為「朝貢國」，因為其言外之意為這片土地／領土或這個國家「屬於」大清。見Yuanchong Wang, "Provincializing Korea:The Construction of the Chinese Empire inthe Borderland and the Rise of the Modern Chinese State," *T'ong Pao* 105 (2019): 165-166; Wang, "Recasting the Chinese Empire: Qing China and Chosŏn Korea,1610s-1910s" (PhD diss., Cornell University, 2014), 225-226.
35. *KNKK,* 532.
36. *KNKK,* 537-539; T. F. Tsiang, "Sino-Japanese Diplomatic Relations, 1870-1894," *Chinese Social and Political Science Review* 17, no. 1 (April 1933): 59-60; *LZR,* 1:122-127.
37. *KNKK,* 539.
38. *KNKK,* 542-543.
39. 引述自Carl Bartz, "The Korean Seclusion Policy, 1860-1976" (PhD diss., University of California, 1952), 164.
40. KJSL, January 20, 1876 (lunar), http://sillok.history.go.kr/id/kza11301020001.
41. Kim, *The Last Phase,* 241; *KNKK,* 549-553.
42. Palais, "Korea on the Eve," 743; Peter Lee et al., eds., *Sourcebook of Korean Civilization,* vol. 2 (New York, 2000), 240-241.
43. Palais, *Politics and Policy,* 263.

44. KJSL, January 27, 1876 (lunar), http://sillok.history.go.kr/id/kza11301027001#.

第四章　大清的朝鮮問題

1. 從一六〇七到一八一一年，朝鮮使團訪問日本多達十二次，但最後一次，使團最遠只到了對馬。見James Lewis, *Frontier Contact between Chosŏn Korea and Tokugawa* (London, 2003), 7-8.
2. William Elliot Griffis, *Corea: The Hermit Nation* (New York, 1904), 423-424.
3. Thomas Bailey, *A Diplomatic History of the American People* (New York, 1950), 334; Pow-key Sohn, "The Opening of Korea: A Conflict of Tradition," *Transactions of the Korea Branch of the Royal Asiatic Society* 36 (1960): 102.
4. Key-Huik Kim, *The Last Phase of East Asian World Order: Korea, Japan and the Chinese Empire, 1860-1882* (Berkeley, 1980), 258.
5. Kim Ki-su, Kim Hong-jip, and Pak Yŏng-hyo, *Susinsa kirok* [Collection of records of envoys] (Seoul, 1971), 116.
6. Kim Ki-su et al., *Susinsa kirok,* 118.497
7. Kim Ki-su et al., *Susinsa kirok,* 119-120.
8. Kim Ki-su et al., *Susinsa kirok,* 122; *KNKK,* 740.
9. Frederick Foo Chien, *The Opening of Korea: A Study of Chinese Diplomacy* (NewYork, 1967), 57-58.
10. Immanuel C. Y. Hsu, *The Ili Crisis: A Study of Sino-Russian Diplomacy, 1871-1881* (Oxford, 1965).
11. 在一八七九年八月二十六日的信件中，李鴻章解釋了為何與西方國家建立貿易關係對朝鮮的安全至關重要：「英國、法國、德國及美國都與朝鮮相距數萬里。」唯一會招致危險的國家是俄國，「因為該國北部與朝鮮接壤。只要朝鮮與西方國家進行貿易，便可防止俄國的騷擾。」另見Key-Huik Kim, *The Last Phase,* 284-285.
12. Huang Zunxian, *Chosŏn ch'aekryak* [A strategy for Korea], ed. Kim Sung-il (Seoul,2011), 39-40.
13. Kim Ki-su et al., *Susinsa Kirok,* 176; Henry Wheaton, *Elements of International Law, with a Sketch of the History of Science* (Philadelphia, 1836). 威廉・亞歷山大・帕森斯・馬汀（William Alexander Parsons Martin）是美國長老教會的駐華傳教士。
14. Huang, *Chosŏn ch'aekryak,* 72.

15. Key-HuikKim, *The Last Phase,* 295.
16. Huang, *Chosŏn ch'aekryak,* 81-82.
17. Huang, *Chosŏn ch'aekryak,* 87-88.
18. Huang, *Chosŏn ch'aekryak,* 68-69. 粗體字部分為本書作者標示的重點。
19. Kim Ki-su et al., *Susinsa kirok,* 155-158.
20. Kim Ki-su et al., *Susinsa Kirok,* 158-159. 另見KJSL, August 28, 1880 (lunar), http://sillok.history.go.kr/id/kza11708028001#.
21. 在一八八〇年九月八日（農曆）的朝會上，朝鮮總理大臣李最應試圖說服高宗相信黃遵憲所著《朝鮮策略》的參考價值：「的確，如果俄國入侵朝鮮，日本也將面臨危險。我們不能理所當然地認為俄國在關注日本的同時，不會入侵朝鮮。我國的守城衛兵與軍隊從未嚴肅看待這個威脅，也從未對這場（潛在的）戰爭做任何準備。」KJSL, September 8, 1880 (lunar), http://sillok.history.go.kr/id/kza11709008001.
22. Key-Huik Kim, *The Last Phase,* 304; Charles Oscar Paullin, "The Opening of Korea by Commodore Shufeldt," *Political Science Quarterly* 25, no. 3 (September 1910): 478-479.
23. *LZR,* 1:142-143.
24. Shufeldt to R. W. Thompson, August 30, 1880, Shufeldt Papers, box 24, LOC.
25. Key-Huik Kim, *The Last Phase,* 305.
26. Shufeldt, "Corea and American Interests in the East," October 13, 1880, Shufeldt Papers, box 24, LOC. 粗體字部分為本書作者標示的重點。
27. Shufeldt, "Corea and American Interests."
28. Martina Deuchler, *Confucian Gentlemen and Barbarian Envoys, 1875-1885* (Seattle, 1977), 92-98; *KNKK,* 751-752.
29. Deuchler, *Confucian Gentlemen,* 103.
30. Kim Yun-se, *Ŭmch'ŏng-sa* [Kim yun-sik'sdiary] (Seoul, 1958), 45-46. 魚允中是否參加了這次會議，至今仍不得而知。金允植並未提到他，但據推測，他們應是一同前往。

31. Li to Shufeldt, February 6, 1882, Shufeldt Papers, box 24, LOC.
32. Chester Holcombe to Shufeldt, January 3, 1882, Shufeldt Papers, box 24, LOC.
33. *LZR,* 1:195-196.
34. Kim Yun-se, *Ŭmch'ŏng-sa*, 111-112; Deuchler, *Confucian Gentlemen,* 119.
35. Halcombe to Shufeldt, April 6, 1882, Shufeldt Papers, box 24, LOC.
36. 雖然書中未指明日期，但據悉這場會議看起來是在四月四日舉行。見Kim Yun-se, *Ŭmch'ŏng-sa,* 200.
37. Shufeldt, "The Treaty with Korea," Shufeldt Papers, box 28, LOC. 作者並未指明這次會面的日期，但根據其他資料來源推測，日期最有可能是一八八二年四月四日。
38. 李鴻章在四月二十二日寫給朝鮮總理大臣李最應的信件中，向盟友朝鮮保證了他們的安全：「如果你們與美國締結條約關係，不僅可以擺脫日本的覬覦，還可以為其他西方國家樹立協約的典範，以便未來這些國家和朝鮮締結類似的條約。」見Kim Yun-se, *Ŭmch'ŏng-sa,* 201.
39. Deuchler, *Confucian Gentlemen,* 121-122.
40. 如同《朝美修好通商條約》，朝鮮與英國及德國之間的條約也在清廷官員馬建忠的斡旋下談判達成。這些協約的條款與美國的版本幾乎沒有區別。見Kirk W. Larsen, *Tradition, Treaties and Trade: Qing Imperialism and Chosŏn Korea, 1850-1910* (Cambridge, MA, 2008), 79-80; Huajeong Seok, "International Rivalry in Koreaand Russia's East Asian Policy in the Late 19th Century," *Korea Journal* 50, no. 3 (Autumn 2010): 182.
41. *KNKK,* 752.
42. Key-Huik Kim, *The Last Phase,* 297.
43. KJSL, February 26, 1881 (lunar), http://sillok.history.go.kr/id/kza11802026004. 另見Peter H. Lee, ed., *Sourcebook of Korean Civilization,* vol. 1 (New York, 1996), 335-336.
44. *KNKK,* 752-753.
45. KJSL, February 26, 1881 (lunar), http://sillok.history.go.kr/id/kza11802026004.

46. 例如，一八八一年七月三十一日，京畿道大學士申葉（Sin-sŏp）上奏，指李裕元與金弘集是叛國賊：「他們意圖使國家陷入混亂。陛下為何相信這些叛徒，而聽不進忠臣的肺腑之言？」KJSL, July 6, 1881 (lunar), http://sillok.history.go.kr/id/kza_11807106005.

47. 這本著作詳細描述了這整起陰謀：Tabohashi Kiyoshi, *Kindai Nissen kankeino kenkyū,* [Study of Japan and Korea relations in the modern era], vol. 1 (Seoul, 2002), 758-762. 另見Griffis, *Corea,* 433; Key-Huik Kim, *The Last Phase,* 310; Homer Hulbert, *Hulbert's History of Korea,* ed. Clarence Weems (New York, 1962), 222-224.

48. Hwang Hyŏn, *Maech'ŏn yarok* [Memoirs of Hwang Hyŏn], vol. 1 (Seoul, 2005), 277.

49. Hwang, *Maech'ŏn yarok,* 165-166; *KNKK,* 772.

50. 黃玹指大院君不願配合這項計畫的描述，與田保橋潔的敘述截然不同，據後者描寫，從叛變的士兵尋求幫助的那一刻起，大院君便主導著廢黜閔妃、襲擊日本公使館與驅逐日人的計畫。見*KNKK,* 772-773.

51. 大院君的妻子讓閔妃躲藏在自己的私人馬車，救了她一命。閔妃的藏身之處被人發現時，她手下一名軍官反應敏捷，宣稱馬車裡的女子是他的妹妹，於是順利帶她逃到宮外，之後再藏身於鄉間一處安全的房舍。*KNKK,* 774-775.

52. *KNKK,* 780. 這起動亂的罪魁禍首閔升鎬向大院君求助，但對方拒絕伸出援手。Hwang, *Maech'ŏn yarok,* 167-168.

53. Hwang, *Maech'ŏn yarok,* 165-166. 田保橋潔寫道，日本公使館二十八名人員全都設法逃了出來，只有三人受到輕傷。他們之中沒有婦孺，「讓人鬆了一口氣」。見*KNKK,* 778.

54. Kim Yun-se, *Ŭmch'ŏng-sa,*177-178; Key-HuikKim, *The Last Phase,* 318.

55. Key-HuikKim, *The Last Phase,* 318.

56. Dong Jae Yim, "The Abduction of the Taewŏn'gun: 1882," in *Papers on China,* vol. 21 (Cambridge, MA, February 1968), 106-107; Hwang, *Maech'ŏn yarok,* 167; Kim Yun-se, *Ŭmch'ŏng-sa,*181.

57. Kim Yun-se, *Ŭmch'ŏng-sa,*178-179.

58. Ma Jianzhong, *Dong xing san lu* [Three journals of the journey to the East], pt. 1 (Taipei, 1967), 56-57.

59. Dong, "The Abduction," 108.

60. Kim Yun-se, *Ŭmch'ŏng-sa,*183-184; Dong, "The Abduction," 108.
61. Ma, *Dong xing san lu,* 58-60.
62. 李鴻章於七月十九日（農曆）收到張樹聲傳來電報通知，「馬建忠等人已成功讓大院君落入圈套，並護送至天津」。見*CJCC,* 18. 另見Key-Huik Kim, *The Last Phase,* 319; Ma, *Dong xing san lu,* 70-72.
63. *CJCC,* 1-2（一八八二年六月三十日〔農曆〕李鴻章寫給張之璿的信）。李鴻章在信中提到，他希望不惜一切代價避免在朝鮮與日本開戰。
64. 據金允植指出，馬建忠於八月十一日（農曆六月二十九日）抵達。Kim Yunse, *U˘mch'ŏng-sa,*187. 其他資料則指馬建忠抵達朝鮮的日期為八月十日。 Key-Huik Kim, *The Last Phase,* 321.
65. Ma, *Dong xing san lu,* 71-72; Dong, "The Abduction," 116.
66. Dong, "The Abduction," 112.
67. *CJCC,* 1-2 (Li's letter to Zhang Zhixuan, June 30, 1882 [lunar]).
68. *CJCC,* 1-2 (Li's letter to Zhang Zhixuan, June 30, 1882 [lunar], August 13 [solar]).
69. 根據金允植的說法，大清派了十三艘戰艦與四千名士兵前往朝鮮。金弘集和魚允中擔任嚮導。見Kim Yun-se, Ŭmch›ŏngsa, 185-186。
70. Ma, *Dong xing san lu*, 70-72.這意味著馬建忠於八月二十一日收到大院君寄來的信是第二封信，因為馬在八月十一日左右抵達仁川。由此可推測，日方提出的七點最後通牒在更早之前有所討論，即馬建忠與大院君的第一次會面。
71. Dong, "The Abduction," 117.
72. Ma, *Dong xing san lu,* 73.
73. Dong, "The Abduction," 119; Hwang *Maech'ŏn yarok,* 179-180; Ma, *Dong xingsan lu,* 73.
74. 馬建忠安排日本與朝鮮代表談判賠償協定。日本也獲准在朝鮮駐軍以保衛日本公使館。條約還規定，朝鮮必須銷毀大院君樹立的所有仇外石碑。見Larsen, *Tradition, Treaties and Trade,* 88; Hwang, *Maech'ŏnyarok,* 185.
75. Hwang, *Maech'ŏn yarok,* 173. 為已故的閔妃舉行國葬的籌備工作，耗去了朝鮮政府的大半資源，以致無法進行實際的治理。*KNKK,* 785.

76. Kim Ki-su et al., *Susina kirok,* 195.
77. Young I. Lew, "The Reform Efforts and Ideas of Pak Yŏng-hyo, 1894-1895," *Korean Studies* 1 (1977): 22.
78. Andre Schmid, *Korea between Empires, 1895-1919* (New York, 2002), 30.
79. Harold F. Cook, *Korea's1884 Incident and Kim Ok-kyun's Elusive Dream* (Seoul, 1972), 22.
80. Ishikawa Mikiaki, *Fukuzawa Yukichi Den* [The life of Fukuzawa Yukichi] (Tokyo,1932), 285-289.
81. Hilary Conroy, *The Japanese Seizure of Korea, 1868-1910: A Study of Realism and Idealism in International Relations* (Philadelphia, 1960), 127-140.
82. Larsen, *Tradition, Treaties and Trade,* 89-90.
83. H. Parkes to Earl Granville, December 21, 1882, *British Documents on Foreign Affairs,* pt. 1, ser. E, Asia, 1860-1914, vol. 2, ed. Ian Nish (Bethesda, MD, 2012), 105.
84. H. Parkes to Earl Granville, 104; Larsen, *Tradition, Treaties and Trade,* 91-92.
85. Marlene J. Mayo, "The Korean Crisis of 1873 and Early Meiji Foreign Policy," *Journal of Asian Studies* 31, no. 4 (August 1972): 817.
86. Conroy, *Japanese Seizure of Korea,* 135.
87. 井上馨於一八八五年正式成為日本外務大臣。Kim Ok-kyun, *Kapsin illol* [Kapsin diary] (Seoul, 1977), 30-31, 36-41, 63-65. 「甲申」意指朝鮮傳統曆法中的一八八四年。
88. Ishikawa, *Fukuzawa Yukichi Den,* 288
89. InoueKakugorō, *Kanjo no zanmu* [K. *Sŏul namgyŏdun kkum,* Memory of Seoul] (1891), trans. Han Sang-il (Seoul, 1993), 41.
90. Ishikawa, *Fukuzawa Yukichi Den,* 363-379. 警方於一八八八年三月十五日對福澤進行了審訊。井上角五郎於一八八八年一月被捕。另見Cook, *Korea's1884 Incident,* 160.
91. Chien, *The Opening of Korea,* 149-150. Kim Ok-kyun, *Kapsin illok,* 63-65; Deuchler,*Confucian Gentlemen,* 206. 這起事件在朝

鮮被稱為甲申政變，即發生於甲申年（一八八四年）的政治動亂。

92. *LZR,* 1:219.

93. Inoue, *Kanjo no zanmu,* 50-51.

94. *LZR,* 1: 219-221. 另見Jerome Ch'en, *Yuan Shih-K'ai,1856-1916: Brutus Assumesthe Purple* (Stanford, 1961), 26-30.

95. 政變領袖及其家人面臨悲慘的命運。洪永植（Hong Yŏng-sik）遭清兵殺害，家人自盡身亡。朴泳孝的兩個兄弟也在起義中被殺；其父後來絕食而死。金玉均的父親、哥哥、妻子及孩子都在甲申政變落幕後遭到處決。徐光範與徐載弼的家人也被殺害。Inoue, *Kanjo no zanmu,* 55-56

96. George M. McCune and John A. Harrison, *Korean-American Relations: Documents Pertaining to the Far Eastern Diplomacy of the United States,* vol. 1, *Initial Period, 1883-1886* (Berkeley, 1951), 96-97

97. Inoue, *Kanjo no zanmu,* 55.

98. Inoue, *Kanjo no zanmu,* 55.

99. Inoue, *Kanjo no zanmu,* 56.

100. *LZR,* 1:269-272.

101. *LZR,* 1:272-273.

102. T. C. Lin, "Li Hung-Chang: His Korea Policies, 1870-1885," *Chinese Social and Political Science Review* 19, no. 2 (July 1935): 231.

103. *LZR,* 1:279.

104. Lin, "Li Hung-Chang," 231.

第五章　另一場大博弈的開展

1. Simon Sebag Montefiore, *The Romanovs, 1613-1918* (New York, 2016), 432.

2. 俄國無政府主義者彼得・克魯泡特金將之定義為反對一切形式的專制、虛偽與矯揉造作的鬥爭，而他認為，聖彼得堡社會及專制俄國的習俗和價值觀與之有關。P. Kropotkin, *Memoirs of a Revolutionist* (London, 1899), 182-183.

3. Samuel Kucherov, "The Case of Vera Zasulich," *RussianReview* 11, no. 2 (April1952): 86-87. 另見Jay Bergman, *Vera Zasulich: A Biography* (Stanford, CA, 1983).
4. E. Belfer, "Zemlya vs. Volya from Narodnichestvo to Marxism," *Soviet Studies* 30, no. 3 (July 1978): 301-302. 另見Richard Pipes, *The Degaev Affair: Terror and Treason in Tsarist Russia* (New Haven, CT, 2003), 10; Pipes, "The Trial of Vera Z," *Russian History* 37, no. 1 (2010): 33-50.
5. 引述自Pipes, *The Degaev Affair,* 19-22.（Pipes）派普斯指出，伊凡・屠格涅夫（Ivan Turgenev）對維拉・札蘇里奇印象深刻，因而在散文詩集《Senilia》中以一篇題為〈開端〉（Threshold）的小品讚美她。就連反動派的費奧多爾・杜斯妥也夫斯基（Fyodor Dostoevsky）也坦承，如果他無意間聽到革命分子策畫恐怖行動，他不會向當局報告。
6. Dietrich Geyer, *RussianImperialism: Interaction of Domestic and Foreign Policy, 1960-1914* (New Haven, CT, 1987), 83-84.
7. Montefiore, *The Romanovs,* 435.
8. 查爾斯・馬文生動描述了圍攻蓋奧克泰佩的細節。Marvin, "The Russiansat the Gates of Herat," *Harper's Franklin Square Library,* April 24, 1885.
9. "Russia's Campaign in Asia," *New York Times,* February 13, 1881.
10. "Russia's Campaign in Asia."
11. Marvin, "Russiansat the Gates," 3. 另一位刻劃俄國所帶來的危險的著名作家是阿明紐斯・范伯利（Arminius Vambery）。在他的第一本英文遊記《中亞遊記》（*Travels in Central Asia,* London, 1864）與《即將到來的印度爭奪戰》（*Coming Struggle for India,* London, 1865）中，范伯利花了大量篇幅論述俄國對英國的中亞利益所造成的威脅。Peter Hopkirk, *The Great Game: The Struggle for Empire in Central Asia* (Tokyo, 1992), 418-419; David Mandler, "Introduction to Arminius Vambery," *Shofar* 25, no. 3 (Spring 2007):1-31.
12. "England and Russia," *New York Times,* February 8, 1879.
13. J. H. Rose, *Development of the European Nations, 1870-1914,* vol. 2 (New York, 1905), 127-128. 早在一八八二年四月，德・吉爾斯便向駐君士坦丁堡大使愛德華・桑頓（Edward Thornton）「不只一次，而是多次」保證，「俄國目前無意向薩拉赫

斯（Sarakhs）或梅爾夫推進，也無意出兵在該地區占領自身版圖以外的任何土地」。(Thorton to Granville, April 29,1882, in *Parliamentary Papers,*1884, vol. 87, *Central Asia,* no. 1, 13, NA. 然而不出三個月，根據英國特務掌握的文件情報，俄國意圖使梅爾夫酋長臣服。見William Habberton, *Anglo-Russian Relations concerning Afghanistan,1837-1907,* monograph, *Illinois Studies in the Social Sciences*21, no. 4 (1937): 49-50, n. 6.

14. Immanuel C. Y. Hsu, *The Ili Crisis: A Study of Sino-Russian Diplomacy, 1878-1881*(Oxford, 1965).
15. Hopkirk, *The Great Game,* 409-410.
16. "The Rout of the Jingoes: Mr. Gladstone's Triumph over His Political Rival," *New York Times,* April 19, 1880.
17. Hopkirk, *The Great Game,* 409; Alexander Mikhailovich, *Once a Grand Duke* (London, 1932), 450-454.
18. W. Bruce Lincoln, *The Romanovs: Autocrats of All the Russians* (New York, 1981), 601; W. T. Stead, ed., *The M.P. for Russia: Reminiscences and Correspondence of Madame Olga Novikoff* (New York, 1909), 126.
19. Mikhailovich, *Once a Grand Duke,* 63.
20. Lincoln, *The Romanovs,* 590.
21. Frederic S. Zuckerman, *The Tsarist Secret Police in Russian Society, 1880-1917* (New York, 1996), 2; Montefiore, *The Romanovs,* 465.
22. 「Okhrana」通常用於指稱沙皇祕密警察，全名為「Okhrannye otdeleniia」（暗探局）。Frederic S. Zuckerman, *The Tsarist Secret Policein Russian Society, 1880-1917* (New York, 1996), 465-466.
23. Pipes, *The Degaev Affair,* 88. 另見Michael Aronson, "Geographical and Socioeconomic Factors in the 1881 Anti-Jewish Pogroms in Russia," *Russian Review* 39, no. 1 (January1980): 18-31; Montefiore, *The Romanovs,* 463-464; Lincoln, *The Romanovs,* 591-593.
24. Sergei Witte, *The Memoirs of Sergei Witte,* trans. Sidney Harcave (New York, 1990), 173.
25. Mikhailovich, *Once a Grand Duke,* 67.
26. Witte, *Memoirs,* 173.
27. Habberton, "Anglo-Russian Relations," 50.

28. "The Muscovite Advance," *New York Times,* April 30, 1885; Hopkirk, *The Great Game,* 427.
29. "A Conflict Inevitable: England and Russia Almost Sure to Fight," *New York Times,* April 24, 1885.
30. Habberton, "Anglo-Russian Relations," 54.
31. Mikhailovich, *Once a Grand Duke,* 69.
32. "England's War Fever," *New York Times,* April 12, 1885.
33. George Alexander Lensen, *Balance of Intrigue: International Rivalry in Koreaand Manchuria, 1884-1899,* vol. 1 (Tallahassee, 1982), 55.
34. *LZR,* 1: 297.
35. *LZR,* 1: 298; KJSL, March 22, 1885 (lunar), http://sillok.history.go.kr/id/kza_12203020007.
36. 十月一日，拉德仁依約向李鴻章遞交了書面聲明。聲明中包含了「不占領朝鮮領土」的承諾，不過也同時暗示俄國仍保留干涉朝鮮內政的權利。經過一系列令人挫折的談判，李鴻章最終不得不接受俄國於十月六日發出的書面聲明，內容明確表態，雖然俄國無意占領半島的任何地區，但也不會完全放棄在半島的利益。*LZR,* 1: 299-306.
37. Yur-bok Lee, *West Goes East: Paul Georg Von Mollendorff and Great Power Imperialism in Late Yi Korea* (Honolulu, 1988), 89. 穆麟德也反對英國占領巨文島。KJSL, April 3, 1885 (lunar calendar), http://sillok.history.go.kr/id/kza12204003002. 因此，英國對該島的占領，成了穆麟德在朝鮮對軍事顧問採取強硬政策的背景。對此，李鴻章致信總理衙門，要求在一八八五年九月二十七日（農曆）派兵朝鮮，並召回穆麟德。
38. Yur-bok Lee, *Diplomatic Relations between the United States and Korea, 1866-1887*(New York, 1970), 98-99.
39. Lee, *Diplomatic Relations,* 111; Huangjeong Seok, "International Rivalry in Korea and Russia's East Asian Policy in the Late Nineteenth Century," *Korea Journal* 30, no. 30(Autumn 2010): 184.
40. *LZR,* 1:312-315; Young Ick Lew, "Yuan Shih-k'ai's Residency and the Korean Enlightenment Movement (1885-94)," *Journal of Korean Studies* 5 (1984): 69. 一八八五年六月十九日（農曆，西曆七月三十日），李鴻章與表明希望返回朝鮮的大院君會面，承諾將「收手，並不再干預朝鮮國事」。見 *CJCC,* 31-32.

41. 李鴻章寫道：「由於〔一八八四年甲申政變〕無預警發生，目前我們除了將希望寄託在李夏榮身上之外，實在沒有其他更好的辦法。他看來非常渴望為了保家衛國而犧牲奉獻……〔私下〕經歷了這麼多紛亂之後，我看得出他恢復了平靜。因此，如果我們將他送回朝鮮，〔我認為〕他會對我們心存感激，進而〔藉由效忠〕來報答我們的恩情。」見*CJCC,* 23-24.

42. *CJCC,* 31-32. 另見F. Tsiang, "Sino-Japanese Diplomatic Relations," *Chinese Social and Politica lReview* 27 (1933): 92; Lew, "Yuan Shih-k'ai's Residency," 70.

43. *CJCC,* 23-24.

44. Song Pyŏng-gi, ed., *Yun Ch'i-ho ilgi* [Diary of Ilchin-ho], vol. 1 (Yonsei Taehakkyoch'ulp'ansa, 2011), 84. 另見Shin Myŏng-ho, *Kojongkwa maeichiŬi sidae* (Seoul, 2014), 365-356.

45. Tsiang, "Sino-Japanese Diplomatic Relations," 93; Hwang Hyŏn, *Maech'ŏn yarok* [Memoirs of Hwang Hyŏn], vol. 1 (Seoul, 2005), 230-231.

46. Kirk W. Larsen, *Tradition, Treaties and Trade: Qing Imperialism and Choson Korea, 1850-1910* (Cambridge, MA, 2008), 129.

47. Samuel Hawley, *America's Man in Korea: The Private Letters of George C. Foulk, 1884-1887* (Lanham, MD, 2008), 132. 黃玹還描述了「商人、士兵及婦女與孩童們」歡天喜地、熱情迎接大院君歸來的情景。見Hwang, *Maech'ŏn yarok,* 230-231.

48. Tiang, "Sino-Japanese Diplomatic Relations," 93.

49. Horace Allen, "An Acquaintance with Yuan Shi Kai," *North American Review* 196, no. 680 (July 1912): 112. 另 見Larsen, *Tradition, Treaties and Trade,* 130; Lew, "Yuan Shih-k'ai's Residency," 73-74; Arthur W. Hummel, ed., *Eminent Chinese of the Ch'ing Period(1644-1912),* vol. 2 (Washington, DC, 1944), 950-951.

50. Allen, "An Acquaintance," 113.

51. Allen, "An Acquaintance," 113-114.

52. 李鴻章在一八八五年十月二日（農曆，西曆十一月八日）寫給高宗的信件中語帶威脅地說道：「從現在起，凡涉及朝鮮的內政或外交的任何事務，我希望你能開誠布公地和袁世凱討論一切重大問題，我相信這對你和你的國家都將有所助益。」至於穆麟德，「他已被解職，與朝鮮再無瓜葛。」*CJCC,* 50.

53. Larsen, *Tradition, Treaties and Trade,* 16.

54. William Elliot Griffis, *Corea: The Hermit Nation* (New York, 1904), 471.

55. Lew, "Yuan Shih-k'ai's Residency," 81; 另見Lee, *West Goes East,* 159; S. C. M. Paine, *The Sino-Japanese War of 1894-1895: Perceptions, Power, and Primacy* (Cambridge, 2006), 76.

56. 儘管一些歷史學家認為這封信是偽造的，但根據俄羅斯檔案資料庫的調查，俄國領事韋貝確實應高宗的要求將這項提議轉達給聖彼得堡當局。Lee, *West Goes East,* 159.

57. *LZR,* 1: 319-320. 這封信也引述自Lew, "Yuan Shi-kai'sResidency," 83. 另見Lee, *West Goes East,* 159-160.

58. *LZR,* 1: 322-323.

59. 大清駐俄公使劉瑞芬於八月二十二日致函李鴻章：「我詢問吉爾斯是否曾聽聞朝鮮官員密電俄國求援一事。我還對他說，朝鮮是大清的附庸國，因此俄國不應接受朝鮮的任何這類請求。吉爾斯回道，他根本沒聽說過這件事。」*LZR,* 1: 325-326. 另見Lee, *West GoesEast,* 161.

60. 事後大院君向袁世凱回報，他進宮見高宗時，「眾人激動地哭了，高宗和其母也不禁淚流滿面」。*LZR,* 1: 324-325.504

61. 引述自Lensen, *Balance of Intrigue,* 90.

62. 引述自Lensen, *Balance of Intrigue,* 34-35.

63. Huanjeong Seok, "International Rivalry in Koreaand Russia's East Asian Policy inthe Late Nineteenth Century," 184; 另見Seung-kwonSynn, "The Russo-Korean Relationsin the 1880s," *Korea Journal* 20, no. 9 (September 1980): 26-39; Lensen, *Balance of Intrigue,* 34-35.

64. Krasny Archiv, "First Steps of Russian Imperialism in Far East (1888-1903)," *ChineseSocial and PoliticalScience Review* 28, no. 2 (July 1934): 236-251. 另見Synn, "Russo-KoreanRelations," 36.

65. Krasny Archiv, "First Steps," 238-239.

66. Krasny Archiv, "First Steps," 238-239.

67. Hilary Conroy, *The Japanese Seizure of Korea,1868-1910: A Study of Realism andIdealism in International Relations* (Philadelphia,

1960), 161.

68. Kakugorō Inoue, *Kanjo no zanmu* [K. Hansŏngji chanmong, Memory of Seoul] (1891), in *Sŏ ul e namgyŏdun kkum* [Dreams of Seoul], trans. Han Sang-il (Seoul, 1993), 56.

69. Ichikawa Mikiakira, *Fukuzawa Yukichi Den* [The Life of Fukuzawa Yukichi], vol.3 (Tokyo, 1932-1933), 354.

70. Robert Scalapino, *Democracy and the Party Movement in Prewar Japan: The Failureof the First Attempt* (Berkeley, 1953), 107; Hilary Conroy, "Chōsen Mondai: The KoreanProblemin Meiji Japan," *Proceedings of the American Philosophical Society* 100, no. 5 (October1956): 446. 大井健太郎最為人所知的，可能是他在日本意圖推翻朝鮮政府的行動（即大阪事件）中所扮演的角色。這項陰謀遭遇挫敗，並在一八八五年十一月二十三日，警方圍捕了一百三十名傭兵及共犯。見Marius B. Jansen, "Ōi Kentarō: Radicalism and Chauvinism," *Far Eastern Quarterly Review* 2, no. 3 (May 1952): 305-316; Conroy, *JapaneseSeizure of Korea,* 167-168.

71. Conroy, *JapaneseSeizure of Korea,* 218-220; Jansen, "Ōi Kentarō," 310. 另見Marius Jansen's classic work *The Japaneseand Sun Yat-sen* (Stanford, CA, 1954).

72. Tsiang, "Sino-JapaneseDiplomatic Relations," 106.

第六章　俄國通往東方的鐵路

1. 一八六〇年五月二十日，滿洲號（Manchur）軍艦載著四十名士兵抵達符拉迪沃斯托克，自此，俄國正式占領該地。一八六四年，一百五十七個居民從尼科來夫斯克（Nikolaevsk）來到此地；兩年後，該鎮首次與哈巴羅夫斯克互通電報。見A. I. Dmitriev-Mamonovand A. F. Zdziarski, *Guide to the GreatSiberianRailway,* trans. K. Kukol-Yasnopolsky (Saint Petersburg, 1900), 466. 尼古拉・穆拉維夫獲封為穆拉維夫—阿穆爾斯基伯爵，以表彰他在一八五八至六〇年間俄國擴張西伯利亞領土的行動中所達成的任務。

2. 根據大衛・達林（David J. Dallin）的說法，一八六一年，俄國遠東地區的人口共計一萬一千八百五十人；到了一八大七年，人口達到了三十一萬人。見Dallin, *The Rise of Russiain Asia* (London,1950), 23-25; Andrew Malozemoff, *RussianFar*

Eastern Policy, 1881-1904 (New York,1958), 1-19; Steven G. Marks, *Road to Power: The Trans-SiberianRailroad and theColonization of Asian Russia,1850-1917* (Ithaca, NY, 1991), 14-15; Ernest GeorgeRavenstein, *The Russianson the Amur: Its Discovery, Conquest, and Colonization* (London,1861), 154-155.

3. Mark Bassin, "A Russian Mississippi? A Political-GeographicalInquiry into theVision of Russian the Pacific, 1840-1865" (PhD diss., University of California, Berkeley, 1983), 199.
4. W. Bruce Lincoln, *The Conquest of a Continent: Siberia and the Russians* (New York, 1994), 194; Christian Wolmar, *To the Edge of the World: The Story of the Trans-Siberian Express, the World's Greatest Railroad* (New York, 2013), 33; Harmon Tupper, *To the Great Ocean: Siberia and the Trans-Siberian Railway* (Boston, 1965), 47-61.
5. Perry McDonough Collins, *Siberian Journey: Down the Amur to the Pacific, 1856-1857,* ed. Charles Vevier (Madison, WI, 1962), 95.
6. 札瓦利申身為十二月黨（Decembrist）成員，同時也是穆拉維夫的嚴厲批評者，他認為報刊上關於黑龍江的報導令人誤解，甚至刻意掩蓋事實。D. I. Zavalishin, "Po povodu statei ob Amure" [Concerning articles about the Amur], *Morskoi Sbornik* (NavalDigest) 38, no. 11 (November 1858): 31-36.
7. S. P. Suslov, *Physical Geography of Asiatic Russia,* trans. Noah D. Gershevsky (London, 1961), 333-337.
8. Malozemoff, *RussianFar Eastern Policy,* 3.
9. Bassin, *Russian Mississippi?,* 277-278.
10. P. Kropotkin, *Memoirs of a Revolutionist,* vol. 2 (London, 1899), 215-217.
11. 自一八七九年起，有超過三萬名囚犯被送往西伯利亞，以解決俄國遠東地區人口不足的問題。Malozemoff, *Russian Far Eastern Policy,* 11.
12. 引述自Daniel Beer, *House of the Dead: Siberian Exile underthe Tsars* (New York, 2017), 335.
13. Malozemoff, *Russian Far Eastern Policy,* 5.
14. Charles A. Conant, "The Russiansin Manchuria," *Forum* 31, no. 3 (May 1901): 6.
15. Henry Lansdell, *Through Siberia* (London, 1882), 713.

16. Bassin, *Russian Mississippi?,* 241; G. I. Nevelskoy, *Podvigi russkikh morskikh ofitserovna Kraynem vostoke Rossii 1849-55 g. Pri-Amurskii i Pri-Ussuriiskii krai: Posmertnyiazapiski Admirala Nevel'skogo* [The exploits of Russian naval officers in the RussianFar East,1849-1855: Priamursky and Priussuriysky krai: Posthumous notes of Admiral Nevelskoy] (Saint Petersburg, 1897), 365-367.
17. 引述自Malozemoff, *RussianFar Eastern Policy,* 4.
18. M. A. Bakunin, *Pis'ma M. A. Bakunina k A. I. Gertsenu i N. P. Ogarevu/ s biogr .vved. i obyasn. primech. M. P. Dragomanova* [The letters to M. A. Bakunin to A. I. Herzenand N. P. Ogarev; with a biographical introduction and explanatory notes by M. P. Dragomanov) (The Hague, 1968), 120-121.
19. Malozemoff, *Russian Far Eastern Policy,* 39; *Times* (London), June 25, 1887.
20. Beer, *House of the Dead,* 335. 赫爾岑也特別欣賞穆拉維夫—阿穆爾斯基。見M. A. Kakunin to A. Herzen, November 7, 1860 (OS), in Bakunin, *Pis'ma M. A. Bakunina,* 118-119.
21. 引述自Victor L. Mote, *Siberia: Worlds Apart* (Colorado, 1998), 64.
22. Bassin, *Russian Mississippi?,* 122-123. 赫爾岑也認為，俄國在西伯利亞的命運與美國息息相關。見A. I. Herzen, "Amerika i Sibir' " [Americaand Siberia],*Kolokol* [The Bell], December 28, 1858, 233-234. 另見Mark Bassin, *Imperial Visions: Nationalist Imagination and Geographical Expansion in the Russian Far East, 1840-1865* (Cambridge, 1999), 160-173.
23. Kropotkin, *Memoirs,* 182.
24. 博格達諾維奇（E. V. Bogdanovich）也提出了類似的看法，他曾負責調查一八六六年維亞特卡（Viatka）與彼爾姆（Perm'）爆發饑荒的原因：從今以後，這裡不再是西伯利亞，而是俄國。」見Lincoln, *Conquest of a Continent,* 225; Marks, *Road to Power,* 7.
25. Immanuel C. Y. Hsu, *Ili Crisis: A Study of Sino-Russian Diplomacy, 1871-1881*(Oxford, 1965), 189-196.
26. Edwin G. Bilof, "China in Imperial Russian Military Planning, 1881-1887," *Military Affairs,* April 1, 1882, 7-9. 朝鮮人稱薩韋洛夫卡為「Hŭkjŏngja」。見Alyssa Park, *Sovereignty Experiments: Korean Migrants and the Building of Borders in Northeast Asia, 1860-1945* (Ithaca, NY, 2019), 55-56.

27. 引述自Bilof, "China in Imperial Russian Military Planning," 16.
28. Bilof, "China in Imperial Russian Military Planning," 32; David Scott, *China and the International System, 1849-1949: Power, Presence and Perceptions in a Centuryof Humiliation* (New York, 2008), 104-105.
29. Theodore H. Von Laue, *Sergei Witte and the Industrialization of Russia* (New York, 1974), 81.
30. Edwin G. Bilaf, "China in Imperial Russian Military Planning," 70-72; Marks, *Roadto Power,* 38-39.
31. Marks, *Road to Power,* 96
32. Sidney Harcave, *Count Sergei Witte and the Twilight of Imperial Russia* (Armonk, 2004), 40.
33. Sergei Witte, *The Memoirs of Count Witte,* trans. Sidney Harcave (Armonk, 1990), 42.
34. 維特提高了俄國鐵路系統的效率。見von Laue, *SergeiWitte* (New York, 1974).
35. Witte, *Memoirs,* 93.
36. Harcave, *Count Sergei Witte,* 29.
37. Lincoln, *Conquest of a Continent,* 232; von Laue, *Sergei Witte,* 76-77.
38. Stuart R. Tompkins "Witte as Foreign Minister, 1892-1903," *Slavonic and East EuropeanReview* 11, no. 33 (April 1933): 604-605; T. H. Von Laue, "A Secret Memorandumof Sergei Witte on the Industrialization of Imperial Russia," *Journal of Modern History* 26, no. 1 (March 1954): 60-74. 另見Von Laue, "The Industrialization of Russiain the Writing of Sergei Witte," *American Slavic and East EuropeanReview* 10, no. 3 (October 1951): 177-190; Von Laue, "The High Cost and the Gambleof the Witte System: A Chapter in the Industrialization of Russia," *Journal of Economic History* 13, no. 4 (Autumn 1953): 425-448.
39. Von Laue, *Sergei Witte,* 77; Tompkins, "Witte as Foreign Minister," 5.
40. 引述自Von Laue, *Sergei Witte,* 76. 根據馮．勞埃的說法，到了一九〇〇年，西伯利亞鐵路將成為俄國最大規模的產業，僱用多達四十萬名勞工。78-79.
41. Alexander Isvolsky, *The Memoirs of Alexander Iswolsky, Formerly RussianMinisterof Foreign Affairs and Ambassador to France,* trans. Charles Louis Seeger (London, 1920), 114.

42. Von Laue, *Sergei Witte,* 38.
43. Peter Struve, "Graf S. Yu. Vitte: Opyt' Kharakteristiki" [Graf S. Yu. Witte: A characterstudy], in *Russkaya mysl',* vol. 3 (1915), 129.
44. Isvolsky, *Memoirs,* 118-119.
45. Witte, *Memoirs,* 172-173.
46. Marks, *Road to Power,* 126; Marlene Laruelle, " 'The White Tsar': Romantic Imperialism in Russia's Legitimizing of Conquering the Far East," *Acta Slavica Iaponica* 25 (2008):113-134.
47. George Kennan, *Siberia and the Exile System,* vol. 1 (New York, 1970), 56-57.
48. Marks, *Road to Power,* 174.
49. Lincoln, *Conquest of a Continent,* 233.
50. Tupper, *To the Great Ocean,* 189-190.
51. Dmitriev-Mamonovand Zdziarski, *Guide,* 456.
52. James W. Davidson, "The Great Siberian Railway: From Recent Investigation," *Century Illustrated Magazine,* April 1904, 940.
53. William Turban, "The Trans-Siberian Railway," *Contemporary Review,* July 1, 1899, 266.
54. Harmon, *To the Great Ocean,* 169-170.
55. Hilda Hookham, "Builders of Trans-SiberianRailway," *History Today,* August 1, 1966, 530.
56. V. F. Borzunov, *Proletariat Sibiri i Dal'nego Vostoka nakanune pervoi russkoi revoliutsii (po materialam stroitel'stva Transsibirskoi magistrali, 1891-1904 gg)* [The proletariat of Siberia and the Far East on the eve of the first Russian Revolution (based on the construction of the Trans-Siberian Railway, 1891-1894)] (Moscow 1965), 91-92, 90.
57. Hookham, "Builders," 530.
58. Borzunov, *Proletariat Sibiri,* 99.
59. Hookham, "Builders," 530-532.
60. Borzunov, *Proletariat Sibiri,* 94.

61. Marks, *Road to Power,* 181-183. 另見Beer, *House of the Dead,* 376.
62. Mikhail Zygar, *The Empire Must Die: Russia's Revolutionary Collapse, 1900-1917* (New York, 2017), 50.
63. Witte, *Memoirs,* 91, 125, 126.
64. Laruelle, " 'The White Tsar,' " 123.
65. Prince E. E. Ukhtomsky, *Travels in the East of Nicholas II, Emperor of Russia, When Cesarewitch, 1890-1891,* trans. R. Goodlet (London, 1900), 127.
66. Witte, *Memoirs,* 126-127.
67. *IHH,* 1:250.
68. Mary Crawford Fisher, *A Diplomat's Wife in Japan: Sketches at the Turn of the Century,* ed. Hugh Cortazzi (New York, 1983), 281; 另見Donald Keene, *Emperor of Japan: Meiji and His World, 1852-1912* (New York, 2002), 443-458.
69. *IHH,* 1:250-251.
70. 引述自Fisher, *Diplomat's Wife,* 286.
71. *IHH,* 1:251.
72. *IHH,* 1:251-252.
73. Katō Yoko, *Sensō no nihon kin-gendaishi: Seikanron kara Taiheiyō sensō made* [History of wars in modern-era Japan: From Seikanron to the Pacific War] (Tokyo, 2002), 86; Robert Britton Valliant, "Japan and the Trans-Siberian Railroad, 1885-1905" (PhD diss., University of Hawai'i, 1974), 47-48.
74. Katō, *Sensō no nihon kin-gendaisi,* 99. 一八八八年七月，自由黨創辦人後藤象二郎也警告：「西伯利亞鐵路……將在四、五年內延伸至符拉迪沃斯托克。」一旦此事成真，「俄國艦隊便得以將軍隊部署到酒田港（位於本州北部的最上川河口）。」見Ōmachi Keigetsu, *Hakushaku Gōtō Shōjirō* [Biography: Count Gotō Shōjirō] (Tokyo, 1914), 611-618.
75. Katō, *Senso-no nihon kin gendaisi,* 91.
76. 津田三藏還告訴審訊人員，他之所以試圖刺殺皇儲，是因為後者在前往鹿兒島與大津之前沒有先拜訪天皇，非常失禮。見Peter Yongshik Shin, "The Otsu Incident: Japan's Hidden History of the Attempted Assassination of the FutureEmperor Nicholas II of Russiain the Town of Otsu, Japan, May 11,1891, and Its Implication for Historical Analysis" (PhD diss., University of Pennsylvania,1989); George Alexander Lensen, "The Attempt on the Life of Nicholas in Japan," *Russian Review* 20, no. 2 (July 1961): 232-253.

77. Keene, *Emperor of Japan,* 455.
78. Lafcadio Hearn, *Out of the East* (Boston, 1896), 331.
79. Arthur Diosy, *The New Far East* (London, 1905), 258; Hearn, *Out of the East,* 331-341; Fraser, *Diplomat's Wife,* 288. 另見Keene, *Emperor of Japan,* 453-454.
80. Barbara Teters, "The Otsu Affair: The Formation of Japan's Judicial Conscience," in *Meiji Japan's Centennial,* ed. David Wurfel (Lawrence, KS, 1971), 54.
81. Keene, *Emperor of Japan,* 451-452.
82. *IHH,* 1:252-253.
83. Teters, "Otsu Affair," 39.
84. 引述自Shin, "Otsu Incident," 147-148. 作者也列出了首席法官兒島惟謙經刪節後的日記之譯文。
85. 引述自Shin, "Otsu Incident," 148.
86. Teters, "Otsu Affair," " 47-48.
87. *IHH,* 1:256-257.
88. Keene, *Emperor of Japan,* 456.
89. Keene, *Emperor of Japan,* 456; Teters, "Otsu Affair," 52.
90. Teters, "Otsu Affair," 53.
91. 引述自Teters, "Otsu Affair," 57-58; Shin, "Otsu Incident," 157; Keene, *Emperorof Japan,* 457.
92. William P. Ker, "Treaty Revision in Japan: A Survey of the Steps by Which the Abolitionof Foreign Privilege Was Accomplished

in the Island Empire," *Pacific Affairs* 1, no. 6 (November 1928): 1-10; Louis Perez, *Japan Comes of Age: Mutsu Munemitsu and the Revisionof Unequal Treaties* (Madison, WI, 1999); Ozaki Yukio, *The Autobiography of OzakiYukio: The Struggle for Constitutional Government in Japan,* trans. Fukiko Hara (Princeton, NJ, 2001).

93. Sven Saaler, "The Kokuryūkai (Black Dragon Society) and the Rise of Nationalism, Pan-Asianism, and Militarism in Japan, 1901-1925, *International Journal of Asian Studies*11, no. 2 (2014): 125-160; Gen'yōsha, *Gen'yōsha shasi* [History of the Gen'yōsha] (Tokyo,2016). 玄洋社成員密切關注朝鮮事件。他們對伊藤博文簽署《中日天津條約》一舉尤其不滿，並認為日本不能依靠如此軟弱的外交官（*Gen'yōsha shasi,* 244-245）。他們還支持朝鮮流亡者金玉均與朴泳孝（Gen'yōsha shasi, 244-245）對改革的努力。(*Gen'yōsha shasi,* 244-245). 另見E. HerbertNorman, "The Genyōsha: A Study in the Origins of JapaneseImperialism," *Pacific Affairs*17, no. 3 (September 1944): 261-284; *Gen'yōsha shasi,* 244-248.

94. 津田遭判處終身監禁，關押在北海道監獄，一八九一年九月三十日（宣判的六個月後）死於肺炎。另見*IHH,*1:276.

第七章　戰爭的序曲

1. Hilary Conroy, *The JapaneseSeizure of Korea, 1868-1910: A Study of Realism andIdealism in International Relations* (Philadelphia, 1960), 222; Louis G. Perez, *Japan Comesof Age: Mutsu Munemitsu and the Revision of the Unequal Treaties* (Cranbury, 1999).
2. "The Impending War," *North-China Herald* (Shanghai), June 19, 1894, 1010.
3. S. C. M. Paine, *The Sino-Japanese War of 1894-1895: Perceptions, Power and Primacy* (Cambridge, 2003), 96.
4. Conroy, *Japanese Seizure of Korea,* 223.
5. Ishikawa Mikiaki, *Fukuzawa Den* [The life of Fukuzawa] (Tokyo, 1932), 353.
6. 流亡日本十年期間，金玉均與前政治夥伴朴泳孝分道揚鑣，也失去了日本官員及朋友的認同。只有福澤諭吉仍堅定支持他。
7. Ishikawa, Fukuzawa Den, 353-356.7. Ishikawa, Fukuzawa Den, 351-363。不同於多數日本人對金玉均遇刺事件的標準解讀，從朝鮮儒家文人轉變成民族主義者的鄭喬（Chŏng Kyo，一八五六年—一九二五年）認為，是日本人找來洪鍾宇刺殺金玉均，而不是朝鮮。見*Taehan kyenyŏnsa* [The history of the final years of the Great Korean Empire] (Seoul, 1957), 73. 後來，鄭喬成為徐載弼與尹致昊創辦的獨立協會的成員，直到組織於一八九八年遭強制解散為止。

8. *Japan Mail Weekly,* April 7, 1894. 上海某報社編輯蔡爾康發布了關於金玉均被殺的詳細報導。見*LZR,* 2: 13.

9. *KNKK,* 185-187.

10. *KNKK,* 189, 190, 191.

11. *KNKK,* 205. 伊藤博文跟陸奧宗光一樣抱持懷疑態度，對這個局勢的看法要公正得多，他承認雙方都有責任。見*IHH,* 1: 141.

12. 引述自*KNKK,* 206-207. 陸奧宗光指責和田延次郎將金玉均的遺體留在碼頭上無人看管、未能經由正當途徑取回遺體，而且沒有帶著遺體來到日本。國會議員聽到陸奧宗光如此回應時，「氣得大聲咆哮」。*KNKK,* 208.

13. Miyazaki Tōten, *My Thirty Years' Dream,* trans. Etō Shinkichi and Marius B. Jansen(New Jersey, 1982), 58.

14. Louis G. Perez, "Mutsu Munemitsu and the Revision of the 'Unequal Treaties' " (PhD diss., University of Michigan, 1986), 290-292.

15. *Tokyo Nichi Shimbun,* April 22, 1894. Also, *KNKK,* 204-205; Bonnie Oh, "TheBackground of Chinese Foreign Policy in the Sino-Japanese War" (PhD diss., University ofChicago, 1974), 211-212.《中央新聞》（Chūō Shinbun）與《時事新報》以及東京其他報社刊登了悼念金玉均的文章，並發起紀念這名朝鮮烈士的募款活動。Ishikawa, *Fukuzawa Den,* 380-398; Conroy, *Japanese Seizure of Korea,*226-227; *JapanMail,* May 12, 1894.

16. Conroy, *JapaneseSeizure of Korea,* 228.

17. Perez, *Japan Comes of Age,* 151; *Japan Mail,* June 2, 1894; George Akita, *Foundations of Constitutional Government in Modern Japan, 1868-1900* (Cambridge, MA, 1967),114; Conroy, *Japanese Seizure of Korea,* 228.

18. Yukkun Sagwan Hakkyo Han'guk Kunsa Yŏng'gusil, *Han'guk kunjesa* [History ofthe military system in Korea], vol. 2 (Seoul, 1968-1977), 337-338. 朝鮮政府派遣以洪啟薰為首的八百名士兵前去平定叛亂，可惜他們慘遭擊敗。

19. *LZR,* 2: 23-24. 袁世凱在六月一日寫給李鴻章的信件中，敦促總理衙門盡快派兵前往朝鮮。然而，直到六月三日，高宗才在袁世凱的施壓下正式請求軍事支援。

20. 杉村濬在日記中寫道，袁世凱於六月十五日來到公使館，向大鳥圭介提及同時撤軍的問題，大鳥明確表示，大清必須先撤軍，日本才會考慮跟進。見CHKSR, 95-96; Horace Allen, "An Acquaintance with YuanShi Kai," *North American Review* 196, no. 680 (July 1912): 115.
21. Allen, "Acquaintance with Yuan Shi Kai," 115.
22. *LZR,* 2: 31. 東學黨與朝鮮政府簽訂停戰協定後，撤退至全州，而高宗致信袁世凱要求大清撤軍，如此一來日軍就沒有理由留在朝鮮了。引述自Morinosuke Kojima, *The Diplomacy of Japan, 1894-1922,* vol. 1 (Tokyo, 1978), 38.
23. Mutsu Munemitsu, *Kenkenroku: A Diplomatic Recordof the Sino-Japanese War, 1894-1895,* ed. and trans. Gordon Mark Berger (Tokyo, 1982), 67.
24. 杉村濬指出，陸奧宗光在六月十六至二十日向大鳥圭介發了數封電報，內容提及他認為日本應該先在外交上取得一些具體勝利再撤軍。見CHKSR, 97-98; Mutsu, *Kenkenroku,* 21.
25. Mutsu, *Kenkenroku,* 20.
26. Mutsu, *Kenkenroku,* 23.
27. Mutsu, *Kenkenroku,* 24.
28. *LZR,* 2:35-37; Mutsu, *Kenkenroku,* 24.
29. Mutsu, *Kenkenroku,* 26; Edmund Fung, "The Peace Efforts of Li Hung-chang on the Eve of the Sino-JapaneseWar," *Papers on Far Eastern History* 3 (March 1971): 135; Kojima, *Diplomacy of Japan,* 40; *NGB,* vol. 27, bk. 1, no. 384, Mutsu to Wang, June-22,1894; *NGB,* vol. 27, bk.1, no. 370, Mutsu to Ōtori, June 22, 1894.
30. *LZR,* 2:38-39; Mutsu, *Kenkenroku,* 36-37, 30.
31. Pamela Kyle Crossley, *The Wobbling Pivot: China since 1800* (London, 2010), 118-119; Jonathan Spence, *The Search for Modern China* (New York, 1990), 216-224.
32. Tabohashi Kiyoshi, *Nisshin seneki gaikōshi no kenkyū* [Study of the diplomatic historyof the Sino-JapaneseWar] (Tokyo, 1951), 266-267; Orville Schell and John Delury, *Wealth and Power: China's Long March to the Twenty-First Century* (New York, 2013), 70.

33. Fung, "Peace Efforts, 136.
34. *LZR,* 2:43-44; Fung, "Peace Efforts," 143; CHKSR, 113.
35. Fung, "Peace Efforts," 145.
36. Luke S. K. Kwong, *A Mosaic of the Hundred Days: Personalities, Politics and Ideasof 1898* (Cambridge, MA, 1984), 74-75; Tabohashi, *Nisshin seneki gaikōshi no kenkyū,* 267-268; Crossley, *Wobbling Pivot,* 123-124.
37. 在七月十二日遞呈的奏帖中，翰林院侍讀學士文廷式針對李鴻章的外交方針提出了獨到見解，強調其方式不僅錯誤，甚至有可能引狼入室。見Tabohashi, *Nisshin seneki gaikōshi no kenkyū,* 274-275.
38. Allen Fung, "Testing Self-Strengthening: The Chinese Army in the Sino-JapaneseWarof 1894-1895," *Modern Asian Studies* 30, no. 4 (October 1996): 1014.
39. William Ferdinand Tyler, *Pulling Strings in China* (London, 1929), 43.
40. Mutsu, *Kenkenroku,* 82. 另見Kojima, *Diplomacy of Japan,* 59-61.
41. Donald Keene, *Emperor of Japan: Meiji and His World, 1852-1912* (New York, 2002), 479.
42. Mutsu, *Kenkenroku,* 82-83; Kojima, *Diplomacy of Japan,* 62-63.
43. 朝鮮政府原則上同意改革，但要求日本先撤軍。CHKSR, 113-114.
44. CHKSR, 121-122.
45. Allen, "Acquaintance with Yuan Shi Kai," 116. 袁世凱於七月十九日悄悄離開朝鮮。Kojima, *Diplomacy of Japan,* 62-63; *LZR,* 2: 69.
46. 在六月初舉行的一系列祕密會議中，日本開始尋求大院君的協助。Young I. Lew, "Korean-Japanese Politics behind the Kabo-*U*'ǔmi Reform Movement, 1894-1896," *Journal of Korean Studies* 3 (1981): 48.
47. CHKSR, 127.
48. CHKSR, 128.
49. *NGB,* vol. 27, bk. 1, no. 419, 引述自Kajima, *Diplomacy of Japan,* 65. 關於這些事件的朝鮮官方敘述，請見KJSL in *Chosŏn*

wangjo sillhok [Annals of the Chosŏn dynasty], June 21, 1894 (solar), http://sillok.history.go.kr/id/kza13106021001. 不同於其他記載，文中描述，朝鮮士兵開始攻擊入侵的日軍時，高宗命令他們停火。另外還提到，日軍繳獲的武器後來盡皆歸還朝鮮士兵。

50. CHKSR, 129.
51. Mutsu, *Kenkenroku,* 83; KJSL, June 21, 1894 (lunar), http://sillok.history.go.kr/id/kza13106021003.
52. 見Tabohashi, *Nisshin seneki gaikōshi no kenkyū,* 282-283.
53. 根據翁同龢的日記，七月二十七日，光緒皇帝再次堅持對日宣戰。然而直到最後一刻，李鴻章「仍相信英國為了避免中日外交關係破裂而進行的調停努力會取得成功」。Tabohashi, *Nisshin seneki gaikōshi nokenkyū,* 282-283.
54. 船上有八名歐洲人與一千名清兵。見Fung, "TestingSelf-Strengthening," 1015. 漢納根當時就在船上，事後他在文章中詳盡描述了自己目擊的沉船過程："The War: Mr. Von Hanneken's Report," *North China Herald,* August 10, 1894, 216, 236. 大副路易斯．亨利．坦普林（Lewes Henry Tamplin）也在本文中提供了詳細的敘述："The Sinking of the *Kowshing:* The Chief Officer's Account," *North China Herald,* August 10, 1894, 236.

第八章　勝利、失敗與屠殺

1. Donald Keene, *Landscapes and Portraits: Appreciations of JapaneseCulture* (Tokyo, 1971), 263.
2. *Japan Weekly Mail,* August 11, 1894. 約翰．豪爾斯（John F. Howles）認為：「在內村鑑三的文集中，沒有任何一篇文章比這段『辯白』更有損他的聲譽了。」Howles, *Japan's Modern Prophet: Uchimura Kanzō, 1861-1930* (Toronto, 2005), 128.
3. Douglas Howard, "The Sinking of the *S.S. Kowshing:* International Law, Diplomacy, and the Sino-Japanese War," *Modern Asian Studies* 42, no. 4 (July 2008): 673-703.
4. 奪取北京的目標最終遭到放棄，因為伊藤博文等人意識到，此舉對日本而言等同於外交自殺。見Stewart Lone, *Japan's First Modern War: Army and Society in the Conflict with China, 1894-5* (New York, 1994), 40.
5. 見S. C. M. Paine, *The Sino-Japanese War of 1894-1895: Perceptions, Power an d Primacy* (Cambridge, 2003), 225-226; Lone,

Japan's First Modern War, 39-40.

6. Lone, *Japan's First Modern War,* 34-35.
7. *LZR,* 2: 79-80. Vladimir [pseud.] [Z. Volpicelli], *The China-Japan War: Compiled from Japanese, Chinese and Foreign Sources* (London, 1896), 106.
8. Vladimir, *China-JapanWar,* 107.
9. Qi Qizhang, *Jia wu zhan zheng shi* [History of the Sino-Japanese War] (Shanghai, 2005), 67-68.
10. Qi, *Jia wu zhan zheng shi,* 70.
11. Vladimir, *China-Japan War,* 103.
12. Vladimir, *China-Japan War,* 103.
13. Qi, *Jia wu zhan zheng shi,* 66.
14. Paine, *Sino-Japanese War,* 159.
15. 聶將軍與部下抵達平壤時，情勢相當糟，因此他立刻前往天津請求增援，卻是無功而返。日軍於九月十五日進攻平壤時，只有左寶貴奮力抵抗至陣亡。葉志超與衛汝貴都逃走了。見*LZR,* 2: 97-99; Arthur W. Hummel, *Eminent Chinese of the Ch'ing Period (1644-1912)* (Washington, DC, 1944), 2: 687. 儘管在戰場上節節敗退，葉志超仍持續向李鴻章假造捷報。見*LZR,* 2: 81.
16. Qi, *Jia wu zhan zheng shi,* 83-84.
17. 關於滿清入侵朝鮮的敘述，見Na Man'gap, *The Diary of1636: The Second Invasion of Korea,* trans. George Kallander (New York, 2020).
18. Warrington Eastlake and Yamada Yoshiaki, *Heroic Japan: A History of the War between China and Japan* (London, 1897), 28-29; Vladimir, *China-Japan War,* 32.
19. 一五九三年冬天，日軍在平壤遭遇的困境，不過是豐臣秀吉在征服朝鮮的戰役中所面臨的問題縮影。見Samuel Hawley, *The Imjin Wars: Japan's Sixteenth Invasion of Korea and Attempt to Conquer China* (London, 2014).

20. Eastlake and Yamada, *Heroic Japan,* 28-29; Vladimir, *China-Japan War,* 120-131
21. *LZR,* 2: 98.
22. Trumbull White, *The War in the East: Japan, China and Corea: A Complete History of the War* (Philadelphia, 1895), 483-484. 清軍指揮官們顯然未意識到部隊已被包圍。
23. Vladimir, *China-Japan War,* 157.
24. White, *War in the East,* 484; Eastlake and Yamada, *Heroic Japan,* 38; *LZR,* 2: 100-102.
25. 引述自Qi, *Jia wu zhan zheng shi,* 108-109.
26. Qi, *Jia wu zhan zheng shi,* 109. 這個數字存在爭議。根據其他說法，清軍的陣亡人數要高得多，約兩千人死亡，一千兩百人被俘，其中三分之一據稱遭到日軍處決。見Ōe Shinobu, *Heishitachi no nichiro sensō: 500-tsuo gunji yubin kara* [Soldiers of the Russo-Japanese War: Through 500 military letters] (Tokyo, 1988), 238-239. 日軍損失相對輕微：一百零二人陣亡，四百一十人受傷，三十三人失蹤。另見Inoue Jukichi, *A Concise History of the War between Japan and China* (Tokyo, 1895), 36.
27. David C. Evans and Mark R. Peattie, *Kaigun: Strategy, Tactics and Technology in the Imperial Japanese Navy, 1887-1941* (Annapolis, MD, 1997), 40-41.
28. Lone, *Japan's First Modern War,* 37. 中方約有一萬三千名士兵，日方約有一萬四千名士兵，雙方兵力勢均力敵；清軍本應要能守城超過一天。見Paine, *Sino-Japanese War,* 167-168;Vladimir, *China-Japan War,* 129; Eastlake and Yamada, *Heroic Japan,* 32.
29. J. C. Perry, "The Battle of Tayang, September 17, 1894," *Mariner's Mirror* 50 (November1964): 244.
30. 李鴻章本想購買四艘裝甲艦，但由於價格昂貴，最後只買了兩艘。David Pong, "Keeping the Foochow Navy Yard Afloat: Government Finance and China's Early Modern Defense Industry, 1866-85," *Modern Asian Studies* 21, no. 1 (1987): 121-152.
31. "The Chinese Navy: Interview with a Naval Expert," *North China Herald,* September 21, 1894.
32. Alfred Thayer Mahan, "Lessons from the Yalu Fight," *Century Illustrated Magazine,* August 1895, 629.
33. Evans and Peattie, *Kaigun,* 40.

34. 一些記述稱有十艘船艦。最準確的數字可見於海軍部長希拉里·赫伯特（Hilary A. Herbert）對兩支艦隊的描述：他根據美國海軍情報局提供的數據表示，每支艦隊有十二艘船艦。見Hilary A. Herbert, "The Fight off the Yalu River," *North American Review,* November 1894, 513-529; John Rawlinson, *China's Struggle for Naval Development, 1839-1895* (Cambridge, MA, 1967); Philo N. Mc-Giffin, "The Battle of the Yalu: Personal Recollections by the Commander of the Chinese Ironclad 'Chen Yuen,' " *Century Illustrated Magazine,* August 1895, 585-604; William Ferdinand Tyler, *Pulling Strings in China* (New York, 1929).

35. 此役也被稱為大孤山／琢山之戰或海洋島之戰。G. A. Ballard, *The Influence of the Sea on the Political History of Japan* (New York, 1921),146-147; Vladimir, *China-Japan War,* 164-165.

36. Von Hanneken, "The War: Mr. Von Hannekan's Report," *North China Herald,* August10, 1894.

37. Tyler, *Pulling Strings,* 47.

38. Tyler, *Pulling Strings,* 51, 47.

39. Perry, "Battleof Tayang," 251.

40. Tyler, *Pulling Strings,* 49.

41. Alfred Thayer Mahan, "Lesson from the Yalu Fight," *Century Illustrated Magazine,* August 1895, 631.

42. Perry, "Battle of Tayang," 252.

43. Tyler, *Pulling Strings,* 51-52.

44. Ensign Frank Marble, "The Battle of the Yalu," *Naval Institute Proceedings* 21 / 3 / 75(1895): 484.

45. Perry, "Battleof Tayang," 254. 中方的傷亡數字各不相同，但普遍認為，清軍的傷亡共計一千五百人，其中包括隨船沉沒的士兵。日軍的損失要少得多，根據所有回報的數據，其傷亡最多只有兩百五十四人，其中松島號的損失最為慘重。見Marble, "Battle of the Yalu," 493.

46. McGiffin, "Battle of the Yalu," 601.

47. Marble, "Battle of the Yalu," 492. 關於伊東祐亨中將對該戰役的簡要概述，見"The Naval Fight," *Japan Weekly Mail,* October 13, 1894.

48. Tyler, *Pulling Strings,* 51.
49. Perry, "Battle of Tayang," 257.
50. Paine, *Sino-Japanese War,* 198.
51. 進軍北京的行動最終取消，山縣有朋也被召回。見Lone, *Japan's First Modern War,* 40-41; Paine, *Sino-Japanese War,* 197-198.
52. Robert John Perrins, "Great Connections: The Creation of a City, Dalian, 1905-1931: China and Japan on the Liaodong Peninsula" (PhD diss., York University, 1997),63-64.
53. 引述自Okamoto Shumpei, *Impressions of the Front: Woodcuts of the Sino-Japanese War, 1894-5* (Philadelphia, 1983), 35; Perrins, "Great Connections," 64.
54. "The Chino-Japanese War," *London and China Telegraph,* January 14, 1895, 40.
55. Denby to Gresham, September 18, 1895, no. 52, *FRUS,* 53rd Congress, 3rd sess., House of Representatives, vol. 1, ser. 3292 (Washington, DC, 1895), 60.
56. White, *War in the East,* 516.
57. 這座港口的英文名取自一八六〇年八月前來探勘的英國皇家海軍中尉威廉·亞瑟（William C. Arthur）。見Eastlake and Yamada, *Heroic Japan,* 152; White, *War in the East,* 583; James Allan, *Under the Dragon Flag* (New York, 1898), 31.
58. Inoue Haruki, *Ryōjun gyakusatsu jiken* [Ryōjun massacre] (Tokyo, 1995), 143; White, *War in the East,* 584-585; James Creelman, "Massacre at Port Arthur," *New York World,* December 20, 1894.
59. "Port Arthur Atrocities," *Japan Weekly Mail,* December 22, 1894, 702.
60. Creelman, "Massacre at Port Arthur."
61. James Creelman, *On the Great Highway: The Wanderings and Adventures of a Special Correspondent* (Boston, 1901), 113-114.
62. Eastlake and Yamada, *Heroic Japan,* 154.
63. James Creelman, "The Extraordinary General Yamaji," *New York World,* February11, 1895.

64. White, *War in the East,* 584; Vladimir, *China-Japan War,* 225-228; Eastlake and Yamada, *Heroic Japan,* 157.
65. White, *War in the East,* 588. Isechi Yoshinari is also known as Tomonari Ise.
66. White, *War in the East,* 591; Eastlake and Yamada, *Heroic Japan,* 157.
67. *New York World,* January 20, 1895; White, *War in the East,* 593-594.
68. *North China Herald,* December 21, 1894. 十一月二十五日，李鴻章根據他當時了解的情況向衙門遞交了一份正式報告。他指出，魏汝成在奮力抵抗後逃離了旅順港，並將此歸咎於錦州防禦薄弱與兵力不足，而非其將領無能。見*LZR,* 2: 140-141.
69. *North China Herald,* February 8, 1895. 魏汝成從未被俘，生死未卜。
70. 在從土城子到旅順港的途中，清兵野蠻戮屍，「切開他們的腹部，塞滿石塊」，有些人「甚至割掉了死屍的睪丸」。Inoue Haruki, *Ryojun gyakusatsu jiken,* 147.
71. Inoue, *Ryōjun gyakusatsu jiken,* 147.
72. “The Fall of Port Arthur,” *North China Herald,* December 21, 1894.
73. Inoue, *Ryōjun gyakusatsu jiken,* 147.
74. 根據日本報章的報導，這種情況肯定使人難以區分平民與士兵。因此，日兵不得不「闖入民宅，將正值服役年紀的男丁拖出來無情殺死」。(Ko Hidesuke, “Second Army War Correspondent’s Notebook,” *Tokyo Nichinichi Shimbun,* December 19, 1894). Inoue, *Ryōjun gyakusatsu jiken,* 147-148.
75. *Chūō Shimbun,* December 8, 1894; Inoue, *Ryōjun gyakusatsu jiken,* 147.
76. Creelman, “Massacre at Port Arthur.” 值得注意的是，田保橋潔在針對甲午戰爭的研究中並未對旅順大屠殺提出任何有意義的論述。見his *Nisshin sen’eki gaikōshi no kenkyū* [Study of the diplomatic history of the Sino-Japanese War] (Tokyo, 1951), 350.
77. Thomas Cowen, “Port Arthur Atrocities,” *London and China Telegram,* January 14, 1895, 40.
78. James Creelman, “Massacre at Port Arthur.” 科文回憶當時的情況說道：「日軍搜查了每一戶人家……我看到床底的屍體都有槍傷，顯然這些可憐人當時正躲在床下。有些屍體呈現跪姿，無疑是在向日兵磕頭求饒時遭到殺害。」(*Japan Daily*

Mail, December 22, 1894).

79. Kamei Koreaki, *Nisshin Sensō jūgun shashinchō: Hakushaku Kamei Koreaki no nikki* [Sino-Japanese War Service photo album: Count Kamei Koreki's diary] (Tokyo, 1992), 199.

80. Creelman, "Massacre at Port Arthur." 科文回憶道，他看到「好幾名婦女與孩童遭到殺害」，但也有「相當多名女性（大約數十人）獲日兵手下留情」。*Japan Weekly Mail,* December 22, 1894, 702.

81. "In China," *London and China Telegraph,* January 14, 1895, 39.

82. Creelman, "Massacre at Port Arthur."

83. *New York World,* December 23, 1894.

84. "The Horrors of Port Arthur Massacre," *New York World,* February 11, 1895.

85. "Port Arthur Atrocities," *London and China Telegraph,* January 14, 1895, 41.

86. Creelman, "Massacre at Port Arthur." 類似的描述可見於"Port Arthur Atrocities," *London and China Telegraph,* January 14, 1895, 42

87. Creelman, "Massacre at Port Arthur."

88. "Horrors of Port Arthur Massacre," *New York World,* February 11, 1895.

89. Inoue, *Ryōjun gyakusatsu jiken,* 21-22.

90. Inoue, *Ryōjun gyakusatsu jiken,* 23-24.

91. Inoue, *Ryōjun gyakusatsu jiken,* 24.

92. Inoue, *Ryōjun gyakusatsu jiken,* 25-26.

93. Inoue, *Ryōjun gyakusatsu jiken,* 27.

94. *Japan Daily Mail,* December 8, 1894.

95. Inoue, *Ryōjun gyakusatsu jiken,* 28-29.

96. Inoue, *Ryōjun gyakusatsu jiken,* 28-30.

97. 見William Ker, "Treaty Revision in Japan: A Survey of the Steps by Which the Abolition of Foreign Privilege Was Accomplished in the Island Empire," *Pacific Affairs* 1, no. 6(November 1928): 1-10.

98. 與日本簽訂全新平等條約的國家包含英國，締約於一八九四年七月十六日；義大利，一八九四年十二月一日；祕魯，一八九五年三月二十日；俄國，一八九五年六月八日；德國，一八九六年四月四日；法國，一八九六年八月四日。見"The New Japanese Treaty of Commerce and Navigation," *American Journal of Law* 5, no. 2 (April 1911): 444.

99. 據《世界報》報導，美國國會拒絕批准該條約，直到該起屠殺事件經過調查。*New York World,* December 16, 1894.

100. *New York World,* December 12, 1894.

101. *New York World,* December 13, 1894.

102. Inoue, *Ryōjun gyakusatsu jiken,* 55.

103. "Port Arthur Atrocities," *London and China Telegraph,* January 14, 1895.

104. Inoue, *Ryōjun gyakusatsu jiken,* 55.

105. 十二月十二日，日本總領事橋口直右衛門衝進《紐約世界報》的辦公室，「指責在場所有人刊登了一篇近乎捏造且臆測的報導，對日本不敬」。*New York World,* December 21, 1894. 另見Inoue, *Ryōjun gyakusatsu jiken,* 60-62.

106. Dun to Gresham, January 11, 1895, no. 88, 85, *FRUS,* 53rd Congress, 3rd sess., vol. 1, ser. 3292 (Washington, DC, 1895).

107. Inoue, *Ryōjun gyakusatsu jiken,* 61.

108. Inoue, *Ryōjun gyakusatsu jiken,* 61-62.

109. Inoue, *Ryōjun gyakusatsu jiken,* 63.

110. Inoue, *Ryōjun gyakusatsu jiken,* 63-64.

111. 記者愛德華・豪斯（Edward H. House）在為《紐約論壇報》（*New York Tribune*）撰寫的文章中，表達了對明治時代領導階層的強烈同情。見Inoue, *Ryōjun gyakusatsu jiken,* 65. 另見James L. Huffman, *A Yankee in Meiji Japan: The Crusading Journalist Edward H. House* (New York, 2003).

112. 其報導稱，除了維利爾斯之外，其他四名記者「過去從未目睹任何戰事，即使是最普通的事件也會令他們驚駭不已」，並認為那名隨第二軍出征的武官所提供的證詞具有更多參考價值。*Japan Weekly Mail,* December 22, 1894.

113. Inoue, *Ryōjun gyakusatsu jiken,* 31.

114. *New York World,* December 21, 1894.

115. 克里爾曼寫道：「如今我在日本成了眾矢之的，只因為我說出了旅順的真相。」Creelman to wife, December 21, 1895, box 1, folders 1-6, SPEC.CMS 19, Ohio State University, Special Collections, Thompson Library. 至於蓋爾維爾對克里爾曼譁眾取寵的指控，這兩名記者互相嫌惡是眾所周知的事。克里爾曼提到對方時寫道：「他是冷血的惡棍。」Creelman to wife, November 1, 1894, box 1, folders 1-6, SPEC.CMS 19.

116. *New York World,* December 21, 1894. 湯瑪斯・哈丁（Thomas L. Hardin）指出：「許多美國人接受這種〔大屠殺〕行為，甚至為其辯解。」尤其是《紐約先驅報》，該報在提及日本的暴行時刻意輕描淡寫。見Hardin's "American Press and Public Opinion in the First Sino-Japanese War," *Journalism Quarterly* (Spring 1973): 57.

117. Dun to Gresham, December 20, 1894, enclosure 88, 86, *FRUS,* 53rd Congress, 3rd sess., vol. 1, ser. 3292 (Washington, DC 1895), 85-87.

118. Dun to Gresham, January 7, 1895, enclosure 90, 89, *FRUS,* 53rd Congress, 3rd sess., vol. 1, ser. 3292 (Washington, DC 1895), 85-87.

119. Dun to Gresham, January 7, 1895, 89.

120. Inoue, *Ryōjun gyakusatsu jiken,* 70. 這份備忘錄並未提到科文或維利爾斯。雖然科文在早期發布了關於該起事件的報導，但他事後坦承：「克里爾曼向《世界報》揭露真相時，他和其他通訊記者都不敢寫信或發送電報。」*New York World,* January 9, 1895.

121. 例如，一八九五年一月九日，李鴻章向總理衙門轉發了海關官員劉漢芳傳來的電報，描述旅順情勢危急。*LZR,* 2: 137-138.

第九章　雙線戰爭

1. *IHH,* vol. 1; Mutsu Munemitsu, *Kenkenroku: A Diplomatic Record of the Sino-Japanese War,* ed. and trans. Gordon Mark Berger (Tokyo, 1982), 29-30.
2. Edmund Fung, "The Peace Efforts of Li Hung-chang on the Eve of the Sino-Japanese War," in *Papers on Far Eastern History,* ed. Department of Far Eastern History, Australian National University, vol. 3 (Canberra, March 1971), 154.
3. 軍國機務處於一八九四年七月成立，同年十二月解散。七月二十四日頒布的兩份敕令重新確立了大院君攝政和軍事事務最高決策者的地位。KJSL, 31 kwan, June 22, 1894 (lunar), http://sillok.history.go.kr/id/kza13106022003. 關於高宗性格的一個有趣見解是，他很容易接受日方提出的改革措施。KJSL, 31 kwan, June 27, 1894 (lunar), http://sillok.history.go.kr/id/kza13106027001. 另見Young I. Lew, "Korean-Japanese Politics behind the Kabo-Ulmi Reform Movement, 1894 to 1896," *Journal of Korean Studies* 3 (1981): 53.
4. *NGB,* vol. 27, bk. 2, no. 700. 另見Morinosuke Kajima, *The Diplomacy of Japan,1894-1922,* vol. 1 (Tokyo, 1976), 107.
5. *NGB,* vol. 27, bk. 2, no. 700; Kajima, *Diplomacy of Japan,* 107-108; Lew, "Korean-Japanese Politics," 58.
6. Lew, "Korean-Japanese Politics," 55.
7. *Japan Weekly Mail,* October 20, 1894.
8. Sugimura, *Sŏule namkyŏdun kkum* [Memoirs of troubles while living in Seoul] (Seoul, 1993), 126-127.
9. Sugimura, *Sŏule namkyŏdun kkum,* 138.
10. Sugimura, *Sŏule namkyŏdun kkum,* 138-139.
11. 朝鮮與日本於八月二十日達成了臨時協定。見Peter Duus, *The Abacus and the Sword: The Japanese Penetration of Korea, 1895-1910* (Berkeley,1995), 80-81; Kajima, *Diplomacy of Japan,* 109-117; Hilary Conroy, *The Japanese Seizure of Korea,1868-1910: A Study of Realism and Idealism in International Relations* (Philadelphia,1960), 265-266.
12. 日本也期望朝鮮政府會支援在當地作戰的日本部隊。KJSL, 32 kwan, July 22, 1894, http://sillok.history.go.kr/id/kza13107022004.

另見Kajima, *Diplomacy of Japan,* 113-114; 118; Duus, *Abacus and the Sword,* 81.

13. Chŏng Kyo, *Taehan kyenyŏn sa* (Chronological history of Taehan), vol. 1, kwan 2 (Seoul, 1957), 98; Lew Young Ick, "The Conservative Character of the 1894 Tonghak Peasant Uprising: A Reappraisal with Emphasis on Chŏn Pong-jun's Background and Motivation," *Journal of Korean Studies* 7 (1990): 149-180; Bishop Gustav Mutel, *Mwit'el chugyo ilgi* [Diariesof Bishop Mutel], vol. 1, *1890-1895* (Seoul, 2009), 373. 日方也知道大院君另一方面也與東學黨領袖串聯，這點從日本代表向東京當局傳送的快信明顯可知。見CIK, 5 kwan (5) [12908], no. 123, Sugimura to Mutsu, October 20, 1894, http://db.history.go.kr/id/jh005r00500070.

14. CIK, 3 kwan [12809], Otori to Komura, October 8, 1894, http://db.history.go.kr/item/level.do?setId=88&itemId=jh&synonym=off&chinessChar=on&page=1&prepage=1&brokerPagingInfo=&position=19&levelId=jh003r00700600. 大院君於八月二十八日寫好的信件送達平壤監司閔丙奭（Min Pyŏng-sok）之手。另見Lew,"Korean-Japanese Politics," 63-64.

15. 這封信向大清承諾：「他們的軍隊接近漢城時，大院君將煽動東學黨起義，從後方突擊日軍。」*Japan Weekly Mail,* December 15, 1894. 鄭喬也詳細描述了這起陰謀。見Chŏng Kyo, *Taehan kyenyŏn sa,* vol. 1, kwan 2, 93.

16. *NGB,* vol. 28, bk. 1, no. 226, 381; Sugimura, *Sŏule namkyŏdun kkum,* 138-139.

17. 金鶴羽出生於符拉迪沃斯托克，說了一口流利的俄語、漢語以及日語，立場極度親日。見*North-ChinaHerald,* November 16, 1894. 一八九五年五月十日井上馨致陸奧宗光的長信中記敘了刺殺陰謀與審判的詳情。*NGB,* vol. 28, bk. 1, no. 268, 403-412; *NGB,* vol. 28, bk. 1, no. 267; Sugimura, *Sŏule namkyŏdunkkum,* 142-143; Lew, "Korean-Japanese Politics," 69. 另見Chŏng Kyo's *Taehan kyenyŏnsa,* vol. 1, kwan 2, 98-99.

18. 這是井上馨抵達朝鮮不久後評估所得的結論。CIK, 1 kwan (49) [12810], Inoueto Ōyama, November 10, 1894, http://db.history.go.kr/item/level.do?setId=88&itemId=jh&synonym=off&chinessChar=on&page=1&prepage=1&brokerPagingInfo=&position=45&levelId=jh003r00801940.

19. Duus, *Abacus and the Sword,* 84; Conroy, *Japanese Seizure of Korea,* 271.

20. Kajima, *Diplomacy of Japan,* 120.

21. Sugimura, *Sŏule namkyŏdun kkum,* 158-159.
22. Sugimura, *Sŏule namgyŏdun kkum,* 160; Kajima, *Diplomacy of Japan,* 122.
23. Lew Young-Ick, "The Kabo Reform Movement: Korean and Japanese Reform Efforts in Korea, 1894" (PhD diss., Harvard University, 1972), 431.
24. Nakatsuka Akira, Inoue Katsuo, and Pak Mengsu, *Tōgaku nōmin sensō to nihon: Mō hitotsu no nisshin sensō* [Tonghak peasant war and Japan: Another Sino-Japanese war] (Tokyo, 2013), 76. 另見Young Ick Lew, "Minister Inoue Kaoru and the Japanese Reform Attempts in Korea during the Sino-Japanese War, 1894-1895," *Asea Yongu* 27, no. 2 (1984): 11.
25. *North-China Herald,* November 16, 1895
26. *NBG,* vol. 28, bk. 2, no. 485; Kajima, *Diplomacy of Japan,* 123-124.
27. Lew, "Minister Inoue Kaoru," 12.
28. 崔濟愚在他創立的新宗教中，不僅納入儒家的孔孟經典，還包括陸九淵與王陽明的著作。見Shin Yong-ha, "Conjunction of Tonghak and the Peasant War of 1894," *Korea Journal* 34, no. 4 (1994): 63.
29. "Translation of Manifesto issued by Tong Hak Society," April 1893, and "Decrees, Proclamation, Order and Placards to the Koreans from Various Sources, 1882-1895," WWRP, MS 2122 (82), folder 2 of 2.
30. Sin Yong-ha, "Conjunction of Tonghak and Peasant War of 1894," 65.
31. Benjamin B. Weems, *Reform, Rebellion and the Heavenly Way* (Tucson, AZ, 1964), 37.
32. 鄉校是政府開辦的學院，有別於私立的書院。
33. Peter Lee, *Sourcebook of Korean Civilization,* vol. 2 (New York, 1996), 371-373. 另見Lew, "Conservative Character," 155-157.
34. Suh Young-hee, "Tracing the Course of the Peasant War of 1894," *KoreaJournal*34, no. 4 (Winter 1994): 20.
35. Han'guk kŭnsa yŏn'gusil, *Taehankunchesa* [History of the Taehan army], vol. 2 (Seoul, 1968-1977), 337-338.
36. Lee, *Sourcebook of Korean Civilization,* 376.
37. Weems, *Reform, Rebellion,* 45.

38. Gen'yōsha shashi hensankai hen [Gen'yōsha History Compilation Society], *Gen'yōshashashi* [History of the Gen'yōsha] (Tokyo, 2016), 438-441, 460-461. 甲午戰爭爆發後，一些天佑俠成員自願加入日軍，擔任偵察兵及地方情報員。*Gen'yōsha shashi,* 499-502. 另見E. Herbert Norman, "A Study in the Origins of Japanese Imperialism," *Pacific Affairs* 17, no. 3 (September1944): 261-284.
39. *Gen'yōsha shashi,* 451-455. 天佑俠成員與東學黨交流時，經常發表反清言論。
40. Pak Chŏng-gun, *Nisshin Sensō to Chōsen* [The first Sino-Japanese War and Korea] (Tokyo, 1982), 89-93.
41. Pak, *Nisshin Sensō to Chōsen,* 207-208.
42. Pak, *Nisshin Sensō to Chōsen,* 89-93.
43. Nakatsuka et al., *Tōgaku Nōmin Sensō to Nihon,* 57-58.
44. Pak, *Nisshin Sensō to Chōsen,* 197.
45. Nakatsuka et al., *Tōgaku Nōmin Sensō to Nihon,* 59.
46. *North China Herald,* November 2, 1894.
47. Nakatsuka et al., *Tōgaku Nōmin Sensō to Nihon,* 68.
48. Nakatsuka et al., *Tōgaku Nōmin Sensō to Nihon,* 60.
49. Mutsu, *Kenkenroku,* 109.
50. *North China Herald,* December 14, 1894.
51. Suh, "Tracing the Course," 26; Nakatsuka et al., *Tōgaku Nōmin Sensō to Nihon,* 63.
52. 在政府的動員下，長春軍（Ch'angŭikun）等民兵部隊協助鎮壓東學農民軍，譴責其為「異端與叛賊」。見Pak, *Nisshin Sensō to Chōsen,* 206-210; Suh, "Tracing the Course," 27.
53. 這指的是成語「玉石俱焚」，在此意指「無差別的毀滅」。
54. Hwang Hyŏn, *Odong namu araesŏ yŏksarŭl kirokhada: Hwang-hyŏni pon tonghaknongminjŏnjaeng* [History recorded undera pawlonia tree: The Tonghak peasant war as witnessedby Hwang Hyŏn] (Seoul, 2016), 384-387.

55. Hwang Hyŏn, *Odong namu araeesŏ yŏ ksarŭl kirokhada,* 463-464. 該書作者稱東學黨為「土匪」，顯露了自己在這場內戰中的立場。

56. *North China Herald,* March 1, 1895.

57. *North China Herald,* December 7, 1894. 在一八九五年五月十三日的戰後報告中，美波耕次郎（Minami Koshiro，音譯）少佐評論道：「東學黨與其他居民讓人難以辨別。」他還指出：「東學黨勢力強大時，平民首領會聽從命令；我軍來到時，他們就站在我們這一邊，而當我們要離開，他們則希望我軍繼續駐紮，因為他們懼怕受到東學黨的攻擊。」CIK, 6 kwan [14647], Minami to Inoue, May 13, 1895, http://db.history.go.kr/item/level.do?setId=4&itemId=jh&synonym=off&chinessChar=on&page=1&prepage=1&brokerPagingInfo=&position=3&levelId=jh006r00200030.

58. *North China Herald,* December 14, 1894. 因應東學黨叛亂而日益加劇的混亂，朝鮮政府發布了一份公告，向民眾喊話「沒有理由懼怕（日軍）。所謂的叛亂領袖不過是卑鄙的人渣」。這份告示還懸賞捉拿叛軍首領。見 *Tonghaknan kirok* [Recordsof the Eastern learning], ed. KuksaP'yŏnch'an Wiwŏnhoe, vol. 2 (Seoul, 1974), 127-128.

59. 儘管日本期望朝鮮軍隊能「聽從日本軍官的命令」，但朝鮮政府依然派遣了本國部隊，不過，所有朝鮮部隊都必須與日軍協調行動。CIK, 4kwan, no. 174 [12557], Lieutenant Col. Itō to Inoue, November 4, 1894, http://db.history.go.kr/item/level.do?itemId=jh&levelId=jh001r00400300&types=r; CIK, 1 kwan [12557],Lieutenant Col. Itō to Inoue, November 9, 1894, http://db.history.go.kr/item/level.do?itemId=jh&levelId=jh001r004003900010&types =r.

60. T'aehanmyŏn'guk munkyobukuksabyŏn ch'anwiunwŏn, eds., *Tonghaknan kirok* [Recordsof the Eastern Learning], vol. 2 (Seoul, 1974), 280-281. 部隊的冬衣也不足，上級深恐部隊會叛變。

61. KJSL, November 3, 1894 (lunar), http://sillok.history.go.kr/id/kza13111003002, CIK, 1 kwan [12538], Report of Captain Morioma, November 22, 1894, http://db.history.go.kr/item/level.do?setId=117&itemId=jh&synonym=off&chinessChar=on&page=1&pre_page=1&brokerPagingInfo=&position=13&levelId=jh001r00600070.

62. 關於新型彈匣步槍的殺傷力，見George Buchanan, MD, "The Surgical Effects of Rifle Bullet," *British Medical Journal* 1, no. 1789 (April 13, 1895): 827-828. 十八年式村田步槍是一種單發武器。一些日軍部隊配備村田二十二年式連發步槍，但這種

武器直到義和團之亂時才成為標準裝備。見Edward J. Drea, *Japan's Imperial Army: Its Rise and Fall, 1853-1945* (Lawrence, 2009), 74.

63. Hwang Hyŏn, *Odong namu araeesŏ yŏ ksarŭl kirokhada,* 441-443.

64. Nakatsuka et al., *Tōgaku nōmin sensō to nihon,* 80-81. 軍隊向政府回報道：「兩場戰役都大獲成功。我軍無人受傷。」KJSL, kwan 32, November 3, 1894, http://sillok.history.go.kr/id/kza13111003002.

65. Suh, "Tracing the Course," 26, 28.

66. CIK, 1 kwan [14647], Report of Captain Morioma, December 11, 1894, http://db.history.go.kr/item/level.do?setId=4&itemId=jh&synonym=off&chinessChar=on&page=1&prepage=1&brokerPagingInfo=&position=1&levelId=jh001r00700080.

67. Lew, "Korean-JapanesePolitics." 一八九五年一月七日，井上馨得知全琫準與同黨被捕：CIK, 6 kwan [12558], Infantry Captain of the Nineteenth Battalion to Inoue, January 7, 1895. http://db.history.go.kr/item/level.do?setId=18&itemId=jh&synonym=off&chinessChar=on&page=1&prepage=1&brokerPagingInfo=&position=17&levelId=jh006r00100070.

68. 該文件於十二月八日發表。引述自Lee, *Sourcebook of KoreanCivilization,* 2: 369-370; Lew, "Kabo Reform Movement," 410-411.

69. *North China Herald,* December 14, 1894. 有大量證據表明，人們被迫加入全琫準的東學黨。見*Tonghaknan kirok,* 127-148.

70. Nakatsuka et al., *Tōgaku nōmin sensō to Nihon,* 92.

71. Pak, *Nisshin sensō to chōsen,* 205.

72. Nakatsuka et al., *Tōgaku nōmin sensō to nihon,* 102.

73. Pak, *Nisshin sensō to chōsen,* 206.

74. Nakatsuka et al., *Tōgaku nōmin sensō to nihon,* 97; Harada Keiichi, *Nisshin ensō* [Sino-JapaneseWar] (Tokyo, 2008), 283. 沒有可信的紀錄指明朝鮮軍隊的確切傷亡人數或平民的死亡人數。其中一個原因是，東學農民軍迅速掩埋了陣亡的戰友，以延續他們刀槍不入的神話。許多人並不知道他們在戰事中傷亡慘重，而政府軍也並未遭受重大損失。Hwang Hyŏn, *Odongnamu araeesŏ yŏ ksarŭl kirokhada,* 384.

75. Weems, *Reform, Rebellion,* 52.

第十章　三國干涉還遼

1. Donald Keene, *Landscapes and Portraits: Appreciations of Japanese Culture* (Tokyo, 1971), 260.
2. Wayne C. McWilliams, "East Meets East: The Soejima Mission to China, 1893," *Monumenta Nipponica* 30, no. 3 (Autumn 1975): 245.
3. 引述自Keene, *Landscapes,* 262
4. Keene, *Landscapes,* 263.
5. Lafcadio Hearn, *Kokoro: Hints and Echoes of Japanese Inner Life* (Leipzig, 1907), 75.
6. John Dower, "Throwing Off Asia II: Woodblock Prints of the Sino-Japanese War(1894-95)," MIT Visualizing Culture, https://visualizingcultures.mit.edu/throwingoffasia_01/2000380071.html.
7. Keene, *Landscapes,* 268-271.
8. D. R. B Conkling, "Japanese War Posters," *Century Illustrated Magazine,* April 1896, 936.
9. *Japan Weekly Mail,* June 1, 1895. 拉夫卡迪奧描述道，有商人以日軍對旅順港防禦工事的猛攻為主題，開發了一款巧奪天工的機械玩具；另一款「同樣別具巧思的玩具則重現了松島號與清軍鐵甲艦的交戰」。Hearn, *Kokoro,* 75.
10. 李鴻章信件的翻印可見於*North-ChinaHerald,* December 28, 1894;Trumbull White, *The War in the East: Japan, China and Corea—A Complete History of the War* (Philadelphia, 1895), 612.
11. John W. Foster, *Diplomatic Memoirs,* vol. 2 (Boston, 1909), 102-103.
12. Foster, *Diplomatic Memoirs,* 113.
13. *IHH,* 1:43-45.
14. 十月八日，英國公使建議，美、俄、法、英四國在大清支付賠款，以及列強保證朝鮮獨立的基礎上進行干預，以結束這場戰爭，美國堅定拒絕了這項提議。Lawrence H. Battstini, "The Korea Problem in the Nineteenth Century," *Monumenta*

*Nipponica*8, no. 1-2 (1952): 63; Payson Jackson Treat, *Japan and the United States, 1853-1921* (New York, 1928), 158-160.

15. *IHH,* 1:43-45. 另見Mutsu Munemitsu, *Kenkenroku: A Diplomatic Record of the Sino-Japanese War, 1894-1895,* ed. and trans. Gordon Mark Berger (Tokyo, 1982), 148-151.

16. Donald Keene, *Emperor of Japan: Meiji and His World, 1852-1912* (New York, 2002), 498. The text of the rescript is in *Meiji Tenno ki* [Chronicles of Emperor Meiji], vol.8 (Tokyo, 1968-1977), 601-602. 另見Steward Lone, *Japan's First Modern War: Army Society in the Conflict with China, 1894-5* (London, 1994), 42-44; Bruce Elleman, *Modern Chinese Warfare, 1795-1989* (New York, 2001), 109-110.

17. Keene, *Emperor of Japan,* 497-498; White, *War in the East,* 615.

18. *IHH,* 1:42-43.

19. William Ferdinand Tyler, *Pulling Strings in China* (New York, 1929), 63; White, *War in the East,* 629.

20. White, *War in the East,* 630. Tyler, *Pulling Strings,* 68. 弗拉基米爾指出，當時還剩下二十五艘船艦。Vladimir [pseud.] [Z. Volpicelli], *The China-Japan War: Compiled from Japanese, Chinese and Foreign Sources* (London, 1896), 276.

21. Eastlake Warrington et al., *Heroic Japan: A History of the War between China and Japan* (London, 1897), 297.

22. Tyler, *Pulling Strings,* 67.

23. Tyler, *Pulling Strings,* 67. 丁汝昌命他負責摧毀堡壘。

24. Henry Davenport Northrop, *The Flowery Kingdom and the Land of Mikado; or, China, Japan and Corea; Together with a Graphic Account of the War between China and Japan, Its Causes, Land and Naval Battles, etc., etc.* (Dallas, 1894), 619.

25. Tyler, *Pulling Strings,* 70. Northrop, *Flowery Kingdom,* 619.

26. Tyler, *Pulling Strings,* 71; Qi Qizhang, *Jia wu zhan zheng shi* [History of the Sino-Japanese War] (Shanghai, 2005), 366.

27. Reprinted in Vladimir, *China-Japan War,* 380-382.

28. Vladimir, *China-Japan War,* 285.

29. Qi, *Jia wu zhan zheng shi,* 367.

30. 這個水手叫做王平，是丁汝昌的親信。Qi Qizhang, *Jia wu zhan zheng shi,*367.
31. Tyler, *Pulling Strings,* 74.
32. 定遠艦於二月四日傍晚遭到襲擊，其危急情況直到二月五日白天才得到確認。見Qi, *Jia wu zhan zheng shi,* 358.
33. Tyler, *Pulling Strings,* 75; Vladimir, *China-JapanWar,* 293. Qi, *Jia wu zhan zheng shi,* 359.
34. *Japan Weekly Mail,* February 16, 1895; Tyler, *Pulling Strings,* 84. 其他資料顯示，在先前的二十八艘船艦之中，有四艘戰艦、六艘砲艇。見Elleman, *Modern Chinese Warfare,* 112.
35. Qi, *Jia wu zhan zheng shi,* 365.
36. Vladimir, *China-Japan War,* 384; Shumpei Okamoto, *Impressions from the Front: Woodcuts of the Sino-Japanese War, 1894-95* (Philadelphia, 1983), 44; Qi, *Jia wu zhan zhengshi,* 365.
37. Arthur Diosy, *The New Far East* (London, 1898), 159; Vladimir, *China-JapanWar,* 380-386.
38. Chŏng Kyo chŏ, *Taehan kyenyŏnsa* [The chronological history of Great Korea], vol.1 (Seoul, 1974), 104. 另見Miyake Setsurei, *Dojidaishi* [Contemporary history], vol. 3(Tokyo, 1967), 47.
39. Vladimir, *China-Japan War,* 299.
40. White, *War in the East,* 641; Inouye Jikichi, *The Fall of Wei-hai-wei: Compiled from Official Sources* (Yokohama, 1895), 24, https://babel.hathitrust.org/cgi/pt?id=uc2.ark:/13960/t4nk38q0h;view=1up;seq=9. 儘管鳴砲致敬，日方依然不信任大清。為了確保康濟艦不會用於走私武器，伊藤博文下令該艘船艦「在二月十五日上午由日本海軍軍官稽查」。Miyake Setsurei, *Dojidaishi,* 3: 47.
41. Keene, *Emperor of Japan,* 501.
42. 北洋艦隊遭毀後，日本開始攻占澎湖群島。這場戰爭最後一次軍事行動，也是日本征服台灣（福爾摩沙）的序曲。J. Charles Schencking, "The Imperial Japanese Navy and the Constructed Consciousness of a South Seas Destiny, 1872-1921," *Modern Asian Studies* 33, no. 4 (October1999): 769-796; Edward I-TeChen, "Japan's Decision to Annex Taiwan: A Study of Itō-Mutsu Diplomacy, 1894-5," *Journal of Asian Studies* 35, no. 1 (November 1977): 61-72; David C. Evans and Mark R. Peattie,

Kaigun: Strategies, Tactics and Technology in the Imperial Japanese Navy, 1887-1941 (Annapolis, MD, 1997); G. A. Ballard, *The Influence of the Sea on the Political History of Japan* (New York, 1921).

43. Mutsu, *Kenkenroku,* 166.
44. Mutsu, *Kenkenroku,* 148, 181.
45. Orville Schnell and John Delury, *Wealth and Power: China's Long March to the Twenty-First Century* (New York, 2013), 71.
46. Ssu-Yu Teng and John K. Fairbank, *China's Response to the West: A Documentary Survey, 1839-1923* (New York, 1967), 126. 第一次會議於三月二十日舉行，大清要求停戰。另見*NBG,* vol. 28, bk. 2, no. 1089; and Morinosuke Kajima, *The Diplomacy of Japan, 1894-1922: Sino-Japanese War and Triple Intervention,* vol. 1 (Tokyo, 1976), 202-203.
47. The assassin was brought down by local police. *LZR,* 2: 239.
48. "Recollections by Viscount Ishiguro Tadanori, MD," in *IHH,* 1: 222.
49. Mutsu, *Kenkenroku,* 175. 總理衙門也不希望李鴻章在未達成使命的情況下返回中國。*LZR,* 2: 240.
50. *IHH,* 1: 224-226. 李鴻章沒有忘記日本醫生的恩情。回國後，他寫信感謝佐藤醫生對他的照顧。Reprinted in *Japan Weekly Mail,* October 12, 1895, 380; *IHH,* 1:226.
51. Mutsu, *Kenkenroku,* 183-185.
52. Mutsu, *Kenkenroku,* 191.
53. Keene, *Emperor of Japan,* 505; Mutsu, *Kenkenroku,* 193.
54. Mutsu, *Kenkenroku,* 198-199.
55. *IHH,* 1:40-41. 另見George Alexandre Lensen, *Balance of Intrigue: International Rivalry in Korea and Manchuria, 1884-1899,* vol. 1 (Tallahassee, 1982), 282-308; S. C. M. Paine, *The Sino-Japanese War of 1894-1895: Perceptions, Power and Primacy* (Cambridge, 2003), 247-293.
56. Kojima, *Diplomacy of Japan,* 282.
57. *IHH,* 1:40-41. 外交副大臣拉姆斯多夫證實了大清對俄國示好。*LD,* 144.

58. *IHH,* 1:45.
59. Kojima, *Diplomacy of Japan,* 297.
60. Robert Britton Valliant, "Japan and the Trans-Siberian Railroad, 1885-1905" (PhD diss., University of Hawai'i, 1974), 131-132.
61. B. D. Pak, *Rossiia i Koreia* [Russiaand Korea] (Moscow, 2004), 216. 另見WilliamL. Langer, *The Diplomacy of Imperialism* (New York, 1935), 185.
62. Pak, *Rossiia i Koreia,* 217-218.「一旦日本拒絕，維特已準備好呼籲俄國政府威脅對日開戰。」見*PRI,* 25.
63. *IHH,* 1:39; Kojima, *Diplomacy of Japan,* 298.
64. Mutsu *Kenkenroku,* 206-207; Kojima, *Diplomacy of Japan,* 299; *IHH,* 39-40.
65. Mutsu, *Kenkenroku,* 207.
66. *Japan Weekly Mail,* August 3, 1895, 120.
67. *IHH,* 1:64.
68. 《華北先驅報》於一八九五年三月一日轉載了《漢聲旬報》報導的摘錄。
69. *Japan Mail Weekly,* July 20, 1895, 61.
70. Peter Duus, *The Abacus and the Sword: The Japanese Penetration of Korea, 1895-1910* (Berkeley, 1995), 87-89.
71. CHKSR, 194.
72.「她的長處在於能夠贏得接觸過的每個人的信任，就連精明能幹之人也難以抗拒她的舌粲蓮花。」*Japan Weekly Mail,* July 6, 1895, 11.
73. 見Duus, *Abacus and the Sword,* 92.
74. Young Ick Lew, "Minister Inoue Kaoru and the Japanese Reform Attempts in Korea during the Sino-Japanese War, 1894-1895," *Asea Yongu* 27, no. 2 (1984): 27.
75. Hilary Conroy, *The Japanese Seizure of Korea, 1868-1910: A Study of Realism and Idealism in International Relations* (Philadelphia, 1960), 299.

76. 據柳永益（Lew Young-ik）的說法，在兩百一十三份改革文件中，朴泳孝「至少簽核了六十八份」。關於這些改革的完整清單，請見Lew, "The Reform Efforts and Ideas of Pak Yŏng-hyo,1894-1895," *Korean Studies* 1 (1977): 21-61. 該計畫於二月二十二日提交國會。*IHH,* 1:330.
77. 他有許多大刀闊斧的改革措施立即實行。*Hansŏng Sunbo,* January 22. 見*North China Herald,* March 1, 1895, 304-305.
78. Duus, *Abacus and the Sword,* 100. 杉村濬指出，朴泳孝指責金弘集「沒骨氣」，因為他向井上馨低頭，因此「我們絕對不能指望他制定〔朝鮮的〕自強的計畫」。CHKSR, 200.
79. *Japan Weekly Mail,* July 6, 1895, 15.523
80. 六月七日，美國駐朝公使約翰．希爾回報表示，朝鮮新任首相朴泳孝是個「名副其實的獨裁者」。 Conroy, *Japanese Seizure of Korea,* 305.
81. Sugimura to Saionji, July 12, 1895, *NGB,* vol. 28, bk. 466, no. 336; *IHH,* 1: 302.
82. *Japan Weekly Mail,* July 27, 1895, 86.
83. *Japan Weekly Mail,* July 20, 1895, 61.
84. Duus, *Abacus and the Sword,* 106.
85. Conroy, *Japanese Seizure of Korea,* 282-284.
86. CHKSR, 215-216; Lew, "Minister Inoue Kapru, 179.
87. Conroy, *Japanese Seizure of Korea,*284. 伊藤竭盡全力籌集私人資金，甚至寫信給日本銀行（Bank of Japan）總裁川田小一郎。見*IHH,* 1: 328-330.
88. CHKSR, 225; Conroy, *Japanese Seizure of Korea,* 313-314.
89. *MSC,* 140. 另見Sylvia Braesel, "Marie Antoinette Sontag (1838-1922): Uncrowned Empress of Korea," *Transactions of the Royal Asiatic Society Korea Branch* 89(2014): 131-143; Komatsu Midori, *Meiji Gaikō Hiwa* [The secret history of Meiji diplomacy] (Tokyo, 1966), 240-242.
90. 薩巴丁是朝鮮政府聘用的第一位歐洲建築師，監督了數十項工程。見Simbirseva Tatiana and Levvoshko Svetlana, "Russian

Architect A fansasy Seredin-Sabatin (1860-1921): At the Roots of Modernity," *Okhraniaetsiagosudarstvom,* January 2018, http://ohrgos.ru/index.php/rubriki/dostoyanie/420. 另見 *MSRP,* 94-95.

91. *MSRP,* 94-95.

92. 首相金弘集與外部大臣金允植都支持政變，儘管他們似乎對刺殺閔妃的計畫一無所知。見 CHKSR, 231-234.

93. CHKSR, 227-228.

94. 「壯士」（字面意思是「具有男子氣概的戰士」）的思想淵源可追溯至一八七〇年代的反叛者，譬如西鄉隆盛；這個詞彙帶有負面含意，較接近英語中的「thug」（暴徒）一詞。一八九五年七月，《時事新報》發表了一系列文章，痛斥壯士在朝鮮的惡劣行徑，指其「傾向傲慢粗暴地對待朝鮮人」。*Japan Weekly Mail,* July 20, 1895, 54.

95. 一八九四年二月，井上馨抵達朝鮮後，成立了「訓練隊」。他期望這支由日本訓練的精銳部隊能在朝鮮的軍事改革中發揮重要作用。見 Yukkun Sagwan Hakkyo Han'guk KunsaYŏng'gusil, *Han'guk kunjesa* [History of the military system in Korea] vol. 2 (Seoul, 1968-1977), 353-357; Carter Eckert, *Park Chung Hee and Modern Korea: The Roots of Militarism, 1866-1945* (Cambridge, MA, 2016), 39-41.

96. *MSC,* 92-93. 另見 O Chi-yŏng, *Tonghak sa* [History of the Tonghak] (Seoul,1940), 138-139; Benjamin Weems, *Reform, Rebellion and the Heavenly Way* (Tucson, AZ, 1964), 40-41.

97. CHKSR, 237-238; Keene, *Emperor of Japan,* 512. 見 *MSC,* 92-99; CHKSR, 233.

98. *MSC,* 113-114. 另見 "Witness Account of Yi Hak-kyun (Commander of the First Battalion of the Palace Guards)," in *MSRP,* 38-39

99. "Witness Account of Yi Hak-kyun," 38.

100. Kim Mun-cha, *Myŏngsŏnghwanghwu sihaewa ilbonin* [Queen Min's Assassinationand the Japanese](Seoul, 2010), 394.

101. "Testimony of Sabatin," in *MSRP,* 85-86.

102. Testimony of Sabatin," 80-85. Also "Official Report on Matters Connected with the Events of October 8th 1895 and the Death of the Queen," *Korean Repository* 3 (1896): 126.

103. "Testimony of King Kojong's Son as Told through a Court Lady to the AmericanMinister," in *MSRP,* 36.

104. *MSC,* 208; "Official Report," 216.
105. *MSC,* 262. 另見Theodore M. Critchfield, "Queen Min's Murder" (PhD diss., Indiana University, 1975), 175.
106. "Testimony of Hyŏn Hŭng-t'aek," in *MSRP,* 41. 溫特貝格爾將軍在一八九七年訪問朝鮮時，寫了一份啟人疑竇的報告，內容聲稱閔妃被火焚燒時可能還沒斷氣。*MSC,* 213. 另見Pak, *Rossiia i Koreia,*233. 這個說法得到了桑塔格的支持，她向記者喬治．肯南說道：「刺客們在閔妃屍體上澆煤油並點火時，閔妃還沒死。她還在拚命搖頭掙扎。」George Kennan Papers, box 22, "Diary of Japan and Korea," July 26, 1905, LOC.
107. Critchfield, *Queen Min's Murder,* 184-186.
108. "Weber's Report, II" in *MSRP,* 65.
109. "King's Royal Order without Signature or the King's Seal," in *MSRP,* 69.
110. 似乎只有高宗不知道閔妃的死訊。FO / 405 / 64, enclosure 3, no. 86, Hillier to O'Conor, October 10, 1895, NA.
111. *MSC,* 65; Pak, *Rossiia i Koreia,* 224.
112. *MSC,* 66. 金永壽還引述了《東亞日報》於一九三〇年一月二十九日刊出的文章。見*MSC,* 229.
113. *MSC,* 77.
114. "Russian and England in the Far East," *Fortnightly Review* 65 (Jan-June1896), 875.「增島先生是東京帝國大學的法學教授。」另引述自F. A. McKenzie, *The Tragedy of Korea* (London, 1908), 73.
115. Henry Chung, *The Case of Korea: A Collection of Evidence on the Japanese Domination of Korea, and on the Development of the Korean Independence Movement* (New York, 1921), 327; *North China Herald,* January 31, 1896.
116. Keene, *Emperor of Japan,* 521. 見"Copy of the Decision of the Japanese Court of Preliminary Inquiries," *Korean Repository* 3 (1896): 122-125. 另見Critchfield, *Queen Min's Murder,* 220. 為了免於捲入這起暗殺陰謀，大院君與朝鮮內閣捕抓了三名朝鮮人，其中一人是閔妃屍體被燒時正好路過那片樹林的無辜士兵。三人隨即遭到處決。見"Copy of the Decision of the Japanese Court of Preliminary Inquiries," 135-142.
117. *MSC,* 62-66.

第十一章　陸上強權

1. S. P. Suslov, *Physical Geography of Asiatic Russia* (London, 1961), 325.
2. *PRI,* 29. 一八六六年，尼科利斯科耶（Nikolskoye）建村，並於一九二六年更名為尼科爾斯克—烏蘇里斯克（Nikolsk-Ussuriysk）。如今，這座城市簡稱為烏蘇里斯克。
3. 請願書於一八九五年五月十二日遞交給尼古拉二世。見B. A. Romanov, *Russia in Manchuria (1892-1906)* (Leningrad, 1928), 62-63.
4. Olga Crisp, "The Russo-Chinese Bank: An Episode in Franco-Russian Relations," *Slavonic and East European Review* 52, no. 127 (April 1974): 198.
5. 法國銀行家接受了維特的提議，因為他們認為，一旦大清違約拖欠債款，俄國政府的支援承諾便至關重要。Crisp, "Russo-ChineseBank," 198; Romanov, *Russia in Manchuria,* 67.
6. 關於該貸款協定的文本，見John V. S. Mac Murray, ed., *Treaties and Agreement with and concerning China, 1894-1919,* vol. 1 (Washington, DC, 1921), 35-27. 另見Harold Perry Ford, "Russian Far Eastern Diplomacy, Count Witte, and the Penetration of China, 1895-1904" (PhD diss., University of Chicago, 1950), 125-126. 外交大臣羅拔諾甫致信俄國駐法國大使莫倫海姆，其中透露了維特計畫的主要目標：「就我們未來的計畫而言，讓中國依附我們，阻止英國在大清擴大其影響力，也是十分重要的。」（這是作者標注的重點）*LD,* entry May 11 (MS 23), 176.
7. Crisp "Russo-Chinese Bank," 198; Romanov, *Russia in Manchuria,* 68-69; Rosemary Quested, *The Russo-Chinese Bank: A Multi-National Financial Base of Tsarism in China* (Birmingham, UK, 1977), 3-4.
8. Baron Rosen, *My Forty Years of Diplomacy,* vol. 1 (New York, 1922), 198.
9. George Alexander Lensen, *Balance of Intrigue: International Rivalry in Korea and Manchuria,* vol. 2 (Tallahassee, 1982), 487; *LD,* 283-284.
10. *LD,* 282, 284.

11. *LD,* 284, 303.
12. Archibald Colquhoun, "The Great Trans-Siberian Manchurian Railway," *Journal of the Royal United Service Institution* 44, no. 274 (December 1900): 1419-1420; P. Kropotkin, "The Russian in Manchuria," *Forum,* May 1901, 267-274.
13. *PORKMK,* 9-10.
14. *PORKMK,* 10-11, 44, 35, 41-42.
15. *PORKMK,* 70-71.
16. *PORKMK,* 85-86, 59.
17. *PORKMK,* 87, 77-78; Owen Lattimore, *Manchuria: Cradle of Conflict* (New York,1932); Robert H. G. Lee, *The Manchurian Frontier in Ch'ing History* (Cambridge, MA, 1970).
18. *LD,* 327.
19. *LD,* 349; Romanov, *Russia in Manchuria,* 73.
20. Romanov, *Russia in Manchuria,* 73.
21. *PRI,* 31-32.
22. Romanov, *Russia in Manchuria,* 78; Lensen, *Balance of Intrigue,* 495.
23. 引述自Marcella Bounds, "The Sino-Russian Secret Treaty of 1896," *Papers on China,* no. 23, Harvard University East Asia Center (Cambridge, MA, July 1970), 115. Lensen, *Balance of Intrigue,* 495-496. 另見Auguste Gerard, *Ma mission en Chine, 1894-1897* (Paris, 1918), 137-138.
24. *Da lu Za Zhi* (The Continent), vol. 1, *Minguo* 39 (1950): 14-16. 這些文件由李宗侗發表，刊登於《民國》雜誌，具體期刊號及日期如下：vol. 1, no. 1(July 15), *Minguo* 39 (1950); vol. 1, no. 3 (August 15), *Minguo* 39 (1950); vol. 1, no. 4 (August31), *Minguo* 39 (1950); vol, 1, no. 5 (September 15), *Minguo* 39 (1950); vol. 1, no. 8(October 31), Minguo 39 (1950); vol. 25, no. 6 (September 30), *Minguo* 51 (1962); vol. 25, no. 7 (October 15), Minguo 51 (1962); vol. 25, no. 8 (October 31), *Minguo* 51 (1962). 另見Bounds, "Sino-Russian Secret Treaty," 109-125.

25. *Da lu Za Zhi,* vol. 1, no. 1 (July 15), *Minguo* 39 (1950): 17.
26. Bounds, "Sino-Russian Secret Treaty," 111-112; *Da lu Za Zhi,* vol. 1, no. 1 (July 15), *Minguo* 39 (1950): 17-18. The lunar date is March 26.
27. *Da lu Za Zhi,* vol. 1, no. 1 (1950), 18; *LD,* 380. 另見"Secret History of the Russo-Japanese Treaty," *Contemporary Review,* January 1, 1897, 178.
28. S. C. M. Paine, *Imperial Rivals: China, Russia, and Their Disputed Frontier* (Armonk, 1996), 186; Bounds, "Sino-Russian Secret Treaty," 118.
29. Sergei Witte, The *Memoirs of Count Witte,* trans and ed. Sidney Harcave (New York,1990), 233-235; *Da lu Za Zhi,* vol. 25, no. 7, *Minguo* 51 (1962), 217.
30. E. J. Dillon, *The Eclipse of Russia* (New York, 1918), 264.
31. Bounds, "Sino-Russian Secret Treaty," 119.
32. 一八九六年五月二十二日中俄簽訂的條約中，同時包括一八九六年五月十八日華俄道勝銀行董事會之間的特別協議。見 Economic Bureau of CER, *North Manchuria and the Chinese Eastern Railway* (Harbin,1924), 35.
33. S. Yu. Witte, *Zapiski po povodu zaklyuchennogo mezhdu Kitayskim Pravitel'stvomi Russko-Kitayskimbankom dogovora na postroyku i ekspluatatsiyu zheleznoye dorogi vManchzhurii* [A note on the agreement concluded between the Chinese government and the Russian-Chinese Bank on the construction and operation of the railway in Manchuria], 1896, RussianState Historical Archives (RIGA), 4, https://www.prlib.ru/en/node/687662.
34. Howard R. Spendelow, "Russia's Lease of Port Arthur and Talien: The Failure of China's Traditional Foreign Policy," in *Papers on China,* vol. 24, Harvard University East Asia Center (Cambridge, MA, December 1971), 148.
35. Ian H. Nish, *The Anglo-Japanese Alliance: The Diplomacy of Two Island Empires, 1894-1907* (London, 2013), 41: William L. Langer, *Diplomacy of Imperialism, 1890-1902,*2 vols. (New York, 1935), 2: 460.
36. Rosen, *My Forty Years,* 125.

37. Langer, *Diplomacy of Imperialism,* 1:405.
38. 此時，日本與俄國就朝鮮問題達成了兩項書面協定：一八九六年五月小村壽太郎與韋貝簽訂的備忘錄，以及一八九六年六月山縣有朋與羅拔諾甫簽署的協定。見Langer, *Diplomacy of Imperialism,* 1:406-407; Ian Nish, *The Origins of the Russo-Japanese War* (London, 1985), 33. 另見Romanov, *Russia in Manchuria,*104-105; Shannon McCune, "The Thirty-Eighth Parallel in Korea," *World Politics* 1, no. 2(January 1949): 225.
39. Romanov, *Russia in Manchuria,* 132.
40. Dillon, *Eclipse of Russia,* 248-249; Witte, *Memoirs,* 269.
41. *PRI,* 43.
42. *PRI,* 44-45.
43. *PRI,* 44-45; William Stead, "Count Muravieff and His Successor," *Contemporary Review,* July 1, 1900, 331.
44. *PRI,* 56.
45. 引述自Spendelow, "Russia's Lease of Port Arthur," 155.
46. 中俄之間的密約使俄國獲得旅順港和大連，以及遼東半島南端一大片防禦地帶的租約，租期為二十五年，經雙方同意可續約。俄國還有權在旅順港設築防禦工事，以作為海軍基地。雙方均未公布該協定的正式文本。https://history.state.gov/historicaldocuments/frus1945Berlinv01/d579, retrieved June 11, 2019. 另見the editorial "The Integrity of China and the 'Open Door,' " *American Journal of International Law* 1, no. 4 (October 1907):956-957.
47. Nish, *Origins of the Russo-Japanese War,* 51.
48. Langer, *Diplomacy of Imperialism,* 2:471.
49. 引述自Ford, "Russian Far Eastern Diplomacy," 154.
50. Nish, *Origins of the Russo-Japanese War,* 60.
51. Langer, *Diplomacy of Imperialism,* 2:472.
52. Henry Norman, "Russiaand England: Down the Long Avenue," *Contemporary Review,* January 1, 1897, 153.

53. R. Stanley McCordock, *British Far Eastern Policy, 1894-1900* (New York, 1931), 222; William Stead, "Russia and Mr. Chamberlain's Long Spoon," *Contemporary Review,* January 1, 1898, 761-777.

54. 引述自Alfred L. P. Dennis, *Adventures in American Diplomacy, 1896-1906* (New York, 1928), 204-205.

第十二章　海上強權

1. Alfred Thayer Mahan, *From Sail to Steam: Recollections of Naval Life* (New York, 1968), 270; W. D. Puleston, *Mahan: The Life and Work of Captain Alfred Thayer Mahan* (New Haven, CT, 1939), 66.

2. Warren Zimmerman, *The First Great Triumph: How Five Americans Made Their Country a World Power* (New York, 2002), 85.

3. 引述自Puleston, *Mahan,* 68.

4. Mahan, *From Sail to Steam,* 277.

5. Mahan, *From Sail to Steam,* 283。另見馬漢致盧斯的信，January 33, 1886, reels 2-3, LOC. 再版於Robert Seager II and Doris D. Maguire, eds., *Letters and Papers of Alfred Thayer Mahan,* 2 vols. (Annapolis, MD, 1975), 1: 622-623.

6. Alfred Thayer Mahan, *The Influence of Sea Power upon History, 1660-1783*(Boston, 1895), 25-28.

7. Milton Friedman and Anna Jacobson Schwartz, *A Monetary History of the United States, 1867-1960* (New Jersey, 1963).

8. Mahan, *Influence of Sea Power,* 42.

9. Walter La Feber, *The New Empire: An Interpretation of American Expansionism, 1860-1898* (Ithaca, NY, 1963), 91.

10. Mahan, "Possibilities of an Anglo-American Reunion," in *The Interest of America in Sea Power, Present and Future* (Port Washington, 1897), 124.

11. William E. Livezey, *Mahan on Sea Power* (Norman, OK, 1947), 85.

12. Mahan, "The United States Looking Outward," 22; Mahan, *Lessons of the War with Spain and Other Articles* (Boston, 1899), 249; 另見Livezey, *Mahan on Sea Power,*183-187; La Feber, *New Empire,* 91-91.

13. Thomas McCormick, *China Market: America's Quest for Informal Empire, 1893-1901* (Chicago, 1967), 120-125. Also

McCormick, "Insular Imperialism and the Open Door: The China Market and the Spanish-American War," *Pacific Historical Review* 32, no. 2(May 1963): 169.

14. Mahan, *The Problem of Asia and Its Effect upon International Policies* (Boston, 1900), 163.
15. Mahan, *From Sail to Steam,* 273-274.
16. 引述自Akira Iriye, *Pacific Estrangement: Japanese and American Expansion, 1897-1911* (Cambridge, MA, 1971), 1.
17. 關於日本對馬漢海權原則的運用，見Seager and Maguire, *Letters and Papers,* 2: 511; David D. Evans and Mark R. Peattie, eds., *Kaigun: Strategy, Tactics and Technology in the Imperial Japanese Navy, 887-1941* (Annapolis, MD, 1997), 24-25; Roger Dingman, "Japan and Mahan," in *The Influence of History on Mahan: The Proceedings of a Conference Marking the Century of Alfred Thayer Mahan's* The Influence of Sear Power upon History, 1660-1783, ed. John B. Hattendorf, Naval War College Historical Monograph Series, no. 9 (Annapolis, MD, 1991), 49-66.
18. John W. Foster to Charles Denby, September 26, 1894. 引述自McCormick, "Insular Imperialism," 156. 另見Michael J. Green, *By More than Providence: Grand Strategy and American Power in the Asia Pacific since 1783* (New York, 2017), 82; Seager and Maguire, *Letters and Papers of Alfred Thayer Mahan,* 2: 335.
19. Mahan, *Problem of Asia,* 43.
20. Mahan, *Problem of Asia,* 44.
21. Mahan, *Problem of Asia,* 46.
22. 引述自Tyler Dennett, *John Hay: From Poetry to Politics* (New York, 1933), 286.
23. Lord Charles Beresford, *The Break-Up of China: With an Account of the Present Commerce, Currency, Waterways, Armies, Railways, Politics and Future Prospects* (London, 1899), 437-445.
24. Beresford, *Break-Up of China,* 439.
25. Beresford, *Break-Up of China,* 445-446.
26. 引述自Dennett, *John Hay,* 290-291. 另見John Taliaferro, *All the Great Prizes: The Life of John Hay from Lincoln to Roosevelt*

(New York, 2013), 9; Paul A. Varg, *Open Door Diplomat: The Life of W. W. Rockhill* (Urbana, IL, 1952), 29; WWRP (MS Am 2121).

27. Hippisley to Rockhill, July 25, 1899, WWRP.
28. Hippisley to Rockhill, August 16, 1899, WWRP
29. Hippisley to Rockhill, August 21, 1899, WWRP.
30. Hippisley to Rockhill, August 21, 1899, WWRP.
31. 柔克義對該備忘錄的貢獻仍然值得一提。賀璧理強調維護平等的商業機會，而柔克義則強調維護中國的完整。見Rockhill, “Policy of the Open Door in China: A Memorandum to John Hay,” August 28, 1899, folder 1, MS 2122 (54), WWRP.
32. Rockhill, “Memorandum,” December 19, 1899, John Hay Papers, Rockhill folder, reel 9, LOC.
33. 柔克義在草案中省略了賀璧理的名字，理由是後者的貢獻「需要額外說明」。由於國會、新聞界反英氛圍濃厚，柔克義與海約翰都希望避開有關備忘錄「系出英國」的問題。見Hay to John W. Foster, June 23, 1900, Tyler Dennett Papers, John Hay Correspondence, box 4, LOC.
34. Hay memorandum, September 6, 1899 (no. 927), *FRUS,* 1899, 129-130.
35. Joseph Choate to Hay, December 11, 1899, WWRP.
36. Taliaferro, *All the Great Prizes,* 362.
37. Rockhill to Hay, “Memorandum,” December 19, 1899, John Hay Papers, reel 9, LOC.
38. Rockhill to Hay, “Memorandum,” December 19, 1899.
39. 見*FRUS,* 1899, 128-142, for replies of all the powers to the *Open Door note*.
40. Hay to Tower, January 22, 1900, Tyler Dennett Papers, John Hay Correspondence, box 4, LOC.
41. *Times* (London), January 6, 1900. 另引述自Alfred Dennis, *Adventures in American Diplomacy, 1896-1906* (New York, 1928), 195.
42. Taliaferro, *All the Great Prizes,* 364-365.

43. Hippisley to Rockhill, April 12, 1900, WWRP.

第十三章　義和團

1. H. G. W. Woodhead and H. T. Montague Bell, *The China Year Book, 1914* (London, 1914), 11-12.
2. W. W. Rockhill, *The Land of the Lamas* (New York, 1891), 170-173.
3. Ellsworth Carlson, *The Kaiping Mines* (Cambridge, MA, 1971); George Nash, *The Life of Herbert Hoover: Engineer, 1874-1914* (New York, 1983).
4. Jonathan D. Spence, *The Search for Modern China* (New York, 1990), 229-231.
5. Orville Schell and John Delury, *Wealth and Power: China's Long March to the Twenty-First Century* (New York, 2013), 78.
6. Herbert Hoover, *The Memoirs of Herbert Hoover: Years of Adventure, 1874-1920* (New York, 1951), 37.
7. Hoover, *Memoirs,* 45.
8. Hoover, *Memoirs,* 46.
9. Hoover, *Memoirs,* 47.
10. Joseph W. Esherick, *The Origins of the Boxer Uprising* (Berkeley, 1987), 174.
11. Esherick, *Origins of the Boxer Uprising,* 174.
12. Paul A. Cohen, *History in Three Keys: The Boxers as Event, Experience and Myth* (New York, 1997), 17.
13. Cohen, *History in Three Keys,* 19.
14. *North China Herald,* January 9, 1899.
15. Sir Robert Hart, *These from the Land of Sinim: Essays on the Chinese Question* (London, 1901), 5.
16. Cohen, *History in Three Keys,* 19-21.
17. Esherick, *Origins of the Boxer Uprising,* 242.
18. *North China Herald,* December 12, 1898. Esherick（Joseph W. Esherick）指出，黃河決堤的日期是八月八日，而非八月九

日。見*The Origins of the Boxer Uprising,* 177.

19. *North China Herald,* November 21, 1898.
20. Esherick, *Origins of the Boxer Uprising,* 233.
21. 在當代文獻中，義和團仍經常被稱為大刀會。見*North China Herald,* December 1899; Cohen, *History in Three Keys,* 31.
22. 引述自Spence, *Search for Modern China,* 232.
23. John King Fairbank, Katherine Frost Bruner, and Elizabeth MacLeod Matheson, eds., *The I.G. in Peking: Letters of Robert Hart, Chinese Maritime Customs, 1868-1907,* vol. 2 (Cambridge, MA, 1976), 1224.
24. 新建陸軍（或稱新軍）最初由胡燏棻組織，德國顧問漢納根協助指導。Jerome Ch'en, *Yuan Shi-Kai, 1859-1916: Brutus Assumes the Purple* (Stanford, CA, 1961), 50-51; Patrick Fuliang Shan, *Yuan Shi-kai: A Reappraisal* (Toronto, 2018), 62-70.
25. Chen, *Yuan Shi-Kai,* 66-67.
26. *North China Herald,* December 27, 1899. 關於這些劫掠行為，小田貝發表了詳盡且令人不安的敘述。見Denby, "The Loot and the Man," *Harper's Weekly,* October 27, 1900, 1008; Cohen, *History in Three Keys,* 36.
27. Fairbank et al., *The I.G. in Peking,* 2:1230.
28. Hoover, *Memoirs,* 48.
29. Hoover, *Memoirs,* 46-48.
30. James L. Hevia, "Remembering the Century of Humiliation: The Yuanming Garden and Dagu Forts Museums," in *Ruptured Histories: War, Memory, and the Post-Cold War In Asia,* ed. Sheila Miyoshi Jager and Rana Mitter (Cambridge, MA, 2007), 192-232.
31. Captain J. K. Taussig, "Experiences during the Boxer Rebellion," *Proceedings of the United States Naval Institute,* April 27, 1927, 404.
32. 五月二十八日，義和團襲擊了北京與天津之間的火車站、鐵路線，而康格遣人請求政府派兵保衛公使館。*DPEC,* 4.
33. Chester M. Biggs, *The United States Marines in North China, 1894-1942* (London, 2003), 29-30. *DPEC,* 4. 中的數字略有不同。

另見Chester Tan, *The Boxer Catastrophe* (New York, 1955), 64.

34. Taussig, "Experiences," 406; Tan, *Boxer Catastrophe,* 64.

35. Tan, *Boxer Catastrophe,* 66.

36. *DPEC,* 6; E. H. Seymour, *My Naval Career and Travels* (New York, 1911), 343; Peter Fleming, *The Siege at Peking* (New York, 1959), 69-71.

37. *DPEC,* 6; Biggs, *United States Marines in North China,* 34; Major E. W. M. Norie, *Official Account of the Military Operations in China, 1900-1901* (Nashville, TN, 1903), 11.

38. Umio Otsuka, "Coalition Coordination during the Boxer Rebellion," *U.S. Naval War College Review* 71, no. 4 (Autumn 2018): 111-130.

39. Seymour, *My Naval Career,* 344.

40. Tan, *Boxer Catastrophe,* 66-67.

41. Taussig, "Experiences," 412. 另見Clive Bigham, *A Year in China, 1899-1900*(New York, 1901), 171-173; *North China Herald,* July 18, 1900.

42. 其中包括九百一十五名英國人（六十二名軍官、六百四十名水手及兩百一十三名海軍陸戰隊員）、二十五名奧地利人、四十名義大利人、一百名法國人、四百五十名德國人、五十四名日本人、一百一十二名美國人及一百一十二名俄國人。見Norie, *Official Account,* 11.

43. Fleming, *Siege at Peking,* 91; Tan, *Boxer Catastrophe;* 71; Norie, *Official Account,* 7. The entire June 11 decree is translated and reprinted in W. A. P. Martin, *The Siege in Peking* (London, 1900), 110-112.

44. Tan, *Boxer Catastrophe,* 71; Fairbank et al., *The I.G. in Peking,* 2: 1232.

45. Ada Haven Mateer, *Siege Days: Personal Experiences of American Women and Children during the Peking Siege* (New York, 1903), 87; Norie, *Official Account,* 7; Sir Robert Hart, *These from the Land of Sinim,* 24.

46. Mateer, *Siege Days,* 87.

47. 引述自Tan, *Boxer Catastrophe,* 71.
48. Seymour, *My Naval Career,* 346; *North China Herald,* July 18, 1900.
49. Fleming, *Siege at Peking,* 100-101; Sarah Pike Conger, *Letters from China: With Particular Reference to the Empress Dowager and the Women of China* (Chicago, 1909), 137.
50. Norie, *Official Account,* 1, 12.
51. *LZR,* 4: 4. 一八九九年，慈禧太后指定溥儁為皇位繼承人，但計畫落空；醇親王（載灃）的兒子溥儀被選為皇位繼承人。
52. 引述自Tan, *Boxer Catastrophe,* 72. 另見*LZR,* 4: 3-5. 端親王也是同治帝與光緒帝的堂兄弟。見Arthur Hummel, *Eminent Chinese of the Ch'ing Period* (Washington, DC, 1944), 2:781; Sir Robert Hart, *These from the Lands of Sinim,* 21.
53. Biggs, *United States Marines in North China,* 50.
54. Thesewere1858, 1859 (repulsed), 1860, 1900. 見Hevia, "Remembering the Century of Humiliation," 192-232. 另見Martin, *Siege in Peking,* 128.
55. Tan, *Boxer Catastrophe,* 75. Only American admiral Louis Kempff had disagreed and "refused to allow the United States ships to take part in the bombardment." Although he was criticized at the time, "later events proved that Admiral Kempff was absolutely right." Taussig, "Experiences," 414.
56. 面對大清提出外國公使及其人員、眷屬在二十四小時內離開北京的要求，公使們起初表示同意。但是，六月二十日發生的克林德男爵謀殺事件使這些計畫被迫擱置，因而「避開了死劫」。見Norie, *Official Account,* 78-79.
57. Hart, *These from the Land of Sinim,* 19-20.
58. *North China Herald,* September 19, 1900. 另見Tan, *Boxer Catastrophe,* 51. 六月二十一日向列強宣戰後，慈禧為免事後證明自己有錯在先，便試圖向眾臣宣稱：「你們都看到眼前是什麼局勢了。我為了保衛國家而不得不宣戰。萬一最後我們戰敗了，我沒有功勞也有苦勞，你們不該將喪國的責任全推到我頭上。」*LZR,* 4: 5-6.
59. *North China Herald,* September 19, 1900; Donald Keene, *Emperor of Japan: Meiji and His World, 1852-1912* (New York, 2002), 558-559.

60. Cohen, *History in Three Keys,* 51.
61. *North China Herald,* July 25, 1900. 另見Keene, *Emperor of Japan,* 559; *LZR,* 4: 7-8.
62. *North China Herald,* August 1, 1900; 另見July 25, 1900; Keene, *Emperor of Japan,* 559; *LZR,* 4:8.
63. *North China Herald,* July 25, 1900.
64. Hart, *These from the Land of Sinim,* 10; *North China Herald,* July 25, 1900.
65. Edward J. Drea, *Japan's Imperial Army: Its Rise and Fall, 1853-1945* (Lawrence, KS, 2009), 98; Aaron Simon Daggett, *America in the China Relief Expedition* (Kansas City, 1903), 70-71.
66. William Crozier, "Some Observations on the Pekin Relief Expedition," *North American Review,* February 1901, 226; A. Henry Savage-Landor, *China and the Allies,* vol. 1(London, 1901), 125-126.
67. Benjamin R. Beede, *The War of 1898 and U.S. Interventions, 1898-1934* (New York, 1994), 46-47. 另見*Japan Weekly Mail,* August 25, 1900; H. C. Thompson, *China and the Powers: A Narrative of the Outbreak of 1900* (London, 1902), 102-106.
68. Drea, *Japan's Imperial Army,* 99.
69. *KA,* 134.
70. David Silbey, *The Boxer Rebellion and the Great Game in China* (New York, 2012), 143-144.
71. *IHH,* 1:27. 軍務局局長木越安綱男爵更是憤怒地指出，是山口率領的軍隊「成功解救了駐北京的大使們」（1: 28）。另見*Meiji Tennō Ki* [Record of the Emperor Meiji], vol. 9 (Tokyo, 1968-1977), 872-873.
72. *KA,* 135; 見*LZR,* 4: 10-11.
73. *KA,* 133-134. 日本亟欲派遣更多部隊至中國，卻也很清楚其他列強也許會懷疑此舉的意圖。*LZR,* 4: 10-11.
74. David Schimmel penninck van der Oye, *Toward the Rising Sun: Russian Ideologies and the Path to War with Japan* (Dekalb, 2006), 168.
75. *KA,* 136; B. A. Romanov, *Russia in Manchuria (1892-1906)* (Leningrad, 1928), 179.
76. *KA,* 133; *PRI,* 112.

77. Alena N. Eskridge-Kosmach, "Russia in the Boxer Rebellion," *Journal of Slavic Military Studies* 21 (2008): 48-49; George Alexander Lensen, *The Russo-Chinese War* (Tallahassee, FL, 1967), 9.

78. A. S. Suvorin, *Dnevnik* [Diary] (Moscow, 2015), 289-290. 這位作者指出，傳言穆拉維夫可能是自盡身亡（290）。俄國駐柏林大使館前祕書尤金・德・謝爾金（Eugene de Schelking）則說，穆拉維夫死於一場事故。*Recollections of a Russian Diplomat: The Suicide of Monarchies (William II and Nicholas II)* (New York, 1918), 164. 另見Sidney Hardcave, ed. and trans., *The Memoirs of Count Witte* (New York, 1990), 286-287; Schimme lpenninck van der Oye, *Toward the Rising Sun*, 166-167.

79. Lensen, *Russo-Chinese War*, 9.

80. *PRI*, 112; Lensen, *Russo-Chinese War*, 10.

81. *PRI*, 112-117. 另見Ralph Edward Glatfelter, "Russia in China: The Russian Reaction to the Boxer Rebellion" (PhD diss., Indiana University, 1975), 94.

82. *PRI*, 114. 一俄里（verst）約等於〇・六六六英里（一・一公里）。

83. 引述自Lensen, *Russo-Chinese War*, 19-20.

84. 當地原本有三個軍團、一個砲兵旅駐守。這些部隊被調往哈巴羅夫斯克後，布拉戈維申斯克的居民意識到，若是璦琿的中國人進犯，他們毫無抵抗能力。這樣的不安在一定程度上解釋了之後發生的事件。見Lev G. Deich, *Krovavye Dni: Epizod iz Russo-KitaiskoiVoiny* [Bloody days: An episode from the Russo-Chinese War] (Saint Petersburg, 1906), 7-8.

85. Lensen, *Russo-ChineseWar*, 69.

86. Deich, "Krovavye Dni," 4; Tatyana N. Sorokina, "'The Blagoveshchensk Panic' of the Year 1900: The Version of the Authorities," *Sensus Historiae* 8 (2012-2013): 98.

87. Ishimitsu Makiyo, *Kōya no Hana* (The flower of the wasteland) (Tokyo, 2017), 30-31. 另見Ian Nish, *Collected Writings of Ian Nish*, pt. 2 (London, 2001), 134-135.

88. Sorokina, "'Blagoveshchensk Panic,'" 98; Ishimitsu, *Kōya no Hana*, 26. 另見Deich, *Krovavye Dni*, 5-6.

89. V., "Blagoveshchenskaya 'Utopiya,'" *Vestnik Evropy* [The messenger of Europe](Saint Petersburg) 7 (191): 237. 這位匿名作者以

「取自官方法庭紀錄的素材」為寫作依據（231）。他並未解釋自己是怎麼取得這些紀錄，也沒有提供這場大屠殺所牽涉的名單。戴奇指出，他後來從一名市政代表口中得知，總督認為不應對中國公民採取預防措施的原因是「中俄尚未正式開戰」。Deich, *Krovavye Dni*, 9-10. 另見Lensen, *Russo-Chinese War*, 76-78.

90. Sorokina, "'Blagoveshchensk Panic,'" 101; Ishimitsu, *Kōya no Hana*, 29; Deich, *Krovavye Dni*, 8-9.
91. Ishimitsu, *Kōya no Hana*, 29-30.
92. Lensen, *Russo-ChineseWar*, 89; Sorokina, "'Blagoveshchensk Panic,'" 101.
93. Deich, *Krovavye Dni*, 13.
94. Ishimitsu, *Kōya no Hana* 30; 32.
95. V., "Blagoveshchenskaya 'Utopiya,'" 231-232.
96. Deich, *Krovavye Dni*, 14.
97. 關於在布拉戈維申斯克被殺害的中國人數目，不同來源的回報從八百到四千不等。《歐洲通報》一個匿名作者指出：「最合理的估計可能是三千至三千五百人。」（232）。石光真清（Kōya no Hana, 32）認為是三千人；索羅奇納（Sorokina）（"'Blagoveshchensk Panic,'" 111）估計有兩千人。
98. Ishimitsu, *Kōya no Hana*, 33, 引述自Lensen, *Russo-ChineseWar*, 92.
99. V., "Blagoveshchenskaya 'Utopiya,'" 232, says that the field was unfenced.
100. Ishimitsu, *Kōya no Hana*, 33. 石光真清在回憶錄中並未指明這名軍官就是沙巴諾夫，但類似情景的敘述可見於V., "Blagoveshchenskaya 'Utopiya,'" 這名軍官被稱為「Sh」（232）。見Sorokina, "'Blagoveshchensk Panic,'" 105-106.
101. V., "Blagoveshchenskaya 'Utopiya,'" 233.
102. V., "Blagoveshchenskaya 'Utopiya,'" 233-234.
103. V., "Blagoveshchenskaya 'Utopiya,'" 234.
104. Ishimitsu, *Kōya no Hana*, 36.
105. Deich, *Krovavye Dni*, 16.

106. V., "Blagoveshchenskaya 'Utopiya,' " 235; Deich, *Krovavye Dni,* 17.
107. 引述自Sorokina, " 'Blagoveshchensk Panic,' " 104.
108. V., "Blagoveshchenskaya 'Utopiya,' " 238.
109. V., "Blagoveshchenskaya 'Utopiya,' " 239; Lensen, *Russo-ChineseWar,* 100.
110. V., "Blagoveshchenskaya 'Utopiya,' " 240-241; Lensen, *Russo-ChineseWar,* 100-101. 格里布斯基並未遭到解職。一年後，當局為了表彰他在對中衝突中的軍事功勞，任命他為參謀總長。
111. V., "Blagoveshchenskaya 'Utopiya,' " 241.
112. *LZR,* 4: 41-42.
113. E. H. Nilus, *Istoricheskii obzor Kitaiskoi vostochnoi zheleznoi dorogi, 1896-1923 gg* [A historical survey of the Chinese Eastern Railway, 1896-1923] (Harbin, 1923), 205; Ishimitsu, *Kōya no Hana,* 177. 倫森（Lensen）（Russo-Chinese War, 152)）寫道，哈爾濱於八月四日遭俄國占領。
114. *LZR,* 4: 41-47. 儘管發生了暴力事件，維特仍堅稱俄國的意圖是「實現和平」。Nilus, *Istoricheskii Obzor Kitaiskoi,* 222-223.
115. *LZR,* 4: 43; Victor Zatsepine, "The Blagoveshchensk Massacre of 1900: The Sino-Russian War and Global Imperialism," in *Beyond Suffering: Recounting War in Modern China,* ed. Norman Smith and James Flath (Vancouver, 2011), 117.
116. David Schimmel penninck van der Oye, "Russia's Ambivalent Response to the Boxers," *Cahier du Monde russe* 41, no. 1 (January-March2000): 76.
117. Lensen, *Russo-Chinese War,* 229-230.
118. Ishimitsu, *Koyo no hana,* 65.
119. A. V. Vereshchagin, *Po Manchzhurii, 1900-1901: Vospominaniya i rasskazy* [ThroughManchuria, 1900-1911: Memories and stories] (Saint Petersburg, 1903), 188-189. 大屠殺發生的數天後，韋列夏金走訪了布拉戈維申斯克。另見Viktor Innokentievich Dyatlov, "'The Blagoshchensk Utopia': Historical Memory and History Responsibility," *Sensus Historiae* 8 (2012 -2013): 119; Lensen, *Russo-Chinese War,* 160.

120. *PRI,* 114-115.
121. Roman Rosen, *Forty Years of Diplomacy,* vol. 1 (New York, 1922), 202.

第十四章　李鴻章之死

1. Rockhill to Hay, August 26, 1900, John Hay Papers, reel 9, LOC. 早在北京談判展開之前，柔克義似乎就已確信門戶開放政策可能無法繼續實行。
2. 引述自Paul S. Varg, *Open Door Diplomat: The Life of W. W. Rockhill* (Urbana, IL, 195), 44.
3. Krasny Archiv, "First Steps of Russian Imperialism in Far East (1888-1903)," *Chinese Social and Political Science Review* 28, no. 2 (July 1934): 134. 俄國展現寬容的主要原因，是為了促使大清與俄國就「鄰國間相互關係的各項問題，包括撤出滿洲的問題」達成單獨協議。E. H. Nilus, *Istoricheskii Obzor Kitaiskoi Vostochnoi Zheleznoi Dorogi, 1896-1923* [A historical survey of the Chinese Eastern Railway, 1896-1923] (Harbin, 1923), 224-225.
4. *PRI,* 144-145.
5. 慶親王重拾在總理衙門的職位，而他的政敵端親王等人則因資助義和團而受到懲罰。見Chan Lau Kit-Ching, "Li Hung-Chang and the Boxer Uprising," *Monumenta Serica* 32 (1976):72; Chester Tan, *The Boxer Catastrophe* (New York, 1967), 170-171. Also *FRUS,* 1901, "Report of W. W. Rockhill, Late Commissioner to China, with Accompanying Documents" (Washington DC, 1902), 14, 21-22, http://images.library.wisc.edu/FRUS/EFacs/1901b/reference/frus.frus1901b.i0005.pdf.
6. Chan Lau Kit-Ching, "Li Hung-Chang," 82-84; Tan, *Boxer Catastrophe,* 91.
7. George Alexander Lensen, *The Russo-Chinese War* (Tallahassee, FL, 1967), 232; *LZR,* 4: 47. Zengqi's report describing the fall of Shenyang is reproduced in *LZR,* 4.
8. *PRI,* 140-141. 庫羅派特金「認為俄國不應該急於從滿洲撤軍」；他寫道：「我們的主要目標是完成鐵路建設，接著致力維持外貝加爾邊疆區到符拉迪沃斯托克和旅順港之間的交通暢行無阻。」另見Nilus, "Istoricheskii Obzor," 222-223.
9. 該協定的英文文本請見Tan, *Boxer Catastrophe,* 165-166; and John V. A. MacMurray, ed., *Treaties and Conventions with and*

concerning China (New York, 1921), 1:329. 原始手稿可見於FO 233 / 125 / 53, "Petition to Li Hung Chang [Li Hongzhang] from Chou Mien [Zhou Mian]," September 20,1900 (lunar), November 11, 1900 (solar), NA.

10. *LZR,* 4:52-53; Tan, *Boxer Catastrophe,* 165-166; *PRI,* 143-145.
11. Tan, *Boxer Catastrophe,* 165; *LZR,* 4:53.
12. Tan, *Boxer Catastrophe,* 167.
13. *Times* (London), January 3, 1901; *New York Times,* January 3, 1901.
14. *New York Times,* January 8, 1901.
15. 引述自Varg, *Open Door Diplomat,* 43.
16. Tan, *Boxer Catastrophe,* 167-169.
17. *North China Herald,* February 27, 1901.
18. Varg, *Open Door Diplomat,* 47; Tyler Dennett, *John Hay: From Poetry to Politics* (New York, 1933), 313-317.
19. Ian Nish, *Japanese Foreign Policy, 1869-1942: Kasumigaseki to Miyakezaka* (London, 1977), 55-56. Also 見Nish, "Korea, Focus of Russo-Japanese Diplomacy," *Asian Studies* 4 (1966): 77-83.
20. 引述自William L. Langer, *The Diplomacy of Imperialism, 1890-1902,* vol. 2 (New York, 1935), 716-717.
21. Tan, *Boxer Catastrophe,* 170-171.
22. M. N. Muravev, "The Tasks in the Far East," a memorandum submitted to Nicholason January 25 / February 7, 1900, in M. N. Pokrovsky, "Tsarskaia diplomatiia o zadachaiakh Rossii na Vostoke v 1900 g" [Tsarist diplomacy on Russia's tasks in the East in 1900], *KrasnyiArkiv* 28, no. 192 (1926): 15-18.
23. Pokrovsky, *Tsarskaia Diplomatiya,* 20.
24. 這些條款載於十二月四日簽訂的備忘錄，題為〈俄國政府監管滿洲的依據〉（OsnovaniiRusskago Pravitel'stvennago Nadzorav Manchurii）。見Nilus, *Istoricheskii Obzor Kitaiskoi,* 225-228; *PRI,* 139; B. A. Romanov, *Russiain Manchuria (1892-1906)* (Leningrad, 1928), 198.

25. Romanov, *Russia in Manchuria,* 199.
26. *LZR,* 4: 54-55; Tan, *Boxer Catastrophe,* 172-173.
27. *LZR,* 4: 58. 關於這次交談的敘述也可見於Tan, *Boxer Catastrophe,* 173-174.
28. *LZR,* 4: 59; *PRI,* 143-144.
29. *LZR,* 4: 60-62.
30. *LZR,* 4: 91-93; *PRI,* 145. 雖然伊藤及其內閣仍傾向與俄國達成某種妥協，但加藤高明堅決主張，日本應對俄國採取強硬立場，並獲准於三月二十四日向聖彼得堡提出抗議。見Langer, *Diplomacy of Imperialism,* 2: 723.
31. 俄國提出的這十二項條款可見於Tan, *Boxer Catastrophe,* 178-179; and *LZR,* 4: 112-113.
32. *LZR,* 4: 107.
33. 引述自Tan, *Boxer Catastrophe,* 190. 日本警告，如果大清接受俄國的條件，日本將要求大清做出更大範圍的讓步。Langer, *Diplomacy of Imperialism,* 2:724.
34. *LZR,* 4: 121; Romanov, *Russia in Manchuria,* 228-229.
35. Michael Hunt, "The American Remission of the Boxer Indemnity: A Reappraisal," *Journal of Asian Studies* 31 (May 1972): 539-559. 另見Tan, *Boxer Catastophe,* 178-179; Varg, *Open Door Diplomat.* Varg (p. 45) cites the amount as $200 million.
36. Jonathan D. Spence, *The Search for Modern China* (New York, 1990), 235.
37. Ishii Kikujirō, *Gaikō Yoroku* [Diplomatic commentaries] (Tokyo, 1930), 31.
38. Ishii, *Gaikō Yoroku,* 31-33.
39. Dennett, *John Hay,* 317-318. A. E. 賀璧理怒火中燒，寫信向柔克義表示「大清不可能付得出」這筆估計七千五百萬英鎊的鉅額賠款。Rockhill Papers, MS AM 121, ser. 1, folder 1, Hippisley to Rockhill, March 1, 1901, WWRP.
40. Spence, *Search for Modern China,* 235.
41. Ernest Satow to Salisbury, November 8, 1900, PRO 30 / 33 14-11 (private letter from June 10, 1899-March14, 1901), NA.
42. Adna R. Chaffee to Henry C. Corbin, April 10, 1901, Henry Corbin Papers, box 1,LOC.

43. John King Fairbank, Katherine Frost Bruner, and Elizabeth MacLeod Matheson, eds., *The I.G. in Peking: Letters of Robert Hart, Chinese Maritime Customs, 1868-1907*(Cambridge, MA, 1975), 1289.
44. Rockhill to Wilson James Harrison, December 2, 1901, Rockhill Papers, Ms Am2121, ser. 1, WWRP.
45. *LZR,* 4: 134. 王嶼生也指出:「在李鴻章去世的前一個時辰,一名俄國信使還在逼他簽署中俄協定。」
46. George Morrison, *The Correspondence of George Morrison,* vol. 1, *1895-1912* (Cambridge, 1976), 197; *LZR,* 4: 134; Langer, *Diplomacy of Imperialism,* 2: 751. 另見*North China Herald,* November 25, 1904.
47. *North China Herald,* November 13, 1901.

第十五章 新協約

1. Yun Kyŏng-no, "The Relationship between Korean Catholics and Korean Protestantsin the Early Mission Period," in *Koreaand Christianity,* ed. Chai-SunYu (Seoul, 1996), 17. 官方資料顯示,一八九五年成員人數為兩萬六千人,一九一〇年增至七萬三千多人。見G. M. Gompertz, "Archbishop Mutel: A Biographical Sketch," *Translations of the Korea Branch of the Royal Asiatic Society* 27 (1937): 121; *Han'guk chonggyo yong'am 1993* [Yearbook of Korean religion for the year 1993] (Seoul, 1993), 122.
2. Yumi Moon, "The Populist Contest: The Ilchinhoe and the Japanese Colonization of Korea, 1896-1910" (PhD diss., Harvard University, 2005), 56; Homer Hulbert, *Hulbert's History of Korea,* ed. Clarence Weems (New York, 1962), 334.
3. 引述自Yun, "Relationship," 17. 另見Mutel, *Mwit'el chungo ilgi* [Bishop Mutel'sjournals], vol. 3 (1901-1905) (Seoul, 1986), 103 (entry for December 9, 1901). 穆特爾(Mutel)還指出,一九〇一年十月二十五日,高宗請求閔永肩協助阻止天主教徒加入反政府組織。見Mutel, *Mwit'el chungo ilgi,* 3:89 (entry for October 25, 1901).
4. Yun, "Relationship," 17; Yumi Moon, *Populist Collaborators: The Ilchinhoe andthe Japanese Colonization of Korea,1896-1910* (Ithaca, NY, 2013), 55-57. 穆特爾描述了他與閔永肩一場類似的談話,對方抱怨,儘管他為天主教徒做了很多事情,仍舊受到他們的威脅。見Mutel, *Mwit'elchungo ilgi,* 3:124 (entry for March 19, 1901).
5. Horace Allen, March 6, 1903, Horace Newton Allen Papers, 1883-1923, letter presscopy books no. 7-8, MNN ZZ 23704-2, New

York Public Library.

6. Allen to Rockhill, July 29, 1900, Horace Allen folder, folder 1, Rockhill papers, MSAm 2121, WWRP.

7. Moon, *Populist Collaborators,* 69; Alyssa M. Park, *Sovereignty Experiments: Korean Migrants and the Building of Border in Northeast Asia, 1860-1945* (Ithaca, NY, 2019), 95.

8. 引述自B. D. Pak, *Rossiia i Koreia* [Russia and Korea] (Moscow, 2004), 326-327.

9. 光武改革繼承了甲午—乙未（一八九四年—一八九五年）改革，在經濟、軍事、教育、農業與文化方面對整個社會進行了大刀闊斧的革新。見Andre Schmid, *Korea between Empires, 1895-1919* (New York, 2002), 74-92; Peter Duus, *The Abacus and the Sword: The Japanese Penetration of Korea, 1895-1910* (Berkeley, 1995), 127-133; Han Sang-yun, *Kojongkwa Meiji* [Kojong and Meiji] (Seoul, 2019), 158-180.

10. Pak *Rossiia i Koreia,* 327.

11. Pak, *Rossiia i Koreia,* 330. 另見Ian Nish, *Japanese Foreign Policy, 1869-1942: Kasumigaseki to Miyakezaka* (London, 1977), 54-55.

12. Ernest Satow to Lansdowne, December 25, 1900, PRO 30 / 33, 14-11 (private letter from June 10, 1899-March 14, 1901), NA. 伊恩・尼許（Ian Nish）認為，共同鎮壓義和團是英日同盟的真正起點。Nish, "Japan's Policies toward Britain," in *Japan's Foreign Policy, 1869-1945: A Research Guide,* ed. J. W. Morely (New York, 1974).

13. Ian Nish, *The Anglo-Japanese Alliance: The Diplomacy of Two Island Empires, 1894-1907* (London, 1966), 126; Hayashi Tadasu, *The Secret Memoirs of Count Tadasu Hayashi,* ed. A. M. Pooley (London, 1915), 120; William L. Langer, *The Diplomacy of Imperialism, 1890-1902,* vol. 2 (New York, 1935), 727. 另 見Zara Steiner, *The Foreign Office and Foreign Policy, 1898-1914* (London, 1969).

14. Hayashi, *Secret Memoirs,* 121.

15. Nish, *Anglo Japanese Alliance,* 125-126. Langer, *Diplomacy of Imperialism,* 2: 727-728.

16. Hayashi, *Secret Memoirs,* 121. 另見T. G. Otte, *The China Question: Great Power Rivalry and British Isolation, 1894-1905* (Oxford,

2007), 205-216.

17. Hayashi, *Secret Memoirs,* 123. 關於林董與蘭斯多恩之間的談話，更詳細的敘述請見 *IHH,* 2: 9-10 (append. 6).

18. Hayashi, *Secret Memoirs,* 139. 一九〇一年九月就任外務大臣的小村指示林董強調「日本在朝鮮秉持和平政策」，因此「即使英國政府同意日本在朝鮮自由行動，英國政府也不必擔心日本會入侵朝鮮」。*IHH,* 2: 31-34 (append. 32).

19. Hayashi, *Secret Memoirs,* 189.

20. FO, Japan, 563, no. 110, Marquess of Lansdowne to Sir C. MacDonald, November 6, 1901, in *British Documents on the Origins of the War, 1898-1914,* vol. 2, *Anglo-Japanese Alliance and the Franco-British Entente,* ed. G. P. Gooch and Harold Temperley (London, 1927), 99.

21. Hayashi, *Secret Memoirs,* 142-144. 。在巴黎，林董向伊藤博文遞交了他發給（代理）外務大臣曾禰荒助的電報副本。七月三十一日發出的電報寫道：「既然我們談到了日本和英國之間的協定，我有必要知道日本政府是否有意與英國同盟，若真是如此，同盟的條件又是什麼。」*IHH*, 2: 9-10 (append. 6) 曾禰荒助在八月八日回覆道，雖然「日本政府並不反對英國政府提議就遠東問題簽署協定一事」，但他「對是否有可能真的這麼做抱持懷疑」。因此，曾禰顯然不相信英日同盟會成功，這也解釋了為什麼他與桂太郎同意讓伊藤博文前往聖彼得堡。見 *IHH,* 2: 10-11 (append. 7).

22. Hayashi, *Secret Memoirs,* 142-144, 146.

23. Ian Nish, *Collected Writings,* pt. 1 (London, 2001), 86.

24. 尼許指出，林董在十一月二十六日做出這些保證，這很可能是桂太郎就伊藤訪問俄國一事做出決定的第一個場合。到了十一月，日本內閣明確承諾將與英國簽訂條約。Nish, *Anglo-Japanese Alliance,* 187-188.

25. Hayashi, *Secret Memoirs,* 150.

26. *IHH,* 2: 19-23 (append. 26). 會議結束時，伊藤暗示俄國在三國干涉還遼期間的所作所為狡詐多詭。該文獻之附錄二十六、二十七的摘要及部分引文可參見 Ian Nish, *The History of Manchuria,1840-1948: A Sino-Russian Triangle,* vol. 2 (Kent, 2016), 42-43; and Nish, “Korea, Focus of Russo-Japanese Diplomacy, 1898-1903,” *Asian Studies* (Manila) 4, no. 1 (April 1966): 74. 另見 B. A. Romanov, *Russia in Manchuria (1892-1906)* (Leningrad, 1928), 235-238.

27. 維特評論道，唯有將一八九八年的條款作為新協定的基礎，才能避免日俄之間產生誤解。這實際上意味著維特仍期待在朝鮮達成權利的對等。Sergei Witte, *The Memoirs of Sergei Witte,* trans. Sidney Harcave (New York, 1990), 24. 見*IHH,* 2: 23 (append. 27).

28. *IHH,* 2: 23-27 (append. 27). 另見Romanov, *Russia in Manchuria,* 237.

29. 在臨別談話中，伊藤明確表達了非常希望與俄國達成正式協議，因此談論的內容遠遠超出了他本應與拉姆斯多夫及維特討論的範圍。*IHH,* 2: 28-31 (append. 30).

30. *IHH,* 2: 39-40 (append. 48). 在十二月十七日致桂太郎的電報中，伊藤描述了他對拉姆斯多夫提議作何反應。(append. 51) 另見Ian Nish, "Korea, Focus of Russo-Japanese Diplomacy," in *Collected Writings,* pt. 2 (London, 2001), 76; Nish, *Anglo-Japanese Alliance,* 198; Romanov, *Russia in Korea,*237; Andrew Malozemoff, *Russian Far Eastern Policy, 1881-1904, with a Special Emphasis on the Causes of the Russo-Japanese War* (Berkeley, 1958), 172-173.

31. 十二月十七日，人在柏林的伊藤博文收到拉姆斯多夫的正式答覆。俄國的提議可歸結為：「我們拿下滿洲，並得以隨心所欲，朝鮮給你們，但你們得遵守一些限制。」伊藤當天致信桂太郎說道，拉姆多夫的提議需要修改，但仍敦促桂太郎考慮接受協約，「同時等待俄國再議」。*IIHH,* 2: 44-45 (append. 53).

32. *IHH,* 2: 45-47 (append. 58). 伊藤致信桂太郎，俄國在滿洲行使行動自由的決定，無須取得日本的贊成或同意。由於大清積弱不振、無力自衛，因此俄國可以為所欲為。如果在此過程中，日本可以確保在朝鮮的行動自由，何不正式承認俄國在滿洲的權利呢？*IHH,* 2: 47 (append. 59).

33. 拉姆斯多夫在協定的第五項條款中提議在俄朝邊界周圍設立「中立區」，禁止日軍進入。第六項條款也同樣棘手，內容規定日本必須同意俄國有權「控制中俄邊境的大清領土，並授予俄國在當地的行動自由」。*IHH,* 2: 44-45 (append. 53).

34. 伊藤博文於十二月二十三日回覆拉姆斯多夫，拒絕了這項提議。見*IHH,* 2: 47-49 (append. 60). 另見Nish, *Collected Writings,* pt. 1, 89; Pak, *Rossiia i Koreia,* 331.

35. Witte, *Memoirs,* 303. 另見Pak, *Rossiia i Koreia,* 331.

36. Witte was not quite ready to give up Korea. *PRI,* 189.

37. 引述自Ian Nish, "The First Anglo-Alliance Treaty," symposium paper, The Suntory and Toyota International Centres for Economics and Related Disciplines in association with the Japan Society, London, February 22, 2002, 7. 另見*IHH*, 2: 51-54 (append. 64).
38. Langer, *Diplomacy of Imperialism*, 2: 780-781. 有作者認為，伊藤博文在聖彼得堡的任務「單純是充當日本與英國進行會談的煙霧彈」。Pak, *Rossiia i Koreia*, 331-332.
39. Hayashi, *Secret Memoirs*, 170.
40. Hayashi, *Secret Memoirs*, 189.
41. Langer, *Diplomacy of Imperialism*, 2:783.
42. Hayashi, *Secret Memoirs*, 198-199. 伊藤內閣的外務大臣加藤高明為前首相辯護，反駁報導稱伊藤反對英日同盟的說法。見Naraoka Sōchi, "Katō Takaaki and the Russo-Japanese War," in *Rethinking-Japanese War, 1904-5*, vol. 2, *The Nichinan Papers*, ed. John W. M. Chapman and Chiharu Inaba (Leiden, 2007), 35; *IHH*, 1: 432 (chap. 8).
43. Malozemoff, *Russian Far Eastern Policy*, 173-174; Tyler Dennett, *Roosevelt and the Russo-Japanese War* (New York, 1925), 130-131. 關於一九〇二年四月八日的文本〈滿洲協定〉，見John V. A. MacMurray, ed., *Treaties and Agreements with and concerning China, 1894-1919* (Oxford, 1921), 1:326-331; Ian Nish, *The Origins of the Russo-Japanese War* (Essex, 1985), 140-141.
44. Romanov, *Russia in Manchuria*, 283; Ian Nish, "Stretching Out to the Yalu: A Contested Frontier, 1900-1903," in *The Russo-Japanese War in Global Perspective: World WarZero*, ed. John Steinberg et al. (London, 2005), 51.
45. G. P. Goch and Harold Temperley, eds., *British Documents on the Origins of theWar*, vol. 2 (London, 1927), 130-131.
46. Ch'oe Tŏ k-su, *Choyakŭro pon han'guk kŭndaesa* [Korean modern history throughits treaties] (Seoul, 2011), 475.
47. Ch'oe, *Choyakŭro pon han'guk kŭndaesa*, 459; Morinosuke Kajima, *The Diplomacy of Japan, 1894-1922*, 2 (Tokyo, 1978), 65-66, 87.
48. Pak, *Rossiia i Koreia*, 332.
49. Pak, *Rossiia i Koreia*, 332-333.

50. Pak, *Rossiia i Koreia,* 333.
51. V. I. Shipaev, *Kolonial'noye zakabaleniye Korei yaponskim imperializamom* [The colonial enslavement of Korea by Japanese imperialism] (Moscow, 1964), 64-65.

第十六章　俄國的韓國問題

1. Andrew Malozemoff, *Russian Far Eastern Policy, 1881-1904, with a Special Emphasis on the Causes of the Russo-Japanese War* (Berkeley, 1958), 179; Roman Romanovich Rosen, *Forty Years of Diplomacy,* vol. 1 (New York, 1923), 209-211.
2. A. M. Vonliarliarsky, "Why Russia Went to War with Japan, 1: The Story of the Yalu Concession," *Fortnightly Review,* May 1910, 816. 這篇文章為匿名發表，之後作者經揭露是馮萊爾萊爾斯基（Vonliarliarsky），騎士衛兵團的前軍官。
3. General Kuropatkin, *The Russian Army and the Japanese War,* trans. Capt. A. B. Lindsay, ed. Major E. D. Winton, vol. 2 (New York, 1909), 306.
4. 波里斯・尤里耶維奇・布里納是好萊塢演員尤爾・布里納（Yul Brynner）的父親。見Rock Brynner, *Empire and Odyssey: The Brynners in the Far East and Beyond* (Hanover, NH, 2006).
5. Sidney S. Harcave, *Count Sergei Witte and the Twilight of Imperial Russia: A Biography* (Armonk, 2004), 92; Bella Park, "Russia's Policy towards Korea during the Russo-Japanese War," *International Journal of Korean History* 7 (February 2005): 35.
6. *KDC,* 12-13. 另見Vonliarliarsky, "Why Russia Went to War," 825.
7. *KDC,* 13-14; Vonliarliarsky, "Why Russia Went to War," 826; B. D. Pak, *Rossiia I Koreia* [Russia and Korea] (Moscow, 2004), 337.
8. *KDC,* 15.
9. *KDC,* 17.
10. Pak, *Rossiia i Koreia,* 338-339.
11. 士貝耶積極促進俄國在韓國的利益——疏遠韓國的「進步派人士」，這群人認為高宗在俄國公使館的保護下苟活是韓國的國恥。Homer Hulbert, ed., *Korea Review* 4, no. 9 (September 1904): 416-422.

12. Stewart Lone, "Of Collaborators and Kings: The Ilchinhoe, Korean Court and Japanese Agricultural Demands during the Russo-Japanese War," *Papers on Far Eastern History*38 (1988): 103-124. 有關士貝耶驟然離開的實錄，請見*Japan Daily Mail,* April 2, 1898.
13. *KDC,* 19.
14. 一八九八年九月十三日，《獨立新聞》報導了這起事件。有關這起陰謀的精采細節，見Robert Neff, "September 11, Coffee and Russia in the 19th Century," *Korea Times,* September 9, 2018.
15. 15. Vonaliarliarsky, "Why Russia Went to War," 830.
16. Vonliarliarsky, "Why Russia Went to War" 830; *KDC,* 19.
17. *PRI,* 248-249. 總費用為八萬五千盧布，其中包括遠征行動開始之前給布里納的兩萬盧布訂金。
18. V. I. Gurko, *Features and Figures of the Past: Government and Opinion in the Reign of Nicholas II* (New York, 1970), 266-267; B. A. Romanov, *Russia in Manchuria (1892-1906)* (Leningrad, 1928), 274-275.
19. Romanov, *Russia in Manchuria,* 271.
20. Romanov, *Russia in Manchuria,* 272-273; David S. Crist, "Russia's Far Eastern Policy in the Making," *Journal of Modern History* 14, no. 3 (September 1942): 331.
21. Sergei Witte, *The Memoirs of Sergei Witte,* trans. Sidney Harcave (New York, 1990), 308.
22. E. H. Nilus, *Istoricheskii Obzor Kitaiskoi Vostochnoi Zheleznoi Dorogi, 1896-1923* [A historical survey of the Chinese Eastern Railway, 1896-1923] (Harbin, 1923), 36-37.
23. Romanov, *Russia in Manchuria,* 273.
24. Pak, *Rossiia i Koreia,* 340; Vladimir Tikhonov, "Korea in the Russian and Soviet Imagination, 1850s-1945," *Journal of Korean Studies* 21, no. 2 (Fall 2016): 393.
25. *PRI,* 242-243.

26. 引述自Crist, "Russia's Far Eastern Policy," 326.
27. *PRI,* 253-255.
28. Pak, *Rossiia i Koreia,* 348; Ian Nish, *The Origins of the Russo-Japanese War* (Essex, 1985), 140-143.
29. General Kuropatkin, "The Secret Causes of the War with Japan," *McClure's Magazine,* September 1908, 488. 關於俄國的撤軍，見一九〇三年九月十六日柔克義寫給海約翰的備忘錄：John Hay Papers, Rockhill folder, reel 9, LOC. 另見Nish, *Origins of the Russo-Japanese War,* 147-148.
30. *PRI,* 309-310.
31. *PRI,* 281-284; Park, "Russia's Policy towardsKorea," 37.
32. 根據庫羅派特金的說法，阿列克謝耶夫「一再向他保證，他完全反對別佐布拉佐夫的陰謀，並且全力阻止他們」。這全是假話。Kuropatkin, "Secret Causes," 498. 另見S. C. M. Paine, *The Japanese Empire: Grand Strategy from Meiji Restoration to the Pacific War* (Cambridge, 2017), 58.
33. 引述自David J. Dallin, *The Rise of Russiain Asia* (Hong Kong, 2008),76.
34. *PRI,* 287-288. 另見Pak, *Rossiia i Koreia,* 341; Andrew Malozemoff, "Russia's Far Eastern Policy, 1881-1904, with an emphasis on the Causes of the Russo-Japanese War"(PhD diss., University of California, Berkeley, 1952), 377.
35. *PRI,* 277.
36. Kuropatkin, "Secret Causes," 290. 另見Pak, *Rossiia i Koreia,* 342. 戰爭大臣不支持別佐布拉佐夫派對南滿與韓國抱持的侵略立場，但他依然主張俄國應維持在滿洲北部的駐軍。*PRI,* 272-273.
37. 馬德里托夫招募這些「匪徒」的行為激怒了清政府，以致清廷官員向俄國外交部提出了申訴。Ministry of Foreign Affairs. *PRI,* 287-288.
38. Dominic Lieven, *Nicholas II: Emperor of All the Russians* (London, 1994), 98. 貝薩布洛佐夫在一九〇三年八月二日（舊曆七月二十日）提交的一份報告中，表達了他對俄國國際義務的看法，流露出民族主義的自負：「國際協定與條約不應成為我們實現遠東歷史使命的阻礙。如果我們希望以國家的地位實現早該實現的目標，就不該被現行政治文書作業的這些附帶形式所威懾。」見*PRI,* 259.

39. S. Podbolotov, "Nikolai II kak russkii natsionalist" [Nikolai II as Russian nationalist], *Ab Imperio* 3 (2003): 204.
40. Podbolotov, "Nikolai II," 203-204.
41. 引述自Lieven, *Nicholas II,* 99.
42. 引述自Witte, *Memoirs,* 744.
43. Witte, *Memoirs,* 775. 維特不公正地對待拉姆斯多夫，導致後者於一九〇三年三月二十七日向沙皇遞交辭呈。見Aleksandr Aleksandrovich Savinsky, *Recollections of a Russian Diplomat* (London, 1917), 47-48.
44. Elting E. Morison, ed., *The Letters of Theodore Roosevelt,* vol. 4 (Cambridge, MA, 1951), 1085.
45. Raymond Esthus, *Theodore Roosevelt and Japan* (Seattle, 1967), 11-12; Charles E. Neu, "Theodore Roosevelt and American Involvement in the Far East, 1901-1909," *Pacific Historical Review* 35, no. 4 (November 1966): 436-437.
46. Hay to Roosevelt, May 12, 1903, 引述自Tyler Dennett, *John Hay: From Poetry to Politics* (New York, 1933), 405; 另見Edward H. Zabriskie, *American-Russian Rivalry in the Far East: A Study in Diplomacy and Power Politics, 1895-1914* (London, 1946), 65.
47. Neu, "Theodore Roosevelt," 436.
48. Morison, *Letters of Theodore Roosevelt,* 4:724. 另引述自Dennett, *John Hay,* 405.
49. 引述自Pak, *Rossiia i Koreia,* 343.
50. Foreign Office Document (FO) 350 / 3: 34-36, Jordon to Campbell, June 16, 1903, Sir Newell John Jordon Papers, NA.
51. 正如《朝日新聞》所述，一八九八年《西—羅森協定》的第三項條款也規定，「俄國不會阻礙韓國與日本進行商業、工業領域的往來」。這意味著「如果日本認為義州的開放對發展協定中所提到的關係至關重要，俄國當然保證不會提出任何反對意見」。*Japan Weekly Mail,* August 1, 1903. 見Kato Yoko, "Japan Justifies War by Way of the 'Open Door': 1903 as Turning Point," in *The Russo-Japanese War in Global Perspective: World War Zero,* vol. 2, ed. David Wolff et al. (Leiden, 2007), 206.
52. Park, "Russia's Policy towardsKorea," 38.

53. CIK, 19 kwan [12635-12641] (108), Nakamura to Seoul Japanese Embassy, May 28, 1903, http://db.history.go.kr/item/level.do?itemId=jh.

54. 見Pak, *Rossiia i Koreia,* 344-345.

55. Moon, *Populist Collaborators,* 73. 另見Marius Jansen, *The Japanese and SunYat-sen* (Cambridge, MA, 1967), 75.

56. 對露同志會成立於一九〇三年八月，其前身為近衛篤麿早期所成立的政治組織「國民同盟會」。見Rotem Kowner, *Historical Dictionary of the Russo-Japanese War* (London, 2017), 523.

57. 該事件被稱為「七博士事件」。其英文版摘要請見一九〇三年八月一日的《日本每週郵報》。另見Bryon K. Marshall, "Professor and Politics: The Meiji Academic Elite," *Journal of Japanese Studies* 3, no. 1 (Winter 1977): 86-87; John Albert White, *Diplomacy of the Russo-Japanese War* (Princeton, NJ, 1964), 319-321.

58. *Japan Weekly Mail,* June 20, 1903.

59. 小川平吉是反俄會的成員。Andrew Gordon, *Labor and Imperial Democracy in Prewar Japan* (Berkeley, 1992), 55; Kato, "Japan Justifies War," 215.

60. 引述自Kato, "Japan Justifies War," 222.

61. Kim Yun-hee,"Direction of Public Opinion during the Taehan Empire and the People's Perception of Their Era during the Period of Russo-Japanese Conflict—With a Special Focus on the *Hwangsŏng Shinmun,*" *International Journal of Korean History* 7 (February2005): 53-84. 關於《皇城新聞》積極倡議大韓帝國的泛亞洲主義，見Andre Schmid, *Korea between Empires, 1895-1919* (New York, 2002), 56-57. 關於韓國進步派人士的反俄態度，見Vladimir Tikhonov, "Images of Russia and the Soviet Union in Modern Korea,1880s-1930s: An Overview," *Seoul Journal of Korean Studies* 22, no. 2 (December 2009): 215-247.

62. Kim, "Direction of Public Opinion," 58-64. 有關門戶開放政策與鴨綠江各處港口的文章，見*Hwangsŏng shinmun,* July 16, 17, September 15, 19, 22-23, 29, 30,and October 1, 2, 29. Online access: South Korea Newspaper Archives, National Library of Korea, https://www.nl.go.kr/newspaper/index.do.

63. Kim Yun-hee, "Rŏil taeripki (1898-1904): Hwangsŏng shinmunŭi ijungjihyangsŏnggwachagangnon" [The dualistic pursuit and

self-strengthening theory of the *Hwangsong sinmun,* during Russo-Japanese rivalry, 1898-1904], *Hanguksa hakpo* 25 (November 2006):327-355.

64. Kim, "Direction of Public Opinion," 71-72. 韓相龍認為，向日本借款對韓國有利。見 Han Ik-kyo, ed., *Han Sang-nyoŭl malhanda* [Han Sang-ryongin his own words] (Seoul, 2007). 另見 Carter Eckert, *Offspring of Empire: The Koch'ang Kims and the Colonial Origins of Korean Capitalism, 1876-1945* (Seattle, 1991); Chan-sup Chang and Nahn Joo Chang, *The Korean Management System: Cultural, Political, Economic Foundations* (Westport, CT, 1994). 另見 Kim Yun-hee, "Kyŏnginjiyŏk ch'aejabongaŭi yiyunch'uku hwaldong (1897-1905)" [Profit-seeking activities of capitalists in the Seoul-Inch'ŏn area (1897-1905)] *Kodae sahakhoe* 53 (September 2003):27-53.

65. CIK, 19 kwan [12635-12641], 19 kwan (202), no. 181, Hayashi to Komura, June 27, 1903, http://db.history.go.kr/item/level.do?itemId=jh.

66. CIK, 19 kwan (169) [12635-12641], no. 167, Hayashi to Komura, June 20, 1903, http://db.history.go.kr/item/level.do?itemId=jh.

67. CIK, 19 kwan (349) [12635-12641], no. 345, Hayashi to Komura, October 7, 1903, http://db.history.go.kr/item/level.do?itemId=jh.

68. Gustav Mutel, *Mwit'el chukyo ilgi* [Bishop Mutel's diaries], vol. 3, *1901-1905*(Seoul, 2008), 241.

69. 林權助所指的協議是七月二十日韓國林業廳廳長趙成玄（Cho Song-hyŏp）與俄羅斯木材公司代表金斯伯格簽訂的協約。見"Yoshishū Shinjō to Hayashi," CIK, 19 kwan [12635-12641] (298), no. 24, July 20, 1903, http://db.history.go.kr/item/level.do?itemId=jh.

70. Park, "Russia's Policy towardsKorea," 39. 八月十二日，高宗暗中向巴布羅福洩露林權助的聲明內容。Pak, *Rossiia i Koreia,* 348.

71. 見 *Hochi Shimbun,* October 4, 1903; *Japan Daily Mail,* October 10, 1903.

72. FO 350 / 3 34-37-40, Jordon to Campbell, July 8, 1903, Sir Newell John Jordon Papers, NA.

73. FO 350 / 3 34-37-40, Jordon to Campbell, August 20, 1903, Sir Newell John Jordon Papers, NA.

74. Park, "Russia's Policy towards Korea," 40-41.

75. CIK, 21 kwan [12820-12822] (349), no. 354, Hayashi to Mutsu, October 7, 1903, http://db.history.go.kr/item/level.do?itemId=jh.

76. 這包括「日本有權在韓國採取保護其利益所需的措施，俄國在滿洲亦是如此」。*CRNJR,* 8.

77. *CRNJR,* 22-23.

78. Igor V. Lukoyanov, "Russia and Japan in the Late 19th to 20th Centuries: The Road to War and Peace," in *A History of Russo-Japanese Relations: Over Two Centuries of Cooperation and Competition,* ed. Dmitry V. Streltsov and Shimotomai Nobuo (Leiden, 2019), 67.

79. *CRNJR,* 28-29.

80. Ian Nish, *Origins of the Russo-Japanese War* (London, 1985), 185-186; Lukoyanov, "Russia and Japan," 68. 盧科揚諾夫（Lukoyanov）稱會議於十月三十一日舉行。尼許提供的日期與報紙的資料相符，因此我採用了他所說的日期。

81. *Japan Weekly Mail,* October 17, 1903.

82. *Japan Weekly Mail,* November 28, 1903.

83. NARA, RG 59, M-134, roll 20, Gordon Paddock [Acting Director of the U.S. Mission in Seoul] to John Hay, November 19, 1903.

84. NARA, RG 59, M-134, roll 20, Horace Allen to John Hay, January 2, 1904.

85. CIK, 21 kwan [12820-12822] (271), no. 268, Hayashi to Komura, August 26, 1903; CIK, 23 kwan [12826-12828] (56), no. 59, Hayashi to Komura, October 27, 1903, http://db.history.go.kr/item/level.do?itemId=jh.

86. CIK, 21 kwan [12820-12822] (271), no. 268, Hayashi to Komura, August 26, 1903, http://db.history.go.kr/item/level.do?itemId=jh. 另見Morinosuke Kajima, *The Diplomacy of Japan, 1894-1922,* vol. 2 (Tokyo, 1978), 128-129.

87. Park, "Russia'sPolicy towardsKorea," 50.

88. 引述自Pak, *Rossiia i Koreia,* 361. 安連提出了相反的觀點，他在信中寫道：「日本樂見高宗在俄國議會避難，如此便可宣布他退位，並接管韓國政府。」NARA, RG 59, M-134, roll 20, Allen to Hay, January 2, 1904.

89. 十一月二十五日，拉姆斯多夫告訴栗野慎一郎，由於「妻子右耳發炎」，他無法赴會，這個明顯的推辭無疑更是惹惱日方。*CRNJR,* 37-39. 另見Kobe Chronicles, *A Diary of the Russo-Japanese War,* pt. 5 (Kobe, 1904), 102.

90. *CRNJR,* 41-42.
91. FO 305 / 3 [December 19, 1903-December 8, 1904], Jordon to Campbell, December 19, 1903, Sir Newell John Jordon Papers, NA.
92. NARA, RG 59, M-134, roll 20, Allan to Hay, January 2, 1904.
93. FO 350 / 3 [December 19, 1903-December 8, 1904], Jordon to Campbell, January 1, 1904, Sir Newell John Jordon Papers, NA.
94. Komura to Kurino, December 12, 1904, no. 34, in Kobe Chronicles, *Diary of the Russo-Japanese War,* pt. 5, 103; White, *Diplomacy,* 120-121; Nish, *Origins of the Russo-Japanese War,* 203. 另見*CRNJR,* 46-47.
95. *CRNJR,* 47-49. 另見White, *Diplomacy,* 122-123.
96. Ian Nish, "Korea, Focus of Russo-Japanese Diplomacy," *Asian Studies* 4, no. 1 (April 1966): 83.
97. Paul Bushkovitch, "The Far East in the Eyes of the RussianIntelligentsia, 1830-1890," Richard Stites, "Russian Representations of the Japanese Enemy," Tatiana Filippova, "Images of the Foe in the Russian Satirical Press," and Barry P. Scherr, "The Russo-Japanese War and the Russian Literary Imagination," all in Steinberg et al., *Russia-Japanese War in Global Perspective,* 348-363, 395-410, 411-424, 425-446. 另見Rosamund Barlett, "Japonism and Japanophobia: The Russo-Japanese War in Russian Cultural Consciousness," *Russian Review* 67, no. 1 (January 2008): 8-33.
98. 關於栗野慎一郎與拉姆斯多夫在日俄斷交前的最後通信，見*CRNJR,* 55-56.
99. Horace Allen, "Resume of Chief Events," Horace Newton Allen Papers, 1883-1923, no. 9, box 4B, New York Public Library.
100. 高宗不顧英國，日本與美國的要求，最終決定不開放鴨綠江各處港口。Pak, *Rossiia i Koreia,* 361.
101. Savinsky, *Recollections,* 73; Bernard Pares, *The Fall of the Russian Monarchy: A Study of the Evidence* (New York, 1939), 56-57. 另見Malozemoff, *Russian Far Eastern Policy,* 243.
102. Pak Chon-Khe [Pak Chonghyo], *Russko-iaponskaya voina 1904-1905 gg i Koreia* [The Russo-Japanese War of 1904-1905 and Korea] (Moscow, 1997), 158. 另見J. Kefeli, B.Bock, B. Dudorov, V. Berg, et al., *Port-Artur: Vospominanii uchastnikov* [Port Arthur: Memories of the participants] (New York, 1955), 92. 京城／漢城日僑協會會長中井錦城指出，傳言太平洋艦隊離開煙台時，人們猜測其將前往仁川，引發了社會對韓國士兵有可能起而反抗日本的恐懼。見Nakai Kinjō, *Nakai Chōsen*

kaikoroku [Memoir ofChosen] (Tokyo, 1915), 90-92.

103. 小村壽太郎於二月五日下午二時十五分（東京時間）向栗野慎一郎發出這兩封電報，*CRNJR,* 56-61. 另見Morinosuke Kajima, *The Diplomacy of Japan, 1894-1922,* vol. 1 (Tokyo, 1978), 154. 。拉姆斯多夫後來向栗野說道，日本終止談判與斷絕外交關係的決定令沙皇尼古拉二世措手不及。見*JapanTimes,* March 10, 1904.

第十七章　大韓帝國戰爭

1. 引述自Julian S. Corbett, *Maritime Operations in the Russo-Japanese War, 1904-1905,* 2 vols. (Annapolis, MD, 2015), 2: 383.
2. Corbett, *Maritime Operations,* 2: 383.
3. Corbett, *Maritime Operations,* 1: 66-67; Ian Nish, "Korea: Focus of Russo-Japanese Diplomacy, 1893-1903," *Asian Studies* (Manila) 4, no. 1 (April 1966): 70-83.
4. Alfred Mahan, "Retrospect upon the War between Japan and Russia," in *Naval Administration and Warfare: Some General Principles, with Other Essays* (Boston, 1908), 145.
5. V. K. Vitgeft, "War-Plan for Naval Forces of the Pacific Ocean in 1903," May 3, 1903, 引述自Corbett, *Maritime Operations,* 2: 399-403.
6. Nicholas Papastratigakis with Dominic Lieven, "The Russian Far Eastern Squadrons Operational Plans," in *The Russo-Japanese War in Global Perspective: World War Zero,* vol. 1, ed. John W. Steinberg et al. (Leiden, 2005), 224.
7. Pak Chon-Khe [Pak Chonghyo], *Russko-iaponskaya voina 1904-1905 gg i Koreia* [The Russo-Japanese War of 1904-1905 and Korea] (Moscow, 1997), 155.
8. 儘管一九〇四年一月當局採取措施增加鐵路運量，但進展非常緩慢。見E. H. Nilus, *Istoricheskii obzor Kitaiskoi vostochnoi zheleznoi dorogi, 1896-1923 gg* [A historical survey of the Chinese Eastern Railway, 1896-1923] (Harbin, 1923), 292-297.
9. *Taglishe Runschau,* February 16, 1905. Also *Japan Times,* March 15, 1904.
10. J. Kefeli, B. Bock, B. Dudorov, V. Berg, et al., *Port-Artur: Vospominaniya uchastnikov* [Port Arthur: Memories of the participants]

(New York, 1955), 52-53.

11. Pak, *Russko-iaponskaya voina,* 161-162; Corbett, *Maritime Operations,* 1:60.

12. 馬卡洛夫於一九〇四年二月八日寫給阿維蘭（Avellan）的信全文轉載於Corbett, *Maritime Operations,* 2: 409-410.

13. Pak, *Russko-iaponskaya voina,* 155-156.

14. Nagayo Ogasawar, *Life of Admiral Togo* (Tokyo, 1934), 194; Corbett, *Maritime Operations,* 1:61; Pak, *Russko-iaponskaya voina,* 155-156.

15. 引述自Pak, *Russko-iaponskaya voina,* 157; Corbett, *Maritime Operations,* 1: 62.

16. 二月六日，就在栗野訪問拉姆斯多夫以宣布斷交的同一天，公使羅森男爵收到小村發送的斷交通知。見John Albert White, *The Diplomacy of the Russo-Japanese War* (New Jersey, 1964), 129; Pak, *Russko-iaponskaya voina,* 160-161; Corbett, *Maritime Operations,* 1:86-87.

17. 《紐約先驅報》歐洲版於二月十六日刊登了一篇報導，標題為〈韓國所有電線均被切斷。日本電線阻擋所有密碼訊息〉（All Corean Wires Cut. All Code Messages Refused over Japanese Wires）。見Margaret Maxwell, "The Changing Dimension of a Tragedy: The Battle of Chemulpo," *Historian* 39, no. 3 (May 1977): 491. 俄國反應不一致的部分原因可能是，聖彼得堡發出的所有通信都要透過煙台領事館的工作人員。Kefeli et al., *Port-Artur,* 91.

18. 引述自Pak, *Russko-iaponskaya voina,* 162.

19. 引述自Maxwell, "Changing Dimension," 492.

20. NARA, RG 59, M-134, roll 20, Allen to Hay, January 12, 1904.

21. "The Fighting at Chemulpo," *North China Daily,* March 11, 1904.

22. "The Fighting at Chemulpo," *North China Daily,* March 11, 1904.

23. FO 305 / 3 [December 19, 1903-December 8, 1904], Jordon to Campbell, February 15, 1904, Sir Newell John Jordon Papers, NA.

24. NARA, RG 59, M-134, roll 20, Allen to Hay, February 12, 1904.

25. 見Bella Park, "Rossiyskaya Diplomatiya i Koreya nakanunye i v gody Russko-Yaponskoivoiny" [Russian diplomacy and Koreaon

the eve of and during the Russo-JapaneseWar of 1904-1905], *Oriental Studies* 41, no. 1 (2019): 21-22. 另見Dmitri B.Pavlov, "The Russian'Shanghai Service'in Korea, 1904-05," *Eurasian Review* 4 (November2011): 1-10.

26. *ERJW,* 4-5. 另見H. W. Wilson, *Japan's Fight for Freedom,* vol. 1 (London, 1904), 302-303.

27. NARA, RG 59, M-134, roll 20, Allen to Hay, February 22, 1904; *ERJW,* pt. 2, 4. 令人震驚的是，軍令部在未與東鄉平八郎上將協商的情況下就決定在仁川登陸。見Corbett, *Maritime Operations,* 1:126.

28. Nakai Kitarō, *Chōsen kaikō roku* [Memoir of Chosen] (Tokyo, 1915), 98-99. 士兵的住房也有問題。許多日僑讓士兵寄住家中，像中井喜太郎本身就收留了八名士兵（103）。另見Peter Duus, *The Abacus and the Sword: The Japanese Penetration of Korea, 1895-1910* (Berkeley, 1995), 55-56.

29. Wilson, *Japan's Fight,* 1: 302.

30. NARA, RG 59, M-134, roll 20, Allen to Hay, February 22, 1904.

31. Kobe Chronicles, *A Diary of the Russo-Japanese War,* 2 vols., vol. 1, pt. 2 (Kobe, 1904), 54.

32. Pak, *Russko-iaponskaya voina,* 180.

33. Horace Allen notes, February 15, 1905, Horace Newton Allen Papers, box 3, letterpress copy books no. 1-2, New York Public Library.

34. Hwang-hyŏn, *Yŏkju Maech'ŏn yarok* [Translation with commentary of the unofficial records of Maecheon], vol. 2 (Seoul, 2005), 156-159. 這本著作經林弘泰（Lim Hyong-t'aek）翻譯成現代韓文版。整體而言，該名作者的戰爭著作反俄立場濃厚。

35. *ERJW,* pt. 3, 78.

36. *ERJW,* pt. 2, 5. 另見Tani Hisao, *Kimitsu Nichi-Ro Senshi* [Confidential history of the Russo-Japanese War] (Tokyo, 1966), 141-143.

37. Kobe Chronicles, *Diary,* vol. 1, pt. 3, 72.

38. NARA, RG 59, M-134, roll 20, Report of Brigadier General Henry T. Allen, March 31, 1904.

39. Bruce W. Menning, *Bayonets before Bullets: The Imperial Russian Army, 1861-1914* (Bloomington, IN, 1992), 153-154.

40. Anton Denikin, *The Career of a Tsarist Officer: Memoirs, 1872-1916,* trans. Margaret Patoski (Minneapolis, 1975), 104-105; Francis McCullagh, *With the Cossacks: Being the Story of an Irishman Who Rode with the Cossacks throughout the Russo-Japanese War* (London, 1906), 121-122.
41. Denikin, *Career of a Tsarist Officer,* 104.
42. General Kuropatkin, *The Russian Army and the Japanese War,* vol. 2 (New York, 1909), 207-208.
43. Kuropatkin, *Russian Army,* 2: 209.
44. Menning, *Bayonets before Bullets,* 172.
45. Kuropatkin, *Russian Army,* 2: 209-211; Denis Warner and Peggy Warner, *The Tide at Sunrise: A History of the Russo-Japanese War, 1904-1905* (London, 1974), 253-255.
46. Pak, *Russko-iaponskaya voina,* 190-191. 就在庫羅派特金動身前往前線之前，他向某個密友傾訴：「第一個月，人們說我不積極。第二個月，他們會說我無能。第三個月，他們會罵我是叛徒，因為到了那時，我們肯定會遭受嚴重挫敗。讓他們罵吧！我不在乎。我拒絕採取攻勢，直到我軍在人數上取得壓倒性優勢。這至少要等到七月。」*Japan Times,* July 19, 1904.
47. Warner and Warner, *The Tide at Sunrise,* 257.
48. George Alexander Lensen, *The Russo-Chinese War* (Tallahassee, FL, 1967), 10, 18.
49. Lensen, *Russo-Chinese War,* 206.
50. Pak, *Russko-iaponskaya voina,* 191.
51. Ian Hamilton, *A Staff Officer's Scrap Book during the Russo-Japanese War,* vol. 1 (London, 1906), 82; Pak, *Russko-iaponskaya voina,* 200.
52. Hamilton, *Staff Officer's Scrap Book,* 1:83-85. 漢彌爾頓是隨同日軍駐滿洲的英國軍官，他是最早發表戰爭記述的西方觀察家之一。其著作被奉為經典。
53. NARA, RG 59, M-134, roll 20, Sharrock to Allen, 4 / 6 1904; Pak, *Russkoiaponskaya voina,* 197.

54. Hamilton, *Staff Officer's Scrap Book,* 1: 84-85.
55. Hamilton, *Staff Officer's Scrap Book,* 1: 86.
56. Tani Hisao, *Kimitsu Nichi-Ro Senshi,* 146.
57. Wilson, *Japan's Fight,* 1: 419.
58. Hamilton, *Staff Officer's Scrap Book,* 1:87-88.
59. *ERJW,* 2: 7-8.
60. Hamilton, *Staff Officer's Scrap Book,* 1:99; Warner and Warner, *The Tide at Sunrise,* 264; Hamilton, *Staff Officer's Scrap Book,* 1: 259.
61. *Japan Weekly Mail,* May 14, 1904.
62. Hamilton, *Staff Officer's Scrap Book,* 1: 106.
63. Hamilton, *Staff Officer's Scrap Book,* 1: 106.
64. Hamilton, *Staff Officers Scrap Book,* 1: 103.
65. *Japan Weekly Mail,* May 14, 1904.
66. 俄國軍隊方面，見Pak, *Russko-iaponskaya voina,* 200.
67. Warner and Warner, *The Tide at Sunrise,* 82.
68. *ERJW,* 2: 11.
69. Hamilton, *Staff Officer's Scrap Book,* 1: 125-126.《科利爾週刊》（*Collier's Weekly*）的戰地記者弗雷德里克・帕爾默（Frederick Palmer）將當時的場景描述為一場「屠殺」。Palmer, *With Kuroki in Manchuria* (New York, 1904), 93-94.
70. David Campbell, *Russian Soldier versus Japanese Soldier, Manchuria, 1904-05* (London, 2019), 40. 第一軍醫療隊所列出的鴨綠江傷亡人數（陣亡及受傷）如下：衛兵團一百三十二人，第二師兩百五十人，第十二師三百一十六人，共計七百〇八人。這個數字若加上在戰事中的死傷人數，大約多出三百人。*North China Herald,* May 20, 1904; Warner and Warner, *The Tide at Sunrise,* 268.

71. Alfred Stead, "The War in the Far East," *Fortnightly Review,* June 1904, 956.
72. B. D. Pak, *Rossiia i Koreia* [Russia and Korea] (Moscow, 2004), 365; Park, "Rossiyskaya Diplomatiya," 22.
73. Pavlov, "Russian 'Shanghai Service,'" 3.
74. Park, "Rossiyskaya Diplomatiya," 22; Pavlov, "Russian' Shanghai Service,'" 2. 另 見Evgeny Sergeev, *Russian Military Intelligence in the War with Japan, 1904-04: Secret Operations on Land and at Sea* (London, 2007), 79.
75. Pavlov, " 'Russian Shanghai Service,'" 4-5.
76. Pak, *Russko-iaponskaya voina,* 211-212.
77. Duus, *Abacus and the Sword,* 121; Andre Schmid, *Korea between Empires, 1895-1919* (New York, 2002), 47-48.
78. Chŏng Kyo, *Taehan kyenyŏ sa* [Chronological history of Taehan], vol. 2 (Seoul, 1957), 174.
79. 弗拉基米爾・吉洪諾夫指出，日本廣泛宣揚的仇俄看法在一八八〇、九〇年代也得到眾多親日韓國改革者的認同。Vladimir Tikhonov, "Images of Russia and the Soviet Union in Modern Korea, 1880s-1930s: An Overview," *Seoul Journal of Korean Studies* 22, no. 2 (December 2009): 215-247; Yu Yŏng-nyul, "Kaehwa chisigin Yun Ch'i-ho ŭi Rŏsia insik" [Yun Ch'i-ho's perception of Russia in the Enlightenment period], *Han'guk minjok undongsa yŏng'gu* 41 (2004): 94-121.
80. Vipan Chandra, "Sentiments and Ideology in the Nationalism of the Independence Club (1896-1898)," *Korean Studies* 10 (1986): 23.
81. Vladimir Tikhonov, *Modern Korea and Its Others: Perceptions of the Neighboring Countries and Korean Modernity* (New York, 2016), 27-28.
82. Chandra, "Sentiments and Ideology," 23; Yumi Moon, *Populist Collaborators: The Ilchinhoe and the Japanese Colonization of Korea, 1896-1910* (Ithaca, NY, 2013); Carl F. Young, *Eastern Learning and the Heavenly Way: The Tonghak and Ch'ŏndogyo Movements and the Twilight of Korean Independence*(Honolulu, 2012); Schmid, *Korea between Empires.*
83. 引述自Tikhonov, *Modern Korea,* 28.
84. Homer Hulbert, *The Passing of Korea* (New York, 1906), 215; Duus, *Abacus and the Sword,* 367-368.

85. Hwang Hyŏn, *Maech'ŏn yarok,* 184-185.

86. Gustav Mutel, *Mwit'el chungo ilgi* [Bishop Mutel's journals], vol. 3, *1901-1905* (Seoul, 1986), 365; Hwang Hyŏn, *Maech'ŏn yarok,* 195-196.

87. CIK, 23 kwan (541) [12826-12828], no. 686, Hayashi to Komura, September 23, 1904, http://db.history.go.kr/item/level.do?setId=146&itemId=jh&synonym=off&chinessChar=on&page=1&pre_page=1&brokerPagingInfo=&position=34&levelId=jh023r0020_5140.

88. Moon, *Populist Collaborators,* 86.

89. CIK, 22 kwan (76) [12651], no. 38, Yi Chung-ha [Provincial Governor of P'yŏngando] to the Uˇijŏngbu, September 17, 1904, http://db.history.go.kr/item/level.do?setId=978&itemId=jh&synonym=off&chinessChar=on&page=1&pre_page=1&brokerPagingInfo=&position=7&levelId=jh022r00300760.

90. Young, *Eastern Learning,* 34.

91. 見Ōhigashi Kunio, *Ri Yōkyū no shōgai: Zenrin yūkō no sho ichinen o tsuranuku* [The life of Yi Yong-gu: Sticking to the original intention of maintaining good friendship with neighbors] (Tokyo, 1960), 31.

92. 見Yumi Moon, "From Periphery to a Transnational Frontier: Popular Movements in the Northwestern Provinces, 1896-1904," in *The Northern Regions of Korea: History, Identity, and Culture,* ed. Sun Joo Kim (Seattle, 2010), 184.

93. Moon, *Populist Collaborators,* 86; Young, *Eastern Learning,* 54, 62; Vipan Chandra, "An Outline Study of the Ilchinoe (Advancement Society) of Korea," *Occasional Papers on Korea* 2 (March 1974): 43-72.

94. 李容九有多個化名（李尚玉、李畢宇及李萬植），曾於一八九四年十月的東學黨起義中擔任全琫準的副手。與孫秉熙一同待在日本的期間，他深受孫中山親日改革主義思想的影響。樽井藤吉的著作《大東合邦論》（一八九三年出版）對李容九參與日俄戰爭的決定產生了重大影響。見Ōhigashi Kunio, *Ri Yokyu no shogai,* 31-40. 另見Moon, *Populist Collaborators,* 150-152.

95. CIK, 22 kwan (2) [1291], Yokata Saburō to Hayashi Gonsuke, October 1, 1904,http://db.history.go.kr/item/level.do?setId=978&ite

mId=jh&synonym=off&chinessChar=on&page=1&prepage=1&brokerPagingInfo=&position=19&levelId=jh022r0120_0020.

96. CIK, 22 kwan (2) [1291], Yokata Saburō to Hayashi Gonsuke, October 15, 1904,http://db.history.go.kr/item/level.do?setId=978&itemId=jh&synonym=off&chinessChar=on&page=1&pre_page=1&brokerPagingInfo=&position=19&levelId=jh022r0120_0020.

97. CIK, 22 kwan (2) [1291], Yokata Saburō to Hayashi Gonsuke, October 15, 1904,http://db.history.go.kr/item/level.do?setId=978&itemId=jh&synonym=off&chinessChar=on&page=1&pre_page=1&brokerPagingInfo=&position=19&levelId=jh022r01200020. 這兩個團體於一九〇四年十二月二日正式合併；見Young, *Eastern Learning,* 79. 黃玹對一進會抱持懷疑態度，聲稱該組織成立之初，其成員們「欺騙人民」，允諾他們可「在中央與地方政府中擔任官職，以感念他們的貢獻」。Hwang Hyŏn, *Maech'on Yarok,* 4:198.

98. CIK, 21 kwan (34) [12655], no. 598, Chief of Staff of the Korean Army in Korea,Ochiai Tyosaburo, to Hayahsi, November 22, 1904, http://db.history.go.kr/item/level.do?setId=978&itemId=jh&synonym=off&chinessChar=on&page=1&pre_page=1&brokerPagingInfo=&position=5&levelId=jh021r00700340.

99. 十月份投入鐵路建設的一進會成員人數為黃海道一萬一千五百一十四人，平安南道六萬四千七百九十九人。平安北道七萬兩千九百人，共計十四萬九千兩百一十三人。見Ōhigashi Kunio, *Ri Yokyu no shogai,* 45-46.

100. CIK, 22 kwan (4), no. 58 [12914], Vice Council of Chinnamp'o Someya Nariaka to Hayashi, November 12, 1904, http://db.history.go.kr/item/level.do?setId=978&itemId=jh&synonym=off&chinessChar=on&page=1&pre_page=1&brokerPagingInfo=&position=17&levelId=jh022r01100040.

101. CIK, 25 kwan (1), no. 1 [12630], Komura to Hayashi, January 10, 1905. 宋秉畯將此信寄給了松石安治。小村壽太郎拿到副本並轉寄給林權助。http://db.history.go.kr/item/level.do?setId=146&itemId=jh&synonym=off&chinessChar=on&page=1&pre_page=1&brokerPagingInfo=&position=73&levelId=jh025r0100_0010.

102. Young, *Eastern Learning,* 81.

103. 約有十一萬五千名成員在韓國北部協助運輸軍用物資，從東北岸的成晉（Songchin，音譯）運往滿洲。大部分的鐵路建設費用都由一進會成員支付，不過有些人確實領取了日本當局發放的「雇傭費」。Ōhigashi Kunio, *Ri Yōkyū no shōgai,* 44.

104. 關於韓國駐屯軍，見Tani Hisao, *Kimitsu Nichi-Ro Senshi,* 555-556. 另見Park, "Rossiyskaya Diplomatiya," 24.

105. NARA, RG 59, M-134, roll 2. Allen report on the Korean Ilchinhoe Society, O1904. 尹致昊評論道，鎮壓一進會的行動使高宗備受民怨：「今天〔一九〇四年十二月十九日〕，一進會搬進了新總部。士兵和警察試圖驅趕他們。十一名一進會成員受了傷，〔但〕日本的憲兵與士兵代表一進會進行調停。此刻民眾憎恨〔高宗〕到了極點，看來樂見任何會令他感到羞恥又失望的事情發生。沒有什麼比徹底廢黜他更能滿足人們的正義感或厭惡感了。」Song Pyŏng-gi, ed., *Yun Ch'i-ho ilgi* [Diary of Yun ch'i-ho], vol. 6, *1903-1906* (Yonsei Taehakkyo ch'ulp'ansa, 2011), 80. CIK, 22 kwan (47), no. 114 [12790], Hayashi to Komura, November 26, 1904, http://db.history.go.kr/item/level.do?setId=978&itemId=jh&synonym=off&chinessChar=on&page=1&pre_page=1&brokerPagingInfo=&position=23&levelId=jh022r01300470.

106. Moon, *Populist Collaborators,* 101-102.

107. *Yun Ch'i-ho Ilgi,* 6:79-80.

108. CIK, 23 kwan (357), no. 357 [12823-12825], Komura to Hayashi, December 30, 1904. 這些報告顯示，一進會在很大程度上是一系統性的韓國組織，而不是由日本人成立的組織。http://db.history.go.kr/item/level.do?setId=978&itemId=jh&synonym=off&chinessChar=on&page=1&pre_page=1&brokerPagingInfo=&position=27&levelId=jh023r00103570.

109. Hayashi to Komura, November 26, 1904. 另見Hwang Hyŏn, *Maech'ŏn yarok,* 197-198. 自一九〇四年十一月起，保守的地方菁英開始一致攻擊一進會；見 Moon, *Populist Collaborators,* 199.

110. CIK, 23 kwan (592), no. 793 [12826-12828], Hayashi to Komura, December 31, 1904, http://db.history.go.kr/item/level.do?setId=158&itemId=jh&synonym=off&chinessChar=on&page=1&pre_page=1&brokerPagingInfo=&position=41&levelId=jh023r0020_5920.

111. 一進會與日方的密切關係並未得到韓國社會其他群體的認同。儒家學者成立了一個名為彰義會（Ch'angŭihoe）的組織，以打擊日本的改革努力，「消滅一進會」。見CIK, 26 kwan (4) [12917], no. 4, Miura Yagorō to Hayashi, March 29, 1905, http://db.history.go.kr/item/level.do?setId=146&itemId=jh&synonym=off&chinessChar=on&page=1&pre_page=1&brokerPagingInfo=&position=118&levelId=jh026r00500040; 在高宗統治時期發揮了舉足輕重作用的儒學學者崔益鉉，很可能是其中一

員。Moon, *Populist Collaborators,*66; Han Woo-Keun, *The History of Korea*(Seoul, 1970), 432.

第十八章　滿洲戰爭

1. Lieutenant-General N. A. Tretyakov, *My Experiences at Nan Shan and Port Arthur with the Fifth East Siberian Rifles,* trans. A. C. Alford (London, 1911), 21; H. W. Wilson, *Japan's Fight for Freedom,* 3 vols. (London, 1904), 2:491.
2. Tretyakov, *My Experiences,* 4-5, 20.
3. Denis Warner and Peggy Warner, *The Tide at Sunrise: A History of the Russo-Japanese War, 1904-1905* (London, 1974), 288-290.
4. Tretyakov, *My Experiences,* 22-23.
5. Ishimitsu Makiyo, *Bōkyō no Uta* [Songs of nostalgia] (Tokyo 2018), 18.
6. Reviel Netz, *Barbed Wire: An Ecology of Modernity* (Middletown, CT, 2009), 107; Felix Patrikeeff and Harold Shukman, *Railways and the Russo-Japanese War: Transporting War* (London, 2007), 68-69.
7. Warner and Warner, *The Tide at Sunrise,* 291.
8. Ishimitsu, *Bōkyō no Uta,* 18.
9. 日本步兵團依照德國的「氣勢」準則大舉進攻。J. W. Westwood, *Russia against Japan, 1904-1905: A New Look at the Russo-Japanese War* (New York, 1986), 126-127.
10. Ishimitsu, *Bōkyō no Uta,* 19.
11. Ishimitsu, *Bōkyō no Uta,* 19.
12. Warner and Warner, *The Tide at Sunrise,* 294.
13. History Net, "Russo-Japanese War: Japan's First Big Surprise," https://www.historynet.com/russo-japanese-war-japans-first-big-surprise.htm.
14. Tretyakov, *My Experiences,* 53.
15. Ishimitsu, *Bōkyō no Uta,* 21.

16. Tretyakov, *My Experiences,* 60.
17. Ishimitsu, *Bōkyō no Uta,* 22-25; E. K. Nojine, *The Truth about Port Arthur,* trans. Captain A. B. Lindsay, ed. Major E. D. Swinton (New York, 1908), 81-82.
18. Tretyakov, *My Experiences,* 66.
19. Rotem Kowner, *Historical Dictionary of the Russo-Japanese War* (London, 2017), 251. 甲午戰爭的「官方」軍事統計資料顯示，死於霍亂與痢疾等疾病的日兵多於戰死的士兵。見Kyu-hyun Kim, "Sino-Japanese War (1894-1895): Japanese National Integration and Construction of the Korean Other," *International Journal of Korean History* 17, no. 1 (February 2012): 20.
20. Ishimitsu, *Bōkyō no uta,* 19; Warner and Warner, *The Tide at Sunrise,* 296-297.
21. 羅特姆・龔納（Rotem Kowner）指出，日軍有七百三十九人陣亡，五千四百五十九人受傷。其他資料顯示，日軍在南山的傷亡人數為四千兩百〇四名士兵。見Kowner, *Historical Dictionary,* 251; Wilson, *Japan's Fight,* 2: 596.
22. Tadayoshi Sakurai, *Human Bullets* (London, 1999), 54-55.
23. General Kuropatkin, *The Russian Army and the Japanese War,* 2 vols. (New York, 1909), 2: 257; *Japan Times,* May 18, 1904.
24. *Japan Times,* April 3, 1904.
25. Kuropatkin, *Russian Army,* 2: 217-218.
26. Wilson, *Japan's Fight,* 2: 204.
27. Yoshihisa Tak Matsusaka, "Human Bullets, General Nogi, and the Myth of Port Arthur," in *The Russo-Japanese War in Global Perspective: World War Zero,* vol. 1, ed. John Steinberg et al. (Leiden, 2005), 179-201; Doris G. Bargen, *Suicidal Honor: General Nogi and the Writings of Mori Ōgai and Natsume Sōseki* (Honolulu, 2006), 49-50.
28. Kuropatkin, *Russian Army,* 2: 214-215.
29. Frederick McCormick, *The Tragedy of Russia in Pacific Asia,* vol. 1 (New York, 1905), 129.
30. 日軍死傷人數為一千一百六十三名。Wilson, *Japan's Fight,* 2: 263. 羅特姆・龔納認為，俄國至少有三千五百人陣亡、受傷或失蹤。Kowner, *Historical Dictionary,* 374.

31. Kuropatkin, *Russian Army,* 2:258
32. 《中華時報》（*China Times*）刊登了阿列克謝耶夫的聲明，隨後將中文原文譯成英文。見*Japan Times,* June 26, 1904.
33. *Japan Times,* June 26, 1904.
34. Keith Stevens, "Between Scylla and Charybdis: China and the Chinese during the Russo-Japanese War," *Journal of the Hong Kong Branch of the Royal Asiatic Society* 43 (2003): 132.
35. *Japan Times,* April 12, 1904. 另見Roy V. Mager, "John Hay and American Traditions in China," *Social Science* 4, no. 3 (May-July 1929): 310.
36. Ian Nish, "Japanese Intelligence, 1894-1922," in *The Collected Writings of Ian Nish,* pt. 2 (Tokyo, 2001), 149-165; Inaba Chiharu and Rotem Kowner, "The Secret Factor: Japanese Network of Intelligence-Gathering on Russia during the War," in *Rethinking the Russo-Japanese War, 1904-5,* vol. 1, *Centennial Perspectives,* ed. Rotem Kowner (Leiden, 2007), 78-92.
37. Tani Hisao, *Kimitsu Nichi-Ro Senshi* [Confidential history of the Russo-Japanese War] (Tokyo, 1966), 669. 另 見Warner and Warner, *The Tide at Sunrise,* 355.
38. Nish, "Japanese Intelligence," 152. 福島安正十六歲時曾參加戊辰戰爭（一八六八年—一八六九年），後來在薩摩藩叛亂期間擔任報社記者及英語翻譯。一八七八年，他獲得山縣有朋的賞識，出任情報總長，開啟了軍官生涯。福島因隻身騎馬從柏林經西伯利亞、滿洲到日本的史詩之旅而聞名於世。他從未實際帶兵，因出色的情報表現而晉升參謀，參與了甲午戰爭、義和團運動以及日俄戰爭。
39. 法國將軍亨利・弗雷（Henri Frey）在著作中特別提到日本情報部門在一九〇〇年行動中的表現。見他所著的*Francais et Allies au Pe-Tchi-li: Campaign de Chine de 1900* (Paris, 1904), 84-88.
40. 新軍也被稱為新建陸軍。見Chi Hsi-sheng, *Warlord Politics in China, 1916-1928* (Stanford, CA, 1976), 13-14.
41. Tani, *Kimitsu Nichi-Ro Senshi,* 673.
42. Tani, *Kimitsu Nichi-Ro Senshi,* 280.
43. A. R. Colquhoun, "China in Transformation and the War," *North American Review* 179 (July 1904): 574-575. 另見Patrick Fuliang

Shan, *Yuan Shikai: A Reappraisal* (Vancouver, 2018); Stephen R. MacKinnon, *Power and Politics in Late Imperial China: Yuan Shi-kai in Beijing and Tianjin, 1901-1908* (Berkeley, 1980); Jerome Chen, *Yuan Shi-kai, 1859-1916* (London, 1961).

44. *Japan Times,* April 12, 1904.

45. *Japan Times,* March 9, 1904; *Japan Times,* January 24, 1905.

46. Tani, *Kimitsu Nichi-Ro Senshi,* 674.

47. Tani, *Kimitsu Nichi-Ro Senshi,* 673-674.

48. 一名士兵寫道：「我們從中央廚房領取米飯（七成是稻米，三成是小麥）。我們自己煮配菜，每五天領一次口糧。今天的菜色是：每人一隻半雞、肉、洋蔥、牛肉罐頭、鰹魚片、凍豆腐、本地豆腐、炸醃漬沙丁魚及海菜。早餐（定額配給）有醃菜、醬油、味噌粉、加了糖和清酒的味噌、糖、鹽等。每次領到的口糧都不一樣。同住一個房間的四到五名士兵想吃什麼就自己煮……我們有時甚至還做甜點來吃。」Ōe Shinobu, *Heishitachi no nichiro sensō: 500-tsū no gunji yūbin kara* [Soldiers of the Russo-Japanese War: Through 500 military letters] (Tokyo, 1988), 195.

49. Tani, *Kimitsu Nichi-Ro Senshi,* 676-677.

50. Tani, *Kimitsu Nichi-RoSenshi,* 675.

51. Nish, "Japanese Intelligence," 151-152. 另見Chiharu and Kowner, "The Secret Factor."

52. Ian Nish, "Japanese Intelligence," 156; Akashi Motojirō, *Rakka Ryūsui: Colonel Akashi's Report on His Secret Cooperation with Russian Revolutionary Parties during the Russo-Japanese War,* selected chaps. trans. Inaba Chiharu, ed. Olav K. Falt and Antti Kujala (Helsinki, 1988).

53. Tani, *Kimitsu Nichi-Ro Senshi,* 255. On Polish participation, 見McCormick, *Tragedy of Russia,* 1: 265-266.

54. 一九〇四年七月二十八日，內政大臣維亞切斯拉夫・馮・普列夫（Vyacheslav von Plehve）在聖彼得堡遭刺客炸死。見V. I. Gurko, *Features and Figures of the Past: Government and Opinion in the Reign of Nicholas II,* trans. Laura Matveev (New York, 1970), 253-254.

55. A. Votinov, *Iaponskoi Shpionazh v Russko-iaponskuiu voinu, 1904-1905 gg* [Japanese espionage in the Russo-Japanese War of

1904-1905] (Moscow, 1939), https://www.prlib.ru/en/node/392016, 11. 目前尚不清楚沃蒂諾夫的來歷或擔任什麼職務，但從他的報告可知，他對日本情報工作的了解奠基於他在奉天的經歷。他提出的諸多看法，得到了石光真清及其他有關日本戰時祕密行動的敘述的佐證。另見Evgeny Sergeev, *Russian Military Intelligence in the War with Japan, 1904-05: Secret Operations on Land and at Sea* (New York, 2007).

56. Votinov, *Iaponskoi Shpionazh,* 23.
57. Ishimitsu, *Kōya no Hana* [The flower of the wasteland] (Tokyo, 2017), 65-66.
58. Ishimitsu, *Kōya no Hana,* 176-196. 俄國於一九〇〇年八月中俄衝突期間橫掃哈爾濱時，石光真清人正在當地。
59. Ishimitsu, *Kōya no Hana,* 264, 89. 另見Ian Nish, "Spy in Manchuria," in *Collected Writings,* pt. 2, 136.
60. Ishimitsu, *Kōya no Hana,* 274-278. 另見Nish, "Spy in Manchuria," 136; Sergeev, *Russian Military Intelligence,* 57.
61. Ishimitsu, *Kōya no Hana,* 328-329.
62. Votinov, *Iaponskoi Shpionazh,* 11-12.
63. Votinov, *Iaponskoi Shpionazh,* 39-40.
64. Kuropatkin, *Russian Army,* 1: 226.
65. Votinov, *Iaponskoi Shpionazh,* 40. 另見Frederick Palmer, *With Kuroki in Manchuria* (New York, 1904), 184-185.
66. Palmer, *With Kuroki,* 183-184.
67. Kowner, *Historical Dictionary,* 411.
68. McCormick, *Tragedy of Russia,* 1: 183.
69. McCormick, *Tragedy of Russia,* 1: 183.
70. Kuropatkin, *The Russian Army and the Japanese War,* 226-228.
71. Warner and Warner, *The Tide at Sunrise,* 374.
72. Matsusaka, "Human Bullets," 182.
73. 日軍在八月十九至二十五日對旅順進行為期六天的攻擊行動中，第三軍有一萬四千人傷亡，其中兩千三百人陣亡。

Matsusaka, "Human Bullets," 188, 194.

74. Warner and Warner, *The Tide at Sunrise,* 354; Kowner, *Historical Dictionary,* 206.

75. Sarah M. Nelson, *The Archeology of Korea* (Cambridge, 1993), 209.

76. Warner and Warner, *The Tide at Sunrise,* 321-323.

77. Ishimitsu, *Bōkyō no Uta,* 31-32.

78. Tani, *Kimitsu Nichi-Ro Senshi,* 427-430.

79. Warner and Warner, *The Tide at Sunrise,* 354-355.

80. Warner and Warner, *The Tide at Sunrise,* 362.

81. Wilson, *Japan's Fight,* 3:883-884; Capt. Carl Reichmann, "Report of Capt. Carl Reichmann 17th Observer with the Russian Forces," *Reports of Military Observers Attached to the Armies in Manchuria during the Russo-Japanese War,* pt. 1 (Washington, DC, 1906), 208-209. 官方記載的遼陽會戰日期差距頗大。我以這本書所列的日期為準：Ian Hamilton, *A Staff Officer's Scrap Book during the Russo-Japanese War,* 2 vols. (London, 1906). Warner and Warner, *The Tide at Sunrise,* 362-364.

82. Wilson, *Japan's Fight,* 3:910.

83. Ishimitsu, *Bōkyō no Uta,* 46-47.

84. Palmer, *With Kuroki,* 251.

85. Hamilton, *Staff Officer's Scrap Book,* 1:137.

86. Warner and Warner, *The Tide at Sunrise,* 372.

87. 見William Maxwell, *From the Yalu to Port Arthur* (London, 1906), 引述自"Literature of the Russo-Japanese War," *American Historical Review* 16, no. 3 (April 1911): 513.

88. Warner and Warner, *The Tide at Sunrise,* 373.

89. Anton Denikin, *The Career of a Tsarist Officer: Memoirs, 1872-1916,* trans. Margaret Patoski (Minneapolis, 1975), 122; Warner and Warner, *The Tide at Sunrise,* 401. 關於阿列克謝耶夫的召回，見John C. O'Laughlin Papers, box 97, LOC.

90. Denikin, *Career of a Tsarist Officer,* 122.
91. Hamilton, *Staff Officer's Scrap Book,* 2: 143.
92. Ōe Shinobu, *Heishitachi no Nichi-Ro Sensō,* 120-124. 該作者似乎認為，軍隊進行審查的另一個原因與間諜活動及擔心士兵會不經意地向敵人洩露重要情報有關。
93. Ishimitsu, *Bōkyō no Uta,* 55-57. 對於無法養家餬口的底層士兵而言，厭戰情緒尤其強烈。見Naoko Shimazu, "Patriotic and Despondent: Japanese Society at War, 1904-5," *Russian Review* 67, no. 1 (January 2008): 34-49.
94. David H. James, *The Siege of Port Arthur: Records of an Eye-Witness* (London, 1905), 49.
95. James, *Siege of Port Arthur,* 67.
96. Sakurai, *Human Bullets,* 230, 207.
97. Sakurai, *Human Bullets,* 155.
98. Warner and Warner, *The Tide at Sunrise,* 341-342.
99. Warner and Warner, *The Tide at Sunrise,* 346-352, 374.
100. J. Kefeli et al., *Port-Artur: Vospominaniya uchastnikov* [Port Arthur: Memories of the participants] (New York, 1955), 99.
101. Tani, *Kimitsu Nichi-Ro Senshi,* 203-204.
102. 八月第一次進攻失敗後，乃木希典命令士兵開始挖掘平行戰壕，一道比一道更靠近要塞。Nojine, *Truth about Port Arthur,* 215.
103. Tani, Kimitsu *Nichi-Ro Senshi,* 204-205. 據推測，只要彈藥充足，旅順仍然可以無限期堅守下去。*The Outlook,* December 10, 1904, 901-902.
104. 見Tani, *Kimitsu Nichi-Ro Senshi,* 205-206. 另見Matsusaka, "Human Bullets," 192. 其他說法認為是兒玉源太郎重新制定了二〇三高地的攻占計畫。見Warner and Warner, *The Tide at Sunrise,* 278.
105. Tani, *Kimitsu Nichi-Ro Senshi,* 211-13.
106. Tani, *Kimitsu Nichi-Ro Senshi,* 215-216.

107. Kowner, *Historical Dictionary*, 298.

108. 長岡外史顯然非常沮喪，但當他再度得知，第三軍在初次進攻失敗後驟然改變戰略的消息時，轉怒為喜。Tani, *Kimitsu Nichi-Ro Senshi*, 228-230.

109. Tani, *Kimitsu Nichi-Ro Senshi*, 238. 另見Matsusaka, "Human Bullets," 192-193.

110. James, *Siege of Port Arthur*, 184.

111. Alexsis M. Uzefovich, "The Fall of Port Arthur," *Military Engineer* 22, no. 122 (March-April 1930): 102.

112. Matsusaka, "Human Bullets," 193-194; James, *Siege of Port Arthur*, 204-205.

113. 見Matsusaka, "Human Bullets," 194-195.

114. Kefeli et al., *Port-Artur*, 100.

115. Kowner, *Historical Dictionary*, 299.

116. 如松阪所述，很少有人想到乃木希典會在戰後被奉為偶像。Bargen, *Suicidal Honor*. 另見Richard Barry, "Nogi—Seer, Statesman, and Soldier," *Harper's Weekly*, September 28, 1912.

117. Ellis Ashmead-Barlett, *Port Arthur: The Siege and Capitulation* (London, 1906), 448.

118. 喬治・莫里森於一月二十五日在《倫敦時報》的報導中指出，旅順駐軍的糧食和補給充足，可以再撐上數個月。見G. E. Morrison, *The Correspondence of G.E. Morrison, 1895-1912*, ed. Lo Hui-Min (Cambridge, 1976), 289; also Morrison, "The Defense of General Stoessel," *North China Herald*, March 3, 1905. 這個說法得到了日軍圍攻期間在旅順採訪的俄國通訊記者諾金（E. K. Nojine）的證實。見Nojine, *Truth about Port Arthur*.

119. 據十月五日在史托塞爾與乃木希典會面後陪同其前往旅順的角田中佐回報，他提出了這兩個問題，但並未得到明確回覆。*North China Herald*, February 2, 1905.

120. Ashmead-Barlett, *Port Arthur*, 449.

121. 一九〇四年三月，史米爾諾夫被任命為旅順指揮官，而他的軍階高於拒絕放棄權力的前任指揮官史托塞爾。見Kowner, *Historical Dictionary*, 356-357; Nojine, *Truth about Port Arthur*, 174-175.

122. Denikin, *Career of a Tsarist Officer,* 128-129.
123. Uzefovich, "Fall of Port Arthur," 103. 另見Nojine, *Truth about Port Arthur,* 274-275. 在將俄軍趕出地道的任務中，毒氣發揮了十分有效的作用。見Kefeli et al., *Port-Artur,* 129.
124. Tretyakov *My Experiences,* 288.
125. Tretyakov, *My Experiences,* 296, 298.
126. H. P. Willlmott, *The Last Sea Power,* vol. 1, *From Port Arthur to Chanak, 1894-1922* (Bloomington, IN, 2009), 90.
127. *North China Herald,* February 2, 1905.
128. 事後，史托塞爾被問及遭圍困的俄軍認為這次進攻最可怕的環節，他特別提到「二十八釐米口徑火砲的巨大破壞力」。*North China Herald,* February 2, 1905.
129. 這場會議的紀錄摘自諾金所著的《旅順真相》(*Truth about Port Arthur*)一書，見第三〇三至三〇九頁十二月二十九日的文字紀錄。史米爾諾夫也反對投降，宣稱要塞至少還能撐上三個星期(331)。
130. Votinov, *Iaponskoi Shpionazh,* 59.
131. Nojine, *Truth about Port Arthur,* 309.
132. 一九〇四年九月四日，維倫奉命出任太平洋中隊司令。他下令擊沉其餘艦隊，而不是交給日軍，見Kowner, *Historical Dictionary,* 409; Nojine *Truth about Port Arthur,* 327.
133. Nojine, *Truth about Port Arthur,* 332.
134. Maurice Paleologue, *Three Critical Years: 1904, 1905, 1906* (New York, 1957), 153.
135. Tretyakov, *My Experiences,* 299-300.
136. Ashmead-Barlett, *Port Arthur,* 457.
137. Sergei Witte, *The Memoirs of Sergei Witte,* trans. Sidney Harcave (New York, 1990), 400.
138. Votinov, *Iaponskoi Shpionazh,* 59-60.
139. Votinov, *Iaponskoi Shpionazh,* 60; Warner and Warner, *The Tide at Sunrise,* 453.

140. Sidney Harcave, *First Blood: The Russian Revolution* (New York, 1964), 39.

141. Mikhail Zygar, *The Empire Must Collapse, 1900-1917* (New York, 2017), 166.

142. Zygar, *Empire Must Collapse,* 167. 弗拉基米爾大公（尼古拉二世的叔叔）聲稱，德國社會主義者是血腥星期天事件的幕後主使。Eddy to Hay, February 1, 1905, John Hay Papers, reel 8, LOC.

143. 官方統計九十六人死亡，三百三十三人受傷，其中有三十四人傷重不治。這些數據並未包含大屠殺現場運走的死傷者。見Witte, *Memoirs,* 402-403.

144. Louis Fischer, *Life of Lenin* (London, 1964), 48-49.

145. Dominic Lieven, *Nicholas II: Emperor of All the Russians* (London, 1994), 145-146.

146. 俄國與韓國工人共同發起的第一次大規模示威是阿穆魯斯邊疆區（Amru's Oblast）的塞列姆日斯基（Selemdzhisky）礦場的罷工。一九〇〇年八月十三日，在茲拉士斯特（Zlatoust）礦場，約五百名俄國與韓國工人發動罷工。Boris Pak, *Koreitsy v Rossiiskoi imperii (Dal'nevostochnyi period)* [Koreans in the Russian Empire (The Far East period)] (Moscow, 1993), 160-161.

147. Pak, *Koreitsy v Rossiiskoi Imperii,* 159-160.

148. Pak, *Koreitsy v Rossiiskoi Imperii,* 159.

149. Pak Chon-Khe [Pak Chonghyo], *Russko-iaponskaya voina 1904-1905 gg I Koreia* [The Russo-Japanese War of 1904-1905 and Korea] (Moscow, 1997), 216-217. 第一涅爾琴斯克軍團並未徹底放棄韓國北部的陣地，而是奉命協助建立一支由正規軍叛逃者、獵人和義軍游擊隊組成的韓國民兵。Pak, *Russko-iaponskaya voina,* 214-215.

150. 見Pak, *Russko-iaponskaya voina,* 215-216. 十二月，元山的副領事大木安之助向林權助抱怨：「咸鏡道當地大多數的郡長要麼是親俄派，要麼是受親俄派的支持而上位。」CIK, 20 kwan (5), no. 22 [12877], Ōki Yasunosuke to Hayashi, December 17, 1904, http://db.history.go.kr/item/level.do?setId=19&itemId=jh&synonym=off&chinessChar=on&page=1&pre_page=1&brokerPagingInfo=&position=1&levelId=jh020r01200050.

151. 高宗持續積極支持義軍的行動。一名日本官員氣憤地說道：「李範允靠著高宗的印璽在間島為所欲為，掠奪與殺戮樣樣來，由於他的所作所為得到皇帝的批准，因此無需忌憚俄國當局。」CIK, 3 kwan (3) [22315], no. 5, Nomura to Tsuruhara Sadakichi, May 14, 1907, http://db.history.go.kr/item/level.do?setId=271&itemId=jh&synonym=off&chinessChar=on&page=1&pre_page=1&brokerPagingInfo=&position=9&levelId=jh093r00600030.

152. 這支韓國師成立於一九〇五年七月七日。Pak, *Russko-iaponskaya voina,*217-220.

153. Karoly Fendler, "The Japanese Plan to Abduct Korean Emperor Kojong during the Russo-Japanese War of 1904-5: Ho Russian Diplomats Saved the Emperor," *Far Eastern Affairs* 38, no. 4 (2010): 136-139. 另見Komatsu Midori, *Meiji Gaikō Hiwa* [The secret history of Meiji diplomacy] (Tokyo, 1966), 241.

第十九章　奉天

1. Lt. General Sir Ian Hamilton, on January 29, in General Staff War Office, in Hamilton, *The Russo-Japanese War: Reports from British Officers Attached to the Japanese and Russian Forces in the Field,* vol. 2 (London, 1908), 55.
2. Denis Warner and Peggy Warner, *The Tide at Sunrise: A History of the Russo-Japanese War, 1904-1905* (London, 2004), 461.
3. N. P. Linievich, *Russko-iaponskaya voina: iz dnevnikov A. N. Kuropatkina i N. P.Linievicha* [The Russo-Japanese War from the journals of N. P. Linievich and A. N. Kuropatkin](Leningrad, 1925), 58-59, https://www.prlib.ru/en/node/363224.
4. Anton Denikin, *The Career of a Tsarist Officer: Memoirs, 1872-1916,* trans. MargaretPatoski (Minneapolis, 1975), 129. Linievich, *Russko-iaponskaya voina,* 58; Warner and Warner, *The Tide at Sunrise,* 461; Geoffrey Jukes, *The Russo-Japanese War, 1904-1905*(Oxford, 2002), 62.
5. Warner and Warner, *The Tide at Sunrise,* 459-462, 466.
6. 俄國稱之為三疊鋪（Sandepu）戰役，因為這座村莊是俄軍進攻的目標；在此役中先敗後勝的日本則稱此地為黑溝台。
7. Warner and Warner, *The Tide at Sunrise,* 462-463.
8. 威爾遜指庫羅派特金麾下有三十萬名士兵。H. W. Wilson, *Japan's Fight for Freedom,* vol. 2 (London, 1904), 1262-1263. 另一名作者則認為，庫羅派特金的兵力為二十八萬五千人，日本為二十萬人。見Vladimir Antonovich Zolotarev, *Tragediya na*

Dal'nem Vostoke, [Tragedy in the Far East: The Russo-Japanese War of 1904-1905], 2 (Moscow, 2004), 562-563.

9. Tani Hisao, *Kimitsu Nichi-RoSenshi* [Confidential history of the Russo-Japanese War] (Tokyo, 1966), 524-525.

10. 進攻的前一天，庫羅派特金警告格里彭伯格，除非必要，否則不要越過黑溝台防線。見Zolotarev, *Tragediya na Dal'nem Vostoke,* 563.

11. Linievich, *Russko-iaponskaya voina,* 60.

12. Wilson, *Japan's Fight,* 2:1228.

13. Warner and Warner, *The Tide at Sunrise,* 463.

14. Linievich, *Russko-iaponskaya voina,* 64.

15. 沈旦堡周圍大部分地區都覆蓋了一層薄冰，濃霧使進攻部隊迷失了方向。第八軍團第十四師師長盧珊諾夫（S. I. Rusanov）於二十六日傍晚收到已攻下沈旦堡的好消息。然事實證明，第十四師攻占的是薄台子村，而不是三德浦。見Zolotarev, *Tragediya na Dal'nem Vostoke,* 565.

16. Linievich, *Russko-iaponskaya voina,* 65.

17. Linievich, *Russko-iaponskaya voina,* 66-67. 史塔克爾伯格在沒有得到格里彭伯格或庫羅派特金允許的情況下發起進攻。

18. Wilson, *Japan's Fight,* 2:1232.

19. Tani, *Nichi-Ro Senshi,* 524-525.

20. Major Charles Lynch, ed., *Reports of Military Observers Attached to the Armies in Manchuria,* pt. 4 (Washington, DC, 1907), 391-392.

21. Lord Brooke, *An Eye-Witness in Manchuria* (London, 1905), 296. 隸屬東線黑木第一軍的富田善次郎（Tomita Zenjirō，音譯）指出：「雖然凍傷的人數比甲午戰爭期間來得少，但治癒率仍是微乎其微。」Ōe Shinobu, *Heishitachi no Nichiro Sensō: 500-tsūno gunji yūbin kara* [Soldiers of the Russo-Japanese War: Through 500 military letters] (Tokyo, 1988), 164-165.

22. Denikin, *Career of a Tsarist Officer,* 130.

23. Linievich, *Russko-iaponskaya voina,* 67.

24. Linievich, *Russko-iaponskaya voina,* 67.
25. Brooke, *Eye-Witness in Manchuria,* 297. 俄國部隊孤立無援的現象愈來愈常發生，請見Zolotarev, *Tragediya na Dal'nem Vostoke,* 566-567.
26. Linievich, *Russko-iaponskaya voina,* 69.
27. Rotem Kowner, *Historical Dictionary of the Russo-JapaneseWar* (London, 2017), 342.
28. 羅特姆・龔納印證了這個說法，他指出，截至當時，這是軍事史上持續最久的一場陸戰（從一九〇五年二月二十三日至三月十日）。Kowner, *Historical Dictionary,* 245. 兩支部隊的兵力難以準確統計。有作者認為，俄國擁有二十七萬五千名步兵及一萬六千名萬騎兵，日本則擁有二十萬名步兵及七千三百五十名騎兵之數（Warner and Warner, The Tide at Sunrise, 466-467）；傑佛瑞・朱克斯（Geoffrey Jukes）提供的數據同上（*Russo-Japanese War,* 65）。布魯斯・梅寧（Bruce W. Menning）僅指出兩軍的總兵力數，俄軍為二十七萬六千人，日軍為二十七萬人（Menning, *Bayonets before Battle: The Imperial Russian Army, 1861-1914* [Bloomington, IN, 1992], 187）。這些作者一致認為，俄國約有二十七萬五千名步兵及一萬六千名騎兵，日本約有二十萬名步兵及七千三百五十名騎兵。俄軍在火砲方面占有優勢，擁一千兩百一十九門火砲，日軍只有九百九十二門。
29. Kuropatkin, *The Russian Army and the Japanese War,* 2 vols. (New York, 1909), 2: 61. 此書作者利尼耶維奇（Linievich）也在二月十六日的日記（舊曆二月三日）中指出，格里彭伯格「不執行總司令的命令」，經常「下達與庫羅派特金的命令無關或相左的命令。他從不向庫羅派特金回報，在許多情況下甚至完全不向他請示」。Linievich, *Russkoiaponskaya voina,* 72.
30. Kuropatkin, *Russian Army,* 2: 267.
31. Linievich, *Russko-iaponskaya voina,* 71-72.
32. 引述自Warner and Warner, *The Tide at Sunrise,* 467.
33. Tani, *Kimitsu Nichi-Ro Senshi,* 562-563.
34. Kuropatkin, *Russian Army,* 2: 269.

35. Wilson, *Japan's Fight,* 2: 1264.
36. McCormick, *Tragedy of Russia,* 2:386.
37. Warner and Warner, *The Tide at Sunrise,* 467.
38. Linievich, *Russko-iaponskaya voina,* 76.
39. Linievich, *Russko-iaponskaya voina,* 74. 另見Warner and Warner, *The Tide at Sunrise,* 468.
40. Linievich, *Russko-iaponskaya voina,* 76.
41. McCormick, *Tragedy of Russia,* 379.
42. Francis McCullagh, *With the Cossacks: Being the Story of an Irishman Who Rode with the Cossacks throughout the Russo-Japanese War* (London, 1906), 227.
43. Linievich diary entry for March 3 (OS February 18), 81.
44. McCullagh, *With the Cossacks,* 380-381.
45. Linievich, *Russko-iaponskaya voina,* 78; McCullagh, *With the Cossacks,* 293; Zolotarev, *Tragediya na Dal'nem Vostoke,* 570-571.
46. Linievich, *Russko-iaponskaya voina,* 79.
47. Shiba Ryōtarō, *Clouds above the Hills: A Historical Novel of the Russo-Japanese War,* vol. 4, trans. Andrew Cobbing, ed. Phyllis Birnbaum (London, 2015), 65. 這本小說最初於一八六八至七二年出版，共八冊，並翻拍成電視連續劇《坂上之雲》，於二〇〇九至一一年在日本放送協會（ＮＨＫ）頻道播出。
48. Shiba, *Clouds Above the Hill,* 4:67.
49. Zolotarev, *Tragediya na Dal'nem Vostoke,* 570.
50. Ishimitsu Makiyo, *Bōkyō no Uta* [Songs of nostalgia] (Tokyo 2018), 73-74.
51. Ishimitsu, *Bōkyō no Uta,* 74-75.
52. Warner and Warner, *The Tide at Sunrise,* 474.
53. Linievich, *Russko-iaponskaya voina,* 86.

54. Linievich, *Russko-iaponskaya voina,* 81-82.
55. Linievich, *Russko-iaponskaya voina,* 86. 另見Denikin, *Career of a Tsarist Officer,* 139; Warner and Warner, *The Tide at Sunrise,* 474; Wilson, *Japan's Fight,* 2:1296.
56. Warner and Warner, *The Tide at Sunrise,* 475.
57. McCullagh, *With the Cossacks,* 285.
58. McCullagh, *With the Cossacks,* 300-301.
59. 鄧尼金（Denikin）指出：「到了十七日，日軍的進攻行動逐漸解散，危機已經過去。」Denikin, *Career of a Tsarist Officer,* 140.
60. Kobe Chronicles, *A Diary of the Russo-Japanese War,* 2 vols. (Kobe, 1904), 2:173.
61. Ishimitsu, *Bōkyō no Uta,* 86-87.
62. Kowner, *Historical Dictionary,* 247; Wilson, *Japan's Fight,* 2:1324-1325; Warner and Warner, *The Tide at Sunrise,* 480.
63. Warner and Warner, *The Tide at Sunrise,* 480.
64. Denikin, *Career of a Tsarist Officer,* 143.
65. Tani, *Nichi-Ro Senshi,* 632. 羅斯福在三月三十日寫信向海約翰透露：「列強似乎不希望我擔任和平推手。我本身當然也不想這麼做。我希望日本與俄國能自行解決這個問題，我也樂見其他人來協助他們解決問題。」Elting E. Morison, ed., *The Letters of Theodore Roosevelt,* vol. 4 (Cambridge, 1951), 1150.

第二十章 《樸茨茅斯條約》與大韓帝國

1. Shumpei Okamoto, *The Japanese Oligarchy and the Russo-Japanese War* (New York, 1904), 109.
2. Elting E. Morison, ed., *The Letters of Theodore Roosevelt* (Cambridge, 1951), 4:1115-1116.
3. Tyler Dennett, *Roosevelt and the Russo-Japanese War* (New York, 1925), 179.
4. Tyler Dennett, "American 'Good Offices' in Asia," *American Journal of International Law* 16, no. 1 (January 1922): 23.

5. Tani Hisao, *Kimitsu Nichi-Ro Senshi* [Confidential history of the Russo-Japanese War] (Tokyo, 1966), 564.
6. Tani, *Nichi-Ro Senshi,* 564-565.
7. Okamoto, *Japanese Oligarchy,* 111; Tani, *Nichi-Ro Senshi,* 564.
8. 引述自Okamoto, *Japanese Oligarchy,* 111.
9. Tani, *Nichi-Ro Senshi,* 564-565.
10. Okamoto, *Japanese Oligarchy,* 111; Raymond A. Esthus, *Double Eagle and Rising Sun: The Russians and the Japanese at Portsmouth in 1905* (Durham, NC, 1988), 31.
11. 日本於七月七日開始占領庫頁島，俄軍於七月三十一日投降，因此在八月初樸茨茅斯會議舉行之前，庫頁島已完全落入日本手中。見Tani, *Nichi-Ro Senshi,* 566-567. 另見Okamoto, *Japanese Oligarchy,* 223-224; H. W. Wilson, *Japan's Fight for Freedom,* vol. 1 (London, 1904), 1414-1416.
12. Esthus, *Double Eagle,* 31-32.
13. Okamoto, *Japanese Oligarchy,* 115-118.
14. Morinosuke Kajima, *The Diplomacy of Japan, 1894-1922,* vol. 2 (Tokyo, 1978), 231-232.
15. Morison, *Letters of Theodore Roosevelt,* 4: 1158.
16. Morison, *Letters of Theodore Roosevelt,* 4: 1156-1158.
17. Maurice Paleologue, *Three Critical Years: 1904, 1905, 1906* (New York, 1957), 112.
18. Paleologue, *Three Critical Years,* 125-126.
19. S. S. Oldenburg, *The Last Tsar: Nicholas II, His Reign and His Russia,* vol. 2 (Belgrade, 1939), 126-127.
20. Paleologue, *Three Critical Years,* 179-183.
21. Paleologue, *Three Critical Years,* 175-176.
22. Paleologue, *Three Critical Years,* 180; Raymond A. Esthus, "Nicholas II and the Russo-Japanese War," *Russian Review* 40, no. 4 (October 1981): 400.

23. Esthus, "Nicholas II," 400-401.
24. Kajima, *Diplomacy of Japan,* 2:217; Paleologue, *Three Critical Years,* 201.
25. Paleologue, *Three Critical Years,* 257; Esthus, "Nicholas II," 403-404.
26. Ishimitsu Makiyo, *Bōkyō no Uta* [Songs of nostalgia] (Tokyo 2018), 87-88.
27. Esthus, *Double Eagle,* 40.
28. M. A. de Wolfe Howe, *George von Lengerke Meyer: His Life and Public Services* (New York, 1920), 212-213.
29. Oldenburg, *Last Tsar,* 2:129.
30. Esthus, "Nicholas II," 405. 庫羅派特金也強烈反對與日本談和。見N. P. Linievich, *Russko-iaponskaya voina: iz dnevnikov A. N. Kuropatkina i N. P. Linievicha* [The Russo-Japanese War from the journals of N. P. Linievich and A. N. Kuropatkin] (Leningrad, 1925), 92.
31. Esthus, "Nicholas II," 405; Oldenburg, *Last Tsar,* 2:129.
32. Howe, *George von Lengerke Meyer,* 159, 161.
33. Sergei Witte, *The Memoirs of Count Witte,* trans. Sidney Harcave (Armonk, 1990), 421. 俄國駐義大利大使尼古拉・瓦里安諾維奇・穆拉維夫是鼎鼎大名的穆拉維夫—阿穆爾斯基伯爵的姪子。他與一九〇〇年去世的前外交大臣米哈伊爾・尼古拉耶維奇・穆拉維夫並無親戚關係。
34. Witte, *Memoirs,* 426.
35. Witte, *Memoirs,* 166, 425-426.
36. 引述自Okamoto, *Japanese Oligarchy,* 120-121.
37. Shumpei Okamoto, "A Phase of Meiji Japan's Attitude toward China: The Case of Komura Jutarō," *Modern Asian Studies* 13, no. 3 (1979): 435.
38. Okamoto, "A Phase," 436.
39. Esthus, *Double Eagle,* 59.

40. 引述自Esthus, *Double Eagle,* 59-60.

41. 該書作者表示，早在利普諾夫（Lipunov）將軍向日軍投降後，島上的一百八十名俄軍戰俘於八月三十一日遭到屠殺。日本第一軍近衛第三步兵團（黑木部隊）的一名後備軍軍官新屋新宅（Araya Shintaku，音譯）被派往科薩科夫（Korsakov）看守戰俘。他指出，八月十五日，他所屬的連隊接到一項特殊任務，內容是消滅藏匿於該島西岸的俄軍殘部。見Ōe Shinobu, *Heishitachi no Nichi-Ro Senso: 500-tsu o gunji yubin kara* [Soldiers of the Russo-Japanese War: Through 500 military letters] (Tokyo, 1988), 235-236.

42. Okamoto, *Japanese Oligarchy,* 118.

43. Esthus, "Nicholas II," 408.

44. Witte, *Memoirs,* 440.

45. Esthus, "Nicholas II," 307.

46. 見Kajima, *Diplomacy of Japan,* 2: 331-332; Vladimir Korostovets, *Mirniye Peregovori v Portsmutye v 1905 godu* [The Peace Talks in Portsmouth in 1905], vol. 3 (Saint Petersburg, 1918), 66.

47. Meyer diary, George von Lengerke Meyer Papers, box 2, LOC.

48. 見Dennett, *Roosevelt,* 256. 關於金子堅太郎與羅斯福的聯繫，見Matsumura Masayashi, "Theodore Roosevelt and the Portsmouth Peace Conference: The Riddle and Ripple of His Forbearance," in *Rethinking the Russo-Japanese War, 1904-5,* vol. 1, *Centennial Perspectives,* ed. Rotem Kowner (Leiden, 2007), 50-60.

49. 羅斯福可能不想讓日本知道沙皇對於庫頁島南部的讓步，因為尼古拉二世出了名地優柔寡斷。見Tosh Minohara, "The 'Rat Minister' Komura Juntarō and U.S.-Japan Relations," in *The Russo-Japanese War in Global Perspective: World War Zero,* vol. 2, ed. David Wolff et al. (Leiden, 2006), 2:563; Dennett, *Roosevelt,* 283.

50. Kajima, *Diplomacy of Japan,* 2:345-346.

51. Cyrus Adler, *Jacob H. Schiff: His Life and Letters,* vol. 1 (New York, 1928), 231-232. 另見Richard Smethurst, "American Capital and Japan's Victory in the Russo-Japanese War," in *Rethinking the Russo-Japanese War, 1904-5,* vol. 2, *The Nichinan Papers,* ed.

John W. M. Chapman and Chiharu Inaba (Leiden, 2007), 63-72; Matsukata Masayoshi, "Korekiyo Takahashi and Jacob Schiff after the Russo-Japanese War of 1904-5," *Studies in International Relations* (Tokyo) 23, no. 3 (2003): 15-42; Gary Dean Best, "Financing a War: Jacob H. Schiff and Japan, 1904-5," *American Jewish Historical Quarterly* 61, no. 4 (June 1972): 313-324.

52. Tosh, " 'Rat Minister' Komura," 563.
53. Kajima, *Diplomacy of Japan,* 2: 349-350.
54. Tani, *Kimitsu Nichi-Ro Senshi,* 663.
55. 引述自Esthus, *Double Eagle,* 157. 在日本古代故事中，湊川之戰因楠木正成將軍自殺殉國而聞名。
56. Tosh, " 'Rat Minister' Komura," 563-564.
57. Korostovets, *Mirniye Peregovori,* 73-74.
58. Witte, *Memoirs,* 440.
59. Komatsu Midori, *Meiji Gaikō Hiwa* [Secret stories of Meiji diplomacy] (Tokyo, 1966), 220. 另見Dennett, *Roosevelt,* 260-261.
60. Korostovets, *Mirniye Peregovori,* 74.
61. Esthus, "Nicholas II," 410.
62. Korostovets, *Mirniye Peregovori,* 78-79.
63. Esthus, *Double Eagle,* 164.
64. Korostovets, *Mirniye Peregovori,* 79
65. Eki Hioki to Horace Allen, September 8, 1905, Horace Newton Allen Papers, box 3, letterpress copy books no. 1-2, MNN ZZ-23704-2, New York Public Library.
66. Korostovets, *Mirniye Peregovori,* 80.
67. 沒有確切證據表明，羅斯福這麼做意在削弱日本；更有可能的是，他並不完全採信沙皇的話。如果他將這項情報透露給日本，而事實證明並非如此，則整個和平進程將毀於一旦。見Tosh, " 'Rat Minister' Komura," 565.
68. Boris Pak, *Rossiia i Koreia* [Russia and Korea] (Moscow, 2004), 374.

69. David P. Fields, *Foreign Friends: Syngman Rhee, American Exceptionalism, and the Division of Korea* (Lexington, 2019), 29-35. 另見Michael Finch, *Min Yong hwan: A Political Biography* (Honolulu, 2002), 166; Robert Oliver, *Syngman Rhee: The Man behind the Myth* (New York, 1954), 75; *Yun Ch'i-ho Ilgi* [Diary of Yun Chi ho], vol. 6 (Seoul, 1903- 1906), 51-52.
70. Fields, *Foreign Friends,* 3.
71. CIK, 26 kwan (171) [12829-12832], no. 268, Hayashi to Katsura, July 13, 1905, http://db.history.go.kr/item/level.do?setId=20&itemId=jh&synonym=off&chinessChar=on&page=1&pre_page=1&brokerPagingInfo=&position=7&levelId=jh026r00101700.
72. Morison, *Letters of Theodore Roosevelt,* 4: 1112.
73. CIK, 26 kwan (9) [12960], A. W. Lucci report, June 19, 1905, http://db.history.go.kr/item/level.do?itemId=jh&levelId=jh02600900090&types =o.
74. Pak, *Rossiia i Koreia,* 374-375.
75. Pak, *Russko-iaponskaya voina,* 238-240.
76. Pak, *Russko-iaponskaya voina,* 239-240; Pak, *Rossiia i Koreia,* 376-377.
77. Kirk W. Larsen and Joseph Seeley, "Simple Conversation or Secret Treaty? The Taft-Katsura Memorandum in Korean Historical Memory," *Journal of Korean Studies* 19, no. 1 (Spring 2014): 61.
78. Esthus, *Double Eagle,* 93.
79. Douglas Howland, "Sovereignty and the Laws of War: International Consequences of Japan's 1905 Victory over Russia," *Law and History Review* 29, no. 1 (February 2011): 53-97.
80. *Meiji Tennō Ki,* vol. 11 (Tokyo, 1968-1977), 375-385.
81. CIK, 26 kwan (16) [12916], Kurozawa Kurasaku to Kumagai Yoritaro, September 23, 1905, http://db.history.go.kr/item/level.do?setId=75&itemId=jh&synonym=off&chinessChar=on&page=1&pre_page=1&brokerPagingInfo=&position=48&levelId=jh026r0040_0160.
82. CIK, 26 kwan (16) [12916], Kurozawa Kurasaku to Kumagai Yoritaro, September 23,1905.

83. 「乙巳」指的是一九〇五年。這一年是韓曆天干地支週期中的第四十二年。
84. CIK, 22 kwan (3) [12670], Itō's journal of his meeting with Emperor Kojong, November 2-December 1, 1905, http://db.history.go.kr/item/level.do?setId=24&itemId=jh&synonym=off&chinessChar=on&page=1&pre_page=1&brokerPagingInfo=&position=1&levelId=jh025r00700040. 0040. 黃玹也描述了這場在皇宮進行的會面。見Hwang Hyŏn, *Maech'ŏn Yarok* [Collected works of Hwang Hyon] (Seoul, 2005),4:250-252.
85. Hwang, *Maech'ŏn Yarok,* 257.
86. CIK, 24 kwan (108) [12627-12629], no. 258, Katsura to Hayashi, November 25, 1905, http://db.history.go.kr/item/level.do?setId=83&itemId=jh&synonym=off&chinessChar=on&page=1&pre_page=1&brokerPagingInfo=&position=27&levelId=jh024r0110_1080. 林董否認曾使用武力，也否認日兵曾進入皇宮。CIK, 24 kwan (140) [12627-12629], no. 478, Hayashi to Katsura, November 28, 1905, http://db.history.go.kr/item/level.do?setId=83&itemI=jh&synonym=off&chinessChar=on&page=1&pre_page=1&brokerPagingInfo=&position=31&levelI=jh024r0110_1400. 根據俄國的一份報告，伊藤博文與長谷川抵達不久後，一名宮廷哨兵突然闖入高宗的寢宮，意圖刺殺伊藤，結果被韓國軍官阻止。見*Rŏsiawa ilbonŭi chŏnjaeng kŭrigo hanbando* [The Russo-Japanese War and the Korean Peninsula] (Seoul, 2012), 199.
87. CIK, 24 kwan (66) [12627-12629], no. 246, Katsura to Hayashi, November 20, 1905, http://db.history.go.kr/item/level.do?setId=83&itemId=jh&synonym=off&chinessChar=on&page=1&pre_page=1&brokerPagingInfo=&position=23&levelId=jh024r0110_0660.
88. Chong-sik Lee, *The Politics of Korean Nationalism* (Berkeley, 1963), 76-77. 赫伯特代表高宗前去華盛頓求援之際，高宗也同時尋求俄國的協助。Pak Pak, *Rossiia i Koreia,* 381-382.
89. Arthur Judson Brown, *Mastery of the Far East: The Story of Korea's Transformation and Japan's Rise to Supremacy in the Orient* (New York, 1919), 200.
90. Willard Dickerman Straight to Whitey, November 30, 1905, in Willard Dickerman Strait and Early U.S.-Korea Relations, Division of Rare and Manuscript Collection, Cornell University, https://rmc.library.cornell.edu/Straight/.

91. Hwang, *Maech'ŏn Yarok,* 4: 262-265.

92. 千刀萬剮是一種傳統的中國酷刑，過程中，受刑人身體的各個部位經長時間以刀依序移除，最終致死。

93. Chosŏn wangjo sillok [Annals of the Joseon Dynasty], Memorial of Ch'oe Ikhyon, November 29, 1905 (lunar), http://sillok.history.go.kr/id/kza14211029004.

94. 日俄戰爭對中國青年影響深遠。他們在日本留學期間受到激進主義影響，將日本視為中國學習的榜樣。見Richard Howard, "Japan's Role in the Reform Program of Kang Youwei," in *Kang You-wei: A Biography and Symposium,* ed. Jung-Pang Lo (Tucson, AZ, 1967); Pamela Kyle Crossley, *The Wobbling Pivot: China since 1800* (Sussex, 2010), 144-145.

95. Dennett, "American 'Good Offices,' " 18.

96. Hwang, *Maech'ŏn Yarok,* 4:266-269; Finch, *Min Yong-hwan,* 175, 關於閔泳煥的自盡與喪禮，見本參考文獻之第一七三至一七九頁。

97. Hwang, *Maech'ŏn Yarok,* 4:291, 262-274. 黃玹列舉了更多在《乙巳條約》簽署後自殺的例子。

98. CIK, 24 kwan (181) [12627-12629], no. 124, Maruyama Shigetoshi to Hayashi,

2. December 6, 1905, http://db.history.go.kr/item/level.do?setId=67&itemId=jh&=off&chinessChar=on&page =1&pre page=1&brokerPagingInfo =&position =7&levelId =jh024r_01101810.

99. *Yun Ch'i-ho Ilgi,* 6: 208-209.

100. Boris Pak, *Koreitsy v Rossiiskoi imperii (Dal'nevostochnyi period)* [Koreans in the Russian Empire (The Far East period)] (Moscow, 1993), 102-103. 與韓國南部相比，在北部定居的日本人要少得多。北部遠比其他地區來得窮困，促使許多韓國人基於經濟因素而前往滿洲及俄國遠東地區。見RICKH, 2: 170-172.

101. On Ch'oe, 見Pak, *Koreitsy v Rossiiskoi Imperii,* 164-166.

102. Pak, *Koreitsy v Rossiiskoi Imperii,* 168. On Yi Pŏ mun in Vladivostok, 見CIK, 3 kwan (3) [12554], no. 5, Nomura [deputy director of commerce in Vladivostok] to Tsuruhara Sadakichi, May 14, 1907, http://db.history.go.kr/item/level.do?setId=271&itemId=jh&synonym =off&chinessChar =on&page =1&pre page=1&brokerPagingInfo =&position=9&levelId

=jh093r00600030.

103. *Yun Ch'i-ho Ilgi,* 6: 174-175.

104. 日本的新政權為朝鮮王朝身分制度中的第二等群體提供了晉升的機會，尤其是中人（平民階層）。見Kyung Moon Hwang, *Beyond Birth: Social Status in the Emergence of Modern Korea* (Cambridge, MA, 2004), 347-349.

105. 因此，宋秉畯試圖區分「獨立的實質」與他所謂的「受保護的獨立」，先考量政府的改革與人民的福祉，再尋求正式的國家主權。見Yumi Moon, *Populist Collaborators: The Ilchinhoe and the Japanese Colonization of Korea, 1896-1910* (Ithaca, NY, 2013), 161; Carl F. Young, *Eastern Learning and the Heavenly Way: The Tonghak and Ch'ŏndogyo Movements and the Twilight of Korean Independence* (Honolulu, 2012), 104-105.

106. 宋秉畯也重申了日本關於確保「亞洲和平與安全」的說法。CIK, 26 kwan (33) [12970-12972], Ilchinhoe bonbu [headquarters], November 12, 1905, http://db.history.go.kr/item/level.do?setId=280&itemId=jh&synonym=off&chinessChar=on&page=1&prepage=1&brokerPagingInfo=&position=11&levelId=jh026r0100_0330. 另見Moon, *Populist Collaborators,* 141-142.

第二十一章 「亞洲的永久和平與安全」

1. *Fortnightly Review,* June 1904, 964.
2. Masazo Ohkawa, "The Armaments Expansion Budgets and the Japanese Economy after the Russo-Japanese War," *Hitotsubashi Journal of Economics* 5, no. 2 (January 1965): 68-83.
3. Richard Chang, "The Failure of the Katsura-Harriman Agreement," *Journal of Asian Studies* 21, no. 1 (November 1961): 66-67.
4. Cyrus Adler, *Jacob Henry Schiff: A Biographical Sketch* (New York, 1921), 8-9. 另見Larry Haeg, *Harriman vs. Hill: Wall Street's Great Railroad War* (Minneapolis, 2013), 41-64.
5. George Kennan, *E. H. Harriman: A Biography,* vol. 2 (New York, 1922), 1.
6. Lloyd C. Griscom, *Diplomatically Speaking* (New York, 1940), 263.
7. Kennan, *E. H. Harriman,* 2: 5-7.

8. Chang, "Failure of the Katsura-Harriman Agreement," 67.
9. Naoko Shimazu, "Patriotic and Despondent: Japanese Society at War," *Russian Review* 67, no. 1 (January 2008): 47-48.
10. Griscom, *Diplomatically Speaking,* 264.
11. Chang, "Failure of the Katsura-Harriman Agreement," 68.
12. Kennan, *E. H. Harriman,* 2: 14-15; Griscom, *Diplomatically Speaking,* 264.
13. Masayoshi Matsumura, *Baron Kaneko and the Russo-Japanese War (1904-05): A Study in the Public Diplomacy of Japan,* trans. Ian Ruxton (Morrisville, NC, 2009), 454-456; Chang, "Failure of the Katsura-Harriman Agreement," 71.
14. 一九〇四年，老羅斯福指示司法部根據《謝爾曼反托拉斯法》（*Sherman Anti-Trust Act*）對哈里曼的北方證券公司（Northern Securities Company）提起訴訟。這是他在位期間第一次大規模打擊信託業。*Literary Digest,* October 12, 1912, 603-605. 另見Haeg, *Harriman vs. Hill.*
15. 戰後，日本將東清鐵路南段改名為南滿鐵路，從長春一路延伸至旅順。
16. Chang, "Failure of the Katsura-Harriman Agreement," 71-72; Masayoshi, *Baron Kaneko,* 455-456.
17. Takihara Kogorō and Sergei Witte, "The Portsmouth Treaty: Official Documents," *American Journal of International Law* 1 (January 1907): 17-22. 另見Frederick McCormick, "Japan, America and the Chinese Revolution," *Journal of Race Development* 3, no. 1 (July 1912): 43-54; Tyler Dennett, *Roosevelt and the Russo-Japanese War* (New York, 1925), 313; John V. A. MacMurray, ed., *Treaties and Agreements with and concerning China, 1894- 1919,* vol. 1 (New York, 1921), 74-77.
18. Kennan, *E. H. Harriman,* 2: 16-18.
19. Shumpei Okamoto, "A Phase of Meiji Japan's Attitude toward China: The Case of Komura Jutarō," *Modern Asian Studies* 13, no. 3 (1979): 455.
20. Jonathan D. Spence, *The Search for Modern China* (New York, 1990), 238-241; Daniel H. Bays, "Chinese Government Policies towards the Revolutionary Students in Japan after 1900s: Reassessment and Implications," *Journal of Asian History* 7, no. 2 (1973): 155.

21. Orville Schell and John Delury, *Wealth and Power: China's Long March to the Twenty-First Century* (New York, 2013), 151-152.
22. Mary Wright, ed., *China in Revolution: The First Phase, 1900-1913* (New Haven, CT, 1968), 3-4.
23. Bays, "Chinese Government Policies," 157-158.
24. Daniel Leese, " 'Revolution': Conceptualizing Political and Social Change in the Late Qing Dynasty," *Oriens Extremus* 51 (2012): 25-61.
25. Spence, *Search for Modern China,* 240.
26. Sin-Kiong Wong, "Die for the Boycott and Nation: Martyrdom and the 1905 Anti-American Movement in China," *Modern Asian Studies* 35, no. 3 (2001): 565-588; Shih-Shan H. Ts'ai, "Reaction to Exclusion: The Boycott of 1905 and Chinese National Awakening," *Historian* 39, no. 1 (November 1976): 95-110.
27. Spence, *Search for Modern China,* 238; Akira Iriye, *Pacific Estrangement: Japanese and American Expansion, 1897-1911* (Cambridge, MA, 1972), 119.
28. 大清甚至表達了參加樸茨茅斯談判的強烈希望，但美國駐華公使柔克義向他們保證，日本無意侵占滿洲領土。Hirakawa Sachiko, "Portsmouth Denied: The Chinese Attempt to Attend," in *The Russo-Japanese War in Global Perspective: World War Zero,* vol. 2, ed. David Wolff et al. (Leiden, 2006), 541.
29. "Memorandum by Mr. Hohler," November 22, 1904, in *British Documents on the Origins of the War, 1898-1914,* ed. G. P. Gooch and Harold Temperley (London,1927), 4: 64.
30. *NGB,* 38: 1, 204.
31. *NGB,* 38: 1, 204; the entire Sino-Japanese negotiations are at 38:202-406.
32. Asada Masafumi, "The China-Russia- Japan Military Balance in Manchuria, 1906-1918," *Modern Asian Studies* 44, no. 6 (November 2019): 1290.
33. John Albert White, *The Diplomacy of the Russo-Japanese War* (New Jersey, 1964), 335.
34. *NGB,* 38: 1, 204.

35. *NGB,* 38: 1, 204-231; White, *Diplomacy,* 336; Asada, "China-Russia-Japan Military Balance," 1289-1290.
36. *NGB,* 38: 1, 212.
37. Asada, "China-Russia-Japan Military Balance," 1290.
38. MacMurray, *Treaties and Agreements,* 1: 554-555.
39. 小村壽太郎還堅持由日本負責奉天與新民屯之間的鐵路線，以保衛滿洲。*NGB,* 38: 1, 234-235.
40. *NGB,* 38: 1, 237.
41. *NGB,* 38: 1; White, *Diplomacy,* 337; MacMurray, *Treaties and Agreements,* 1: 554.
42. Thomas F. Millard, *America and the Far Eastern Question* (New York, 1909), 177-178. 關於這場旨在解決歧見的內閣會議，見 Masato Matsui, "The Russo-Japanese Agreement of 1907: Its Causes and the Progress of Negotiations," *Modern Asian Studies* 6, no. 1 (1972): 36.
43. Stewart Lone, *Army, Empire, Politics in Meiji Japan: The Three Careers of General Katsura Tarō* (New York, 2000), 123-124; Millard, *America and the Far Eastern Question,* 179-180; Yosaburo Takekoshi, *Prince Saionji* (Tokyo, 1933), 227-230.
44. M. A. DeWolfe Howe, *George von Lengerke Meyer: His Life and Public Services* (New York, 1920), 112; Dennett, *Roosevelt,* 310-311.
45. Dennett, *Roosevelt,* 311.
46. Matsui, "Russo-Japanese Agreement," 36.
47. Kennan, *E. H. Harriman,* 2: 22.
48. *IHH,* 1: 391-408, 392, 393-394.
49. *IHH,* 1: 395-396.
50. *IHH,* 1: 396.
51. *IHH,* 1: 399-401.
52. *IHH,* 1: 400-401, 407-408.

53. *IHH,* 1: 408. 408. 一九〇五年，日本的滿洲政策與戰前完全相反。桂太郎在一九〇一年十二月二十八日寫給伊藤博文的信中表明了立場：「如果日本渴望維持國際聲望，日本就不能支配滿洲的任何土地，也不能為了自身利益而支配其經濟活動。」見*IHH,* 2: 49-50 (append. 61).

54. Alvin D. Coox, *Nomohan: Japan against Russia* (Stanford, CA, 1985), 2; Lone, *Army, Empire,* 128. 另 見Ramon H. Myers, "Japanese Imperialism in Manchuria: The South Manchuria Railway Company, 1906," in *The Japanese Informal Empire in China, 1895-1937,* ed. Peter Duus et al. (Princeton, NJ, 1989), 101-132.

55. William C. Summers, *The Great Manchurian Purge of 1910-1911: The Geopolitics of an Epidemic Disease* (New Haven, CT, 2012), 45.

56. 身為南滿洲鐵道株式會社總裁的後藤新平，擔任大島義昌總督的顧問。見Yoshihisa Tak Matsusaka, *The Making of Japanese Manchuria, 1904-1932* (Cambridge, MA, 2001).

57. 在甲午戰爭爆發前夕，日本海軍成功從陸軍組織中獨立，並爭取決定國家戰略的優先權。海軍大臣山本權兵衛認為，海上防禦比「靜止、以陸地為重的」防禦更能確保國家利益。山本無視於軍隊聲稱朝鮮與滿洲是日本國家安全的重要環節，甚至主張完全放棄這兩個地方。他跟阿爾弗雷德．塞耶．馬漢一樣，也認為「制海權」是帝國擴張的基本要素，主張「避開大陸，從海上進軍」或「南進」東南亞的政策，與陸軍主張向滿洲「北進」的政策相左。David C. Evans and Mark R. Peattie, *Kaigun: Strategy, Tactics and Technology in the Imperial Japanese Navy, 1887-1941* (Annapolis, MD, 1997), 133-151; S. C. M. Paine, *The Japanese Empire: Grand Strategy from the Meiji Restoration to the Pacific War* (Cambridge, 2017), 77-85.

58. 關於「和平擴張」的論點，見Iriye Akira, "Heiwa-teki hatten shugi to Nihon" [The ideology of peace development in Japan], *Chūō Kōron,* October 1969, 74-94. 另見Paine, *The Japanese Empire.*

59. Shin'ichi Kitaoka, "The Army as Bureaucracy: Japanese Militarism Revisited," *Journal of Military History* 57, no. 5 (October 1993): 74. 另見Peter Duus, *The Abacus and the Sword: The Japanese Penetration of Korea, 1895-1910* (Berkeley, 1995), 203.

60. Millard, *America and the Far Eastern Question,* 261-262, 264.

61. 許多陸軍參謀部成員強烈反對韓國統監控制韓國駐屯軍。見Ogawara Hiroyuki, "Nichirosensō to Nihon no Chōsen seisaku: Tōkan no guntaishiki-ken mondaini okerubunbukan no tairitsu o chūshin ni" [Japan's Korea policy during the Russo-Japanese War: Focusing on the civil-military clash over the resident-general's right to command the military], *Chōsenshikenkyūkai ronbunshū* 44 (October 2006): 49-51.

62. *IHH,* 1:314-316.

63. 一九一〇年韓國遭日本併吞後，韓國駐屯軍先是更名為「中佐駐軍」(Chūsatsugun)，一九一八年六月又更名為「日本朝鮮軍」(Japanese Korean Army，Chōsen-gun字義為「朝鮮軍」)。其主要任務是防止朝鮮遭受蘇聯入侵。見Matsuda Toshihiko, "Chōsen shokumin-chi ka no katei ni okeru keisatsu ikō (1904-1910)" [Police apparatus in the process of Korean colonization (1904-1910)], *Chōsenshi kenkyūkai ronbunshū,* 1993, 130-131.

64. 該項法規明訂，保護鐵路的責任由各村鎮承擔，任何參與破壞或協助破壞鐵路者都將判處死刑。見Matsuda, "Chōsen shokumin-chi," 131.

65. F. A. McKenzie, *The Tragedy of Korea* (London, 1908), 146, 152.

66. Homer Hulbert, *The Passing of Korea* (New York, 1906), 213-214. 朝鮮人受盡屈辱，尤其在房地產方面。另見Thomas F. Millard, "When the Japanese Came," *New York Times,* May 25, 1908.

67. Hwang Hyŏn, *Maech'ŏn yarok* [Collected works of Hwang Hyon] (Seoul, 2005), 4: 198.

68. CIK, 25 kwan (9) [12652], Head Office of the Ilchinhoe, January 6, 1906, http://db.history.go.kr/item/level.do?setId=9&itemId=jh&synonym=off&chinessCha=on&page=1&prepage=1&brokerPagingInfo=&position=0&levelId=jh025r00300090.

69. Pak, *Rossiia i Koreia,* 383-386。關於讓步的決議內容，見本參考文獻之第三百八十七至三百八十八頁。

70. Alexander Izvolsky, *The Memoirs of Alexander Izvolsky,* trans. C. L. Seeger (London, n.d.), 20-21.

71. Pak, *Rossiia i Koreia,* 392.

72. McKenzie, *Tragedy of Korea,*157.

73. Pak, *Rossiia i Koreia,* 394.

74. McKenzie *Tragedy of Korea,* 157-158.

75. Komatsu Midori, *Meiji Gaikō Hiwa* [The secret history of Meiji diplomacy] (Tokyo, 1966), 242, 247. 另見Pak, *Rossiia i Koreia,* 394-396.

76. Pak, *Rossiia i Koreia,* 396-397.

77. 伊藤博文其實也曾預料到這些事件的發生。見CIK, 3 kwan (15) [22315], no. 31, Itō to Hayashi, May 19, 1907, http://db.history.go.kr/item/level.do?setId=66&itemId=jh&synonym=off&chinessChar=on&page=1&prepage=1&brokerPagingInfo=&position=15&levelId=jh093r01500150.

78. CIK, 3 kwan (2) [12556], no. 1661, Ikeda to Furuya Hisatsuna, July 12, 1907, http://db.history.go.kr/item/level.do?setId=66&itemId=jh&synonym=off&chinessChar=on&page=1&prepage=1&brokerPagingInfo=&position=4&levelId=jh093r00500020.

79. George Trumbull Ladd, *In Koreawith Marquis Ito* (New York, 1908), 417.

80. CIK, 3 kwan (2) [12556], no. 1661, Ikeda to Furuya Hisatsuna, July 12, 1907,http://db.history.go.kr/item/level.do?setId=66&itemId=jh&synonym=off&chinessChar=on&page=1&prepage=1&brokerPagingInfo=&position=4&levelId=jh093r00500020.

81. Komatsu, *Meiji Gaikō Hiwa,* 249; CIK, 3 kwan (22) [12556], no. 37, Ikeda to Furuya, July 24, 1907, http://db.history.go.kr/item/level.do?setId=66&itemId=jh&synonym=off&chinessChar=on&page=1&prepage=1&brokerPagingInfo=&position=10&levelId=jh093r00500220. 據小松綠表示，得知高宗的所作所為時，一向溫文儒雅的伊藤博文大發雷霆。「這是唯一一次（我看到他）真的動怒」。首相李完用提議讓他率內閣總辭，但伊藤阻止了他，稱高宗不顧內閣而擅作主張，「聽信了一些不好的建議」。為了緩解局勢，李完用提議強迫高宗退位「以安撫伊藤博文」。見Komatsu, *Meiji Gaikō Hiwa,* 249.

82. Matsui, "Russo-Japanese Agreement," 47. 關於美國與滿洲的門戶開放政策，見Walter LaFeber, *The New Cambridge History of American Foreign Relations,* vol. 2 (Cambridge, 2013), 217-220; Matsusaka, *Making of Japanese Manchuria,* 122-125.

83. 高宗退位的消息傳出後，各方反應激烈。見CIK, 3 kwan (18) [12556],Ikeda to Furuya, July 23, 1907, http://db.history.go.kr/item/level.do?setId=66&itemId=jh&synonym =off&chinessChar =on&page =1&pre page=1&brokerPagingInfo =&position=9&levelId =jh093r00500180. 純宗即位後，高宗被封為「太上皇」。見CIK, 3 kwan (10) [12556], no. 24, Ikeda to

Furuya, July 21, 1907, http://db.history.go.kr/item/level.do?itemId=jh&levelId =jh093r0050_0100&types =r.

84. Chang Hui, *Ch'oehu ŭi mama yunbi* [Her last Majesty, Queen Min] (Seoul, 1966); Christine Kim, "Politics and Pageantry in Protectorate Korea (1905-1910): The Imperial Progress of Sunjong," *Journal of Asian Studies* 68, no. 3 (August 2009): 838; Robert Neff, "Sunjong's Unhappiness Shadows Turbulent Last Decades of Yi Dynasty," *Korea Times,* May 16, 2011.

85. 解散朝鮮政府軍的想法早在一九〇五年就已提出。見Ogawara Hiroyuki, "Nichirosensō to Nihon no Chōsen seisaku," 58.

86. Boris Pak, *Koreitsy v Rossiiskoi imperii (Dal'nevostochnyi period)* [Koreans in the Russian Empire (The Far East period)] (Moscow, 1993), 172.

87. Matsusaka, *Making of Japanese Manchuria,* 97; Evans and Peattie, *Kaigun,* 135-141.

88. 一九一九年，這些部隊經過重組後被稱為關東軍。直到一九三一年之前，其兵力一直維持在一萬〇四百人左右。見Asada, "China-Russia-Japan Military Balance," 1291.

89. Iriye, *Pacific Estrangement,* 91-125; Kitaoka Shin'ichi, "The Strategy of the Maritime Nation: From Yukichi Fukuzawa to Shigeru Yoshida," in *Conflicting Currents: Japan and the United States in the Pacific,* ed. Williamson Murray and Tomoyuki Ishizu (Santa Barbara, 2010), 39-44.

第二十二章　日韓合併

1. Boris Pak, *Rossiia i Koreia* [Russia and Korea] (Moscow, 2004), 400.
2. Akira Iriye, *Pacific Estrangement: Japanese and American Expansion, 1897-1911* (Cambridge, MA, 1972), 155.
3. John H. Latane, *America as a World Power, 1897-1907* (New York, 1907), 319.
4. *New York Times,* June 10, 1907.
5. *New York Times,* January 31, 1907.
6. David Brudnoy, "Race and the San Francisco School Board: Contemporary Evaluations," *California Historical Quarterly* 50, no. 3 (September 1971): 297. 另見*Theodore Roosevelt: An Autobiography* (New York, 1916), 393-394.

7. *New York Times,* January 31, 1907.
8. Iriye, *Pacific Estrangement,* 135.
9. *North China Herald,* January 31, 1908.
10. Brudnoy, “Race and the San Francisco School Board,” 298.
11. Lee Houchins and Chang-su Houchins, “The Korean American Experience in America,” *Pacific Historical Review* 43, no. 4 (November 1974): 548.
12. Wayne Patterson, *The Ilse: First-Generation Korean Immigrants in Hawaii, 1903-1974* (Honolulu, 2000); Patterson, *The Korean Frontier in America: Immigrations to Hawaii, 1896-1910* (Honolulu, 1988).
13. 然而，一九〇八年四月，日本實施了新聞限制，在國外出版的朝鮮新聞報紙遭到了查封。見CIK, 4 kwan (103) [12688-12690], no. 36, Matsui Shigeru to Nabeshima Keijiro, December 10, 1908, http://db.history.go.kr/item/level.do?itemId=jh&levelId=jh094r00901030&types=r.
14. 李承晚拒絕在這起審判中擔任翻譯，原因可能是他不贊成此案件中使用的暴力手段，進而與安昌浩有了嫌隙。David Fields, *Foreign Friends: Syngman Rhee, American Exceptionalism, and the Division of Korea* (Honolulu, 2019), 110; Houchins and Houchins, “Korean American Experience,” 557.
15. CIK, 1 kwan (15) [12577], no. 127, Chinda to Tsuruhara, October 26, 1907, http://db.history.go.kr/item/level.do?itemId=jh&levelId=jh091r00400150&types=r.
16. CIK, kwan (19) [12557], no. 43, Terauchi to Sone, August 21, 1908, http://db.history.go.kr/item/level.do?setId=20&itemId=jh&synonym=off&chinessChar=on&page=1&pre_page=1&brokerPagingInfo=&position=15&levelId=jh091r00400190.
17. *New York Times,* July 13, 1908. 關於民主黨全國代表大會與亞裔移民，請見The American Presidency Project,1908 Democratic Party Platform, https://www.presidency.ucsb.edu/documents/1908-democratic-party-platform.
18. 根據該組織的章程，任何年滿十五歲、「品行良好」、居住在韓國或國外的本國男性皆可加入。見BB. D. Pak, *Koreitsy v Rossiiskoi imperii (Dal’nevostochnyi period)* [Koreans in the Russian Empire (The Far East period)] (Moscow, 1993), 202-203.

19. Houchins and Houchins, "Korean Experience in America," 565-566.

20. 該組織的聲勢在一九一五年達到了巔峰，當時李承晚與安昌浩及朴榮萬之間爆發了曠日持久的派系爭議，各方對於應該採用何種手段實現韓國獨立一事看法不一。朴榮萬主張採取激進的方式，李承晚則主張依循注重教育與外交的緩慢進程。Houchins and Houchins, "Korean Experience in America," 566-567; Fields, *Foreign Friends,* 110.

21. Ogawara Hiroyuki, "Nichirosensō to Nihon no Chōsen seisaku: Tōkan no guntaishiki-kenmondai ni okeru bunbukan no tairitsu o chūshin ni" [Japan's Korea policy during the Russo-Japanese War: Focusing on the civil-military clash over the resident general's right to command the military], *Chōsenshikenkyūkai ronbun-shū* 44 (October 2006): 52-53.

22. 伊藤博文認為，不應該將滿洲與朝鮮混為一談，因為這兩者存在不同的問題。然而，兒玉源太郎認為，滿洲與朝鮮的問題密不可分，甚至認為，日本駐屯軍不應駐紮在漢城，而應該調至平壤，以便向北、向南擴大其勢力範圍。Ogawara, "Nichirosensō to Nihon no Chōsen seisaku," 50-51.

23. CIK, 3 kwan (30) [12644], no. 14, Wakami Toraji to Furuya Hisatsuna, August 3, 1907, http://db.history.go.kr/item/level.do?setId=372&itemId=jh&synonym=off&chinessChar=on&page=1&prepage=1&brokerPagingInfo=&position=33&levelId=jh093r0090_0300.

24. CIK, 3 kwan (2) [12633], no. 15, Itō to Chinda Sutemi, Vice Minister of Foreign Affairs, July 28, 1907, http://db.history.go.kr/item/level.do?setId=372&itemId=jh&synonym=off&chinessChar=on&page=1&prepage=1&brokerPagingInfo=&position=21&levelId=jh093r00800020.

25. CIK, 3 kwan (2) [12633], no. 15, Itō to Chinda, July 28, 1907.

26. CIK, 3 kwan (30) [12644], no. 14, Wakami Toraji to Furuya Hisatsuna, August 3,1907, http://db.history.go.kr/item/level.do?setId=372&itemId=jh&synonym=off&chinessChar=on&page=1&prepage=1&brokerPagingInfo=&position=33&levelId=jh093r0090_0300.Also, CIK, 3 kwan (11) [12633], no. 11, Itō to Chinda, August 1, 1907, http://db.history.go.kr/item/level.do?setId=372&itemId=jh&synonym=off&chinessChar=on&page=1&prepage=1&brokerPagingInfo=&position=31&levelId=jh093r00800110. 另見Eugene Kim, "Japanese Rule in Korea(1905-1910): A Case Study," *Proceedings of the American Philosophical Society* 106,

no. 1 (February1962): 58; F. A. McKenzie,*The Tragedy of Korea*(New York, 1908), 161-162.

27. CIK, 4 kwan (99) [12842-12844], Hasegawa to Itō, August 14, 1907, http://db.history.go.kr/item/level.do?setId=372&itemId=jh&synonym=off&chinessChar=on&page=1&prepage=1&brokerPagingInfo=&position=57&levelId=jh094r00500990; EugeneKim, "JapaneseRule in Korea," 58; George Trumbull Ladd, *In Korea with Marquis Ito* (New York, 1908), 439.

28. Kim, "Japanese Rule in Korea," 59.

29. 根據一九〇六年發布的一份俄國報告，韓國南部的人口約占全國總人口的百分之六十五；北部幾乎沒有日僑的蹤跡。見《"1905 *nyŏn malkwa 1906 nyŏn ch'o han'guksanghwang kaegwan*" [An Overview of the Korean situation in late 1905 and early 1906] (Seoul, 2012); *RICKH,* 169-174.

30. Igor Saveliev, "Military Diaspora: Korean Immigrants and Guerrillas in Early Twentieth-Century Korea," *Forum of International Development Studies* 26 (March 2004): 149.

31. Pak, *Koreitsy v Rossiiskoi Imperii,* 166-167. 關於其他組織性團體，見Kim, "Japanese Rule in Korea," 59.

32. E. Smirnov, "Report 4.1, no. 241," May 14, 1908, *RICKH,* 264-265.

33. Pak *Koreitsy v Rossiiskoi Imperii,* 167.

34. E. Smirnov, "Report 4.6, no. 205," June 26, 1908, *RICKH,* 276-277.

35. Pak, *Koreitsy v Rossiiskoi Imperii,* 168. 一九〇七年，義軍與駐韓國的日本軍隊及憲兵隊發生了兩百〇三起衝突。到了一九〇八年，這個數字增至一千八百一十七次，之後在一九〇九年降到了七百七十九次。見Shin Ch'ang-u, *Singminji chosŏnŭi kyŏngch'algwa minjungsegye 1894-1919: 'Kŭndae'wa'chŏnt'ong'ŭl tullŏssan chŏngch'imunhwa*] [Colonial Chosŏn police and the world of the Korean masses, 1894-1919: The political culture surrounding "modern" and "tradition"] (Seoul, 2019), 322-323; Pak, *Rossiia i Koreia,* 402.

36. Pak, *Koreitsy v Rossiiskoi Imperii,* 168.

37. E. Smirnov, "Report 4.7, no. 347," July 20, 1908, *RICKH,* 280-283.

38. CIK, 3 kwan (3) [12619], no. 5, Normura to Tsuruhara, May 14, 1907, http://db.history.go.kr/item/level.do?setId=271&itemId=jh

&synonym=off&chinessChar=on&page=1&prepage=1&brokerPagingInfo=&position=9&levelId=jh093r00600030. 史米爾諾夫也回報表示，李範允曾要求俄國賠償其在戰爭中的付出。見Smirnov, "Report 4.10," June 16, 1910, *RICKH,* 297-298.

39. Pak, *Koreitsy v Rossiiskoi Imperii,* 167-168; E. Smirnov, "Report 4.6, no. 205," June 26, 1908, *RICKH,* 274.

40. Pak, *Koreitsy v Rossiiskoi Imperii,* 170. 關於溫特貝格爾和與俄國當局對沿阿穆爾區所做的安排，見Pak, *Koreitsy v Rossiiskoi Imperii,* 107-108.

41. Pak, *Koreitsy v Rossiiskoi Imperii,* 170. 另見E. Smirnov, "Report 4.9, no. 54," February 6, 1909, *RICKH,* 290-294.

42. Smirnov, "Report 4.8, no. 2057," August 24, 1908, *RICKH,* 286-289.

43. Pak, *Rossiia i Koreia,* 403.

44. Ōe Shinobu, *Heishitachi no nichiro sensō: 500-tsū no gunji yūbin kara* [Soldiers' Russo-Japanese War: Through 500 military letters] (Tokyo, 1988), 71-77.

45. McKenzie, *Tragedy of Korea,* 193.

46. McKenzie, *Tragedy of Korea,* 207.

47. Donald N. Clark, *Living Dangerously in Korea: The Western Experience, 1900-1905* (Norwalk, 2003), 35.

48. Clark, *Living Dangerously,* 35-36.

49. E. Smirnov, "Report 4.4. no. 297," June 19, 1908, *RICKH,* 266-268.

50. E. Smirnov, "Report. 4.9, no. 54," 6 February 1909, *RICKH,* 290-294. 從一九一〇年代到二〇年代，朝鮮游擊隊經常像對抗日軍那樣地相互廝殺，而且經常搶劫擄掠。見Michael Gelb, "An Early Soviet Ethnic Deportation: The Far-Eastern Koreans," *Russian Review* 54, no. 3 (July 1995): 393.

51. E. Smirnov, "Report 4.9, no. 54," February 6, 1909, *RICKH,* 290-294.

52. Ministry of National Defense, "1905 nyŏn malkwa 1906 nyŏn cho hankuk sanghwang kaekwan" [Survey of the Korean situation in late 1905 and early 1906], *RICKH,* 169-174; Kim, "Japanese Rule in Korea," 59; Peter Duus, *The Abacus and the Sword: The Japanese Penetration of Korea, 1895-1910* (Berkeley, 1995), 237-239.

53. CIK, 26 kwan (10) [12973], Uchida to Ito, April 15, 1907, http://db.history.go.kr/item/level.do?setId=67&itemId=jh&synonym=off&chinessChar=on&page=1&prepage=1&brokerPagingInfo=&position=12&levelId=jh026r01100100.

54. 54. Hwang Kyung Moon, *Beyond Birth: Social Status in the Emergence of Modern Korea* (Cambridge, MA, 2004). 另見Yumi Moon, *Populist Collaborators: The Ilchinhoe and the Japanese Colonization of Korea, 1896-1910* (Ithaca, NY, 2013), 83-100; Jung Min, "The Shadow of Anonymity: The Depiction of Northerners in Eighteenth-Century 'Hearsay Accounts' [*kimun*]," in *The Northern Region of Korea: History, Identity, and Culture,* ed. Sun Joo Kim (Seattle, 2010), 93-115.

55. Moon, *Populist Collaborators,* 46-80.

56. William Newton Blair and Bruce F. Hunt, *The Korean Pentecost and the Sufferings Which Followed* (East Peoria, 2015), 63.

57. Arun Jones, "The Great Revival of 1907 as a Phenomenon in Korean Religions," *Journal of World Christianity* 2, no.1 (2009): 92.

58. Blair and Hunt, *Korean Pentecost,* 77-78.

59. Clark, *Living Dangerously,* 39.

60. Blair and Hunt, *Korean Pentecost,* 71-72; Jones, "Great Revival," 93-94.

61. Clark, *Living Dangerously,* 39.

62. 引述自Kenneth M. Wells, *New God, New Nation: Protestants and Self Reconstruction Nationalism in Korea, 1896-1937* (Honolulu, 1990), 67.

63. Wells, *New God,* 67-68.

64. Pak, *Koreitsy v Rossiiskoi Imperii,* 205-206.

65. Komatsu Midori, *Meiji Gaikō Hiwa* [The secret history of Meiji diplomacy] (Tokyo, 1966), 253. 伊藤博文於七月十五日離開朝鮮。

66. Christine Kim, "Politics and Pageantry in Protectorate Korea (1905-10): The Imperial Progress of Sungjong," *Journal of Asian Studies* 68, no. 3 (August 2009): 842-843.

67. *Japan Times,* January 19, 1909.

68. 引述自Stewart Lone, "The Japanese Annexation of Korea, 1910: The Failure of East Asian Co-Prosperity," *Modern Asian Studies* 25, no. 1 (1991): 156.

69. *Japan Times,* January 16, 1909.

70. Lone, "Japanese Annexation of Korea," 157.

71. Lone, "Japanese Annexation of Korea," 157.

72. Kim, "Politics and Pageantry," 851.

73. *Japan Times,* January 29, 1909.

74. *Japan Times,* March 2, 1909.

75. *Japan Times,* March 2, 1909.

76. Komatsu, *Meiji Gaikō Hiwa,* 251.

77. Komatsu, *Meiji Gaikō Hiwa,* 255.

78. Herbert Bix, *Hirohito and the Making of Modern Japan* (New York, 2000), 35; Kim, "Politics and Pageantry," 843.

79. 一八九八年二月，後藤新平獲兒玉源太郎選拔為民政長官，直到一九〇六年才卸任。見Chang Han-Yu and Ramon H. Myers, "Japanese Colonial Development Policy in Taiwan, 1895-1896: A Case of Bureaucratic Entrepreneurship," *Journal of Asian Studies* 22, no. 4 (August 1963): 433-449.

80. Komatsu, *Meiji Gaikō Hiwa,* 262-263. 另見*Japan Times,* January 6, 1909; Patrick Fuliang Shan, *Yuan Shikai: A Reappraisal* (Vancouver, 2018), 124-126.

81. 日本稱整個關東／間島地區都是大清「非法」占領的朝鮮領土。見James Francis Abbott, "The Sino-Japanese Convention of 1909 and Its Significance," *Bulletin of Washington University,* February 1910, 85-110. 另見*North China Herald,* October 9, 1909.

82. Komatsu, *Meiji Gaikō Hiwa,* 262-263; Count Vladimir Nikolaevich Kokovtsov, *Out of My Past: The Memoirs of Count Kokovtsov,* ed. H. H. Fisher, trans. Laura Matveev (Stanford, CA, 1935), 234.

83. *NGB,* 42: 1, 197; Kokovtsov, *Out of My Past,* 233-234. 科科夫佐夫寫道，安重根於十月二十四日抵達。

84. Pak, *Koreitsy v Rossiiskoi Imperii,* 178-179.

85. Pak, *Koreitsy v Rossiiskoi Imperii,* 176-177. 根據日本消息指出，這起暗殺陰謀在一九〇九年七月策畫成形。CIK, 7 kwan (331) [12761-12764], Matsui Shigeru to Ishiukza Eizō, January 7, 1910, http://db.history.go.kr/item/level.do?setId=87&itemId=jh&synonym=off&chinessChar=on&page=1&prepage=1&brokerPagingInfo=&position=70&levelId=jh097r00103310.

86. Kokovtsov, *Out of My Past,* 237.

87. CIK, 7 kwan (14) [12761-12764], no. 155, Komura Jutarō to Sone Arasuke, October27, 1909, http://db.history.go.kr/item/level.do?setId=87&itemId=jh&synonym=off&chinessChar=on&page=1&prepage=1&brokerPagingInfo=&position=8&levelId=jh097r_00100140.

88. *NGB,* 42:1, 196-197; *New York Times,* October 27, 1909.

89. Yoshitake Oka, *Five Political Leaders of Modern Japan: Itō Hirobumi, Ōkuma Shigenobu, Hara Takashi, Inukai Tsuyoshi, and Saionji Kimmochi,* trans. Andrew Fraser and Patricia Murray (Tokyo, 1979), 41.

90. Komatsu, *Meiji Gaikō Hiwa,* 271-272.

91. Komatsu, *Meiji Gaikō Hiwa,* 263-264; Pak, *Rossiia i Koreia,* 405.

92. E. W. Edwards, "Great Britain and the Manchurian Railways Question, 1909-1909," *English Historical Review,* no. 321 (October 1966): 749. Louis Grave, *Willard Straight in the Orient: With Illustration from His Sketch Books* (New York, 1922), 45.

93. Pak, *Koreitsy v Rossiiskoi Imperii,* 179-181. 根據日本提供的資料，光是一九〇九年七月，日軍就與總部設於符拉迪沃斯托克的義兵分隊發生了多達七十八次的衝突 (173-174)。彼得・杜斯（Peter Duus）指出，這場叛亂也威脅到了漢城地主菁英分子的利益。Duus, *Abacus and the Sword,* 225.

94. Ernst Batson Price, *The Russo-Japanese Treaties of 1907-1916* (Baltimore, 1933), 44-45; Pak, *Rossiia i Koreia,* 405.

95. 關於安排高宗偷渡離開韓國的計畫，見Pak, *Rossiia i Koreia,* 406-407.

96. E. Smirnov, "Report 4.10," June 16, 1910, *RICKH,* 296-300. 溫特貝格爾對韓國移民的擔憂也出於他對黃禍的恐懼心理，他呼籲政府盡快立法，限制濱海邊疆區的民眾將土地租給非本國籍的中國人與韓國人。見PakPak, *Koreitsy v Rossiiskoi Imperii,*

112. 另見Saveliev, "Military Diaspora," 151.

97. 俄國對外國資金進入滿洲的可能性深感不安，因此考慮發動戰爭吞併滿洲。George Alexander Lensen, "Japan and Tsarist Russia: The Changing Relationships, 1875-1917," *Jahrbucher fur Geschichte Osteuropas,* new ser. (October 1962): 344.

98. Price, *Russo-Japanese Treaties,* 56-57. 後藤新平對美國的提議不屑一顧。*North China Herald,* January 21, 1910.

99. 多數學者都忽視了韓國是日本希望在一九一〇年與俄國達成協議的主要原因，反而將注意力放在美國在滿洲的運籌帷幄和諾克斯提出的「美元外交」。見Walter LaFeber, *The Clash: U.S.-Japanese Relations throughout History* (New York, 1998).

100. Komatsu, *Meiji Gaikō Hiwa,* 264-246.

101. Sŏ Yŏng-hŭi, "Kungminshinbot'erŭl t'onghae pon ilchinhoeŭi happangnon'gwa happangjŏnggugŭi tonghyang" [The annexation theory of the Ilchinhoe and the movement of the political situation as seen through the *Kungmin Sinbo*], *Yŏksakwa hyŏnsil* 69 (September 2008): 27-28. 另見Vipan Chandra, "An Outline Study of the Ilchinhoe (Advancement Society) of Korea," *Occasional Papers on Korea,* no. 2 (March 1974): 61.

102. Suh Yŏng-hŭi, "Kungminshinbot'erŭl," 37-38, 41-42. 另見Ogawara Hiroyuki, "Ichi-shin-kai no nikkangappō seigan undō to kankokuheigō : `Sei gappō' kōsō to ten'nōsei kokka genri to no sōkoku" [The Ilchinhoe's petition movement for Japanese-Korean confederation and Korean annexation: The "confederation" concept, the principle of the emperor system state, and how they clashed], *Chōsenshi kenkyūkai ronbunshū* 43 (October 2005): 189-193.

103. Komatsu, *Meiji Gaikō Hiwa,* 264-266.

104. 引述自Lone, "Japanese Annexation of Korea," 162.

105. Komatsu, *Meiji Gaikō Hiwa,* 266-267.

106. Komatsu, *Meiji Gaikō Hiwa,* 267-268.

107. Lone, "Japanese Annexation of Korea," 167; Komatsu, *Meiji Gaikō Hiwa,* 270.

108. 李容九與宋秉畯對此大吃一驚，但日本認為一進會已無利用價值。Komatsu, *Meiji Gaikō Hiwa,* 251-252; Chandra, "Outline Study of the Ilchin-hoe," 66; Duus, *Abacus and the Sword,* 241.

109. Komatsu, *Meiji Gaikō Hiwa,* 276-277. 一九〇九年十二月，李完用甚至想出刺殺李容九的陰謀，但遭到日方阻撓。見CIK, 8 kwan (24) [12796], December 7, 1909, http://db.history.go.kr/item/level.do?setId=105&itemId=jh&synonym=off&chinessChar=on&page=1&prepage=1&brokerPagingInfo=&position=17&levelId=jh098r00200240.
110. Komatsu, *Meiji Gaikō Hiwa,* 277, 278.
111. Komatsu, *Meiji Gaikō Hiwa,* 293-295.
112. Jonathan D. Spence, *The Search for Modern China* (New York, 1990), 263.

後記

1. Richard Overy, *Blood and Ruins: The Last Imperial War, 1931-1945* (New York, 2022), 2.
2. Hirakawa Sachiko, "Portsmouth Denied: The Chinese Attempt to Attend," in *The Russo-Japanese War in Global Perspective: World War Zero,* vol. 2, ed. David Wolff et al. (Leiden, 2006), 531-549.
3. S. C. M. Paine, *The Japanese Empire: Grand Strategy from the Meiji Restoration to the Pacific War* (Cambridge, 2017).
4. Thomas W. Burkman, *Japan and the League of Nations: Empire and World Order, 1914-1918* (Honolulu, 2007), 27.
5. 一九一五年，袁世凱稱帝，隨後被迫下台，政府交由袁世凱的前門生段祺瑞領導的內閣掌管。見JonathanJonathan D. Spence, *The Search for Modern China* (New York, 1990), 275-294.
6. 儘管蔣介石在一九二七年背棄了共產黨的夥伴，屠殺了數年前孫中山招入國民黨的共產主義勞工領袖，但到了一九三六年，他終於同意聯合共產黨一同抗日。
7. Alyssa M. Park, *Sovereignty Experiments: Korean Migrants and the Building of Borders in Northeast Asia, 1860-1945* (Ithaca, NY, 2019), 237-238; John J. Stephen, *The Russian Far East: A History* (Stanford, CA, 1996), 131-133.
8. 與蘇聯歷史學家列夫・古米列夫（Lev Gumilyov）及俄國哲學家亞歷山大・杜金（Alexandr Dugin）等人的著作有所關聯的新歐亞主義現代意識形態，其精神傳統可追溯至一九二〇年代的歐亞主義運動。此意識形態的許多當代追隨者已成為普丁核心圈的一分子。杜金反對西方霸權的「普世價值」，而他所秉持世界由「文明集團」所組成——普丁所謂的「歐亞聯盟」——的主張，只不過是新歐亞主義的一種表現形式。被外界公認為普丁外交政策顧問的謝爾蓋．卡拉加諾夫（Sergei Karaganov）認為，俄國「有機會取得新地位，不是在亞洲擁有屬地的歐洲邊緣國家，而是致力於未來的大西洋—太平洋強國，成為崛起中的歐亞大陸的中心之一。」見Sergei Karaganov, "From East to West, or Greater Eurasia," *Russia in Global Affairs,* October 25, 2016, https://eng.globalaffairs.ru/pubcol/From-East-to-West-or-Greater-Eurasia-18440. 另見Charles Clover, *Black Wind, White Snow: The Rise of Russia's New Nationalism* (New Haven, CT, 2016); Igor Torbakov, *After Empire: Nationalist Imagination and Symbolic Politics in Russia and Eurasia in the Twentieth and Twenty-First Century* (Stuttgart, 2018); Marlene Laruelle, *Russian Eurasianism: An Ideology of Empire* (Baltimore, 2008); and Mikhail Zygar, *All the Kremlin's Men: Inside the Court of Vladimir Putin* (New York, 2016).

9. 引述自David Schimmelpenninck Van Der Oye, "Russia's Asian Temptation," *International Journal* 55, no. 4 (Autumn 2000): 609.

10. 日本於一九二五年正式承認蘇聯，要求其保證不在韓國與滿洲推行革命活動。為了安撫日本，蘇聯展開鎮壓行動，最終在一九二六年全面禁止韓國人（及中國人）移民至俄國遠東地區。見Michael Gelb, "An Early Soviet Ethnic Deportation: The Far-Eastern Koreans," *Russian Review* 54 (July 1995): 389-412; and Henry Huttenbach, "The Soviet Koreans: Products of Russo-Japanese Imperial Rivalry," *Central Asian Survey* 12, no. 1 (1993): 59-69.

11. 一九二七年，俄國遠東地區的韓國居民人口為十七萬，但非正式統計指出，至少有二十五萬人。最大的韓裔群體位於符拉迪沃斯托克以東的蘇昌斯克區（Suchansk District）及以西的波塞特（Pos'et）地區。根據官方統計，韓國人約占蘇昌斯克區人口的百分之九十五。一九三七年後，蘇維埃政權突然開始擔心某些韓國人可能會像日俄戰爭期間那樣替日本蒐集情報，於是下令將他們驅逐至中亞。之後，儘管史達林選擇了出身滿洲的抗日戰士金日成來領導北韓，但蘇聯仍從遠東地區的韓國群體中招攬有志之士，協助打造甫建國不久的北韓。見Boris Pak, *Koreitsy v Rossiiskoi imperii (Dal'nevostochnyi period)* [Koreans in the Russian Empire (The Far East period)] (Moscow, 1993); Jon Chang, *Burnt by the Sun: The Koreans of the Russian Far East* (Honolulu, 2016); Walter Kolarz, *The People of the Soviet Far East* (New York, 1969); Haruki Wada, "Koreans in the Soviet Far East, 1917-1937," in *Koreans in the Soviet Union,* ed. Dae-sook Suh (Honolulu, 1987), 24-59.

12. Suzuki Masayuki, "The Korean National Liberation Movement in China and International Response," in *Koreans in China,* ed. Dae-sook Suh and E. J. Shultz (Honolulu, 1990), 115-143; Erik Van Ree, *Socialism in One Zone: Stalin's Policy in Korea, 1945-1947* (Oxford, 1998); Andrei Lankov, *From Stalin to Kim Il Sung: The Formation of North Korea, 1945-1960* (New Brunswick, NJ, 2002).
13. 一九四五至四九年間，約有七十四萬名北方難民遷往南方。Yumi Moon, "Crossing the 38th Parallel: Northern Refugees in Postwar South Korea, 1945-1950," unpublished paper.
14. 美菲戰爭後，帝國主義對美國人民失去了吸引力，「和平」的商業擴張成為美國的首要之務。Akira Iriye, *Pacific Estrangement: Japanese and American Expansion, 1897-1911* (Cambridge, MA, 1972), 1-25.
15. Frederick R. Dickinson, *War and National Reinvention: Japan in the Great War, 1914-1919* (Cambridge, MA, 1999), 35.
16. Stanley K. Hornbeck, "Has the United States a Chinese Policy?," *Foreign Affairs,* July 1927, 622-623.
17. Walter LaFeber, *The American Age: United States Foreign Policy at Home and Abroad since 1750* (New York, 1989), 320.
18. Dickinson, *War and National Reinvention,* 236.
19. Akira Iriye, *After Imperialism: The Search for a New Order in the Far East, 1921-1931* (Chicago, 1990), 279.
20. Sheila Miyoshi Jager, "Competing Empires in Asia," in *The Cambridge History of America and the World,* vol. 3, ed. Brooke L. Bower and Andrew Preston (Cambridge, 2021), 247-267.
21. Walter Russell Mead, "The Return of Geopolitics: The Revenge of the Revisionist Powers," *Foreign Affairs,* May-June 2014, 69-74.
22. 例如，見Richard Haas, "Cold War II," *Project Syndicate,* February 23, 2018; and Evan Osnos, David Remnick, and Joshua Yaffa, "Trump, Putin, and the New Cold War," *New Yorker,* March 6, 2017.
23. Adam O'Neal, "Russia, China and the New Cold War," *Wall Street Journal,* March 18, 2022.
24. 值得注意的是，一九一八年三月《布勒斯特—立托夫斯克條約》（*Brest-Litovsk Treaty*）簽訂後，俄國並未收回失去的所有領土，儘管根據《凡爾賽條約》的條款，該協約不具效力。俄國於一九二一年重新征服了亞美尼亞、亞塞拜然、喬治亞與烏克蘭，但波蘭、芬蘭與波羅的海三小國在兩次大戰之間的那段日子維持獨立。這對俄國造成了深遠的長期影響。如約恩・萊昂哈德（Jörn Leonhard）所述：「一九一八年後，復仇主義成了所有蘇聯領導人的核心政策目標。」見Jorn Leonhard, *Pandora's Box: A History of the First World War* (Cambridge, MA, 2018), 730.

25. 引述自Torbakov, *After Empire*, 173.

26. 普希金形容波蘭人是任性妄為的親戚，他們必須與由俄國引領的斯拉夫同胞重新團結起來。關於歐洲，他在第三個詩節中寫道：「你們憎恨我們」（I nenavidite vy nas）——這項尖銳的指控意在避免歐洲干涉的可能性，同時也強調俄國一直懷疑西方企圖摧毀它。拿破崙於一八一二年入侵俄國，更是讓人相信普希金的質疑。見Edyta M. Bojanowska, "Pushkin's 'To the Slanderers of Russia': The Slavic Question, Imperial Anxieties, and Geopolitics," *Pushkin Review* 21 (2019): 11-19.

27. 二〇一七年十月，習近平在中國共產黨第十九次全國代表大會上宣布：「〔台灣〕海峽兩岸的同胞是血濃於水的一家人……任何人都無法切斷我們的血脈。」這場演說的英文版全文請見*China Daily*, November 4, 2017, https://www.chinadaily.com.cn/china/19thcpcnationalcongress/2017-11/04/content34115212.html.

28. 這項爭議始於第二次世界大戰結束之後。日本與美國聲稱，一九四五年二月在雅爾達會議中達成的協議，並未將千島群島移交給蘇聯。千島群島以南的四座島嶼被稱為北方領土（Northern Territories），日本認為它們屬於北海道的一部分。見Bruce A. Elleman et al., "A Historical Reevaluation of America's Role in the Kuril Dispute," *Pacific Affairs* 71, no. 4 (Winter 1998-1999): 489-504.

29. Anna Zoteeva, "From the Russian Constitution to Putin's Constitution: Legal and Political Implications of the 2020 Constitutional Reform," *U Brief* (May 2020), https://www.ui.se/globalassets/ui.se-eng/publications/ui-publications/2020/ui-brief-no.-5-2020.pdf.

30. 二〇二二年二月二十一日，普丁在一場引人注目的全國演說中首度抨擊了蘇維埃政權的遺害。他譴責列寧在創立蘇維埃社會主義共和國聯盟（Union of Soviet Socialist Republics）時承認烏克蘭、白俄羅斯、亞美尼亞及其他共和國的獨立地位，因而為一九二二年的《聯盟條約》（*Union Treaty*）及後續在一九二四年頒布的憲法條款鋪平了道路。由於蘇維埃國家的法律基礎「未及時清除革命所引發的可憎烏托邦幻想」，因此蘇聯的解體與「歷史俄羅斯的瓦解」成了無可避免的結果，之後，普丁稱這是「二十世紀最大的地緣政治災難」。演說全文請見http://en.kremlin.ru/events/president/

news/67828. 另見 *Moscow Times,* December 21, 2021. 關於列寧與國家問題的討論，見 Jeremy Smith, *The Bolsheviks and the National Question, 1917-23*(London, 1999), 175-189, 239-242.

31. Elizabeth Economy, "Xi Jinping's New World Order: Can China Remake the International System?," *Foreign Affairs,* January-February 2022, 63.

32. John Micklethwait and Adrian Wooldridge, "Putin and Xi Exposed the Great Illusion of Capitalism," *Bloomberg,* March 24, 2022, https://www.bloomberg.com/opinion/articles/2022-03-24/ukraine-war-has-russia-s-putin-xi-jinping-exposing-capitalism-s-great-illusion.

33. 該項倡議於二〇一三年發起，旨在透過三條陸上廊道與三條海上通道實現中國與亞洲、歐洲、中東及非洲之間的互聯互通。見 Andrew Chatzkyand James McBride, "China's Massive Belt and Road Initiative," *Council on Foreign Affairs,* January 28, 2020, https://www.cfr.org/backgrounder/chinas-massive-belt-and-road-initiative. 另見 Economy, "Xi Jinping's New World Order," 57.

34. "China Is Reassessing Western Financial Power after Ukraine: Beijing Is likely to Speed Up Global Decoupling," *Foreign Policy Magazine,* April 15, 2022, https://foreignpolicy.com/2022/04/15/china-western-financial-power-ukraine/.

35. Christopher M. Dent, "Brexit, Trump and Trade: Back to a Late 19th Century Future?," *Competition & Change* 24, no. 3-4 (2020): 228-357.

36. "Interview with Ivan Krastev," *Der Spiegel,* March 12, 2022.

國家圖書館出版品預行編目（CIP）資料

東亞大競逐1860—1910：中日俄三國環伺下的朝鮮半島，塑造現代東亞權力版圖的另一場大博弈／席拉・賈格（Sheila Miyoshi Jager）著；張馨方譯. -- 初版. -- 臺北市：麥田出版：英屬蓋曼群島商家庭傳媒股份有限公司城邦分公司發行, 2025.09
面；　公分. --（歷史選書；99）
譯自：The other great game : the opening of Korea and the birth of modern East Asia.
ISBN 978-626-310-939-1（平裝）
1.CST: 外交史　2.CST: 東亞史　3.CST: 國際關係
730.4　114008962

歷史選書 99

東亞大競逐1860—1910

中日俄三國環伺下的朝鮮半島，塑造現代東亞權力版圖的另一場大博弈

The Other Great Game: The Opening of Korea and the Birth of Modern East Asia

作者　席拉・賈格（Sheila Miyoshi Jager）
譯者　張馨方
特約編輯　劉懷興
責任編輯　呂欣儒
封面設計　張巖
排版　李秀菊
校對　吳美滿
印刷　漾格科技股份有限公司
國際版權　吳玲緯　楊靜
行銷　闕志勳　吳宇軒　余一霞
業務　李再星　李振東　陳美燕
總經理　巫維珍
編輯總監　劉麗真
事業群總經理　謝至平
發行人　何飛鵬
出版　麥田出版
台北市南港區昆陽街16號4樓
電話：886-2-25000888　傳真：886-2-2500-1951
發行　英屬蓋曼群島商家庭傳媒股份有限公司城邦分公司
台北市南港區昆陽街16號8樓
客服專線：02-25007718；25007719
24小時傳真專線：02-25001990；25001991
服務時間：週一至週五上午09:30-12:00；下午13:30-17:00
劃撥帳號：19863813　戶名：書虫股份有限公司
讀者服務信箱：service@readingclub.com.tw
城邦網址：http://www.cite.com.tw
香港發行所　城邦（香港）出版集團有限公司
香港九龍土瓜灣土瓜灣道86號順聯工業大廈6樓A室
電話：852-25086231　傳真：852-25789337
電子信箱：hkcite@biznetvigator.com
馬新發行所　城邦（馬新）出版集團
Cite（M）Sdn. Bhd.（458372U）
41, Jalan Radin Anum, Bandar Baru Seri Petaling,
57000 Kuala Lumpur, Malaysia.
電話：+6(03)-90563833　傳真：+6(03)-90576622
電子信箱：services@cite.my

初版一刷／2025年9月

ISBN 978-626-310-939-1（紙本書）
ISBN 978-626-310-934-6（電子書）

定價：台幣920元、港幣307元